# Rotterdam Papers VIII

# Rotterdam Papers VIII

A contribution to medieval archeology

## Heilig en Profaan

1000
Laatmiddeleeuwse Insignes

uit de
collectie
H.J.E. van Beuningen

door
H.J.E van Beuningen
A.M. Koldeweij

Gepubliceerd door / Published by:
Stichting Middeleeuwse Religieuze en Profane Insignes
Brink 5
3945 BE  Cothen - Nederland

CIP-GEGEVENS KONINKLIJKE BIBLIOTHEEK, DEN HAAG

Beuningen, H.J.E. van

Heilig en profaan : 1000 laatmiddeleeuwse insignes uit de
collectie van H.J.E. van Beuningen / door H.J.E. van
Beuningen, A.M. Koldeweij ; [ill. Tom Haartsen]. - Cothen:
Stichting Middeleeuwse Religieuze en Profane Insignes.
- Ill. - (Rotterdam papers ; 8)
Met lit. opg.
ISBN 90-9006769-8 geb.

Trefw.: insignes ; geschiedenis ; middeleeuwen.

# INHOUD

# WOORD VOORAF

'HEILIG EN PROFAAN, 1000 laatmiddeleeuwse insignes' werd enige jaren geleden gekozen als titel voor de publikatie van een selectie religieuze en wereldlijke draagtekens uit een in de afgelopen decennia bijeengebrachte particuliere verzameling op dit gebied. Het aanvankelijk als royaal getaxeerde aantal van duizend insignes, waarbij aan zo'n vijfhonderd profane en vijfhonderd religieuze draagtekens werd gedacht, bleek al snel ten opzichte van het beschikbare materiaal aan de krappe kant. De rijkdom van de teruggevonden en bijeengebrachte indertijd en-masse geproduceerde en nu veelal slechts als unica bekende insignes van lood-tin en messing, is haast onvoorstelbaar groot. De samenstellers van het voorliggende boek hopen dan ook met deze publikatie het belang van het onderhavige materiaal duidelijk te maken in ruimere kringen van historisch geïnteresseerden.
De 1036 geselecteerde insignes die in dit boek terecht zijn gekomen, bevinden zich alle in de collectie H.J.E. van Beuningen. Dit impliceert dus dat los van deze selectie in openbare en particuliere verzamelingen, nationaal en internationaal, een zeer veel rijker reservoir ligt van soortgelijke cultuurhistorisch belangwekkende laatmiddeleeuwse insignes. Dit materiaal werd tot nog toe slechts incidenteel bewerkt en gepubliceerd. In feite zijn we een meer gecoördineerde aanpak, die niet afhankelijk is van toevallige inzet van individuen, verplicht aan dit inhoudelijk, voor de geschiedenis van mentaliteit, geloof en bijgeloof, zo rijke cultuurgoed.
Documentatie en bestudering in nationaal en bovennationaal verband is noodzakelijk, evenals de nu vaak moeizame samenwerking zowel vanuit de verschillende historische disciplines als vanuit openbare verzamelingen en overheidsinstellingen enerzijds en anderzijds particuliere verzamelaars en - het minst grijpbaar en meest problematisch - 'amateur-archeologen' en/of 'schatgravers'.
Het plan voor een publikatie als deze stamt al uit het midden van de jaren tachtig. Het bleek toen onmogelijk om tot een effectieve samenwerking te komen tussen de vele instanties en personen die laatmiddeleeuwse insignes onder hun beheer hebben om uit het in zijn totaliteit beschikbare materiaal een alomvattend boek te maken. De veelheid van het in de afgelopen decennia met behulp van de metaaldetector tevoorschijn gebrachte insignes en aanverwante zaken, maakt dit laatste ook nagenoeg onuitvoerbaar. Bijna wekelijks wordt door nieuwe vondsten bewezen dat het hier gaat om een schier onuitputtelijke beeldrijkdom, zowel op profaan als op religieus gebied. Het voorliggende boek is op het moment van publikatie daardoor al weer achterhaald; het beoogt dan ook vooral een materiaalpresentatie te zijn die voortgaat in de traditie van de eerste en nog immer toonaangevende publikaties op dit gebied die in de jaren vijftig en zestig van de vorige eeuw door Arthur Forgeais in Parijs werden geschreven. Nieuwe vondsten en nader onderzoek zal niet alleen nu nog onbekend materiaal met bijpassende interpretaties opleveren, ook zal in de toekomst meer van het hier gepresenteerde materiaal geduid, geïnterpreteerd en cultuurhistorisch geplaatst kunnen worden.

Het totstandbrengen van dit boek was niet mogelijk geweest zonder hulp en inzet van velen. In de eerste plaats werden de 1036 insignes door vele verschillende handen aan het licht gebracht, door vele gravers, amateur-archeologen, die om uiteenlopende redenen gemotiveerd waren voor het zware en soms zelfs niet gevaarloze werk; voor een groot aantal onder hen geldt dat dit een oprechte motivatie was, de 'historische' prikkel, gevoegd uiteraard bij de aantrekkingskracht van het 'zoeken en vinden'. Vele vinders van insignes konden dan ook behoorlijk betrouwbare informatie aan ons verschaffen inzake vondstomstandigheden en bijvondsten van de insignes, van essentieel belang voor een datering.
Tom Haartsen, Ouderkerk aan de Amstel, spande zich ten zeerste in om het weerbarstige en veelal grauwe materiaal zo sprekend mogelijk te fotograferen en alle details tot hun recht te laten komen. Drukkerij Groen verwerkte dit fotomateriaal en de door ons aangeleverde teksten met grote accuratesse; zonder de bereidwillige inzet van Drukkerij Groen zou het boek niet binnen het ook nu weer korte tijdsbestek dat beschikbaar bleek, tot stand zijn gekomen.
Malcolm Jones zijn wij zeer erkentelijk voor zijn bijdrage in de vorm van een helder geschreven essay over de context waarin we de profane insignes moeten plaatsen (hoofdstuk XVII). A. Pol, Rijksmuseum Het Koninklijk Penningkabinet te Leiden, leverde deskundige informatie ten aanzien van de beschreven muntspelden.

In Museum Boymans-van Beuningen te Rotterdam werd, terwijl de laatste hand aan dit boek nog gelegd werd, met groot enthousiasme een tentoonstelling over de insignes samengesteld door Alexandra van Dongen en Dory Kicken; deze expositie 'Heilig en Profaan'

(december 1993-februari 1994) geeft de publikatie
van dit boek een extra dimensie.

Een langdurige en genoeglijke samenwerking tussen
beide auteurs van deze 'Rotterdam Papers' deel VIII,
een combinatie van de praktijk van de verzamelaar en
de theorie van de wetenschapper, leidde tot dit boek
als blijvend resultaat: wij hopen dat dit boek zijn
lezers en gebruikers even veel plezier en inspiratie zal
geven.

*H.J.E. van Beuningen*
*A.M. Koldeweij*

# I INLEIDING

*H.J.E. van Beuningen*

Het voorbereiden van een publikatie die betrekking heeft op religieuze en profane insignes uit de late middeleeuwen aan de hand van de eigen verzameling, dwingt de verzamelaar die insignes vanuit een andere invalshoek te benaderen dan gedurende de jaren dat hij aan het opbouwen van de collectie werkte.

Ook al zijn meer dan 2700 insignes bijeengebracht, toch blijft de feitelijke kennis over de verzamelde insignes nog steeds betrekkelijk gering. Dat doet dan ook de vraag opkomen of die verzameling op dit moment wel een zodanig beeld geeft dat een publikatie daarover gerechtvaardigd is. Die twijfel wordt verder vergroot doordat telkens weer nieuwe, tot dan toe onbekende insignes gevonden worden, terwijl het ook nog regelmatig lukt om onbekende, nog niet eerder geïdentificeerde, insignes te determineren. Men is zich er daardoor van bewust dat nog heel wat onderzoek zal moeten worden verricht om meer inzicht te krijgen en het beeld te completeren. Waarom dan toch reeds nu gepubliceerd terwijl van te voren vaststaat dat op een aantal onderdelen deze publikatie bij verschijning al door nieuwe vondsten en inzichten zal zijn achterhaald? Er is naar mijn oordeel toch een aantal redenen aan te geven die het verantwoord en zinvol maken om nu naar buiten te treden.

De belangstelling voor de middeleeuwen is de laatste jaren zozeer toegenomen dat vanuit verschillende disciplines in toenemende mate aandacht aan deze periode wordt besteed. Studies op velerlei gebied leiden tot nieuwe inzichten. Maar voor wat betreft de wereld van de insignes moet worden geconstateerd dat dit materiaal nauwelijks bij verder onderzoek betrokken wordt omdat het veelal onbereikbaar en daardoor onbekend materiaal is. Wil men kunnen profiteren van de kennis en studie van anderen dan zal eerst inzicht moeten worden gegeven in wat thans bekend en bijeengebracht is. Ik verwacht dat daardoor de belangstelling voor insignes in grotere kring wordt opgewekt zodat aan de gewenste studie in de toekomst vanuit meer invalshoeken aandacht besteed gaat worden. Behalve de mogelijkheden die nieuwe vondsten kunnen bieden, gaat het ook om het verkrijgen van meer en beter inzicht in de tijd en de wereld toen het gebruik van insignes voor de middeleeuwer een bekend gegeven was. Daarbij speelt ook dat met betrekking tot profane insignes tot dusverre nog nooit een meeromvattende publikatie is verschenen en dat het daar zeker nagenoeg onbekend materiaal betreft. Onze kennis over achtergronden en aanleiding tot gebruik van profane insignes is dan ook bijzonder gering. Daarbij moeten wij ons realiseren dat het bij profane insignes om beeldmateriaal gaat, ontstaan in een tijd dat bijna uitsluitend religieuze kunst vervaardigd werd. Juist daarom kunnen profane insignes inzicht geven in aspecten van het dagelijks leven van de mens in de late middeleeuwen die zonder deze bron van informatie aan ons voorbij zouden gaan.

Verzamelaars van munten, postzegels en andere voor dagelijks gebruik bestemde voorwerpen kunnen in veel gevallen gebruik maken van gedetailleerd documentatiemateriaal dat inzicht geeft in aard, samenstelling en vaak zelfs de waardebepaling van de betreffende objecten.

Men weet dan van te voren in vrij grote mate waaraan men werkt en wat kan worden verwacht terwijl ook eventuele hiaten van tevoren vaststaan.

In zekere zin is dat ook het geval met verschillende deelgebieden van archeologische realia. Ook daar staan wetenschappelijk samengestelde en voor algemeen gebruik bestemde determinerings- en documentatiesystemen ter beschikking die het mogelijk maken om vondsten te identificeren naar type, datering en plaats van ontstaan.

De onderzoeker of de verzamelaar kan bij bewerking van het materiaal naar deze bronnen verwijzen. Opgave van naam en nummer is vaak voldoende om voor eenieder duidelijk te maken waarom het gaat. Wanneer bijvoorbeeld met betrekking tot Romeinse terra-sigillata scherven een Dragendorff-type wordt genoemd, weet men wat bedoeld wordt.

Voor kleine metalen voorwerpen, zeker wanneer deze in latere perioden in gebruik waren - en misschien wel daardoor niet zozeer in aanmerking kwamen om in verzamelingen opgenomen te worden - ontbreken zulke determineringsmogelijkheden bijna geheel.

Het aantal publikaties gewijd aan - om maar enkele voorbeelden te noemen - kledingaccessoires, vingerhoeden, gespen, knopen, beurshangers, lakenloodjes en dergelijke voorwerpen, is beperkt.

De ingebruikname van de metaaldetector heeft de laatste jaren een stroom van nieuwe vondsten op het gebied van kleine metalen voorwerpen tot gevolg gehad. Daardoor is de belangstelling sterk toegenomen, niet alleen van verzamelaars maar ook van de wetenschap. In Engeland heeft dit geleid tot een publikatie over de vele metaalvondsten die de laatste jaren door archeologen en metaaldetectorzoekers voorafgaand aan bouwwerkzaamheden in Londen en langs de Thamesoever zijn gedaan. Het Museum of London geeft in 'Dress accessoires, medieval finds from excavations in London' een overzicht van verschillende typen metalen gebruiksvoorwerpen. Deze publikatie is ook voor Nederlandse vondsten op vergelijkbaar gebied van belang. Immers blijkt een in de loop der eeuwen vaak gelijklopende ontwikkeling van vorm en type in Nederland en Engeland die ook voor andere Westeuropeese landen geldt.

Ook insignes werden in groten getale langs de Thamesoever gevonden en men moet hopen dat daarover binnenkort de al geruime tijd geleden door Brian Spencer voorbereide publikatie zal verschijnen. Verwacht mag worden dat daarvoor - ook buiten Engeland - grote belangstelling zal bestaan. Overigens dient opgemerkt te worden dat juist wat insignes betreft er wezenlijke verschillen tussen het Engelse en Nederlandse materiaal voorkomen.

Heiligenverering blijkt vaak sterk regionaal gericht te zijn geweest, hetgeen uitwerking heeft op de verspreiding van pelgrimsinsignes die op bepaalde heiligen en plaatsen van verering betrekking hebben. Wat profane insignes betreft komen over en weer vergelijkbare afbeeldingen voor, maar ontbreken andere typen weer geheel. Dit is bijvoorbeeld het geval met erotische insignes uit de veertiende en vijftiende eeuw die in de Nederlanden veelvuldig voorkomen maar die in Engeland bijna geheel ontbreken.

Vooralsnog ontbreekt het ons aan kennis om aan te geven wat de achtergrond is van dit verschil. Of zulks een gevolg is van verschillen in fatsoensnormen zoals een Engelse vriend stelde, waag ik te betwijfelen. Om het inzicht te vergroten en ook om zulke verschillen te kunnen interpreteren is vergelijking van het Nederlandse met het buitenlandse vondstenmateriaal onmisbaar. Voor deze vergelijking zijn wij echter afhankelijk van het gepubliceerde bronnenmateriaal en dat is juist met betrekking tot profane insignes beperkt.

Als standaardwerk in het algemeen en meer in het bijzonder voor de in Frankrijk gevonden insignes geldt nog steeds een zestal publikaties van Arthur Forgeais, tussen 1858 en 1866 verschenen onder de titel 'Collection de Plombs Historiés trouvés dans la Seine'.

In het midden van de vorige eeuw werden bij vernieuwing van bruggen over de Seine in Parijs veel insignes gevonden welke vooral door Arthur Forgeais werden verzameld en gepubliceerd. In 1858, 1862 en 1863 verschenen de eerste publikaties van Forgeais over pelgrimsinsignes, broederschap- en gildetekens en penningen gevolgd in de jaren 1864, 1865 en 1866 door werken betrekking hebbende op nieuwe vondsten op deze gebieden. Helaas is dat vondstenmateriaal zelf grotendeels verloren gegaan dan wel, voor zover nog aanwezig in het Musée de Cluny, nauwelijks beschikbaar voor bestudering. Een en ander heeft tot gevolg dat voor vergelijking met latere vondsten nog steeds op de werken van Forgeais wordt teruggegrepen. Dit is voor wat betreft het identificeren van in Nederland gevonden insignes, zeker wanneer deze op Franse heiligenverering en bedevaartplaatsen betrekking hebben, nog steeds een onmisbare informatiebron. Maar ook de publikaties van Forgeais geven geen volledig beeld. Door hem werden slechts weinig profane, en in het geheel geen erotische insignes gepubliceerd. Dit wekt de indruk dat zulke insignes bij de Seinevondsten niet zouden zijn aangetroffen. Het is echter waarschijnlijker dat Forgeais daarvoor geen belangstelling heeft gehad dan wel dat hij om andere redenen niet tot publikatie is gekomen. Recent verscheen een herdruk van 'A history of Phallic worship' waarin Thomas Wright in 1866 schreef over 'The Worship of the Generative Powers During the Middle Ages of Western Europe'. Wright refereerde aan Forgeais bij het publiceren van een aantal erotische insignes gevonden in de Seine. Daarnaast blijkt uit andere bronnen dat in de vorige eeuw door Ridder von Lana van de antiquair Joseph Egger in Parijs een groot aantal religieuze en profane insignes werd aangekocht die zich thans nog in de Kunstgewerbe-musea van Praag en Düsseldorf bevinden. En in de Praagse collectie bevindt zich ook een aantal erotische insignes afkomstig uit eerder genoemde Seinevondsten, die in vormgeving geheel vergelijkbaar zijn met erotische insignes die in de Nederlanden zijn gevonden.

Wat Frankrijk betreft, zijn na Forgeais weinig meeromvattende publikaties over insignevondsten verschenen; wel heeft Mevrouw Lamy-Lassalle nog enige vondsten gepubliceerd. Men mag zich afvragen of dit gebrek aan nieuwe publikaties een gevolg is van het niet meer beschikbaar komen van nieuwe vondsten dan wel door het veronachtzamen van dit materiaal. Men zou toch mogen aannemen dat ook in Frankrijk de opkomst van de metaaldetector nieuwe vondsten moet hebben opgeleverd. Voor het onderzoek in Duitsland moet gewezen worden op de vele en belangrijke bijdragen van wijlen Prof. Dr Kurt Köster waarop nader wordt teruggekomen. Wat Engeland betreft heeft Brian Spencer, oud-curator van The London Museum, een belangrijke taak vervuld met betrekking tot de publikatie van vondsten van bedevaartsouvenirs en profane insignes in Salisbury en Norfolk. Met betrekking tot Scandinavische vondsten publiceerde Lars Anderson in 'Medieval Archeology 7' van de serie 'Lund Studies' onder de titel 'Pilgrimsmarken och vallfart' over pelgrimage en daarop betrekking hebbende insignes.

Inzake Nederlandse vondsten heeft Jan Baart in 1977 met 'Opgravingen in Amsterdam, 20 jaar stadskernonderzoek' een aanzet gegeven door de publikatie van grote aantallen gebruiksvoorwerpen die tevoorschijn kwamen tijdens de aanleg van de Oostlijn van de metro in de Amsterdamse binnenstad.

Tijdens dat onderzoek werden ook zeven insignes gevonden. Sedertdien zijn ook uit Amsterdam in grond afkomstig uit diepe bouwputten aan Damrak en Rokin waar de vroegste bewoningslagen aangesneden werden, verschillende insignevondsten gedaan. Van wezenlijk belang voor Nederland is de met betrekking tot in Zeeland gevonden pelgrimstekens in 1987 verschenen publikatie 'Heiligen uit de modder' door R.M. van Heeringen, A.M. Koldeweij en A.A.G. Gaalman, dit naar aanleiding van een tentoonstelling die toen in Middelburg plaatsvond. In het 'woord vooraf' werd door Van Heeringen opgemerkt dat, vergeleken met 1978 toen slechts 22 in Zeeland gevonden pelgrimstekens bekend waren, dit aantal een kleine tien jaar later tot meer dan 700 was toegenomen. In de 'Archeologische Kroniek van Zeeland' over 1988 tot en met 1991 is de inventarisatie door Van Heeringen voortgezet en werden 298 nieuwe Zeeuwse vondsten toegevoegd. Sedertdien zijn verdere vondsten gedaan - en dat niet alleen in de provincie Zeeland - die het toen gegeven inzicht vergroten. Dat betreft zowel nieuwe tot dusverre onbekende typen als ook vergroting van aantallen van reeds bekende typen insignes. Zowel de groep profane insignes als een aantal van deze nieuwe vondsten wordt hier voor het eerst gepubliceerd.

Met relatief zo weinig beschikbaar documentatiemateriaal is de in middeleeuwse insignes geïnteresseerde verzamelaar grotendeels in het ongewisse waarop zijn aandacht in de eerste plaats gericht dient te zijn. Hij komt in de verleiding ieder fragment te verwerven dan wel op zijn minst te documenteren, teneinde de legkaart van het onbekende gebied te completeren. Het moet bij dat verzamelen niet alleen gaan om een insigne als object dan wel om de esthetische kwaliteit

daarvan, maar ook om andere invalshoeken. Zo kan het bepalen van aantallen gevonden insignes een indicatie geven met betrekking tot de betekenis van een pelgrimsplaats en van de daar vereerde relieken maar eveneens tot de omvang en verspreiding van die verering.

Het blijkt dat elk insigne waarvan de gegevens worden vastgelegd, bijdraagt aan vergroting van de kennis. Dat kan leiden tot identificatie van een heilige of van een bedevaartplaats, maar ook komt het voor dat bij fragmentarisch bewaard gebleven insignes, vergelijking van delen van identieke insignes afkomstig uit verschillende vindplaatsen duidelijk maakt hoe een insigne er in gave toestand moet hebben uitgezien. Als voorbeeld daarvan wordt verwezen naar afb. 604-606. Onduidelijke en/of incomplete teksten kunnen bij vergelijking van fragmenten weer leesbaar worden hetgeen dan ook weer kan bijdragen tot een identificatie.

Het gaat niet alleen om het insigne als object maar vooral ook om de interpretatie van wat werd afgebeeld, alsmede om antwoord op de vraag door wie, waarom en onder welke omstandigheden zulke insignes werden gebruikt.

Het moge duidelijk zijn dat het gemis aan gegevens voor mij als verzamelaar ook een aantrekkelijke kant heeft gehad omdat het beschikbaar komen van telkens nieuwe gegevens intrigerend werkt.

Wanneer men zich zo intensief met een dergelijk onderzoek bezig houdt, groeit de verwachting dat hiermee ook een algemeen belang gediend kan zijn zodat het zinvol is om tot dusverre verkregen gegevens en inzichten vast te leggen en uit te dragen, ook al is men er zich terdege van bewust dat met deze publikatie slechts een eerste en nog onvolledige aanzet wordt gegeven.

Gehoopt moet echter worden dat door het publiceren van deze gegevens een bijdrage geleverd wordt zodat ook anderen zich met de studie van dit materiaal zullen gaan bezig houden en daardoor ook zullen bijdragen aan het invullen van de legpuzzel. Ten aanzien van insignes en van de wereld waarin het dragen daarvan voor ieder een herkenbaar gegeven was, is een uitwisseling van gegevens uit zowel eigen land als daarbuiten zeer gewenst.

Men mag aannemen dat de relatief geringe belangstelling voor laat-middeleeuwse insignes vooral verband houdt met onbekendheid van dit materiaal. Want dat er sprake is van onbekendheid, blijkt telkens weer

*Ill. 1. De vindplaatsen van de 1036 religieuze en profane insignes die worden afgebeeld en beschreven in hoofdstuk XIX, Catalogus (p. 115-323). Samenstelling L. Hopstaken, Bergen op Zoom.*

| | |
|---|---|
| 1 | AMSTERDAM |
| 2 | BARSINGERHORN |
| 3 | BRUGGE |
| 4 | COEVORDEN |
| 5 | DAMME |
| 6 | DORDRECHT |
| 7 | EGMOND AAN ZEE |
| 8 | HAARLEM |
| 9 | HEYST |
| 10 | HOORN |
| 11 | HONTENISSE |
| 12 | IEPER |
| 13 | KAMPEN |
| 14 | LEEUWARDEN |
| 15 | LEIDEN |
| 16 | MAASTRICHT |
| 17 | MIDDELBURG |
| 18 | NIEUWLANDE |
| 19 | OUD RILLAND |
| 20 | OUD VALKENISSE |
| 21 | REIMERSWAAL |
| 22 | RIJSWIJK |
| 23 | ROTTERDAM |
| 24 | SCHIEDAM |
| 25 | s'GRAVENHAGE |
| 26 | s'HERTOGENBOSCH |
| 27 | SLUIS |
| 28 | TOLSENDE |
| 29 | UTRECHT |
| 30 | VLISSINGEN |
| 31 | WESTBROEK |
| 32 | WIJK BIJ DUURSTEDE |
| 33 | ZWOLLE |

GET : L.HOPSTAKEN

4

wanneer men met belangstellenden over de verzameling insignes spreekt. Dan wordt steeds weer de vraag gesteld waarvoor die insignes gebruikt werden, welke betekenis die vroeger hadden en hoe men tot het verzamelen daarvan is gekomen.

Om die onbekendheid te doorbreken en bundeling van krachten en continuïteit in het onderzoek te verkrijgen, werd recentelijk de 'Stichting middeleeuwse religieuze en profane insignes' opgericht. Deze Stichting beschikt over een in omvang en betekenis snel toenemende collectie documentatiemateriaal, die verder zal worden uitgebreid.

Ter gelegenheid van een tentoonstelling in Museum Boymans-van Beuningen te Rotterdam die van 12 december 1993 tot eind februari 1994 zal plaatsvinden en waar ca. 300 insignes worden getoond, verschijnt nu 'Heilig en Profaan. 1000 insignes uit de collectie H.J.E. van Beuningen' als eerste aanzet tot het in de publiciteit brengen van religieuze en profane insignes gevonden in de Nederlanden. Daarbij is dankbaar gebruik gemaakt van de aanzet die door 'Heiligen uit de modder' in 1987 werd gegeven.
Verschillende insignes, toen afgebeeld en sedertdien in de collectie opgenomen, worden nu wederom gepubliceerd, echter aangevuld met profane en nieuwe, toen nog niet bekende, religieuze insignes. Ook is een aantal religieuze insignes opgenomen die inmiddels konden worden gedetermineerd naar heilige of bedevaartplaats.
De collectie H.J.E. van Beuningen omvat ruim 2700 insignes, zowel gaaf als fragmentarisch, voor het merendeel afkomstig uit Nederlandse bodemvondsten. Hoewel een groot deel van de insignes afkomstig is uit het Verdronken Land van de Oosterschelde zijn de laatste jaren ook insignes gevonden in andere delen van het land. Zo zijn tijdens de aanleg van de spoorwegtunnel in Rotterdam die door de oudste bewoningslagen van de Maasstad liep, uit afgevoerde grond verschillende insignes tevoorschijn gekomen.

Bij het verzamelen van de insignes is er naar gestreefd zoveel mogelijk gegevens te verkrijgen over de vindplaatsen omdat plaatsbepaling van wezenlijk belang is voor ons inzicht in de verspreiding van insignes en voor wat religieuze insignes betreft, ook voor onze kennis over de omvang van verering van een bepaalde heilige.
Insignes van bijvoorbeeld Adrianus, die in Zeeland zo veelvuldig worden aangetroffen, komen boven de

grote rivieren weinig voor. In Engeland werd tot dusverre slechts één exemplaar van een Adrianus-insigne gevonden terwijl ook uit België slechts enkele vondsten bekend zijn. Vooralsnog ontbreken gegevens over Adrianus-insignes die in andere ons omringende landen gevonden zijn. Uit het voorkomen van aan Adrianus gewijde insignes op middeleeuwse kerkklokken in Duitsland blijkt echter dat deze heilige ook daar vereerd werd.
Wil men de vondstomstandigheden betrekken bij het onderzoek dan valt, enkele uitzonderingen daargelaten, als bron voor verwerving de wereld van veiling en antiekhandel weg. Want dat verwerving via deze kanalen problemen kan opleveren juist wanneer het gaat om gegevens over de vindplaats, bleek bijvoorbeeld overduidelijk bij de verwerving van een zogenaamde Nederlandse bodemvondst van een Thomas Becket-insigne dat echter zoals later bleek niet in Nederland maar in Engeland gevonden was. Helaas worden ook in Nederland gevonden insignes in Engeland aangeboden als zouden deze daar gevonden zijn. Ter voorkoming van onjuiste gevolgtrekkingen moet dan ook de nodige aandacht worden besteed aan het vaststellen van de juiste herkomst.
Iedere metaaldetectorzoeker heeft zijn eigen vindplaatsen die hij niet graag aan anderen wil prijs geven uit angst voor concurrentie. Wanneer de verzamelaar dan toch vraagt om informatie over de juiste vindplaats, dan is, wil op die vraag een eerlijk antwoord gegeven worden, een zekere vertrouwensrelatie tussen vinder en verzamelaar nodig. Het is verheugend te constateren hoe groot de medewerking steeds is geweest en het is hier zeker op zijn plaats om allen die daaraan bijdroegen dank te betuigen voor hun grote medewerking en openheid.

Regelmatig wordt de vraag gesteld of na het verschijnen van 'Heilig en Profaan' het verzamelen en documenteren door mij zal worden voortgezet. Het daarop te geven antwoord is mede afhankelijk van de bereidheid tot samenwerking van en met andere instellingen. Uitgangspunt is dat de nieuwe Stichting zich zal inzetten om zoveel mogelijk gegevens over in Nederland gevonden insignes te documenteren.
Maar afgevraagd moet worden in hoeverre wetenschappelijke instellingen en landelijk, provinciaal en stedelijk beroepsmatig werkzame archeologen het belang van een nauwe samenwerking zullen inzien, zeker omdat in die samenwerking ook amateurs en metaaldetectorzoekers onmisbaar zijn. In dit verband meen ik te mogen opmerken dat de controverse tussen

*Ill. 2. De bedevaartplaatsen waarvan pelgrimstekens zijn opgenomen in hoofdstuk XIX, Catalogus (p. 115-323). Samenstelling L. Hopstaken, Bergen op Zoom.*

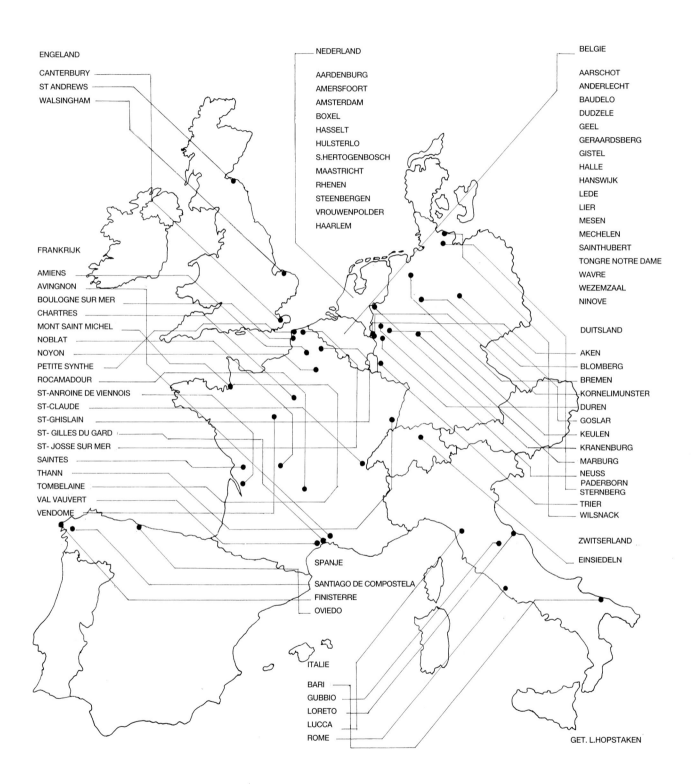

ENGELAND

CANTERBURY
ST ANDREWS
WALSINGHAM

FRANKRIJK

AMIENS
AVINGNON
BOULOGNE SUR MER
CHARTRES
MONT SAINT MICHEL
NOBLAT
NOYON
PETITE SYNTHE
ROCAMADOUR
ST-ANROINE DE VIENNOIS
ST-CLAUDE
ST-GHISLAIN
ST- GILLES DU GARD
ST- JOSSE SUR MER
SAINTES
THANN
TOMBELAINE
VAL VAUVERT
VENDOME

NEDERLAND

AARDENBURG
AMERSFOORT
AMSTERDAM
BOXEL
HASSELT
HULSTERLO
S.HERTOGENBOSCH
MAASTRICHT
RHENEN
STEENBERGEN
VROUWENPOLDER
HAARLEM

SPANJE

SANTIAGO DE COMPOSTELA
FINISTERRE
OVIEDO

ITALIE

BARI
GUBBIO
LORETO
LUCCA
ROME

BELGIE

AARSCHOT
ANDERLECHT
BAUDELO
DUDZELE
GEEL
GERAARDSBERG
GISTEL
HALLE
HANSWIJK
LEDE
LIER
MESEN
MECHELEN
SAINTHUBERT
TONGRE NOTRE DAME
WAVRE
WEZEMZAAL
NINOVE

DUITSLAND

AKEN
BLOMBERG
BREMEN
KORNELIMUNSTER
DUREN
GOSLAR
KEULEN
KRANENBURG
MARBURG
NEUSS
PADERBORN
STERNBERG
TRIER
WILSNACK

ZWITSERLAND

EINSIEDELN

GET. L.HOPSTAKEN

6

wetenschap en amateurs met betrekking tot het gebruik van metaaldetectoren geen goede zaak is en bepaald niet bijdraagt tot de kennis over en het behoud van insignes. Het past mij hier niet kritiek te uiten op de wetgeving ten aanzien van ons archeologische bodemarchief. Er zullen echter methoden moeten worden gevonden om zeker te stellen dat uiterst kwetsbare en zeer vergankelijke objecten zoals insignes nu eenmaal zijn, niet meer verloren gaan doordat ze onderhevig zijn aan corrosie in geroerde grondlagen. Tot ons bodemarchief behoren ook de roerende voorwerpen en in die legio gevallen waar in gestoorde grond insignes of andere kwetsbare voorwerpen aanwezig kunnen zijn, moeten er wegen gevonden worden om deze op te sporen en daarmede het verloren gaan te voorkomen.

De op veel plaatsen in Nederland voorkomende vochtige bodemgesteldheid en de daardoor luchtdichte afsluiting in de grondlagen heeft geleid tot conservering van opvallend veel insignes. Wat dat betreft is de situatie in ons land anders dan in de rest van Europa. Hoe groot de invloed is van bodemconservering op tinnen voorwerpen blijkt bijvoorbeeld uit het feit dat dit materiaal in Keulen met een droge bodemgesteldheid praktisch nooit bewaard is gebleven terwijl in Rotterdam met een vochtige bodem, opvallend grote aantallen goed geconserveerde tinnen gebruiksvoorwerpen gevonden zijn.
De grote vondstcomplexen van middeleeuwse insignes zijn dan ook praktisch uitsluitend afkomstig uit vochtige gebieden. En ook daar blijkt telkens weer dat zodra een insigne in geroerde grond of aan de oppervlakte terecht komt, er op zeer korte termijn ernstige aantasting door corrosie ontstaat en insignes door deze 'tinpest' totaal verloren gaan.
Belangrijke vindplaatsen zoals een aantal woonkernen in het Oosterscheldegebied zijn in de loop van de laatste jaren zodanig geroerd door menselijk ingrijpen maar ook door de invloed van getijstroming, dat zonder voortgezet onderzoek in ieder geval de nu nog mogelijk aanwezige insignes grotendeels verloren zullen gaan. Met ingang van 1 Januari 1991 zijn tot behoud van het bodemarchief de meeste plaatsen waar in het Verdronken Land van de Oosterschelde woonkernen liggen, op grond van de Natuurbeschermingswet tot verboden gebied verklaard. Deze maatregel - à double usage - dient bescherming te geven aan onze vogels en weerhoudt mede als gevolg van een aantal wegens verontrusting van vogels bekeurde metaaldetectorzoekers, dezen ervan de slikken verder te betreden.

Daarbij wordt echter geen rekening gehouden met de destructieve gevolgen door corrosie van insignes in geroerde bodemlagen.

De directeur van de Rijksdienst Oudheidkundig Bodemonderzoek heeft eens opgemerkt dat het in gebruik nemen van een soort jachtacte voor metaaldetectorzoekers een oplossing zou kunnen bieden in het spanningsveld tussen wetenschap en amateurs. Ik juich die gedachte toe, maar dan moet - evenzeer als dat bij de jacht het geval is - een behoorlijke metaaldetector opleiding tot stand komen die na met goed gevolg afgelegd examen recht geeft op een metaaldetector-zoekacte. Zulk een detector-zoekacte kan dan zekere rechten geven maar daar horen dan ook strikte verplichtingen tegenover te staan zodat misbruik voorkomen kan worden.
Zou blijken dat iemand toch misbruik maakt, dan zou - evenzeer als dit bij een jachtacte het geval is - bestraffing en zo nodig intrekking van de acte moeten kunnen volgen. Door de overheid aan te wijzen instanties dienen de richtlijnen op te stellen waaraan de metaaldetectorzoeker zich heeft te houden. Ook zou opgenomen moeten worden dat alle vondsten dienen te worden aangemeld ten behoeve van documentatie. En, indien het belang zulks wettigt, moet ook een recht tot aankoop door daartoe aan te wijzen instellingen worden gegeven, die dan wel ervoor hebben zorg te dragen dat zulke objecten beschikbaar staan voor bestudering en bij objecten van meer algemeen belang, ook worden tentoongesteld.

De verzamelaar komt vaak in de verleiding zijn belangstelling uit te breiden tot objecten die niet direct tot het feitelijke verzamelgebied behoren, maar die daar toch wel een zeker verband mee hebben. Dat speelt in het voorliggende geval onder meer met betrekking tot de pelgrimsampullen, waarvan wel de religieuze functie vast staat maar waarvan men zich moet afvragen of het om insignes gaat. Wanneer een bescheiden aantal aan de collectie werd toegevoegd, heeft dat veelal betrekking op ampullen die in relatie konden worden gebracht met een specifieke bedevaartplaats. In 'Heiligen uit de modder' zijn ook handschoenen, kammen, hoorntjes en ronde insignes met bustes en tekst onder de religieuze insignes opgenomen. Deze zijn door ons onder de profane insignes verwerkt omdat geenszins vaststaat dat deze voorwerpen een religieuze betekenis hebben. Hoe aantrekkelijk het ook is handschoenen aan Thomas Becket en hoorntjes aan Hubertus toe te schrijven, toch blijkt dit niet zonder meer van toepassing te zijn. Wat munt-spelden betreft, was uiteraard de draagfunctie bepalend voor opname of niet. Met als consequentie dat munt-imitaties, dus penningen met afbeeldingen aan voor- en achterzijde, niet zijn opgenomen. Ook wat crucifixen betreft, was het soms moeilijk om te beslissen over eventuele verwerving omdat toeschrijving naar een specifieke plaats van verering vaak onmogelijk is en het vaak eerder om 'devotionalia' dan om 'insignes' gaat. Enkele crucifixen zijn hier opgenomen met name die waarbij het gaat om aan bedevaartplaatsen gerelateerde objecten. Ook de miniatuurklokjes en belletjes zijn niet opgenomen alhoewel aangenomen mag worden dat een aantal daarvan wel betrekking heeft gehad op de verering van Antonius.

Uiteraard probeert de verzamelaar zijn verzameling zo compleet mogelijk te maken, ook al blijkt spoedig dat volledigheid geen haalbare kaart is. Hoe welwillend velen ook waren, toch komt het begrijpelijkerwijze voor dat vinders er de voorkeur aan gaven hun vondsten zelf te houden. Wanneer het een insigne betreft waarvan nog geen ander exemplaar bekend is, valt zulks uiteraard te betreuren omdat daardoor in deze publikatie die insignes niet konden worden opgenomen. Zou echter afgeweken zijn van het uitgangspunt dat uitsluitend insignes uit de eigen verzameling zouden worden opgenomen, dan zou ook verregaande bewerking hebben moeten plaatsvinden van insignes aanwezig in de collecties van archeologische instellingen in ons land, dus die welke tevoorschijn zijn gekomen tijdens opgravingen. Veelal blijven zulke vondsten onbekend totdat deze als onderdeel van de op die opgraving betrekking hebbende onderzoeksresultaten worden gepubliceerd. Op zich valt het te betreuren dat gegevens over al deze insignes nu niet beschikbaar zijn, want de waarde van een allesomvattende publikatie zou vanzelfsprekend beduidend groter zijn. Dan zou het ook mogelijk zijn geweest om alleen zo gaaf mogelijke insignes af te beelden. Nu moest in een aantal gevallen worden volstaan met het opnemen van in de collectie voorkomende fragmenten terwijl bekend is dat zich elders betere exemplaren bevinden.

Regelmatig wordt de vraag gesteld hoe deze verzameling begonnen werd. De eerste insignes werden in het midden van de zeventiger jaren in de collectie Van Beuningen-de Vriese opgenomen zonder dat het in de bedoeling lag om ook dat materiaal te gaan verzamelen. Maar de benadering was toen dat binnen een collectie waarin afgezien van gebruiksvoorwerpen van aardewerk en steengoed ook messen, lepels en vorken, knopen en gespen, mantelhaken en andere kleine metalen gebruiksvoorwerpen waren opgenomen, enkele voorbeelden van religieuze en profane insignes niet mochten ontbreken.

Gebruiksvoorwerpen van tin hebben overigens steeds mijn grote belangstelling gehad hetgeen resulteerde in een gedurende de oorlogsjaren bijeengebrachte verzameling tinnen voorwerpen uit Rotterdamse bodem die in 1955 werd toevertrouwd aan de Stichting Museum Boymans te Rotterdam toen door dat museum de unieke tincollectie van A.J.G. Verster verworven werd. In die collectie was ook een aantal insignes opgenomen die toen echter zeker niet in de eerste plaats de belangstelling opwekten. Toen bleven trouwens nieuwe vondsten van insignes voor zover deze al werden gedaan, onbekend. Zolang de metaaldetector nog niet in gebruik was bij bodemonderzoek, werden insignes evenals zoveel andere kleine metalen gebruiksvoorwerpen, niet of nauwelijks gevonden en zo wel, dan werd daaraan geen aandacht besteed.

De eerste insignes die in de collectie werden opgenomen, waren als oppervlaktevondsten tevoorschijn gekomen uit het Verdronken Land van de Oosterschelde en wel van de plaats waar voorheen de stad Reimerswaal gelegen was. De sterke getijdestromen schuurden diepe geulen door de eerder bewoonde stad en de belangstellenden zochten bij laag water naar bewoningsresten die daar dan bloot spoelden. Het zand schuurde weg en de zwaardere voorwerpen bleven achter en daarvan werd er een aantal opgeraapt die anders verloren zouden zijn gegaan. Drs R.R. Datema voltooide in oktober 1978 een doctoraalscriptie over pelgrimsinsignes in Nederlands bezit waaronder 13 insignes en 7 ampullen uit mijn collectie. Uit die tijd dateert ook het eerste contact met Prof. Dr Kurt Köster uit Frankfurt die zich zo verdienstelijk heeft gemaakt voor de studie van religieuze insignes. De belangstelling van Köster voor deze insignes was gewekt door het voorkomen daarvan op gegoten middeleeuwse kerkklokken in Europa maar vooral in Duitsland. Evenals dat in Nederland gebeurde, waren ook elders in Europa kerkklokken voor oorlogsdoeleinden gevorderd door de Duitse bezetters. Kerkklokken van uitzonderlijke historische en culturele betekenis werden voor opsmelten gespaard en Köster documenteerde ten behoeve van het Duitse klokkenarchief de teksten die op deze klokken voorkwamen. Daarbij viel het op dat op middeleeuwse kerkklokken bij de teksten en dateringen ook wel pelgrimsinsignes waren meegegoten. In verschillende publikaties heeft Köster op het voorkomen van deze insignes gewezen en duidelijk gemaakt hoe belangrijk juist deze luidklokken zijn voor het determineren en dateren van pelgrimsinsignes. Immers, kunnen door de aanwezigheid van teksten en dateringen, klokken waar ook insignes op afgebeeld staan, helpen bij het dateren van die insignes. Verschillende typen insignes van bijvoorbeeld Quirinus van Neuss, Adrianus van Geraardsbergen, van de hostiewonderen in Blomberg, Wilsnack en andere komen op gedateerde klokken voor. Aanleiding tot het aanbrengen van een origineel insigne op de vorm van te gieten kerkklokken moet ongetwijfeld zijn geweest dat daardoor de spirituele krachten uitgaande van het heilige via het in het gietsel opgenomen insigne door het klokgelui zich ook over de omgeving van de kerk zou uitstrekken.

Om zoveel mogelijk vergelijkingsmateriaal vast te leggen, onderhield Köster intensief contact met musea en collectioneurs in alle delen van Europa. De verkregen gegevens zijn door hem verwerkt in een archief dat thans, na zijn overlijden, onderdak heeft gevonden in het Germanisches National Museum in Neurenberg. Helaas wordt zijn onderzoek daar vooralsnog niet voortgezet.

Het is evenwel verheugend dat wijlen Dr Köster zoveel van zijn onderzoekresultaten heeft vastgelegd en gepubliceerd.

Onze veelvuldige contacten en de daardoor gewekte belangstelling waren aanleiding om sedert 1982 intensiever aandacht te besteden aan de vele facetten met betrekking tot insignes. Daar droeg toen zeker toe bij dat in die tijd de verzameling gebruiksvoorwerpen, thans bekend onder de naam Collectie van Beuningen-de Vriese, aan de Gemeente Rotterdam ter plaatsing in Museum Boymans-van Beuningen werd overgedragen. Met deze overdracht werd - ook mentaal - afscheid genomen van een collectie waaraan tot dan toe veel tijd en energie was besteed. Er kwam ruimte voor een nieuw aandachtsgebied en de belangstelling voor insignes groeide in toenemende mate vooral toen werd vastgesteld hoezeer het hier 'terra incognita' betrof, waaraan zowel in eigen land als daarbuiten tot dan toe slechts weinig aandacht was besteed. Er was toen geen enkele instelling die zich doelgericht verdiepte in dit materiaal. Daarbij kwam dat diegenen die wel eens insignes vonden daarvoor weinig belangstelling hadden en graag bereid deze over te dragen. Dat was het geval met enige verzamelaars uit België die in het

Verdronken Land van de Oosterschelde reeds jarenlang onderzoek naar daar aanwezige bewoningsresten hadden verricht. Toen ook nog een Nederlandse collectie uit Nieuwlande afkomstig werd verworven, was de basis gelegd voor een verzameling insignes die nu ruim 2700 objecten omvat.

Als gevolg van de grote kwetsbaarheid van het veelal fragiele gietwerk en vanwege de lood-tinlegering waarvan het overgrote deel van de insignes is gemaakt, bestaat de collectie uit zowel gave als fragmentarisch bewaard gebleven insignes. Voor het grootste deel zijn deze vervaardigd in de veertiende en vijftiende eeuw, met een afsluiting omstreeks 1530/1532 toen het Verdronken Land van Zuid-Beveland door verwoestende overstromingen ontstond. Omstreeks die tijd hebben in de Nederlanden ook politieke en religieuze beroeringen hun invloed doen gelden, leidend tot het afnemen van het gebruik van vooral de religieuze draaginsignes. Wat profane insignes betreft, deze waren toen al uit de mode; deze blijken na het midden van de vijftiende eeuw weinig meer in gebruik te zijn geweest.

Zoals elders zal worden aangeduid lijkt het er op dat de Sint-Elisabethsvloed van 1421, toen ook het zuidwestelijke deel van ons land en dus ook het Oosterscheldegebied door overstromingen geteisterd werd, grote schade moet hebben aangericht met alle gevolgen daarvan ook voor de bewoners van Nieuwlande en omliggende dorpen.

Was aanvankelijk het Verdronken Land van Zuid-Beveland voor het overgrote deel de herkomst van de verworven insignes, later zijn ook vele insignes afkomstig uit andere vindplaatsen aan de collectie toegevoegd. De toegenomen populariteit van de metaaldetector speelt daarbij zeker een belangrijke rol. De metaaldetectorzoekers weten handig gebruik te maken van grondverplaatsingen die nu eenmaal voortdurend plaatsvinden. Wanneer het dan geroerde grond betreft die afkomstig is uit voorheen luchtdicht afgesloten woonlagen bestaat een goede kans dat kleine metalen voorwerpen gevonden worden en daarmee ook insignes. Op het belang van zo volledig mogelijke documentatie van zulke vondsten is reeds gewezen.

Het ware toe te juichen wanneer een oplossing in deze gevonden zou kunnen worden door de instelling van een nationaal documentatiecentrum.

Het is opvallend hoeveel waardering er bij metaaldetectorzoekers bestaat voor de grote medewerking die zij ontvangen van de zijde van het Koninklijk Penningkabinet voor de mogelijkheid die door deze instelling geboden wordt om gevonden munten en penningen te determineren. Is het niet het overwegen waard om ook een 'Insignekabinet' in te stellen waaraan de Stichting middeleeuwse religieuze en profane insignes ook zou kunnen meewerken?

Uitgaande van een goede samenwerking tussen documentatiecentrum en vinder zou dan kunnen worden bereikt dat - beter dan thans het geval is - de zeer vergankelijke insignes worden gedocumenteerd en daarmee behouden blijven voor verdere studie. Het belangwekkende materiaal rechtvaardigt zeker een dergelijke oplossing.

Het in een periode van ongeveer vijftien jaar bijeenbrengen van zulk een omvangrijke verzameling religieuze en profane laatmiddeleeuwse insignes afkomstig uit Nederlandse bodem en veelal rechtstreeks afkomstig van de betrokken vinders die over geheel Nederland verspreid wonen, is geen eenvoudige zaak. Zulks was alleen maar mogelijk door de steun van vele anderen die in toenemende belangstelling kregen voor deze insignes. Pelgrimage spreekt tot de verbeelding en de vinder van een object denkt al heel gauw een echt pelgrimsinsigne gevonden te hebben. Men leeft mee met de bedevaartganger en met de barre avonturen die deze heeft moeten ondergaan op zijn tochten naar verre bestemmingen.

Met ingang van 1 Januari 1990 is een nieuwe monumentenwet in werking getreden die, wat de toekomst betreft, het zoeken en het vinden van kleine metalen voorwerpen met de detector er niet gemakkelijker op heeft gemaakt. Dat heeft ook repercussies op de verzamelaar die zich dient af te vragen of het nog wel mogelijk is voort te gaan met het documenteren en verzamelen van uit de Nederlandse bodem afkomstige voorwerpen, zelfs wanneer deze gevonden worden in geroerde grond.

Verreweg het grootste deel van de in de collectie opgenomen insignes is afkomstig uit geroerde grond, die naar elders is afgevoerd en gestort om bijvoorbeeld als ophoging te dienen. Men mag van de wetenschappelijk en professioneel werkende archeoloog niet verwachten dat deze zich letterlijk en figuurlijk gaat verdiepen in vondsten die zouden kunnen worden gedaan in grond afkomstig uit bouwputten van bijvoorbeeld Damrak en Rokin afgevoerd naar laaggelegen terreinen in Noord Holland of in de grond die met kranen uit de Rotterdamse spoorwegtunnel werd gegraven en werd afgevoerd ter opvulling van de Spoorweghaven.

Ik voel mij gerechtigd erover verheugd te zijn dat het fortuin vinder (en wetenschap) welgevallig was toen deze het 'Rad van Fortuin'-insigne (afb. 1036) met zijn metaaldetector tevoorschijn bracht uit een grondstort afkomstig uit een onderzoekput in Zierikzee. Want de grond uit die put was geroerd en werd na enkele dagen weer teruggestort.

Zou ons Rad van Fortuin, een type insigne waarvan tot dusverre geen ander exemplaar bekend is, toen niet gevonden zijn, dan zou dat insigne door corrosie binnen korte tijd onherroepelijk geheel zijn verpulverd.

Juist daarom leek het zinvol de inmiddels tot 1036 insignes uitgebreide publikatie, met dàt insigne af te sluiten in het vertrouwen dat vele lezers van 'Heilig en Profaan' geïnteresseerd zullen zijn in wat hier wordt gepresenteerd.

# I INSIGNES, RELIGIEUS EN PROFAAN

*A.M. Koldeweij*

'bien ait qui ma fet, qui me vent et qui me porte', 'heil voor degene die mij vervaardigde, die mij verkoopt en die mij draagt' is het opschrift van een lood-tinnen draagspeld met de beeltenis van Maria, die in de vorige eeuw in de Seine te Parijs werd gevonden, naar Victor Gay vermeldde in zijn befaamde 'Glossaire'. Het opschrift van dit religieuze sieraad wijst ondubbelzinnig op de betekenis die werd gehecht aan dit goedkope, in massa-produktie tot stand gekomen speldje: kwaadafwerend en gelukbrengend.

Onder de titel 'laatmiddeleeuwse insignes' wordt in de hier voorliggende publikatie een selectie gepresenteerd van 1036 in hoofdzaak lood-tinnen 'insignes' uit een beduidend omvangrijker verzameling op dit gebied. Deze laatmiddeleeuwse, en-masse en goedkoop geproduceerde draagtekens vormen een tot op heden als visuele bron, als object van kunst- en cultuurhistorische studie, sterk ondergewaardeerde maar ongelooflijk rijke categorie objecten. Deze 'insignes' maken deel uit van de beeldtaal die in de late middeleeuwen werd gebruikt voor de presentatie van het individu: individuen en groepen maakten en maken gebruik van attributen en symbolen ten einde zichzelf te voorzien van een bepaald imago. Dit imago bevestigt en/of benadrukt de positie die het betreffende individu binnen de maatschappij inneemt dan wel in wenst te nemen. In de Westerse wereld is deze beeldtaal, generaliserend gesteld, gebaseerd op drie traditios, de klassiek-profane, de bijbelse en christelijk-religieuze, en als derde, het lastigst te benoemen, die van de eigen volkscultuur waarin geloof en bijgeloof onlosmakelijk met elkaar zijn verweven. Deze drie elementen zijn al in de middeleeuwen, waar de basis ligt van de Westerse symbooltaal zoals die tot op heden doorloopt, niet absoluut van elkaar te scheiden en dikwijls blijkt zelfs dat het samenvallen of overlappen van beelden en betekenissen essentieel is (denk bijvoorbeeld aan zowel de bijbelse als klassieke grondslag voor het door de Bourgondiërs gekozen symbool van het Gulden Vlies).
Het meeste onderzoek tot op heden betreffende dergelijk gebruik van attributen en symbolen, richtte zich op de Westerse vorsten, vorstenhuizen en staatsinstellingen.[1] Onderzoek naar de 'insignia', de symbolen en attributen van lager geplaatste waardigheidsbekleders en van overheden van verschillend niveau, is nog maar

ternauwernood geschied. Ditzelfde geldt voor de beeldtaal waarvan grotere bevolkingsgroepen zich bedienden voor hun symbolen en attributen, die deels - en als beslist belangrijk aspect - een afspiegeling vormen van die van hogere sociale groepen, deels daaraan parallel lopen en voor een gedeelte 'origineel' zijn of in totaal andere bronnen hun oorsprong vinden. De 'insignia' uit de late middeleeuwen en het begin van de nieuwe tijd, de periode van de twaalfde tot het midden van de zestiende eeuw, betreffen aldus enerzijds kostbare unica in edelmetaal, al dan niet gecombineerd met afwijkende precieuze materialen, anderzijds gaat het om en-masse en goedkoop geproduceerde, over zo groot mogelijke bevolkingsgroepen verspreide insignes, draagtekens en sieraden.

De hierna catalogusgewijs gepresenteerde profane en religieuze insignes behoren tot een categorie historisch materiaal die als laatmiddeleeuws 'massagoed' als het ware de zelfkant vormt van de middeleeuwse 'insignia' en dit in verschillende opzichten, uiteenlopend van materiaal, vakmanschap en artistieke kwaliteit tot de thematiek van beeld en boodschap. Nader onderzoek van dit 'massagoed' zal op verschillende punten innoverend zijn en zal verrassende, deels zelfs shockerende resultaten opleveren die tot bijstelling zullen leiden van de gebruikelijke visie op de laatmiddeleeuwse cultuur, met consequenties voor vroegere en latere periodes. Met name twee meer spectaculaire aspecten wil ik hier noemen, die in dit boek slechts zeer ten dele aan de orde kunnen komen en die in de toekomst terrein van nader onderzoek zullen moeten worden:
1. Verrassend en volstrekt onbelicht tot op heden, is het aspect van de vroege massaproductie van cultuurgoed in de vorm van insignes, betekenisdragende sieraden, hetgeen grote consequenties heeft voor de verbreiding van beelden en ideeën in de onderhavige periode: sociaal noch geografisch beperkt, een fenomeen dat traditioneel pas in de de vijftiende eeuw en later wordt gesitueerd namelijk gekoppeld aan de opkomst van hout- en metaalsnede, op de voet gevolgd door de boekdrukkunst.[2]
2. De duiding en publikatie van een grote groep sieraden met sexuele onderwerpen in een ongelooflijke variëteit en abstractie, met name daterend uit de late dertiende tot de vroege vijftiende eeuw, biedt een nog nagenoeg onbekend facet van de (volks-)cultuur en noopt tot een nieuwe visie op de houding tenminste in de onderhavige periode ten aanzien van het afbeelden van het sexuele.[3] Opmerkelijk is dat ook bij deze

categorie een in elkaar overgaan van de eerder genoemde tradities te constateren valt: klassieke themata, die in de toepassing als in serie geproduceerd goedkoop 'sieraad' een sterker erotisch karakter krijgen dan in elke andere context (zie bijvoorbeeld afb. 539). Meer in het algemeen zal dit 'sexuele' materiaal voeren tot herziening van onze ideeën over het christelijke en 'heidense' van de beschaafde Westerse wereld; deze beeldcultuur lijkt aan te geven dat elementen van volksgeloof waarvan verondersteld wordt dat ze in de elfde en twaalfde eeuw definitief onder invloed van het christendom waren verdwenen, in de daarop volgende eeuwen nog volop floreerden. Bovendien blijkt het essentieel om een specifieke plaats in te ruimen voor het visuele, voor symbool en attribuut, bij de bestudering van de magie en het volksgeloof van de late middeleeuwen en de vroege nieuwe tijd, hetgeen tot op heden slechts uiterst marginaal aan de orde werd gesteld.[4]

Het laatmiddeleeuwse 'sieraad' - dat bij uitstek een betekenisdrager was - kan centraal worden gesteld in het antwoord op een aantal essentiële vragen die betrekking hebben op de historische beladenheid van visueel materiaal, de taal van visuele beelden, het functioneren van het visuele beeld en de verbreiding in tijd en ruimte van vorm, symbool en teken. De kunsthistorische discipline zal voor het vereiste nadere onderzoek uitgangspunt zijn; de opgeroepen vragen strekken zich evenwel naar andere vakgebieden uit en eisen een interdisciplinaire aanpak.


In de late middeleeuwen vormt het betekenisdragende sieraad of 'insigne' een belangrijk aspect van de beeldcultuur. Lieden van alle rangen en standen tooiden zich met hetzij goedkope, hetzij uiterst kostbare spelden en hangers, waaraan door de drager en beschouwer een 'meerwaarde' werd toegekend. Uiteraard speelde, zoals dat tot op de dag van vandaag zou blijven, het status-aspect een grote rol: welstand was letterlijk afleesbaar.
De betekenis en beladenheid van sieraden, en dus van het dragen ervan, lag echter op een ander vlak. Dit impliceert de feitelijke onjuistheid van de gebruikte term: de primaire funktie van het 'sieraad' was niet sierend, maar apotropaeisch: kwaad te weren en geluk te brengen. Anders gezegd, het gaat om amuletten in zeer brede zin van het woord, waarbij sterk uiteenlopende aspecten de boventoon konden voeren. Voor de middeleeuwer was de primaire functie van religieuze en profane, van christelijke en niet-christelijke insignes niet wezenlijk verschillend. De 'taal' van de in onze ogen veelal erotische, anecdotische of profaanzinnebeeldige voorstellingen was anders dan die van religieuze verbeeldingen -christelijke symboliek, heiligen en/of hun attributen-, echter niet de uiteindelijke betekenis en de toegekende waarde.[5]

Opmerkelijk en tot nu toe volstrekt niet onderkend, is dat de periode van de late twaalfde tot de veertiende eeuw een enorme variëteit kende aan en-masse geproduceerde 'sieraden', waarbij de christelijke insignes ten opzichte van de overige amuletten misschien zelfs numeriek een ondergeschikte plaats lijken in te nemen. In de loop van de veertiende eeuw verandert dit beeld drastisch en in de vijftiende en eerste helft van de zestiende eeuw komen nog nagenoeg uitsluitend christelijke en geleidelijk ook meer 'klassieke' insignes voor naast ogenschijnlijk abstracte tekens en figuratieve sieraden als bijvoorbeeld muntspelden. Dit beeld is vooralsnog bijna uitsluitend af te lezen van archeologisch vondstenmateriaal als het hier gepubliceerde (afb. 1 - 1036). Deze selectie is slechts een deel, zij het een uitgelezen deel, van de vele duizenden, naar grove schatting wellicht zo'n 5000 complete of fragmentarisch bewaard gebleven tinloden insignes, daterend van de late twaalfde tot het midden van de zestiende eeuw, die de afgelopen twintig jaar in Noord- en Zuid-Nederland zijn gevonden. Ander visueel bronnenmateriaal (met name geschilderd en getekend) kan een dergelijk overzicht of zo'n ruim beeld niet bieden gezien de per definitie relatief late ontstaansperiode daarvan, namelijk de vijftiende en zestiende eeuw, maar bevestigt de geschetste situatie voor dat tijdvak.
Vondstenmateriaal dat tot op heden elders in Europa tevoorschijn is gekomen, biedt uiteraard ondersteuning voor de aan de hand van de recente en talrijke Nederlandse vondsten te trekken conclusies; enerzijds gaat het om kwantitatief misschien vergelijkbare, maar oude (dus archeologisch geheel niet of volstrekt onvoldoende gedocumenteerde) complexen - Parijs, Seine; Rouen, Seine; Noordwest Duitsland, Weser; Antwerpen, Schelde -, anderzijds om weliswaar recente maar betrekkelijk incidentele vondsten.
Overigens moet worden geconstateerd dat de boven gepresenteerde hypothese lijkt te gelden voor het Noordwest-Europese vasteland, maar niet voor Engeland. De grotere vondstcomplexen daar -Londen, Thames; Norfolk, Purfleet; Salisbury- tonen voor de vijftiende en zestiende eeuw een beeld dat, behalve enkele essentiële verschillen, in grote lijnen overeen-

komt met dat van het continent; de daaraan voorafgaande periode lijkt essentieel verschillend.

Komend onderzoek zal zich moeten richten op de verschillende aspecten van het 'insigne' in de late middeleeuwen en de renaissance, met gebruikmaking van een breed scala van bronnenmateriaal. De hierna puntsgewijs geschetste, onderling uiteraard samenhangende thema's zouden daarbij aan de orde moeten komen.
- Individuele duiding en datering van 'insignes'.
- Behandeling van vondstcomplexen, het 'totaalbeeld' dat een lokatie, een stad, een streek oplevert, uiteraard gerelateerd aan de tijdsfactor.
- Geografische verspreiding: produktiecentra en verspreidingsgebied. Met name voor pelgrimsinsignes is dit met grote nauwkeurigheid te bepalen; pelgrimstekens kunnen vermoedelijk tevens als 'gidsfossielen' dienen voor verwant materiaal.
- Unica en massaproduktie. Enerzijds de incidenteel en in enkelvoud of uiterst kleine serie vervaardigde luxueuze 'insignes', anderzijds de voor de massa in grote aantallen aangemaakte tekens, en hun onderlinge verhouding. Duidelijk gedocumenteerde voorbeelden bieden wederom de pelgrimstekens: voor de elite vervaardigde kostbare unica, voor de gewone pelgrim in grote oplagen vervaardigde massaprodukten (van jaarlijks enkele dozijnen tot een hoogtepunt in de vijftiende eeuw met produktie en verkoop van vele tienduizenden exemplaren per seizoen).
- Thematiek en beeldtaal zijn voor de unica en het massaprodukt gelijk, de materiële uitwerking is verschillend. Cultuurhistorisch is belangwekkend dat aldus alle sociale lagen bereikt werden door en gebruik maakten van dezelfde beeldtaal. Als voorbeeld: de vorstelijke muntspeld van goud of zilver was voor het volk bereikbaar in de goedkope tinloden equivalent; de vorsten kochten edelmetalen pelgrimsinsignes, terwijl voor de arme pelgrims het tinloden gietwerk beschikbaar was.
- Deze vroege massaproduktie, waarvan sinds de late twaalfde eeuw sprake is en die haar hoogtepunt lijkt te hebben in de veertiende en vijftiende eeuw, heeft tot nog toe niet onderkende consequenties voor de geografische verspreiding van beeldthema's. Ter illustratie een pelgrimsteken als voorbeeld: vroege en identieke insignes met de voorstelling van de annunciatie, vermoedelijk uit Nazareth (late twaalfde en dertiende eeuw) werden in middeleeuwse context aangetroffen op Walcheren, te Parijs, Londen, Visby (Zweden), Middelburg, Amsterdam (afb. 522) en in Tyrus (Soer,

Libanon).[6] De annunciatie, zoals op dit insigne voorgesteld, is afgebeeld volgens een beeldtype dat juist in deze periode algemeen in de christelijke wereld verbreid raakt en bijna stereotiep wordt: de conclusie lijkt onontkoombaar dat de insignes ten grondslag liggen aan deze beeldverspreiding. De aldus aangetoonde internationale contacten blijven bovendien niet beperkt tot iconografische aspecten, maar staan voor een veel bredere uitwisseling van cultuur. Spectaculair in velerlei opzicht is bijvoorbeeld de recente ontdekking te Amsterdam/Diemen van de oudste tot op heden teruggevonden pelgrimsampulla van Thomas Becket uit Canterbury: archeologisch gedateerd in het laatste kwart van de twaalfde eeuw is dit 'pelgrimsteken' een uitzonderlijk vroege getuigenis van de bedevaarten naar de in 1174 (!) heiligverklaarde Thomas.[7]
- Niet relevant bij de massa-geproduceerde profane en religieuze insignes, is de symbolische betekenis van het toegepaste materiaal. Wel is dit aspect, naast de duiding van de vorm en het voorgestelde, van essentieel belang bij de meer kostbare 'sieraden', zeker wanneer daar sprake is van toepassing van edelgesteente, kleurrijk emaille en/of exotische materialen.[8] Voor de eenvoudiger insignes speelt dit aspect vanzelfsprekend wel een rol wanneer er sprake is van imitatiestenen en dergelijke, en van beschildering. In ander opzicht is metaalanalyse wel van belang. Immers geeft het gebruik van grondstoffen indicaties, hoe lastig te interpreteren ook, over herkomst en produktie-methoden (zie hoofdstuk Technische aspecten, p. 16-25).
- Naturalia als pelgrimsinsignes vormen binnen het geheel van deze devotionalia een aparte groep. Het meest bekend is uiteraard de schelp (Pecten Maximus L.) als verwijzing naar Jacobus de Meerdere en naar Santiago de Compostela (afb. 204 - 205). De groep van naturalia is evenwel uitgebreider, bijvoorbeeld palmtakken voor Jeruzalem en het Heilige Land of, minder bekend en nader te onderzoeken, pennen van stekelvarkens voor Loreto. Grenzend aan de categorie van de naturalia als pelgrimsinsignes zijn de tatouages die men in het Heilige Land placht aan te laten brengen of het - tot in de vroegchristelijke tijd te traceren - gebruik op de gewijde lokatie gesmolten was in de handpalm te gieten en het bezoek aldus te bezegelen.[9]
- De interpretaties op de verschillende aspecten zijn doorgaans onderling nauw verbonden en zullen dikwijls ook verder reiken dan strikt de al dan niet religieuze insignes. Als voorbeeld met een wel zeer voor de hand liggende duiding: de roodgeschilderde insignes uit het bedevaartsoord Wilsnack (Brandenburg) als

verwijzing naar aldaar vereerde miraculeuze hosties, die bloedend in het puin van de afgebrande dorpskerk waren teruggevonden (zie afb. 130 - 137); een geheel in rode vodden gehulde bedelaar/pelgrim op een altaarstuk van Hans Borneman uit 1444 (Lüneburg, Ev.-luth. Gemeinde) komt door het feit dat hij een dergelijk Wilsnack-insigne draagt, voor een aanzienlijk beladener duiding in aanmerking dan op het eerste gezicht het geval lijkt te zijn.[10]

- Het laatste hier te noemen onderzoeksterrein betreft de oorsprong van het broederschapsinsigne, ordeteken, beroepsinsigne (variërend van bedelaarspenning tot insignes van het Gulden Vlies en de Kouseband), waarvan de vroegste voorbeelden vallen binnen het hier geschetste gebied. Het lood-tinnen Franse leliën-schild met koningskroon (afb. 769), of het wapen van Maximiliaan I met keizerskroon, Bourgondisch stammenkruis en keten van het Gulden Vlies (afb. 768) zal ongetwijfeld imiterend bedoeld zijn dan wel hebben gefunktioneerd bij partijvorming op het laagste niveau. Lood-tinnen hoorntjes werden door questierders die in bedelprocessies over grote afstanden met relieken van Hubertus rondtrokken, uitgereikt aan gelovigen die zich in de broederschap van St.-Hubert-en-Ardenne lieten inschrijven (vergelijk afb. 935 - 938).[11] Ook het latoenkoperen gestanste insigne met het opschrift 's iop orden' zal in een dergelijke sfeer moeten worden bezien (afb. 242). Intrigerend zijn voorts de al vroeg voorkomende, ogenschijnlijk van de oorspronkelijke betekenis losgeweekte goedkope en in serie aangemaakte 'imitaties' van dergelijke ordetekenen: als voorbeeld de lood-tinnen schutters-vogels in miniatuur, kennelijk kopieën van de kostbare koningsinsignia van de schuttersgilden (afb. 694 - 699).

Schriftelijke bronnen en het visuele bronnenmateriaal dat wordt gevormd door de teruggevonden insignes vullen elkaar aan en vormen te zamen een schier onuitputtelijke cultuurhistorische bron. Te analyseren valt een zeer uiteenlopende thematiek, religieus dan wel profaan, van geloof tot bijgeloof, van verheven tot platvloers. Vanuit detailstudie zal de bestudering van dit laatmiddeleeuwse massaprodukt ook in bredere zin naar resultaat leiden. Als proeve daarvan mag wellicht de vergelijking dienen, die in het essay op p. 110-114 wordt uitgewerkt, tussen de opmerkelijk marge-deco-ratie van een Rozenroman-handschrift en enkele van de erotische insignes, leidend tot een funktie- en betekenisbepaling van de sexuele speldjes, niet in meer algemene en antropologische termen, maar vanuit de directe historische context.

De objecten vormen de materiële getuigenis van gedragspatronen, die als patronen pas reconstrueerbaar worden uit een veelheid aan gegevens: een opeenstapeling van wat curiosa of lokale wetenswaardigheden lijken, kan een bouwwerk worden. Het object kan de toevallige schriftelijke bron, en de schriftelijke bron het toevallig tevoorschijn gekomen object uit zijn isolement halen. Bijvoorbeeld krijgt de vermelding van de Heilig Sacramentdevotie te Boxtel aanzienlijk meer perspectief door confrontatie van de verschillendsoortige informatie: voor het eerst worden hier twee, deels bloedrood beschilderde insignes gepresenteerd van het Heilig Bloed-wonder als getuigenis van devote tochten uit Sluis en Dordrecht naar Boxtel (afb. 123, 124). Een nauwgezet geadministreerde veroordeling tussen 1452 en 1458 tot een strafbedevaart vanuit Lier vertelt bijna ditzelfde op andere wijze:[12] '1 pelgrimagie ten heyregen bloede te boxtel ende goede brieve daer af over brengen' hetgeen werd uitgevoerd want toegevoegd werd de notitie 'satisfecit de peregrinacione'.

En ter afsluiting, in uitzonderlijke gevallen hoeven de insignes zelfs niet bewaard te zijn om hun cultuurhistorisch verhaal te doen, zoals het hier volgend curieuze citaat bericht over een sober lood-tinnen Maria-insigne dat de heilige koning Lodewijk XI van Frankrijk ooit nederig op zijn hoed placht te dragen. In 1620 werd over het rariteitenkabinet van Fontainebleau genoteerd: 'Du Cabinet de curiosités: J'ay mémoire, qu'il y a environ vingt ans, que l'on m'y montra une petite image de plomb représentant la Vierge, que l'on tenoit estre la mesme que Louis XI portoit ordinairement à son chapeau, de laquelle parle Philippe de Commines, au livre second de ses Mémoires, chapitre 8. Et de fait j'ay ouy dire à plusieurs anciens de ce lieu, qu'ils avoient appris que c'estoit la mesme: mais retournant voir ce cabinet depuis peu, ie ly ay cherché et ne l'ay pu trouver; ce qui me fait croire que comme elle estoit petite environ la longueur d'un doigt, elle peut estre égarée: elle estoit alors attachée au veloux de ces armoires (Père Daniel, Trésor des Merveilles de Fontainebleau)'.

noten

1. In dit verband moet in de eerste plaats worden genoemd Percy Ernst Schramm, Herrschaftszeichen und Staatssymbolik, Stuttgart 1954-1957 (3 dln) en ruimer over dit thema een reeks studies van zijn hand sinds Kaiser, Rom und Renovatio uit 1929 (Leipzig); vanaf 1962 bracht P.E. Schramm in samenwerking met Florentine Mütherich de reeks Denkmale der deutschen Könige und Kaiser (Stuttgart) uit. Een belangrijke Nederlandse bijdrage op dit gebied, maar in veel bredere zin, leverde Robert W. Scheller met zijn studies 'Imperial themes in art and literature of the early French renaissance: the period of Charles VIII', 'Ensigns of authority: French royal symbolism in the age of Louis XII' en 'Gallia cisalpina: Louis XII and Italy 1499-1508', in: Simiolus 12, 1981-1982, p. 5-69; Simiolus 13, 1983, p. 75-141; Simiolus 15, 1985, p. 5-60. Verder, en dat niet alleen chronologisch gezien, voert de recent verschenen studie Anne-Marie Lecoq, François Ier imaginaire. Symbolique & politique à l'aube de la Renaissance française, Parijs 1987. Weer terug bij de insignia, brengt ons de recente publicatie bij de gelijknamige tentoonstelling in het Louvre: Danielle Gaborit-Chopin, Regalia. Les instruments du sacre des rois de France. Les 'Honeurs de Charlemagne', Parijs 1987.

2. Frappant is dat er een direkte en oorzakelijke relatie ligt tussen beide vormen van massaproduktie van cultuurgoed: Gutenberg, die de losse drukletter ontwikkelde, hield zich eerder beroepsmatig bezig met de produktie van en-masse gegoten pelgrimsinsignes.
Köster 1956; Köster 1983 Gutenberg.
Ook in het recent verschenen monumentale werk van Hans Belting, Bild und Kult. Eine Geschichte des Bildes vor dem Zeitraum der Kunst, München 1990, p. 474-483, wordt de innoverende rol van de eerste mechanische beeldproduktie toegekend aan de 'Druckgraphik', waarbij Belting overigens het aanvankelijk beslist elitaire karakter (hof, adel, gegoede burgerij) van deze reproduktiemiddelen benadrukt.

Zo ook overgenomen in het 'Besprekingsartikel' van P.G.J. Post, Beeld en ritueel, Volkskundig Bulletin 17, 1991, p. 279-280. Belting kent elders in zijn boek en zeer terloops een vergelijkbare rol toe aan pelgrimstekens, zij het pas voor het eerste kwart van de zestiende eeuw (p. 507-508).

3. Vergelijk bijvoorbeeld de uitspraken hierover in het gezaghebbende Michael Camille, The gothic idol. Ideology and image-making in medieval art, Cambridge 1989, vooral p. 87-101 en 322-324.

4. Zie bijvoorbeeld Richard Kieckhefer, Magic in the Middle Ages, Cambridge 1989; Keith Thomas, Religion and the Decline of Magic, Londen 1971 (ned. vertaling Amsterdam 1989).

5. Recent werd deze stelling uitgewerkt door J.B. Bedaux. Bedaux 1989; Bedaux 1993.

6. Voor het eerst als zodanig geïdentificeerd: van Heeringen, Koldeweij & Gaalman 1987, p. 105-106.

7. van Reenen 1991. Vondst van de ampulla: herfst 1990.

8. Vergelijk hiervoor bijvoorbeeld de eerste publikatie van Dame Joan Evans: Magical Jewels, Oxford 1922.

9. Cynthia Hahn, Loca Sancta Souvenirs: Saeling the Pilgrim's Experience, in: Ousterhout 1990, p. 85-96.

10. Zie: Braunschweig 1985, Band I, cat.nr. 220 (H.G. Gmelin); van Heeringen, Koldeweij & Gaalman 1987, p. 54-56 nr. 3. Wilsnack (Mark Brandenburg), Heilig Sacrament.

11. Vroom 1993, p. 573, 578 n. 7.

12. van Cauwenbergh 1922, p. 212.

# III  TECHNISCHE ASPECTEN

*H.J.E. van Beuningen*

Denkend aan mijn jeugdjaren komen herinneringen op die mij terugbrengen naar het open haardvuur van het ouderlijk huis, toen de lange winteravonden werden gevuld met het opsmelten van de capsules van de wijnflessen die door mijn ouders en hun gasten waren geleegd. Verschillende vormen voor het gieten van de tinnen soldaatjes lagen gereed om, soms voorbewerkt met het roet van de vlam uit het – te – hoog opgedraaide petroleumstel, gevuld te worden met het uit een oude soeplepel komende gesmolten en dus vloeibare 'tin'. Helaas zijn die vormen niet meer beschikbaar en blijft alleen de herinnering over aan het voetvolk, de geknielde soldaat met het geweer in de aanslag, aan de vendelzwaaiers en de cavaleristen die daaruit zilverkleurig tevoorschijn kwamen.

Een toevallig tevoorschijn gekomen achttiende-eeuws recept voor het gieten van tinnen medailles vormt een mooie parallel voor deze jeugdherinneringen: de werkwijze van een pastoor die medailles maakte, tot profijt van zijn bedevaartkerk. In een register van het kerkarchief van Huizingen deelde de pastoor het volgende mee:

Om medalikens van Sint Jan en Sint Lenaert te gieten tot profijt onser kerk. Anno 1725. Heb ik gekocht van sekeren graveerder N. Blavier een metaele forme, om een permissie-pistool, voor onse kercke, met sijn toebehoorte 2 ijzeren lepels.

1. Koopt oude engels teljoren, smelt die in den grooten ijseren lepel op een cassoor wel met boskolen versien.
2. Als 't tin wel gesmolten is zoo dat het begint te gloeien of vos te sien (want anders sal 't niet vloeyen in de vorme),
3. neemt dan de vorme, eerst wat berookt in den damp (maer niet vlam) van een brandende keerse of lamp,
4. begint dan te gieten met het kleyn ysere lepelken eerst oock gloeyende ofte door heet,
5. schept ieder keer een luttel gesmolten tin niet langs het totjen van 't lepelken (dat altijt moet suyver blijven) maer langs den anderen kant,
6. Al en treffen de medalien in 't eerste niet, hernieuwt soo langh tot dat de forme proportioneel door heet is, dan en sal 't niet meer mankeeren, maar 't vier moet altijd wel voorzien sijn.

(Eigen Schoon en De Brabander, 1939, p. 329)

Dat verhaal komt geheel overeen met de eigen herinneringen, ook al zal er een wezenlijk verschil hebben bestaan in de metaalcompositie van de gebruikte engels tinnen teljoren en de flescapsules. De produktie van pelgrimstekens, devotiemedailles en profane insignes was in een verder verleden in principe ook al hetzelfde, zij het dat dit in druk bezochte pelgrimsplaatsen uiteraard wel meer professioneel was georganiseerd. Op het toegepaste gietprocédé gaan wij hier eerst in, waarna we aandacht zullen besteden aan het gebruikte materiaal.

## Gietvormen

Men zou mogen verwachten dat, met de vele verschillende typen religieuze en profane insignes die tevoorschijn zijn gekomen, ook regelmatig de vormen zouden zijn gevonden waarmee die insignes werden vervaardigd.

Ook wanneer men Europa in het geheel als maatstaf neemt, is het verbazingwekkend dat er slechts zo weinig vormen bewaard zijn gebleven. Voor zover bekend zijn vooral vormen gebruikt vervaardigd uit leisteen waarin de afbeelding van het te gieten insigne gemakkelijk kon worden uitgesneden. Dat dit grote deskundigheid vereiste moge duidelijk zijn. Het is bekend dat goud- en zilversmeden opdrachten kregen zulke gietvormen te snijden. Aangezien leisteen waaruit zulke vormen vervaardigd werden, een betrekkelijk onvergankelijk materiaal is, zou men mogen veronderstellen dat verschillende exemplaren, gaaf of fragmentarisch, bewaard zouden zijn gebleven. Forgeais beeldt een aantal gietvormen af die gevonden zijn in de Seine. Er moeten daar toen meer exemplaren gevonden zijn die Forgeais voornemens was om te publiceren. Daar is het helaas niet van gekomen zodat het ons ook onbekend is in hoeverre het vormen betrof, bestemd voor het gieten van religieuze of van profane insignes. Ook dient in aanmerking te worden genomen dat het bij de Seine-vondsten vooral ging om vormen uit het bezit van goud- en zilversmeden die in werkplaatsen en winkels gevestigd op de bruggen over de Seine actief waren. Hier komt dan ook de vraag naar voren in hoeverre het bij de religieuze objecten ging om insignes betrekking hebbend op specifieke heiligen en/of bedevaartplaatsen. Een afgebeelde vorm bestemd voor het gieten van crucifixen zal waarschijnlijk voor de productie van kruisjes ten behoeve van meer algemeen handelsgebruik bestemd zijn geweest. Uit Nederland zijn geen vormen bewaard gebleven die voor het gieten van religieuze insignes gebruikt wer-

Keerzijde afb. 542

Keerzijde afb. 579

Keerzijde afb. 581

Keerzijde afb. 621

Keerzijde afb. 619

Keerzijde afb. 767

Keerzijde afb. 298

Keerzijde afb. 412

den. Wel is een aantal vormen gevonden die gebruikt zijn voor het gieten van knopen, gespen en penningen. Afgezien van enkele toevalsvondsten aan de oppervlakte van het Verdronken Land van de Oosterschelde is een aantal andere vormen tevoorschijn gekomen omdat tijdens het zoeken de metaaldetector aansloeg op de metaalresten welke in de vorm waren achtergebleven. Zonder dat zou de kleur van de steen waarin de vormen gesneden zijn tot gevolg hebben gehad dat de bewerkte leisteen waarschijnlijk niet zou zijn opgemerkt. De vrij primitieve vorm van de gietmallen voor deze gebruiksvoorwerpen doet veronderstellen dat een lokale handwerksman zich daar mee heeft beziggehouden.

Hiervoor werd gebruik gemaakt van veelal secundair gebruikte brokken leisteen afkomstig van oorspronkelijk grotere gietvormen waarvan helaas niet kan worden vastgesteld waarvoor deze oorspronkelijk bestemd waren.

Al met al is slechts één gietmal bekend die in Reimerswaal in de loop van de achttiende eeuw gevonden is waarin insignes werden gegoten met aan de ene zijde de afbeelding van Maria met haar Kind en aan de andere zijde de apostelen Petrus en Paulus met hun gebruikelijke attributen ('Heiligen uit de modder', afb. 10; zie afb. 472). Helaas is deze uit twee delen bestaande gietvorm verloren gegaan en resten ons slechts twee aquarellen met de afbeelding 'der Steene vormen gevonden op de slikken van Romerswale' die zich thans in het Rijksarchief in Zeeland bevinden (Verzameling Prov. Zeeuwsch Genootschap, Zelandia Illustrata 490 I en II).

Op deze aquarellen worden drie complete - derhalve steeds uit voor- en achterzijde bestaande - vormen afgebeeld. Dit wijst erop dat de vormen bijeen gevonden moeten zijn. Was de eigenaar van die vormen een tinnegieter die produkten van verschillende aard vervaardigde?

Afgezien van de eerder genoemde vorm heeft de andere gediend voor het gieten van penningen met aan weerszijden afbeeldingen van onder andere letters in gotisch lettertype (M, V en T) en zwaarden. Een daarmee vergelijkbaar type is gevonden in Nieuwlande, en een andere in Westbroek (U.), afb. 983. Deze laatste vorm, eveneens bestemd voor het gieten van penningen met letters, wordt ook elders besproken (p. 314). De derde vorm werd gebruikt voor het gieten van handvaten bestemd voor het aanzetten aan tinnen kannen. De vormgeving van het handvat duidt op een datering eind veertiende of begin vijftiende eeuw. Het is de vraag of de vorm bestemd voor het gieten van de

ronde penningen met de afbeeldingen van Maria, Petrus en Paulus bestemd is geweest om daarmee draaginsignes te vervaardigen, dan wel dat het hier om penningen ging. Men moet dat laatste aannemen omdat in de vorm geen ruimte voor het benodigde draagoogje aanwezig is. Uiteraard is het ook mogelijk dat na het gieten van de penning een draagoogje werd aangezet. Het insigne afgebeeld in 'Heiligen uit de modder' (afb. 9) gevonden in Londen (Anchor Pub, Southwark) afkomstig uit de collectie Mitchiner heeft wèl een draagoogje. Dat insigne kan trouwens nooit gegoten zijn in de vorm die in Reimerswaal gevonden werd omdat volgens de afbeelding Maria met haar Kind daar op een maansikkel gezeten is. Sedert 1987 zijn nu ook in Nieuwlande enkele insignes met draagoogje van dit type - dus zonder maansikkel - gevonden (afb. 472A en B). In dit verband merken wij op dat de kerk van Reimerswaal gewijd was aan Petrus en Paulus en dat daar ook een Mariadevotie bestond. Zowel uit Middelburg, Rotterdam, Amsterdam en Dordrecht zijn uit leisteen vervaardigde vormen bekend. Wat de Amsterdamse vondsten betreft moge worden verwezen naar J. Baart in 'Opgravingen in Amsterdam' waar onder afb. 802 en 803 twee in 1970 in de grachtvulling van de Olofspoort gevonden vormen worden afgebeeld welke rond 1400 worden gedateerd. Eén vorm moet bestemd zijn geweest voor het gieten van een standaard met een opening in het midden en voorzien van vier voetjes, welke konden worden omgebogen, zodat daarop een heiligenbeeldje kon worden bevestigd. Er is een aantal van zulke standaardjes in Rotterdam en Nieuwlande gevonden waarop heiligenbeeldjes - o.a. Johannes de Doper met het Lam Gods - zijn bevestigd.

Uit Middelburg is een gietvorm van leisteen afkomstig met de vrij primitieve afbeelding van een met twee pijlen doorboord hart (afb. 908A - B). Ook hier betreft het vermoedelijk secundair gebruik van een oorspronkelijk voor een ander doel bestemde vorm. Opvallend is het in gotische letters aangebrachte opschrift 'MAL'. In dit verband moet worden opgemerkt dat er zowel sprake is van gietvormen als van mallen. Er is nog een aantal kleine vormen bekend afkomstig uit Middelburg en Dordrecht met daarin gesneden geometrische figuren. Voor het helaas slechts fragmentarisch bewaard gebleven deel van een in Nieuwlande gevonden vorm met daarin gesneden de afbeelding van een munt wordt verwezen naar afb. 810. In afwijking van het gebruikelijke patroon betreft het hier geen leisteen maar zeer fijnkorrelige steen. Mogelijkerwijze gaat het hier om Solnhofer kalksteen waarvan bekend is dat deze voor het vervaardigen van gietvormen gebruikt werd. Ook is uit Nieuwlande afkomstig de hier afgebeelde leistenen vorm met aan weerszijden ingesneden afbeeldingen. Aan de ene zijde betreft dit een dikke ring met daarin aangebrachte zig-zag decoratie met puntversiering in de hoeken. Aan de andere zijde worden op vrij primitieve wijze twee penningen afgebeeld naar voorbeeld van een 'groot' of 'vierlander' zoals tussen 1434 en 1474 in de Bourgondische Nederlanden in omloop was. Wederom is sprake van hergebruik van een vorm die oorspronkelijk voor ander gietwerk bestemd moet zijn geweest.

De twee hier afgebeelde penningen die in Nieuwlande gevonden zijn hebben zulke vergelijkbare kenmerken dat kan worden aangenomen dat deze in die vorm gegoten werden.

Er zijn in Nieuwlande betrekkelijk vaak afvalproducten gevonden die wijzen op het gietproces. Dat betreft onder meer gietproppen welke ontstaan op de plaats van de vorm waar het vloeibare metaal wordt ingegoten. Soms zijn zelfs nog enkele resten van het gegoten product aan die proppen bevestigd (afb. 984, 985). Bij het in Reimerswaal gevonden Ontcommer-insigne (afb. 297) zijn ook nog op enkele plaatsen gietresten aanwezig welke duiden op een onzorgvuldige afwerking van het gegoten insigne.

Het zo weinig voorkomen van gietvormen doet de vraag opkomen of er ook sprake kan zijn geweest van het gebruik van ander, meer vergankelijk materiaal. Dat zouden ook bronzen gietvormen geweest kunnen zijn welke, na in onbruik te zijn geraakt, werden omgesmolten. Uit Lödöse is een dergelijke bronzen gietvorm bekend welke rond 1300 wordt gedateerd terwijl in het British Museum een fragment van een vorm, vervaardigd uit koperlegering berust (MLA 56, 7-I, 2242) gevonden in Hartlepool, te dateren uit het midden van de veertiende eeuw met afbeeldingen van vogels en tevens van een Rad van Fortuin. Dit is echter niet zozeer een gietvorm als wel een stempelvorm. Het blijft een intrigerende vraag wie bijvoorbeeld de vele vormen bestemd voor het gieten van zoveel verschillende typen Adrianus-insignes heeft vervaardigd en of deze vormen van steen of metaal waren.

Wat werd met zulke vormen nadat deze buiten gebruik gesteld waren, uiteindelijk gedaan? Werden zulke vormen uitsluitend in Geraardsbergen als plaats van verering van Adrianus vervaardigd en gebruikt of waren er ook rondreizende - al dan niet geauthoriseerde - gieters en verkopers die met de verkoop van

hun produkten ook buiten die bedevaartplaats inkomsten verwierven?

De vondst in 1890 van een gietvorm bestemd voor het vervaardigen van insignes van Thomas Becket, afgebeeld als bisschop gezeten te paard, in Kingston-on-Hull, dus ver verwijderd van Canterbury waar deze heilige vereerd werd, geeft te denken (British Museum MLA 90, 10-2, I).

In de 'Waterschans', mededelingenblad van de geschiedkundige kring van stad en land van Bergen op Zoom, 1984-2 gaat Louis Hopstaken in een artikel over 'een vijftiende eeuws carnavalsinsigne uit de Oosterschelde' uitvoerig in op de wijze van vervaardiging van het molenaarsinsigne dat hier onder afb. 579 is afgebeeld.

Mij werd vriendelijkerwijze toegestaan de door L.Hopstaken vervaardigde tekening met als voorbeeld een gietmal die in gebruik moet zijn geweest voor het vervaardigen van dit molenaarsinsigne met de door hem gebruikte beschrijving hier over te nemen.

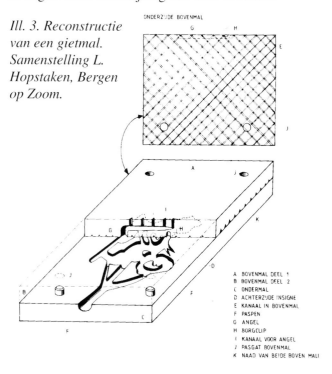

*Ill. 3. Reconstructie van een gietmal. Samenstelling L. Hopstaken, Bergen op Zoom.*

A BOVENMAL DEEL 1
B BOVENMAL DEEL 2
C ONDERMAL
D ACHTERZIJDE INSIGNE
E KANAAL IN BOVENMAL
F PASPEN
G ANGEL
H BORGCLIP
I KANAAL VOOR ANGEL
J PASGAT BOVENMAL
K NAAD VAN BEIDE BOVEN MALI

Voor het gieten werd een vorm van leisteen gebruikt waar in de ondermal een afbeelding was gesneden. De ondermal werd afgedekt met een sluitplaat waarin ook een gietkanaal was aangebracht. Het vloeibare metaal werd door het gietkanaal in de vorm gegoten waarbij de in de afgesloten vorm aanwezige lucht langs fijne kanaaltjes kon ontsnappen om plaats te maken voor het vloeibare metaal. Zoals op de afbeelding van de achterzijde te zien valt, bevindt zich daar de draagspeld. Deze werd door de kleding gestoken waarna een klein borgklipje ervoor zorgde dat het insigne op zijn plaats werd gehouden. De draagspeld werd in één keer met het insigne meegegoten wat op het eerste gezicht een moeilijk technisch probleem oplevert. Dit is opgelost doordat de sluitplaat uit twee delen heeft bestaan. De naad van beide helften loopt precies over het hart van de draagspeld wat nog te zien is aan de braampjes van de gietnaad op de achterzijde van het insigne. Verder valt op dat de draagspeld de verkeerde kant opwijst. Wordt het insigne gedragen dan wijst de draagspeld naar boven. De reden daarvoor is waarschijnlijk van technische aard omdat de bovenzijde van het insigne te zwak werd bevonden om als draagpunt te dienen. Om tijdens het gietproces de onderdelen van de gietvorm precies bijeen te houden zijn de verschillende onderdelen van de gietvorm voorzien van paspennen die pasten in daarvoor bestemde openingen.

Omdat de achterzijde van een insigne inzicht geeft in de toegepaste giettechniek en in de wijze van bevestiging van draagspelden, wordt hier een achttal afbeeldingen van verschillende achterzijden getoond (p. 17). Bij het insigne afb. 542 is het draagoog versterkt. Bij de insignes afb. 579, 581, 619 en 621 is de bevestiging van de draagspeld op die plaats van het insigne aangebracht, waar de metaalmassa het meest gemakkelijk naar toe kon vloeien. Bij die insignes is ook te zien dat aan de achterzijde gebruik is gemaakt van twee naast elkaar liggende sluitplaten hetgeen een gietnaad tot gevolg had. Op de achterzijde van deze vijf insignes zijn de fijne ontluchtingkanaaltjes die in ruitvorm zijn ingekrast, duidelijk zichtbaar. Het adelaarsinsigne afb. 767 heeft een oogje bestemd voor een beweegbare naald en een borgklip. Het Petrus-insigne afb. 298 duidt aan dat een opbollende contramal gebruikt moet zijn, hetgeen zuiniger materiaalverbruik tot gevolg heeft bij het sterk plastisch vormgegeven insigne.

Op de achterzijde van het Aarschot-insigne afb. 412 zijn de hier omgebogen bevestigingslipjes voor het aanbrengen van bijvoorbeeld een gekleurde achtergrond van papier of stof zichtbaar.

Het is te hopen dat er in de toekomst meer gietvormen - vooral die bestemd voor het vervaardigen van religieuze insignes - tevoorschijn zullen komen. Vindplaats en vondstomstandigheden zullen ons meer inzicht kunnen geven over het vervaardigen van insignes.

## Metaallegeringen

Om enigszins zicht te verkrijgen op de mogelijke resultaten van materiaaltechnisch onderzoek en om antwoord te kunnen geven op de veelvuldig gestelde vraag naar de samenstelling van het voor het gieten van insignes gebruikte metaal, werd besloten om contact op te nemen met het Centraal Laboratorium voor Onderzoek van Voorwerpen van Kunst en Wetenschap te Amsterdam.

De vraag en probleemstelling was of het mogelijk zou zijn om op grond van non-destructief onderzoek naar de samenstelling van de metaallegering vast te stellen of er bepaalde conclusies te trekken zouden zijn uit het voor de insignes gebruikte materiaal. Bestonden er bijvoorbeeld lokaal of regionaal bindende voorschriften voor de makers van insignes aangaande de metaalsamenstelling? Is er enige uniformiteit te ontdekken in de percentages van de hoofdcomponenten in de metaallegering? Ditzelfde geldt voor de aanwezigheid van de neven- en sporenelementen, voor zover deze met de te gebruiken apparatuur te detecteren zijn. Bij de hoofdcomponenten zal het gaan om het tin- en loodgehalte, de nevencomponenten bij tin-loodlegeringen zijn gewoonlijk koper, antimoon, zink en bismuth met sporen van ijzer, zilver en arseen.

Indien er een patroon zou worden vastgesteld, wat is dan het criterium of welke zijn de criteria die moeten worden aangelegd voor de interpretatie van de resultaten? Is dat de plaats van herkomst of de periode van fabricage dan wel de aard van het insigne, religieus of profaan? Als mogelijke uitkomsten van het onderzoek werden de volgende hypothesen besproken:

– er is geen enkele regelmaat te ontdekken in de samenstelling,
– er is een voorschrift of een algemeen geldende regel voor alle soorten objecten, niet aan tijd gebonden en onafhankelijk van de plaats van produktie,
– de samenstelling is tijdgebonden, er zijn verschillende samenstellingen te herkennen in verschillende perioden,
– de samenstelling is afhankelijk van het soort object: insignes, religieus of profaan, ampullen, kinderspeelgoed en dergelijke,
– de samenstelling is gebonden aan een produktiecentrum; waarschijnlijk alleen vast te stellen bij religieuze insignes, waarvan de produktieplaatsen bekend zijn; de pelgrimstekens zouden in dat geval als 'gidsfossielen' kunnen functioneren,
– de samenstelling benadert altijd de meest ideale verhouding voor legeringen van tin en lood, te

weten 61,9% tin en 38,1% lood. Deze legering heeft een relatief laag smeltpunt van 183 graden Celcius en is door de dan bereikte fijne kristalstructuur het meest geschikt voor het gieten van objecten.

Overleg met de heren P.R. Hallebeek en E. Moll van het Centraal Laboratorium resulteerde in het besluit dit onderzoek te laten uitvoeren aan hand van vijftig uitgezochte insignes die vervaardigd leken te zijn van lood-tinlegering, geelkoper, brons of zilver. De keuze viel op insignes behorende tot bepaalde, duidelijk herkenbare groepen religieuze insignes, onder andere Adrianus, Amersfoort en Wilsnack en tot groepen profane insignes zoals erotische insignes, miniatuurvoorwerpen en zogenaamde bustekopjes. Rekening werd gehouden met een geografische spreiding van de pelgrimsplaatsen waarvan insignes zouden worden onderzocht in het huidige Duitsland, Frankrijk, Spanje, België, Nederland en Engeland. Bovendien is gestreefd naar een chronologisch zo ruim mogelijk beeld.

Daarnaast werd aandacht besteed aan enkele verwante deelgebieden van onderzoek en analyse, zoals het bepalen van de samenstelling van de rode verfstof welke nog op enkele insignes bewaard is gebleven en van de samenstelling van het ragdunne glanzende metalen plaatje waarvan resten werden aangetroffen bij het insigne afgebeeld onder afb. 432.

Bij het onderzoek werd gebruik gemaakt van de Röntgen-Fluorescentie-Spectrometrie-methode (R.F.S.). Wij zijn de medewerkers van het Centraal Laboratoium zeer erkentelijk voor de prettige en zorgvuldige wijze waarop zij dit onderzoek hebben verricht. Het resultaat van hun onderzoek geeft een zeer opvallend verschil te zien in de samenstelling van het metaal van de onderzochte 48 insignes. Gebaseerd op een indeling van 44 insignes op grond van de tin-loodverhouding komt het Centraal Laboratorium tot de navolgende conclusie:

1 insigne bestaat voor 99,67% uit zuiver tin,
1 insigne bestaat voor 87,6% uit tin en 11,8% uit koper,
24 insignes bestaan voor meer dan 50% uit tin met variaties liggende tussen 50% en 65%,
13 insignes bestaan voor minder dan 50% uit tin met variaties liggende tussen 35% en 48%,
5 insignes bestaan bijna geheel uit zuiver lood met variaties liggende tussen 96% en 98%,
1 insigne bestaat voor 86,5% uit koper en 12% zink,

ijzer en arseen, dit insigne is verzilverd met zilver van 99,734% zuiverheid,

1 insigne bestaat voor 75% uit koper, 4% tin en 20% zink,

1 insigne bestaat voor 68% uit koper, 9% tin en 22% zink,

1 insigne bestaat voor 65% uit koper, 22% tin en 12% zink.

Het bijgevoegde overzicht (p. 23) geeft een beeld van de resultaten van het onderzoek gebaseerd op alle insignes die werden onderzocht.

Opgemerkt dient te worden dat in enkele gevallen de som van de percentages vastgestelde verschillende metalen boven 100% uitkomt. Zulks is het gevolg van onderzoek op verschillende plaatsen van een insigne. Hoewel de gegevens daarover ook bekend zijn, is afgezien van het aangeven van de minimale percentages aan sporen van andere aangetroffen metalen.

Kort samengevat kan worden vastgesteld dat de eerste hypothese – er is geen enkele regelmaat te ontdekken in de samenstelling – van toepassing is. Er komen grote variaties voor, zelfs bij eenzelfde type insigne. Als voorbeeld moge worden gewezen op de drie onderzochte insignes van Amersfoort, die gebaseerd op de aangetroffen verhouding tin en lood, het volgende beeld geven: afb. 436 (53%–47%), afb. 437 (38%–61%) en afb. 438 (58%–42%). Bij het toch al onduidelijke beeld vallen vijf insignes op die voor meer dan 96% uit lood zijn samengesteld. Dat betreft afb. 18 (Adrianus-insigne), afb. 135 (Wilsnack-insigne), afb. 146 (Cornelius-insigne), afb. 165 (Cunera-insigne) en afb. 245 (Johannes de Doper-insigne). Het tingehalte varieert tussen 0,2% en 2,6%. Wij mogen ons afvragen wat de oorzaak is van deze grote afwijkingen in de op zich toch min of meer gebruikelijke verhouding van ruim 60% tin en een kleine 40% lood (zie hiervoor ook Kurt Köster 1985 Braunschweig). De op zich vreemde vormgeving van het Wilsnack-insigne afb. 135, dat zozeer afwijkt van de gebruikelijke vormgeving, doet ons afvragen of dat insigne niet elders een plaatselijk produkt is geweest dat niets met de feitelijke Hostievering in Wilsnack van doen had. Zou het mogelijk zijn dat ook de andere vier uit bijna zuiver lood vervaardigde insignes buiten de bedevaartplaats vervaardigd zijn? Opgemerkt moet worden dat tegen deze mogelijke veronderstelling spreekt dat die vier insignes – in tegenstelling met het Wilsnack-insigne afb. 135 – in vormgeving en uitvoering niet afwijken van de gebruikelijke typen.

Op een overigens niet in dit boek afgebeeld fragment van een Wilsnack-insigne kwamen duidelijke rode verfresten voor die aanleiding gaven om ook daarvan de samenstelling te laten bepalen. Het Centraal Laboratorium stelde vast dat deze rode verfstof bestaat uit vermiljoen (kwiksulfide).

Toen het Akense insigne afb. 432, bestaande uit een omlijsting met daarin een dun gestansd koperen plaatje met de afbeelding van Maria met Kind, de tunica en een votiefscheepje in Rotterdam gevonden werd, bevonden zich achter de resten van een glasplaatje eveneens resten van een ragdun metalen plaatje waarvan de samenstelling ons interesseerde. Er is inmiddels een aantal van zulke insignes binnen omlijsting gevonden waar zich tussen twee plaatjes glas een dunne gegoten afbeelding bevindt met daarachter eveneens zulke ragdunne glanzende metalen plaatjes. De vraag rees of deze plaatjes mogelijkerwijze een spiegelfunctie zouden kunnen hebben gehad. Ons vermoeden bleek terecht en aan het rapport van het Centraal Laboratorium ontlenen wij dat de metaalfolie voor 100% uit lood bestaat en dat aan één zijde van de folie een spiegelende laag is aangebracht die de elementen silicium, kalium, calcium, ijzer, een spoor zink, lood en koper bevat. Deze combinatie van elementen is specifiek voor de samenstelling van een gemiddelde glassoort. Ook is het chloorgehalte in de spiegelende schilfers zeer hoog. Kennelijk is dit element uit het zeewater geabsorbeerd. De conclusie is dan ook dat er oorspronkelijk een zeer dunne glaslaag aanwezig is geweest, die deels opaque is geworden door chemische omzettingen ten gevolge van de absorptie van chloride. Met behulp van röntgendiffractie is getracht de kristalstructuur van de schilfers te bepalen. Gebleken is dat er geen kristalstructuur aanwezig is. Ook uit dit gegeven blijkt dat het hier om glas gaat aangezien glas niet kristallijn is.

Onder pelgrimsinsignes komen veelvuldig exemplaren voor met ronde, schildvormige of vierkante openingen die aan de achterzijde voorzien zijn van omgebogen lipjes. De inhoud is bijna steeds verloren gegaan maar het staat vast – en ook Kurt Köster heeft in zijn artikel over de insignes die Gutenberg vervaardigde daarop gewezen – dat binnen die openingen glazen plaatjes waren aangebracht die als spiegel functioneerden. Zulke spiegelinsignes speelden een belangrijke rol bij die vereringen die zulke toevloed van pelgrimsreiziger tot gevolg hadden dat de aanwezigen alleen maar vanuit de verte de toning van de relieken konden bijwonen. Door het beeld van die verering in de spiegel van het insigne op te nemen werd geacht dat ook

# METAALSAMENSTELLING INSIGNES

| INSIGNE | AFB. | INV. | METAALSAMENSTELLING | | | | |
| --- | --- | --- | --- | --- | --- | --- | --- |
| | | | LOOD | TIN | KOPER | ZINK | ARSEEN |
| ADRIANUS | 1 | 1469 | 46,6 | 52,5 | – | – | 0,6 |
| ADRIANUS | 14 | 0237 | 50,4 | 48,2 | – | – | 1,0 |
| ADRIANUS | 18 | 2124 | 97,7 | 0,7 | – | – | 1,5 |
| VENDOME (AMPUL) | 104 | 1891 | 0,1 | 99,7 | – | – | – |
| WILSNACK | 135 | 1386 | 96,9 | 1,7 | – | – | 1,4 |
| WILSNACK | 137 | 2475 | 53,3 | 45,7 | – | – | 0,8 |
| WILSNACK (FRAGMENT) | – | 0904 | 57,5 | 41,1 | – | – | 1,1 |
| WILSNACK (FRAGMENT) | – | 0904 | rode verfstof | – | vermiljoen | | |
| CLAUDE | 143 | 1976 | 1,0 | 87,6 | 11,8 | 0,5 | 1,0 |
| CORNELIUS | 146 | 1746 | 98,0 | 0,5 | – | – | 1,4 |
| CORNELIUS | 155 | 0524 | 56,8 | 42,4 | – | – | 0,7 |
| CUNERA | 165 | 1800 | 95,9 | 2,6 | – | – | 1,4 |
| JOHANNES DE DOPER | 245 | 1993 | 98,2 | 0,2 | – | – | 1,5 |
| KAREL DE GROTE | 266 | 0825 | 36,4 | 63,1 | – | – | 0,3 |
| LEONARDUS | 269 | 1922 | 45,0 | 54,3 | – | – | 0,3 |
| LEONARDUS | 273 | 1000 | 40,4 | 59,0 | – | – | 0,4 |
| LEONARDUS | 275 | 0862 | 52,1 | 47,1 | – | – | 0,5 |
| GOSLAR | 289 | 0593 | 54,3 | 44,2 | – | – | 0,4 |
| SINT NICOLAAS | 295 | 0083 | 1,3 | –,– | 86,5 | 12,1 | 3,9 |
| SINT NICOLAAS | 295 | 0083 | percentage verzilvering: 99,7 | | | | |
| PETRUS PAULUS | 299 | 1907 | 64,9 | 33,8 | – | – | 1,1 |
| PETRUS | 301 | 1332 | 0,4 | 22,1 | 65,1 | 12,3 | 3,1 |
| ROME | 309 | 1714 | 0,6 | 3,9 | 74,9 | 20,4 | 4,0 |
| QUINTEN/CORNELIUS | 316 | 0936 | 63,8 | 34,8 | – | – | 0,8 |
| QUIRINUS | 318 | 1281 | 32,8 | 65,2 | 0,4 | – | – |
| QUIRINUS | 325 | 1247 | 38,2 | 61,2 | – | – | 0,3 |
| SERVATIUS | 338 | 1732 | 48,3 | 51,0 | – | – | 0,4 |
| SERVATIUS | 353 | 0005 | 44,2 | 54,8 | – | – | 0,7 |
| THOMAS BECKET | 362 | 0772 | 36,3 | 62,7 | – | – | 0,7 |
| THOMAS BECKET | 368 | 1027 | 0,7 | 9,4 | 68,0 | 21,9 | 0,2 |
| UBALDUS GUBBIO | 370 | 0669 | 56,1 | 42,5 | – | – | 0,9 |
| AKEN | 422 | 1181 | 56,3 | 42,7 | – | – | 0,7 |
| AKEN (FOLIE) | 432 | 1983 | 99,1 | 0,1 | – | – | 0,6 |
| AKEN | 433 | 1995 | 36,2 | 62,7 | 0,1 | – | 0,4 |
| AMERSFOORT | 436 | 1662 | 47,0 | 52,7 | 0,3 | – | – |
| AMERSFOORT | 437 | 1641 | 60,8 | 37,8 | 0,1 | – | 1,0 |
| AMERSFOORT | 438 | 0145 | 41,6 | 57,8 | 0,3 | – | – |
| CHARTRES | 445 | 2130 | 43,6 | 60,2 | 0,3 | – | 0,1 |
| EINSIEDELN | 446 | 1392 | 58,9 | 39,9 | – | – | 0,9 |
| ROCAMADOUR | 473 | 0144 | 58,1 | 40,6 | – | – | 0,9 |
| PROFAAN-EROTISCH | 612 | 1842 | 45,0 | 54,0 | – | – | 0,7 |
| PROFAAN-EROTISCH | 636 | 0823 | 42,0 | 57,1 | – | – | 0,6 |
| PROFAAN-EROTISCH | 667 | 1744 | 38,9 | 60,7 | 0,2 | – | – |
| BUSTE BROCHE | 722 | 1893 | 43,8 | 55,1 | 0,2 | – | – |
| BUSTE BROCHE | 743 | 2488 | 39,4 | 59,9 | – | – | 0,4 |
| BUSTE BROCHE | 753 | 0968 | 46,8 | 52,0 | – | – | 0,8 |
| MUNTSPELD | 779 | 1478 | 41,6 | 57,4 | – | – | 0,4 |
| MUNTSPELD | 790 | 1486 | 37,4 | 62,1 | – | – | 0,2 |
| MUNTSPELD | 803 | 1284 | 44,1 | 55,5 | – | – | 0,2 |
| GESP BROCHE | 865 | 2450 | 35,5 | 63,5 | 0,1 | – | 0,2 |
| MINIATUUR KAN | 949 | 1625 | 49,1 | 49,4 | – | – | 1,1 |

de spiritule kracht van de getoonde relieken in dat insigne werd overgenomen.

Het zou een goede zaak zijn als, wanneer in de toekomst insignes gevonden worden waarin het glas en de achterzijde bewaard is gebleven, nieuw laboratoriumonderzoek zal plaatsvinden dat meer inzicht geeft in de samenstelling en produktiemethode van dergelijke spiegels.

De analyses van het Centraal Laboratorium leveren een zeer gemêleerd beeld op wat betreft de metaalsamenstelling van de lood-tinnen insignes. De eerste conclusie lijkt dan ook te zijn dat voor de aanmaak van insignes het willekeurige lood en tin werd benut dat voorhanden was. Helemaal juist is deze conclusie vermoedelijk niet. Immers slechts enkele van de onderzochte insignes bestaan voor 95 % of meer uit hetzij tin, hetzij lood; verreweg de meeste legeringen geven een grove half-om-half verhouding, min of meer voor de helft tin en voor de helft lood, waarbij een overigens niet heel grote meerderheid tin de grootste helft uitmaakt.

Kurt Köster publiceerde in 1985 drie insignes en twee ampullen die bij archeologisch onderzoek in Braunschweig waren gevonden. Bij deze vijf lood-tinnen bedevaartsouvenirs betrok hij enkele andere insignes ter vergelijking. Generaliserend stelt Köster dat door de gieters van de insignes zoveel mogelijk gebruik werd gemaakt van die verhouding lood-tin die een zo laag mogelijke smelttemperatuur oplevert. Ter verificatie van deze these werden de Braunschweiger vondsten en de meeste van de daar aangehaalde vergelijkbare insignes onderzocht op hun metaalsamenstelling. Dit leverde niet, zoals bij het Centraal Laboratorium gebeurde, een exacte bepaling van de percentages op omdat voor een andere onderzoeksmethode werd gekozen. De resultaten zijn, samengevat, als volgt:

Maria met Christuskind, begin 13de eeuw:
Noord-Duits ? benadert 69 % tin 31 % lood
vondst Braunschweig 1981; Braunschweig, Landesmuseum

Maria met Christuskind, 13de eeuw:
Noord-Duits ? ca. 69 % tin 31 % lood
vondst uit de Weser bij Bremen; Bremen, Focke-Museum

Maria met Christuskind, 13de eeuw:
Noord-Duits ? bijna volledig tin en zeer weinig lood

vondst Lübeck 1982; Lübeck, St.-Annen-Museum

Sint Servatius, begin 13e eeuw:
Maastricht, benadert 69 % tin 31 % lood
vondst Braunschweig 1981; Braunschweig Landesmuseum

Sint Servatius, begin 13e eeuw:
Maastricht, ca. 69 % tin 31 % lood
vondst uit de Weser bij Bremen; Bremen, Focke-Museum

Vera Icon, 1e helft 15de eeuw:
Rome (?) bijna 100 % lood
vondst Braunschweig 1979; Braunschweig, Landesmuseum

Ampulla, 2e helft 14de eeuw: lood
vondst Braunschweig 1978; Braunschweig, Landesmuseum

Ampulla, 14de/15de eeuw: tin
vondst Braunschweig 1973; Braunschweig, W. Bentzer

De conclusie van de technici Jürgen Ruge en Karl Thomas, die deze analyses maakten, was wat voorzichter dan de these van Köster: De ideale verhouding om een laag smeltpunt en een hoge vloeibaarheid te verkrijgen is 61,9 % tin en 38,1 % lood. Het smeltpunt ligt dan bij 183' C. Een bijkomend voordeel van deze legering is dat het metaal fijnkorrelig stolt.

Bij enkele van de onderzochte insignes werd de optimale legering benadert, de middeleeuwse handwerker wist kennelijk uitstekend waar hij mee bezig was.

De Engelse verzamelaar Michael Mitchiner, die een grote collectie insignes en verwante objecten bijeenbracht die voornamelijk in Londen werden gevonden, liet een groot aantal van deze analyseren door het Research Laboratory for Archaeology in Oxford door middel van röntgen-fluoriscentie. Mitchiner deed eerder ervaring op met metaalanalyse van historisch materiaal als rekenpenningen, onedele en zilveren munten en dergelijke, waarover hij ook publiceerde. In het door hem in 1986 uitgebrachte boek over zijn verzameling insignes publiceerde Mitchiner ruim 230 analyse-resultaten, waarvan er 2 zilver betreffen, ruim 50 een koperlegering en de overige lood en tin. Mitchiner's conclusies zijn wat betreft lood en tin als volgt. In de dertiende eeuw werd het merendeel van de Engelse ampullae en insignes vervaardigd uit tin met een hoge zuiverheid (meer dan 99 %). Relatief weinig insignes werden van lood-tin gegoten. In de veertiende eeuw varieert de legering van de insignes, maar benadert veelal de ideale verhouding van 62 % tin en 38 % lood; ampullen worden nog steeds van zuiver tin vervaardigd. In de vijftiende en vroege zestiende eeuw werden de insignes nog steeds in overgrote meerderheid van de ideale legering gegoten, een klein percentage van ruwweg 50 % lood en 50 % tin, en zeer weinige waren van lood. Wat de ampullen betreft komt er een ingrijpende wijziging: naast die van zuiver tin, worden er van zuiver lood vervaardigd; echter geen van de lood-tin-legering. Bovendien lijkt er een patroon naar produktieplaats onderscheiden te kunnen worden, in Londen blijven ze van tin, in East Anglia worden ze van lood gemaakt en elders ofwel lood ofwel tin.

Het vijftigtal analyses dat door het Centraal Laboratorium werd gemaakt, levert een beduidend warriger beeld op dan Mitchiner op grond van zijn vele analyses en Köster / Ruge & Thomas op grond van enkele analyses konden schetsen. De enige conclusie die de resultaten van de voor ons verrichte analyses toelaten, lijkt te zijn dat de praktijk lang niet zo ideaal was en veel pragmatischer dan eerder geschetst. De samenstelling van negen insignes benaderen de ideale verhouding lood-tin binnen een marge van 4 à 5 %. Wel was kennelijk algemeen bekend dat een verhouding van wat meer tin dan lood het gietprocedé gunstig zou beïnvloeden, en meestal werd dat dan ook min of meer gerealiseerd. Opmerkelijk is welke van het vijftigtal geanalyseerde insignes, de optimale verhouding tin-lood dicht benaderen. Dit betreft, en dat kan geen toeval zijn, twee Akense insignes (afb. 266 en 433), twee exemplaren van Quirinus uit Neuss (afb. 318 en 325), een Thomas Becket-insigne (afb. 362) en een insigne uit Chartres (afb. 445); ook komen drie profane insignes dicht bij de ideale alliage, te weten de dubbele mosselschelp (afb. 667), een van de muntspelden (afb. 790) en een gespbroche (afb. 865). Wat betreft de pelgrimsinsignes valt op dat juist plaatsen met een hoge reputatie als bedevaartsoord en met een ongetwijfeld uitgesproken hoge omzet aan insignes werkten met meer ideale produktie-condities.

# IV  NIEUWLANDE

*H.J.E. van Beuningen*

Van de 1036 insignes die in dit boek 'Heilig en Profaan' worden afgebeeld en beschreven zijn er 534 (51,5%) afkomstig van de plaats waar voorheen het rond 1530 verdronken dorp Nieuwlande was gelegen. Dit geeft reden om, voor zover dat mogelijk is, in deze publicatie ook aandacht te besteden aan de oorsprong van dit dorp en aan de bewoners daarvan.
Onder 'de archeologische context van de Zeeuwse vondsten' ging R.M. van Heeringen in 'Heiligen uit de modder' uit 1987 in op de toen bekende gegevens. Uit de door hem verrichte inventarisatie blijkt dat in 1987 reeds 600 in Nieuwlande gevonden insignes bekend waren, terwijl voortgezette inventarisatie over de periode tot maart 1991 nog 298 nieuwe vondsten opleverde. Van de dan in Zeeland gevonden 1011 insignes zijn er 895 uit Nieuwlande afkomstig.
Daarbij dient te worden opgemerkt dat in 'Heiligen uit de modder' uitsluitend aandacht werd besteed aan religieuze insignes waaronder toen ook begrepen waren insignes met de afbeeldingen van kammen, kruisbogen, buste-insignes met tekst, hoorntjes en luidklokjes; buiten beschouwing werd gelaten de groep duidelijk herkenbare profane insignes waarvan toen toch ook een aanzienlijk aantal voorbeelden bekend was. In feite gaat het, wanneer alle gevonden insignes in aanmerking worden genomen, om veel grotere aantallen, hetgeen de bijzondere betekenis van Nieuwlande voor onze kennis van deze middeleeuwse insignes onderstreept.
Er zijn in Europees verband gezien slechts twee vindplaatsen bekend waar in zekere zin vergelijkbare aantallen insignes gevonden zijn. Dat betreft Parijs, met de vondsten uit de Seine, en Londen, met de vondsten die na de laatste wereldoorlog langs de Thamesoever zijn gedaan. In beide gevallen is daar in de middeleeuwen echter sprake van grote metropolen terwijl voor zover dat Parijs betreft die insignes bovendien gevonden werden bij de Seinebruggen waarover grote verkeersstromen passeerden.

Op 5 November 1530 vond de 'Sint Felix quade saterdagh' - stormvloed plaats die het oostelijk deel van het eiland Zuid-Beveland zwaar trof. De met zware muren omgeven stad Reimerswaal bleef nog geruime tijd enigermate bewoonbaar, maar wat de woonkern van Nieuwlande betreft mag gevoeglijk worden aangenomen dat deze toen en in ieder geval in 1532 toen Beveland weer door een stormvloed geteisterd werd, geheel verloren ging. Afgezien van enkele stenen gebouwen moet Nieuwlande grotendeels uit houten huizen hebben bestaan ook al zal een aantal daarvan wel op stenen funderingen gebouwd zijn geweest.

Het zou interessant zijn, wanneer wij ons een duidelijk beeld zouden kunnen vormen over de aard, de omvang en de samenstelling van de bevolking vanaf de tijd dat Nieuwlande ontstond tot aan het moment van zijn ondergang. Zo'n beeld zou ook wezenlijk bijdragen aan ons inzicht in het gebruik van de in dit dorp aangetroffen laat-middeleeuwse insignes.
Daarbij is een kernvraag of het grote aantal gevonden insignes een 'normaal' gegeven moet zijn geweest en of dit grote aantal alleen maar terug te voeren is op de zo gunstige conserveringsvoorwaarden en de bijzonder gunstige omstandigheid dat het bij Nieuwlande mogelijk was over de gehele oppervlakte van het oorspronkelijke dorp onderzoek te verrichten. Of zijn er ook andere, ons vooralsnog niet bekende bijzondere omstandigheden geweest die op Nieuwlande hebben geleid tot een uitzonderlijk grote concentratie. Of, om de vraag nog beter te stellen: is er bij Nieuwlande sprake van een normale situatie en mag men dus verwachten dat ook elders onder even gunstige conserveringsomstandigheden en intensieve onderzoekingen, eveneens zulke aanzienlijke aantallen insignes gevonden kunnen worden?
Zowel te Amsterdam met insigne-vondsten vooral van Damrak en Rokin, als te Rotterdam, waar de nieuwe spoorwegtunnel voor een groot deel door de oorspronkelijke bedding van de rivier de Rotte liep, maar ook te Dordrecht en Middelburg waar eveneens op kleine oppervlakten aanzienlijke aantallen insignes gevonden zijn, is sprake van gunstige conserveringsomstandigheden: de vondsten kwamen alle uit diep gelegen vochtige en gesloten grondlagen tevoorschijn.
Overigens moet opgemerkt worden dat de graaf- en bouwwerkzaamheden aldaar nauwelijks zorgvuldig onderzoek mogelijk maakte, zodat er veelal sprake is van toevalsvondsten met behulp van metaaldetectoren uit naar elders afgevoerde en gestorte grond.
Uit de publicaties die op Nieuwlande betrekking hebben, blijkt dat de kennis van de geschiedenis van dit dorp slechts gering is. In 1926 en 1927 werden in opdracht van het Zeeuws Genootschap der Wetenschappen opmetingen gedaan met als doel de nog aanwezige overblijfselen van bebouwing vast te leggen en na te gaan waar wegen en wateren hun sporen zouden kunnen hebben nagelaten.

In 'Kerk en toren van Nieuwlande', een publikatie van het Zeeuws Genootschap, beschrijft J.M. de Nooijer in 1928 het toen verkregen resultaat. Het voornemen, geheel Nieuwlande in kaart te brengen, bleek toen al ondoenlijk omdat door de werking van eb en vloed slechts enkele uren per dag voor het uitvoeren van de opmetingen beschikbaar stonden. Dientengevolge heeft men zich beperkt tot de in oost-west richting gelegen kerk en toren en tot het daaromheen gelegen kerkhof. De kom van het dorp lag - door een plein gescheiden - ten zuiden van de kerk. Ten westen van de kerk liep een weg met aan weerszijden de resten van bebouwing. Ten noorden en oosten van de kerk werden toen slechts weinig bewoningsresten aangetroffen. Er werd daarbij opgemerkt dat de nivellerende werking van eb en vloed rond de kerk tot aanzienlijke verlaging van het oorspronkelijke oppervlak moet hebben geleid. De op het kerkhof in 1926/1927 aan de oppervlakte liggende geraamten gaven daarvan getuigenis. Verder worden gegevens genoemd met betrekking tot de ligging van de toren aan de westzijde van de kerk en over de afmetingen daarvan, met een lengte van 47 meter en een breedte van 18 meter. Dat slechts zo weinig baksteenresten bewaard zijn gebleven moet worden toegeschreven aan het reeds direct na de overstroming van 1530 en 1532 aanvangen van de afvoer van bouwmateriaal ten behoeve van nieuwbouw elders dan wel ten behoeve van de oestercultuur. Dat er weinig nieuws onder de zon is, moge blijken uit de hier woordelijk aangehaalde zinsnede uit dit verslag uit 1928: 'Reeds vele jaren wordt het terrein van Nieuwlande, vooral in de zomermaanden bezocht door personen die, belust op het vinden van voorwerpen van oudheidkundige waarde, de bouwvallen doorwoelen en daardoor oorzaak zijn, dat steeds meer resten en sporen van vroegere bewoning worden vernield'. Of bij de zoekacties ook reeds insignes gevonden werden, vermeldt de historie niet. Wat is het te betreuren dat men in 1926/1927 niet meer is toegekomen aan de voorgenomen volledige opmetingen van wat toen nog, zeker zeer veel beter dan nu het geval is, herkenbaar was. Sedertdien hebben getijstromen, weersinvloeden waaronder het kruiend grondijs en niet te vergeten menselijke invloeden Nieuwlande niet met rust gelaten.

Nieuwlande wordt in 1238 als 'Nova Terra' voor het eerst genoemd terwijl sedert 1242 sprake is van Nieuwlande als parochie. Uit andere bronnen blijkt dat in het midden van de dertiende eeuw in Nieuwlande - ook wel Nieuw-Cruijningen genoemd -

een kerk stond met een toch wel tamelijk welvarende parochie gezien het aandeel dat de Nieuwlandse kerk in 1404 moest betalen aan de Dom van Utrecht. De Heeren van Cruijningen waren ambachtsheer van Nieuwlande. Men mag aannemen dat het op Nieuwlande gevonden gebrandschilderde raampje met het wapen van de Heren van Wassenaer betrekking heeft op Catharina van Wassenaer als tweede echtgenote van de op 7 april 1543 op zijn kasteel in Heenvliet overleden Heer Joost van Cruijningen. Het staat verder vast dat er banden waren tussen Nieuwlande en de abdij Ter Doest. Misschien ook wel door het verlies van het provinciaal archief door de oorlogshandelingen die Middelburg moest ondergaan, is er verder weinig bekend over Nieuwlande, zijn bewoners en activiteiten. Wat zou men graag meer willen weten over families en personen die daar woonden en werkten. Het zou toe te juichen zijn wanneer aandacht zou worden besteed aan de op Nieuwlande gevonden bronzen zegelstempels omdat deze gegevens over de families kunnen geven. Tot dusverre is daaraan nog geen aandacht besteed. Ook zou nadere bestudering van de aardewerk- en steengoedvondsten meer inzicht kunnen geven in handelsbetrekkingen, importen en regionale productie.

Men dient ervan uit te gaan dat er wat Nieuwlande betreft geen sprake is geweest van een belangrijk handelscentrum of van een dorp met een gunstige ligging aan belangrijke wegen of waterlopen. Er was zeker scheepvaartverkeer van enige betekenis en een aanlegkade, voorzien van natuursteen afdekplaten, wijst daarop. Toch moet het scheepsverkeer met verhoudingsgewijs kleine scheepstypen zijn uitgeoefend. Verder heeft er in Nieuwlande een molen gestaan. De funderingspalen van wat waarschijnlijk een standaardmolen is geweest alsook dikke nu door slib overdekte lagen kaf wijzen daarop.

Ook Van Heeringen wees in 1987 op het feit dat er historisch gezien over het dorp Nieuwlande slechts weinig bekend is en hij merkte daarbij op dat alleen archeologisch onderzoek nadere gegevens zou kunnen opleveren. Tot op heden heeft dat nog niet plaats gevonden. In 1987 is de topografie van het dorp echter wel door luchtfotografie vastgelegd en daarbij bleek dat vergeleken met 1926/1927 nog niet zoveel veranderd is. De overal aan te treffen aardewerkfragmenten duiden op een bloeiperiode vanaf het laatste kwart van de veertiende eeuw tot aan het begin van de zestiende eeuw. Omdat er zo weinig gegevens bekend zijn, wijst Van Heeringen ook op de wenselijkheid om in goed overleg met de gravers die op Nieuwlande onderzoe-

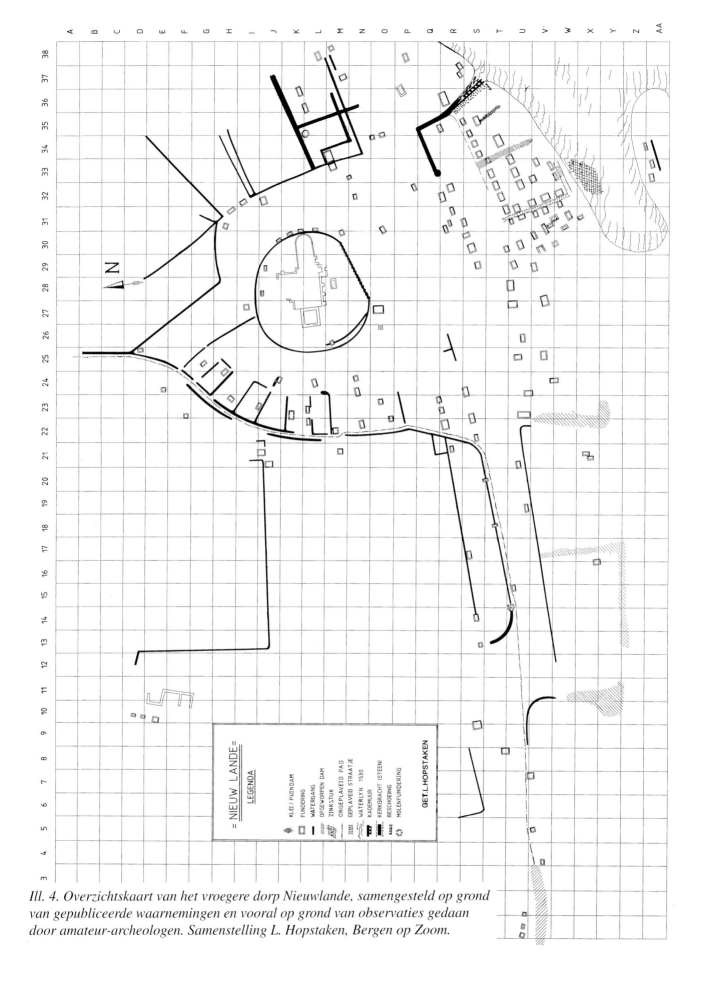

*Ill. 4. Overzichtskaart van het vroegere dorp Nieuwlande, samengesteld op grond van gepubliceerde waarnemingen en vooral op grond van observaties gedaan door amateur-archeologen. Samenstelling L. Hopstaken, Bergen op Zoom.*

kingen hebben verricht, meer feitelijke informatie vast te leggen. Dat is des te meer zinvol omdat blijkt dat de spectaculaire vondsten van de insignes vooral gedaan zijn in afvallagen, in sloten en in met huisvuil opgehoogde terreinen waaraan het hedendaagse wetenschappelijk archeologisch onderzoek in het algemeen gesproken weinig aandacht besteed. Alleen de daarbij betrokken gravers kunnen nog duidelijk maken, hoe, waar, en onder welke omstandigheden hun vondsten zijn gedaan. De mogelijkheid om over dergelijke informatie te kunnen beschikken valt of staat evenwel met de vertrouwensrelatie tussen de bij een dergelijk onderzoek betrokkenen. Alleen persoonlijke gesprekken en uitwisseling en vergelijking van gegevens kunnen een enigszins verantwoord beeld opleveren dat aan ons inzicht kan bijdragen. Schrijver dezes heeft getracht om hieraan een eerste aanzet te geven en het navolgende beeld zou niet gegeven kunnen worden wanneer niet zeer velen daartoe op uiterst positieve wijze hadden bijgedragen.

Op deze wijze is een beeld verkregen dat in ieder geval enigszins de feitelijke situatie zal benaderen. Wanneer de nadruk op 'enigszins' wordt gelegd, is dat bedoeld om ervoor te waarschuwen dat de navolgende gegevens niet meer dan een indicatie betreffen en dat ook verder de behoefte blijft bestaan aan nadere wetenschappelijke vastlegging van de thans nog aanwezige feitelijke situatie. De telkens weer door mij geconstateerde grote belangstelling voor meer inzicht in de achtergronden van het leven van de mensen die op Nieuwlande woonden en werkten, bij iedereen die met die plaats geconfronteerd is, geven mij de overtuiging dat het ook nu nog niet te laat is om meer gedetailleerde gegevens te verkrijgen en vast te leggen. Met het wegvallen van mensen gaat echter ook de door hen vergaarde kennis verloren en dat met die realiteit rekening moet worden gehouden blijkt uit het ons helaas ontvallen van Klaas Peerdeman in 1991. De resultaten van zijn vele onderzoekingen op Nieuwlande zijn te zamen met die van vele anderen in het navolgende bericht zo goed mogelijk verwerkt. Doel van de vele gesprekken en het zorgvuldig vastleggen van de nu nog bekende gegevens had vooral ten doel om een zo juist mogelijke indruk te verkrijgen waar en onder welke omstandigheden, op welke diepte en in welke grondlagen de insignes werden aangetroffen. Is er een zeker verband te leggen wanneer insignes bijeen worden aangetroffen? Kan door de vondstomstandigheden een datering worden verkregen?

Wanneer in Nieuwlande een Blomberg- en Wilsnack-

insigne vlak bijeen gevonden worden dan levert dit vergelijkingsmogelijkheid op met een Amsterdamse vondst waar insignes uit beide bedevaartplaatsen, op één houten plankje bevestigd, gevonden werden. En er zijn meer insignes zodanig bijeen gevonden dat men met zekerheid mag stellen dat deze gelijktijdig zijn verloren of weggeworpen.

'Verloren of weggeworpen' levert ook een vraag op die niet zonder meer beantwoord kan worden. Ook hier zouden vondstomstandigheden een antwoord moeten kunnen geven maar dat is geen gemakkelijke zaak gebleken en de meningen daarover zijn zeer verdeeld. Vast staat dat religieuze insignes heel vaak doelbewust ineengefrommeld worden gevonden. Ervaring leert dat menig klompje lood-tin bij voorzichtig uiteenvouwen een min of meer gaaf insigne tevoorschijn kan brengen. Het vaak ontbreken van hoofd of onderleden van bijvoorbeeld een Cornelius-insigne duidt ook op moedwillige beschadiging, terwijl ook verschillende voorbeelden bekend zijn van het dubbelvouwen van dergelijke insignes.

In 'Heiligen uit de modder' werden bij de afgebeelde insignes geen archeologisch vastgestelde dateringen vermeld. De schrijvers beperkten zich steeds tot het vaststellen bij de insignes uit Nieuwlande tot het aanduiden: vóór 1532 en verder tot een indicering van XIVe, XVe of begin XVIe eeuw. Door ons is een andere benadering nagestreefd en werd het aangedurfd juist mede aan hand van de vele verkregen mondelinge gegevens over vindplaats en vondst-omstandigheden tot een nauwkeuriger datering te komen en wel door zoveel mogelijk een begrenzing aan te duiden die een periode van 50 jaar omvat. Slechts in enkele gevallen is daarvan afgeweken en wel wanneer de beschikbare gegevens te onzeker waren. Maar voor het overgrote deel hebben wij die dateringen aangedurfd en waar vergelijkingsmateriaal ter beschikking stond - bijvoorbeeld vergelijkbare insignes op gedateerde kerkklokken - lijkt ons dit verantwoord.

Daarbij dient wel opgemerkt te worden dat het mogelijk is dat een insigne al lange tijd in het bezit van de dragers was voordat het opgeruimd werd. Reeds eerder is opgemerkt dat insignes bijna uitsluitend tevoorschijn gekomen zijn bij onderzoek van huisafval en mestlagen dan wel uit de sloten en grachten die bebouwingen omgaven. Verder komen insignes voor in grondlagen die gebruikt zijn om het woonvlak uit te breiden of op te hogen. Dat is ook het geval op een aantal plaatsen waar duidelijk opgehoogde paden aanwezig zijn. Ook uit de hard samengetrapte structuur van zulke paden die in de lage gebieden voor de nodige verbindingen zorgden, zijn verschillende kleine metalen voorwerpen, waaronder insignes, gevonden. Het is opvallend dat binnen de resten van bebouwing of uit bijvoorbeeld beer- en waterputten geen insignes gevonden zijn. Zou het kunnen zijn dat in het algemeen gesproken wetenschappelijk archeologisch onderzoek naar resten van middeleeuwse bebouwingen zich veelal beperken tot bebouwde oppervlaktes met de directe omgeving en dat plaatsen waar insignes wèl aangetroffen zouden kunnen worden, tot dusverre minder voor systematisch bodemonderzoek in aanmerking zijn gekomen? Wanneer het bij dergelijk onderzoek bijna uitsluitend gaat om voorwerpen afkomstig uit sloten of grachten waar de archeologische context moeilijk vast te stellen is, heeft het weinig zin daar aandacht aan te besteden, temeer omdat onze archeologie zeker niet in de eerste plaats objectgericht is. Ook al kan men voor dit laatste begrip opbrengen, toch moest er op worden gewezen dat ook ieder voorwerp als materiële bron een bijdrage levert aan de wetenschap die zich bezighoudt met het bestuderen van alle aspecten in de leefwijze van onze voorouders.

Aan hand van de aanwezige schriftelijk vastgelegde gegevens maar vooral ook aan hand van mondelinge informatie verkregen uit verschillende bronnen heeft Louis Hopstaken uit Bergen op Zoom meegewerkt aan een kaart waarop Nieuwlande - zoals het nu nog herkenbaar is - werd vastgelegd. Daarbij is ook gebruik gemaakt van de eerder genoemde luchtfoto's en van een groot aantal foto's die de laatste jaren op Nieuwlande werden gemaakt en die belangrijke informatie geven over details. Alhoewel zonder steun van vele anderen deze kaart niet zo gedetailleerd gemaakt had kunnen worden, komt Louis Hopstaken toch de eer toe op uiterst zorgvuldige wijze een goed werkstuk beschikbaar te hebben gesteld. Zijn steun werd verder ondervonden bij het maken van kaarten van de plaatsen in Nederland waar de hier gepubliceerde insignes gevonden zijn en van de kaart van Europa met daarop aangegeven de verschillende bekende pelgrimsplaatsen waarvan insignes in deze publikatie staan opgenomen. Ook is van zijn hand de tekening van de samenstelling en daarmee de werkwijze van een gietvorm.
Op de kaart van Nieuwlande is een verdeling in genummerde en beletterde vierkantjes aangebracht die het in principe mogelijk maakt om de vindplaats van ieder insigne of ander object aan te geven.
Hoe is nu de archeologische context van de plaatsen in Nieuwlande waar zowel profane als religieuze insignes aangetroffen werden? De belangrijkste vindplaats van insignes bevond zich in de noord-oost hoek van het dorp waar ook het haventje heeft gelegen. Men herkent hier nog resten van een kleinschalig buurtje met restanten van enkele geplaveide voetpaden. Bij de onderzoekers wordt deze plaats, op grond van de vele metaalvondsten die daar gedaan werden, 'de kleine spullen hoek' genoemd. Tussen dit buurtje en de nog aanwezige kademuur bevond zich een diepe natuurlijke havenkom die in de loop van de tijd langzamerhand is dichtgestort. Aangezien het storten vanaf de vaste oever plaatsvond en zich over vele jaren heeft uitgestrekt, is duidelijk herkenbaar dat begonnen is op de plaats waar het water nog ondiep was en schuin naar beneden afliep. Daar zijn de vroegste insignes aangetroffen die nog in de veertiende eeuw gedateerd kunnen worden. Daar waar het water dieper was, werd zeker in de daarop volgende 100 tot 150 jaar verder gestort, met als gevolg dat daar insignes die tot rond 1525 gedateerd kunnen worden en in de laatste periode van het bestaan van Nieuwlande geplaatst moeten worden, tevoorschijn zijn gekomen. De relatief vroege insignes worden bovendien veelal aangetroffen in grondlagen met mestafval hetgeen erop zou kunnen wijzen dat toen in het dorp nog in ruime mate vee gehouden werd.

Op plaatsen die bij laag water wel eens droogvielen heeft zich aan de bovenkant een opvallend harde grondlaag ontwikkeld van circa 10 cm. dikte waarin ook insignes zijn aangetroffen.
Opvallend is dat de daar aangetroffen - ook religieuze - insignes over het algemeen gaaf tevoorschijn zijn gekomen hetgeen doet veronderstellen dat deze doelbewust in het water zijn weggeworpen en daardoor in vlakke toestand op de zich onder water bevindende grondlaag zijn terechtgekomen. Wat is de reden geweest van dit doelbewust in het water wegwerpen? Waren die insignes overbodig geworden? Wanneer deze insignes na verre en moeizame pelgrimsreizen mee naar huis waren teruggebracht, moeten deze naar men mag aannemen toch een heel bijzondere betekenis voor de reiziger hebben gehad. Of ging die betekenis op een bepaald moment verloren en wilde men dan doelbewust daarvan afstand doen? Maar waarom dan niet bestemd voor opsmelten en daardoor de mogelijkheid verkregen voor nieuw gebruik? Het is een bekend feit dat rondtrekkende tinnegieters in de middeleeuwen oud, buiten gebruik geraakt afvaltin, gebruikten voor het gieten van nieuw tinnen voorwerpen. Er is een opvallend verschil tussen religieuze en profane

insignes wat betreft de wijze van conservering. Bij de religieuze insignes komt regelmatig doelbewuste destructie voor maar bij profane insignes nauwelijks. Zou het kunnen zijn dat bij religieuze insignes rekening moest worden gehouden met de mogelijkheid dat deze in verkeerde handen zouden kunnen komen en dat deze dan door anderen zouden kunnen worden misbruikt ten behoeve van bedelarij of anderzins? Pelgrims konden rekenen op de hulp en goedgevigheid van de burgerij en het is opvallend dat op enkele tekeningen misvormde en kreupele bedelaars worden afgebeeld die pelgrimsinsignes dragen.

Opvallend is dat in de gestorte grondlagen slechts weinig fragmenten van aardewerk of steengoed worden aangetroffen. Maar dat kan ook een gevolg zijn van de behoefte om dit pottersafval te gebruiken voor het verharden van woonoppervlakten of paden. Deze omstandigheid heeft tot gevolg dat het dateren van insignes aan de hand van in dezelfde context gevonden aardewerk of steengoed nauwelijks mogelijk is. Wel zijn enkele zeer ruwe benaderingen te geven. In lagen met scherven van het vroege blauwgrijs gesmoorde aardewerk komen insignes nauwelijks voor. Waar resten van het zgn. hoogversierde Vlaamse aardewerk gevonden worden kan men ook insignes verwachten. Wanneer het Raerense steengoed in gebruik komt zijn de profane insignes reeds lang buiten gebruik. Juist met betrekking tot het gebruik van de profane insignes is er nog een opvallende constatering die onze aandacht vraagt. Tussen ca. 1375 en 1425 komen de meeste profane insignes voor. Ook de muntspelden, imitaties van in omloop zijnde munten en daardoor redelijk goed te dateren, dateren uit die periode. De indruk wordt gewekt dat na 1425 het gebruik van profane insignes verminderd of zelfs geheel afloopt. Zou dat misschien verband kunnen houden met de Sint-Elizabethsvloed die op 19 november 1421 zonder twijfel ook Nieuwlande moet hebben aangetast en die wezenlijke invloed op bewoning en welvaart moet hebben gehad?

Uit het vorenstaande moge blijken dat insignes bijna uitsluitend los in de verschillende bodemlagen worden aangetroffen. Daarop zijn enkele uitzonderingen waar sprake is van doelbewuste opberging in een pot. Dat betreft onder andere een aan Jacobus gewijde schelp met ingeboorde draaggaatjes van het type Pecten Maximus L. die in voorraadpot in een klein stenen keldertje werd aangetroffen (ill. 13) alsmede het profane insigne afb. 967 dat opgeborgen in een gave kookpot moet zijn weggeworpen.

Opvallend is dat profane insignes, meer dan reli-

gieuze, gevonden worden bovenin lagen met een zekere loopstructuur. Daarin bevinden zich vaak ook opvallend grote aantallen resten van schoenen, zooltjes en andere leerresten. Dat was onder meer het geval in het zuidwestelijke deel van het dorp waar een duidelijk herkenbare onverharde weg gelegen is met een breedte van vier tot zes meter en een wegdek met een dikte van circa 30 tot 50 centimeter. Ook hier werden veel schoenresten gevonden en er is zelfs sprake van een helaas slecht geconserveerde schoen die zich nog in precies dezelfde positie leek te bevinden als op het moment dat deze van de voet was geglipt.

Er is nog een aspect met betrekking tot de topografie van Nieuwlande waar aandacht aan dient te worden besteed. Zoals uit de tekening blijkt, liggen ten zuidwesten van de kerk drie sloten parallel naast elkaar. Uit in deze sloten gedane aardewerkvondsten blijkt dat deze in verschillende perioden zijn ontstaan. De meest zuidelijk gelegen sloot moet in gebruik zijn geweest van omstreeks 1450 tot aan het moment dat Nieuwlande ophield te bestaan. In die sloot zijn wel aardewerk gebruiksvoorwerpen en enige gespen maar geen insignes gevonden. De middelste sloot daarentegen moet in gebruik zijn geweest tussen rond 1350 en 1450. Kogelpotscherven en scherven van braadpannen met holle steel ontbreken terwijl wel scherven zijn aangetroffen van braadpannen met massieve vlakke steel. Juist in die sloot is ook een groot aantal metaalvondsten gedaan waaronder verschillende profane insignes. Het aantal daar aangetroffen religieuze insignes is naar verhouding uiterst gering. De meest noordelijk gelegen sloot moet een diepte van wel drie meter hebben gehad. Deze sloot moet omstreeks 1425 in gebruik zijn genomen en daarin zijn afgezien van enkele broches geen insignes aangetroffen.

Het is nu stil geworden rond Nieuwlande en het intensieve bezoek door vele gravers is ten einde. In de loop van 1990 heeft onze Minister van Landbouw, Natuurbeheer en Visserij delen van de Oosterschelde aangewezen als natuurmonument volgens de Natuurbeschermingswet en uit de bij deze verordening behorende kaart blijkt dat ook Nieuwlande tot het gebied behoort dat op de momenten dat de platen en slikgebieden droogvallen niet meer mag worden betreden. De Rijksdienst voor het Oudheidkundig Bodemonderzoek heeft medio 1991 de hen bekende metaaldetectorzoekers per aangetekend schrijven ervan in kennis gesteld dat het niet is toegestaan om met een metaaldetector al dan niet in combinatie met het graven van kuilen in de verdronken dorpen en steden in de Oosterschelde roerende monumenten uit hun archeologische context te lichten. Degenen die ondanks dit verbod zich nadien toch op de plaats waar Nieuwlande heeft gelegen hebben bevonden zijn daarvoor bekeurd, waarbij opvalt dat de omschrijving van het geconstateerde strafbare feit (NABW art. 16 lid 1) in eerste instantie uitging van: 'Dieren vangen cq verontrusten dan wel, zulks pogen in een staatsnatuurmonument'.

Wanneer men alleen al uitgaat van de betekenis voor het verkrijgen van meer inzicht in alle aspecten met betrekking tot de laat-middeleeuwse insignes, valt het te betreuren dat Nieuwlande nu verloren is gegaan voor verder onderzoek, los van de vraag wie dat dan wel zou moeten doen. Dat de nu getroffen maatregel eveneens heeft geleid tot een vergroot spanningsveld tussen wetenschap en amateurs is ook geen goede zaak. Moge uit het vorenstaande blijken dat samenwerking tussen alle goedwillende en zich positief opstellende betrokkenen bijdraagt aan meer kennis waarmee ook de wetenschap wordt gediend.

# HET ZIJN NIET ALLEN SLAGERS DIE LANGE MESSEN DRAGEN
## Valse pelgrims en hun herkenningstekens

*A.M. Koldeweij*

Het hier volgende hoofdstuk belicht een specifiek aspect van het laatmiddeleeuwse religieuze insigne, namelijk het misbruik ervan door bedelaars, boeven, samenzweerders en vagebonden omwille van de privileges die aan het pelgrim zijn waren verbonden. Door het negatieve effect van de pelgrimstekens te karakteriseren, wordt tevens aangegeven hoe de tegenovergestelde en bedoelde betekenis was. Het misbruik kon alleen ontstaan doordat en was alleen zinvol zolang de 'communis opinio' en de algemeen geldende beeldvorming over de door bedevaartsinsignes als pelgrim gekenmerkte reizigers, zwervers en buiten-maatschappelijken nog positief was.

## Het Liber vagatorum

'... Christianern und Calmieren. Das sind Bettler, die Zeichen an den Hüten tragen, besonders römisch

*Ill. 5. Rondtrekkende bedelaars. Houtsnede, titelblad van de eerste editie van het 'Liber Vagatorum', 1510.*

Veronika und Muscheln und andere Zeichen. Und gibt jeweils einer dem andern Zeichen zu kaufen, dass man glauben soll, sie seien an den Stätten und Enden gewesen, wovon sie die Zeichen tragen, obwohl sie doch niemals dorthin kommen. Und sie betrügen die Leute damit, die heissen Calmierer.[1] Met deze woorden werden valse pelgrims omschreven in het Liber vagatorum, het 'boek over de varende luiden', dat omstreeks 1510 in Nederduitsland werd gedrukt (ill. 5). Bij elkaar staan er in dit 'buchlin' zo'n achtentwintig verschillende typen van bedelaars en bedriegers beschreven. Dat de pelgrims, oprecht of vals, onder deze een vooraanstaande plaats innamen, blijkt al onmiddellijk bij de beschrijving van het eerste soort bedelaars, de 'Bregern': 'Dat zijn bedelaars die geen bedevaartsinsignes dragen of slechts weinige, en zij treden de mensen bescheiden en eenvoudig tegemoet en zij vragen alleen om aalmoezen om Gods- en Onze-Lieve-Vrouwenwille'. Deze 'Bregern' zijn in zoverre oprecht dat ze bedelen uit noodzaak en dat weer laten zodra de mogelijkheid zich voordoet op andere wijze aan de kost te komen.[2]

De tweede groep die beschreven wordt, de 'Stabülern', is aanzienlijk minder oprecht, al zijn ze niet echt misdadig te noemen maar 'halb böse und halb gut, nicht alle sind bös, aber der grössere Teil'. Deze 'Stabüler' trekken bedelend rond, met vrouw en kind, met have en goed, en gaan gepakt en gezakt van de ene bedevaartsplaats naar de andere. Beroepspelgrims zijn het, werken kunnen ze wel en willen ze niet, ze bedelen en pelgrimeren van de wieg tot het graf. De mantels die ze dragen zijn uit vele stukken samengesteld en ze hebben 'den wetterhan und den wintfang vol zeichen hangen von allen heiligen', 'hun hoed en mantel volgehangen met pelgrimstekens van allerlei heiligen'.[3]

Het beeld dat hier wordt geschetst in het Liber vagatorum van met pelgrimstekens uitgedoste landlopers is typerend voor het begin van de zestiende eeuw. Enerzijds zijn aan de bedevaartsinsignes wel degelijk eerlijke lieden te herkennen, bedelende pelgrims of pelgrimerende bedelaars en ook andere bedevaartgangers al wordt daarover in dit boekje niet gesproken, en anderzijds is het pelgrimsteken een attribuut geworden van de simulant en oplichter. Naar mate de tijd vordert en de metalen pelgrimstekens meer en meer worden verdrongen door bedevaartvaantjes, medailles en andere souvenirs, nam het negatieve imago van de als drager van insignes afgeschilderde figuur toe. In het Liber vagatorum wordt slechts in algemene termen gesproken over pelgrimsinsignes en slechts bij wijze van voorbeeld worden het 'römisch Veronika und Muscheln' genoemd als veel gedragen en overbekende bedevaartstekens (vergelijk afb. 73 - 80 en 204 - 226). Het is dan ook niet toevallig dat voor deze beide insignes moet worden gesteld dat ze weliswaar oorspronkelijk golden als kenteken van pelgrims die respectievelijk Rome en Santiago hadden bezocht, maar al spoedig veel algemener werden toegepast ter aanduiding van bedevaartgangers. Dit had als gevolg dat deze insignes - zowel de afbeeldingen van de zweetdoek van Veronica met de afdruk van Christus' gelaat, als de schelpen - lang niet alle daadwerkelijk uit Rome en Santiago afkomstig zijn. Beide typen pelgrimstekens werden ver van hun oorspronkelijke plaatsen van herkomst in verschillende materialen en technieken nagemaakt en verhandeld. Dit blijkt bijvoorbeeld voor de 'Veronika-beeltenissen' uit acht ongebruikte en zelfs nog niet losgesneden op perkament geschilderde exemplaren die in klooster Wienhausen zijn teruggevonden en wellicht ook daar voor de verkoop werden vervaardigd.[4] In Museum Mayer van den Bergh te Antwerpen wordt een leistenen gietmal uit het derde kwart van de vijftiende eeuw bewaard waarin pelgrimstekens konden worden gegoten met de voorstelling van het Heilig Aanschijn of Vera Ikon; ook deze is niet uit Rome afkomstig maar heeft vermoedelijk een Duitse oorsprong (Bovenrijn ?).[5] De schelp was zo algemeen als kenteken voor pelgrims dat met uitzondering van de karakteristieke 'echte' Jacobsschelpen (de Pecten Maximus L.) van de Atlantische kust en in git gesneden imitaties, dikwijls ook eerder aan een produktie voor algemeen gebruik moet worden gedacht dan aan specifieke Santiago-souvenirs.[6]

## Der Bundschuh van 1517

*bedevaartsinsignes*

Uitzonderlijk nauwgezette informatie over drie valse pelgrims en de bedevaartsinsignes waaraan ze te herkennen waren, wordt gegeven in de verklaringen uit 1517 van een gevangene genaamd Michel von Dinkelsbühl. Deze Michel uit Dinkelsbühl had zich aangesloten bij de 'Bundschuh' van 1517, een van de samenzweringen onder leiding van Jos Fritz, die voorafgingen aan de de grote Bauernkrieg van 1524-1525. Van de vier revolutionaire samenzweringen die onder de naam 'der Bundschuh' elkaar in de late vijftiende en vroege zestiende eeuw opvolgden (1493,

1502, 1513 en 1517), werd met name bij de twee laatste gebruik gemaakt van een uitgebreid netwerk van berichtgevers uit de kringen van de rondtrekkende beroepsbedelaars.[7] Michel werd als een van hen opgepakt en aan een diepgaand verhoor onderworpen. Met verbazingwekkende nauwkeurigheid schilderde Michel het uiterlijk en de kleding van de samenzweerders met wie hij in contact had gestaan. Uit zijn beschrijvingen blijkt dat Michel al lang in de kringen van de zwervers en vaganten verkeerde en goed op de hoogte was van hun doen en laten. Velen van de landlopers waren herkenbaar aan hun kledij, hun al dan niet voorgewende gebreken, hun eigenaardigheden en hun vaste gewoonten. Tot in kleine, maar kennelijk opmerkelijke details werden de beschrijvingen van Michel geregistreerd in de verslagen van zijn verhoor dat hem rond 6 september 1517 werd afgenomen. Van een van de leiders wist hij te melden dat hij gehuld ging in een witte, met zwart fluweel omboorde, mantel en 'ein silberin pfil im biret' droeg, een zilveren pijl op zijn baret (vergelijk afb. 989).[8] Onder de vele volgelingen was er een, genaamd Kilian Ratz, die te herkennen was aan de witte veer door zijn baret en een

*Ill. 6. Houten plankje waarop waarschijnlijk een of enkele pelgrimstekens bevestigd zijn geweest. Vondst Nieuwlande, 15de eeuw. Coll. H.J.E. van Beuningen, Cothen.*

andere, Allexander geheten, die doorgaans 'tregt ein swarz biret und ein vergulten pfenning daran', een zwarte baret draagt met een vergulde penning.[9] Drie van de bedelaars die voor de Bundschuh werkten, deden zich voor als pelgrims. Een van hen had twee slechte benen, droeg een kapotte zwarte mantel en een zwarte hoed en 'zwi zeichen uf zweien brittlin, das ein unser frauw von Eynsidel, das ander sanct Ann', twee pelgrimstekens op twee plankjes, het ene van Onze Lieve Vrouw van Einsiedeln, het andere van de heilige Anna (vergelijk ill. 6, afb. 446 en 21 - 25).[10] Een volgende, met een lange rode baard, droeg een grote, grauwe voermanskiel en had 'vil heiligen', volgens een ander afschrift van dezelfde tekst 'wol acht zeichen' op zijn hoed, 'nemlich die 14 nothelfer und unser Frauwen, sanct Otilien', met name de veertien noodhelpers en Onze Lieve Vrouw, sint Odilia.[11] Tenslotte droeg er een, die gekleed ging in een lange ijzerkleurige jas, op zijn rode baret 'das kindlin von Trient', het Christuskind van Trente (vergelijk afb. 69 - 72).[12]

De drie eerstgenoemde, meer profane baretversierselen - de pijl, de veer en de vergulde penning - zijn niet nader te duiden, al kennen we wel contemporaine afbeeldingen van figuren uit de lagere sociale klassen met vergelijkbare sieraden of dergelijke teruggevonden spelden. De nogal exact omschreven pelgrimstekens daarentegen zijn betrekkelijk nauwkeurig te duiden. 'Unser frauw von Einsiedel' verwijst naar de Engelweihe van Einsiedeln (Schwyz, Zwitserland), een vooral in de vijftiende eeuw populaire Mariabedevaartplaats. Van de pelgrimstekens uit Einsiedeln, die de wonderlijke kapelwijding door Christus tonen, zijn verschillende varianten bekend (afb. 446).[13] Met het insigne van de heilige Anna is ongetwijfeld een pelgrimsteken uit Düren bedoeld (afb. 22 - 25).

*merktekens*

Met de korte samenvatting 'Die gefährlichen Bettler sind an ihren Wahrzeichen kenntlich' presenteerde Albert Rosenkranz in zijn tweedelige studie Der Bundschuh over de boerenopstanden van 1493 tot 1517, een in het Generallandesarchiv te Karlsruhe bewaard document, waarin de merktekens zijn weergegeven van negen bedelaars die bij de Bundschuh waren aangesloten.[14] (ill. 7 a, b en c) Het stuk was vermoedelijk bedoeld als bijlage van een schrijven met gegevens over de 'Bundschuher', dat op 9 sep-

tember 1517 door de stedelijke overheid van Freiburg werd gezonden aan de stad Villingen.[15] De negen merktekens waarmee de betreffende samenzweerders signeerden, zijn in het dokument omschreven en nagetekend. Opmerkelijk is dat zes van deze 'handtekeningen' verwijzingen bevatten naar pelgrimages. De vierde van de verraders, die volgens het stuk 'in bettlers wis das lant besuchen', voerde als merk een Jacobsschelp met twee gekruiste pelgrimsstafjes: '... ein jacobsmuschel und 2 jacobssteb crutz wis do durch' (vergelijk afb. 222, 231 en 232). De Pecten Maximus L., in de volksmond de Jacobsschelp geheten, met de miniatuurbedevaartsstafjes, was in oorsprong een specifiek kenteken voor Santiago-reizigers, maar fungeerde al zeker sinds de dertiende eeuw meer in het algemeen als onderscheidings- en herkenningsteken van pelgrims.[16] De achtste van de nagetekende merken stelt een slagersbijl voor die gestempeld is met een Jacobsschelp, 'ein fleischmesser und ein muschel dorin'. De overige vier signeerden met 'ein michels- oder acherhorn und ein ulen doruf', een Michiels- of Akenhoorn met een uil, 'ein lang schwert und ein michelshorn', een lang zwaard en een Michielshorn, 'ein misthacken und ein michels- oder acherhorn' een mestvork met een Michiels- of Akenhoorn, en de laatste voerde 'ein senessen und ein acherhorn', een zeis en een Akenhoorn. Met de hier genoemde en getekende 'michels-' of 'acherhörner' zijn pelgrimshoorns bedoeld (zie afb. 931 - 938). In de late middeleeuwen behoorde de pelgrimshoorn met de reistas, hoed, staf en schoudermantel, tot de vaste uitrusting van de bedevaartganger. Deze kleine, trompetachtige blaasinstrumenten werden in de verschillende bedevaartsoorden verkocht en konden zowel van aardewerk als uit metaal zijn vervaardigd. De hoorns werden door de pelgrims bij reliekentoningen gebruikt om de aangedragen heiligdommen met luid geschal te verwelkomen en te eren.[17] Dit was vooral gewoonte bij de jubelvaarten van Aken en van de bedevaartplaatsen die zich daarbij aansloten (de zogenoemde Akense groep), reden waarom de pelgrimshoorns vaak werden aangeduid als Akense hoorns. Het gebruik was echter veel algemener, zoals bijvoorbeeld ook wordt bewezen door vondsten uit de Thames te Londen, waar hoorntjes van lood-tin werden aangetroffen die - te oordelen naar decoratie en opschriften - afkomstig zullen zijn uit het Engelse Mariabedevaartsoord Walsingham.[18] De getekende merken tonen de twee types pelgrimshoorn die naast elkaar voorkwamen: kort en slechts flauw gebogen zoals het zesde merk, in feite imitaties van ivoren jachthoorns, of lang

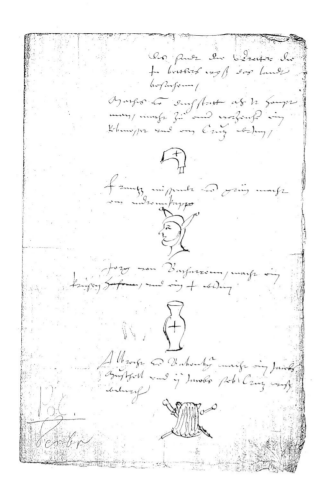

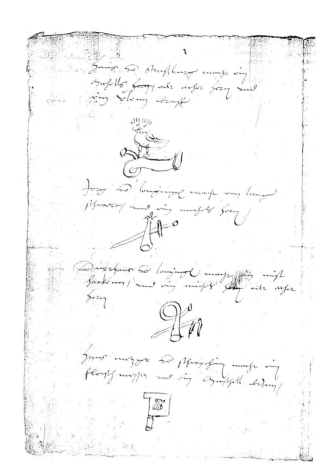

Ill. 7 a, b en c. Processtukken 'Verzeichnis der Bettler, die zum Bundschuh gehören', 9 september 1517. Karlsruhe, Generallandesarchiv Karlsruhe, Breisgau, Generalia, Aktenband 79/3384.

en smal, in een of enkele slagen opgerold, als kopieën van metalen hoorns.

De merktekens in het processtuk beschreven en de insignes waarmee de leden van de 'Bundschuh' zich uitdosten en waaraan ze voor hun makkers herkenbaar waren, zijn direct ontleend aan de pelgrimstekens die bedevaartgangers droegen. Pelgrims hadden een dubbele reden om insignes te dragen die hen herkenbaar maakten als 'reizigers in Gods naam': als pelgrim konden ze een beroep doen op eenieders naastenliefde, wie een pelgrim hulp bood zou daar immers in het hiernamaals voor worden beloond en het effect van de vrome reis zou ook op de weldoeners afstralen. Pelgrims konden op hun reizen gebruik maken van verschillende privileges, zoals verblijf in speciale hospitalen, gastvrijheid in of bij kerken en kloosters, vrijheid van tol en dergelijke meer. Bovendien kon een pelgrim betrekkelijk veilig reizen: in principe ging een pelgrim berooid op reis en viel er weinig bij de bedevaartgangers te halen; bovendien zou Gods toorn des te sterker worden afgeroepen wanneer een bedevaartganger onrecht werd aangedaan.

In de late vijftiende en vooral in de zestiende eeuw komt er ernstige kritiek op het aflaatwezen en het daarmee onlosmakelijk verbonden verschijnsel van het pelgrimeren. Het ongunstige daglicht waarin de pelgrim daardoor kwam te staan, vond niet alleen zijn oorzaak in de wantoestanden binnen de Roomse kerk. Evenzeer droegen daar de sociale ontwikkelingen toe bij die uitmondden in met pelgrims gelijkgestelde groepen bedelaars en vagebonden als hierboven beschreven. Enerzijds sloot de maatschappij de armen letterlijk collectief buiten en oormerkte deze als zodanig door het verplicht stellen van insignes, die de pelgrimstekens dicht benaderen, en anderzijds maakten de armen opportunistisch gebruik van het imago en de daaraan verbonden voordelen van de pelgrim.

noten

Dit hoofdstuk verschijnt gelijktijdig als afzonderlijk artikel in het tijdschrift 'Madoc', december 1993.

1. Liber vagatorum, hoofdstuk 14, ed. in modern duits naar de uitgave van ca. 1510 in: Boehnke & Johannsmeier 1987. Zie voor de Nederlandse vertaling (1563): de Meyere & Baekelmans 1914.

2. Ibidem, hoofdstuk 1, p. 80-81.

3. Ibidem, hoofdstuk 2, p. 80-81.

4. Appuhn 1973, p. 19-21 (met verdere literatuur).

5. De Coo, J. 1969, p. 272 cat. 2347.

6. Köster 1983 Schleswig; van Heeringen, Koldeweij & Gaalman 1987, met name p. 59-63.

7. Rosenkranz 1927.

8. Rosenkranz 1927, II, p. 269.

9. Rosenkranz 1927, II, p. 279.

10. Rosenkranz 1927, II, p. 280.

11. Rosenkranz 1927, II, p. 281.

12. Rosenkranz 1927, II, p. 282.

13. van Heeringen, Koldeweij & Gaalman 1987, p.119-120 nr. 42.

14. Rosenkranz 1927, II, p. 292-294 nr. 33.

15. Rosenkranz 1927, II, p. 291 nr. 32.

16. Köster 1983 Schleswig, p. 119-156.

17. van Heeringen, Koldeweij & Gaalman 1987, p. 140.

18. Mitchener 1986, p. 32-33 cat. 25-27.

# VI  PELGRIMSTEKENS IN DE MARGE
## middeleeuwse afbeeldingen van insignes in handschriften en een Jacobusschelp die een applique verloor

Voorbeelden van Noordnederlandse handschriften met daadwerkelijk ingenaaide pelgrimstekens of met afbeeldingen van insignes zijn zeldzaam. Tot op heden is slechts een handschrift van Noordnederlandse makelij ontdekt met nauwgezet nageschilderde pelgrimstekens: het zogenoemde Van Alphen-getijdenboek te Baltimore. Meer handschriften zijn tevoorschijn gekomen met afdrukken van eens ingenaaide maar inmiddels weer verdwenen insignes. Het door het Rijksmuseum Het Catharijneconvent verworven getijdenboek met de afdruk van een zilveren Cunera-insigne is daar een mooi voorbeeld van (ill. 21). In 1989 werd voor het eerst ingegaan op de geschilderde Jacobsschelpen in de marge van het Van Alphen-getijdenboek, in een lezing en later gepubliceerde eerdere versie van het hierna herdrukte artikel. Een van de Jacobsschelpen in het Van Alphen-getijdenboek is voorzien van een lood-tinnen applique en dit type insigne wordt in de genoemde studie eveneens belicht aan de hand van een in Nieuwlande gevonden Jacobsschelp (ill. 13). Tot nog toe zijn geen middeleeuwse exemplaren teruggevonden van dergelijke samengestelde pelgrimstekens die het uitgangspunt vormden voor de schelp-imitaties met daarop een afbeelding van Jacobus (zie afb. 210 - 215).

## In middeleeuwse handschriften geschilderde pelgrimstekens: een voorbeeld uit de Noordelijke Nederlanden

### A.M. Koldeweij

Het in de late middeleeuwen zo populaire verschijnsel van bedevaarten en pelgrimstochten drong op verschillende manieren door tot in de wereld van het geschreven boek: van reisgids en reisverslag tot de zegeningsformules die werden uitgesproken over de pelgrim en zijn attributen. Maar niet alleen in tekst, ook in beeld verwierf de bedevaartganger een plaats in het laatmiddeleeuwse handschrift. Ten eerste komt de pelgrim en de als pelgrim weergegeven heilige (bijvoorbeeld Jacobus Maior, Judocus en Rochus) natuurlijk voor in miniaturen, gehistorieerde initialen en in de marges (ill. 8). In de tweede plaats werden met name sinds de veertiende eeuw bedevaartinsignes - door pelgrims in de heilige plaatsen gekochte souvenirs - in handschrif-

*Ill. 8. De Meester van Catharina van Kleef, Noordelijke Nederlanden (Utrecht ?), ca. 1440.*
*Jacobus Maior als pelgrim en in de benedenmarge een priester die een vrouw zegent (voor haar vertrek op pelgrimstocht ?).*
*perkament, 192 x 130 mm.*
*Getijdenboek van Catharina van Kleef.*
*New York, Pierpont Morgan Library, M. 917, p. 216.*

ten opgenomen, hetzij als ingenaaide realia, hetzij in afbeelding. In manuscripten afgebeelde pelgrimstekens vormen het onderwerp van het hier volgende artikel. Vooral in het Vlaanderen van de vijftiende en vroege zestiende eeuw komt dit regelmatig voor, maar ook voor de Noordelijke Nederlanden is dit gebruik te signaleren. Waarom echter dit verschijnsel in de Zuidelijke Nederlanden zeer populair was en in de Noordelijke Nederlanden slechts sporadisch valt aan te wijzen, is nog onduidelijk.

### Pelgrimsinsignes in handschriften

Pelgrimstekens werden op uiteenlopende wijze in

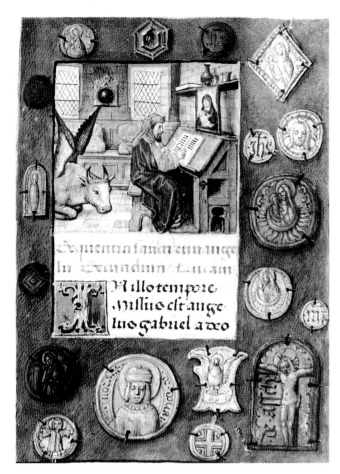

*Ill. 9. De Meester van de David-scenes in het Breviarium Grimani,*
*Brugge of Gent, 1496-1506.*
*De evangelist Lucas in zijn studeervertrek, omgeven door een marge met 18 sieraden en pelgrimstekens.*
*perkament, 108 x 79 mm.*
*Getijdenboek van Johanna de Waanzinnige.*
*Londen, British Library, Additional Ms. 18852, fol. 184r.*

handschriften toegepast als versierend element, of beter als extra toegevoegd devotioneel object; elk insigne bezat immers, bijna als een reliek, iets van het heilige uit zijn plaats van herkomst. Door met moeite verzamelde pelgrimstekens letterlijk vast te naaien op een of meer bladen van een gebedenboek, werd het tastbare van het voorwerp uit de bedevaartplaats samengevoegd met het abstracte van het gebed of de bijbeltekst. En in feite gebeurde precies hetzelfde bij de, vooral in handschriften uit de zogenoemde Gent-Brugse groep, frequent voorkomende uiterst realistisch afgebeelde bedevaartinsignes (bijvoorbeeld ill. 9, 10).
De Duitse specialist op het gebied van middeleeuwse

pelgrimstekens, prof. dr Kurt Köster uit Frankfurt (overleden in 1986), publiceerde enkele artikelen waarin hij een inventaris maakte van alle handschriften hem bekend, die of nageschilderde bedevaartinsignes of originele ingenaaide pelgrimstekens bevatten. In totaal kwam hij tot een vijfentwintigtal handschriften, daterend uit de late veertiende, de vijftiende en de vroege zestiende eeuw. Zo goed als al deze manuscripten waren geschreven, verlucht en gebruikt in de Zuidelijke Nederlanden.[1]
Het pionierswerk van Kurt Köster op het gebied van de systematische inventarisatie en bestudering van de middeleeuwse pelgrimstekens, is ook wat dit aspect

*Ill. 10. Vlaams meester, Brugge of Gent, eind 15de of begin 16de eeuw.*
*De evangelist Lucas in zijn studeervertrek, omgeven door een marge met 30 sieraden en pelgrimstekens.*
*perkament, 75 x 52 mm.*
*Getijdenboek van onbekende herkomst.*
*Parijs, Bibliothèque Nationale, Ms. lat. 10555, fol. 50r.*

betreft voort te zetten en aan te vullen. Aan de door hem gesignaleerde reeks Vlaamse randen met uiterst nauwgezet nageschilderde insignes, is bijvoorbeeld toe te voegen het buitengewoon kleine handschrift Parijs, Bibl. Nat. ms. lat. 10555, fol. 50r (ill. 10).[2] Dit minuscule getijdenboekje behoort tot een groep waarschijnlijk vooral te Brugge vervaardigde manuscripten uit de late vijftiende en vroege zestiende eeuw, waarvan het getijdenboek van Johanna de Waanzinnige [the Hours of Joanna of Castile] (Gent of Brugge, 1496-1506, British Library, Additional Ms. 18852) het bekendste is (ill. 9).[3]

Het blad in het kleine handschrift te Parijs dat hier van belang is, toont de evangelist Lucas in zijn studeervertrek als miniatuur bij de beginwoorden van zijn evangelie, omgeven door een blauwgroen gekleurde rand waarop niet minder dan dertig sieraden en pelgrimstekens staan afgebeeld. Zeker gezien het kleine formaat van dit getijdenboek gebeurde dat verbazingwekkend nauwgezet en realistisch. Een smalle, geschilderde, schaduwrand rechtsonder elk object suggereert een lichtval van linksboven. Met uitzondering van de kleinste penningen zijn alle, opnieuw door de miniaturist gesuggereerd, met drie of vier rode draadjes vastgenaaid op de getijdenboekbladzijde. De verzameling bestaat uit drie rode en twee blauwe in goud gevatte stenen, zes gouden en negentien zilveren religieuze insignes. De zilveren exemplaren zijn door oxydatie ten dele moeilijk en gedeeltelijk helemaal niet meer 'leesbaar', de gouden insignes bezitten uiteraard hun oorspronkelijke helderheid nog. De gouden penningen zijn respectievelijk voorzien van de voorstellingen van een (nog) niet te identificeren heilige monnik, sint Barbara met de toren, het Christusmonogram IHS, Maria met Kind op de maansikkel met de letters MARIA, de portretbuste van de apostel Petrus die in zijn rechterhand de sleutel houdt, en tenslotte lijkt de kleinste een afbeelding te tonen van een in een ruime tunica gehulde figuur of wellicht van een engel die de Akense Heilige Tunica van Maria voor zich houdt. Misschien dus met uitzondering van dit laatste insigne, is bij de huidige stand van onderzoek geen van de gouden plaquettes in verband te brengen met een bepaalde bedevaartplaats.

Van de donker geworden zilveren insignes zijn er vijftien onherkenbaar; een toont het Christusmonogram IHS en een ander dat van Maria in de afkorting MA; het ronde pelgrimsteken rechtsonder laat vermoedelijk een weergave zien van het Ware Gelaat van Christus of Vera Icon en zou als zodanig naar Rome kunnen verwijzen. Het enige op deze bladzijde afgebeelde insigne dat met zekerheid te identificeren en te localiseren valt, is het relatief grote pelgrimsteken in de rechterbenedenhoek. Deze plaquette toont de beeltenis van een staande, geharnaste figuur met een baret-achtig hoofddeksel en een wijde mantel, die in zijn rechterhand een getrokken zwaard omhoog houdt. Waarschijnlijk bevond zich onder de liggende leeuw waar de ridder met beide voeten op staat, de naam van de heilige; door de oxydatie van het bladzilver is dit evenwel niet meer zichtbaar. Het gaat hier om de heilige martelaar Adrianus die werd vereerd in Geraardsbergen of Grammont (Oost-Vlaanderen) en die in de late vijftiende en de eerste helft van de zestiende eeuw grote populariteit genoot. Dit insigne komt relatief zeer vaak voor in de geschilderde collecties pelgrimstekens in de Vlaamse gebedenboeken; Kurt Köster noemt in zijn samenvattend artikel uit 1984 maar liefst elf afbeeldingen van nauw verwante insignes in tien handschriften.[4] Met de twaalf nu bekende voorstellingen van de Adrianusplaquette corresponderen enkele gedocumenteerde of bewaarde, uit zilverblik geslagen insignes van dit type dat waarschijnlijk sinds de tachtiger jaren van de vijftiende en tot ver in de zestiende eeuw te Geraardsbergen werd verkocht (zie afb. 17-19).[5]

*Het Noordnederlandse voorbeeld*

Tot op heden werden slechts in Vlaamse handschriften (de zogenoemde Gent-Brugse groep) realistische afbeeldingen van pelgrimstekens aangetroffen. Het is belangwekkend aan deze reeks een Noordnederlands voorbeeld toe te voegen dat bovendien de geschilderde weergave geeft van een bijzonder bedevaartinsigne. In de jaren dat de Meester van Catharina van Kleef het getijdenboek verluchtte waaraan hij -de individuele meester dan wel het atelier- zijn noodnaam ontleent (het getijdenboek van Catharina van Kleef, ca. 1440, New York, Pierpont Morgan Library, M. 945 and 917), werkte hij of een miniaturist in zijn directe omgeving, ook aan een ander verlucht handschrift, het zogenoemde Van Alphen-getijdenboek (ca. 1440-1450, Baltimore, Walters Art Gallery, Ms. W 782).[6] Een van de gedecoreerde randen in het getijdenboek van Catherina van Kleef bestaat uit elf mosselschelpen en, middenonder, een krab (p. 244, ill. 11). Op wat lossere wijze werd door een van de miniatuurschilders van het Van Alphen-getijdenboek ook een van de bladzijden omrand met schelpen (fol. 113r, ill. 12).[7] Niet alleen zijn deze hier tegen eenvoudige ranken geplaatst en minder star geordend, ook zijn behalve de

*Ill. 11. De Meester van Catharina van Kleef,*
*Noordelijke Nederlanden (Utrecht ?) ca. 1440.*
*De kerkvader Ambrosius, omgeven door een rand van*
*mossels en een krab.*
*perkament, 192 x 130 mm.*
*Getijdenboek van Catharina van Kleef.*
*New York, Pierpont Morgan Library, M. 917, p. 244.*

bij uitstek bleef van de pelgrimage naar het graf van
Jacobus Maior in Galicië.[8] Dat de beide kamschelpen
die de miniaturist tot voorbeeld dienden voor deze
margeversiering, inderdaad als pelgrimstekens naar de
Noordelijke Nederlanden kwamen, blijkt onmiskenbaar uit de duidelijk weergegeven doorboringen aan
de bovenzijde van de schelp om deze vast te naaien op
pelgrimstas of kleding. Deze geboorde gaatjes bevinden zich bij beide schelpen in het midden van de oren
aan weerszijden van de spits. In het overzicht van
meer dan 180 teruggevonden middeleeuwse pelgrimsschelpen dat Köster in 1984 publiceerde, vermeldt hij
slechts van drie exemplaren dat de doorboringen zich
niet in de spits van de schelp bevinden maar in de
oren,[9] zoals bij de afgebeelde twee in het Van Alphen-
getijdenboek en bij het hier gereproduceerde exem-

*Ill. 12. De Meester van Catharina van Kleef,*
*Noordelijke Nederlanden (Utrecht ?) ca. 1440-50.*
*Gebed om genade met de initiaal H waarin de helle-*
*mond is afgebeeld, omgeven door een rand met mos-*
*sels, een krab, een kreeft en twee pelgrimsschelpen uit*
*Santiago de Compostela.*
*perkament, 145 x 111 mm.*
*Van Alphen-getijdenboek.*
*Baltimore, Walters Art Gallery, Ms. W 782, fol. 113r.*

krab middenonder en de mossels, nog een aantal
andere schelpen en een kleine kreeft, middenboven,
afgebeeld. Met name de twee schelpen die de mossels
van de rechtermarge afwisselen, zijn interessant; in
beide gevallen gaat het immers om een als pelgrimsteken gebruikte Jacobs- of kamschelp (Pecten Maximus
L.). Deze schelpsoort werd en wordt gevonden aan de
kust van de Atlantische Oceaan en in grote hoeveelheden overgebracht naar Santiago de Compostela om
daar aan de pelgrims te worden verkocht. Deze schelp
werd al vroeg, mogelijk reeds in de loop van de
twaalfde eeuw, tot een algemener attribuut ter aanduiding van elke pelgrim en niet uitsluitend van de
Santiagoganger. Dit neemt echter niet weg dat de
Jacobsschelp door de eeuwen heen tevens het symbool

*Ill. 13. Pelgrimsschelp uit Santiago de Compostela, 15de eeuw.*
*Pecten maximus L., h. 68 mm, br. 72 mm.*
*Gevonden te Nieuwlande, Verdronken Land van Zuid-Beveland.*
*Roosendaal, collectie M.L.M. Hopstaken.*

plaar dat uit de vijftiende eeuw zal dateren en gevonden werd in het door de golven verzwolgen dorp Nieuwlande in het Verdronken Land van Zuid-Beveland (ill. 13).[10] Opmerkelijk is dat de laatmiddeleeuwse afbeeldingen van pelgrimsschelpen een ander beeld geven dan de overgebleven exemplaren. Van nagenoeg alle teruggevonden schelpen is de spits, het meest stevige, sterk gekromde smalle bovenstuk van de schelp, doorboord[11] (zie ook afb. 204, 205) en slechts bij hoge uitzondering treffen we de gaatjes aan in de veel zwakkere oren. De vele honderden pelgrimsschelpen die in Vlaamse gebedenboeken werden afgebeeld daarentegen, tonen steeds de doorboorde oren (bijvoorbeeld de brede marge van een blad in een getijdenboek van Simon Bening en atelier - München, Bayerische Staatsbibliothek, Clm 28345, fol. 265r - met niet minder dan 52 pelgrimsschelpen).[12] Ook bij aanzienlijk oudere weergaves van de Santiago-schelpen is dit doorgaans het geval, zoals bijvoorbeeld bij drie van de vijf schelpen die de apostel Jacobus Maior omgeven op een gebrandschilderd raampje van vóór 1270, afkomstig uit de kapel van het kasteel van Rouen (Parijs, Musée de Cluny, inv. CL 22730) (ill. 14). De reden voor dit opvallende verschil tussen de teruggevonden historische 'realiteit' en de blijkbaar vertekende contemporaine weergave van die 'realiteit'

is duidelijk: uit decoratief oogpunt bezien is de schelp met de doorboorde oren verre te prefereren boven die met de altijd slordiger en zeker bij lager geplaatste gaatjes in een tweedimensionale afbeelding nauwelijks adequaat af te beelden doorboorde spits. Ook de miniaturist die de reeks afbeeldingen van schelpen in de rand in het Van Alphen-getijdenboek aanbracht, koos voor de meest perfecte maar in de praktijk de minst gebruikelijke vorm van de Jacobsschelp.
Een frappante weergave van een pragmatische bevestiging van een keurig in de beide oren doorboorde Jacobsschelp komt voor als detail op een laat-vijftiende-eeuws Bourgondisch gepolychromeerd stenen beeld van Jacobus de Meerdere uit Semur-en-Auxois, Côte d'Or (Parijs, Louvre, inv. R.F. 1615). Deze schelp werd niet aan de zwakke oren bevestigd, maar door twee naast elkaar in het midden van de schelp geboorde gaatjes werd een bandje geslagen om dit pelgrimsinsigne op de hoed van Jacobus te hechten.

*Ill. 14. Gebrandschilderd glas met de voorstelling van Jacobus de Meerdere, omgeven door Jacobsschelpen, vóór 1270, afkomstig uit de kapel van het kasteel van Rouen.*
*Parijs, Musée de Cluny, inv. CL 22730 (detail middenstuk).*

*Appliques op Santiagoschelpen*

De bovenste van de twee in de 'schelpenrand' van het Van Alphen-getijdenboek geschilderde pelgrimsschelpen is zeer uitzonderlijk. Deze schelp is voorzien van

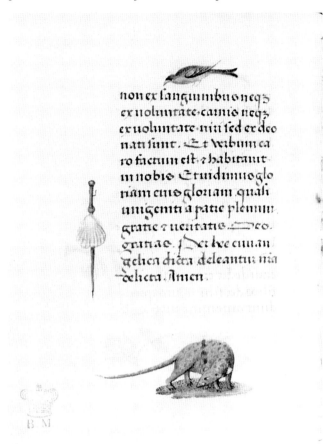

*Ill. 15. De Meester van de David-scenes in het Breviarium Grimani,*
*Brugge of Gent, 1496-1506.*
*Pelgrimsstafje met Jacobsschelp.*
*perkament, detail, bladmaat 108 x 79 mm.*
*Getijdenboek van Johanna de Waanzinnige.*
*Londen, British Library, Additional Ms. 18852, fol. 183v.*

een opengewerkte applique met de voorstelling van een relatief grote Jacobus Maior, gezeten onder een gotische architectuur, die aanbeden wordt door twee kleinere aan weerskanten van hem neergeknielde pelgrims. Ook Jacobus zelf is als pelgrim weergegeven, met pelgrimsstaf als nog juist te herkennen attribuut. Sedert de veertiende eeuw komt deze voorstellingswijze van Jacobus als pelgrimsheilige die door twee bedevaartgangers -meestal een man en een vrouw- wordt aanbeden, regelmatig voor, zowel in

Santiago de Compostela als ver daar vandaan.[13] Ongetwijfeld werd dit iconografische beeld verspreid door in massaproductie vervaardigde en in Santiago verkochte devotionalia zoals het hier besproken bedevaartteken. De op de schelp afgebeelde ajour applique was ongetwijfeld gegoten uit een tin-loodlegering, het meest gebruikte materiaal voor de en-masse vervaardigde pelgrimstekens. Tot op heden werd er geen middeleeuws exemplaar teruggevonden van een Jacobsschelp met een daarop gehechte metalen applique. Zeker niet uitgesloten is echter dat we bij de in Nieuwlande gevonden schelp met een dergelijk pelgrimsinsigne te maken hebben (ill. 13). Het is waarschijnlijk dat centraal op deze schelp oorspronkelijk een applique was bevestigd; alleen dat kan immers de verklaring zijn voor de uitgebroken dubbele doorboring midden op de schelp en het, eveneens half weggebroken, enkele gaatje in het midden van de onderrand. Deze applique kan een reliëf zijn geweest zoals bij de schelp die werd afgebeeld in de marge van het handschrift in Baltimore (ill. 12). De bevestigingsgaatjes in de schelp uit Nieuwlande (ill. 13) duiden evenwel eerder op een smallere decoratie; en dat zou een Jacobus-afbeelding geweest kunnen zijn (vergelijk ill. 16 en afb. 210 - 215) of een miniatuur-pelgrimsstafje, zoals ik eerder suggereerde (zie ook afb. 231, 232).[14] De combinatie van pelgrimsstafje en Jacobsschelp komt uiteraard, zij het in omgekeerde onderlinge verhouding, veel vaker voor, zowel als pelgrimsinsigne (afb. 222) als afgebeeld in handschriften (ill. 15).[15] Pas uit veel latere tijd, de zeventiende en achttiende eeuw, bleven Jacobusschelpen met tin-lood beslag uit Santiago bewaard. Deze appliques, op archaïsche wijze gegoten volgens de in de late middeleeuwen in heel Europa toegepaste techniek, toonden of het borstbeeld van Jacobus met pelgrimsstaf, -mantel en -hoed, of de staande heilige in een barokportaal, de Puerta Santa, al dan niet geflankeerd door Petrus en Maria of door enkele verhalende scenes.[16] In de vijftiende en zestiende eeuw bestond dit gebruik ook al. De afbeelding in het Van Alphen-getijdenboek is daar het eerste bewijs voor (ill. 12) en de vondst uit Nieuwlande lijkt dit te bevestigen (ill. 13). In de literatuur werd overigens al eerder gesuggereerd dat er in de late middeleeuwen te Santiago pelgrimsschelpen werden verkocht met zowel gitten als metalen appliques.[17] echter zonder voorbeelden die dit bewijzen, afgezien van één geschilderde afbeelding op een altaarstuk uit de vroege zestiende eeuw van een Jacobsschelp waarop een los Jacobusfiguurtje is gehecht (ill. 16).[18] Metalen en gitten imitaties van schel-

*Ill. 16. Jacobus de Meerdere als pelgrim: op zijn hoed een viertal pelgrimstekens, te weten een Antoniuskruis en insignes van Rome, Santiago en een Mariabedevaartsoord.*
*Detail van een altaarretabel, Tirool, ca. 1510.*
*S. Peter ob Meran, Zuid-Tirool.*

pen waarop versieringen zijn aangebracht, bewijzen deze praktijk bovendien (afb. 210 - 215).[19] Behalve dat toegevoegde appliques de schelpen attractiever en betekenisvoller maakten, was het nodig de pelgrims-schelpen uit Santiago als zodanig herkenbaar te maken, want ook elders en met name op de Mont-Saint-Michel werd de Pecten Maximus L. aan bedevaartgangers verkocht (zie ook afb. 294).[20] De beeltenis van de heilige was daar natuurlijk het meest geschikt voor, en respectievelijk werden Jacobus en Michaël op de schelpen genageld om de pelgrims op hun verdere tocht of terugreis naar huis te vergezellen en bescherming te bieden. De Santiagoschelp met de gegoten Jacobusvoorstelling die vervolgens in handen kwam van de miniaturist uit de omgeving van de Meester van Catharina van Kleef, werd door deze, samen met het ongedecoreerde exemplaar, afgebeeld in de marge naast een smeekbede om genade. De gehistorieerde initiaal H van Here toont de dreiging van de zielenverslindende hellemond, een lot dat misschien op voorspraak van Jacobus, die door de Santiago-insignes aanwezig is, afgewend of verlicht zou kunnen worden.

(Millennium. Tijdschrift voor Middeleeuwse studies 6, 1992, p. 99-110)

noten

Het hier gepresenteerde artikel is een bewerking van 'Pilgrim Badges painted in Manuscripts: a North Netherlandish Example', in: K. van der Horst en J.-Chr. Klamt (ed.). 1991. Masters and Miniatures. Proceedings of the Congress on Medieval Manuscript Illumination in the Northern Netherlands (Utrecht, 10 - 13 December 1989). Doornspijk (Studies and facsimiles of Netherlandish Illuminated Manuscripts 3), p. 211-218.

Met dank aan M.L.M. Hopstaken te Roosendaal voor gegevens over de archeologische context van door hem gevonden pelgrimsschelp (ill. 13), drs Isolde den Tonkelaar te Zoelmond voor informatie over de Pecten Maximus L., dr G. Dogaer te Brussel en H.J.E. van Beuningen te Cothen.

1. Köster 1965; Köster 1979; Köster 1984, Gemalte Kollektionen.

2. V. Leroquais, Les Livres d'Heures manuscrits de la Bibliothèque nationale, 2, Parijs 1927, 12-15 nr. 175. Fol. 50r van dit handschrift werd zonder nadere omschrijving en zonder vermelding van de signatuur afgebeeld bij: Endhoven 1978, 53.

3. Het getijdenboek Parijs, Bibl. Nat. Ms. lat. 10555 wordt als zodanig vermeld door: W. Cahn en J. Marrow, Medieval and Renaissance Manuscripts at Yale: A Selection. In: The Yale University Library Gazette 52 (1978), 261; Th. Kren, Flemish Manuscript Illumination 1475-1550. In: Th. Kren (ed.), Renaissance painting in manuscripts. Treasures from the British Library, New York 1983, 62, n. 5.

4. Köster 1965, met name p. 492; Köster 1973, p. 103-120 (met name p. 115-116); Köster 1984, Gemalte Kollektionen, met name p. 524 no. 12.

5. Köster 1979, p. 121-122.

6. W.C.M. Wüstefeld, The Master of Catherine of Cleves, ca. 1430-1460. In: The Golden Age of Dutch Manuscript Painting, Stuttgart 1989 (tentoonstellingscatalogus Utrecht / New York), p. 148-149.

7. Deze pagina werd, toen het getijdenboek nog in bezit was van Ph. van Alphen, Doorn gereproduceerd in de catalogus bij een tentoonstelling waar het van 1 juli - 10 sept. 1961 was geëxposeerd: Nederlandse Primitieven uit Nederlands particulier bezit, Laren 1961, p. 28, cat. 128, pl. 48.

8. Zie meer in het algemeen over de bedevaart naar Santiago en tevens over de Jacobsschelp als pelgrimsteken: Gent 1985. Over de Pecten maximus L. als bedevaartinsigne: Hohler 1957, p. 49-70; Köster 1983, Schleswig, p. 119-155; Köster, Pelgrimsschelpen en -tekens van Santiago de Compostela en de Europese bedevaartwegen naar Sint-Jacob in Galicië. In: Santiago de Compostela, 1985, 85-95; van Heeringen, Koldeweij & Gaalman 1987, p. 59-63.

9. Köster 1983 Schleswig, p. 125 nr. M 5b (12de eeuw ?), p. 130 nr. M 23b (14de/15de eeuw) en nr. M 26 (15de eeuw ?).

10. Deze Pecten Maximus L. werd gevonden door M.L.M. Hopstaken, Roosendaal, te Nieuwlande, een in de jaren 1530-1532 overstroomd en sedertdien verlaten dorp in het Oosterschelde bekken. De schelp werd aangetroffen in een aardewerk voorraadpot, die in de late vijftiende eeuw moet worden gedateerd en die zich in een 'keldertje' bevond. Uit de directe omgeving van deze vondst is een tinnen miniatuur-dolkje gevonden dat eerder door mij werd aangezien voor een souvenir uit Santiago.
Zie afb. 862 en hierna; bovendien van Heeringen, Koldeweij & Gaalman 1987, p. 62, nr. 5.6.

11. Köster 1984, Gemalte Kollektionen, p. 150.

12. Meer voorbeelden worden genoemd door: Köster 1984, Gemalte Kollektionen, p. 526, n. 17; zie ook G.I. Lieftinck, Boekverluchters uit de omgeving van Maria van Bourgondië c. 1475 - c. 1485, Brussel 1969, p. 68, 70, pl. 88, 215-216.

13. Steppe 1985, p. 140. Iconografisch direct vergelijkbare voorstellingen van de zittende Jacobus met twee pelgrims aan zijn voeten zijn bijvoorbeeld het Jacobusbeeld van de Meister der Emmericher Leuchterkrone, ca. 1503, in de St. Nicolaikirche te Kalkar en verscheidene exemplaren van een uit Santiago afkomstige gitten kusplaat uit het begin van de zestiende eeuw met in reliëf de afbeelding van de pelgrimsheilige. De Werd 1986, p. 16-17, pl. 15; Gent 1985, p. 303, nr. 218; München 1984, p. 145-146, nr. 213.

14. In 'Masters and Miniatures', 1991, publiceerde ik bij de schelp een in de directe omgeving van deze schelp aangetroffen klein uit tin-lood gegoten voorwerp (zie afb. 862). Dit zag ik aan voor een pelgrimsstafje. Metalen dan wel uit hout, been of ivoor gedraaide 'bordoncillos', miniatuurpelgrimsstafjes, werden sinds de vijftiende eeuw evenals de schelpen in groten getale te Santiago als pelgrimstekens verkocht (vergelijk afb. 231, 232). Het vermeende stafje uit Nieuwlande is, zo blijkt evenwel uit andere vondsten, geen pelgrimsstafje maar een miniatuur dolkje. Het lemmet vertoont echter insnoeringen aan de punt en direct onder de handgreep, waarvan de maten wonderwel corresponderen met de doorboringen van de schelp. Op grond daarvan concludeerde ik dat deze daarop bevestigd was geweest; de duiding van de staf als dolk maakt dit in feite onmogelijk.

15. Een soortgelijk insigne van tin-lood werd te Nieuwlande, Verdronken Land van Zuid-Beveland, gevonden door N.B. Peerdeman, Bergen op Zoom. en een daaraan nagenoeg identiek exemplaar bevindt zich in Musée de Cluny, Parijs. Gent 1985, p. 299; van Heeringen, Koldeweij & Gaalman 1987, p. 61-62, nr. 5.5 (= hier afb. 222). De afbeelding in het getijdenboek van Johanna de Waanzinnige, fol. 183v, afb. 12) staat niet alleen. Soortgelijke voorstellingen van een pelgrimsstafje met Jacobsschelp komen bijvoorbeeld voor in de marge van Kassel, Murhardsche und Landesbibliothek, 4' Ms. math. et art 50, fol. 5r (in goud), en Parijs, Bibl. Nat. Ms. lat. 1166, fol. 21v (kostbaar versierd met parels en edelstenen). Köster 1965, p. 495-496.

16. Köster 1983, Schleswig, p. 137-139, nr. M 60, M 61, M 62, p. 146; Köster 1985, Gent, p. 87. Köster benadrukt het ontstaan van deze schelpen in de zeventiende en achttiende eeuw, ook al werd een van deze (M 60) herhaaldelijk en voor het laatst nog in de catalogus Gent 1985, p. 294-294, nr. 177, in de late vijftiende eeuw gedateerd.

17. Köster 1983, Schleswig, p. 146; Köster 1985, Gent, p. 86-87.

18. Köster 1983, Schleswig, p. 146, n. 215.

19. Gent 1985, p. 295-296, nr. 185-186, 188; van Heeringen, Koldeweij & Gaalman 1987, p. 60-61, nr. 5.3-4. Het hier afgebeelde exemplaar werd gevonden te Nieuwlande door M.L.M. Hopstaken, Roosendaal.

20. Lamy-Lassalle 1971, p. 113-126.

# VII PELGRIMSINSIGNES IN HET GETIJDENBOEK 'D'OISELET'

*A.M. Koldeweij*

De Koninklijke Bibliotheek te 's-Gravenhage verwierf door aankoop in het najaar van 1993 een vijftiende-eeuws handschrift met een spectaculaire verzameling zilveren en verguld zilveren pelgrimstekens. De in dit handschrift ingenaaide pelgrimstekens vormen de grootste bekende verzameling laatmiddeleeuwse bedevaartsinsignes van edelmetaal, te weten 23 stuks waarvan vier verguld. Alle werden met hetzelfde roze garen vastgenaaid op het laatste blad perkament achterin het getijdenboek. Dit blad werd tegelijk met de latere, vroeg-negentiende-eeuwse band toegevoegd aan het manuscript, ter vervanging van de oude, laatmiddeleeuwse band en bijbehorend schutblad. Afdrukken op het laatste blad van het vijftiende-eeuwse getijdenboek getuigen er van dat de insigne-verzameling ook voordat het manuscript opnieuw werd ingebonden, al in het handschrift was opgenomen. Alleszins aannemelijk is dat de insignes die alle uit de late vijftiende en vroege zestiende eeuw dateren, toen al - dus omstreeks 1500 - in het handschrift werden verzameld. Belangwekkend is dat deze collectie pelgrimstekens tot op heden in totaliteit in het handschrift bewaard is gebleven.

Bij alle insignes gaat het om in zilverblik gestansde - in een vorm gestempelde - afbeeldingen. Deze techniek leent zich uitstekend voor reeks- of massaproduktie en was in de late vijftiende en vroege zestiende eeuw populair met name voor vervaardiging van latoenkoperen en zilveren pelgrimstekens.

Het handschrift, een getijdenboek geschreven en verlucht te Brugge in het derde kwart van de vijftiende eeuw, telt 89 folio's, die in het begin van de vorige eeuw opnieuw werden gebonden in een kalfslederen bandje met zilveren klampen. De band meet 250 x 140 mm, de bladmaat 196 x 134 mm. Bij het opnieuw inbinden werd het oude boekblok enigszins afgesneden, evenwel zonder besnoeiing van tekst en decoratie. Het ingevoegde blad waarop de insignes zijn genaaid, meet 194 x 128 mm. Het getijdenboek is voorzien van 13 gekleurde en versierde grote initialen op bladzijden waartegenover een bladgrote miniatuur; van deze oorspronkelijk eveneens 13 miniaturen zijn er nog 11 aanwezig. De miniaturen kunnen worden toegeschreven aan de anonieme Brugse miniaturist die wordt aangeduid met de noodnaam 'Meester van de spleetogen' (vriendelijke mededeling van mevr. dr

Anne Korteweg, conservator handschriften Koninklijke Bibliotheek 's-Gravenhage). De officie- en gebedsteksten en de kalender in het getijdenboek zijn in het latijn gesteld, later door verschillende handen toegevoegde genealogische notities zijn Franstalig. Uit deze aantekeningen blijkt dat het handschrift eeuwenlang in bezit was van de Franse adellijke familie d'Oiselet. De eerste bezitter die staat vermeld in het getijdenboek, is Simon de la Chambre de Montjustin, escuyer, die in 1467 vader werd van Claude de la Chambre. Deze Claude kreeg in 1486 een dochter Jeanne. Gezien de datering van de insignes, zal Claude de la Chambre degene zijn die als devoot reiziger de 23 pelgrimstekens bijeenbracht uit bedevaartplaatsen van Provence tot Zuid-Holland en deze hechtte in het getijdenboek.

De in 1986 overleden Duitse bibliothecaris Prof. Dr Kurt Köster deed onderzoek naar in laatmiddeleeuwse handschriften bewaarde insignes en publiceerde als enige over dit onderwerp: 'Kollektionen metallener Wallfahrts-Devotionalien und kleiner Andachtsbilder, eingenäht in spätmittelalterliche Gebetbuch-Handschriften', in B. Haller (ed.), Erlesenes aus der Welt des Buches, Wiesbaden 1979, p. 77-130. Köster beschrijft in deze studie alle hem bekende handschriften waarin metalen insignes bewaard zijn gebleven; in totaal waren dat slechts vier manuscripten. Respectievelijk zijn in deze handschriften 5, 5, 1 en 3 pelgrimstekens bevestigd, resterend van een oorspronkelijk aantal van 19 (21 ?), 6, 1 en 5 stuks; deze oorspronkelijke aantallen kunnen worden genoemd op grond van afdrukken die de insignes nalieten in het perkament van de betreffende manuscripten. Het nu door de Koninklijke Bibliotheek verworven handschrift bezit, zoals tegen deze achtergrond blijkt, een spectaculaire en hoogst uitzonderlijke collectie pelgrimstekens. Bovendien zijn al deze 23 insignes - in merkwaardig contrast tot het gegeven dat het om laatmiddeleeuwse serieprodukten gaat - nu unica, op één uitzondering na. Slechts van het zilveren insigne (nr. 11) van de heilige Adrianus uit het Oostvlaamse Geraardsbergen zijn identieke of nagenoeg gelijke exemplaren gedocumenteerd: één als los object in een oude Antwerpse verzameling (huidige verblijfplaats onbekend), en één in een ander gebedenboek genaaid (Wenen, Oostenrijkse Nationalbibliotheek, hs Ser. Nov. 2624, fol. 253r). Dit zilveren Adrianus-insigne komt daarenboven sterker dan alle andere overeen met zijn goedkopere lood-tinnen tegenhangers (zie afb. 17 - 19). Van geen van de andere 22 insignes is momenteel een tweede exemplaar bekend en zelfs vormt een

*Ill. 17. 23 Ingenaaide laat-vijftiende- en vroeg-zestiende-eeuwse pelgrimstekens in het getijdenboek 'd'Oiselet', Brugge, derde kwart 15de eeuw. 's-Gravenhage, Koninklijke Bibliotheek.*

47

aantal van de hier bijeengebrachte pelgrimstekens het eerste bewijs dat in het betreffende middeleeuwse bedevaartsoord dergelijke devotionalia werden verkocht. Voor de Noordelijke Nederlanden is daar wel het meest opmerkelijke voorbeeld van het fraaie ronde insigne van 's-Gravenzande (nr. 15): onder een rijk en fijn uitgewerkte gotische architectuur is de annunciatie afgebeeld, de engel die Maria bericht dat zij de Moeder Gods zal worden. Onder de voorstelling staat de elk misverstand uitsluitende plaatsnaam 'SGRA-VESAND' en rond het geheel staat de tekst AVE ORA PNA, uit te schrijven als 'Ave Ora pro nobis amen', de bede 'Weest gegroet, bidt voor ons, amen'. Bij de huidige stand van onderzoek kunnen nog niet alle 23 insignes worden geduid en gelokaliseerd. Nadere studie zal evenwel meer aan het licht brengen. In feite onderstreept dit overigens het belang van deze bewaard gebleven laatmiddeleeuwse insigneverzameling.

Samenvattend kan op dit moment het volgende overzicht worden gegeven van de pelgrimstekens in het getijdenboek:

1. rond, 21 mm, ridder te paard, mogelijk Hubertus uit Saint-Hubert in de Ardennen.
2. rond, verguld, 18 mm, Heilige Rok en engel, Aken.
3. plaquette, halfrond afgesloten, h. 35 mm, br. 27 mm, de Driekoningen voor Maria en het Christuskind, wellicht Keulen.
4. rond, verguld, 19 mm, bisschop in zetel, opschrift 'S CLAUDE', St.-Claude in de Jura.
5. rond, 24 mm, bisschop kromstaf en scepter, opschrift 'S G'.
6. rond, 36 mm, laag zilvergehalte, Christus wekt Lazarus weer tot leven, de Provence (La Sainte Beaume, Aix-en-Provence?).
7. rond, 33 mm, opschrift 'S QUI(n)TINUS', St.-Quentin.
8. rond, 37 mm, laag zilvergehalte, hemelvaart van Maria Egyptiaca (Maria Magdalena), de Provence (La Sainte Beaume, Aix-en Provence?).

9. rond, 25 mm, Maria met Kind in stralenkrans; hiervoor een wapenschild met beer (Bern ?).
10. rond, verguld, 21 mm, Maria met Kind in stralenkrans op maansikkel, opschrift 'D MOnTROLA' (?).
11. plaquette, met spitsboog afgesloten, h. 33 mm, br. 19 mm, ridder met zwaard en aambeeld op leeuw, opschrift 'ADRIANUS', Geraardsbergen.
12. rond, verguld, 20 mm, bisschop op in zetel, opschrift 'SAINT CLAUDE', St.-Claude in de Jura.
13. rond, 26 mm, heilige Margaretha op de draak, opschrift 'S M' voor 'Sancta Margaretha'.
14. rond, 33 mm, de heilige Nicolaas met de drie kinderen in de tobbe en een in aanbidding neergeknielde pelgrim, opschrift 'S:N:DE:PORT' voor Saint-Nicolas-de-Port als plaats van herkomst.
15. rond, 33 mm, de Annunciatie in een gotisch bouwwerk, opschrift 'SGRAVESAND' en 'AVE ORA PNA' voor 's-Gravenzande als plaats van herkomst en de bede 'Ave Ora pro nobis amen'
16. rond, 23 mm, de Annunciatie.
17. rond, 26 mm, Heilig Kruis met een wapenschild. Naast het kruis als opschrift 'IHS XRS' voor Jhesus Christus, en als randschrift het gebed 'O CRUX AVE SPES UNICA', 'gegroet o Kruis, enige hoop'.
18. rond, 29 mm, zegenende bisschop achter een wapenschild, en twee geknielde pelgrims, opschrift 'S THEOBALDUS', afkomstig uit Thann in de Elzas.
19. rond, 30 mm, zegenende bisschop in zetel, opschrift 'SAINT CLAUDE', St.-Claude in de Jura.
20. rond, 25 mm, onthoofding van een martelares die in haar samengevouwen handen een palmtak vast heeft; een engel plaatst de martelaarskroon op haar hoofd.
21. rond, 29 mm, Anna-te-Drieën geflankeerd door twee bisschopsbusten.
22. rond, 34 mm, wijding van een kapel met een beeld van Maria met Kind, door een bisschop, opschrift onleesbaar, Einsiedeln.
23. rond, 31 mm, abt met kromstaf en in zijn handen zijn kruin, opschrift 'S D', mogelijk voor Saint Denis, de heilige bisschop Dionysius vereerd te St.-Denis bij Parijs en in Parijs.

# I ONZE LIEVE VROUW VAN AARSCHOT

De viering van '650 jaar Onze-Lieve-Vrouwekerk Aarschot' in 1987 was aanleiding voor een tentoonstelling in het koor van de genoemde kerk, waar onder andere twee van de in dit boek gepubliceerde pelgrimstekens werden geëxposeerd (afb. 411 en 413). Het tijdschrift 'Het Oude Land van Aarschot' gaf ruimte aan het 'Herdenkingscomité' om een aflevering bij wijze van tentoonstellingscatalogus te vullen met enige artikelen en een overzicht van de geëxposeerde objecten (de insignes betroffen cat. D 1 en D 2). Een drietal auteurs greep die gelegenheid aan om in te gaan op de bedevaarten naar Aarschot en de aldaar in de late middeleeuwen verkochte pelgrimstekens. Dit artikel wordt hierna herdrukt en geeft te zamen met de inleiding op het vijftal Aarschotse insignes (afb. 411 - 415) de huidige stand van kennis over de insignes van deze Mariabedevaartplaats.

## Over pelgrimstochten naar Aarschot en daarop betrekking hebbende insignes

*H.J.E. van Beuningen, F. Jurion, M. de Waha*

Dit artikel is het resultaat van samenwerking tussen Nederlandse en Belgische onderzoekers en vloeit voort uit verschillende vakgebieden, in het bijzonder archeologie, wapenkunde en geschiedenis. Het tracht nieuwe inzichten – hoe fragmentarisch ook – te geven over het begin van de Maria-bedevaart van Aarschot, de religieuze betekenis daarvan, alsmede het belang daarvan op sociaal en economisch gebied.

Wanneer de historicus religieuze gevoelens buiten beschouwing laat en afziet van plaatselijk chauvinisme, moet worden vastgesteld dat historische gegevens over pelgrimstochten naar Aarschot uiterst zeldzaam zijn. Terwijl in publikaties van Divaeus,[1] Wichmans[2] of Grammaye[3] wordt gesteld dat de bedevaarttochten naar Aarschot tot zeer vroeg in het verleden teruggaan, blijkt telkens weer dat men elkaar aanhaalt, zonder exacte bronnenvermelding of nieuwe feitelijke gegevens. Ook artikels en boeken van de hand van Aarschotse geschiedschrijvers zoals Coveliers,[4] J. Van Brabant[5] en – meer recentelijk – van C. Van Haesendonck[6] slagen er niet in op onweerlegbare wijze en aan de hand van feitelijke documenten aan te tonen tot hoe vroeg de Maria-verering in Aarschot teruggaat. Het lijkt dan ook gewaagd om

verband te willen leggen tussen het begin van de bouw van het kerkkoor door J. Piccart in 1337[7] en het ontstaan van de pelgrimstochten naar Aarschot. Pater de Moreau geeft in zijn monumentaal boekwerk Histoire de l'Eglise en Belgique de meest betrouwbare gegevens over de verspreiding van de Maria-verering in het noorden van Brabant, het hart van het oude hertogdom.

Wanneer men zich uitsluitend baseert op bekende historische documenten dan staat vast dat in het begin van de zestiende eeuw bedevaarttochten naar Aarschot plaatsvonden. Over welke tijd deze bedevaarttochten zich uitstrekten staat niet vast maar aangenomen mag worden dat Scherpenheuvel, beroemd geworden door het bezoek der aartshertogen Albrecht en Isabella, en weldra gevolgd door de bouw van de grote kerk van Wenzel Coebergher,[8] de betekenis van Aarschot als bedevaartplaats wezenlijk en nadelig zal hebben beïnvloed.

Een andere wijze om de pelgrimstochten naar Aarschot te belichten is het onderzoek naar voorbeelden van opgelegde rechterlijke of strafbedevaarten. Wanneer E. van Cauwenbergh in zijn klassieke werk[9] Aarschot als rechterlijke of strafbedevaartplaats noemt, verwijst hij naar de vonnisregisters van Oudenaarde en van Lier, zonder de exacte datering van deze bronnen aan te geven. In de boetedoeningstarieven die van Cauwenbergh publiceert en die dateren uit de vijftiende eeuw, wordt Aarschot niet vermeld. Het lijkt wel of hij voor de middeleeuwen gegevens betreffende de zestiende eeuw heeft geëxtrapoleerd, hetgeen ons helaas niet toelaat aan de hand van zijn publikaties de oorsprong van de bedevaarttochten naar Aarschot nader te bepalen.

De vroegste melding van een strafbedevaart naar Aarschot in geschreven bronnen gaat terug tot 26 maart 1511 (n.s.) Bartellemeeus Vekenmans Bertellommeeuszone moet bedevaart doen naar Wilsnack wanneer hij terugkomt in het land van Turnhout. Zijn broers moeten gaan, of laten gaan, een bedevaart naar O-.L.-Vrouw van Alsemberg, naar O.-L.-Vrouw van Halle en naar O.-L.-Vrouw te Aarschot.[10]

In 1517 en in 1519 neemt de schepenbank van Turnhout opnieuw haar toevlucht tot het opleggen van soortgelijke straffen. En in 1519 wordt in Herentals Jan Vermolen, die zijn grootvader Geerden had doodgeslagen, tot 'zes wechen' veroordeeld: 'Item dat hij zall gaen, oec ter laeffenissen der voers. zielen, eenen wech ende bevaert tot onsser Liever Vrouwe tot

Aarschot. Noch eenen wech tot Sinte Peeters ende Pauwels tot Romen... Noch zall hij gaen eenen wech of bevaert ten heylighen bloede tot Wilsenaken. Ende noch zall hij gaen oft reijsen eenen wech tot Sint Jacob in Gallisien'.[11]

Dergelijke strafbedevaarten konden, bij misdrijf of overtreding, zowel door een kerkelijke als door een wereldlijke jurisdictie worden opgelegd. De strafbedevaart die van overheidswege werd opgelegd en de zoenbedevaart die in een verdrag werd overeengekomen, behoorden tot de niet vrijwillige bedevaarten. Tot de plaatsen waar strafbedevaarten in de eerste helft van de zestiende eeuw naar 'Onser Vrauwen te Aerschot by Luevene' werden opgelegd behoorden Oudenaarde,[12] Lier,[9] Herentals,[11] Vilvoorde[13] en Gent.[14] Deze lijst van plaatsen, die Aarschot op hun lijst van strafbedevaarten had opgenomen, zal bij verder systematisch archiefonderzoek – ook in de noordelijke Nederlanden – zeker uitgebreid kunnen worden.[15]

Toch toont deze opsomming een zekere uitbreiding van de Aarschotse Mariavering aan, maar alle tot dusverre bekende geschreven bronnen brengen ons steeds terug tot een zestiende-eeuwse chronologie met als vroegste vermelding en datering 1511. Wanneer men rekening houdt met een zekere traagheid, die de rechterlijke wereld eigen is, dan mag men aannemen dat het begin van de bedevaarten naar Aarschot vroe-

*Ill. 18. Bedevaartmedaille, Aarschot, eind 15de–begin 16de eeuw, afgebeeld door Nahuys 1882.*

ger ligt, maar dat omstreeks 1511 deze bedevaarten voldoende gestructureerd waren om er zeker van te zijn dat de aan de veroordeelden opgelegde verplichtingen ook inderdaad onder het daarvoor vereiste toezicht konden worden vervuld.

Afgezien van schriftelijke bronnen met betrekking tot de bedevaart naar Aarschot is in de afgelopen jaren zowel in België als in Nederland een aantal pelgrimsinsignes gevonden die èn door de afbeeldingen daarop èn door de tekst zonder enige twijfel aan Aarschot kunnen worden toegeschreven. Reeds in 1882 beschreef Graaf Maurits van Nahuys een kleine bedevaartmedaille, die op Aarschot betrekking heeft.[16] Het betreft een insigne uitgevoerd in verguld koper, dat bestaat uit twee dunne plaatjes gevat in een ronde ring. Aan deze ring is een oogje bevestigd, dat het mogelijk maakt het insigne als hanger te dragen. Afgebeeld is een zittende Maria met ter linker zijde een zittend Christuskind. Onder de figuur van Maria staat een lelie afgebeeld en ter weerszijde staat in gotische minuskels AERSCHOT (ill. 18). Wat vorm en uitvoeringstechniek betreft bestaat er grote overeenkomst met gelijkvormige insignes, die in de laatste jaren in het verdronken land van de Oosterschelde in Nederland gevonden werden.[17] De op deze insignes voorkomende afbeeldingen zijn niet vergelijkbaar met het eerder genoemde Aarschotse insigne. Zij hebben betrekking op andere vereringen. De vondstomstandigheden maken echter duidelijk dat dit type insigne aan het eind van de vijftiende en aan het begin van de zestiende eeuw ook elders in gebruik was. De plaatsen waar deze insignes gevonden werden waren tot omstreeks 1530 bewoond totdat zij als gevolg van overstromingen en watervloeden onbewoonbaar werden. Helaas zijn van het Aarschotse kleine insigne geen vondstomstandigheden bekend, die ons kunnen helpen bij de datering daarvan. Paleografisch onderzoek maakt een datering, niet voor het einde van de vijftiende eeuw en eerder in de zestiende eeuw, waarschijnlijk.

Tijdens een opgraving door Fr. Jurion uitgevoerd op de plaats waar het slot te Sint-Lambrechts-Woluwe nabij Brussel gelegen was, werd in 1984 een bijzondere vondst gedaan bestaande uit een metalen pelgrimsinsigne van Aarschot, van het type als afb. 412. Tijdens het wetenschappelijk onderzoek kon de chronologie van dit met een gracht omgeven slot nader worden vastgesteld.[18]

Op een vroegere bewoning uit de veertiende eeuw, gekenmerkt door lemen gebouwen op stenen funderingen, volgt met enige aanpassingen een uitgestrekt rechthoekig hoofdgebouw gemaakt van Ledese griezelzandsteen, dat voorzien is geweest van kruisramen en trapgevel. Het onderzoek leverde belangrijke en gedetailleerde gegevens op voor wat betreft de stratigrafie van het vondstenmateriaal.

Het Aarschotse insigne werd gevonden in een geul, die loodrecht op de zuidwestelijke buitenmuur van het kasteel was gegraven. Die muur is homogeen van bouw en kan zowel door middel van bouwontleding als door het onderzoek naar de bouwvolgorde van de muren ten opzichte van de noordoostelijke pendant, worden gedateerd in het begin van de zestiende eeuw. Het insigne werd ontdekt in de onderste slotgrachtlagen dicht bij de muur en wel op het laagste peil nogal nauw verbonden met de muurfunderingen. Het chronologisch verband tussen de muur en het insigne staat daarmede vast. Bovendien moet worden opgemerkt dat te zamen met het insigne kenmerkende keramiek uit dezelfde periode aangetroffen werd. Ook vond men op deze plaats verschillende penningen uit Neurenberg en andere door de hertogelijke Antwerpse Munt geslagen naar aanleiding van het overlijden in 1500 van de kleine infant don Miguel. Deze gebeurtenis had tot gevolg, dat Philips de Schone en zijn echtgenote erfgenamen van de Spaanse kroon werden. De penning met het Spaanse wapen draagt als opschrift: 'Philippus Dei Gratia Archidux Austriae, Dux Brabantiae' en de legende: 'de absentibus nil nisi bonum', geeft 1500 aan als datering,[19] hetgeen mag worden beschouwd als terminus a quo van het tijdstip waarop dit insigne verloren werd.

Het is dus alleszins redelijk om aan te nemen, dat dit Aarschotse insigne waarschijnlijk kort na 1500 en zeker vóór 1530 is ontstaan. Verder onderzoek maakt het nu mogelijk deze hypothese verder uit te diepen.

Het vijfhoekig insigne[20] vertoont aan de onderkant geschreven in gotische minuskels 'Aerschot' met daaronder een lelieblad, dat nog steeds het wapen van de stad is. In het midden tekent zich scherp af de afbeelding van een Madonna met het kindeke Jezus aan de borst. Aan weerskanten van het hoofd van Maria merkt men twee wapenschilden op, die ogenschijnlijk op elkaar gelijken, maar waarvan de verschillen voor onze studie en voor de exacte datering van grote betekenis blijken te zijn.

Het linkse, meest eenvoudige wapenschild is gevierendeeld; dat wil zeggen 1 en 4 in zilver drie dwarsbalken van keel, bekend als het wapen van het geslacht van Croy en 2 en 3 in zilver drie disselbijlen (doloires) van keel, de twee bovenste afgewend, bekend als het wapen van het geslacht Renty. Dit wapenschild toont het wapen van de belangrijke familie van Croy, die vanaf 1432 in Aarschot gevestigd was door het huwelijk van Margaretha van Lotharingen, erfgename van de heerlijkheid Aarschot, met Antoine van Croy.[21] Het rechtse, meer gecompliceerde wapenschild vertoont hetzelfde wapen, maar met over alles heen een middenschild waarin een naar links kijkende leeuw staat. Bovendien bevinden zich om dit wapenschild heen de versierselen van de Orde van het Gulden Vlies.

Door het ontbreken van het blazoenwapen van Margaretha van Lotharingen als eigenares van de heerlijkheid Aarschot is het mogelijk het tijdstip van het vervaardigen van het insigne te bepalen tot op het moment waarop de familie van Croy, door vererving van hun moeder Margaretha, eigenaren zijn geworden van het land van Aarschot. Daarbij komt dat de samenhang van twee verschillende wapenschilden, die ieder verband houden met het geslacht van Croy, geen verband kunnen houden met aanverwantschap, omdat dit in ééénzelfde familie door huwelijksbeletsels verboden was. Daarentegen schijnen die twee wapenschilden wel te betekenen dat men de nadruk heeft willen leggen op het bestaan van twee van Croy generaties, die in verbinding staan met de pelgrimstochten naar Aarschot.

Het gaat er nu om een van Croy te vinden in het bezit van Aarschot (de familie van Croy is op dat ogenblik al in verschillende takken verspreid), die bovendien ridder in de Orde van het Gulden Vlies is – een waardigheid waarmee menig lid van de Croy-familie vereerd werd – en die bovendien het familiewapen belast met een leeuw in het middenschild voert. De samenhang van deze drie voorwaarden, waarvan geen enkele afzonderlijk volstaat om een lid van de familie uit te zonderen, moet het mogelijk maken dat lid van de familie van Croy te identificeren die het insigne liet vervaardigen.

Nu doet zich de moeilijkheid voor dat geen enkel lid van de familie van Croy zijn wapenschild belast met een enkele leeuw midden in het hart. Alle leden van de van Croy's, die het hart van hun wapenschild belasten, doen dit door middel van een gevierendeeld middenschild, al dan niet weer gedeeld waarin onder meer ook leeuwen afgebeeld staan.

Men kan begrijpen dat de afmetingen van het wapenschild op het bedevaartinsigne van 8 bij 16 mm het duidelijk weergeven van een ingewikkeld wapen zoals een gevierendeeld middenschild niet goed mogelijk maken. Ook dient erop te worden gewezen dat het gieten van dergelijke uit een lood-tin alliage bestaande insignes in hardstenen gietmallen goedkoop moest blijven, zodat de toegepaste techniek een zorgvuldige gedetailleerde uitvoering niet goed mogelijk maakte. Als bewijs van deze stelling moge dienen de verwijzing naar het zegel van Willem van Croy uit 1490.[22] Dit zegel van zulk een belangrijke figuur, die gebruik kon maken van gespecialiseerde vaklieden om een fijn gegraveerde afbeelding in hard metaal te vervaardigen, mag doen verwachten dat de details exact worden weergegeven. Desondanks vertoont het zegel een verwaarloosd middenschild, zodat de onjuiste wapenvoorstelling voort moet vloeien uit een begrijpelijk vereenvoudigingsproces.

De vraag doet zich voor aan welk lid van de familie van Croy het wapenschild met daarin die zo bevoorrechte leeuw toebehoort. Het zegel in het Algemeen Rijksarchief in Brussel behoort toe aan een bij uitstek beroemd persoon, namelijk Willem van Croy-Chièvres, gouverneur van Karel V en bovendien bezitter van het land van Aarschot zoals door een akte van verdeling van 1494 wordt geattesteerd.[23] Willem van Croy-Chièvres liet verschillende belangrijke gebrandschilderde kerkramen uitvoeren met daarop afgebeeld het van Croy wapen met een leeuw in het vierendeel. Die leeuw is niet altijd identiek zoals R. Van Uytven aantoonde bij de beschrijving van Willem van Croy's kerkraam, dat zich vroeger in Aarschot bevond en thans in het bezit is van het Victoria and Albert Museum in Londen.[24] Fouten gemaakt bij afbeeldingen van wapenschilden op gebrandschilderde ramen waren niet zeldzaam. Zo is in het koor van de Sint-Waltrudis-Collegiale in Bergen de leeuw van sabel geïdentificeerd met 'le comté de Flandre'.[25] Niets in de van Croy's genealogie rechtvaardigt zulk een kwartier, tenzij het een verkeerde restauratie van de in zijn tijd zo bekende glasschilder en restaurateur Capronnier betreft. Integendeel geeft het Wapenboek van de Orde van het Gulden Vlies de wapens en de kwartieren op de juiste wijze weer. De leeuw is van keel, gewapend en getongd van azuur, hetgeen het wapen van Luxemburg is. Dit verwijst duidelijk naar het huwelijk van Philips I van Croy met Jacqueline van Luxemburg, dochter van de beroemde maar ongelukkige Lodewijk van Luxemburg, graaf van Saint-Pol en connétable van Frankrijk.[26] Zo is het ons mogelijk om de van Croy, wiens wapen op het Aarschotse bedevaartsinsigne voorkomt, te identiferen. Het betreft hier Willem van Croy-Chièvres (1458-1521), gouverneur van Karel V, de almachtige kapitein-generaal der Nederlanden.[27]

Willem van Croy-Chièvres kwam in 1494 in het bezit van Aarschot. Het insigne kan dus worden gedateerd tussen 1494 en 1521. Die jaartallen vormen nog ruime tijdsgrenzen. Dank zij de studie van R. van Uytven is bekend dat Willem van Croy-Chièvres en zijn echtgenote, Maria van Hamal, in 1503 gebrandschilderde kerkramen aan de Onze-Lieve-Vrouwekerk van Aarschot schonken. Het wekt de indruk dat Willem van Croy zeer bezield was door de Maria-devotie, daar men gebrandschilderde ramen tot haar eer aantreft met daarbij ook afgebeeld de biddende schenkers in de kerk van 's Herenelderen en in Bergen waar dit echtpaar in 1516 een Maria Hemelvaartraam aan de Sint-Waltrudis-Collegiale aanbood.[28] Daarbij is de naam van Willem van Croy-Chièvres ook verbonden aan de bedevaart naar Onze Lieve Vrouwe ten Braambos gelegen in zijn heerlijkheid Chièvres. Het ware toe te juichen wanneer een nadere studie zou plaatsvinden met betrekking tot dit pelgrimsoord.

Door het met elkaar in verband brengen van gebrandschilderde glasramen ter ere van de Maagd Maria en de insignes met betrekking tot de bedevaarttochten naar Aarschot kunnen we meer inzicht krijgen in de belangstelling, die Willem van Croy-Chièvres had voor de Maria-verering in Aarschot. Men hoeft er niet aan te twijfelen dat de machtige gouverneur van Karel V al zijn invloed zal hebben aangewend om de pelgrimstochten naar Aarschot te stimuleren. Dit brengt ons ertoe het ontstaan van het insigne te dateren rond het jaar 1503.

Hoe groot ook de steun was van Willem van Croy-Chièvres, toch was hij niet de initiatiefnemer of bewerker daarvan. Dat blijkt uit het feit dat hij in dit geval niet tweemaal zijn eigen wapen met de keten van de Orde van het Gulden Vlies liet afbeelden of, zoals op alle gebrandschilderde kerkramen voorkomt, het wapen van zijn vrouw daarbij liet aanbrengen. Naar onze mening verwijst het linkse wapenschild van het insigne, waarop het eenvoudige van Croy-wapen voorkomt, naar een ander lid van deze familie. Dit kan naar onze mening allen maar betrekking hebben op de persoon van Philips van Croy, de vader van Willem van Croy-Chièvres.

Dat deze Philips van Croy de initiatiefnemer is geweest moge uit het navolgende blijken. Het is mogelijk een aantal werkhypothesen met betrekking tot de pelgrimstochten naar Aarschot te noemen. Het verkrijgen van het recht van de alleenheerlijkheid van de van Croy's in Aarschot in 1461 na de dood van Margaretha van Lotharingen viel samen met twee belangrijke gebeurtenissen. Philips van Croy verleende Aarschot een marktkeur, dat tot doel had het verkeer tussen deze plaats en het achterland te doen toenemen, terwijl binnen Aarschot zelf een hele reeks ambachtsbedrijven tot ontwikkeling zouden kunnen komen.[29] Het is hier niet de juiste plaats nader in te gaan op de geschiedenis van Aarschot, maar wij beperken ons door erop te wijzen dat deze wijze van handelen getuigt van een liberaal economisch-politiek beleid. Het wekt de indruk dat Philips I van Croy getracht heeft de inkomsten van zijn heerlijkheid te vermeerderen. Terzelfdertijd maakte hij van de parochiekerk een collegiale, die hij begiftigde.[30] Deze laatste stichting ligt in de lijn van een lange heerlijke traditie. Uit overwegingen van maatschappelijk belang en eigen prestige stelden Landsheren van oudsher kapittels in. Aarschot is daarvan zeker een laat voorbeeld. Is het dan zo vreemd om te veronderstellen dat Philips van Croy zijn economisch beleid en zijn religieuze betrokkenheid heeft willen versterken door middel van een religieus-economisch gegeven, te weten het instellen en de ontwikkeling van een bedevaart, die naar men hoopte zoveel pelgrims naar Aarschot zou trekken dat ook de plaatselijke economische bedrijvigheid daardoor zou worden gestimuleerd? Wij stellen als werkhypothese dat Philips van Croy zijn heerlijkheid Aarschot heeft willen ontwikkelen door samenhangende maatschappelijke, economische en religieuze maatregelen, gaande van marktkeuren tot het stichten van een kanunnikenkapittel, naar het instellen van de Onze-Lieve-Vrouwebedevaart.

De wisselvalligheden door Aarschot beleefd in de opstand van 1489 lieten de ontwikkeling van die nieuwe instellingen niet toe vóór het einde van de vijftiende eeuw en vóór de komst van Willem van Croy-Chièvres aan het hoofd van de heerlijkheid. Willem's grote Maria-devotie moest de bloei van de Aarschotse pelgrimstochten stimuleren. Dat dit resultaat opleverde blijkt uit het feit dat o.m. in de rekeningen van de stad Brugge meldingen worden gedaan over boetebedevaarten naar Aarschot in het midden van de zestiende eeuw, met name in 1545, in 1549 in 1554,[31-32] terwijl de officialiteit van het Bisdom Gent in 1571 nog een boetebedevaart naar Aarschot voorschreef naar aanleiding van een gepleegde overtreding.[33] Die opkomst in de Brugse bronnen is wel typerend voor het ontwikkelingsproces van een pelgrimstocht, die moet zijn begonnen in de tweede helft van de vijftiende eeuw, maar die zijn bloei pas bereikte onder Willem van Croy-Chièvres in het begin van de zestiende eeuw.

Het is hier de juiste plaats om nader in te gaan op de vondsten van Aarschotse pelgrimsinsignes, die in de afgelopen jaren zijn gedaan op plaatsen in het Verdronken Land van Zuid-Beveland in de Oosterschelde. Verschillende archieven bewaren topografische kaarten, die een beeld geven van de grote verwoestingen die de Sint-Felixvloed op 5 november 1530 veroorzaakte in het gebied van Zuid-Beveland gelegen ten westen van Bergen op Zoom. Omstreeks 1546 vervaardigde Jacob van Deventer kaarten waarop – nauwelijks 16 jaren na de ramp – dorpen die verwoest werden slechts door enkele lijntjes of ovale symbolen worden aangegeven. De ligging van Reimerswaal en van de kerk van Krabbendijke is nog door middel van een tekening aangegeven, maar dorpen zoals Tolsende en Nieuwlande moeten, zo kort na de ramp, al grotendeels verdwenen zijn. Na de kaart van Zeeland van 1546 door Jacob van Deventer zijn verschillende andere kaarten uitgegeven, die betrekking hebben op oostelijk Zuid-Beveland. Het blijkt dan dat aan de juiste plaats waar de vroegere dorpen gelegen waren steeds minder aandacht gegeven wordt, zodat de betrouwbaarheid steeds verder afneemt.[34] Deze Sint-Felix vloed trof bijna alle polders gelegen tussen Bergen op Zoom en Antwerpen, terwijl ook verschillende Zeeuwse en Zuid-Hollandse eilanden getroffen werden. Pogingen om door herstel van de dijken deze ondergelopen polders weer terug te winnen hadden in vele gevallen een gunstig resultaat. Maar voor wat betreft het Verdronken Land van Zuid-Beveland leverden deze pogingen, mede als gevolg van een aantal elkaar snel opvolgende watervloeden zoals in 1532, in 1551 en de Pontiaansvloed op 13 januari 1552, geen succes op. Een groot gebied waar vroeger welvarende steden en dorpen gelegen waren ging voor altijd door deze overstromingen verloren. Voor wat betreft een belangrijke stad als Reimerswaal, die voor Zuid-Beveland een centrale functie vervulde, heeft het proces van afkalving tot totale vernietiging enige tientallen jaren geduurd. Het is bekend dat bescherming door dijken, wallen en stadsmuren tot gevolg had dat Reimerswaal nog tot omstreeks 1560 een kwijnend bestaan heeft gehad, maar spoedig nadien hebben, mede onder invloed van nieuwe overstromingen, verwoestingen door brand, oorlogsgeweld en het verloren gegane achterland, ook de meeste bewoners deze stad verlaten.[35] Voor zover de dorpen in het overstroomde gebied niet beschermd waren door dijken, wallen of muren kan worden aangenomen dat de verwoestende werking van het water veel sneller is gegaan, zodat de bewoners wel gedwongen zullen moeten zijn spoedig na 1530 hun haardsteden te verlaten.

Aangenomen mag dus worden dat gevonden gebruiks-voorwerpen voor het overgrote deel van vóór 1531 dateren. Afgezien van voorwerpen gemaakt van aarde-werk, steengoed, hout, leer en been zijn ook verschil-lende kleine metalen gebruiksvoorwerpen gevonden zoals gespen, mantelhaken, knoopjes, vingerhoeden, lakenloodjes en ook profane en religieuze insignes. De afsluiting door modder, water en aarde heeft tot ge-volg gehad dat deze voorwerpen, die op zichzelf fragiel en kwetsbaar zijn, opvallend goed bewaard bleven. Helaas zijn de vondsten meestal niet gedaan tijdens onderzoek door wetenschappelijk geschoolde archeologen, zodat datering aan de hand van bijvonds-ten of gebaseerd op stratigrafisch bepaalde lagen slechts in enkele gevallen mogelijk was.

Een tentoonstelling in het Gemeentemuseum van Bergen op Zoom ter gelegenheid van het feit dat 700 jaar geleden de Heerlijkheid van Stad en Land van Bergen op Zoom, het latere Markiezaat, tot stand kwam en de ter gelegenheid daarvan verschenen uit-voerige catalogus geven een interessant beeld van het overspoelde Oosterscheldebekken en van de daar in de afgelopen jaren tevoorschijn gekomen vondsten.[36] Het zijn deze voorwerpen, die ons terugbrengen naar Aarschot, want onder het vondstenmateriaal bevindt zich een aantal insignes rechtstreeks verband houdend met tochten naar verschillende bedevaartplaatsen.

Maar beperken wij ons hier uitsluitend tot de insignes, die herkenbaar zijn als betrekking hebbende op Aarschot als bedevaartplaats. Het voorbehoud van herkenbaar zijn moet wel worden gemaakt, omdat het altijd mogelijk is dat ook insignes in omloop zijn geweest zonder de naamsaanduiding van 'Aerschot' of de beide wapenschilden van de van Croy's. Met be-trekking tot andere bedevaartplaatsen is bekend dat insignes van verschillen type en uitvoering in omloop zijn geweest.

Terwijl, zoals uit het vorengestelde reeds bleek, tot dusverre in België slechts één aan Aarschot toe te wijzen pelgrimsinsigne gevonden werd, is het opval-lend dat in de afgelopen vijftien jaren in het Verdronken Land van de Oosterschelde niet minder dan zeven exemplaren, gaaf of fragmentarisch, van deze Aarschotse insignes werden ontdekt. Opvallend is echter ook dat bij opgravingen in Amsterdam of Dordrecht, waar de laatste jaren toch verschillende insignes gevonden werden, tot dusverre geen Aarschotse insignes zijn ontdekt, terwijl wèl bewijzen van bedevaarttochten naar Rome, Wilsnack,

Maastricht en andere plaatsen aangetroffen zijn. Uiteraard is het steeds mogelijk dat dit een toeval is, maar evenzeer zou men daaruit kunnen afleiden dat bedevaarttochten naar Aarschot toch tot een meer regionaal gebied beperkt bleven, dan wel dat in de eerste helft van de zestiende eeuw weinig pelgrims-tochten naar Aarschot vanuit deze boven de grote rivieren gelegen plaatsen werden gemaakt. Zo is het ook opvallend, dat in de studie van Dr Jan van Herwaarden over de praktijk van het opleggen van bedevaarten – met name in de stedelijke rechtspraak – in de Nederlanden gedurende de late middeleeuwen Aarschot alleen maar genoemd wordt met betrekking tot Brugge, Nijvel, Kortrijk, Lier en Luik.[37] Aarschot als bedevaartsoord komt niet voor in de vele aange-haalde gegevens met betrekking tot correcties en zoenen in de genoemde plaatsen gelegen in Nederland. Misschien dat het stadsarchief van Reimerswaal, dat in 1635 op last van de Staten naar de Zeeuwse Rekenkamer in Middelburg was overge-bracht, ons nog enig inzicht had kunnen geven, maar dit archief ging te zamen met een groot deel van het Rijksarchief in Zeeland op 17 mei 1940 door oorlogs-verwoesting verloren.

Wij kunnen dus geen geschreven bronnen aanhalen, die inzicht geven in de relatie van Aarschot als bede-vaartplaatsen met plaatsen zoals Reimerswaal en Nieuwlande, waar de laatste jaren door de vondst van de Aarschotse insignes kon worden vastgesteld dat er wel degelijk sprake is geweest van een veelvuldig contact. Want wellicht ten overvloede dient er op te worden gewezen dat het aantreffen van zeven insignes duidt op een veel grotere frequentie van pelgrimstoch-ten dan uit dit kleine aantal zelf zou kunnen worden opgemaakt. Wij hebben ons hier dus te beperken tot een nadere beschrijving van de in het Verdronken Land van de Oosterschelde gevonden insignes. Gevonden werden één gaaf insigne in 1972 op de plaats waar vroeger Reimerswaal gelegen heeft en zes exemplaren tussen 1982 en heden (1987) op de plaats waar voorheen Nieuwlande gelegen was. Hoewel in een aantal andere verdronken dorpen zoals Tolsende, Rilland-Bath en Schoudee ook insignes gevonden zijn, werden daar voor zover bekend tot dusverre geen insignes met relatie tot Aarschot gevonden. Van deze zes insignes zijn twee exemplaren praktisch gaaf bewaard gebleven (afb. 411, 412), twee exemplaren zijn niet geheel compleet, terwijl van de twee andere insignes slechts fragmenten gevonden werden, één Mariafiguur met een gedeelte van de 'Aarschotse'-tekstband, de andere beperkt zich tot het linker wapengedeelte (afb. 414). Het is interessant om de acht insignes, dus nu inclusief het in België gevonden exemplaar, met elkaar te vergelijken. Dan valt op, dat er van twee duidelijk verschillende uitvoeringen sprake is en dat er van het type dat in België gevonden werd zeven voorbeelden zijn, terwijl in Nieuwlande één insigne gevonden is dat qua vormgeving afwijkt (afb. 413).

Waar vaststaat dat deze insignes in stenen vormen gegoten werden, is het interessant om na te gaan of de uitvoering van deze zeven gelijkvormige insignes zodanig overeenstemt dat mag worden aangenomen dat al deze insignes in één en dezelfde vorm gegoten werden. Daarbij moet er rekening mee worden gehouden dat door aantasting van de kwestbare lood-tin-alliage in de bodem, maar wellicht ook door het gebruik tijdens de terugreis van Aarschot naar de plaats van bestemming en mogelijk ook als gevolg van slijtage aan de mallen, die optreedt bij een veelvuldig herhaald gietproces, dikwijls niet met zekerheid is vast te stellen of insignes van éénzelfde type ook in dezelfde vorm gegoten zijn. Hier kan worden vastgesteld dat er op het oog bij deze zeven insignes – ook bij kritische vergelijking – geen verschillen aanwijsbaar zijn, zodat dit erop zou kunnen duiden dat deze insignes in dezelfde vorm gegoten zouden kunnen zijn. Met als uitgangspunt de drie gave insignes, die in Reimerswaal en Nieuwlande gevonden zijn, komt men tot de volgende beschrijving.
Binnen een verticaal rechthoekige omlijsting met aan de bovenzijde een dakvormige afsluiting, waarin een opengewerkte klaverbladvormige driepas waarvan de top met een kruis afgesloten wordt, zit frontaal en symmetrisch Maria, met aan weerszijden lang afhangend golvend haar, op haar zetel. Zij draagt een hooggesloten aan beide zijden afhangende geplooide schoudermantel met op haar hoofd een kroon met daarachter een waaiervormige stralennimbus. Zij houdt met haar linkerarm het zittende Christuskind op haar schoot. De verticale dubbele spijlen, aan weerszijden opengewerkt aangebracht, vormen de zijkanten van haar zetel.
Links en rechts van het hoofd van Maria zijn twee wapenschilden aangebracht, die elk in vier kwartieren zijn gedeeld. Het linkse, meest eenvoudige wapenschild is gevierendeeld met 1 en 4 in zilver drie dwarsbalken van keel (geslacht van Croy) en 2 en 3 in zilver drie disselbijlen (doloires) van keel; de twee bovenste afgewend (geslacht Renty). De onderzijde van het wapenschild is afgerond glad afgewerkt. Het rechtse,

meer gecompliceerde wapenschild is eveneens gevierendeeld met 1 en 4 in zilver drie dwarsbalken van keel en 2 en 3 in zilver drie disselbijlen (doloires) van keel, de twee bovenste afgewend. Over alles heen een middenschild, waarin een naar links kijkende klauwende leeuw staat. Aan de onderzijde van dit wapenschild bevindt zich als versiersel de keten van de Orde van het Gulden Vlies.
In een band aan de onderzijde van het insigne staat, beginnend met een kruis, in gotische minuskels geschreven AERSCHOT, welke tekst wordt afgesloten met een guirlande. In het midden onder de tekstband staat in een klein wapenschild een lelie, die ook voorkomt in het wapen van de stad Aarschot als symbool van de zuiverheid van Maria.
In de met een pijlspitsmotief versierde hoeken van de geveltop bevinden zich twee oogjes, die werden gebruikt om het insigne op hoed of mantel te bevestigen. Aan de boven-, de zij- en de onderkanten bevinden zich telkens twee kleine omgebogen bevestigingslippen, die gebruikt werden om aan de achterzijde een al dan niet gekleurde papieren achtergrond te bevestigen.
De maten van de meest gave insignes zijn als volgt:

|  | insigne: [38] | insigne: [39] | insigne: [40] |
|---|---|---|---|
| hoogte midden over geveltop | 81 mm | 78 mm | 76 mm |
| hoogte linker zijkant | 58 mm | 59 mm | 58 mm |
| hoogte rechter zijkant | 58 mm | 58 mm | 57 mm |
| breedte onderzijde | 45 mm | 42 mm | 43 mm |

Het in de vormgeving afwijkende - ook in Nieuwlande gevonden - Aarschotse insigne is helaas niet gaaf bewaard gebleven; er ontbreekt de rechter zijkant en het rechtse wapenschild (afb. 413). Maar wederom is er sprake van een verticaal rechthoekige omlijsting met aan de bovenzijde een dakvormige afsluiting waarin een opengewerkte klaverbladvormige driepas, afgesloten door een kielboog met hogels. De topversiering is verloren gegaan, zodat niet vastgesteld kan worden of dit ook hier een kruisvorm heeft gehad. Maria zit half frontaal en minder hieratisch afgebeeld op haar zetel. Van haar schoudermantel is een slip van de linkerzijde over haar rechterknie afvallende omgeslagen. Een horizontale band geeft de scheiding tussen boven- en onderlijf aan. Op haar hoofd draagt Maria een veel minder expressief gevormde kroon met daarachter een ronde nimbus. De haartooi is kort. Maria draagt het Christuskind, met om het hoofd een stralennimbus, op haar linkerschoot.
De verticale dubbele spijlen van haar zetel zijn – nu

echter gesloten opgenomen in de massa van het insigne – aan weerszijden verwerkt.

Links van het hoofd van Maria is wederom een in uitvoering iets spitser wapenschild afgebeeld, ook ditmaal gevierendeeld met 1 en 4 in zilver drie dwarsbalken van keel (geslacht van Croy) en 2 en 3 in zilver drie disselbijlen (doloires) van keel; de twee bovenste afgewend (geslacht Renty). De onderzijde van het wapenschild is niet glad rond afgewerkt, omdat de nog afwezige resten van de hier incomplete spijlen van de zetel aan dit wapenschild verbonden zijn geweest. Het rechtse wapenschild is verloren gegaan, zodat onzeker blijft of ook hier het wapenschild vergelijkbaar is met het eerder beschreven rechtse wapenschild bij het andere type insigne. Ook is niet vast te stellen of de versierselen behorende bij de Orde van het Gulden Vlies ook hier oorspronkelijk aangebracht waren. In de tekstband aan de onderzijde van het insigne staat in een onduidelijker leesbaar lettertype, met nu geen kruis als beginteken, alleen AERSC... te lezen. Ook is er geen herkenbare aanwijzing dat aan de onderzijde van het insigne het kleine wapenschild met lelieband bevestigd is geweest. De gehele vormgeving, de houding en de kleding die Maria draagt, passen veel eerder in het begin van de zestiende eeuw dan de insignes van het eerder beschreven type, dat een welhaast laatmiddeleeuwse indruk maakt. Alleen de vondst van een compleet insigne van dit andere type zal antwoord kunnen geven op mogelijke andere verschillen. De afmetingen van dit laatste insigne[41] (afb. 413) zijn:

hoogte, gemeten over hoogste punt geveltop
(niet compleet)                                    74 mm
hoogte, gemeten over linkerzijkant        66 mm
breedte, gemeten aan onderkant (niet compleet) 42 mm

In de laatste jaren zijn, behalve in Nederland, ook in vele andere landen pelgrimstekens gevonden, die ons inzicht in dit zo belangrijke fenomeen hebben vergroot. Helaas is tot dusverre nog geen allesomvattende beschrijving van dergelijke insignes tot stand gekomen en hebben wetenschappers zich beperkt tot beschrijving van incidentele vondsten of van insignes, die verband houden met een specifieke pelgrimsplaats of heilige. Hoezeer ook het fenomeen pelgrimsreizen tegenwoordig in de belangstelling staat, toch moet het als een groot gemis worden gezien dat nog geen allesomvattende studie heeft plaatsgevonden. Want zoals bestudering van het Aarschotse insigne doet blijken, komen – afgezien van religieuze aspecten – ook geheel andere facetten naar voren, die verband houden met de persoonlijke belangstelling van de leden van een bepaalde familie om, afgezien van religieuze, ook andere, in dit geval economische belangen te dienen. Terwijl bij de groei van de betekenis van een pelgrimsplaats ook de kerkelijke en wereldlijke rechterlijke macht gaarne profiteren van geboden mogelijkheden, die hetzij vervulling van een pelgrimstocht – met als consequentie die tijdelijke verbanning van een veroordeelde – dan wel de afkoop voor geld of anderszins, boden. Tot dusverre zijn er, voor zover wij weten, geen andere pelgrimsinsignes bekend, die zoals bij Aarschot het geval is, in zo sterk mate leden van één bepaalde familie, in dit geval van Croy, in een precies te dateren periode, aan de ontwikkeling, groei en bloei van een bepaald pelgrimsoord verbinden.

(Het Oude Land van Aarschot 22, 1987, p. 115-136)

noten

1. Divaeus 1584, p. VII.

2. Wichmans 1632, p. 498-499.

3. Grammaye 1610.

4. Coveliers 1912.

5. van Brabant 1938, p. 345-358.

6. van Haesendonck, 1982, p. 113-128.

7. Bouwen door de eeuwen heen. Inventaris van het Cultuurbezit in Vlaanderen. Deel 1, Provincie Brabant - Arrondissement Leuven, p. 14-15.

8. Pallemarts 1934-1936; Hasquin 1981, p. 2683 (R. van Uytven, Scherpenheuvel).

9. van Cauwenbergh 1922, p. 138.

10. Peeters 1956, p. 61, 84, bijlage VI nr. 12.

11. Goetschalck 1891, p. 273-274.

12. van Lerberghe & Rousse 1845, p. 132.

13. Nauwelaers 1937, p. 63.

14. de Brouwer 1971-1972, p. 228.

15. Gerits 1983, p. 165-167.

16. Nahuys 1882, p. 286-289, pl. XIII-2.

17. Collectie H.J.E. van Beuningen, nr. 0177.

18. Jurion 1984 Woluwe-Saint-Lambert; Jurion 1984 Annales, p. 115-116.

19. Met oprechte dank aan Gaston Preud'homme, Rijksarchivaris te Doornik, voor de gegeven inlichtingen uit eigen werk geput. Aan deze penning zal een aparte studie worden gewijd. Over de Spaanse troonopvolging: Menendez Pidal 1969, p. 474-507.

20. de Waha 1984, p. 447-457.

21. Guillaume p. 524-525; Wijmans 1977, p. 6, 8; Born 1981, p. 42; Martin 1980, p. 16-20.

22. Brussel, Algemeen Rijksarchief, Zegelverzameling, N. 13653.

23. Dansaert z.j. p. 25-26; Guillaume 1873, p. 528-533; Gachard 1846, p. 127, 199 nr. 54.

24. Londen, Victoria and Albert Museum, inv. 2210/1855. van Uytven 1973, p. 66-87.

25. Helbig 1949, p. 173 nr. 1590.

26. Brussel, Algemeen Rijksarchief: Wapenboek van het Gulden Vlies; met oprechte dank aan de heer archivaris R. Laurent; Guillaume 1873, p. 528; Wijmans 1977, afb. VI; Martin 1980, p. 21-25.

27. Dansaert z.j.; Guillaume 1873, p. 528-533.

28. van Uytven 1973; Helbig 1949, p. 173 nr. 1590; Deviller 1857, p. 35; Helbig & Vandenbemden 1974, p. 261-270.

29. Hasquin 1981, p. 1745-1747 (R. van Uytven, Aarschot); Aarschot 1962, p. 8-19.

30. Aarschot 1962, p. 50-65.

31. Aarschot 1962, p. 10-11; Doutrepont & Jodoigne 1935, p. 128-129; Cuvelier 1912, p. 432.

32. Viaene 1982, p. 42.

33. de Brouwer 1971-1972, p. 228.

34. Gebaseerd op een (verloren) kaart door Jacob van Deventer, ca. 1546: kaart van Zeeland, uitgegeven door Willem Sylvius, 1560. Blad 18 van de heruitgave door Nijhoff, 1941. Rijksarchief in Zeeland, Middelburg, Zelandia Comitatus Novissima Tabula. Blad 6 van de kaart van Zeeland in 9 bladen. Uitgegeven door Nic. Visscher naar tekeningen van Zacharias Roman, 1654/1655. Gemeente-archief Bergen op Zoom. Kaerte van Zuydtbevelandt beoosten de Yersek-Ee, door G. Hollestelle, uitgegeven door J.M.C. Pot, Tholen 1897. Rijksarchief in Zeeland, Middelburg, verz. Zelandia Illustrata I 436.

35. van Boxhorn 1644, p. 414-420.

36. Bergen op Zoom 1987.

37. van Herwaarden 1978.

38. Bodemvondst Reimerswaal 1972, particuliere collectie Bergen op Zoom.

39. Collectie H.J.E. van Beuningen, nr. 0004 (=afb. 411).

40. Collectie H.J.E. van Beuningen, nr. 0959.

41. Collectie H.J.E. van Beuningen, nr. 0732 (= afb. 413).

## IX INSIGNES VAN ONZE LIEVE VROUW EN JOHANNES DE EVANGELIST UIT 'S-HERTOGENBOSCH

Een grote groep pelgrimstekens wordt gevormd door de insignes uit 's-Hertogenbosch. Deze insignes tonen als belangrijkste figuur Maria met Kind, vergezeld door Johannes de Evangelist. De Bossche kapittelkerk, waar een miraculeus Mariabeeld werd vereerd, was aan de Evangelist gewijd. In 'Heiligen uit de modder' 1987, werd voor het eerst de identificatie van de Bossche insignes aan de hand van een drietal exemplaren gepubliceerd. Onlangs verscheen het hierna herdrukte artikel, waarin het betoog over de Bossche Maria-insignes tot in detail wordt uitgewerkt. Inmiddels zijn daar alweer aanvullingen op te geven; enkele nieuw ontdekte exemplaren bevestigen wederom de populariteit van de Bossche 'Zoete Lieve Vrouw' en, belangrijker, er blijken nog meer varianten te zijn dan tot afgelopen voorjaar bekend was: het uit Nieuwlande afkomstige insigne-fragment dat als afb. 536 nog is geordend onder de niet te lokaliseren Maria-insignes, moet aan de reeks Bossche pelgrimstekens worden toegevoegd.

### Onder een Sint-Jan met drie torens
### Pelgrimstekens uit 's-Hertogenbosch

*A.M. Koldeweij*

Op 8 april 1441 werd in de Sint-Janskerk te 's-Hertogenbosch een bedevaartscertificaat uitgeschreven en gezegeld door de kanunnik Willem Voet. De priester Willem Voet lag begraven in de Sint-Jan voor de kapel van de Lieve-Vrouwe-Broederschap en zijn overlijden werd jaarlijks herdacht door het kapittel op 31 januari, de vijfde avond na het feest van Antonius.[1] Het bedevaartscertificaat was bestemd voor ene Van Morselen uit de stad Lier, die door de wereldlijke overheid aldaar was veroordeeld tot een strafbedevaart naar Onze Lieve Vrouw van 's-Hertogenbosch. Van Morselen toog naar huis, ongetwijfeld gelouterd door zijn pelgrimage en het te Lier door hem ingeleverde certificaat werd opgenomen in het Correctie Boeck van der stadt Lyere.[2] Het gerecht van Lier sprak vaker de veroordeling uit tot een boetevaart naar Onze Lieve Vrouw van 's-Hertogenbosch en dat steeds voor betrekkelijk lichte overtredingen. Zo werden er enkele jaren eerder kort na elkaar twee maal drie volders onder meer wegens

werkweigering veroordeeld tot een geldboete en '(...) so selen dese III persone elc I pelgrimagie doen te weten (...) te S. Servaes te Maestricht ende (...) tons vrouwen ten bossche ende (...) te S. Mertens tot Utrecht (...)'.[3] De pelgrimage vanuit Lier naar Sint Servatius te Maastricht, Sint Martinus in Utrecht en Onze Lieve Vrouw van 's-Hertogenbosch werd kennelijk, ondanks het verschil in afstand, als een vergelijkbaar zware straf beschouwd of althans als even heilzaam. Certificaten van de volbrachte boetevaarten van het zestal volders zijn niet in het Lierse Correctie Boeck opgenomen, maar we mogen aannemen dat ook deze veroordeelden bij hun terugkomst dergelijke bewijsstukken uit de drie bedevaartsoorden hebben overlegd.

In het handschrift Mirakelen van Onse Lieve Vrouwe tot shertoghenbosch, waarin de wonderen uit de jaren 1381-1603 zijn genotuleerd, is slechts twee maal sprake van een in de Sint-Jan afgegeven akte waarin werd vastgelegd dat een bedevaart werkelijk was volbracht.[4] De eerste dateerde van 8 november 1382 en werd opgemaakt door Arnt vanden Hout, kapelaan en kanunnik.[5] Het certificaat werd overhandigd aan een schipper uit het Oostzeegebied die uit de vierentwintigkoppige bemanning van een miraculeus gered schip was geloot om de Bossche Maria te gaan danken: '(...) ende heeft brief ontfaen [= ontvangen], van der cappellaen voers., dat hi sijn bedevaert en offerande gedaen heeft voer alle sijn gesellen ende hi was ten Bosche op denselven dach voers., (...)'. De tweede vermelde bewijsbrief werd door dezelfde kanunnik afgeven aan een man uit de stad Groningen die met zijn buren namens een wonderbaarlijk genezen stadgenoot een zilveren hart had gebracht aan de Lieve Vrouw van 's-Hertogenbosch ter inlossing van een belofte voorafgaand aan de genezing: '(...) ende [heeft] brieven ontfaen van den cappellaen, dat sie offerande ghedaen hebben (...)'. Beide bedevaartcertificaten werden uitgeschreven ten behoeve van pelgrims die zich thuis voor derden hadden te verantwoorden over hun bezoek en hun geschenken aan het Bossche Mariabeeld. En zij hadden daar hetzelfde bewijsstuk voor nodig als de tot een boetevaart naar 's-Hertogenbosch veroordeelde delinquenten.
De bewijsbrieven werden in de Sint-Jan verstrekt door het kapittel dat een of enkelen van zijn kanunniken met die taak had belast. De inkomsten die dit opleverde en vermoedelijk ook andere gelden die de pelgrims binnenbrachten, kwamen kennelijk aan het kapittel en niet, zoals op veel plaatsen het geval was,

aan de kerkfabriek en de kerkmeesters ter voltooiing en voor het onderhoud van het kerkgebouw. Dit moet de achtergrond zijn van een niet geheel volledig overgeleverde opmerking uit 1506, waaruit blijkt dat de Bossche kerkmeesters van mening waren dat zij de certificaten, en dan ook voorzien van het zegel van de kerkfabriek, eigenlijk zouden moeten afgeven aan de pelgrims en dat dat geen zaak was van het kapittel want het behoorde immers niet tot de eredienst:[6] 'Aengaende testimonialen ofte certificatie te geven den pelgrommen, die coemen ende versucken ons lieve vrouwe (...) zoo verdunct hen [de kerkmeesters] wael stedelick [gepast] wesen, dat zij daeraf certificatie geven onder den segel der fabrieck ende niet die heeren van den capittele (...); niet te min, coemen die pelgrims tot hen [de kanunniken] ende begeren van hen te hebben een certificatie, die kerckmeesters zijn wael te vreden (...) want zij en houdent niet, het verleenen van den certificatie ofte testimonia te wesen eene officie'. Andere berichten over deze kwestie zijn niet bekend, vermoedelijk bleef de praktijk zoals deze was en behield het kapittel zijn rechten.

Bedevaartcertificaten waren voor de pelgrims bewijsstukken met juridische betekenis; pelgrimstekens die uit de bedevaartplaatsen konden worden meegebracht, hadden een meer ideële bewijskracht en een sacrosancte, bijna magische waarde. Wanneer een pelgrim een bedevaartsoord had bereikt en het lokale heiligdom had bezocht, was het gebruikelijk dat hij een of enkele pelgrimsinsignes verwierf om deze zichtbaar op hoed of mantel te dragen als 'bewijs' van het afgelegde bezoek. Ook zullen vaak meer pelgrimstekens en wellicht ook andere devotionalia zijn aangeschaft voor gebruik na afloop van de pelgrimstocht. Zeker niet ongewoon was het om de insignes met het 'heilige' in aanraking te brengen, met het heiligengraf, het reliekschrijn of een andere reliekhouder, de relieken zelf, de reliekenkapel of het bezochte kerkgebouw. Ook het pelgrimsteken kreeg aldus in zekere zin reliekwaarde. Bij de zogenoemde spiegelinsignes gebeurde dit niet door letterlijke aanraking, maar werd het 'heilige' opgevangen in een spiegeltje dat deel uitmaakte van het pelgrimsteken. Dit type insigne werd dan ook populair toen de pelgrimages massaler werden en het dus nauwelijks of niet meer mogelijk was dat pelgrims de kostbare relieken en reliekhouders van nabij konden aanschouwen en vereren, laat staan konden aanraken.

Onbekend is hoe het vanaf de late veertiende eeuw tot de Reformatie in 's-Hertogenbosch zat met de rechten op produktie en verkoop van pelgrimsinsignes en overige devotionalia van de Sint-Janskerk en het miraculeuze Mariabeeld aldaar. Misschien had het kapittel van Sint Jan het alleenrecht in handen, al is wellicht meer waarschijnlijk dat controle onmogelijk was en dus dat ook specifieke devoionalia verspreid door de stad aan de man werden gebracht. Tot voor kort was zelfs onbekend dat er pelgrimstekens van Onze Lieve Vrouw van 's-Hertogenbosch bestonden, hoezeer het ook voor de hand ligt dat deze op ruime schaal, letterlijk en-masse, moeten zijn aangemaakt en verkocht.[7] Schriftelijke bronnen hierover kwamen te 's-Hertogenbosch of elders nog niet tevoorschijn, wel zijn inmiddels minstens twintig varianten van de Bossche insignes geïdentificeerd.[8] Voor zover mij bekend, zijn er momenteel zeker zo'n vijfendertig complete of fragmentarische exemplaren door archeologen, amateurarcheologen en schatgravers aan het licht gebracht, het merendeel uit Nederlandse bodem, een enkel exemplaar in het buitenland. In Zeeland zijn de afgelopen decennia zo'n vijfentwintig Bossche insignes gevonden, maar ook uit Amsterdam, Rotterdam, Leiden, Dordrecht, Schiedam, Zwolle en Londen zijn exemplaren bekend.[9]

De verschillende pelgrimstekens van het miraculeuze Mariabeeld en de Sint-Janskerk te 's-Hertogenbosch bezitten een aantal vaste beeldelementen die te zamen in feite de basisiconografie voor de Bossche insignes vormen: de gekroonde Maria met Kind en scepter, Johannes de Evangelist, één of enkele bomen en verschillende ex-voto's. De belangrijkste plaats in het midden van de pelgrimstekens wordt steevast ingenomen door de voorstelling van de wonderdadige Onze Lieve Vrouw met haar Kind, waaromheen in beperkte vrijheid werd gevarieerd. In principe bevindt Johannes de Evangelist, de patroonheilige van de kapittelkerk, zich met zijn vaste attribuut de gifbeker aan Maria's rechterhand en is links van Maria de 'bosboom' afgebeeld. Deze 'bosboom' werd sinds het begin van de twaalfde eeuw door de stad 's-Hertogenbosch als wapenteken gevoerd. Zeker bij de vroegere toepassingen, zoals op het stadszegel van ca. 1200, is dit steeds een boom met drie kruinen of één grotere boom, geflankeerd door twee kleinere.[10]

Voor de identificatie van de Bossche bedevaartsinsignes is het zegelstempel van groot belang dat in de late veertiende of in de vroege vijftiende eeuw voor de kerkfabriek van de Sint-Jan werd gesneden.[11] De voorstelling op dit zegelstempel van de kerkfabriek laat grotendeels hetzelfde zien als de pelgrimstekens, zij het dan dat hier de beeldende elementen anders zijn gegroepeerd: onder een centrale boom met drie

*Ill. 19. Zegel van de kerkfabriek van de St.-Jan te 's-Hertogenbosch, afdruk van 1492. Foto en gegevens overgenomen uit: Mosmans 1931, p. 36 afb. 19.*

kruinen - de 'bosboom' - staan Maria met Kind en Johannes de Evangelist (ill. 19).

De ex-voto's die steeds boven Maria en Johannes op de pelgrimsinsignes worden weergegeven, verwijzen naar de reële situatie in de Mariakapel van de Sint-Janskerk, waar de uit dank of na een belofte aan Maria gegeven geschenken werden opgehangen en uitgestald rond het miraculeuze beeld. Er was zelfs een speciale functionaris aangesteld om de ex-voto's in de kapel te beheren. In het mirakelboek van de Bossche Onze Lieve Vrouw is vanaf het eerste begin sprake van ex-voto's die aan het wonderbeeld werden geschonken. Naar vorm, materiaal en kostbaarheid waren deze zeer

verschillend en er werd, zo blijkt, zelfs bewust een zekere exclusiviteit nagestreefd. Dit kon ver voeren, zoals bijvoorbeeld in 1384 toen een dief die op voorspraak van de Bossche Maria was ontkomen aan de dood door ophanging, in de Mariakapel een nogal bizar ex-voto achterliet van een vorm die, zo had hij nagevraagd, er nog niet was:[12] '(...) ene galghe van wasse ende enen man daeraen hanghende met ene zeele [=touw] om sine kelen ende aen die galghe ghebonden (...)'. Toch verwees ook dit curieuze ex-voto ook naar een wonderbaarlijke interventie van de Bossche Maria.

De op de pelgrimsinsignes te onderscheiden ex-voto's zijn minder uitzonderlijk. Bijna steeds gaat het om dezelfde reeks: een been, een paar krukken, boeien, een scheepsmodel en een hemd. In het mirakelboek zijn tal van getuigenissen te vinden van vergelijkbare geschenken. Op 12 en 18 november 1382, 1 augustus en 3 december 1383, 26 februari, 1 en 19 maart 1384 en nog op 12 november 1519 werden bijvoorbeeld benen van was of zilver geschonken uit dank voor genezing.

Krukken werden regelmatig achtergelaten in de kapel nadat de Bossche Maria had gezorgd dat ze niet meer nodig waren: voor het jaar 1383 is dit niet minder dan twaalf keer vermeld en vervolgens werd ditzelfde genoteerd voor 16 april en 26 juni 1384, 8 juli 1385 en 6 mei 1521. Op 1 maart 1383 werd zelfs in het mirakelboek op schrift gesteld dat een vrouw in de zomer van 1382 een paar krukken uit de Mariakapel had geleend en deze vergat terug te brengen na haar genezing; dit deed ze pas nadat Maria haar enkele keren in haar slaap had gemaand: '(...) Brenct die krucken in der kerken, daer si gheleent sijn (...)'!

Boeien werden ook meer dan eens aan de wonderdadige Maria van 's-Hertogenbosch geschonken na bevrijding uit gevangenschap op haar voorspraak. De eerste in het mirakelboek beschreven verlossing van een ten onrechte gevangen genomen man dateert al van Sint-Wilbertsdag (Willibrordus, 7 november) 1381, waarna de beloofde bedevaart naar Den Bosch werd gemaakt en 'een wessen veter', een ketting van was, als ex-voto aan het Mariabeeld werd geschonken. Ketenen nagemaakt in was werden voorts op 5 oktober 1383 en op 6 juni 1387 gegeven uit dank en als getuigenis van de bevrijding op voorspraak van de Bossche Maria. Echte aan gevangenschap overgehouden boeien, touwen en klemmen kreeg Maria op 20 oktober 1383, ergens in 1385 (wonder 408) en rond 20 juni van dat jaar, op 2 november 1386 en op 17 juli 1444. De laatste schenking van ketenen die in het mirakelboek staat genoteerd, vond plaats op 20 september 1520: een gevangene ontsnapte op miraculeuze wijze met medeneming van een deel van zijn boeien en expliciet werd aan het slot van het wonderverhaal vermeld dat die '(...) veteren ende knuysteren hangen voir Ons Lieve Vrouw om te sien (...)'.

De meest opvallende van de op de pelgrimstekens weergegeven ex-voto's zijn een scheepsmodel en een maliënkolder of ander hemdvormig kledingstuk. Bijna steeds hangen deze direct naast het gekroonde hoofd van Maria; slechts bij één variant van de Bossche insignes ontbreekt het hemd en bij één ander type ontbreekt het scheepsmodel en is ter weerszijden boven Maria een (maliën)hemd afgebeeld (afb. 458).[13] Een maliënkolder als ex-voto valt niet in het mirakelboek terug te vinden. Wel staan er andere kledingstukken in vermeld als geschenk aan Maria, zoals een op 8 maart 1383 en een rond 1 januari 1384 geschonken 'hemde'.

Een scheepsmodel was voor geredde zeelieden en andere schippers een voor de hand liggend ex-voto; in het Bossche mirakelboek worden drie scheepjes van was vermeld (28 juli 1383, 28 januari en 12 maart 1384) en een tweetal van zilver. Op 11 augustus 1383 loste een schipper zijn belofte in, namelijk om een ex-voto in de vorm van '(...) ene cogghe van wasse (...)' te schenken en hij '(...) offerde enen cogghe van silvere (...)'. Op 17 februari 1384 kwam een zeeman in 's-Hertogenbosch Maria danken voor de redding van zijn kogschip en '(...) brochte een cogghe van 10 loed zilvers, ghelijc als hi gheloeft hadde (...)'. De zilveren modelschepen waren waarschijnlijk de kostbaarste geschenken die Maria ontving als dank voor al dan niet compleet met lading en bemanning uit de nood geredde schepen. Als zodanig namen deze opzichtige ex-voto's ongetwijfeld een geprononceerde plaats in binnen de Mariakapel en werden ze op hun beurt dus weer als karakteristiek element direct naast Maria afgebeeld op de insignes.

De vroegste Bossche pelgrimstekens hebben de hoogst ongebruikelijke vorm van een schild, waarin op een met vierpassen opengewerkt podium Maria met haar Kind staat. Aan haar rechterarm knielt Johannes de Evangelist en links van de console ontspruit de bosboom; aan de bovenrand van het schild hangen verschillende ex-voto's (afb. 455). Bij enkele varianten van het schildvormige insigne verschijnt neergeknield onder de bosboom een pelgrim ten tonele. Op de latere Bossche insignes komt de pelgrim die het Mariabeeld vereert, steeds terug. Waarschijnlijk dateren de gietmallen voor de schild-

vormige insignes nog uit de late veertiende eeuw; hoe lang deze mallen in gebruik bleven is uiteraard onbekend. In de loop van de vijftiende eeuw werden er naast of in de plaats van de schildvormige insignes twee andere types van pelgrimstekens met de Bossche Maria en Johannes de Evangelist in produktie genomen. Deze types sluiten in hoofdvorm meer aan bij insignes uit andere plaatsen en volgen een tendens die vermoedelijk in eerste instantie door Akense pelgrimstekens was bepaald. De voorstelling van Maria, Johannes de Evangelist en de bosboom werd geplaatst binnen een cirkel die wordt bekroond door een schematisch aangeduid kerkgebouw als verwijzing naar de Sint-Jan. Bij de ene groep is dat een zijaanzicht (noord- dan wel zuid-) van de kerk (afb. 458 - 461), bij de andere groep zijn dit twee torenachtige architectuurelementen ter weerszijden van een spiegellijstje. Eén teruggevonden exemplaar van dit laatste type insigne is nog compleet met een glazen spiegeltje; dit exemplaar bevindt zich in het Museum voor Religieuze Kunst te Uden (bruikleen Bisschoppelijk Museum 's-Hertogenbosch) en is identiek aan het insigne van afb. 463. Op de tot op heden bekende Bossche spiegelinsignes is het aantal afgebeelde ex-voto's gereduceerd tot het scheepsmodel en het hemd. De andere groep bestaat uit meer gedetailleerde insignes die behalve het bootje en het hemd een reeks ex-voto's tonen die zijn opgehangen in het schip van de bekronende kerk: steeds zijn daar been, boeien en krukken te herkennen (afb. 458 - 461).

Alle bekende Bossche pelgrimsinsignes zijn ajour gegoten en zullen oorspronkelijk een met de aangegoten lipjes vastgeklemde achtergrond van gekleurd perkament, papier of leer hebben gehad. Bij geen van de teruggevonden exemplaren werd nog iets van een dergelijk fond aangetroffen. Drie identieke en bij elkaar gevonden spiegelinsignes (onder andere afb. 463) evenwel waren toen ze werden gevonden in het Verdronken Land van Zuid-Beveland, gehecht op een lederen achtergrond; deze is bij geen van de drie insignes behouden.[14] De vroegste, schildvormige insignes bezitten geen aangegoten bevestigingsoogjes aan de zijkant om ze vast te hechten op een ondergrond, maar wel ophangoogjes aan de bovenzijde. Enkele achtergebleven schakels van een ketting van tin-lood aan een zo'n pelgrimsteken en een met omgebogen schakels aan een ander dergelijk schildje bevestigde bewaard gebleven ketting van tin-lood tonen aan dat het gebruik was deze insignes als hanger te dragen (afb. 455, 457). De latere ronde pelgrimstekens zijn wel voorzien van oogjes om ze ergens op vast te hechten. Opmerkelijk is dat het gebruik om de insignes als hanger te dragen, kennelijk werd overgenomen voor de latere Bossche insignes: bij een in Dordrecht opgegraven buitengewoon gaaf rond Bosch pelgrimsteken werd eveneens een hieraan bevestigde ketting gevonden waaraan het insigne was opgehangen.

Curieus is dat bij enkele varianten van het vroege type insigne uit 's-Hertogenbosch in het opengewerkte schild bij Maria en de bosboom niet de kerkpatroon Johannes de Evangelist is afgebeeld, maar onmiskenbaar Johannes de Doper. De profeet is in zijn ruige woestijnkledij gehuld en draagt op de linkerarm zijn vaste attribuut, het Lam Gods (afb. 457). Deze persoonsverwisseling berust beslist op een vergissing. Deze is evenwel niet geheel onbegrijpelijk. Johannes de Doper komt nogal eens voor als kerkpatroon, de Evangelist daarentegen zelden; inclusief de Sint-Jan in 's-Hertogenbosch vinden we de Evangelist slechts viermaal als kerkpatroon in het deel van Noord-Brabant dat oorspronkelijk tot het bisdom Luik behoorde, tegen negentien kerken in dit gebied met de Doper als patroonheilige.[15] Bovendien genoot ook Johannes de Doper in de Bossche Sint-Jan een zekere verering en aandacht. Zo werden in het zuidertranseptportaal scènes uit zijn leven afgebeeld en vond de grote Mariaprocessie al sedert de late veertiende eeuw plaats op de zondag na het feest van Johannes de Doper (24 juni); de nieuwe proosten van de Lieve-Vrouwe-Broederschap werden op het vigilie van dat feest gekozen (dus op 23 juni).[16]

Intrigerend is de vraag in hoeverre de op de pelgrimstekens weergegeven architectuur 'realistisch' bedoeld is als weergave van de Bossche Sint-Janskerk. Het kerkgebouw in zij-aanzicht met de ex-voto's is, afhankelijk van voorbeeld en kopie van de insignevarianten, weergegeven met de hogere toren en dus de ingangspartij links dan wel rechts, overigens zonder dat dit andere verschillen met zich meebrengt (afb. 458 - 461). Deze westtoren verwijst ongetwijfeld naar de romaanse bakstenen toren uit de jaren 1250-1260 die nog steeds de westzijde van de Sint-Jan markeert. Het verdere kerkgebouw op de insignes moet wel verwijzen naar de situatie van de kerk van vóór het huidige, gotische schip, transept en koor, welke langzaam maar zeker in de tijdspanne 1380-1520 tot stand zijn gekomen. Over de romaanse voorganger van de gotische Sint-Jan weten we in feite nauwelijks iets. Er zijn berichten dat er nog tussen 1280 en 1312 een nieuwe kerk zou zijn gebouwd, maar eveneens is mogelijk dat de bouwactiviteiten uit die jaren slechts werkzaamheden, verbouwingen of uitbreidingen, betroffen aan de

oudere parochiekerk.[17] Beschrijvingen van of andere bronnen met betrekking tot het oudere kerkgebouw ontbreken. In 1469 werd er over gezegd dat het bouwvallig was;[18] mogelijk was toen reeds het oude koor gesloopt om plaats te maken voor de gotische nieuwbouw, mogelijk volgde de afbraak onmiddellijk na 1469. Hoe dan ook, in de late veertiende en in de eerste helft van de vijftiende eeuw, in de periode toen de Bossche pelgrimstekens hun vorm kregen, was de romaanse voorganger van de gotische Sint-Jan de functionerende parochie-, kapittel- en bedevaartskerk, en was de prestigieuze nieuwbouw nog een drukke bouwplaats en grotendeels zelfs nog toekomstdroom. De twee hierboven beschreven latere hoofdtypes van de Bossche pelgrimstekens - de spiegelinsignes en de insignes bekroond door de kerk in zij-aanzicht - vormen de vroegste bekende visuele verwijzingen naar de Sint-Jan en vermoedelijk zijn zij de enige weergave van de voorganger van de huidige gotische kerk. In detail kunnen we uiteraard niets concluderen uit deze relatief grove, onnauwkeurige en misschien zelfs wel primitief te noemen afbeeldingen, echter wel wat betreft de hoofdvormen van het kerkgebouw. De ene westtoren tegen het schip van de kerk is probleemloos, en vanzelfsprekend is dat daar aan de oostzijde weer het oude koor op aansloot. Hier tonen de insignes evenwel een spectaculair detail: twee torens flankeren dit koor. Bij de insignes met de kerk in zij-aanzicht is dit duidelijk zo weergegeven (afb. 458 - 461) en de architecturale opbouw van de spiegelinsignes bewijst dat dit detail als een serieuze, waarheidsgetrouwe verwijzing naar de reële situatie moet worden beschouwd: ook hier zijn op de twee 'torens' ter weerszijden van het spiegeltje, respectievelijk één forse en twee kleinere torenspitsen geplaatst (afb. 463). Gezien de strikt symmetrische opbouw van deze spiegelinsignes, is dit een te opvallend detail om toevallig te zijn en gezien de overeenkomst met de kerk op de andere pelgrimstekens moeten we ook deze torenspitsen interpreteren als respectievelijk de westtoren en twee koortorens. Dit betekent dat de oude romaanse stadskerk die het veld moest ruimen voor de gotische collegiale kerk aanzienlijk meer status en allure had dan tot nog toe werd verondersteld en zelfs dat deze eertijds het silhouet van 's-Hertogenbosch domineerde met een toren meer dan haar gotische opvolgster.

(Bouwkunst. Studies in vriendschap voor Kees Peeters. Amsterdam 1993, p. 304-315) noten

1. Hezenmans 1886, p. 133; Spierings 1979, p. 56.

2. van Cauwenbergh 1922, p. 218.

3. ibidem, p. 210-211; Koldeweij 1985, p. 13.

4. Hens, van Bavel, van Dijck, & Frantzen 1978, p. 171 (mirakel 1) en p. 546 (mirakel 326). Zie ook p. 68-69, waar ten onrechte wonder 472 in dit verband wordt vermeld; daar gaat het echter niet om een afgegeven bedevaartscertificaat, maar om een echtheidsverklaring van een te 's-Hertogenbosch gebeurd wonder. Overigens logenstraft het certificaat dat in het Lierse Correctie Boeck is overgeleverd, de stellige uitspraak van Hens, van Bavel, van Dijck & Frantzen, p. 69: 'Het is bijzonder te betreuren, dat er geen enkele certificatie meer over is'.

5. Spierings 1979, p. 28.

6. J. Mosmans 1931, p. 410; Hens, van Bavel, van Dijck & Frantzen 1978, p. 69. Hier geciteerd naar Mosmans, die ook door Hens c.s. werd gevolgd; de originele tekst, indertijd in bezit van het Provinciaal Genootschap van Kunsten en Wetenschappen in Noord-Brabant (Hs. 330 G o) is momenteel onvindbaar. Zie over de verdeling tussen kerkfabriek, kapittel en Lieve-Vrouwe-Broederschap van inkomsten die pelgrims brachten: Peeters 1985, p. 54-55.

7. In 1987 werd door mij op de tentoonstelling en in de gelijknamige publikatie 'Heiligen uit de modder' de identificatie van de Bossche insignes voor het eerst gepresenteerd aan de hand van drie in Zeeland gevonden exemplaren. Sedertdien is deze identificatie algemeen overgenomen. van Heeringen, Koldeweij & Gaalman 1987, p. 46, 76-80; Utrecht 1988, pp. 90, 117; van Heeringen 1989, p. 143 nr. 8; van Heeringen 1991, p. 133; Volksdevotie. Beelden van religieuze volkscultuur in Noord-Brabant, tent.cat. Museum voor Religieuze Kunst, Uden 1990, p. 143; Harbison 1991, p. 181-182; Koldeweij, A.M. 1989. In Buscoducis / Te 's-Hertogenbosch. In: Koldeweij 1989, deel 2: Bijdragen. 1990, p. 362-363.

8. Het grootste aantal en de grootste verscheidenheid naar type is bijeengebracht door H.J.E. van Beuningen te Cothen.

9. Behalve in de al genoemde literatuur (noot 7) werden Bossche insignes, zij het nog ongeïdentificeerd, op vele plaatsen gepubliceerd. Een gedetailleerde opgave hiervan in: Koldeweij 1993, p. 315 n. 9.

10. Koldeweij 1985 Stadszegels, p. 124-127; Koldeweij 1985 zegelstempels, p. 223-227, 257.

11. Mosmans 1931, p. 34, 36.

12. Hens, van Bavel, van Dijck & Frantzen 1978, p. 531 (wonder 314).

13. Vermoedelijk betreft het scheepsloze type een slordige variant, tenzij uit (nog niet ontdekte) complete exemplaren zou blijken dat het schip toch aanwezig is.

14. Deze drie spiegelinsignes raakten verspreid en bevinden zich nu respectievelijk in Rijksmuseum Het Catharijneconvent te Utrecht (inv. RMCC m 35), het Museum voor Religieuze Kunst te Uden als bruikleen van het Bisschoppelijk Museum van 's-Hertogenbosch (aankoop 1988) en de collectie H.J.E. van Beuningen (afb. 463; inv. I. 0944). Zie: van Heeringen, Koldeweij & Gaalman 1987, p. 79-80 nr. 11.3, waar ten onrechte wordt gezegd dat de drie insignes op één stuk leer waren bevestigd.

15. Peeters 1985, p. 2.

16. Koldeweij 1982, p. 8-11.

17. Peeters 1985, p. 385.

18. Peeters 1985, p. 18, 392.

# X DE INSIGNES VAN SINTE CUNERA TE RHENEN

In 1990 verscheen in het verenigingsblad The Coinhunter het artikel 'Pelgrimstekens van Sinte Kunera'. Deze publikatie bood een overzicht van de tot dat moment bekende pelgrimstekens van Cunera uit Rhenen: negen lood-tinnen insignes van vier verschillende typen, naast één zilveren exemplaar. De vier varianten in tin-lood zijn in dit boek vertegenwoordigd door de als afb. 162 - 165 afgebeelde insignes; het zilveren insigne is hier als ill. 21 afgebeeld. Het artikel in The Coinhunter was een bijgewerkte samenvatting van een tweetal artikelen door H.J.E. van Beuningen in het Maandblad Oud-Utrecht, die hierna zijn herdrukt.

Inmiddels is nieuw materiaal tevoorschijn gekomen met betrekking tot de Cunera-insignes uit Rhenen. In totaal zijn nu eenentwintig pelgrimstekens en insignefragmenten van Cunera gedocumenteerd, alle binnen de Nederlandse grenzen gevonden, met een duidelijke concentratie op het rivierengebied. Het aantal varianten bleef hetzelfde. Van type I (afb. 164) zijn momenteel veertien exemplaren bekend, van type II (afb.162) twee stuks, van type III (afb. 163) één en van type IV (afb. 165) vier exemplaren.

Het van dun plaatzilver gestanste insigne in het British Museum is nog steeds een unicum, maar wel werd een spoor van een dergelijk pelgrimsteken gevonden waardoor ook dit type uit zijn isolement is gehaald. In het vroege voorjaar van 1992 wist Rijksmuseum Het Catharijneconvent te Utrecht uit particulier bezit een buitengewoon fraai Haarlems getijdenboek van ca. 1460-1475 aan te kopen (Utrecht, Rijksmuseum Het Catharijneconvent, StCCh.1). Dit laatmiddeleeuwse manuscript op perkament is niet alleen bijzonder door zijn Noordnederlandse oorsprong, de zes miniaturen van de hand van de 'Meester van de Haarlemse Bijbel' en het fraaie penwerk op nagenoeg alle bladzijden, maar ook omdat de geschiedenis van het handschrift voor een deel bekend is. Volgens een negentiende-eeuwse notitie voorin het getijdenboek was het afkomstig 'uit de Familie van Adrichem' en ook sindsdien werd het binnen dezelfde Haarlemse familie vererfd. In de tweede helft van de zestiende eeuw was het manuscript, opnieuw volgens een notitie in het boek, in bezit van een Catrijna Pietersdochter. Waarschijnlijk is deze te identificeren met een Kathrijn, dochter van een Pieter van Adrichem die in 1565 is overleden. Voorin het manuscript bevindt zich boven de negen-

*Ill. 20. Blad in het Van Adrichem-handschrift met een ingenaaid stukje perkament waarop de afbeelding van het Vera Icon en met een afdruk van een zilveren Cunera-insigne (diameter 30 mm). Het manuscript dateert uit de jaren 1460-1475, het Cunera-insigne uit de late 15de of vroege 16de eeuw.*
*Utrecht, Rijksmuseum Het Catharijneconvent, RMCC hs 1.*

tiende-eeuwse aantekening een ingenaaid devotieplaatje met de geschilderde voorstelling van het Vera Icon (ill. 20). Wellicht moet ook dit prentje worden gezien als een bedevaartsinsigne (vergelijk de inleidingen bij afb. 73 - 80). Naast dit geschilderde Vera Icon is de afdruk nog duidelijk zichtbaar die achter is gebleven van een daar ingenaaid en weer verdwenen rond metalen pelgrimsteken. In de negentiende eeuw was dit insigne daar nog aanwezig, want in hetzelfde handschrift werd er boven geschreven 'Sancta Cunera'. De afdruk is afkomstig van eenzelfde insigne als in het Brits Museum bewaard is en vermoedelijk gaat het zelfs om een identiek Cunera-insigne. De diameter is exact gelijk en ook de voorstelling en het randschrift lijken overeen te komen. Het gaat zeker niet om hetzelfde exemplaar: de bevestigingsgaatjes die bij deze gestanste insignes steeds betrekkelijk slordig werden aangebracht, bevinden zich op verschillende plaatsen. Onbekend is wie het insigne uit het Van Adrichem-handschrift verwijderde en waar het is gebleven. Onbekend is ook waar het Londense

Cunera-insigne vandaan is gekomen, maar niet on-waarschijnlijk is dat ook dat exemplaar uit een gebedenboek is gehaald.

## Een nieuw type pelgrimsteken van Sinte Kunera

*H.J.E. van Beuningen*

Het Kunerafeest, dat dit jaar [1987] na vele eeuwen wederom in Rhenen gevierd werd, was aanleiding om in een artikel[1] nader in te gaan op het feest dat in 1571 aldaar ter ere van Kunera plaatsvond. Er wordt verwezen naar de Kerkrekening van Rhenen over 1571[2] waarin twee posten voorkomen betrekking hebbende op betaling aan 'Adriaan van Harn ijC en XXV pont loots, daermee teijckenen afgegoten heeft voor die pelgrims' en aan 'Sweer Hendrikcksz van ijC pont loijen teijckens te gieten voor die pelgrims'. Aan de hand van het gewicht van een bewaard gebleven pelgrimsinsigne van Kunera [type van afb. 162], wegende circa 18 gram, komt Deys, uitgaande van een gewicht van 425 pond lood op basis van circa 485 gram per pond, tot de conclusie dat in 1571 ongeveer 11.800 pelgrimstekens gegoten zouden zijn.

Uit de Kerkmeestersrekeningen van Rhenen over de jaren 1519-1522 blijkt dat dan reeds pelgrimstekens in gebruik waren, alhoewel daar alleen sprake is van 'silveren teykenen ende vergulden teykenen', waarvoor XVII gulden werd betaald.[3]

Aan de rekening over 1572-1573 kan worden ontleend dat aan 'Gerrit Vastrick voor C en X pont loods, dat 1 pond st. daervan gegoten zijn teykenen voor die pelgrims' een bedrag van V g. X st. betaald moest worden. Ook komt voor 'Van waeghgelt om tselfde loot te wegen' van $1^{1}/_{2}$ st., terwijl blijkt dat de gieter 'Sweer Verhuet van 1 C en X pont loyen teyckens te gieten, dat pont $^{1}/_{2}$ st.' betaald krijgt, 'facit II g XV st.'.[4]

Gerrit Vastrick leverde dus het lood, dat lood werd gewogen om het exacte gewicht vast te stellen en Sweer Verhuet zorgde voor het gietproces. De betaling daarvoor vond plaats op basis van het in dat jaar gebruikte gewicht van 110 pond. Onduidelijk is wat hier onder 'lood' moet worden verstaan. Is hier sprake van een bepaalde alliage? Is er al tin – dat veel duurder dan lood was – toegevoegd om een kwalitatief beter produkt te verkrijgen? Aan de hand van metaalanalyse kon bij andere typen pelgrimsinsignes worden vastgesteld dat daar sprake is van lood-tin alliage met – weliswaar wisselende percentages – tin als toevoeging.

Of werden de drie tot dusverre gevonden insignes van Kunera van zuiver lood gemaakt en zou dat de oorzaak kunnen zijn dat deze insignes als gevolg van aantasting van het materiaal zo slecht bewaard zijn gebleven? Dit dient door analyse nader te worden onderzocht (zie afb. 165).

Deze slechte conditie kan echter ook een gevolg zijn van de omstandigheden waaronder dat insigne in de grond bewaard bleef. Want bepalend voor de kwaliteit van de conservering zijn bijvoorbeeld vochtige (mest of huisafval) lagen, die zorgen voor bescherming tegen oxydatie en temperatuursinvloeden.

Recentelijk is weer een exemplaar van een Kunera-pelgrimsinsigne ondekt [zie afb. 162].[5] Dit exemplaar werd door een amateur-archeoloog met een metaaldetector gevonden in losse grond afkomstig uit Wijk bij Duurstede. Tijdens de vondst is als gevolg van wortelgroei het toen nog gave insigne in twee gedeelten geborgen, die echter wel aaneenpassen.

Het is belangrijk dat dit Kunera-insigne van geheel afwijkende vorm is dan de eerder bekend geworden en gepubliceerde insignes.[6]

De uitvoering is verfijnder, de kwaliteit veel beter, zowel afmetingen, afbeeldingen en tekst wijken af. De afmetingen bedragen 66 mm hoog, 45 mm breed, 2 mm dik en het gewicht bedraag 21 gram. Ook hier drie figuren, die elk op zich staan in eigen nis voorzien van een dakvormige afsluiting. Kunera staat in het midden en draagt op het door een nimbus omgeven hoofd een kroon. Zij houdt haar handen gevouwen voor het lichaam. De dakvormige bekroning is hoger dan die aan haar beide zijden en is versierd met een klaverbladvormige top. Aan haar linkerzijde staat de koningin, die herkenbaar is door een kroon op haar hoofd. Aan haar rechterzijde staat haar dienares, die door haar borstwelvingen duidelijk als vrouw herkenbaar is. De koningin en de dienares houden de uiteinden van de om de hals van Kunera geslagen wurgdoek vast. Zoals aangeduid zijn de dakvormige nisbekroningen boven deze beide figuren iets lager dan die boven Kunera. Opvallend is de oplopende balk, die tussen de rechter en de midden dakbekroning aangebracht is en die voorzien is van een draagoog.

Er is geen enkele aanwijzing dat er oorspronkelijk ook ter linkerzijde een dergelijke balk met draagoog aanwezig is geweest. Aangenomen mag dan ook worden dat dit insigne van slechts één draagoog voorzien was, bestemd om het te bevestigen op pelgrimshoed of -jas. Van verschillende pelgrimsplaatsen zijn leistenen gietmallen bekend en er mag gevoegelijk worden aangenomen dat ook de Rhenense Kunera-insignes in dergelijke stenen mallen vervaardigd werden. De beeldsnijder, die dergelijke gietmallen moest maken, diende over groot vakmanschap te beschikken en gezien de kwaliteit van het vorenbeschreven insigne was dit hier zeker het geval.

Toch is er bij het snijproces een fout gemaakt, welke tot gevolg had dat de letters U en N verwisseld werden, waardoor de tekst op de schriftband, onder de drie figuren kwam te luiden:

S N U T E *** K U N E R A

Deze fout, die ook bij andere insignes blijkt voor te komen, heeft echter niet verhinderd dat – zoals uit de vondst bij Wijk bij Duurstede blijkt – dit insigne toch gegoten en verspreid werd.

Ten aanzien van de datering past voorzichtigheid. Het insigne werd in losse context gevonden, zodat er geen mogelijkheid is een datering te bepalen aan de hand van bijvondsten. Ook de kleding kan moeilijk een basis vormen voor een juiste datering en schrijver dezes is er geenszins zeker van dat een datering in de vijftiende eeuw, zoals aangeduid bij het in Heteren gevonden Kunera-insigne, wel juist is [type van afb. 162; zie Heijenga 1983]. Een datering in de eerste helft van de zestiende eeuw is aannemelijker, gebaseerd op de vormgeving van het insigne, het lettertype en het feit dat ook het in Amsterdam (grond Waterlooplein) gevonden exemplaar [zie afb. 163][7] eerder in de zestiende dan in de vijftiende eeuw gedateerd moet worden.

Zou het kunnen zijn dat het fraaier en veel gedetailleerder uitgevoerde in Wijk bij Duurstede gevonden insigne dateert uit de periode toen de Kunera-verering in Rhenen hoogtij vierde, terwijl tegen de tijd dat de feesten gingen verlopen kwalitatief minder goed uitgevoerde, minder wegende en derhalve goedkopere insignes in omloop werden gebracht?

Gehoopt moet worden dat verder onderzoek door beroeps- en amateur-archeologen in de komende jaren nog meer insignes afkomstig uit Rhenen en betrekking hebbend op Kunera tevoorschijn zal brengen.

Misschien blijkt dan wel dat er nog andere vormen gebruikt werden.

Tenslotte mag de vraag gesteld worden waarom Sinte Kunera in het algemeen in het hedendaagse taalgebruik met een 'C' geschreven wordt. 'De teekenen ende mirakelen, die God almachtig gedaan heeft door die heylighe maget ende martelaresse Sinte Kunera', 'Van Sincte Kuneren Vaert' en de 'Sunte Kunere teykenen' dienen aanleiding te geven tot heroverweging van het woordgebruik rond de naam van deze heilige.

## Nogmaals de insignes van Sinte kunera

*H.J.E. van Beuningen*

In het Maandblad Oud-Utrecht van november 1987 (60 jrg. nr. 11) werd een afwijkend type insigne van Sinte Kunera, in Wijk bij Duurstede gevonden, gepubliceerd [zie afb. 162].

Tot dat moment waren vier Kunera-insignes bekend, alle van éénzelfde vormgeving. Drie van deze insignes werden al eerder gepubliceerd en afgebeeld (Maandblad Oud-Utrecht, juli/augustus 1987); deze drie waren gevonden in Heteren, Achterberg en Amsterdam.

*Ill. 21. Pelgrimsteken met de wurging van de heilige Cunera, Rhenen, eind 15de of begin 16de eeuw, zilver, diameter 30 mm.*
*Londen, British Museum, inv. 85, 5-6, 106.*

Er is aanleiding om nogmaals op deze Sinte Kunera-insignes terug te komen. Brian Spencer, specialist op het gebied van laat-middeleeuwse religieuze en profane insignes in Engeland, maakte mij attent op de aanwezigheid van een zilveren Cunera-insigne in het British Museum te London (ill. 21). Dank zij de bereidwilligheid en medewerking van het Department of Medieval and later Antiquities van het British Museum kan dit insigne hier nu worden afgebeeld. Het insigne werd in 1885 als onderdeel van een grotere collectie verworven en bevindt zich sedertdien onder inv. nr. 85, 5-6, 106 in het British Museum. Er zijn geen gegevens bekend over de verdere herkomst.

Het insigne bestaat uit een rond zilveren plaatje met een diameter van 30 mm. In het plaatje zijn 4 gaatjes geslagen welke moeten dienen voor het bevestigen van dat plaatje op hoed, kleding of wat ook voorkwam in een getijdenboek.

Om alle details duidelijk zichtbaar te maken is het insigne hier vergroot afgebeeld. Binnen twee parelranden staat in gotische minuskels de tekst SANCTA - CUNERA. Waar bij het eerder gepubliceerde in Wijk bij Duurstede gevonden insigne sprake is van een schrijfwijze van Kunera is hier gebruik gemaakt van de schrijfwijze Cunera waaruit blijkt dat in dezelfde periode de naam van de heilige zowel met een K als een C geschreven werd.

Midden in het insigne staat de gekroonde Sinte Cunera met aan haar rechterzijde de eveneens gekroonde jaloerse koningin en aan haar linkerzijde de met een hoofddoek getooide dienstmaagd. Zoals bekend gaat de geschiedenis dat Cunera als één van de elfduizend maagden uit Keulen kon vluchten in Rhenen terechtkwam waar de heidense koning Radboud haar in het paleis opnam. Zij wekte door haar ijver en inzet de jaloersheid op van de koningin die met lede ogen zag hoezeer Cunera in de gunst van de koning kwam. Samen met haar dienstmaagd wurgde zij Cunera toen de koning op jacht was. De wandaad werd ontdekt, de koningin werd krankzinnig en maakte een eind aan haar leven en de koning stichtte een kerk ter ere van Sinte Cunera. Nadien zorde 'die heylighe maget ende martelaresse Sinte Kunera voor vele teekenen ende mirakelen'.

Tussen de hoofden van Cunera en dienstmaagd staan twee kleine Franse lelies afgebeeld. Het insigne is niet gegoten maar is ontstaan door het persen van de dunne zilveren plaat door middel van een vorm. Deze techniek komt aan het begin van de zestiende eeuw in gebruik. Veelal worden daarbij koperen plaatjes gebruikt die papierdun zijn. In Zeeland uit het Oosterschelde gebied zijn verschillende van zulke plaatjes gevonden die betrekking hebben op de verering van Thomas van Canterbury, Barbara, Sint Job en de H. Dymphna [zie afb, 45-47, 78 A-B, 80, 114, 184-185, 227, 242-243, 309, 350, 367-369, 487, 523-524]. Ook deze exemplaren kunnen gedateerd worden in het begin van de zestiende eeuw.

Zoals in het eerder aangehaalde artikel werd opgemerkt is het opvallend dat de drie eerder te zamen gepubliceerde insignes welke van een lood-tin alliage gemaakt zijn, van zo matige kwaliteit zijn. Hierdoor zijn de afbeeldingen en de tekst op de insignes niet tot in detail herkenbaar. Daarom ook is het verheugend

dat recentelijk uit afgevoerde grond afkomstig uit de binnenstad van Kampen een Sinte-Cunera-insigne tevoorschijn kwam waarvan de kwaliteit veel beter bewaard gebleven is [zie afb. 164]. Zo is de tekst SU(N)T CUNERA hier beter leesbaar. Ook de topbekroning is, afgezien van de pinakel aan de rechterzijde, onbeschadigd gebleven. Opvallend is het ontbreken van bevestigingsogen terwijl er ook geen aanwijsbare tekens zijn die duiden op het vroeger wèl aanwezig zijn. Het insigne bevindt zich thans onder inv. nr. 1595 in de collectie Van Beuningen. De afmetingen zijn 65 mm hoog en 35 mm breed terwijl het insigne 12 gram weegt.

Cunera stelt ons voor nog meer verrassingen. Uit afgevoerde grond afkomstig uit de bouwput van het bankiershuis Pierson Heldring & Pierson aan het Rokin te Amsterdam werd door een metaaldetectorzoeker een ander, geheel afwijkend Cunera-insigne – helaas sterk beschadigd en incompleet – gevonden [zie afb. 163]. Ook dit insigne bevindt zich thans onder inv. nr. 1423 in vorengenoemde collectie. Het fragment heeft een hoogte van 43 mm en een breedte van 44 mm. Het is gegoten in een vorm van een alliage van lood en tin. Wederom staat de gekroonde en hier van een nimbus achter het hoofd voorziene Sinte Cunera in het midden. De wurgdoek wordt door de twee vrouwenfiguren ter linker en ter rechter zijde om de hals van de heilige getrokken. Cunera staat met gevouwen handen. Het is spijtig dat de banderol welke zich onder de drie vrouwenfiguren bevindt ook beschadigd is waardoor aan de linkerzijde en in het midden enige letters zijn weggevallen. Bovendien zijn de letters aan de rechterzijde enigszins gevloeid waardoor de tekst minder goed leesbaar wordt. De tekst luidt: (SV)NTE KV(N)ERA TO RE.[....]

Reeds in 1934 verscheen in het Maandblad Oud-Utrecht (9e jrg. nr. 5) een uitvoerig artikel aan de hand van A.H. [Het is niet na te gaan wie zich achter deze initialen verschuilt. Misschien dr A. Hulshof (red.)] over Sinte Kunera, de heilige van Rhenen waar gewezen wordt op de belangrijke bron van inkomsten die verkregen werd uit de inkomsten van aflaatbrieven. Ons tegenwoordige Rhenen wordt in dit artikel Renen genoemd terwijl ook in de in 1988 verschenen herdruk van 'Dat Leven/ende die passie/ende verheffinghe vander heyliger maget Sinte Kunera die in de stad van Renen rustende is met haer tekenen ende mirakelen die gheschiet sijn en noch dagelix geschien die God gedaen heeft doer die heylighe Maghet Sinte Kunera' duidelijk gesteld wordt dat 'Dit boecxken vercooptmen in die stad van Renen'.

Bij een vorig artikel stelde ik de vraag of heroverweging van het woordgebruik bij CUNERA of KUNERA zinvol zou kunnen zijn. Het is maar beter om deze vraag niet te beantwoorden omdat beide namen gelijkertijd dooreen gebruikt blijken te zijn. Het lijkt mij dus ook zinvol toe verder Rhenen maar Rhenen te laten.

## De opgelegde bedevaart naar Rhenen

Tussen 1386 en 1538 werden in de stad Schiedam 401 personen tot 425 bedevaarten veroordeeld. Daaronder komen vier bedevaarten voor welke zijn opgelegd met bestemming St. Cunera in Rhenen. Met dank aan het Gemeentearchief in Schiedam, aan mevrouw Schreurs-Verwer en aan de heer C. Hoek voor hun steun, volgt hier de tekst van akte nr. 532 welke op 29 October 1502 werd opgelegd:

'Ten dage voirseit sat den baliu mitten gerichte opten stedehuys omme te corrigieren ende suver te setten enige van den heeren van Sinte Antonys hier nae volgende verclaert. Te weten mijnheer den drager, Jan Blijfhier, Claes den Helsen ende Symon Rutgerssoen, omme dat sij 't mandaet van tsheeren wegen ende van den burgemeesters niet geobiediert en hebben tot twee of driemaal toe 't welck men van hemluyden noch nyemant geheyngen wille. Soe is hair samen tenden tsheeren bruecken dat sij den heeren bidden zullen om vergiffenisse. Ende daren tenden sullen sij uitgaen tusschen dit ende Pinsdagen naestcomende een bedevaert te Renen tot Sinte Kunier ende niet binnen der stede vrijheit comen zij en hebben guedt betooch gebrocht dat den bedevaert gedaen is of de stede te geven elcx thien stuvers te betalen tusschen dit ende vastenavondt naestcomende (= 28.2.1503), die te verborgen binnen daech sonneschijn. Ende dit gebiedinen hemluyden te volbreyngen op een peyne van thien cronen'.

Helaas is niet bekend of de gestraften gekozen hebben voor het volbrengen van de bedevaart naar Rhenen dan wel voor betaling van tien stuivers elk.

(Oud-Utrecht 60, 1987, p. 105-106)
(Oud-Utrecht 62, 1989, p. 123-125)

noten

1.Deys 1987, p. 75-79.

2.Oud Archief Rhenen 763.

3.Maris 1945/1946, p. 214-219; Rijksarchief Utrecht, Domkapittel, 4371.

4.Utrechtse Statenarchief, Kerkmeesters te Rhenen (nr. 159), Rekeningen over 22 februari 1571-22 februari 1574, meer in het bijzonder de rekeningen over 1572/1573.

5.Zie afb. 146, inv. 1146.

6.Heijenga 1983; zie ook noot 1.

7.Collectie H.J.E. van Beuningen, Cothen, inv. 0517.

# PELGRIMSINSIGNES VAN ELISABETH UIT MARBURG

Kort nadat in 1988 het hierna herdrukte artikel was verschenen over het op dat moment enige bekende exemplaar van een insigne met voorstellingen van de heiligen Elisabeth en Franciscus, kwam uit Dordrecht een tweede soortgelijk pelgrimsteken tevoorschijn (afb. 193). Andere exemplaren of fragmenten zijn nog niet bekend. Dit insigne is afkomstig uit Marburg, de stad waar Elisabeth van Thüringen leefde, stierf, werd begraven en onmiddellijk na haar dood in 1231 als heilige werd vereerd. Haar heiligverklaring volgde al in 1235. De pelgrimage naar het graf van Elisabeth maakte meteen opgang. In 1244 (op 3 februari) werd bijvoorbeeld een pauselijke oorkonde uitgevaardigd ter bescherming van de pelgrims en ten gunste van het pelgrimshospitaal te Marburg; deze akte was een vervolg op eerdere pauselijke bemoeienis met de bedevaartgangers naar het graf van Elisabeth: al op 21 oktober 1233 had paus Gregorius IX de bisschop van Hildesheim belast met de zorg voor pelgrims en hospitaal te Marburg. De bedevaartgangers stroomden toe en de oude aan Franciscus gewijde kerk was spoedig te klein. Op 4 november 1249 vaardigde paus Innocentius IV een oorkonde uit met de opdracht dat het graf van Elisabeth overgebracht moest worden naar het oostelijke koor van de nieuw gebouwde kerk. De situatie rond het graf van Elisabeth in de Franciscuskerk was door de grote toeloop van pelgrims en de te kleine ruimte niet zonder gevaar geworden (tent. cat. Marburg 1983, deel 7, p. 61 nr. 44, p. 63 nr. 50).

Het te Dordrecht gevonden insigne van Elisabeth en Franciscus uit Marburg betreft een jongere variant van het in 1870 te Lund gevonden exemplaar. Franciscus is op het Dordtse insigne volgens zijn latere, vaste iconografie afgebeeld: gekleed in de Franciscanenpij staat hij met beide handen opgeheven en toont hij aldus zijn stigmata, de tekenen van Christus' kruiswonden die hij op handen, voeten en rechterzijde ontving. Dit pelgrimsinsigne behoort tot de vroegste voorbeelden van deze vooral in de Noord-Europese kunst stereotiep geworden uitbeeldingswijze van Franciscus.

De verheerlijkte Christus houdt hier de kronen duidelijk boven het hoofd van de twee heiligen, zelfs boven hun nimbus; op het insigne te Lund wordt de kroon direct op het hoofd van Elisabeth en Franciscus geplaatst. De griekse letters Alpha en Omega terzijde van de Christusfiguur op het insigne te Lund, ontbre-

ken bij het exemplaar uit Dordrecht. Opvallend bij het Dordtse exemplaar is de later ingekerfde krullenrand aan beide zijden en aan de onderkant; een dergelijke kwetsbare versiering is nauwelijks van andere insignes bekend (vgl. afb. 343).

Het insigne uit Marburg dat in Lund tevoorschijn kwam, werd door Kurt Köster voorzichtig in de veertiende eeuw gedateerd, in het hierna volgende artikel wordt voor dat insigne een datering onmiddellijk na de heiligverklaring van Elisabeth voorgesteld, wellicht nog voor het midden van de dertiende eeuw. Het exemplaar uit Dordrecht is een latere navolging van het in Lund aangetroffen type. Voorzichtigheidshalve geven wij hier voor dit pelgrimsteken van Elisabeth en Franciscus uit Marburg een datering in de eerste helft van de veertiende eeuw.


## Een dertiende-eeuws pelgrimsteken uit Marburg: Elisabeth van Thüringen en Franciscus van Assisi door Christus gekroond

*A.M. Koldeweij*

In 1870 kwam uit een middeleeuwse beerput in het Zuidzweedse Lund een fraai pelgrimsteken tevoorschijn, dat tot op heden een unicum is gebleven[1] (ill. 22). Andere exemplaren of fragmenten van dit bedevaartinsigne, dat per definitie indertijd als een massa-artikel moet zijn geproduceerd, werden nog niet gevonden en evenmin zijn er varianten van dit pelgrimsteken bekend. De voorstelling op dit insigne is hoogst opmerkelijk en maakt een nauwkeurige datering van deze bodemvondst mogelijk. Bovendien lijkt ook dit 'souvenir' te getuigen van de actieve propaganda die met name vanuit Marburg werd gevoerd voor de status en de verering van de heilige Elisabeth van Thüringen.

De in 1986 overleden Duitse specialist op het gebied van pelgrimstekens, prof. dr Kurt Köster publiceerde in 1981 het bedevaartinsigne uit Lund in de catalogus 'Sankt Elisabeth, Fürstin, Dienerin, Heilige' bij de gelijknamige tentoonstelling die dat jaar te Marburg werd ingericht naar aanleiding van het feit dat 750 jaar eerder de heilige Elisabeth daar was overleden.[2] Köster stelde voor het insigne toe te schrijven aan Marburg en het te plaatsen in de 'Frühzeit der dortigen Elisabeth-Wallfahrt'. Zijn datering hield hij voorzichtigheidshalve op '14, Jahrhundert (?)'. Het insigne dat de naam en de afbeelding draagt van zowel Elisabeth van Thüringen als Franciscus van Assisi, was ongetwijfeld bestemd voor verkoop aan pelgrims die Marburg bezochten. Het door Elisabeth persoonlijk gestichte hospitaal in Marburg was door haar onder bescherming van de heilige Franciscus gesteld en ook de bedevaartskerk, de voorganger van de huidige Elisabeth-Kirche, had Franciscus als patroonheilige. De verering van Elisabeth te Marburg nam al meteen bij haar dood in 1231 en nog sterker na haar heiligverklaring in 1235 een hoge vlucht en de door Elisabeth zelf in Marburg gepousseerde Franciscusverering werd daardoor naar de achtergrond gedrongen. Dit alleen al pleit voor een vroegere datering van het insigne. De door de Duitse Orde direct na Elisabeth's heiligverklaring tot stand gebrachte nieuwbouw van kerk en hospitaal te Marburg ging gepaard met de patroonwisseling: Elisabeth trad in de plaats van Franciscus.[3]

De iconografie van het Marburgse pelgrimsteken maakt evenwel een nog nauwkeuriger datering van de produktie en de verkoop van dit bedevaartsouvernir waarschijnlijk, namelijk in een betrekkelijk korte

*Ill. 22. Pelgrimsteken uit Marbug met de kroning door Christus van Elisabeth en Franciscus. Tin-loodlege-ring, ca. 1235-1250, 57 X 39 mm. Lund, Museum 'Kulturen', inv. nr. KM 5876.*

periode die onmiddellijk volgde op de heiligverklaring van Elisabeth op 1 juni 1235.

Op het pelgrimsteken zijn in een gevelvormig veld dat oorspronkelijk met twee torens was bekroond, Elisabeth en Franciscus voorgesteld ter weerszijden van een tot een parelrand geabstraheerde zuil. Boven deze zuil is niet, zoals tot nu toe werd verondersteld, het 'Vera Icon' of Ware Gelaat van Christus weergegeven, maar de Verlosser is daar bijna ten halve lijve afgebeeld en hij plaatst een kroon op de hoofden van de twee heiligen voor hem. De breed-omrande kruis-nimbus geeft onmiskenbaar aan dat het hier Christus betreft en dit wordt nogmaals bevestigd door de twee letters van het randschrift die hem flankeren, namelijk α en ω, begin en einde van het griekse alphabet en als eerste èn laatste het symbool voor God de Vader en Christus. Terzijde van de vrouwenfiguur links lezen we dat het om S(an)C(t)A ELISABET gaat en rechts dat de man S(anctus) FRANCISCUS verbeeldt. Christus is baardloos voorgesteld en lijkt in een soort antieke toga te zijn gekleed. Elisabeth draagt een lang, tot op de grond vallend gewaad, achter haar gesluierde hoofd is een nimbus aangegeven en Christus kroont haar met zijn rechterhand. Met zijn andere hand plaatst hij een kroon op het hoofd van Franciscus. Ook deze is als heilige gekarakteriseerd door de nimbus achter zijn hoofd. Zijn kleding moet gezien de mar-kante, over de rug geslagen spits toelopende kap worden geïnterpreteerd als een Franciscaner pij. Om zijn middel draagt de heilige een koord waarvan het lange, naar beneden afhangende einde niet met de gebruikelijk drie, maar met vier knopen is gesierd. Opmerkelijk is bovendien dat Franciscus modieuze puntschoenen draagt en niet, zoals zijn vaste iconografie voorschrijft, barrevoets gaat.

Deze voorstelling in zijn geheel, de Christusfiguur die twee hem flankerende figuren kroont, bezit een eigen en lange beeldtraditie. Een fraai voorbeeld uit het derde kwart van de twaalfde eeuw bevindt zich in de Sint-Servaaskerk te Maastricht. In de maanden tussen de zomer van 1167 en die van 1168 werd in die kerk het monumentale dubbelreliëf opgesteld dat, in tegen-stelling tot de huidige situatie, oorspronkelijk met de figuratieve zijde naar het oosten was gericht[4] (ill. 23). In het benedendeel van dit reliëf is Maria met het Christuskind afgebeeld, tronend in een mandorla en geflankeerd door twee engelen.[5] In het bovenste ge-deelte, waar het ons hier om gaat, is Christus weerge-geven die de apostel Petrus en de heilige Servatius kroont. Door de tekst in de lijst die het halfronde reliëf

*Ill. 23. Christus kroont Petrus en Servatius, en de Majestas Mariae. Dubbelreliëf op de grens van schip en westbouw in de Sint-Servaaskerk te Maastricht. Maastricht 1167-1168. Benedengedeelte 111 X 176 cm, bovengedeelte 73 X 176 cm.*

omvat, wordt de essentie van het voorgestelde nog eens verwoord: de bekroning van twee heiligen door Christus als beloning voor hun verdiensten op aarde, de kroon van heiligheid wordt hen door Christus op het hoofd geplaatst.[6] Ter weerszijden van het gelaat van Christus zijn, zoals ook het geval is op het Marburgse pelgrimsteken, de letters α en ω aange- bracht en in de hollijst boven de geknielde heiligenfiguren staan hun namen vermeld, respectievelijk S. PETRUS en S. SERVATIUS. Hier is vooral van belang dat Petrus en Servatius in principe als elkaars gelijken zijn voorgesteld, beide heiligen worden door

Christus gekroond en beide tonen opzichtig hun betekenisvolle attribuut de sleutel(s). Wel geniet Petrus, de eerste der apostelen, hier een zekere voorrang door zijn positie ter rechterzijde van Christus. Het voert in het kader van dit korte artikel te ver om in te gaan op de politieke, kerkhistorische en theologische implicaties van dit reliëf; elders behandelde ik dat al uitvoeriger.[7]

Het vroegste mij bekende Westerse voorbeeld van het type heiligenkroning van het in Lund opgegraven pelgrimsinsigne en van het Maastrichtse reliëf, is een miniatuur in een handschrift dat in het laatste kwart

*Ill. 24. Maria kroont de martelaressen Margaretha en Regina, en auteursportret. Aanvangsminiatuur van de 'Passio Sanctissimae Reginae Margaretae', Fulda, ca. 975-1000, 20,6 X 14,5 cm. Hannover, Niedersächsische Landesbibliothek, M 189 fol. 11 v.*

van de tiende eeuw te Fulda werd geschreven[8] (ill. 24). Het grote belang van dit manuscript ligt vooral in het feit dat het de vroegste doorlopend geïllustreerde heiligenlevens bevat die in verluchte handschriften bekend zijn. Het eerste gedeelte, de 'Passio Sancti Kyliani', is met elf afbeeldingen geïllustreerd; het tweede deel, de 'Passio Sactissimae Reginae Margaretae' is met dertien scènes in elf miniaturen verlucht. De aanvangsminiatuur van deze laatste reeks toont de kroning door Maria van de heilige Margaretha en de heilige Regina. Margaretha bevindt zich als de belangrijkste van de twee martelaressen aan de rechterkant van de hemelkoningin die haar de kroon op het hoofd plaatst. Het geheel is kennelijk gekopieerd naar een Byzantijns (?) voorbeeld van Christus die twee uitverkorene kroonde: de Mariafiguur is niet ten overvloede in griekse kapitalen als zodanig aangeduid [MAPIA θEWΔEKWC (sic!)], want in de miniatuur is ze niet als moeder Gods herkenbaar en zonder het opschrift zou ze onherroepelijk

als Christus worden geïdentificeerd. Iconografisch is bovendien interessant dat de afbeelding van de volledig legendarische heilige Regina die hier door Maria met de linkerhand wordt gekroond, verreweg de oudste bekende voorstelling van deze martelares is. De levensbeschrijving van Regina werd overgenomen van de vita van Margaretha en haar verering is al vóór 628 aantoonbaar te Alesia of Alise-Ste-Reine (Côte-d'Or), de plaats waar zij de marteldood gestorven zou zijn.[9] De oudste tot op heden in de literatuur gesignaleerde afbeelding van Regina is een vermoedelijk uit de dertiende eeuw daterend beeld in de aan haar gewijde kapel van Alise-Ste-Reine. Deze miniatuur met de

*Ill. 25. Christus kroont de martelaren Victor en Gereon. Keulen, ca. 1000, ivoor, 17,7 X 9,8 cm. Keulen, Schnütgen-Museum, inv. nr. B 98.*

kroon van Margaretha en haar lotgenoot Regina, of Reine, zoals ze in het Frans heet, dateert als vermeld uit het laatste kwart van de tiende eeuw.

Uit de elfde en twaalfde eeuw kunnen vele kronings-voorstellingen volgens het hier ter sprake gebrachte schema worden opgesomd. We zullen hier met enkele voorbeelden volstaan die illustratief zijn voor deze traditie.

Omstreeks het jaar 1000 werd te Keulen het bekende ivoren reliëf gesneden met de heilige Gereon en Victor die door de verheerlijkte Christus worden gekroond[10] (ill. 25). Op het laat-elfde-eeuwse, in zilverblik gedreven gevelstuk aan de achterzijde van de Hadelinusschrijn te Visé is Christus afgebeeld die de heilige Remaclus en Hadelinus een kroon boven het hoofd houdt.[11] Kort na 1136 ontstond te Echternach een bundel heiligenlevens waarin als initiaal M van Maximiano de kroning door Christus van de martela-ren Sergius en Bachus volgens dit schema is voorge-steld.[12] De verspreiding van de martelaren van dit beeldtype van de tronende Christus die met gestrekte armen twee heiligen ter weerszijden van hem een kroon op het hoofd plaatst, was niet beperkt tot het noordwesten van Europa. Als zuidelijk voorbeeld van dit voorstellingsschema kan de absisschildering wor-den genoemd in het zuidtransept van de kerk van Santa María de Tarassa (prov. Barcelona), toegeschre-ven aan de meester van Espinelvas en te dateren in het laatste kwart van de twaalfde eeuw. In de basis is de marteldood uitgebeeld van Thomas van Canterbury en de monnik Edward Grom, waarboven de tronende Christus in mandorla, die de beide martelaren kroont.[13] Uiteindelijk komt het thema van de Christus die twee naast hem staande of geknielde figuren de hand oplegt of kroont, voort uit een Byzantijnse tradi-tie. Het bekendste voorbeeld daarvan is wel het ivoren reliëf dat wordt bewaard in het Cabinet de Médailles te Parijs. Dit reliëf ontstond in de jaren 945-949 en toont Christus die keizer Romanos II en keizerin Eudokia kroont door handoplegging.[14] Een volgend voorbeeld uit deze traditie is het ivoren reliëf uit de jaren 972-983, dat zich in het Musée de Cluny te Parijs bevindt, met de voorstelling van de Duitse keizer Otto II en keizerin Theophanu die door Christus worden gekroond[15] (ill. 26). Bij de genoemde Byzantijnse toepassingen van dit beeldschema gaat het niet zozeer om de plaatsing van de kroon van heiligheid op de hoofden van twee uitverkorenen, alswel om de goddelijke machtbekleding van zijn vertegenwoordigers op de aarde. Ook in het Westen en met name in het Duitse keizerrijk kende de kronings-

*Ill. 26. Christus kroont keizer Otto II en keizerin Theophanu. Byzantium, 972-983, ivoor, 18 X 10,3 cm. Parijs, Musée de Cluny.*

scène deze toepassing.[16] Zo toont een miniatuur in een te Echternach omstreeks 1050 voltooid evangeliarium dat door keizer Hendrik II aan het stift van Simon en Judas te Goslar werd geschonken, de kroning door Christus van deze keizer en zijn echtgenote Agnes.[17] En in het 'Liber ad honorem Augusti' van Petrus de Ebulo uit 1195-1196 is de voorstelling opgenomen van keizer Frederik Barbarossa die nauwkeurig vol-gend ditzelfde schema zijn twee zonen, Hendrik IV en Philip von Schwaben, respectievelijk kroont en de hand op het hoofd legt[18] (ill. 27). Een andere interes-sante verwerking van dit beeldschema ter voorstelling van een machtsbekleding ontstond rond het midden of in het derde kwart van de twaalfde eeuw te Canterbury. In een bijbelhandschrift, toegeschreven

aan de schrijver Eadwine, is als initiaal bij het boek
Makkabeeën een zittende vorst afgebeeld die twee ter
weerszijden van hem staande vrouwen kroont.[19] Deze
scène werd tot op heden niet geheel overtuigend verklaard, maar het lijkt te gaan om keizer Alexander bij
de verdeling van zijn rijk (1 Makk. 1:7-9). De gesug-
gereerde verwantschap van dit handschrift met manuscripten ontstaan op het vasteland van Europa, zou
behalve op de stijlkenmerken ook op de in deze miniatuur toegepaste beeldtaal kunnen worden gebaseerd.
Tot slot is in de context van dit artikel interessant dat
dit kroningsschema ook voorkomt in het zogeheten
'Egbert-Psalter' (Reichenau, ca. 980) dat door vererving in bezit kwam van de heilige Elisabeth van
Thüringen en dat door haar persoonlijk in 1229 aan de
domkerk van Cividale werd geschonken. In het midden van de elfde eeuw waren aan dit 'Egbert-Psalter'

*Ill. 28. De kroning van Franciscus en Elisabeth door
Christus en Maria. Gebrandschilderd glas, ca. 1240-
1250. Marburg, Elisabethskirche, Elisabethvenster
(detail).*

verschillende gebeden en een vijftal miniaturen in
Byzantijns-russische stijl toegevoegd, waaronder een
kroningsscène van het hier beschreven type (fol.
10[v]).[20]

Op het Marburgse pelgrimsteken met de kroning door
Christus van Elisabeth en Franciscus (ill. 22) is het
voorstellingsschema van de heiligverklaring en machtbekleding gepopulariseerd in die zin dat het hier niet
gaat om een unieke en kostbare verwerking ervan op
artistiek hoog niveau, bestemd voor een beperkte
groep van erudiete en welgestelde beschouwers. Het
pelgrimsteken is nogal primitief van makelij, moet in
grote aantallen zijn geproduceerd en werd in zo goedkoop mogelijk materiaal, een tin-loodlegering, gegoten; het was bestemd voor massale verkoop aan de in
drommen toestromende pelgrims die in Marburg de
heilige Elisabeth van Thüringen kwamen vereren. De
kroningsvoorstelling op het bedevaartsinsigne kan, op
basis van de hierboven beschreven traditie en aangehaalde voorbeelden, worden uitgelegd als een zeer
nadrukkelijke gelijkstelling van de heilige Elisabeth
met haar grote voorbeeld Franciscus, waarbij
Elisabeth zelfs als de belangrijkste van de twee ter
rechterzijde van Christus werd geplaatst. Elisabeth,
die op 1 juni 1235 binnen vier jaar na haar dood heilig
werd verklaard, is geprononceerd als de gelijkwaardig

*Ill. 27. Frederik Barbarossa zegent en bekleedt zijn
zonen Hendrik IV en Philips van Zwaben met macht,
alvorens op kruistocht te vertrekken. Miniatuur in het
'Liber ad honorem Augusti' van Petrus de Ebulo,
1195-1196, 31 X 20 cm. Bern, Burgerbibliothek, cod.
120 fol. 143.*

en zelfs als de meerdere van de zeven jaar eerder gecanoniseerde en dan algemeen als heilige vereerde Franciscus van Assisi afgebeeld. Alleen onmiddellijk bij en in de eerste periode na de heiligverklaring van Elisabeth was het zinvol om via een dergelijke voorstelling de verheven positie van de heilige vorstin te propageren.

Het pelgrimsteken is wat dit betreft ondubbelzinnig en zelfs meer uitgesproken dan de vergelijkbare voorstelling uit dezelfde jaren in de Elisabethkirche te Marburg: ook bovenin het Elisabeth-venster van ca.

1240-1250 is de 'kroning van Franciscus en Elisabeth' afgebeeld[21] (ill. 28). Hier zijn beide heiligen eveneens als elkaars gelijken voorgesteld, maar ter rechterzijde wordt Franciscus gekroond door Christus en aan hun linkerkant krijgt Elisabeth de kroon van heiligheid aangereikt door Maria.[22]

(Millennium. Tijdschrift voor Middeleeuwse Studies 2, 1988, p. 89-101)

noten

1. Kjellberg 1937, p. 28 e.v.; Stockholm 1951, p. 42 nr. 106; Maortensson & Wahlöö 1970, p. 25 nr. 29; Köster 1981, p. 458-459 nr. 100; Marburg 1983, p. 62 nr. 47.

2. Köster 1981, p. 458-459 nr. 100.

3. W. Moritz, Das Hospital der heiligen Elisabeth in seinem Verhältnis zum Hospitalwesen des frühen 13. Jahrhunderts. In: Marburg 1981, p. 101-116; W. Brückner, Zu Heiligenkult und Wallfahrtswesen im 13. Jahrhundert. Einordnungsversuch der volksfrommen Elisabeth-Verehrung in Marburg. In: Marburg 1981, p. 117-127; H. Boockmann, Die Anfänge des Deutschen Ordens in Marburg und die frühe Ordensgeschichte. In: Marburg 1981, p. 137-150.

4. Koldeweij 1985, p. 92-93, 117-118; Mekking 1986, p. 259-264.

5. Mekking 1986, p. 264-269.

6. Koldeweij 1985, p. 118.

7. Koldeweij 1983, p. 217-239, 278-283; Koldeweij 1985, p. 117- 128; vgl. ook Mekking 1986, p. 255-268.

8. Hannover, Niedersächsische Landesbibliothek, M 189; Elbern 1962, p. 93 nr. 434.

9. J. Oswald, Regina. In: Buchberger 1957-1968, 8, kol.1067; Grivot 1974, p. 350-351; F. Tschochner, Regina. In: Kirschbaum & Braunfels 1968-1976, 8, kol. 256-257.

10. Keulen, Schnütgen-Museum, inv. B 98; Elbern 1962, p. 78 nr. 361; Keulen-Brussel 1972, p. 205 nr. E 10.

11. Visé, Eglise Saint-Martin; Timmers 1971, p. 315-316; Keulen-Brussel 1972, p. 242 nr. G 4.

12. Parijs, Bibliothèque Nationale, ms. lat. 9740, fol. 212v; J. Plotzek, Zur rheinischen Buchmalerei im 12. Jahrhundert. In: Keulen-Brussel 1972, 2, p. 314-315.

13. Demus 1970, p. 112-113, 482-483.

14. Parijs, Cabinet des Médailles, inv. nr. 300; Talbot Rice 1968, p. 444-446; Kämpfer 1978, p. 59; Brussel 1982, p. 98 nr. Iv. 7; Koldeweij 1985, p. 128.

15. Parijs, Musée de Cluny; Elbern 1962, p. 66 nr. 297; Lasko 1972, p. 94.

16. F. Mütherich, Das Evangeliar Heinrichs des Löwen und die Tradition des mittelalterlichen Herrscherbildes. In: München 1986, p. 25-34.

17. Uppsala, Universiteitsbibliotheek, Goslar-evangeliarium, fol. 3v; Weitzmann 1966, p. 14; Schramm & Mütherich 1962, pl. 103; Dodwell 1971, p. 46; Mütherich 1986 (zie noot 16), p. 25-26.

18. Bern, Burgerbibliothek, cod. 120, fol. 143; Stuttgart 1977, I, p. 647-648 nr. 810; Willemsen 1977, p. 14; Koldeweij 1985, p. 126, 128.

19. Cambridge, Corpus Christi College, ms. 4, fol. 139v; Cahn 1982, p. 202, 259.

20. Cividale, Museo Archeologico Nazionale, Codice Ms. CXXXVI fol. 10v; K. Bierbrauer, Sog. Egbert-Psalter. In: Marburg 1981, p. 336-338 nr. 12.

21. R. Kroos, Zu frühen Schrift- und Bildzeugnissen über die heilige Elisabeth als Quellen zur Kunst- und Kulturgeschichte. In: Marburg 1981, p. 222-223; Klamt 1983, p. 171-174 (met verwijzing naar M. Bierschenk, Die figürlichen Glasmalereien der ersten Hälfte des 13. Jahrhunderts in der Elisabethen-Kirche zu Marburg, dissertatie Freie Universität Berlin 1983); Marburg 1983, p. 31-33.

22. Op de iconografische parallel tussen deze kroning van Franciscus en Elisabeth in het gebrandschilderde venster te Marburg en die van het in Lund opgegraven pelgrimsinsigne werd ook al gewezen door Servus Gieben in 1983: Gieben 1983, p. 339-340 noot 4. Met dank aan Lydia Beerkens, van wie ik deze verwijzing mocht ontvangen na het afsluiten van de tekst van dit artikel.

# XII 'LOETENEN TEKENEN VAN SINTE GOMMAER', LIER

In 1990 waren vier fragmenten en één nagenoeg gaaf exemplaar van pelgrimstekens die verwijzen naar de te Lier vereerde heilige Gummarus bekend (zie afb. 198). Sedertdien zijn nog drie fragmenten tevoorschijn gekomen. Deze insignes van lood-tin werden door het Lierse Sint-Gummaruskapittel verkocht; ook waren zilveren en verguld zilveren pelgrimstekens van Gummarus beschikbaar. Van de edelmetalen insignes zijn nog geen exemplaren teruggevonden, wel wordt er in geschreven bronnen naar verwezen zoals in het hierna volgende artikel is vermeld. Daarentegen is er wel een zilveren gedenkpenning bewaard gebleven die vermoedelijk in 1517 ter ere van Gummarus werd geslagen, waarschijnlijk bij gelegenheid van de vol-tooiing van het hoogkoor van de aan Gummarus ge-wijde hoofdkerk van Lier (ill. 29 A en B). Op de voorzijde is de Lierse heilige afgebeeld, op de keer-zijde de Gregoriusmis. Opmerkelijk is dat Gummarus, die geflankeerd wordt door de wapens van de stad Lier (links) en het Lierse kapittel (rechts), over zijn lange gewaad hier, evenals op het pelgrimsteken, een korte schoudermantel draagt die middenvoor is geslo-ten door middel van een spang met opnieuw het wa-pen van het kapittel.

Onderzoek in de kerkrekeningen van Lier heeft sinds de Gummarusherdenking van 1990 nog interessant nieuws opgeleverd met betrekking tot de Lierse Gummarus-insignes. De heer Marc Mees te Lier bracht de volgende rekeningpost aan het licht: 'Item betaelt willem van eynde van loetenen tekenen van sinte Gommaer xvij pont ende cost elc pont vij-z gl' waarvoor de uitgave van fl.127,5 werd genoteerd (archief van de Gummaruskerk te Lier, inv.nr. 43/1/A, kerkrekening 15-2-1476 (1477 nieuwe stijl) - 15-2-1477 (1478 nieuwe stijl), fol. 11v). Deze aankoop van een grote hoeveelheid 'loetenen teekenen van sinte Gommaer' werd gedaan door de kerk twee jaar nadat in 1475 er na eeuwen weer mirakelen hadden plaats-gevonden en waarna de Gummarusverering een hoge vlucht nam. In eerdere kerkrekeningen, die evenwel incompleet bewaard bleven, werd geen vermelding van pelgrimstekens aangetroffen. Behalve dat deze rekeningpost aangeeft dat in ieder geval in 1476/1477 te Lier lood-tinnen Gummarus-insignes beschikbaar waren, blijkt er ook uit dat de Gummaruskerk de verkoop in eigen hand hield: de kerk kocht grote hoeveelheden in en droeg kennelijk zelf zorg voor verdere distributie.

*Ill. 29 A-B. Gedenkpenning, voorzijde: Gummarus, keerzijde: Gregoriusmis. Gummaruskapittel te Lier, ca. 1517. zilver, diameter 3,8 cm.*
*Brussel, Koninklijke Bibliotheek, Penningkabinet.*

## Pelgrimsteken van Sint Gummarus, Lier, laatste kwart 15de of begin 16de eeuw

*H.J.E. van Beuningen, A.M. Koldeweij*

Het pelgrimsteken van sint Gummarus toont de heilige volgens zijn vaste iconografie. Gummarus staat binnen een omlijsting in de vorm gotische architectuur, waar-van aan de bovenzijde slechts enkele details uit het traceerwerk, hogels en pinakels ontbreken. De tekst op de onderrand van het insigne bevestigt de identiteit van de heilige: S:GOMMAER. Middenonder en rechtsboven bevindt zich een oogje waarmee het pelgrimsteken vastgehecht kon worden, een derde oogje linksboven is afgebroken (afb. 198).

Gummarus is voorgesteld als landedelman op de wijze zoals sinds de tweede helft van de vijftiende eeuw gebruikelijk was. In nagenoeg dezelfde kledij, met dezelfde attributen en zelfs in ongeveer dezelfde hou-ding werd Gummarus bijvoorbeeld weergegeven op het gebrandschilderde glas van Vilain-Immerzele uit 1475-1476 door Rombout Keldermans en op het glasraam van Jan van Immerseele uit ca. 1475, beide in de Sint-Gummaruskerk te Lier. In zijn linkerhand houdt Gummarus een paar handschoenen en in de rechterhand heeft hij zijn reisstaf; hij draagt een -vermoedelijk met hermelijn afgezette- muts en de nimbus achter zijn hoofd karakteriseert hem als hei-lige. De ruime, lange mantel is met hermelijn gevoerd en heeft een royale hermelijnen kraag waarop midden-voor als sieraad een schildje is bevestigd met het wapen van het Gummaruskapittel. Links en rechts van Gummarus zijn respectievelijk een put en een boom afgebeeld. De put bevindt zich onder de reisstaf van de heilige en verwijst naar de bron die volgens de

76

legende op miraculeuze wijze zou zijn ontsprongen door toedoen van Gummarus. De boom is eveneens een verwijzing naar het heiligenleven van Gummarus. Duidelijk is de om de boomstam gebonden riem van de heilige weergegeven: aldus groeide op voorspraak van Gummarus een omgehakte boom weer aaneen. Zowel de gordel van Gummarus als de door hem met zijn reisstaf geslagen bron worden nog steeds vereerd en naar beide wordt in het pelgrimsteken nadrukkelijk verwezen.

Het pelgrimsteken is opmerkelijk gedetailleerd uitge- werkt. Zo is bij de voering van de mantel, de hoedrand en de brede kraag duidelijk een structuur van het bedoelde materiaal aangegeven, namelijk hermelijn. De om de boom geslagen riem van de heilige is even- eens fijn uitgewerkt: de gesp is nauwkeurig weergege- ven en zelfs zijn aan het andere uiteinde de gaatjes aangeduid. De door het wonder van Gummarus her- stelde boom, tenslotte, is herkenbaar als een eik: in de kruin zijn vier eikels zichtbaar.

De verering van Gummarus beleefde in het laatste kwart van de vijftiende eeuw een sterke opleving en in dat kader moet de produktie dan ook worden gezien van goedkope en ongetwijfeld ook te Lier in grote aantallen vervaardigde pelgrimstekens. Uit archivali- sche bronnen is echter nauwelijks iets bekend over de vervaardiging en verkoop van pelgrimsinsignes te Lier. In het rekeningenboek van de Sint- Gummaruskerk werd bijvoorbeeld in het jaar 1576 genoteerd: 'Men verkoght dit jaar op ommegancksdag een buytengewoon groot getale tenne beelkens of medaliën van St. Gummari en hoorne en pampiere beelekens'. Behalve prentjes en pelgrimshoorns ver- kocht men 'tenne beelkens of medaliën', waaronder we ongetwijfeld late varianten moeten verstaan van de middeleeuwse pelgrimstekens. Ditzelfde geldt voor de ongeveer vierduizend tinnen Sint-Gummarusbeeldjes die de Lierse tinnegieter Reynier Coomans in de jaren 1600-1605 en voor de veertig dozijn Sint-Gummarus- beeldekens die zijn stads- en ambtsgenoot Jan Keulemans in 1629 aan de Sint-Gummaruskerk le- verde.

Het enige ons bekende bericht over Gummarus- insignes uit de vijftiende eeuw, dateert uit 1475. In dat jaar waren er in Lier extra aflaten, - verleend door de paus te Rome en door de bisschop van Kamerijk - , te verdienen waardoor het bezoeken van de 'ostensie', de plechtige toning van de relieken van Gummarus, des te aantrekkelijker werd. Het Lierse kapittel liet de 'ostensie' wijd en zijd afkondigen, in de eerste plaats gebeurde dit met 'brieven', geschreven of misschien al gedrukte proclamaties. Maar bovendien werd hierover genotuleerd: 'Nog waeren veele particuliere persoonen na Holland, Vlaenderen met brieven en teeckenen gesonden, [...], die teeckenen en brieven alomme droegen [...]. Onder die teeckenen waren silvere en vergulde, dat waeren beldekens of printen van den H. Gummarus'. Ook prentjes en 'teeckenen', pelgrimstekens waaronder zilveren en vergulde exem- plaren, werden als propagandamateriaal meegestuurd met de aankondiging van de toningsplechtigheden. Niet onwaarschijnlijk is dan ook dat de mallen voor het Lierse Gummarus-pelgrimsteken, die ongetwijfeld vele jaren in gebruik bleven, werden gesneden met het oog op de groots opgezette manifestatie van 1475 die een herleving van de Gummarusverering te Lier bete- kende.

Van het bedevaartinsigne van sint Gummarus waren tot voorkort geen exemplaren bekend. Intensief ar- cheologisch onderzoek met metaaldetectoren heeft daar verandering in gebracht: onder de grote hoeveel- heden kleine metalen sier- en gebruiksvoorwerpen die de laatste jaren werden ontdekt, bevinden zich vele pelgrimstekens en, zover bekend, tot op heden vier fragmenten van Gummarusinsignes uit Lier en het hier afgebeelde nagenoeg gave exemplaar. Dit vijftal Lierse pelgrimstekens is gevonden in de Nederlandse provincie Zeeland. Onderling afwijkende details van de vijf bekende exemplaren laten zien dat te Lier bij de produktie van de pelgrimstekens van verschillende gietmallen gebruik is gemaakt. Ongetwijfeld werden ook hier meer insignes tegelijk gegoten en bovendien zullen in de loop der tijd mallen zijn vernieuwd.

Het bijna gave insigne kwam in 1982 tevoorschijn uit de bodem van Nieuwlande in het Verdronken Land van Zuid-Beveland, een in 1530-1532 overstroomd en sedertdien verlaten dorp in de Oosterschelde. In totaal werden te Nieuwlande meer dan zeshonderd pelgrims- tekens teruggevonden, waarvan de grootste helft af- komstig is uit Vlaamse bedevaartplaatsen. De Sint- Gummarus-insignes tonen aan dat vanuit Zeeland ook Lier door bedevaartgangers werd bezocht. Wel moeten we voorzichtig zijn met deze conclusie, het valt im- mers niet te stellen dat ieder gevonden pelgrimsteken ook staat voor een afgelegde bedevaart: elke pelgrim kon uiteraard meer insignes mee naar huis of naar andere plaatsen nemen, de tekens werden ongetwijfeld ook verhandeld en tenslotte konden de insignes, zoals we in het hierboven aangehaalde citaat bijvoorbeeld lazen, door de kerkelijke instanties zelf worden ver- spreid. Hoe dan ook, in elk geval bevestigen de vijf Gummarus-insignes de bekendheid van de Lierse heilige in Zeeland en waarschijnlijk duiden ze op uitgevoerde pelgrimstochten naar Lier. Ook uit andere bronnen is bekend er vanuit Zeeland bedevaarten naar Gummarus' graf en relieken in Lier werden ondernomen, al komt deze bestemming, zover tot nu toe bekend, niet voor onder de vanuit Zeeland opgelegde boetevaarten hetgeen bijvoorbeeld te Antwerpen wel het geval was. In het kader van de genoemde propaganda die in 1475 werd gevoerd voor de Lierse 'ostensie', predikten broeders-observanten in Holland en Zeeland over 'de mirakelen van den H. Gommarus die te Lier geschiede' en brieven waarin de plechtigheden werden aangekondigd, waren onder andere meegegeven aan een priester uit Middelburg. In 1478 werd in het rekeningenboek van het Gummaruskapittel boven-

dien nog expliciet gesproken over 'eenen priester van Zeelant, die Sinte Gommaer seer promoveerde'. In het Boek der Mirakelen tenslotte dat over de periode 1475 tot 1499 in opdracht van het Sint-Gummaruskapittel werd bijgehouden, werden naar aanleiding van de 232 wonderen die op voorspraak van Gummarus waren geschied, niet minder dan veertien Zeeuwse steden en dorpen genoemd als plaats van herkomst van de begunstigden.

(Sint-Gummarus. Iconografie en verering. Catalogus samengesteld door P. Baudouin, M. Boschmans, M. Darquennes en M. Mees. Lier, Museum Wuyts-Van Campen en baron Caroly, 1990, p. 56-58 cat. 132)

literatuur

Met dank aan Marc Mees, Lier, die onmisbare hulp verleende ten aanzien van specifiek Lierse literatuur.

Meerbergen 1937, p. 242-247; van In 1938, p. 128-131; de Proost 1989, p. 8; van Herwaarden 1978; van Heeringen, Koldeweij & Gaalman 1987, p. 94.

# I PELGRIMSTEKENS VAN DE HEILIGE MAN JOB, WEZEMAAL

In de jaarrekening over 1472 van de kerk te Wezemaal werd verantwoord dat 4008 lood-tinnen pelgrimstekens werden verkocht van sint Job, terwijl er datzelfde jaar 4800 van deze 'gewone' insignes waren ingekocht. Deze zelfde nauwkeurige bron, het betreft immers de financiële verantwoording, maakt ook melding van aan- en verkoop van zilveren pelgrimstekens, die kennelijk in twee maten beschikbaar waren, gewone en 'cleynder'. De mallen voor de 'cleynder' zilveren insignes werden in 1472 gesneden door de zilversmid Zeger uit Mechelen. Een tingieter met de naam Augustijn leverde de lood-tinnen pelgrimstekens met 100 dozijn tegelijk. De jaarrekening met deze informatie werd al in 1939 uitgegeven door A. Erens in het tijdschrift 'Eigen Schoon en De Brabander' (25, p. 1-12). Een vergissing door Erens in zijn inleidend essay bij de bronnenpublikatie zette latere vorsers op het verkeerde been: in plaats van de 280 dozijn die in de rekening vermeld worden, sprak Erens over 280 stuks, hetgeen uiteraard een nogal groot verschil maakt. In de tentoonstellingscatalogus 'Pelgrims naar Sint Job', Wezemaal 1988, en in de eerdere versie van het hierna herdrukte artikel leidde dit tot enkele verkeerde vragen en interpretaties. Bij de gewijzigde herdruk die hier volgt, zijn enkele verbeteringen aangebracht en het slot van het artikel is in verband hiermee enigszins gewijzigd.

Het is niet bekend wanneer de Jobsverering te Wezemaal is ontstaan. De pelgrimage naar de Oudtestamentische figuur Job heet daar in 1410 al zo'n omvang te hebben dat een kloosterstichting wordt afgehouden omdat bedevaartgangers teveel onrust zouden veroorzaken. De al aangehaalde kerkrekening van 1472, bewaard in het archief van de abdij van Averbode, geeft enig idee over de omvang van de bedevaart: in één jaar tijd werden meer dan vierduizend lood-tinnen insignes verkocht. Hoogtijdag was natuurlijk Sint Jobsdag, 10 mei: drie pijpers speelden voor het beeld van Job in de kerk en er vond een processie plaats. In het offerblok werd aan het eind van die dag maar liefst 70 gulden en 3 stuiver aangetroffen en er zouden 53 dozijn 'teekens' ofwel 636 insignes over de toonbank zijn gegaan. De behoorlijk grote aantallen die in deze jaarrekening worden genoemd, corresponderen met de in Zeeland teruggevonden aantallen en vooral met de aangetroffen varianten van de Job-insignes: dat negen en wellicht zelfs elf

verschillende pelgrimstekens uit Wezemaal tevoorschijn kwamen, impliceert dat daar op behoorlijk grote schaal insignes werden geproduceerd (afb. 233 - 243).

## 'Van silveren ende andere teekenen van sint Job te Wesemaal'

*H.J.E. van Beuningen*

Reeds spoedig nadat op 29 december 1170 Thomas à Becket in de kathedraal van Canterbury werd vermoord, stroomden uit alle delen van Europa pelgrims naar Kantelberg, zoals deze bedevaartplaats in de Nederlanden werd genoemd. De grote verspeiding van de verering van de spoedig na de gepleegde moord heilig verklaarde Thomas blijkt onder meer uit de vele pelgrimsinsignes welke, afgezien van in Engeland, ook op verschillende plaatsen in Europa zijn gevonden. Wat Nederland betreft zijn insignes met betrekking tot Thomas ondermeer gevonden in Dordrecht en in het Oosterscheldegebied. Het overgrote gedeelte van de Thomas-insignes is echter afkomstig van Engelse bodemvondsten, vooral uit Londen, Salisbury en Canterbury. Brian Spencer en Michael Mitchiner hebben in verschillende publikaties op Thomas-insignes uit Engels bodemvondsten de aandacht gevestigd.[1] Het aantal op het vaste land van Europa gevonden Thomas-insignes is in vergelijking met andere soorten heiligen-insignes naar verhouding gering. Omgekeerd is hetzelfde beeld te signaleren. Naar verhouding zijn tot dusverre in Engeland ook betrekkelijk weinig insignes gevonden welke gemaakt zijn in en/of afkomstig zijn uit pelgrimsplaatsen gelegen op het Europese vasteland. Een uitzondering moet worden gemaakt voor insignes welke betrekking hebben op Rome en Santiago de Compostela, omdat daarvan ook in het Verenigd Koninkrijk meer exemplaren zijn gevonden.

In 1987 werd tijdens werkzaamheden in de rivier Stour bij Canterbury een fragment van een insigne gevonden dat betrekking heeft op de verering van sint Job te Wezemaal.[2]
Waar kwam de reiziger vandaan die op het einde van de vijftiende eeuw de verre reis tussen Wezemaal en Canterbury maakte. Wat gaf hem – of was het een haar? – aanleiding om deze toen toch moeilijke reis te maken?
Voor zover de beschikbare gegevens reiken, is tot op heden Canterbury de verst van Wezemaal gelegen

plaats waar een insigne van sint Job gevonden werd. De sterk toegenomen stroom van in de bodem gevonden insignes mag doen verwachten dat dit record spoedig gebroken zal worden. Dichterbij zijn, vooral in het Verdronken Land van de Oosterschelde, verschillende insignes van sint Job te Wezemaal gevonden. Deze vondsten zijn voor het grootste deel afkomstig van plaatsen waar voorheen steden en dorpen lagen zoals Reimerswaal, Nieuwlande, Tolsende, Valkenisse en Lodijke. Deze plaatsen gingen tussen 1530 en 1532 door stormvloeden verloren en op de slikken waaronder de resten van vroegere bewoning liggen, is nauwelijks meer iets zichtbaar dat daaraan nog herinnert.

Op de plaats waar voorheen het dorp Nieuwlande lag werd recentelijk een gaaf insigne van sint Job gevonden dat identiek is aan het in Canterbury gevonden exemplaar (afb. 237). Waar sprake is van enerzijds een gaaf insigne en anderzijds van een fragment moet voorop worden gesteld dat de vergelijking gebaseerd is op het fragment.

Aangezien momenteel een publicatie in voorbereiding is met betrekking tot de gedurende de afgelopen tiental jaren in Nederland gevonden religieuze en profane insignes, is het niet mogelijk om in dit artikel alle vormen en typen insignes welke tot dusverre van sint Job bekend zijn geworden en welke betrekking hebben op Wezemaal hier te beschrijven (zie afb. 233-243). Wij beperken ons hier tot een beschrijving van het in Nieuwlande gevonden gave insigne (zie afb. 237).

Eerst nog een enkele algemene opmerking. Tot voor kort werden naar verhouding slechts heel weinig pelgrimsinsignes gevonden. Bekend zijn de vondsten welke midden vorige eeuw werden gedaan tijdens de nieuwbouw van bruggen over de Seine in Parijs. Deze vondsten zijn toen gepubliceerd door Arthur Forgeais en ten dele tentoongesteld in het Musée de Cluny in Parijs.[3] Wat Engeland betreft zijn grote aantallen insignes gevonden in Londen en wel vooral aan de oevers van de Thames, waar 'mudlarks' met behulp van metaaldetectoren hun vondsten deden. Wat Nederland betreft is het overgrote gedeelte van de kleine metaalvondsten eveneens afkomstig uit vochtige bodemlagen. De uit lood-tin-alliage gegoten insignes blijken uitermate kwetsbaar te zijn voor aantasting door oxydatie en ze zullen dus alleen dan bewaard blijven wanneer de bodemgesteldheid geschikt is. Zulks is voor wat betreft het Verdronken Land van de Oosterschelde zeker het geval omdat elke

dag de werking van eb en vloed zorgt voor de zozeer vereiste vochtige bodemgesteldheid. Maar ook uit diepe grondlagen waar de kleine metalen voorwerpen, vaak in dikke mestlagen, goed afgesloten blijven, kan men interessante metaalvondsten verwachten. Door de komst van de metaaldetector worden thans voorwerpen gevonden welke tot voor kort niet zouden zijn opgemerkt.

Voor het vervaardigen van insignes werd gebruik gemaakt van gietmallen. Deze bestaan veelal uit leisteen waarin het negatief voor het te gieten insigne is uitgesneden. Het in leisteen snijden van de gewenste, vaak gecompliceerde afbeelding, vereist groot vakmanschap. Uit bewaard gebleven schriftelijke bronnen blijkt dat dit werk door goud- en zilversmeden werd uitgevoerd. Bij de leistenen gietmallen heeft men een voor- en achterzijde welke op elkaar passen en door middel van pinnen en gaten op de juiste plaats gehouden worden. Bij het gietproces werd gebruik gemaakt van een legering van lood en tin en wel in zodanige samenstelling dat het metaal gemakkelijk kon smelten bij niet te hoge temperatuur terwijl het product toch voldoende sterk en hard moest zijn om goed houdbaar te blijven, ook wanneer een dergelijk insigne op hoed of mantel gedragen werd.

Al naar gelang de vraag kan men aannemen dat gelijkertijd meer gietmallen in gebruik zullen zijn geweest. Aangezien de leistenen gietmallen, mede als gevolg van veelvuldig gebruik en de voortdurende temperatuurwisselingen, aan slijtage onderhevig zijn terwijl ook gemakkelijk breuk kon optreden, zal er regelmatig sprake zijn geweest van aanschaf van nieuwe mallen. Geen enkele gietmal is identiek aan de andere en al naar gelang de gietmalsnijder zal er steeds sprake zijn van onderling – soms nauwelijks herkenbare – verschillen in uitvoering. Voor zover bekend zijn tot op heden nog geen mallen gevonden waarin de insignes van sint Job te Wezenmaal gegoten werden. En toch zullen deze gietmallen juist in Wezemaal gebruikt zijn en het valt te hopen dat wanneer er grondwerkzaamheden rond de kerk worden uitgevoerd, aandacht besteed wordt aan de mogelijkheid zulke gietmallen te vinden. Hier dient erop te worden gewezen dat de leisteen waarin de mal gesneden werd van verre moest worden aangevoerd zodat ook een gebroken leisteen gietmal vaak nog voor andere doeleinden hergebruikt werd; hierbij valt te denken aan mallen voor kleinere voorwerpen zoals knopen en gespen.

Het is moeilijk om aan de hand van de vormgeving van een insigne een juiste datering te bepalen.

Alhoewel bij bepaalde typen insignes van heiligen welke lange tijd vereerd werden, sprake is van aanzienlijke verschillen in vormgeving in de loop van de tijd, is zulks voor wat betreft de insignes van sint Job te Wezemaal veel minder het geval. Voor exacte datering zijn precies te dateren bijvondsten van belang en gezien de vochtige context waarin pelgrimsinsignes veelal gevonden worden, komen zulke vondsten helaas weinig voor.

Voor wat betreft de insignes van sint Job welke in het Verdronken Land van de Oosterschelde gevonden werden, kan op goede gronden ervan worden uitgegaan dat – voor zover het insignes betreft vervaardigd uit een lood-tin legering – een datering in de tweede helft van de vijftiende eeuw juist is. Vanaf het eind van de vijftiende eeuw komt een afwijkend type insigne in omloop dat niet meer gegoten wordt door gebruik te maken van gietmallen maar waar dunne plaatjes latoenkoper in stempelvormen geslagen worden. Ook met betrekking tot sint Job is een aantal van dergelijke insignes, gemaakt uit latoenkoper, in de Oosterschelde gevonden (zie afb. 242, 243). Deze groep kan worden gedateerd in het begin van de zestiende eeuw.

Zowel het nagenoeg gave insigne van sint Job te Wezemaal gevonden in Nieuwlande (afb. 237) als dat gevonden in de rivier Stour bij Canterbury is gegoten in gietmallen bij gebruikmaking van een lood-tin-alliage.

Op het insigne wordt sint Job afgebeeld, gekleed met lendendoek en dragende een muts waaromheen een nimbus. De heilige zit aan de linkerzijde van het insigne, naar rechts gekeerd, op een mesthoop en kijkt de aanschouwer frontaal aan. Zowel op de benen, de armen, als op het ontblote bovenlichaam zijn vele pestbuilen zichtbaar. Rechts boven het hoofd – in het midden van het insigne – is een bel met klepel afgebeeld. Men mag aannemen dat deze bel verwijst naar de betekenis van sint Job als beschermheilige voor diegenen welke aan pest of melaatsheid leden. Lijders aan zulke besmettelijke ziekten waren verplicht om met bel of klepper hun aanwezigheid aan te kondigen, zodat passanten op tijd konden vluchten om besmetting te vermijden.

Met zijn rechterhand reikt de heilige een muntstuk aan twee rechts van hem staande muzikanten. De linkse muzikant draagt een muts met pluim terwijl deze een snaarinstrument voor het lichaam houdt. De meest rechtse muzikant blaast op een lange hoorn. Op een banderol welke slingerend vanaf het hoofd van Job

onder de bel langs naar rechts loopt, staat in gotische letters de tekst: GOD GAF GOD NA(M) waarbij de letter M is uitgevallen. Aan de onderkant van het insigne is een tweede banderol met als tekst: S JOB VA(N) WESEM(ALE). Ook hier ontbreken dus enkele letters. Er zijn echter vergelijkbare voorbeelden van hetzelfde type bewaard gebleven, waarbij de volledige tekst wel bewaard gebleven is (zie afb. 233-236). Aan de bovenzijde, welke wordt afgesloten door een spitsboog met pinakels, bevindt zich links en rechts een oogje dat bestemd was om het insigne op hoed of kleding te kunnen bevestigen.

Reeds eerder verscheen een artikel dat een aantal insignes van sint Job tot onderwerp had.[4] In 1937 werd een vijftal insignes (medailles, pelgrimstekens) uitgevoerd in zilver, koper en tin/lood, gepubliceerd welke zich toen bevonden in de collecties van Belgische musea. De op drie van deze afgebeelde insignes voorkomende teksten, respectievelijk SANCTUS JOB + DE + WEESMALE + 1491, dan wel S. JOB. D. WES en SENTE JOB VAN WESEMALE BIDT. VOOR. ONS. laten geen twijfel bestaan over de heilige en de betreffende bedevaartsplaats.

In 1987/1988 vond in het Zeeuws Provinciaal Museum te Middelburg een tentoonstelling plaats waar een drietal insignes van sint Job werd tentoongesteld.[5] Van de tot midden 1987 in Nieuwlande gevonden circa 600 religieuze insignes konden 377 exemplaren worden toegeschreven aan een herkenbare pelgrimsplaats en heilige. Verreweg het belangrijkst was Geraardsbergen met 82 insignes betrekking hebbende op S. ADRIANUS. Daarop volgde Ninove met 45 insignes betrekking hebbende op S. CORNELIUS. Wezemaal komt met 29 insignes betrekking hebbende op S. JOB op de derde plaats.

Sedert midden 1987 zijn in de provincie Zeeland nog minstens 10 andere insignes van sint Job aangetroffen. Buiten Zeeland zijn voor zover tot nu bekend, slechts weinig insignes van sint Job gevonden. Uit de aan de IJssel gelegen oude Hanzestad Kampen is een fragment van een sint Job-insigne bekend.[6]

Men zou uit het vorenstaande kunnen opmaken dat de verering van sint Job een betrekkelijk regionale aangelegenheid is geweest en dat Wezemaal en sint Job vooral plaatselijke bekendheid hebben gehad. Dit veronderstellende moet wel het voorbehoud worden gemaakt dat het zeer vergankelijk materiaal waaruit de insignes gegoten werden, gemakkelijk tot foute conclusies kan leiden wanneer men zich alleen baseert op de vondsten. Deze zijn bovendien vaak zeer fragmentarisch en zullen niet altijd als behorende tot insignes van sint Job herkend worden. Het blijft dus heel goed mogelijk dat de verering van sint Job te Wezemaal veel wijder verspreid is geweest dan aan hand van de tot dusverre teruggevonden aantallen insignes blijkt. Vast staat dat sint Job in de late middeleeuwen, toen de bevolking zo geteisterd werd door pestepidemieën, in de Nederlanden zeer populair was.

Het voert te ver om hier uitvoerig in te gaan op de betekenis van de verering van sint Job te Wezemaal en de populariteit van deze heilige welke het gevolg was van de behoefte bescherming te vinden 'teghen de pocken, teghen sieckten ende gebrecken, namelijk teghen de kreupelheyt die uyt diversche accidenten kan geschieden'. Hiervoor wordt hier verwezen naar de publikatie welke in 1988 door de Kulturele Kring Wezemaal werd uitgegeven.[7]

Verschillende bedevaartplaatsen hebben in de late middeleeuwen een belangrijke rol gespeeld bij het opleggen van bedevaarten als strafmaatregel. Al naar gelang de zwaarte van het misdrijf werd een straf opgelegd om te pelgrimeren naar een dichtbij of verder afgelegen bedevaartplaats. Archiefbronnen van verschillende plaatsen in Nederland leveren gegevens op over de aanleiding van opgelegde strafbedevaarten, over de bestemming van de bedevaart waarheen men ter genoegdoening moest gaan, maar ook over de mogelijkheid die geboden werd deze strafbedevaart af te kopen op basis van geldbedragen dan wel door de levering van vervangende hoeveelheden baksteen ten behoeve van de bouw van kerkelijke of stedelijke gebouwen. De kerkelijke en stedelijke autoriteiten maakten in de vijftiende en begin zestiende eeuw graag gebruik van deze mogelijkheid. Zo hield men misdadigers buiten de poort want wie geen gevolg gaf aan de uitvoering van de opgelegde strafbedevaart en die daarvan niet het bewijs van volbrenging kon leveren, moest rekening houden met de zwaarst denkbare straffen waaronder het verlies van leven. Het is opvallend dat Wezemaal praktisch niet voorkomt in de lijsten van in Nederlandse steden opgelegde strafbedevaarten. Op 21 mei 1524 werd een vrouw uit Amsterdam wegens ketterij veroordeeld tot een strafbedevaart naar Wezemaal. Tussen 1524 en 1540 is er sprake van nogmaals vijf soortgelijke straffen, maar daarmede neemt Amsterdam dan ook een uitzonderingspositie in.[8] Voor zover gegevens ter beschikking staan zijn vanuit Zeeland geen strafbedevaarten bekend welke met bestemming Wezemaal werden opgelegd. Dat valt des te meer op omdat vanuit Middelburg, Goes, Reimerswaal en Zierikzee 623

strafvonnissen met een bedevaartplaats als bestemming bekend zijn.[9]

Nader onderzoek moet worden verricht om antwoord te kunnen geven op de vraag welke aanleiding er was om Wezemaal niet op te nemen in de lijsten van bestemmingen waarheen een strafbedevaart werd opgelegd. Waarom wèl Geraardsbergen en sint Adriaan en niet Wezemaal en sint Job? Was Wezemaal wellicht een bestemming waarheen alleen devote lieden pelgrimeerden?

Uit bewaard gebleven kerkrekeningen welke uit 1472 dateren en waarin alle ontvangsten en uitgaven door het kerkbestuur werden opgetekend blijkt dat op Sint Jobsdag, 10 mei 1472, 53 dozijn 'teekens' werden verkocht met een opbrengst van 8,5 gulden.[10] Verder blijkt dat buiten de hoogdagen van sint Job nog verkocht werden vier 'onssen silveren teekenen' en 280 'dosynen andere teekenen', die de som van 75 gulden 7,5 stuiver opbrachten.

Dat verkoop vlak in de omgeving van het in Wezemaal vereerde beeld van sint Job moet hebben plaats gevonden, terwijl in de wintertijd de belangstelling voor deze pelgrimstochten minder groot moet zijn geweest, blijkt uit de navolgende aantekening:[11]

'Item ontfaen van Mattys Kynderen voer j dosyne teekenen die hij inden winter synen gasten vercocht omme datter doen niemant voer sint Job en sat – jz stuvers'.

In dezelfde kerkrekening staan nog andere interessante gegevens met betrekking tot de insignes van sint Job te Wezemaal die ons een inzicht kunnen geven in produktie en afzet. Daar zijn verder weinig vergelijkbare gegevens bewaard gebleven zodat het van belang is deze navolgend in het geheel te vermelden:[12]

Ander vuytgeven van silveren ende anderen teekenen van sint Job bijden vs. momboren gecocht.
Ierst ontfaen van Zegeren den silversmet te Mechelen des goensdaeghs in de paesdage j onse silveren teekenen, ect. ij gul. viij st.
Item vanden selven een half onse cleynder silveren teekenen gelevert voir sint Jobs dach ende noch z onse na sint Jobs dach, maect j onse tsamen, daer voere betaelt xxx stuvers ende den bode diese bracht j stuver, maken iij gulden j stuver.
Item gegeven vander vormen te makenen totten silveren cleynen teekenen den selven Zeger betaelt j gul. v stuvers.
Item ontfaen vanden selven Zegeren den silversmet te Mechelen omtrent sint jansmisse ij onsen cleynder

silveren teekenen, elc onse om xxjx st. v gul. viij stuvers.

Item ontfaen van Augustynen te Brusele opten kers-avont jc dosynen teekenen, maect iij gulden hollant, valent vj gul. iiij stuvers.

Item ontfaen van den selven Augustynen voir sint Jobs dach jc dossynen teekenen, maect vj gul. iiij stuvers.

Item den bode die die teekenen bracht gegeven ij stuvers.

Item noch ontfaen inden ingaende vander Oegstmaant vanden selven Augustyne jc dosynen teekenen, valent vj gul. iiij stuvers.

Item noch van Augustyne ontfaen t'onser kermissen jc dossynen maken oic vj gul. iiij stuvers.

Juist omdat maar zo weinig van dergelijke bronnen bekend zijn, zijn de uit Wezemaal bewaard gebleven gegevens van grote betekenis voor het inzicht in pro-ductie en afzet van pelgrimsinsignes.

Zo blijkt dat Zeger de zilversmid uit Mechelen vor-men maakte voor het gieten van insignes. Waren dat leisteen mallen of waren de gietmallen toen reeds uit metaal gemaakt? Verder blijkt dat genoemde Zeger kleine zilveren insignes goot. Onder de 'andere teeke-nen' moeten ongetwijfeld lood-tinnen insignes worden verstaan, die in grotere aantallen dan de zilveren pelgrimstekens werden verkocht. Een zekere Augustijn te Brussel leverde de lood-tinnen exempla-ren en voor de hoogtijdagen werd de voorraad telkens aangevuld.

Werden insignes van sint Job alleen in Wezemaal verkocht of kon men ook buiten Wezemaal zich zulke insignes aanschaffen? Zijn de in Nederland gevonden

Job-insignes alle terug te voeren op effectief naar Wezemaal afgelegde bedevaarten?

Waarom werden de insignes weggeworpen en deed men dat doelbewust zodat deze daarom terecht kwa-men in de afvallagen met huisvuil in bijvoorbeeld Nieuwlande? Waarbij veelal welbewust de insignes zijn verkreukeld of opgevouwen.

De bestudering van het fenomeen pelgrimsreizen, en de daarmee verband houdende insignes, staat nog in de kinderschoenen. Tot dusverre is slechts weinig en dan veelal nog zeer verspreid liggend documentatie-materiaal bewaard gebleven en gepubliceerd.

In België zijn veel plaatsen gelegen waarheen in de middeleeuwen in groten getale werd gepelgrimeerd. Afgezien van Geraardsbergen, Ninove en Wezemaal welke reeds genoemd werden, kan ook gewezen wor-den op de betekenis van Saint-Hubert (Hubertus), Dudzele (Leonardus), Geel (Dymphna), Aarschot (O.L.V.),[12] Lier (Gommarus), Anderlecht (Guido van Anderlecht), Halle (O.L.V.), Gistel (Godelieve), Mechelen, enz. Deze opsomming is gemakkelijk aan te vullen, zeker wanneer men de pelgrimsplaatsen van meer lokale betekenis in aanmerking neemt.

Niet alleen gegevens over gevonden insignes zijn belangrijk, maar evenzeer de bronnenstudie waaruit een beter inzicht verkregen kan worden, dan thans beschikbaar is. Indien dit artikel zou blijken bij te hebben gedragen tot het intensiveren van het zozeer gewenste en noodzakelijke onderzoek dan heeft dit aan het gestelde doel beantwoord.

(Het Oude Land van Aarschot 25, 1990, p. 161-171; hier enigszins gewijzigd herdrukt p. 161-168, 169-171)

noten

1. Spencer 1968, p. 137-154; Brian W. Spencer was tot 1989 senior keeper van het Department of Medieval Antiquities van The Museum of London. Van zijn hand zijn verschillende artikelen verschenen met betrekking tot in het Verenigd Koninkrijk gevonden insignes. Zijn meest recente boek: Pilgrim Souvenirs and Secular Badges, Salisbury 1990 (Salisbury Museum Medieval Catalogue, Part 2); Mitchiner 1986.

2. Vriendelijke mededeling van Brian W. Spencer. Foto welwillend beschikbaar gesteld door The Museum of London. Het insigne-fragment is thans in bezit van Mr. Peter Shaffery die zo vriendelijk was toestemming tot publikatie te geven.

3. Forgeais 1858, 1863, 1865, 1866.

4. Hoc 1937, p. 39-48.

5. van Heeringen, Koldeweij & Gaalman 1987.

6. Sint Job-insigne gevonden in Kampen, Coll. H.J.E. van Beuningen, inv. 1242, h. 61 mm, br. 46 mm.

7. Wezemaal 1988.

8. Zie noot 7.

9. van Herwaarden 1978.

10. Erens 1939, p. 5.

11. Erens 1939, p. 6.

12. Erens 1939, p. 10-11.

# XIV  DE HEILIGE KAREL DE GROTE

Aken was een bedevaartplaats met een grote rijkdom aan relieken. De Akense schatkamer herbergde en herbergt nog steeds vele kostbare reliekhouders en andere waardevolle objecten, reden voor talloze bewonderaars om al dan niet 'mente devota', met vrome bedoelingen, of uit nieuwsgierigheid daarheen te reizen en de heiligdommen te aanschouwen of te vereren. Twee devoties treden in Aken op de voorgrond: die van de Moeder Gods, de 'Maria Aquensis' of Akense Maria, en die van Karel de Grote. Maria is patrones van de Onze-Lieve-Vrouwemunster te Aken; Karel de Grote - die uitsluitend te Aken en omgeving als heilige mag worden vereerd - was de daar ook begraven en vervolgens plechtig verheven stichter van deze kerk. De pelgrimstekens die in de hoge en late middeleeuwen te Aken werden verkocht, verwijzen naar beide devoties, soms afzonderlijk, soms in combinatie en soms nog verbonden met andere (zie afb. 264 - 267 en afb. 416 - 435). Een uitzonderlijk loodtinnen 'huisaltaartje' (ill. 33) dat in 1986 werd gevonden in het centrum van Middelburg, was enige jaren geleden aanleiding om aandacht te vestigen op de Akense devotionalia van zowel Karel de Grote als de 'Maria Aquensis'. Het miniatuur-schrijntje met de in aanbidding voor Maria neergeknielde Karel de Grote dateert niet, zoals in 1987 en 1989 werd gepubliceerd, uit de veertiende, maar uit de vijftiende eeuw.[1] In het hierna herdrukte artikel is deze datering gecorrigeerd. Het 'huisaltaartje' moet in de eerste plaats beschouwd worden als een souvenir aan het Akense 'Marienschrein'. Het kwam tevoorschijn uit grond afgevoerd van een grote bouwput aan de Korte Geere in het oude stadscentrum van Middelburg. Het schrijntje was bewaard gebleven in een vijftiende-eeuwse stortlaag die zich bevond boven een beerput, waarin onder andere onmiskenbaar vijftiende-eeuws aardewerk was aangetroffen.

Nieuwe vondsten en nader onderzoek hebben mogelijk gemaakt in het hier voorliggende boek meer en andere pelgrimstekens te publiceren die verwijzen naar de verering Karel de Grote te Aken, al dan niet gecombineerd met de Akense Maria-devotie (zie de inleidingen bij de Akense insignes, afb. 264 -267 en afb. 416 - 435).

## Karel de Grote-souvenirs uit Aken

*A.M. Koldeweij*

### Bedevaarten naar Maria en Karel de Grote in Aken

Een anonieme pelgrim ging in juli 1433 vermoedelijk vanuit zijn woonplaats Geraardsbergen op reis om de zevenjaarlijkse reliekentoning van Aken bij te wonen.[2] Hij combineerde dat bezoek aan Aken met drie andere bedevaartsoorden in die omgeving, te weten Maastricht, Kornelimünster en Keulen. In Kornelimünster en Maastricht werden in aansluiting op de plechtigheden te Aken, ook dat jaar reliekentoningen georganiseerd, in Keulen vonden geen bijzondere evenementen plaats maar de pelgrim bezocht er de meest voor de hand liggende plaatsen.[3] De Akense heiligdomsvaart was in 1349 voor de eerste keer gehouden, die van Kornelimünster heet in een bulle van 1359 al een bestaand gebruik, en de Maastrichtse zevenjaarlijkse toning gaat in ieder geval terug tot 1391 maar is vermoedelijk enkele periodes van zeven jaar ouder.[4] Het effect van de tegelijkertijd of, nauwkeuriger, van de direct op elkaar volgende reliekentoningen was dat alle drie de plaatsen meer bezoekers trokken en om de aantallen pelgrims was het uiteindelijk begonnen. Voor Kornelimünster en Maastricht, die beide in de schaduw van Aken stonden, was dit effect des te groter omdat op deze wijze vele bedevaartgangers naar de Onze-Lieve-Vrouwemunster in Aken trokken en nu ze toch in de buurt waren ook een bezoek aan respectievelijk de kerk van de heilige Cornelius en die van Servatius brachten, plaatsen en heiligen waarvoor ze afzonderlijk vermoedelijk geen grote reizen zouden ondernemen.

In de stroom van pelgrims en bezoekers aan de reliekentoningen wist ook de genoemde anonymus van 1433 in korte tijd een hoog rendement van zijn pelgrimstocht te bereiken, binnen enkele dagen kreeg hij vele en belangrijke relieken te zien. Van deze tocht maakte hij aantekeningen, een beknopt reisverslag, waarin hij vooral noteerde wat werd getoond in de plechtigheden en hoeveel aflaten er voor de gelovigen te verdienen waren. Opmerkelijk genoeg is de ruimte die hij in zijn aantekeningen besteedde aan de reliekentoning van de Sint-Servaaskerk te Maastricht, verreweg het grootst.[5] De aanleiding voor de tocht was evenwel ook voor hem de 'Aexche Vaart' of 'Akener Vaart', en voorafgaand aan zijn aantekeningen schreef hij 'Van aen pardoene dat tAken es XV daghen lanc, beghinnende up der VII ghebroedern dach, Xste dach in hoymaent, alle vij jaren'. Over de toning in Aken, waar het ons hier om gaat, noteerde hij als volgt: 'Tonser Vrouwen tAken: Daer toecht (=toont) men Onser Vrouwen himde. Item Josephs cousen, daer Ons Heere in ghewonden was, ende in de crebbe daer mede gheleit. Item drie cleedere, deen dat Ons Vrouwe warp an Onsen Heere, doe hi an tcruce ghedaen was. Item tcleet daer Onse Heere met gheleit was int graf. Item een cleet daer sente Jan Baptiste up onthoeft was. TAken gheloeft men te verdienene aflaet van allen sonden ten tijt voorscreven gheduerende.' De hier opgesomde relieken, waarvan het eerste -de tunica van Maria, de patroonheilige van de Akense Domkerk- als de belangrijkste gold, werden buiten de kerk getoond aan de samengestroomde menigte gelovigen. Aken was de eerste plaats waar een openluchttoning plaats vond zodat velen tegelijk de vanaf grote hoogte getoonde heiligdommen konden bewonderen

en vereren. In 1322 had bisschop Adolf II van Luik toestemming gegeven voor het vieren van de mis bij de reliekentoning vanaf de torengalerij, en dat was het begin van een lange traditie die nog steeds in Aken zelf en in vele plaatsen daarbuiten voortduurt. De vanaf de torengalerij van de Onze-Lieve-Vrouwemunster getoonde heilige objekten vormen de oude kern van de meest spectaculaire relieken die in bezit waren van deze kerk. Later verworven relieken, zelfs als deze van groot belang waren en bovendien interessant om te zien, werden veelal niet meer toegevoegd aan het sterk traditioneel bepaalde ritueel van de toning. Ook voor de Maastrichtse toning van de relieken uit de Sint-Servaaskerk was dit duidelijk aantoonbaar, de later aan de kerkschat toegevoegde Servatiana en andere voorwerpen, werden niet in de plechtigheden opgenomen; dit had als resultaat dat verschillende van de aan Servatius toegeschreven objecten, en daarbij de meest vereerde en meest 'po-

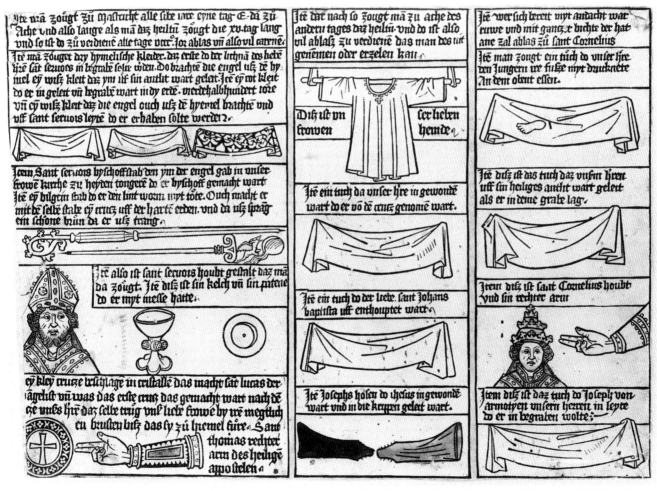

*Ill. 30. Toningsformulier voor de heiligdomsvaart van Maastricht, Aken en Kornelimünster. Mainz of Middenrijn, 1468. Anonieme houtsnede, papier ingekleurd met rood, blauw, geel en groen. 27,5 x 37,5 cm. München, Staatliche Graphische Sammlung, Inv.118308.*

pulaire' waaronder de zilveren sleutel 'van hemelse makelij' en de grote ivoren hoorn die de heilige vol relieken mee uit het Heilige Land zou hebben gebracht, niet in het openbaar werden getoond.[6]

De kerngroepen van de in Aken, Maastricht en Kornelimünster elke zeven jaar in juli getoonde relieken, waarvan de meeste dan ook door de geciteerde anonymus werden genoteerd in zijn verslag, zijn afgebeeld op een gemeenschappelijk toningsformulier dat vermoedelijk in het jaar 1468 te Mainz werd gedrukt.[7] (ill. 30) Ook dit toningsformulier geeft, zonder dat de reden daarvoor duidelijk is, als eerste en meest uitgebreid beschreven overzicht de Maastrichtse kostbaarheden die werden getoond, vervolgens de Akense relieken en tenslotte die van Kornelimünster. Het enige exemplaar dat van deze houtsnede bewaard is gebleven, is licht met waterverf ingekleurd met geel, groen, blauw en rood. De middelste kolom geeft afbeeldingen met beschrijvingen van de meest opmerkelijke Akense relieken: de tunica van de maagd Maria, de lendendoek die Christus droeg toen hij werd gekruisigd, de doek waarop Johannes de Doper werd onthoofd, en als laatste de kousen van sint Jozef waarin het Christuskind was gewikkeld toen het in de kribbe lag. Deze 'Vier grossen Heiligtümer' waren op 19 maart 1238 aangetroffen in een oude karolingische reliekhouder en op 19 maart 1239 overgebracht in het nieuwe Mariaschrijn. Het 'Marienschrein' werd slechts bij gelegenheid van de heiligdomsvaart geopend en alleen dan waren die beroemde textilia te aanschouwen. Dit reliekschrijn ontstond te Aken in de jaren 1220-1238, in aansluiting op het 'Karlschrein' dat in 1215 was voltooid als schrijn voor de in Aken teruggevonden overblijfselen van Karel de Grote.[8]

De aanwezigheid van de stoffelijke resten en van verschillende in Aken vereerde voorwerpen die als persoonlijk bezit van Karel werden beschouwd, moet eveneens van grote invloed zijn geweest op het succes van de Akense heiligdomsvaarten en op de ook buiten die periodes grote toeloop van pelgrims. De Karelsrelieken kwamen weliswaar niet in de toningsplechtigheid voor, maar werden dan wel, met nog andere relieken, in de Dom ter verering opgesteld. En uiteraard speelden ze een geproneerde rol bij de koningskroningen te Aken en bij andere koninklijke bezoeken, wanneer vorsten die in feite opvolgers van Karel waren of in ieder geval zichzelf als zodanig beschouwden, naar zijn laatste rustplaats kwamen om vervolgens in zijn voetspoor te treden.[9]

Karel de Grote is op het 'Marienschrein' afgebeeld op een prominente plaats: aan de ene zijde voor de dwarsgevel in het midden van de langszijde van het schrijn is Maria met het Kind, en daar precies tegenover voor de dwarsgevel aan de andere zijde van het schrijn zit keizer Karel met als attribuut een model van de Munsterkerk.

Behalve het 'Karlschrein' en enkele andere reliekhouders met resten van de heilige vorst, waren er in Aken vele voorwerpen die door de legendes met Karel in verband werden gebracht en als zodanig door de gelovigen ook als Karelsrelieken werden beschouwd: een borstsieraad dat ooit een kruisreliek bevatte, zijn jachtmes en een sabel, een jachthoorn, een borstkruisje met kruisreliek, een talisman-hanger en een hanger met de beeltenis van Maria geschilderd door de evangelist Lucas.[10] Bovendien was natuurlijk eigenlijk de hele Paltskapel -met het in het jaar 1000 en in 1165 geopende keizersgraf en sedert 1165-1215 het 'Karlschrein', en de aan de westzijde in de omgang op de bovenverdieping opgestelde stenen troon van Karel-, een soort gigantische reliek van de heilige Karel de Grote.

Het 'Karlschrein' bevatte het grootste deel van de teruggevonden Karelsrelieken. Het was in opdracht gegeven door Frederik Barbarossa in 1165 toen Karel werd heilig verklaard, en voltooid toen Frederik II van Hohenstaufen er in 1215 bij zijn koningskroning de laatste spijker in sloeg. Voor een arm van Karel had Frederik Barbarossa omstreeks 1165 een afzonderlijk reliekkistje laten vervaardigen.[11] Later kwamen daar nog andere Karelsreliekhouders bij die door vorm en formaat op de laatmiddeleeuwse pelgrims vermoedelijk een minstens zo grote indruk achterlieten als het grote kostbare romaanse schrijn. In de eerste plaats was dat het grote reliekenborstbeeld van Karel de Grote met diens schedel, dat Karel IV bij gelegenheid van zijn koningskroning in 1349 te Aken ten geschenke gaf; de buste dateert van kort na 1349 en ontstond waarschijnlijk in Aken, de kroon was vermoedelijk kort voor de plechtigheid te Aken in Praag gemaakt en door Karel IV meegebracht [12] (ill. 31). Tussen 1350 en 1360 werd, eveneens in opdracht van Karel IV, in Aken een kostbare in gotische architectuurvormen opgebouwde reliekhouder vervaardigd met onder andere lijdensrelieken van Christus en van Karel de Grote drie tanden, een armbot (in werkelijkheid gaat het om een beenbot) en nog andere beenderfragmenten.[13] De derde in de late middeleeuwen toegevoegde houder, ook weer een zogeheten sprekende, antropomorfe reliekhouder evenals de buste, is de reusachtige reliekarm die koning Lodewijk XI van Frankrijk in 1481, vermoedelijk te Lyon, liet vervaar-

*Ill. 31. Reliekbuste van Karel de Grote, geschonken in 1349 door koning Karel IV aan de Dom te Aken. Aken, 1349 of kort daarna (kroon: Praag, 2de kwart 14de eeuw). Zilver, verguld zilver, edelstenen, emaille. H.86,3 cm, br.57,2 cm. Aken, Domschatzkammer.*

digen en vervolgens aan de Akense Domkerk schonk. Op 12 october 1481 werd een armbot uit het 'Karlschrein' genomen, aldus een in het schrijn bewaarde oorkonde, en in de nieuwe armreliekhouder geplaatst.[14]

Wanneer we het vroeg zeventiende-eeuwse 'Pilgerblatt' bekijken, een prent die een overzicht geeft van de tijdens de Akense heiligdomsvaart vanaf de torengalerij en in de Domkerk getoonde relieken, valt de constateren dat het middeleeuwse ritueel nog steeds werd volgehouden: de 'Vier grosse Heiligtümer' uit het 'Marienschrein' werden buiten getoond, de overige reliekhouders kregen een opstelling in de kerk. Op de prent is de toning vanaf de galerij dan ook bijna letterlijk weergegeven in de bovenste rij van vier voorstellingen, geënscèneerd in een als het ware doorlopende 'Paltskapel-achtige'

architectuur en onderling door strenge klassieke zuilen van elkaar gescheiden: vier keer toont een groep prelaten een van de heilige textilia, de tuniek van Maria als eerste, vervolgens de kousen van Jozef en daarna de beide doeken. Daaronder is in drieëntwintig kaders met onderschrift de reliekenschat afgebeeld die in de kerk werd geëxposeerd ter gelegenheid van de heiligdomsvaart. Van deze kostbaarheden werd een relatief groot deel op een of andere wijze direct met Karel de Grote verbonden; bij meer dan tien in het midden van de prent gegroepeerde voorwerpen staat ofwel uitdrukkelijk vermeld dat het om een Karelsreliek gaat ofwel dit was voor de beschouwer beslist duidelijk. Bovendien werd 'S(anctus) CAROLUS MAGNUS RO(anorum) IMPERATOR ET GALL(orum) REX POTENTISSIMUS' afgebeeld als stichter van de kerk met een model van het Paltscomplex op de rechterhand, in de rechter benedenhoek van de prent, met Maria aan wie de kerk was gewijd[15] als pendant in de linker benedenhoek. Maria, met het Christuskind op de rechterarm, is hier weergegeven omringd door neergeknielde pelgrims die haar in de Paltskapel kwamen vereren, een traditionele voorstelling te Aken.[16] Maria was de eerste die de pelgrims in de late middeleeuwen te Aken kwamen vereren, maar Karel de Grote volgde daar onmiddellijk op. Ook de Karelsverering was voor vele gelovigen uit alle sociale groepingen -van paupers tot koningszonen- reden om een bedevaart naar Aken te ondernemen. Met name grote groepen pelgrims uit Midden- en Oost-Europa kwamen in Aken ter verering van keizer Karel, een traditie die sterk was gepropageerd door de Luxemburger Karel IV van Bohemen.[17] De 'Aachenfahrer' uit Bohemen, Slowakije en Hongarije vormden zelfs een zo groot percentage onder de pelgrims dat de Italiaan Antonio de Beatis in zijn reisverslag uit het heiligdomsvaartjaar 1517 noteerde dat 'de zonen van de poesta mijlenver in de omgeving te ruiken waren'.[18]

*Souvenirs*

De Akense Maria neemt op de tot op heden gepubliceerde devotionalia die te Aken in de late middeleeuwen en renaissance aan pelgrims werden verkocht, de belangrijkste plaats in. Sterker nog, naast de 'Vier grosse Heiligtümer' lijkt op de pelgrimstekens uitsluitend de Madonna voor te komen als de vereerde figuur, soms met twee engelen of priesters die haar tunica tonen, op enkele types gecombineerd met de

voorstelling van de oordelende Christus, het 'Vera
Icon' (Christus' Ware Gelaat), de piëta of van de
gekruisigde Christus, al dan niet vergezeld van de
treurende Maria en Johannes. Een enkele keer ook is
Maria voorgesteld als hemelkoningin, zittend naast de
verheerlijkte Christus. Dikwijls was bovendien een
spiegeltje waarin het beeld van de getoonde reliek kon
worden 'opgevangen', een belangrijk onderdeel van
de Akense insignes[19] (afb. 422). De tunica van Maria -
waarmee de zevenjaarlijkse reliekentoning ook werd
aangevangen- blijkt zelfs te worden gebruikt als het
meest karakteristieke beeld voor de bedevaart naar
Aken, het 'unser lieben frowen hemde' waarvan men
geloofde dat Maria het in de Kerstnacht had gedragen,
ontbreekt nooit (afb. 426). Het werd bijvoorbeeld ook
samen met de kousen van Jozef getoond door een
engel, afgebeeld op enkele pelgrimsflessen in steengoed en aardewerk.[20]

Tegen de achtergrond van de bovengeschetste situatie
te Aken, waar Karel de Grote naast de 'Maria
Aquensis' intensief als heilige werd vereerd en vele
pelgrims trok, is het onbegrijpelijk dat tot nog toe
geen devotionalia van de heilige Karel de Grote bekend zijn. Indien we de huidige stand van onderzoek
representatief zouden achten voor de historische situatie, moest geconcludeerd worden dat de bedevaartgangers te Aken geen pelgrimstekens of andere souve-
nirs/devotionalia konden kopen om hun herinnering
aan en verering van de heilige keizer levendig te houden. In de tot op heden verschenen studies over enerzijds de bedevaarten naar Aken en de devoties aldaar,[21] en anderzijds over Karel de Grote, zijn verering
en vooral ook zijn iconografie,[22] wordt met geen
woord gerept over dergelijke massa-produkten. Ook
Kurt Köster, die in 1983 een uitvoerig artikel over de
Akense pelgrimstekens publiceerde, beschikte kennelijk niet over gegevens betreffende Karel de Grote-
insignes, niet van bewaard gebleven exemplaren, niet
van afgietsels op luidklokken, en niet van vermeldingen in archiefstukken of literaire teksten.[23]

In de afgelopen decennia en vooral de laatste jaren is
door het gebruik van de metaaldetector bij archeologisch onderzoek veel en verrassend nieuw vondstenmateriaal ontdekt, dikwijls kleine onopvallende voorwerpen die vroeger bij de traditionele opgravings-
technieken veelal verloren gingen. Ook door amateurs
en schatgravers werd er door toepassing van die technische hulpmiddelen veel tevoorschijn gebracht, deels
ontrukt aan een archeologische context waardoor veel
informatie onherroepelijk verloren is gegaan, grotendeels ook gered van de ondergang. Met name in het

Ill. 32. Pelgrimsteken uit Aken. Voorgesteld zijn de
toning van de tunica door twee priesters, de Maria
Aquensis, en de Karelsbuste in een ronde omlijsting
waarop een gebouw dat de Akense Domkerk
verbeeldt. Aken, 2de helft 14de eeuw. Tin-loodlegering, gevonden te Zutphen, Hagepoortplein. H.82 mm,
br.55 mm. Zutphen, Stedelijke Musea.

Zeeuwse deltagebied met de verschillende overspoelde en sindsdien verdwenen laatmiddeleeuwse
bewoningskernen, is op deze wijze veel spectaculair
materiaal gevonden,[24] maar ook elders en vooral in de
oude stadskernen worden met grote regelmaat vondsten gedaan. Zo werd in de zomer van 1987 in een
bouwput te Zutphen (Hagepoortplein) een pelgrimsinsigne gevonden dat onmiskenbaar uit Aken stamt[25]
(ill. 32). Vorm en voorstelling komen grotendeels
overeen met al eerder bekende exemplaren.[26]
Weergegeven is de toning door twee priesters van de
tunica van Maria -als gebruikelijk over een lange stok
geschoven-, daaronder is de 'Maria Aquensis' afgebeeld, en bovenop de ronde omlijsting is een gebouw

geplaatst dat ongetwijfeld refereert naar het Domcomplex te Aken. Afwijkend van alle bekende Akense insignes is echter dat ook een koningskop op het insigne is voorgesteld: in het cirkelsegment boven de tunica, op de plaats waar soms wel het 'Vera Icon' werd gezet,[27] bevindt zich hier een gekroond borstbeeld, in de linkerhand een leliescepter houdend, de rechterhand opgeheven terwijl daar misschien een attribuut is verdwenen. De enige mogelijke duiding van deze gekroonde figuur is dat het keizer Karel betreft. De insignes waarmee dit exemplaar vergelijkbaar is, worden nog in de veertiende eeuw gedateerd en het lijkt aannemelijk te veronderstellen dat het exemplaar uit Zutphen behoort tot een reeks pelgrimstekens die werd gegoten na de schenking van de Karelsbuste in 1349 door de Karel IV. Een in 1984 of 1985 te Dordrecht gevonden insigne geeft een realistische afbeelding van het reliekenborstbeeld van keizer Karel, en moet dus eveneens van ná 1349 dateren[28] (afb. 264). De gelijkenis van deze koningskop met keizersbuste in de Domschatzkammer te Aken is frappant, zeker wanneer we ons realiseren dat de huidige met Franse lelies gedecoreerde sokkel onder het borstbeeld van later datum is[29] (ill. 31 en afb. 264). Van een tweede, wat kleiner speldje van tin-lood, dat eveneens in Dordrecht werd gevonden en dat waarschijnlijk uit de zestiende eeuw dateert, valt (nog) niet te zeggen of het de Karelsbuste verbeeldt dan wel meer in het algemeen een koning of keizer (afb. 265).[30]

Tot een andere categorie in serieproductie vervaardigde, relatief goedkope bedevaartsouvenirs behoort een 'huisaltaartje' dat enkele jaren geleden werd aangetroffen in afgevoerde grond uit de stadskern van Middelburg[31] (ill. 33). In de uit een grote bouwput afgevoerde grond werden voorwerpen aangetroffen waarvan de datering uiteenloopt van de veertiende tot de twintigste eeuw. De bewoningsgeschiedenis van de betreffende plaats binnen Middelburg gaat tot in de twaalfde eeuw terug.[32] Dit driedimensionale, uit losse van tin-lood gegoten onderdelen opgebouwde 'huisaltaartje', dat op enkele kleine fragmenten van de architectonische bekroning na geheel gaaf en compleet is, werd eerder onder voorbehoud omschreven als mogelijk afkomstig uit Keulen, en dat op grond van de voorstelling die werd beschouwd als 'Maria op een rustbed, terwijl boven haar in een kribbe het Christuskind prijkt en aan haar voeten één van de Drie Koningen is neergeknield'.[33] Bij nader inzien is het wel zeer onwaarschijnlijk dat in een weergave van de Aanbidding door de Drie Koningen, slechts één van

de drie zou worden afgebeeld. De identificatie van dit tot op heden unieke devotie-groepje leidt opnieuw naar Aken. Voorgesteld is ongetwijfeld de in aanbidding voor Maria en het Christuskind neergeknielde keizer Karel. Deze voorstelling komt in enigszins

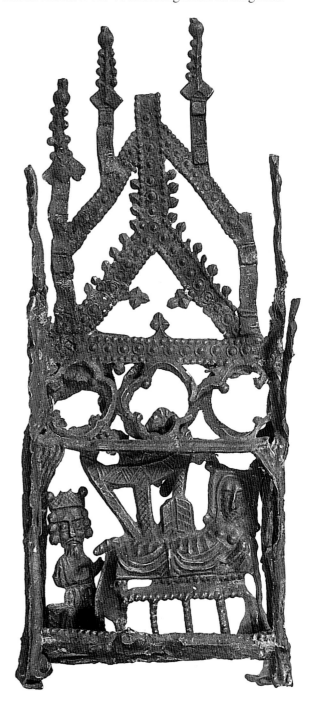

*Ill. 33. Karel de Grote neergeknield voor de Maagd Maria en het Christuskind in de kribbe. Aken, 14de eeuw. Tin-loodlegering, gevonden te Middelburg, Korte Geere (afgevoerde grond). H.95 mm, br.43 mm, d.21 mm. Groot Abeele, coll. B.de Bree.*

andere vorm (in die zin dat Karel daar bovendien het kerkmodel aan de madonna aanbiedt) ook voor op het achtste en laatste reliëf van het dak van het 'Karlschrein' uit de late twaalfde eeuw, en werd nagevolgd op het zogeheten 'jüngeren Karlssiegel', een Akens zegelstempel van 1328 of kort daarvoor.[34] Ook op het 'Simeonsreliquiar' in de Domschat te Aken, daterend uit het tweede kwart van de veertiende eeuw, komt de scène voor -op twee emailles aan de bovenzijde van het altaar- van de voor de Moeder Gods met het Christuskind neergeknielde Karel de Grote.[35] Ernst Günther Grimme omschreef deze voorstelling als 'eine reduzierte Epiphanie', een verkleinde Aanbidding door de Koningen, en dat is precies waar we bij de Middelburgse bodemvondst ook mee te maken hebben.

Het gegoten schrijntje werd waarschijnlijk in het midden of de eerste helft van de vijftiende eeuw als souvenir in Aken verkocht, als herinnering aan het 'Marienschrein' waarop ook Maria met Kind en Karel de Grote als hoofdpersonen figureren. En alvorens in de bodem te verdwijnen om zo'n zes eeuwen te overleven, zal het in Middelburg dienst hebben gedaan als devotie-object ter ere van de maagd Maria en de heilige Karel de Grote. Beiden werden intensief in Aken vereerd: de tunica van Maria werd tijdens de heiligdomsvaarten van grote hoogte aan de pelgrimsmassa getoond terwijl de Karelsbuste in de Dom stond opgesteld, de keizer werd letterlijk zijn 'opvolgers' tegemoet gedragen wanneer zij Aken bezochten, en dan bleven de 'Vier grosse Heiligtümer' in hun schrijn. De vrome souvenir-handel zal stellig voortdurend zowel de hemelkoningin als de aardse keizer hebben geëtaleerd.

(Bedaux, J.B. & Koldeweij, A.M. (ed.). 1989. Annus Quadriga Mundi. Opstellen over middeleeuwse kunst opgedragen aan prof. dr. Anna C. Esmeijer. Utrecht/ Zutphen (Clavis Kunsthistorische Monografieën 8), p. 116-128)

noten

1. van Heeringen, Koldeweij & Gaalman 1987, p. 38; Koldeweij 1989, passim. Met dank aan H. Hendrikse te Breskens die nauwkeuriger informatie over de vondstomstandigheden te berde bracht. Ook zijn wij dr Ulrich Schneider erkentelijk die op andere gronden eveneens pleit voor een datering in de vijftiende eeuw (brief van 30 oktober 1990). Met gecorrigeerde datering werd het schrijntje afgebeeld en beschreven in de catalogus van de veiling 'Furniture, Clocks, Sculpture and Works of Art', Christie's Amsterdam, Sale Number 2150, 27 juni 1991 (p. 20 nr. 107), waar het onverkocht bleef.

2. Willems 1839, p. 408, 410. Zie ook: Koldeweij 1985, p. 262, 265.

3. Zie voor de geschiedenis van de reliekentoningen, de onderlinge relatie en de afhankelijkheid van vele toningscycli van de Akense turnus: Boeren 1962 en Wijnands 1986.

4. A.M.Koldeweij, Reliekentoningen, heiligdomsvaarten, reliekenprocessies en ommegangen. In: Utrecht 1985, p.63-64 (met verdere literatuurverwijzingen).

5. De notities over de Maastrichtse reliekenschat van deze pelgrim zijn dan ook van groot belang voor de geschiedenis van die kerkschat, aangezien er nauwelijks vroeg lokaal bronnenmateriaal is overgeleverd. De details die door de anonymus worden genoemd, analyseerde ik nauwkeurig in mijn proefschrift, Koldeweij 1985.

6. Koldeweij 1985.

7. München, Kupferstichkabinett, inv.nr. 118308. Koldeweij 1985 (noot 4), p. 65 en p. 180-182 cat. 67; Koldeweij 1985, p. 314 (met verdere literatuuropgave).

8. Grimme 1972, p. 66-69 cat. 44, p. 71-73 cat. 48; Wynands 1986, p. 59-63 (met verdere literatuuropgave).

9. Grimme 1967, p. 257-258 (hierbij bovendien een reproductie van de voorstelling van Karel de Grote op het 'Marienschrein', afb. 16); Grimme 1972, p. 88-89 (naar aanleiding van de beschrijving van de Karelsbuste, met verdere literatuuropgave).

10. Over relieken en 'bezittingen' van Karel de Grote: Aken 1965, p. 375 cat. 557 en p. 489-501 cat. 671-682; Grimme 1967, p. 230-259; Grimme 1972, p. 14-15 cat. 7, 16-19 cat. 10-12, p. 45-46 cat. 29, p. 48-50 cat. 33, p. 52-54 cat. 34.

11. Grimme 1972, p. 64 cat. 43.

12. Grimme 1972, p. 88-90 cat. 69; Fritz 1982, p. 196-197 cat. 84.

13. Grimme 1972, p. 90-94 cat. 70.

14. Grimme 1972, p. 113 cat. 100.

15. Zie samenvattend over het Maria-patrocinium van de dom te Aken: Wynands 1986, p. 42-48.

16. De Akense 'Schutzmantelmaria' is te herleiden op de laatmiddeleeuwse 'Mater omnium'. Zie verder hiervoor de beschrijving door Ernst Günther Grimme van het in 1989 door mij gereproduceerde voorbeeld, dat waarschijnlijk door Karel de Stoute in 1473 bij gelegenheid van zijn bezoek aan de paltskapel, werd geschonken. Grimme 1972, p. 113-114 cat. 101.

17. Wynands 1986, p. 75-78.

18. Pastor 1905, p. 110. Zie hierover ook: Köster 1983 Gutenberg, p.30; Koldeweij 1985, p. 263, 269-270.

19. Köster 1972 Rijn en Maas, p. 149-152 (VIII 1-15); Köster 1983 Gutenberg; van Heeringen, Koldeweij & Gaalman 1987, p. 66-71.

20. München 1984, p. 153-154 cat. 127; Koldeweij 1985, p. 20-21, p. 167, p. 210-211, p. 313; Koldeweij 1985 (noot 4), p. 175-176.

21. Samenvattend en verwijzend naar oudere literatuur: Köster 1972 Rijn en Maas; München 1984, p. 148-154; Wynands 1986, p. 41-106.

22. Aken 1965, p. 489-562 (Das Nachleben Karls des Grossen in der bildenden Kunst); Grimme 1967, p. 229-272; D. Kötzsche, Darstellungen Karls des Grossen in der lokalen Verehrung des Mittelalters, in: Aken 1967, p. 157-214; P. Schoenen, Das Karlsbild der Neuzeit, in: Aken 1967, IV, p. 274-305; M. Zender, Die Verehrung des hl. Karl im Gebiet des mittelalterlichen Reiches, in: Aken 1967, p. 100-112.

23. Köster 1983 Gutenberg, p. 24-44.

24. Bergen op Zoom 1987; van Heeringen, Koldeweij & Gaalman 1987.

25. Lood-tinlegering, h. 82 mm, br. 55 mm. De achterzijde van het insigne is vlak, de fragiele, smalle delen zijn met ribben verstevigd. Bodemvondst Zutphen, zomer 1987, in een bouwput aan het Hagepoortplein. De vondst werd gedaan door P.van Dijk uit Voorst die het insigne, na restauratie door de Rijksdienst voor het Oudheidkundig Bodemonderzoek te Amersfoort, in bruikleen afstond aan de Stedelijke Musea van Zutphen.

26. Köster 1983 Gutenberg, p. 31 afb. 2-4; met name afb. 2 is zeer verwant, een op een vermoedelijk nog veertiende-eeuwse luidklok afgegoten Akens insigne.

27. Köster 1983 Gutenberg, p. 31 afb. 4, p. 37 afb. 10a.

28. Lood-tinlegering, h. 57 mm, br. 45 mm. Bodemvondst Dordrecht, 1984/1985. Cothen, Collectie H.J.E.van Beuningen, inv. I.0530 (= afb. 264).

29. Grimme 1972, p. 89.

30. Lood-tinlegering, h. 38 mm, br. 27 mm. Bodemvondst Dordrecht, 1985. Cothen, Collectie H.J.E.van Beuningen, inv. I.0660 (= afb. 265).

31. Lood-tinlegering, h. 95 mm, br. 43 mm, d. 21 mm. Bodemvondst 1983, Middelburg, Geere-gebied; gevonden in afgevoerde grond uit de bouwput voor een parkeerkelder. Groot Abeele, Coll. B. de Bree: van Heeringen, Koldeweij & Gaalman 1987, p. 37-38, afb. 19.

32. Met dank aan de H.Hendrikse, Breskens, die een zo volledig mogelijk overzicht maakte van de vondsten die in de afgevoerde grond van het Geere-gebied werden gedaan.

33. van Heeringen, Koldeweij & Gaalman 1987, p. 37-38.

34. Grimme 1967, p. 238-239, afb. 14 en 13.

35. Grimme 1967, p.239.

## XV ZILVEREN, BLANKE EN ROODGESCHILDERDE PELGRIMSTEKENS VAN LEONARDUS UIT DUDZELE

De verering van de heilige Leonardus van Noblat te Dudzele (West-Vlaanderen) was naar het zich laat aanzien een nogal regionale aangelegenheid. Het Scheldegebied behoorde zeker tot die regio en relatief zijn dan ook grote aantallen van de Lenaart-insignes uit Dudzele tevoorschijn gekomen in dat gebied. Van de Leonardus-insignes uit Dudzele zijn drie typen bekend die dateren uit de vijftiende en vroege zestiende eeuw. Van elk type is een aantal exemplaren teruggevonden. Van het eerste (vgl. afb. 273) kennen we nu vier exemplaren (Vlissingen 1, Middelburg 1, Nieuwlande 2), van het tweede model (vgl. afb. 274) eveneens vier stuks (Middelburg 1, Tolsende 1, Nieuwlande 2) en van het derde en jongste type (vgl. afb. 275) niet minder dan elf fragmenten en min of meer gave exemplaren (Nieuwlande 6, Middelburg 3, Reimerswaal 1, Rilland 1).

Toen Kurt Köster in 1983 zijn overzicht publiceerde van alle hem bekende Leonardus-insignes uit Noblat (zie afb. 269 - 271) behandelde hij ook de hem bekende, maar nog niet aan bepaalde bedevaartplaatsen toe te schrijven insignes. Twee Leonardus-insignes uit Dudzele van het jongste type, met de dubbele 'd', bracht hij voorzichtig in verband met Dudzele of met Zoutleeuw als andere belangrijke Leonardusbedevaartplaats in de omgeving, maar concludeerde dat er 'keinerlei plausible Verbinding' te leggen was tussen deze insignes en een van beide pelgrimsoorden. Inmiddels bleek wel mogelijk de insignes uit Dudzele als zodanig te identificeren. Dit werd voor het eerst gepresenteerd in het boek 'Heiligen uit de modder' in 1987, en vervolgens verder uitgewerkt in het hier deels herdrukte artikel uit datzelfde jaar. Maurits Coornaert, de ook hierna nog genoemde auteur van een uitvoerige geschiedenis van Dudzele, publiceerde kort daarop een artikel waarin hij de tot dan bekend geworden gegevens over pelgrimstekens en vroege bedevaartvaantjes van Dudzele opnieuw op een rij zet.[1] Uit de rekeningen die in Dudzele bewaard bleven, werden drie categorieën pelgrimstekens onderscheiden, te weten 'zelveren ende lode', zilveren en loden insignes, en 'roode teekenen'. Over de interpretatie van deze laatste aanduiding, is enige onduidelijkheid. Al te makkelijk werd tot nu toe gesteld dat er dus 'roodkoperen' insignes werden verkocht, wat beslist onjuist is. Nog ner-

gens kwamen pelgrimstekens van roodkoper tevoorschijn ! Köster is in zijn publikatie uit 1983 voorzichtiger en zegt over de 'roode teekenen': 'das heisst kupferne oder messingne'.[2] Niet onwaarschijnlijk is dat we het 'roode' heel anders moeten interpreteren. In de rekening van de kerkfabriek over 1527-1528 staat meer precies 'roode teekenen, ende cleene wytte teekene van lode' en veel later, in 1575-1576 wordt gesproken over de verkoop van 'de cleyne roede ende witte loode teekens'. Van elders kennen we loodtinnen insignes die met rode verf zijn gekleurd; overigens is dat de enige kleur die op teruggevonden pelgrimstekens is aangetroffen. Bij de Wilsnack-insignes (afb. 130 - 137) heeft het rood een duidelijke betekenis - de bloedende hosties -, evenals bij het Boxtelse pelgrimsteken waar de altaardwaal rood van het bloed van Christus is (afb. 123 - 124). Bij andere is dat niet het geval en was het insigne kennelijk ter verfraaiing of om het meer op te laten vallen, rood geschilderd zoals bijvoorbeeld een in Nieuwlande gevonden Antonius-insigne (afb. 29) en een door het Provinciaal Overijssels Museum te Zwolle enige tijd geleden verworven pelgrimsteken met de Aanbidding door de Driekoningen uit Keulen (gevonden uit stort Broerenkerk, Zwolle). De lood-tinnen pelgrimstekens van sint Lenaart te Dudzele werden kennelijk zowel wit, dat wil zeggen in het blanke metaal, als rood, dus rood geverfd, verkocht. Het feit dat er ook geen latoenkoperen of andere koperen insignes zijn teruggevonden die overeenkomsten tonen met de toch frequent aangetroffen Leonardus-insignes uit Dudzele, bevestigt in zekere zin deze interpretatie.

### 'Teekenen van mynheere st. Lenaert'

*A.M. Koldeweij*

Met name het standaardwerk over de Vlaamse bedevaartvaantjes van Emile van Heurck uit 1922 en vooral ook de recente tweedelige publikatie van Maurits Coornaert uit 1985 over het Ambacht en de parochie van Dudzele, leveren vele gegevens over de Leonardusverering te Dudzele en over de aldaar aan de pelgrims en andere gelovigen verkochte devotionalia.[3] Aan pelgrimsinsignes werd in beide studies evenwel niet expliciet aandacht besteed en de citaten en historische gegevens in het hierna volgende betoog werden dan ook verspreid en in ander verband aangetroffen in de genoemde publikaties.

Sinds de elfde eeuw wordt de heilige Leonardus te Dudzele vereerd. De ommegang ter ere van Sint Lenaert ontstond vermoedelijk in de eerste helft van de vijftiende eeuw. De parochiekerk van Dudzele was oorspronkelijk gewijd aan Sint-Pieters-Banden, doch dit patrocinium werd in de late middeleeuwen overschaduwd door de sterk in populariteit toenemende Leonardusverering. In de kerkrekeningen van Dudzele wordt bij de inkomsten en uitgaven herhaaldelijk gesproken over pelgrimstekens. De oudste bewaard gebleven kerkrekening betreft het jaar 1502-1503 en daarin zijn de inkomsten geboekt 'vande zelveren teekenen die vercocht zyn binnen voorseiden jare ten profyte vander kercke'. Opmerkelijk is dat in datzelfde jaar ook sprake is van zeshonderd bedevaartvaantjes die werden aangekocht om aan de pelgrims te worden uitgedeeld, een relatief zeer vroege vermelding van deze later zo populaire vaantjes. Tot 1527-1528 wordt jaarlijks telkens ongeveer hetzelfde bedrag genoteerd in de rekeningen als inkomsten uit de verkoop van zilveren pelgrimstekens, terwijl ook het aantal vaantjes min of meer gelijk blijft. In het tweede kwart van de zestiende eeuw wordt er steeds minder over de Leonardus-insignes gesproken, maar het aantal bedevaartvaantjes neemt toe tot rond de duizend. Incidenteel lezen we dan nog over pelgrimstekens, zoals bijvoorbeeld in 1543-1544 toen de aankoop werd geboekt van 'eene halfve once zelver teekens om te vercopen voor mynheere sinte Lenaars' en in 1533-1534 toen als inkomsten drie Parijse ponden werden genoteerd voor '14 selveren teekenen van mynheere St. Lenart'. Onder invloed van de Reformatie liep de Leonardusdevotie van Dudzele in 1579 ten einde. De laatste vermelding van insignes komt voor in de lijst van ontvangsten over het jaar 1569-1570: 'vanden zelveren tekenen die vercocht zyn voor minheere ste Lenaert', terwijl er toen ook weer zeshonderd vaantjes waren uitgedeeld.

De kerkfabriek van Dudzele verkocht blijkens deze rekeningen uitsluitend zilveren insignes. De inkomsten uit de verkoop van andere devotionalia en souvenirs kwamen ten goede aan het 'Commun vande kercke', een instantie waarmee in Dudzele alle personen te zamen werden bedoeld die een bijdrage leverden aan de liturgische plechtigheden, zoals de pastoors, kapelaans, kosters en roedragers (ordebewaarders). Van dit 'Commun' bleven slechts enkele rekeningen bewaard. Over 1522-1523 ontving het vier Parijse ponden 'van tproffyt vanden cleenen wasse ende zelveren ende lode teekenen te vercopene voor mynheere ste Lenaert inde kercke van Dudzeele'.

Enkele jaren later wordt er in dezelfde zin gesproken over onder andere 'roode teekenen, ende cleene wytte teekenen van lode' (rekening 1527-1528). Voor deze verkoop van devotionalia in de kerk van Dudzele was zelfs een speciale funktionaris aangesteld, die van het 'Commun' een salaris kreeg uitbetaald voor zijn bezigheden die waren omschreven als 'van tcleene was ende de zelveren ende lode teekenen alle te vercopene voor mynheere ste Lenaert'.

Tot op heden waren geen van deze zilveren, roodkoperen[4] of loden pelgrimstekens uit Dudzele als zodanig herkend. Een aantal in Zeeland gevonden bedevaartsinsignes met de voorstelling van de heilige Leonardus kan echter worden geïdentificeerd als afkomstig uit Dudzele. Van Noblac, de belangrijkste Leonardusbedevaartplaats in de middeleeuwen, werd één exemplaar in Zeeland gevonden[5] terwijl weer een ander type Leonardus-insigne afkomstig moet zijn uit een van de overige Zuidnederlandse Leonardus-pelgrimsoorden, zoals Aartselaar, Sint-Lenaarts (Brecht), Zoutleeuw of Huizingen.[6]

Essentieel voor de identificatie van de insignes uit Dudzele is de plaatsaanduiding op deze pelgrimstekens. Bij de beeltenis van Leonardus, die soms van de Nederlandse vorm van zijn eigennaam 'Ledenart' is vergezeld, staat steeds een enkele of dubbele gotische letter d vermeld als afkorting voor de plaatsnaam Dudzele. Dit is, voor zover mij bekend, nergens anders op deze wijze op pelgrimstekens gedaan. Het gebruik van de beginletter van een stad als plaatsaanduiding en zelfs als garantieteken voor de herkomst, kwam daarentegen wel vaker voor. Zo was in Brugge een gekroonde gotische b sinds de veertiende eeuw het symbool dat voorkwam op de stadszegels. Op 2 mei 1547 werd diezelfde gotische b als officieel merkteken door de Brugse overheid toegekend aan de plaatselijke tapijtwevers, terwijl ook de Brugse zilversmeden de gekroonde gotische b als stadskeur gebruikten; om Brugs laken te merken werd eveneens de b van Brugge met de kroon in de lakenloodjes aangebracht.[7]

De heilige Leonardus wordt meestal afgebeeld als clericus, gehuld in religieuze kledij: als abt, voorzien van de bijbehorende waardigheidstekenen, of als diaken met een boek. Als vast attribuut, waaraan hij dan ook direct herkenbaar is, heeft deze heilige bijna altijd enkele boeien en ketenen bij zich; hij is immers de patroonheilige van de gevangenen.[8] Op de pelgrimstekens van Leonardus, die te Dudzele werden verkocht, staat de heilige afgebeeld als diaken met boek en ketenen. Hoewel er nog geen gegevens beschikbaar zijn over de meer precieze datering van de twee typen insigne die nu van Dudzele bekend zijn, lijkt het opengewerkte pelgrimsteken het oudste en de gesloten plaquette wat jonger. Dit moet worden geconcludeerd op grond van vergelijking met de ontwikkeling van pelgrimstekens elders. Uit de Zeeuwse vondstomstandigheden blijkt voor beide modellen een archeologische datering in de vijftiende en vroegere zestiende eeuw, terwijl de meeste gevonden werden in het Verdronken Land van Zuid-Beveland en dus in ieder geval van vóór 1532 dateren.

## Het opengewerkte Leonardus-pelgrimsteken

Van het ajour-gegoten Leonardus-insigne uit Dudzele zijn twee verschillende modellen bekend, die we hier beide zullen beschrijven.
Op het pelgrimsteken van afb. 273 zien we Leonardus onder een gotische driepas, geflankeerd door twee kleine, geknielde figuurtjes. In zijn rechterhand houdt de heilige een dubbele handboei omhoog, met de linkerhand drukt hij een boek tegen zijn borst. Als gewoonlijk is Leonardus hier als diaken gekleed. De twee adoranten, de neergeknielde figuurtjes, stellen vermoedelijk pelgrims voor die de heilige vereren, wat ook op insignes van andere heiligen wel voorkomt; ook is mogelijk dat er twee gevangenen bedoeld zijn, die zich tot Leonardus, hun patroonheilige wenden om hulp en bescherming. Leonardus werd vaker in gezelschap van gevangenen afgebeeld, zoals bijvoorbeeld in het begin van de vijftiende eeuw door de in Parijs werkende en vermoedelijk uit Vlaanderen afkomstige miniaturist met de noodnaam 'meester van het Boucicaut-getijdenboek' (Parijs, Musée Jacquemart-André, ms. 2, fol 9[v]). De omlijsting van dit pelgrimsteken is huis- of gevelvormig. Op de beide bovenhoeken bevond zich oorspronkelijk een opengewerkt torentje dat met een bevestigingsoogje was bekroond. De daklijsten zijn met hogels versierd en ook de geveltop was met een ornament bekroond, wellicht een kruis of een kruisbloem. In de spitsboog die wordt gevormd door de driepas boven het hoofd van Leonardus, is de letter d geplaatst, die geduid moet worden als de beginletter van Dudzele, de plaats waar dit model insigne zal zijn vervaardigd en aan de bedevaartgangers werd verkocht.

Het andere type opengewerkte Leonardus-insigne troont de heilige volgens dezelfde iconografie, maar beide adoranten/gevangenen ontbreken en Leonardus

is hier spiegelbeeldig ten opzichte van het hiervoor beschreven model weergegeven (afb. 274). De gevelvormige omlijsting is nu dichter tegen de diakenfiguur geplaatst, zodat een betrekkelijk smal en hoog pelgrimsteken ontstond. De geveltop is opnieuw versierd met hogels en wordt hier bekroond door een kruisje. Op beide bovenhoeken was weer een torentje geplaatst. Tegen de zijkanten bevonden zich bij het gave insigne vier bevestigingsoogjes. De onderrand is relatief hoog en daar is in een wat primitieve belettering de naam van de heilige te lezen: 'S Ledenart'. Opmerkelijk is dat bij deze variant van het Leonardus-insigne niet alleen de Leonardusfiguur zelf spiegelbeeldig, dus positief in de gietmal, werd afgebeeld, maar ook de letter d boven het hoofd van de heilige. De achterzijde van dit pelgrimsteken is vlak, wat ook bij het hiervoor beschreven model het geval is. Waarschijnlijk werden bij dit soort opengewerkte insignes gekleurde fonds van papier, perkament, leer of textiel, achter het pelgrimsteken geklemd ter verfraaiing. Bij verschillende exemplaren zijn de omgebogen lipjes waarmee deze achtergronden werden vastgeklemd, nog aanwezig.

## Het gesloten Leonardus-insigne

De derde variant van de pelgrimstekens die te Dudzele werden verkocht, is een gesloten, plaquette-vormig insigne (afb. 275). Hiervan werden de laatste jaren diverse identieke, meer en minder gave exemplaren in Zeeland teruggevonden. In 1884-1885 was er bovendien een dergelijk pelgrimsteken uit de Schelde (bij Antwerpen?) tevoorschijn gekomen, dat zich vroeger in de befaamde collectie van de oudheidkundige Frans Claes te Antwerpen bevond. Geen van al deze gesloten Leonardus-pelgrimstekens is volledig gaaf; uit de verschillende exemplaren te zamen blijkt evenwel dat dit insigne voorzien was van opmerkelijk veel bevestigingsoogjes. Deze bevonden zich op de vier hoeken en midden boven. Bovendien waren tegen de beide zijkanten naast de grote ogen op de hoeken nog vier kleinere ringetjes aangebracht. Ongetwijfeld houden deze dubbele ringen, samen met de kabel die van linksonder naar rechtsonder om het hele insigne heenloopt, verband met de vaste iconografie van Leonardus als patroon van de gevangenen, en zijn ze bedoeld als ketenen of boeien. Leonardus zelf is op dit type insigne weer als diaken weergegeven. Achter zijn hoofd – hier met duidelijke kruinschering – is evenals bij de andere pelgrimstekens, een nimbus weergegeven, terwijl hij als attributen in de linkerhand het boek en in de rechterhand de dubbele handboei vasthoudt. Aan de bovenzijde is de plaquette met een rondboog afgesloten en ook de driepas daaronder is uit rondbogen samengesteld. Op de bredere onderlijst staat de naam van de heilige 's lederna', waarbij de 'd' weer spiegelverkeerd is weergegeven. Deze naam 'lederna' moet een verbasterde vorm zijn van het Zuidnederlandse Ledenart of Ledenaart voor Leonardus. De beginletter 'd' van Dudzele, die bij de twee andere insignes in de spitsboog boven het hoofd van de heilige stond, is op deze plaquette vervangen door tweemaal dezelfde letter 'd' ter weerszijden boven de schouders van de heilige. De ontstaansdatum van dit model Leonardus-insigne ligt vermoedelijk laat in de vijftiende eeuw. In feite hebben we hier te maken met een vorm die was ontwikkeld voor de in die tijd veel voorkomende dunne gestansde latoenkoperen pelgrimsplaatjes. Hier is deze vorm echter toegepast bij een gegoten insigne. Van dergelijke geslagen, uiterst dunne koperen Leonardus-insignes, die wellicht ook hebben bestaan, zijn nog geen voorbeelden teruggevonden.

(Biekorf - Westvlaams Archief 87, 1987, p. 305-317; herdrukt p. 308-317)

noten

1. Coornaert 1988, p. 241-256.

2. Köster 1983 Schleswig, p. 40.

3. van Heurck 1922, p. 106-108; Coornaert 1985, p. 35-40, 70-107.

4. 'Roodkoper' berust op een verkeerde interpretatie van bronnenmateriaal; zie de inleiding voorafgaand aan dit artikel en de inleidende tekst bij de afb. 273 - 275.

5. van Heeringen, Koldeweij & Gaalman 1987, p. 112-113 cat. 36.1. Zie afb. 269-271.

6. Zie afb. 276 en evenzo afb. 277 - 280.

7. Delmarcel & Duverger 1987, p. 137-138.

8. Dünninger, J. 1974. Leonhard von Noblac. In: Kirschbaum & Braunfels 1968-1976, 7, kol. 394-398.

# XVI EEN PELGRIMSINSIGNE VAN HET STIFT SIMON EN JUDAS TE GOSLAR

Tien jaar gelden kwam uit de bodem van het Waterlooplein te Amsterdam een spectaculair pelgrimsinsigne tevoorschijn (ill. 34 en afb. 289). Dit insigne is relatief groot van maat en buitengewoon gedetailleerd: in een gotische architectuur staan drie mannelijke heiligen en zijn twee reliekschrijnen ter weerszijden van een adelaar, een kruis, een monstrans en een reliekarm weergegeven, en is op de onderrand een tekst geplaatst. Het bleek recent mogelijk dit insigne te identificeren en wel als afkomstig uit het Duitse Goslar. Dit is het eerste en enige bewijs tot op heden dat in Goslar pelgrimsinsignes zijn vervaardigd en verkocht.

## Een gotische reliekenkast van de dom te Goslar

*A.M. Koldeweij*

De dom te Goslar werd omstreeks 1040 gesticht door keizer Hendrik III en in 1050 volgde de wijding. Als kerkpatroon is oorspronkelijk sprake van de Heilige Drievuldigheid, maar al snel werd dit patrocinium verdrongen door de heiligen aan wie het hoogaltaar was toegewijd: Maria en de apostelen Simon en Judas. Bovendien kwam daar in de de twaalfde eeuw de apostel Matthias bij, die geleidelijk de belangrijkste van de patroonheiligen werd. In de gevel van de noordelijke voorhal van de dom, het enige bouwdeel dat nu nog bestaat van de romaanse kerk, bevinden zich beelden uit de jaren 1190-1200 van de patroonheiligen. Onder een door geschilderde engelen geflankeerde Maria met Kind, staan de drie apostelen: Matthias tussen Simon en Judas, waarnaast twee keizers te weten Hendrik III en vermoedelijk Frederik Barbarossa.[1] In de loop van de dertiende eeuw had het domkapittel te kampen met enerzijds geldgebrek en anderzijds de noodzaak tot herstellingen aan het inmiddels eeuwenoude kerkgebouw. Een aantal privileges werd verworven om de toeloop van gelovigen naar de kerk te vergroten en aldus de inkomsten te doen toenemen, zoals een in 1298 door de bisschop van Minden verleende aflaat en in 1297 en 1298 door de paus afgekondigde 'Jubelfeste'.[2] Bij gelegenheid van deze 'Jubelfeste' werden de reliekschrijnen van Matthias en van Valerius, respectievelijk in 1297 en 1298, geopend. De aangetroffen relieken werden ter

verering uitgestald op de feestdag van Petrus en Paulus (29 juni). Het domkapittel en de raad van Goslar kondigden bovendien in een oorkonde van 1 april 1298 af dat dit in de toekomst jaarlijks zou gebeuren.[3] Deze beide schrijnen zijn ongetwijfeld bedoeld met de twee huisvormige reliekkisten die onder in het pelgrimsteken zijn weergegeven. In de genoemde oorkonde werd nadrukkelijk vermeld dat de twee reliekschrijnen ook 'sarcofagen' werden genoemd ('que sarcophagos dicimus'), waardoor verwarring met andere reliekschrijnen werd uitgesloten. Een reliekenlijst, of nauwkeuriger een beschrijving van de reliekentoning te Goslar, die volgt op een van de afschriften van de oorkonde, geeft aan dat als eerste in de twee 'gangen' van de toningsplechtigheid respectievelijk deze 'sarcofagen' werden opgevoerd: met het 'scrinium magni sarcophagi' en het 'scrinium minoris sarcophagi', die beide relieken van vele heiligen bevatten, werden de eerste en de tweede toningsgang geopend.

In het midden van het pelgrimsteken staan drie heiligen die geduid moeten worden als de drie kerkpatronen, Matthias met bijl in het centrum, geflankeerd door Simon en Judas. Het pelgrimsteken, waarvan het hier beschreven exemplaar tot op heden het enige bekende is, is opgebouwd uit een rijke gotische architectuur met vele nissen en bekroond met een hele reeks pinakels. Bij nadere beschouwing lijkt het hier om een uitgebreide reliekenkast te gaan en de drie afgebeelde patroonheiligen moeten tevens worden beschouwd als drie reliekenbeelden uit de kerkschat van Goslar. Boven hun hoofden staan drie andere reliekhouders: een arm, een kruis en een monstrans, en onder in de kast staan de twee belangrijkste schrijnen. In de genoemde beschrijving van de plechtige reliekentoningen te Goslar komen de drie reliekbeelden, die alle tal van relieken bevatten, als volgt voor: als vijftiende van de eerste 'gang' het 'imago argentea s. Simonis, patroni hujus ecclesiae', 'het zilveren beeld van de heilige Simon, patroon van deze kerk' waarna als zestiende werd getoond 'hic imago s. Judae argentea, et jam patroni hujus ecclesiae', 'dit zilveren beeld van de heilige Judas, eveneens patroon van deze kerk'; als tweeëntwintigste van de tweede toningsgang volgde het 'imago beati Matthiae', 'het beeld van de heilige Matthias'. De drie reliekhouders die boven de patroonheiligen op het pelgrimsteken staan afgebeeld, zijn moeilijker eenduidig te identificeren. In de toningsplechtigheid te Goslar werden in de tweede gang niet minder dan vier reliekarmen opgevoerd, te weten een met armrelieken van Sebastianus en Fabianus, een

*Ill. 34.*
*Pelgrimsteken van*
*het Stift Simon en*
*Judas te Goslar.*
*Vondst Amsterdam,*
*tweede helft 15de*
*eeuw. Coll. H.J.E.*
*van Beuningen, zie*
*afb. 289.*

met een armreliek van Eucharius aartsbisschop van Trier, een met een armreliek van Ambrosius, en tenslotte een met een armreliek van de heilige Erhardus. Uit een Ordinarius, een boek met voorschriften betreffende de liturgie, van Goslar uit 1435,[4] waarin een aantal van de reliekhouders wordt genoemd, blijkt dat de reliekarm van bisschop Eucharius als de belangrijkste werd beschouwd en wellicht verwijst de arm op het pelgrimsinsigne dan ook in de eerste plaats naar deze. Het kruis in het midden, zal gezien de context ongetwijfeld ook verwijzen naar een van de reliekenkruizen uit de kerkschat. In de toningsbeschrijving werden vier van dergelijke kruizen genoemd waarvan niet zonder meer kan worden gesteld dat er een duidelijk van groter belang was dan de andere drie. Bij de ostensoria of reliekmonstransen, de categorie reliekhouders waarnaar het derde voorwerp bovenin het pelgrimsinsigne verwijst, is weer wel te stellen dat deze met name zal verwijzen naar een van de belangrijkste stukken uit de kerkschat van het stift. Kennelijk als een van de hoogtepunten werd als één na laatste in de toningsplechtigheden een 'monstrantia magna deaurata', 'een grote vergulde monstrans', ten tonele gevoerd met als inhoud een kruisje gemaakt van een van de nagels waarmee Christus aan het kruis was geslagen.

Tussen de beide schrijnen onderin het insigne is als verwijzing naar de stad Goslar de naar rechts ziende adelaar afgebeeld. Dit wapenteken geeft een datering post quem voor het insigne, want de stad Goslar nam in 1340 de keizerlijke adelaar aan als teken van haar onafhankelijke status.[5]

De onderste rand van het pelgrimsteken is voorzien van een opschrift dat de toeschrijving op grond van de afgebeelde heiligen en reliekhouders bevestigt: 'eccl.gos laris'

noten

1. Budde 1979, p. 100 nr. 250-251.

2. Wolff 1901, p. 38-40.

3. Bode 1895-1896, p. 518-519 nr. 532.

4. Johannes Oldenwisen, Ordinarius de paramentis, tapetibus, etc. ecclesiae Goslarijs, 1435, handschrift berustende op het Stadtarchiv Hildesheim.

5. Wolff 1901, p. 39.

# I THE SECULAR BADGES

*Malcolm Jones*

The range of iconographic themes available to the badge-casters at the turn of the 15th-century was not greatly inferior to that available a-century later and exactly the same mix of secular and religious themes - as we would style them today - is observable in two early 16th-century collections of 'popular' imagery, the 40 *gegraben kuchelstain* [biscuit-moulds] inventoried by Claus Stalburg of Frankfurt in 1521,[1] and the astonishing figures sculpted in snow in Brussels a decade earlier and recently discussed in exemplary fashion by Herman Pleij.[2] The *corpora* with which this badgeimagery has most in common are such other 'minor' media as carved caskets [the so-called *Minnekästchen*.[3]], and the imagery of such marginal sites as misericords.[4] and manuscript borders.[5]

While admitting that to separate out the 'secular' themes is a habit of mind foreign to the Middle Ages themselves, it is, nevertheless, of use for our present purposes, for I believe that it is in this body of imagery above all, that the great importance of the Van Beuningen collection of these badges, published in such generous profusion here, lies. The so-called 'pilgrim-badges' have long been deemed objects worthy of scholarly study, but until very recently (i.e. with the publication of Brian Spencer's catalogue of the Salisbury Museum collection[6] the non-religious badges have not been afforded a similar degree of attention - this is all the more unfortunate, in that, owing to their very cheapness and multiple attestation (for, as identity of technique with their religious cousins would suggest, and duplicate finds confirm, these badges are truly some of the earliest instances of mass-production), I believe that they are of great importance for our understanding of the truly popular late medieval *mentalité* and that they afford us a unique opportunity to survey the range of truly popular non-religious iconography.

These badges constitute such an extraordinary body of imagery that they inevitably beg many questions. Are they uniquely Dutch? Yes and no - it would be strange indeed, when we know that their religious counterparts were manufactured throughout the shrines of Christendom, if they showed no kinship with examples held in other similar major European collections (e.g. the Museum of London, Salisbury Museum and the Musée de Cluny) and, as it is certainly reasonable to think, to some considerable extent, in terms of a late medieval culture common to much of Europe, I hope to be able to demonstrate several such parallels in what follows. But the badges reproduced here are also natives of the Netherlands (several bear inscriptions in Flemish, for instance), and with those examples whose significance is not immediately apparent, it is as well to remember this provenance and to look to contemporary Dutch idiom.[7]

In English we term these little lead pieces 'badges', why do we not call them 'brooches'? A brooch is a valuable decoration probably made of some precious metal or bejewelled, whereas a badge is a cheap insignia worn to proclaim one's membership of an organisation or party loyalty. But lovers do not give each other badges, however humble, and several of those reproduced here are unequivocally lovers' brooches as the frequent (and frequently garbled) *AMOVRS* inscription proves, and it is striking how many also bear a close relation to the high-class jewels catalogued in R.W. Lightbown's recent *Medieval European Jewellery* - and yet this superb book is also a typical example of the almost complete ignoring of the pieces under consideration here, as if 'jewellery' meant only ornaments of gold and gems.

The inscriptions may often be bungled, but the little dog (the 'faithful hound' - even in modern English idiom the dog retains his reputation for loyal love) inscribed *ΛOMA* [no. 678][8] is clearly just such a humble lover's brooch. In 1382 Duke Philippe le Hardi gave to one of his noblemen a brooch of a dog enamelled white as a New Year's gift, also a symbol of loyalty, presumably, if not, in this context, of amorous loyalty.[9] It is interesting to note that the type of dog portrayed in these badges is not the leveret so prominent in princely inventories of jewels,[10] but a lapdog type and the implication may well be that the lover hopes to enjoy the same sort of intimacy with his beloved as her favourite pet, that he hopes also, as it were, to sit in her lap.

An entirely incidental quotation of a vernacular verse in an English Latin sermon manual (the original composition of which is believed to go back to the early 14th-century, but the manuscript cited is dated c.1400) appears to provide a rare allusion to the wearing of such amatory badges:

*Trewe loue among men that most is of lette*[11]
*In hattes, in hodes, in porses is sette*,

and continues, *Trewe loue in herbers* [= arbours ] *spryngeth in May ...* Just such a badge was excavated in London recently, depicting a flower blowing on a grassy bank and inscribed *veolit in may ladi* [violet in May, Lady] - an intriguing example of how the imagery of the aristocratic game of courtly love filtered down to the poorer classes who could only afford lead jewellery.

Many others of our badges would seem to have contemporary aristocratic peers: the little purse attached to a belt bearing an unfortunately illegible inscription [no. 18], for example, not only has similarities with purse-badges found in Salisbury and London,[12] but is to be compared with the 25 little brooches 'in the fashion of purses [*gibecieres*]' which Philippe le Hardi gave as presents to the officers of his wife's household in 1394[13] - but that the brooches should be in this particular form is, in both cases presumably, because they are intended as good-luck charms to attract good (especially monetary) fortune; some English finds include little token coins within the purse exhibiting a kind of sympathetic magic, no doubt, on the basis that 'like attracts like'.

A rather more extraordinary use of the symbolic purse is a badge of this form found recently on the Thames foreshore from which a phallus projects - the purse is, of course, a common metaphor for the vulva in several European vernaculars: in the *fabliau Trubert*, for example, the eponymous hero disguised as the king's bride, even completes his weddingnight disguise by deft manipulation of a real purse (tightening and loosening its drawstring mouth at the appropriate times) in place of the missing pudendum.[14]

The *agraffe* in the form of a Wild Man with club [no. 589] again reflects both the aristocratic fashion for wearing feathers and plumes in the hat and the great popularity amongst all classes of the Wild Man - in 1360 we hear of a gold brooch decorated with rubies sapphires and pearls recorded as belonging to (the future) Charles V.[15] Another badge is itself in the form of a hat with plume held in an *agraffe* and again invites comparison with a brooch in the shape of a beaver hat which belonged to Marguerite of Flanders.[16]

The Wild Man with club by a castle [no. 588], might possibly represent Tristan disguised as a madman (when he also carried a club); the naked female harpist mighty similarly represent Isolde [especially if the legend on no. 585 reads *yceut* for *Yseut*, but a more complete version in Norwich[17] suggests the correct reading is *[ma] prent*], but otherwise there seem to be no other recognisable scenes from the romances.

The parrot-badge [no. 700] inscribed (in reverse) *papagaei* [popinjay] provides the solution to the incomplete English parrot-badges previously published as hawks or falcons, the prototype of which can now be seen to have read *papege iollys may* [popinjay, jolly May], making these too lovers' badges, for not only is May the lovers' month *par excellence*, but the parrot was also in the Middle Ages, one of the lovers' birds - an excellent parallel is afforded by the opening verse of a song in a collection printed in Paris c.1515-1525 which begins *Voicy le may*, and continues

Le *jolis* moys de *may*, [The lovely month of May
Tant doulx, frisque et joyeulx, So soft, lively and joyful,
Mignon et gay, Sweet and gay,
Vert come ung *papegay*, Green as a popinjay,
Amoureux, gracieux. Loving, gracious][18]

Unlike the quiet fidelity implied by that other lovers' bird, the turtledove, the popinjay implied a more actively sexual desire, for according to the medieval encyclopedists (citing Aristotle as their authority) the parrot was 'an excessively lecherous bird' [*avis luxuriosa nimium*] and 'counterfeiting the gestures of a lover, eager for copulation' [*gestus amantis praetendens, coitum appetere videtur*].[19]

Popinjays were a popular feature of late medieval applied art and Joan Evans noted, for example, that an inventory of tapestries in the Flemish castle of Middelbourg taken in 1477 records a set of white damask hangings embroidered with branches and parrots, with a lady in the middle and parrots in a cage.[20] Popinjays were similarly a conventional subject for brooches in late medieval royal circles: the French queen, Jeanne de Boulogne (d. 1360) had a brooch decorated with clusters of three pearls and a lady holding a popinjay at its centre, and in 1400 the English royal jewels included a brooch of a young lady among white flowers holding a popinjay.[21]

Similarly aping the tastes of aristocratic jewellery are the necklaces now known from London consisting of slender strands of pewter cast to resemble twisted wire hung with pendent conventional vine-leaves and small pewter bells - an interesting popular reflection of the contemporary noble taste for such neckwear: at Charles VII's 1437 entry into Paris, for example the Bastard of Orleans wore a gold collar of great oak-leaves weighing 50 marks.[22]

Some badge subjects which have parallels in aristocratic inventories we may well suspect are, in fact, heraldic devices, i.e. that they are, what in English terms would be called, 'livery badges', tokens of the wearer's affiliation to some noble house, of his membership of some retinue - the swan, for example, was the device of Marguerite of Flanders who (in common with several other European aristocratic families) claimed descent from the legendary Swan-Knight[23] - or, especially perhaps in the late medieval Low Countries, of his membership of some corporation or guild. The archer, for example, or the crossbow from Nieuwlande, could signify the wearer's membership of some *schuttersgilde* [bowmens' company].

As to function, it seems unlikely *a priori* that all these non-religious badges should serve the same purpose, some were clearly lovers' tokens, but not all can have been, while some may have been 'livery badges' and others may have signified membership of some fraternity or mutual society, still others would seem to have been mere whimsical, fashionable *jeux d'esprit* - one thinks of the splendid hollow-cast lead cockerel pendant in the British Museum inscribed *LOK ON ME KOCREL*, plainly inviting the passer-by to admire the ostentation of the cock-of-the-walk who wore it.

An ever-present danger for the iconographer is - in the words of Horatio's reproof of Hamlet - "to consider too curiously", and in many of these non-religious badges I am inclined to see no ulterior symbolism at all, many, I believe, are to be regarded as merely 'emptily' decorative - we should not feel compelled to 'moralise' the fragmentary mermaid (who still holds her traditional comb but has lost her mirror) [no. 598], for example, or her more warlike counterpart, the *zee-ridder* [no. 601]; they are merely part of the by this date traditional decorative repertoire and we should not feel obliged to turn to the *Bestiary* or any other similar source to 'explain' her significance. Similarly ploughmen ploughing [no. 537-8] are probably just that, though English examples inscribed "Speed the plough" may have been worn on Plough Monday. But equally, in the case of other motifs, and in particular those pieces which bear inscriptions other than the common *AMOVRS*, some symbolic interpretation seems called for. One such [no. 923] is the superb but enigmatic profile head in elaborately decorated hood with long liripipe inscribed *CAPRON* [hood]. It does not appear to be a fool's hood - cf. the belled hood of the lively but much more crudely executed fool drinking from a goblet (the relative paucity of identifiable fools amongst the corpus is surprising, given the great popularity of the fool at this period throughout Europe) - nor does it appear to be a sexual badge, unlike the dagged hoods [no. 627-8] from which a phallus projects (punning on the familiar erotic equat-ion, nose = penis), nor is it a rebus, as the English hood badges filled with fruits of some kind are conjectured to be.

Another minor masterpiece is the badge [no. 542] labelled *LEIIAERT* [Lazy-bones], but here there is no mystery - despite the bagpiper playing just above the head of the young man (whose fashionable dress includes a girdle of 'folly bells'), and the similarly clad youth who brings him a tankard of ale and takes his hand as if to help him up, the supine *Leiiaert* cannot be induced to rise. He is perfectly described in the contemporary *spel van Winter ende van Somer* (c.1410):

*Her Lojaert, ghi sijt al buten kere,*
*dat ghi den somer sijt so fel.*[24]

A badge of especial interest exists in the collection in two copies [no. 579-80] and consists of a man on horseback approaching a windmill carrying a sack on his head (two further examples [no. 577-8], seemingly complete, dispense with the mill) - this is a proverbial folly which I term 'the humane rider', for by carrying the sack thus, the foolish rider thinks to save his horse the burden - although the earliest literary instance of this motif is of English origin, here is reason to believe that representations in art originated in Flanders. In a 12th-century Latin text this folly is attributed to the people of Norfolk and two representations of the motif are known from that county, but it is significant that both were the work of Flemish craftsmen.[25] It is also found as a marginal drawing in at least three Flemish manuscripts of the first half of the 14th-century. The foolish rider alone badge is also of particular interest in that he gesticulates with his free hand, making a peculiar kind of 'V'-sign - there is evidence to show that this was a gesture of derision, for the same gesture in which the 'V' is formed between the thumb and the next two fingers held together is made by several of the crowd rejecting Christ in an *Ecce Homo* woodcut by Cranach dating from 1509 [G550].

There are also examples of a badge in the form of a man's head with a padlock through his lips [no. 998] which is capable of several interpretations: the Stadhuismuseum in the Belgian town of Veurne/Furnes exhibits the bronze head of a certain Pieter de Beert which formerly included a ring closing the mouth - an accompanying inscription dated 1499 reveals that he had threatened to throw the magistrates out of the window and his punishment was to pay for the casting of this symbolic head with its locked lips.

Personified Virtues are also sometimes depicted similarly gagged in late 15th/ early 16th-century iconography, e.g. Truth on the *Michelfeldt tapestry*, and in an early 16th-century engraving of *Truth, Hate and Fear* by Cornelis Anthonisz, but it might also be part of the *Niemand* tradition, the hapless servants' scapegoat made the perpetrator of all household breakages and thus constrained, unable to defend himself.[26] A further attested significance of this motif is as a symbol of the discretion required of the ideal servant or loyal friend. The intriguing badge in the form of an arm, on the fist of which perches a predatory bird, and to the sleeve of which is pinned a heart [no. 900], is surely an allusion to the idiom, still current in English, of 'wearing one's heart on one's sleeve' - indeed, in a miniature illustrating a late 14th-century manuscript of *Richart et Catelle*, Richart is depicted with the words *mon [heart-symbol] espoire* embroidered on his sleeve - the banderole in the bird's beak is - as so frustratingly often with these fragile miniature castings - illegible, but a line of Iago's from the opening scene of *Othello* [Folio text], though from a later century and a different culture, is mysteriously appropriate: "I will wear my heart upon my sleeve for daws to peck at". Uniquely no. 543 exhibits the exalted iconography of *amour courtois*: the kneeling lover in chains and the chaplet held by the lady find parallels on *Minnekastchen* and elsewhere.

Lovers' badges in the shape of two sleeved arms (his and hers) surmounted by a crown and terminating in clasped hands which hold, or are themselves pierced by a heart transfixed by an arrow are found in England too, and a multiple die-piece which includes such a design is also known from England and dated to c.1340. Brian Spencer has importantly noted how this undoubtedly secular badge yet forms a crowned letter M, the emblem of the Virgin Mary,[27] but other apparently secular badges also exhibit this same ambivalence. The somewhat crude 15th-century badge inscribed *AMOVRS* in the form of a crowned 'm' with a man and woman standing under the 'arches' of the letter, found at Nieuwlande [no. 970], can be compared with the magnificent jewel of the same form probably made in France c.1400 belonging to New College, Oxford, depicting the Annunciation, with the archangel and the Virgin standing beneath the 'arches' of the 'm' and the symbolic lily-pot placed on the central minim.[28] A pair of human arms with clasped hands (cf. the *fede* rings and brooches) surmounted by a crown and the legend *TRUTHE SCHALL BE CROWN-ID* make up a lead brooch now in the Museum of

London[29] - the legend must refer to 'truth' between lovers, i.e. fidelity, as also on another lead badge from Salisbury, a crowned heart inscribed *herte be trewe*.[30] The famous Regensburg Rathaus tapestry made c.1390 includes in one of its 24 courtly-love medallions two lovers whose clasped hands are positioned beneath a crown and around the perimeter is an inscription part of which reads *die trewe sol gekront sein* [fidelity/truth shall be crowned]. But more basic lead badges in the form of hearts pierced by an arrow, some crowned, some not, have also been recovered from the drowned village of Nieuwlande [no. 901-5]. Finally, we may suggest that many of the tiny representations of apparently everyday objects, especially combs [no. 939-45] and gloves [no. 895-8], were also love-tokens.

The ape standing on the back of a fish [no. 595-7] who urinates into a mortar which he simultaneously pestles (and of which several examples are known from London and Salisbury) seems, at first sight, pure grotesque and yet the motif is known in stone as a shop-sign in France and is also found adorning the side of a carved wooden *Minnekästchen* - it is perhaps, as Brian Spencer has suggested, a satirical hit at the often dubious ingredients employed by medieval apothecaries.

The bagpiping boar (inscribed *AMOVRS*) [no. 691-3] is a very popular motif in the late Middle Ages, though something of a variation on the theme, for it is usually a sow who bagpipes (often to her piglets) as 15th and early 16th-century English misericords, roof-bosses and stone corbels, as well as contemporary Continental woodwork attest - in Flanders, there is another example at Hoogstraeten (1532-1546),[31] and an instance contemporary with our badge in the Duc de Berry's famous *Tres Riches Heures* (a.1416), as well as another in a 15th-century breviary now in Geraardsbergen Abbey.[32] One might be tempted to dismiss the apparently ithyphallic state of the badge boar as merely incidental were it not for the fact that in Oviedo Cathedral on stallwork carved by 'Germanic' craftsmen in the 1490s two pigs are depicted copulating to the music of a porcine bag-piper, and that in a 14th-century English manuscript of Aristotle (BL Sloane MS 748, f.82v.), the bagpiping pig is found next to a most interesting ithyphallic fool - if, as I believe, we should know the significance of a motif 'by the company it keeps', then it may well be, by some process not immediately obvious to us, that the bagpiping boar came to be associated with the expression of sexuality. But let us not forget that the primary 'meaning' of any such animal musician is surely simple amusement, perhaps amplified in the present instance by the suggestion that the sound of the bagpipes resembles that of a squealing pig.

It may be that we should consider any animal aping human actions as an example of the undoubted late medieval popularity of the *monde renversé* topos in which the entire natural order is inverted, hares hunt hounds and pigs fly in the air - and just such a winged boar is depicted in a little late 15th-century lead badge recovered recently from the Thames foreshore and now in the Museum of London.[33].

Although in vernacular *literature* the still current *adynaton* that "Pigs might fly!" can be traced no further back than the early 17th-century, its earliest appearance in English literature is in the mid-13th-century *De Mundi Vanitate* by the Latin poet, Walter of Wimborne: in a lengthy list of the impossibilities which will come to pass when the poor man finds friends, the penultimate absurdity is that *uolabit sus pennata* [the winged pig will fly].[34]

In French vernacular literature, however, the motif is certainly found in Rabelais's *Quart Livre* published in 1551, in chapter 41 of which *un grand, gras, gros, gris pourceau, ayant aesles longues et amples* suddenly appears flying towards Pantagruel and his companions and bombs them with mustard-pies! But the motif was certainly known to the French Middle Ages proper, for in his long satirical poem, *Les Droitz Nouveaulx* (1480), Guillaume Coquillard alludes to the landlady of a Parisian tavern called *La Truye vollant* [The Flying Sow].[35]

The Rabelaisian flying pig would appear to be male, a boar, as indeed, is the woodcut example, probably issued in the 1530s, by the Dutch artist Cornelis Anthonisz - significantly, it clearly associates the flying pig with the *monde renversé*, here represented by a symbolic world-orb, the World Turned if not entirely Upside Down, then, at least, On Its Side! [36] It is to be expected that badges illustrating further examples of *monde renversé* motifs will surface in the Netherlands in the future.

Another ithyphallic animal in this badge-corpus is the ass who sits spinning at his distaff [no. 670] - again, I suggest that this is a humorously intended device, for the distaff was almost *the* defining attribute of the human female - cf. no. 540, the badge of the woman spinning and also working a pair of bellows, the 'goddess of the hearth', indeed, and a striking vulva-with-distaff (and 3-phallus diadem) badge in the Vleeshuismuseum, Antwerp - so that when the inten-

tion was to show how degenerate, how entirely 'unmanned' the hero had become by his love, for Venus in the case of Sardanapalus, or (more commonly) for Omphale in the case of Hercules, the artists depict him spinning - that such a proverbially phallic animal as the ass[37] should be shown at this quintessentially female task only increases the comedy - especially as in contemporary iconography it is usually *la truie qui file*.[38] It is no co-incidence that the two motifs from the popular late medieval 'Power of Women' nexus which appeared in the Brussels snow-sculptures of 1511, i.e. Sardanapalus distaff-in-hand with his head in Venus' lap, and the great philosopher Aristotle ridden by Phyllis, brought to grief by her *quoniam* as the printed text puts it,[39] are both represented amongst our badges - the latter in the form of a diminutive Phyllis mounted side-saddle on a grossly phallic Aristotle [no. 539].

Even the badge of the fox who seems to be taking a goose (his dinner?) for a walk [in a private collection in Amsterdam] shows him in an ithyphallic state and here - ignoring the apparent variation on the popular theme of the fox and the goose (the only badge found to date, incidentally, which seems to recall the atmosphere of the beast-fable) - we must suspect that we have met with such phallicism too often to regard it as merely gratuitous - the suspicion must surely be that as with the more overtly, not to say, drastically, sexual badges, it is an overplus which demands explanation.

In short, as I believe is also the case with almost all the sexual badges proper, I suggest that that explanation must be couched in terms of an apotropaic function, a function which, despite the intervening millennium, many often remarkably similar late Roman phallic ornaments also had.[40] On Plutarch's authority Romans believed that indecent or ridiculous images drew the eyes of ill-disposed spirits and men to themselves thus averting their gaze from the vulnerable[41]; the device which averts bad luck is, by definition, a bringer of good luck and that such was also the function of these late medieval sexual badges is proved, to my mind, by the recent discovery of a phallus-badge [no. 629] with a now headless figure perched on it holding a banderole inscribed *DESELDE* plus another apparent letter which may be another *L*: I interpret this as *de*, the definite article, followed by the word *selde* which in Middle Dutch could mean '(good) luck'.[42] Nos. 619-20 (especially the former in which the ribs seem to be indicated), and the male equivalent, no. 618, if in stone, would be termed *sheelagh-nagigs*, and such sexual exhibitionism has long been believed to serve an apotropaic purpose.

There is no doubt that the sexual badges are the most extraordinary aspect of this whole extraordinary body of iconographic material[43] and represent a higher percentage of the corpus than in any other comparable assemblage of imagery. These sexual images may be divided into two broad types: those which feature, the disembodied organs of both sexes going about their everyday life, as it were, and those which represent unequivocally human sexual encounters, whether in brothels, taverns, stews, or simply *en plein air* (where, incidentally, the bird which observes the couplings [no. 610-(11)] is probably an allusion to the sexual sense of the verb *vogelen*.[44] The women who fiddle astride phallus-creatures [no. 645-8] are surely intended to raise a laugh via puns on the obscene sense of the verb *vedelen*.[45]

The sex-organ badges are both shocking and amusing - the perfect apotropaic combination. Interestingly, sexualised versions of non-sexual badges also exist, such are the ships crewed by phalli [no. 642-4] compared to those manned by ordinary human crews [no. 574-6]. As hinted above, I think we should beware of reading too much into the sex-organ badges, indeed, it may be reasonable to suggest that the more bizarre the image - the vaginas on stilts (again with 3-phallus diadem) [no. 660-2] spring to mind! - the less we should look for a 'meaning'. Who is the female smith (is she horned and thus a she-devil?) who is depicted forging a winged phallus on an anvil on a badge excavated in Konstanz? Why is the little man with an ape on his shoulder confronted by a giant rearing phallus? We really cannot blame the Cologne cataloguer for seeing only "einen nicht identifizierbaren Gegenstand" [!], for it is confusingly garlanded by an illegibly inscribed banderole - how frustrating these illegible inscriptions are! One inscription which is certainly not illegible is the phallus-badge [no. 641] emblazoned with the mischievous legend *CONTEN* [cunts], reminiscent of Magritte's similarly radical mislabelling.

The Rotterdam badge in the form of a phallus with a bird pecking at the glans embodies a pun more explicitly made on a roughly contemporary *Minnekästchen* (with some modern additions) in the Musée de Cluny, on which a bird carved beneath an acorn-laden oak-tree addresses itself to the glans of a cloven-hoofed phallus - several European vernaculars took over the Latin usage which perceived a similarity between the glans of the penis and the acorn (*glans*).[46]

The *Phallusbaum* [no. 623-4] is also found in contemporary manuscript margins and on caskets.[47] In an edition of the *Somnia Danielis* issued by Bartholomaeus Guldenbeck in Rome c.1475, occurs the dream-interpretation *Perdere virgam virilem significat perdere connationem* [To dream that you have lost your virile member signifies the failure of an undertaking].[48] There is interesting evidence from elsewhere that penis-loss was a real fear of men in the late Middle Ages, and the medium suspected was witchcraft.[49] In the fatally influential treatise on witchcraft, the *Malleus Maleficarum*, first published in Strasbourg in 1487, we read of

those witches who ... sometimes collect male organs in great numbers, as many as 20 or 30 members together and put them in a bird's nest, or shut them up in a box, where they move themselves like living members, and eat oats and corn... a certain man tells that, when he had lost his member, he approached a known witch to ask her to restore it to him. She told the afflicted man to climb a certain tree, and that he might take whichever he liked out of a nest in which there were several members. And when he tried to take a big one, the witch said: 'You must not take that one because it belongs to our parish priest'.[50]

Leaving aside the *fabliau*-like gibe at the parish-clergy, the disembodied penis seems to have enjoyed a surprisingly eventful independent life - does the surprisingly tasteful badge, no. 622, depict just such a nest of magically removed phallus-birds?

Hans Vintler's *Blumen der Tugend*[51] represents, in the main, an early 15th-century translation of Tommaso Leoni's *Fiori di virtu*, but the passage of greatest interest to students of 'Germanic' folklore is a lengthy addition by Vintler concerning the various superstitions current in his native Tirol. Referring to the deeds of the *zaubrerin* [sorceress], he writes

*[sie] etleich stelen aus der pruech/dem man sein geschirre gar [they even steal his 'equipment' out of a man's trousers]*

but with no further details as to where the misappropriated members are stored - the woodcut artist who illustrated the 1486 Augsburg edition, however, has thoughtfully provided a box - just as described in the *Malleus* - and we are shown the witch adding another purloined penis to her collection.

The crude ring-brooch surmounted by a decidedly crude and apparently male homosexual encounter found in Leiden[52] is a very rare example of the depiction of relations between the same sex of which there are no examples in the present collection.

One of the most fascinating amulets - if that is what it is - is that made in the form of the two valves of a mussel-shell [no. 667] which open to reveal a stylised vulva inscribed on the inside of one of the valves[53] - clearly the secret, hidden nature of the incised symbol is also significant here. Certain shells, the exotic cowrie, for example, have traditionally served as amulets, being regarded as visual equivalents of the vulva. In Europe bi-valves such as the scallop and the cockle have played this role, leading the folklorist W.L. Hildburgh, incidentally, to suggest that this apotropaic function of the sexual icon was the original intention of the Compostella pilgrim's cockle-shell badge and the millions of lead badge souvenirs that derived from it.[54] The tradition is ancient; apart from the evidence for such shell or shell-shaped amulets from burials, the Roman writer Pliny recorded the talismanic use of the shell named *veneria*,[55] and J.N. Adams has shown how the Romance shell-name represented by French *porcelaine*, Italian *porcellana* [literally 'piglet'] derives from Roman nursery-usage, as noted by Varro, in which the vulva was referred to as *porcus*.[56]

Undoubtedly the best visual parallel in late medieval art, however, is a detail from Bosch's *Garden of Earthly Delights* triptych, painted probably c.1510: in the central foreground of the central panel we are shown a naked couple copulating inside an outsize mussel-shell, open sufficiently to allow us a voyeur's-eye-view of the man's bare buttocks, scrotum and legs, and his partner's bare feet.[57]

The, at first sight, odd couple who couple on a winnowing-fan [no. 615], in fact, merely exhibit the same metaphorical tendency as the women who fiddle on phallusback, for we know from the third in a collection of ten *Boerden* [Jests] that *wannen* [winnow] could have the obscene sense 'copulate' in Middle Dutch.[58]

The male undergarments surmounted by an erect phallus [no. 626] *may* be a token of male sexual supremacy, and the variant from Bruges [no. 625], which depicts the phallus flanked by two women, might be taken to reflect female recognition of this male dominance, if one interprets their gestures as adoring or reverent - or are they, rather, squabbling amongst themselves as to which of them should 'wear the trousers'? Is it perhaps a version of the familiar 'Battle for the Breeches' motif, so splendidly realised in no. 541? Another satirical possibility also suggests itself, howe-

ver: the anti-Catholic polemicist, Thomas Scott, a man very familiar with the Netherlands and preacher to the English garrison at Utrecht from 1623, published in 1624, *The Second Part of Vox Populi*, and the following quotation is from his discussion on the credibility of miracles: "a young married wife shall have a child in the same yeare if she can stride ouer at once Saint Rombauts breeches at Mechlin"[59] - could the Bruges badge be a proto-Protestant satire on what was seen as the credulous Catholic belief in the fecundating power of such absurd relics?

In at least two further instances, I think we may posit satirical attacks on the forms of conventional devotion: the vulva-as-pilgrim badges (with 3-phallus diadem) and phallus-tipped staff [no. 663-6] must surely satirise those women like Chaucer's Wife of Bath who admitted to going on pilgrimage mainly for the sake of sexual adventures [*wandring by the way*]; but, if anything more extraordinary, is the unique badge [no. 652] depicting a vulva (again with 3-phallus diadem) borne on a litter by three phalli, which I have suggested elsewhere is aimed at Marian processions.[60] Clearly, an offensively satiric device, such as I argue this badge to be, must be visible in order to offend, and therefore openly worn, but one wonders whether those sexual badges for which a purely apotropaic function is suggested here may not have been worn beneath the outer clothing and thus not visible to human eyes, only to the supernatural Evil Eye - in a different context, admittely, we know that lovers' tokens were sometimes worn thus secretly: Martial d'Auvergne's satirical selection of cases tried in Love's court, entitled *Les Arrets d'Amour* and written in the early 1460s, includes this cast-off courtly lover's description of a gold brooch given him by his lady (which, incidentally, sounds very similar to the recently discovered Rocklea Sands heart-shaped pendant now in the British Museum): *ung petit cueur d'or a lermes qu'il avoit tousjours porte et portoit encore pour l'amour d'elle entre la chemise et la char...* [a little gold heart decorated with tears, which he had always worn, and still wore, for her love, between his flesh and his shirt...][61] - perhaps many of these sexual badges were worn *entre la chemise et la char*? Scatological motifs are uncommon in this corpus - the closest would seem to be the grossly phallic man whose anus is exposed in what I assume to be the insulting 'mooning' gesture [62] and who holds a basket [no. 621] - here I think, knowledge of the Flemish idiom *Hij kriegt den korf* [literally: 'he gets the basket'] used figuratively to mean 'he is jilted', which

Lilian Randall sees represented in the marginal drawing of a man kneeling before a woman with a basket in Brussels, Bibliotheque Royale, Ms 9217, f.123, will help in interpreting the 'meaning' of this badge, which, I therefore suggest, represents a jilted lover who has just 'got the basket' and is caught in the act of directing a most ungallant insult at his former beloved.[63] No. 608 probably exemplifies another proverb, 'two heads under one hood' = being 'two-faced', and will serve to underline the great vogue for this oral form in the late Middle Ages - we can surely expect more such proverbial representations to surface.

Falling somewhere between the artificial categories of religious and secular is the magnificent but sadly incomplete Wheel of Fortune badge [no. 1036]: the blindfold figure of *Fortuna* herself, one hand slowly pressing down on one of the spokes, stands at the centre of her wheel, while various characters are caught momentarily in the ascendant or descendant, around the rim - the unusually elaborate and legible inscription refers to the *Gherecht coninc* [just king] and perhaps it is he who is currently enthroned at the top of the ever-turning wheel?

I hope by now the richness of this corpus of imagery in this undoubtedly humblest of media will be apparent to the reader, as will its disproportionate importance for the study of the popular *mentalité* of the late Middle Ages. The gems and precious metals of more pretentious jewellery may dazzle the eye, but often advertise little more than the predictable, conspicuous consumption of the elite; a pewter badge or brooch, on the other hand, though it may look like some tawdry fairing, may be of more iconographic significance than an entire cofferful of royal jewels. In previous study of the applied arts of the Middle Ages (despite the fact that several of the pieces reproduced here are also of high intrinsic aesthetic appeal and will stand being set alongside pieces in costlier materials) one is often led to the suspicion that ancient snobberies, of the sort which have historically divorced the connoisseur's *objet d'art* from the archaeologist's 'artefact', and 'high art' from 'folk art', were taken for granted and a vast area of medieval iconography accordingly ignored - it is to be hoped that the publication of this generous selection of material from the unrivalled Van Beuningen collection of these pieces will pave the way for a more holistic approach to the study of late medieval culture.

Bibliography

B. Spencer Pilgrim Souvenirs and Secular Badges [ = Salisbury Museum Medieval Catalogue Part 2] (Salisbury, 1990).

ibid. Medieval Pilgrim Badges from Norfolk (Norwich, 1980).

[exhibition catalogue] Schatten uit de Schelde (Bergen op Zoom, 1987)

1. F. Bothe "Stein- und Tonmodel als Kuchenformen" in Repertorium fur Kunstwissenschaft 43 (1922), 80-92.

2. H. Pleij, De Sneeuwpoppen van 1511: Literatuur en stadscultuur tussen middeleeuwen en moderne tijd (Amsterdam, 1988).

3. See H. Kohlhaussen Minnekästchen (Berlin, 1928).

4. For English stalls see G.L. Remnant, A Catalogue of Misericords in Great Britain... with an essay on their iconography by M.D. Anderson, F.S.A. (Oxford, 1969). For Dutch misericords see the various series published by J.A.J.M. Verspaandonk, and his general article "Het Vreemde Houten Gezelschap" in Antiek 2 (1974-5), 121-40 [German trans. (with occasionally different illustrations) entitled "Die merkwurdigen Hausgenossen der Chorherren" in Unser Bocholt Heft 418:i (1980)].

5. See Lilian Randall's seminal collection of such marginal drawings in Images in the Margins of Gothic Manuscripts (Berkeley & Los Angeles, 1966).

6. See Bibliography.

7. e.g. E. Verwijs & J. Verdam, Middelnederlandsch Woordenboek ('s-Gravenhage, 1885-1941).

8. cf. from the British Museum's collection, Dept. MLA, Reg. NO. 60, 9-7, 1, a little dog on a shield-shaped lead pendant with a banderole in its mouth inscribed AMOURS and the talismanic names of the Magi around the perimeter.

9. cit. R.W. Lightbown, Medieval European Jewellery (London, 1992), 161. On p.166 Lightbown cites the heraldic treatise of Johannes de Badio Aureo Tractatus de Armis (c.1395) as contemporary evidence that the dog signifies loyalty [see the edition in E.J. Jone, Medieval Heraldry. Some fourteenth-century Heraldic Works (Cardiff, 1943), 33].

10. I have suggested elsewhere that the lead badge leveret in the Musée de Cluny inscribed BIEN AIA QUI ME PORTE [may he who wears me have good luck] may well allude to the cult of St. Guinefort, the saintly greyhound for which see J.-C. Schmitt, The Holy Greyhound: Guinefort Healer of Children (Cambridge, 1983).

11. i.e. 'of late', but perhaps punning on 'of lead'; the verse in question is cited incidentally in the popular preachers' manual (in Latin, of course), the Fasciculus Morum - see T. Silverstein, Medieval English Lyrics (London, 1971), 98.

12. One of the examples in the Museum of London is inscribed grommerci [< grant merci '(God give me) great reward'], though the reward in question was originally conceived as heavenly rather than monetary, and is to be compared with the refrain of a 15th-century carol, "Gramercy my own purse" - Spencer (1990), 116.

13. Lightbown, op. cit., 164.

14. For a recent study of this most interesting trickster-fabliau, see the relevant chapter in K. Gravdal, Vilain and Court-ois: Transgressive Parody in French Literature of the Twelfth and Thirteenth Centuries (Lincoln, Nebraska, 1989).

15. Lightbown, op. cit. 157.

16. Lightbown, op. cit., 168.

17. Spencer (1980), cat. no. 159.

18. B. Jeffery, Chanson verse of the early Renaissance (London, 1971), 179.

19. cit. D.J. Ransom, Poets at Play: Irony and Parody in the Harley Lyrics (Norman, 1985), 42. The quotations are from the Englishman, Alexander Neckham, and the Frenchman, Thomas of Cantimpre, respectively; the translations are my own.

20. See examples quoted in Spencer (1990), 109. J. Evans, Pattern (Oxford, 1931), 67.

21. Lightbown, op. cit., 157, 168; it will be apparent from what follows that I have reservations about his statement that "The parrot ... and his like were ... surely intended simply to amuse or delight the eye" [no. 165]. I discuss the significance of the parrot as a lovers' bird at greater length in my forthcoming book, The Other Middle Ages.

22. Lightbown, op. cit., 285

23. The swan badge inscribed with the mysterious words bout tane in the present collection is duplicated in the Norwich collection, while a similar swan in the British Museum reads or loons dieu [now let us praise the Lord]. See J. Cherry, "The Dunstable Swan Jewel" in Journal of the British Archaeological Association 32 (1973), pl. XXV (2).

24. The reference I owe to Verwijs & Verdam, op. cit., s.v. Loyaert; the manuscript is the so-called 'Groote Hulthemsche handschrift', Brussels, Koninklijke

Biblioteek, Hs. 15589-156623.

25. The Walsokne brass of 1349 at King's Lynn of an unmistakable type, imported from Flanders, and a roof-boss in the cloisters of Norwich cathedral known to have been carved by 'Brice the Dutchman' in 1415. For French examples and a fuller discussion, see my "Folklore Motifs in Late Medieval Art I: Proverbial Follies and Impossibilities" in Folklore 100: ii (1989), 201-17.

26. Nieuwlande from which the two examples in the collection come was abandoned c.1530 so that the Niemand iconography which enjoyed a great vogue in the second decade of the century is theoretically possible here. For a more detailed discussion of the motif see my entry Silence in The Garland Encyclopedia of Medieval Folklore (forthcoming).

27. Spencer (1990), 117.

28. ed. J. Alexander & P. Binski, Age of Chivalry: Art in Plantagenet England 1200-1400 (London, 1987), cat no. 640.

29. I owe my familiarity with this and many other unpublished pieces in the Museum of London's collection to the kindness of Dr. Brian Spencer - his catalogue of the Museum's extensive collection of lead badges is eagerly awaited.

30. The same legend is to be found on a badge in the collection of the Department of Medieval & Later Antiquities of the British Museum, no. 48, 8-28, 7.

31. cf. Wilfried Schouwink, Der wilde Eber in Gottes Weinberg: zur Darstellung des Schweins in Literatur und Kunst des Mittelalters (Sigmaringen, 1985) 101: "Möglicherweise aufgrund einer gewissen Ahnlichkeit im Klang der erzeugten Laute erscheint in den Darstellungen besonders haufig der Dudelsack. Solche Bilder waren in allen Landern des mittelalterlichen Europas recht popular. Die meisten von ihnen finden sich in England, doch auch Orte wie Kempen [no. 1493] und Kalkar [1505-1508] am Niederrhein, Breisach am Kaiserstuhl, Lausanne in der Schweiz, Champeaux und St. Martin aux Bois in der Region von Paris sowie Ciudad Rodrigo [1498-1503] in Spanien konnen sich eines borstigen Dudelsackspielers ruhmen." By no means all of these include one or more dancing piglets, but in any case, Schouwink's list could easily be extended: further examples are found in Spain, for example, at Sta. Maria la Real de Najera (Logrono) (post 1481) and Oviedo [see text]. Lilian Randall, op. cit., lists the motif as occurring as early as c.1300 in two manuscripts she cites, and the bagpiping boar was around long enough to be absorbed into the marginal repertoire of early Parisian printed Horae c.1500, and by 1534 to appear as a binding-stamp on a book bound in Portugal, as well as on a contemporary book printed in Lyons where it is additionally given a banderole inscribed FACIO SOPOR[em] i.e. the ironic "I produce drowsiness". We may therefore safely conclude from this list that the bagpiping pig was a commonplace of late medieval drolerie.

32. Reproduced as fig.11 in M. Smeyers, "Bijzondere randversieringen in een 15de-eeuwse brevier" in Spiegel Historiael 4 (1969), 77.

33. I thank Brian Spencer for acquainting me with this particular type, of which several examples are now known.

34. A.G. Rigg, The Poems of Walter of Wimborne (Toronto, 1978), 93. 109. 4; a parallel passage in the same author's De Mundi Scelere has uacca uolabit [the cow will fly], 106.53.

35. Oeuvres, ed. M.J. Freeman (Geneva, 1975) 93, line 612.

36. For discussion of this particular image see C.M. Armstrong, The Moralising Prints of Cornelis Anthonisz (Princeton, 1990), where it is reproduced as fig. 29.

37. For which see my "Folklore Motifs in Late Medieval Art III: Erotic Animal Imagery" in Folklore 102:ii (1991), 192-219.

38. See M. de Meyer, De Volks- en Kinderprent in de Nederlanden (Antwerpen & Amsterdam, 1962), 417ff., "Spinnende Varkens". Though a badge of an ape spinning [also found on a misericord at Kalkar and known from contemporary manuscript margins - see Verspaandonk, op. cit. in n.4 above (German version) Abb. 6-7] was recently unearthed in Konstanz, see the exhibition catalogue Die Stadt um 1300 (Zurich, 1992), 435.

39. On this usage, see L.O. Vasvari, "An example of 'parodia sacra' in The Libro de Buen Amor: quoniam 'pudenda' " in La Coronica 12 (1984), 195ff. to which further examples might be added (e.g from Chaucer) - it would appear to be a common European euphemism amongst the literati. The famous aquamanile of this equus eroticus with its cockerel-tap in the Metropolitan Museum, New York, is but one of the very many examples of this particularly popular motif.

40. Not entirely coincidentally, to my way of thinking: I have suggested in "Sex and Sexuality in Late Medieval and Early Modern Art", delivered to the Institut fur Erforschung der Fruhen Neuzeit conference, "Sexualitat - Privatisierung der Triebe", Vienna, Nov. 1991, forthcoming in the first volume of the series Fruhneuzeit-Studien (Peter Lang), that the sudden recrudescence of this sex-organ imagery in the late Middle Ages perhaps implies the rediscovery of some cache of buried late Roman amulets [no. 651 in our corpus is particularly reminiscent of late Roman phallic amulets] and tintinnabula - in particular, the detail of the little bell which hangs from the glans of some phallus badges seems to me to suggest dependence on the latter. The similarity with late Roman phallic amulets led the Kunstgewerbemuseum in Koln to miscatalogue two such winged phalli as spatantik, while R. Blanchard in an article entitled "Persistanse du culte phallique en France" in Bulletin de la Societe Française d'Histoire de la Medicine 3 (1904), 106ff., erred in the opposite direction, believing a clutch of winged phalli from the Seine at Rouen to be of 18th-century date!

41. Quaestiones Conviviales V. 7.3., cit., for example, by J.B. Bedaux in his essay "Laatmiddeleeuwse sexuele amuletten: Een sociobiologische benadering" in ed. ibid., Annus Quadriga Mundi: Opstellen over middeleeuwse kunst opgedragen aan prof. dr. Anna C. Esmeijer (De Walburg Pers, 1989), 16ff. [but Dr. Bedaux misrepresents me when he

implies that in my essay "The Depiction of Proverbs in Late Medieval Art" in ed. G. Greciano, Europhras 88. Phraseologie Contrastive. Actes du Colloque International Klingenthal - Strasbourg, 12-16 mai 1988 [= Collection Recherches Germaniques No.2], (Strasbourg, 1989) 205-24, I suggest that all non-religious lead badges can be explained as depictions of proverbs - that would be patently absurd!].

42. The final, not clearly legible letter may have turned this base-word, an abstract noun, into an (admittedly unattested) derivative concrete noun with a meaning something like 'good luck charm' - see Verwijs & Verdam s.v. selde; but no derivatives are listed.

43. It is therefore little short of astonishing that Lightbown can write "By contrast [with Renaissance jewellery] no medieval jewel known to us can be called physically erotic in its motifs or ornament", op. cit., 385.

44. On the widespread use of the word 'bird' or a particular bird-name for 'penis', see for example, E. de Jongh, "Erotica in Vogel-perspectief: De dubbelzinnigheid van een reeks 17de eeuwse genre voorstelingen" in Simiolus 3 (1968-9), esp. 26f. cf. Verwijs & Verdam, op. cit., s.v. vogelen sense 2: Kilian glosses voghelen as inire, coire, rem veneream exercere, ab avium salacitate metaphora sumitur, and vogheler as homo salax.

45. ibid., s.vv. vedele, vedelen & vedelspel - the senses labelled obsc. toepassing are all from the 14th & 15th-century songs collected in Oude Vlaemsche Liederen en andere Gedichten...

46. The badge is now in the collection of the city's archaeological service, the B.O.O.R. See E. Haraucourt, Catalogue des bois sculptes et meubles du Musée des Thermes et de l'hotel de Cluny (Paris, 1925), B.457; the pun seems first to have been noted by G.J. Witkowski, L'Art Profane à l'Eglise (Paris, 1909), 32.

47. On a casket-lid carved in Swabia in the second half of the 15th-century [Kohlhaussen, op. cit., 105, Nr. 148A] the naked man points to a tree on which grow leaves described by Kohlhaussen as 'grooved and lanceolate', i.e. visual symbols of the vulva, and exclaims, gestin ich mag sy nit ambern [Friend I can't do without them]. On an earlier 15th-century German Minnekästchen, however [ibid., 92, nr. 82], while the man appears to be plucking grooved, vulvate leaves from a tree, the chaplet-crowned lady plucks unmistakable phalli from her tree. The well-known bas-de-page from a mid-14th-century Roman de Rose manuscript [Paris, bib. nat. ms. fr. 25526, ff 106v.,160v.] which depict nuns similarly picking phalli from trees have been several times commented upon in recent years, and Hans Moser has reminded us that in a fastnacht procession in Nordlingen in 1510 a tree bearing zageln was carried about the town - see H. Moser, "Stadtische Fastnacht des Mittelalters" in ed. H. Bausinger et al., Masken zwischen Spiel und Ernst (Tübingen, 1967), 176.

48. Conveniently available in S.R. Fischer, The Complete Medieval Dreambook (Bern/Frankfurt, 1982), who, however, misunderstands the meaning of virga here, so that this citation is presented at TWIG [!]

49. On the related castration anxiety in the Middle Ages, see further, Gravdal's comments on the fabliau Trubert, op. cit. in n.14 above, 134.

50. I quote from the translation by M. Summers (Arrow paperback ed., London, 1971), 267f., from Part II. Question 1. Chapter 7.

51. ed. I. von Zingerle (Innsbruck, 1874), 268, lines 7991f.

52. "Bodem Onderzoek in Leiden (1988) 10", in Archeologisch Jaarverslag 1987, afb. 12.

53. First discussed in my essay referred to in n.37 above. A perhaps related practice may be alluded to in the coquille d'argent dore en chascune oreille a un escucon entaille a trois fleurs de liz [silver-gilt shell in each valve of which is an escutcheon engraved with three fleurs-de-lis] recorded in an inventory of the vessels in the chapel of the Hotel Saint-Pol taken in 1420 - printed in L. Douet d'Arcq, Choix de pièces inédites relatives au regne de Charles VI (Paris, 1864), 381, item 92.

54. "Images of the human hand as amulets in Spain" in Journal of the Warburg and Courtauld Institutes 18 (1955), 88 n.4, and ibid., "Cowrie Shells as Amulets in Europe" in Folklore 53 (1942), n.20. To the bibliography on this shell-symbolism given in my 1991 Folklore paper, 214 nn. 83-90, add the section entitled 'Snail, Conch, Cockle and Shell' in A.A. Barb's "Diva Matrix" in Journal of the Warburg & Courtauld Institutes 16 (1953), 193-238, esp. 204ff., M. Brickoff, "Die Muschel in der antiken Kunst" in Bulletin de l'institut archéologique bulgare 12 (1938), 1-131, and H.C. Coote, "The symbolism of the scallop shell" in Archaeologia 42 (1869), 322ff. coquille is used to denote the female genitals, for example, in the farce Jehan de Lagny, in Roger de Collerye's sermon joyeux, Sermon pour une Nopce, and in Philippe d'Alcripe's La Nouvelle Fabrique.

55. Historia Naturalis, IX.103, and II.151.

56. The Latin Sexual Vocabulary (London, 1982), 82.

57. This detail from Bosch's painting was quoted directly by Bruegel some decades later in his drawing of the vice Luxuria. Verwijs & Verdam, op. cit., define sense B.2. of mossel (1) as "Vrouwelijk schaamdeel", but the sole citation is from the second half of the 17th-century - the iconographic evidence adduced here suggests that this sense was current long before this date, and further importantly serves to remind us that artefactual evidence often significantly antedates the lexicographic record.

58. Verwijs & Verdam, s.v. wannen sense 3: Her Gobert was daer doe wel an, dat hi dien derscher ghewan, die soo wel wannen hadde gheleert.

59. cit. J.W. Harper, A Game at Chess by Thomas Middleton (London, 1966), 73

60. "Phallic and other Burlesque Saints in Late Medieval Art & Literature", originally delivered to the Cambridge University Medieval Literature Research Group in May 1991, the revised version given at the Popular Religion & Saintlore conference, Glasgow, April 1992, is forthcoming.

61. ed. J. Rychner, Les Arrets d'Amour de Martial d'Auvergne (Paris, 1951), XII. 210ff.

62. A list of examples of this gesture in medieval art and literature is included as an Appendix in my "Marcolf the Trickster in Late Medieval Art and Literature, or, The Mystery of the Bum in the Oven" in ed. G. Bennett Spoken in Jest [= Proceedings of the International Conference on Traditional Humour, Sheffield 1988] (Sheffield, 1991), 139-174.

63. F. Lyna "De Jean Pucelle a Jerome Bosch" in Scriptorium 17 (1963), 313 notes another example of "un vieux pretendant" 'getting the basket' in the Hours of Jeanne d'Evreux (c.1325) [New York, Metropolitan Museum, The Cloisters Collection, MS 54.1.2].

# XVIII EROTISCHE INSIGNES EN EEN ROMAN DE LA ROSE-HANDSCHRIFT

*A.M. Koldeweij*

Op verschillende plaatsen in Noordwest-Europa zijn als archeologische vondsten erotische insignes tevoorschijn gekomen. Met name de talrijke metaaldetectorvondsten die de afgelopen vijftien jaar in Nederland en Vlaanderen zijn gedaan, hebben verrassend veel van dit materiaal opgeleverd (zie afb. 610 - 668 en de inleidende tekst aldaar). Ook elders kwamen vergelijkbare draagspeldjes met sexuele voorstellingen aan het daglicht. Verhoudingsgewijs wijkt vermoedelijk het aantal erotische insignes dat in de Nederlanden werd gevonden niet af van de omliggende landen, met uitzondering van Engeland. In Engeland is een grote hoeveelheid religieuze en profane insignes gevonden en daaronder bevinden zich uiterst weinig draagspelden met sexuele thematiek. Enkele voorbeelden zijn evenwel te noemen en deze bewijzen dat insignes van exact de typen die in Frankrijk, Duitsland en de Nederlanden voorkomen, ook aan de overzijde van het Kanaal niet onbekend waren. Te Londen kwamen bijvoorbeeld tevoorschijn een fragmentarisch en een compleet met fallussen bemand schip (vergelijkbaar met afb. 643, 644), een gevleugeld fallusdier met omgebonden bel (vergelijk afb. 629 - 635), een groot aantal haan-en-hen-insignes (vergelijk afb. 716). Deze laatste werden ook gevonden in Salisbury, waar de tenminste nauw aan de sexuele insignes verwante speldjes met de in een vijzel pissende aap of wilde-

man ook tevoorschijn kwamen (afb. 596, 597).[1] Dit materiaal, dat lange tijd maar nauwelijks getoond werd en bijna niet in publikaties werd opgenomen, is door de recente vondsten meer in de belangstelling komen staan en blijkt door de kwantiteit van dit materiaal, voor de laatmiddeleeuwse verbeeldingswereld belangrijker te zijn dan tot nog toe kon worden vermoed. Over de juiste interpretatie van deze insignes, die om een welhaast antropologische benadering en verklaring vragen, is het laatste woord nog lang niet gezegd. Malcolm Jones geeft elders in dit boek enkele aanknopingspunten (p. 99-109) en met name Jan Baptist Bedaux heeft getracht vanuit een socio-biologische benadering de funktie van deze sexuele speldjes te verklaren.[2] In zijn algemeenheid gesteld blijkt het nog steeds moeilijk voorstelbaar, zeker voor een groter publiek, dat ook dit materiaal zijn plaats heeft in 'onze' directe voorgeschiedenis, in de christelijke, laatmiddeleeuwse wereld. Met regelmaat zien we deze erotica dan ook of onherkend blijven of als 'antiek' en 'Romeins' bestempeld worden (zie inleiding bij afb. 610 -668).

Visuele parallellen voor de amulet-achtige sexuele insignes, die een ongelooflijke diversiteit aan voorstellingen geven en getuigen van een ongebrijdelde fantasie, zijn slechts met grote moeite en zeer incidenteel te vinden. Bedaux publiceerde recent een bladzijde uit een afschrift van Johannis Andrea, 'Novella in librum tertium Decretalium Gregorii IX' uit 1392, waar zich in de randdecoratie een prachtig gevleugeld fallusdier met omgebonden belletje bevindt dat in hoge mate overeenkomt met die welke we onder de insignes aantreffen. Of dit fallusdier meer is dan een 'Spielerei'

*Ill. 35. Schrijver en vrouwelijke verluchter aan het werk; zelfportretten van Jeanne en Richart de Montbaston ? Parijs, ca. 1450. Parijs, Bibliothèque Nationale, ms. fr. 25526, fol. 77v, benedenmarge.*

valt nog te bezien. Ook Malcolm Jones noemt enkele parallellen voor de sexuele insignes. De erotische fantasieën die we bij de insignes aantreffen blijken tot een vaste en traditionele iconografie te behoren, een verbeeldingswereld waarvan ook de oudfranse fabliaux getuigen. Een Frans handschrift van de Roman de la Rose geeft in de marge-decoratie een relatief klein aantal afbeeldingen die eveneens de verbeeldingswereld van de sexuele insignes dicht benaderen en die bovendien tenminste een deel van de betekenis die we aan deze insignes moeten hechten, lijken te onthullen. Dit handschrift is, met zijn direct sexuele illustraties bij de sterk sexueel-allegorische tekst van de Rozenroman een grote uitzondering: geen ander afschrift van de Roman de la Rose is bekend met dergelijke onomwonden illustraties. Het handschrift werd in eerdere publikaties al genoemd, en niet altijd in even correcte interpretaties zoals uit het hier volgende zal blijken. Ook Malcolm Jones noemt dit manuscript: Roman de la Rose, Parijs, Bibliothèque Nationale, Manuscrit Français 25526.[3]

Deze Rozenroman werd geschreven en verlucht rond het midden van de veertiende eeuw door Richart en Jeanne de Montbaston, een 'libraire' en zijn echtgenote die samen een werkplaats dreven onder de jurisdictie van de Universiteit van Parijs. Er is een handschrift bekend dat in 1348 door Richart werd verlucht en op grond van dat manuscript is een heel aantal boeken van dit schrijvers- en verluchtersechtpaar geïdentificeerd. Na de dood van Richart zette Jeanne het bedrijf voort en legde haar eed af voor de Universiteit in 1353.[4]

Het Roman de la Rose-manuscript uit de werkplaats van Richart en Jeanne de Montbaston is een van de talrijke middeleeuwse afschriften van deze tekst die bewaard bleven; zo'n driehonderd manuscripten zijn nu nog bekend. In het afschrift van De Montbaston is de tekst van Guillaume de Lorris en Jean de Meung correct en compleet weergegeven. Het hele manuscript telt 54 traditionele illustraties, het min of meer vaste

*Ill. 36. Erotische scène Parijs, ca. 1450. Parijs, Bibliothèque Nationale, ms. fr. 25526, fol. 106r benedenmarge.*

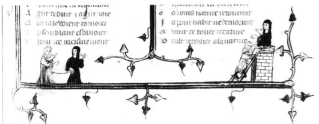

repertoire dat we in de Rozenroman-afschriften tegenkomen. Deze miniaturen zijn bovendien bepaald niet van hoge kwaliteit. Wat dit betreft, is deze Rozenroman zeker niet bijzonder of opvallend. Dit stelde Alfred Kuhn al in zijn dissertatie 'Die Illustration des Rosenromans' uit 1911. Wat wel opmerkelijk is aan dit manuscript, is dat de schrijver en verluchter bekend zijn en meer dan dat, ze beeldden zichzelf af al werkend in de marge van folio 77r en 77v (ill. 35). Links zit de schrijver - Richart -,

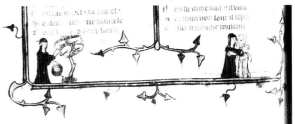

*Ill. 37. Erotische scène Parijs, ca. 1450. Parijs, Bibliothèque Nationale, ms. fr. 25526, fol. 106v benedenmarge.*

achter hem hangen beschreven katernen te drogen; rechts verlucht een vrouw - Jeanne - de tekst.

Maar meer opmerkelijk nog, zeker in de context vanwaaruit hier dit manuscript aan de orde wordt gesteld, is de buitengewoon rijke reeks van marge-decoraties die in dit manuscript is aangebracht. De 'marginalia' zijn niet alleen talrijk - nagenoeg elke zijde van de 163 folia is er mee gesierd, 325 in totaal -, ze zijn vaardig en attractief getekend, en tonen een ongelooflijk breed scala van onderwerpen. Alfred Kuhn waardeerde deze Rozenroman dan ook met name daarom: 'Die Qualität dieser Randzeichnungen steht bedeutend höher als die der Miniaturen' en gaat hij verder 'Das Interesse der Handschrift liegt übrigens ausschliesslich in der üppigen Fülle der am Fusse einer jeden Seite sich findenden farbigen Zeichnungen. Da werden Sujets aus der Bibel neben Jagd-, Kriegs- und Turnierszenen dargestellt, Martyrien neben Szenen aus dem Landleben,

*Ill. 38. Erotische scène Parijs, ca. 1450. Parijs, Bibliothèque Nationale, ms. fr. 25526, fol. 111r benedenmarge.*

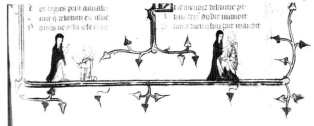

Tierdrolesken und recht massiven Erotika'.
Deze 'recht massiven Erotika' zijn buitengewoon interessant en direct te vergelijken met wat we bij de sexuele insignes aan onderwerpen aantreffen. Ook vanuit de bestudering van de Roman de la Rose en in bredere context is aandacht gegeven aan deze intrigerende marginalia. John Fleming schreef bijvoorbeeld in zijn 'Study in Allegory and Iconography of the Roman de la Rose' uit 1969: 'What of such a copy of the poem as Ms. Français 25526 in the Bibliothèque Nationale in Paris, the 163 folios of wich are lavishly decorated, recto and verso, with the most wide-ranging exemplary marginalia ? Would the readers be unable to understand the lengthy sequences illustrating the live of Christ, His Childhood and His Passion, just as they would regard the "secular" horse who nervously attends the copulating "pilgrims" at folio 111verso (hier ill. 39) as merely a decorative detail without conceptual relevance ?'. Met andere woorden, de erotische scènes moeten even zo goed te duiden zijn als de religieuze onderwerpen. Afgezien van de onzinnige interpretatie van het liefdespaar als 'pelgrims' en van het paard als 'nerveus', stelt Fleming een goede kwestie aan de orde: wat is het verhaal en wat is de betekenis van de marge-illustraties in het algemeen en van de erotische in het bijzonder, en wat is de relatie tot de romantekst zo er een relatie is.
De marginalia van dit Rozenromanhandschrift illustreren de tekst niet, zoals ook te verwachten was, maar soms - bij uitzondering - is er wel een relatie. Deze relatie is dan meer associatief dan illustratief. Bijvoorbeeld komen in de marge van folio 35v twee pelgrims of reizigers voor onder de tekst die verhaalt over de rechte weg die de 'oude dag' gaat en het kronkelige pad van de jeugd. En onder een uiteenzetting over elkaar bestrijdende personificaties, op folio 116v, staan twee in strijd verwikkelde oorlogsschepen afgebeeld met Franse ridders tegenover Engelse. Onder de 325 marge-decoraties van deze Rozenroman bevinden zich negen meer of minder erotische, de

'recht massiven Erotika' van Alfred Kuhn. In verhouding tot de vele andere onderwerpen in deze marges, vormt het negental sexueel getinte illustraties slechts een zeer kleine groep. Ter verduidelijking enkele vergelijkingen: de Jeugd van Christus komt bijvoorbeeld 35 keer voor, ridders te paard zien we 15 keer,

*Ill. 40. Erotische scène Parijs, ca. 1450. Parijs, Bibliothèque Nationale, ms. fr. 25526, fol. 132v benedenmarge.*

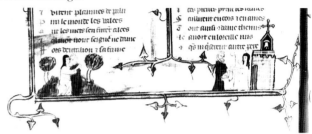

112 benedenmarges zijn voorzien van dieren in allerlei verwikkelingen met uitzondering van 'erotische'. Desalniettemin, de negen 'obscene' marges zijn zo opvallend dat Kuhn en Fleming er apart aandacht aan schonken en recent verleidden deze negen illustraties Michael Camille in zijn boek 'Image on the Edge' tot de volgende karakterisering van dit Rozenroman-manuscript en zijn makers: 'The copulations, prominent erections and a tree flowering with phalluses pictured in the "bas de pages" of this manuscript may very well have been the work of this lady (=Jeanne de Montbaston), perhaps the first example we have of a woman artist subverting sexual roles in the depiction of male desire and domination over her sex. Her little men are dominated by vast erections. Jumping on animals, nuns and anything else that passes by, these men are as much the butt of the joke as the traditionally errant cloistered females who share their space'. Deze vlot geschreven karakteristiek is wel zeer overdreven, tendentieus en slordig. Om te beginnen weten we al niet of Jeanne de Montbaston inderdaad de marginalia tekende, laat staan dat we iets zouden

*Ill. 39. Erotische scène Parijs, ca. 1450. Parijs, Bibliothèque Nationale, ms. fr. 25526, fol. 111v, benedenmarge.*

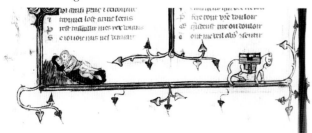

*Ill. 41. Erotische scène Parijs, ca. 1450. Parijs, Bibliothèque Nationale, ms. fr. 25526, fol. 160r benedenmarge.*

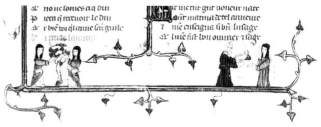

mogen concluderen over haar fantasieën. Maar het gaat verder. Er zijn in het geheel geen kleine mannetjes die rondhuppelen met grote erecties of 'paarden, nonnen en al wat meer voorbijkomt, bespringen'. Zeker, er zijn erotische scènes, maar meer verhalend van aard, en er is één mannetje met een geprononceerde erectie - hij komt nog ter sprake, maar hij springt niet en er is in zijn omgeving geen vrouw, non of paard te bekennen. Aan de andere kant, Camille observeerde slechts één boom met fallussen, terwijl er twee zijn (ill. 37 en 41).

Wat valt er wel te zeggen over deze erotische marge-illustraties en wat is de relatie tot de insignes ? De eerste sexuele scène in het handschrift, folio 63r, toont onder de linker tekstkolom niet meer dan een liefdespaar in bed, een verhaal dat kennelijk niet zo vredig eindigde als het begon, want onder de rechter kolom wordt de naakte man met een snijplank of iets dergelijks door de vrouw een toren in gejaagd. In de tekst op deze bladzijde wordt inderdaad een zinspeling gemaakt op de liefde en het liefdespel, doch dat is zo frequent in de Rozenroman dat het nauwelijks de inspiratie tot deze marge-versiering kan hebben geboden.

Met de twee volgende voorstellingen wordt het meer serieus. Op folio 106r voert een in het zwart gehulde vrouw (een non ?) een man in een pij (een monnik ?) met zich mee; de man is geketend aan zijn geslacht (ill. 36). Het tweetal is op weg naar een toren die we rechts op hetzelfde blad zien: de vrouw zit daar met opgeschort kleed bovenop en de man staat op een laddertje voor en onder haar. Folio 106 v laat de (zelfde ?) vrouw zien die in een mandje fallussen verzamelt uit een boom, rechts omarmen de man en vrouw elkaar (ill. 37). De tekst op deze pagina's geeft een exposé over de liefde en het liefdespel, en meer bepaald over de macht van Natuur, die ieder levend wezen dwingt tot sexuele activiteit. Tegen het einde van folio 106v verklaart het Oud Wijf tenslotte dat ze wenste dat ze zoveel mogelijk minnaars had gehad als

maar mogelijk was geweest ...

Folio 111 is weer zowel op de recto- als versozijde van erotische illustraties voorzien (ill. 38 en 39). Hetzelfde paar wordt weer ten tonele gevoerd: de man knielt voor de vrouw die vermanend haar linkerhand ophoudt of bedoelt ze wat anders met dit ook obsceen uit te leggen gebaar ? Kennelijk, want onmiddellijk daarna wordt de liefde bedreven (ill. 38). Op de keerzijde gaat het liefdespel liggend voort en hier staat het nerveuze paard van Fleming. De last die het paard draagt is interessant: in de zadelkist zijn drie fallussen te zien (ill. 39) !

Op folio 132v wordt de erotische reeks voortgezet: de man en vrouw vrijend op een heuveltje en rechts de man met ontbloot lid - waarvoor hij in zijn rechterhand een voorbehoedmiddel lijkt te houden - die door de vrouw wordt onthaald voor een kerkje (ill. 40). De tweede boom met fallussen is afgebeeld op folio 160r en twee vrouwen of nonnen verzamelen ze in hun schoot; onder de rechter tekstkolom zien we hier de man met beide handen een gekroonde fallus aanbieden aan de vrouw (ill. 41).

De thematische overeenkomsten van deze marge-illustraties met de sexuele insignes is evident, zonder dat te stellen valt dat we met letterlijk dezelfde verbeelde verhalen of met exact dezelfde onderwerpen van doen hebben. De twee laatste bladen met sexuele beelden in de marge geven evenmin een directe parallel voor de insignes, maar zijn voor de interpretatie die we aan deze speldjes moeten geven wel zeer illustratief. Op folio 130v zien we twee kleine mannetjes die letterlijk manhaftig een groot monster bevechten (ill. 42). Dreigend staan ze tegenover het ongedierte. De voorste, gekleed, zwaait met een reusachtige knots die hij met beide handen omklemt. Achter hem staat de tweede, spiernaakt, die een tweehandszwaard voor zich uit steekt. Dat hij geheel naakt is, is essentieel, want een forse erectie onderstreept het imponeergedrag van de beide mannen ten overstaan van het dreigende gevaar. Knots, zwaard en fallus vormen een

*Ill. 42. Erotische scène Parijs, ca. 1450. Parijs, Bibliothèque Nationale, ms. fr. 25526, fol. 130v benedenmarge.*

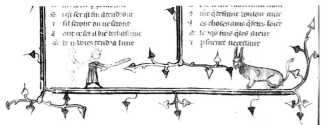

*Ill. 43. Erotische scène Parijs, ca. 1450. Parijs, Bibliothèque Nationale, ms. fr. 25526, fol. 135v benedenmarge.*

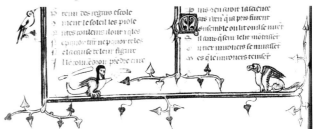

113

oplopende trits. De benedenmarge van folio 135v (ill. 43) tenslotte bevestigt deze interpretatie en maakt de verbinding naar de fallus-insignes: een grotesk wezen, met een vrouwen- of nonnenhoofd en roofvogelachtig lijf, zwaait met beide armen naar een uiterst rustig griffioen-achtig monster tegenover haar: in de rechterhand hanteert zij een knots achter haar maar wel gericht op het ondier en met haar linkerhand houdt ze een losse fallus voor zich in de richting van de griffioen.

De losse fallus is hier overduidelijk bedoeld als onheil afwerend object, precies zo als de erectie van de zwaardvechter op folio 130v. De losse fallus moet het groteske wezen beschermen en de griffioen schrik aanjagen. De fallus-speldjes moeten op deze zelfde wijze worden geïnterpreteerd: kwaad afwerend en beschermend, heilbrengend en onheil voorkomend. Het vruchtbaarheid bevorderende aspect valt hierbij uiteraard niet weg te denken, vruchtbaarheid wat in primitievere samenlevingen onlosmakelijk verbonden is met rijkdom en macht.

De margedecoratie van dit Rozenroman-handschrift, althans het sexueel beladen negental, bewijst evenals het fallusdier in het genoemde manuscript uit 1392 en andere parallellen voor de erotische insignes, dat deze behoren tot een stereotiepe iconografie, tot een verbeeldingswereld die in de late middeleeuwen ver was uitgekristalliseerd. Vele van de afgebeelde scènes en vele van de zinspelingen die door de insignes worden gemaakt, zullen door nader onderzoek ook meer in detail nog kunnen en moeten worden verklaard. Over en weer zal het visuele bronnenmateriaal verhelderend werken en zeker ook schriftelijke bronnen zullen nader bij de studie van dit materiaal betrokken moeten worden. Hoe dan ook is een uitspraak als Michael Camille doet die de marges van het Rozenroman-manuscript tot een, liefst zelfs tot het eerste voorbeeld van vrije vrouwelijke fantasie maakt, volstrekt onzinnig en a-historisch. We worden door dit materiaal geconfronteerd met een bijna vergeten en voor ons tamelijk absurde iconografie die in de periode van de dertiende tot in vijftiende eeuw nog volop leefde en dan nagenoeg volledig lijkt te verdwijnen. De traditie wordt evenwel niet geheel gewist. Een mooie reminiscentie naar deze laatmiddeleeuwse sexuele verbeeldingswereld komt bijvoorbeeld nog voor in de Heksenhamer, de 'Malleus Maleficarum' van de inquisiteurs en Dominikaner monniken Jacob Sprenger en Heinrich Institoris, gepubliceerd in het latijn in 1487. Vele voorbeelden van hekserij worden gegeven en onder deze is het veroorzaken van onvruchtbaarheid bij de man een vaak terugkerend onderwerp dat als hoogst bedreigend gold. In die context worden behekste fallussen beschreven, die worden ontnomen aan hun rechtmatige dragers en verborgen: '... in aanzienlijke aantallen, twintig tot dertig mannelijke geslachtsdelen ... in een vogelnest, waar ze zich bewegen als levende wezens, graan en ander voedsel tot zich nemen ...'.

De associatie van dit beeld met de sexuele insignes is onontkoombaar: ook daar zien we mannelijke en vrouwelijke geslachtsdelen een eigen leven leiden, in en onder bomen (afb. 622 - 624), geïsoleerd of in samenspel (afb. 629 - 666).

noten

1. Mitchiner 1986, p. 60 nr. 95 (fallusschip, niet herkend fragment), p. 281 nr. x95 (collectie John Auld, als 'schip met Thomas Becket'), p. 127 nr. 326 (gevleugelde fallus, 'broederschapsinsigne'), p. 216-217 nr. 787-792 (haan treedt hen, 'vechtende hanen'), p. 282 (vijzelpisser, vondst Salisbury); Spencer 1990, p. 114 nr. 213-214 (haan en hen, met exposé over sexuele insignes), p. 115-116 nr. 216-218 (vijzelpisser).

2. Bedaux 1989; Bedaux 1993.

3. Tijdens het colloquium 'Flanders in a European Perspective. Manuscript illumination around 1400 in Flanders and abroad', Leuven sept. 1993, hield ik de voordracht 'A barefaced Roman de la Rose (Paris, B.N. ms. français 25526) and Some Late Medieval Massproduced Badges of Sexual Content', waarvan het hier gepresenteerde hoofdstuk een aangepaste versie is.

4. Overige in dit hoofdstuk genoemde literatuur: Kuhn 1911; Fleming 1969; Camille 1992; Sprenger & Institoris 1487.

# HEILIG EN PROFAAN CATALOGUS

*H.J.E. van Beuningen, A. M.Koldeweij*

In het hier volgende catalogusdeel worden 1036 insignes afgebeeld en beschreven. Deze presentatie is in twee delen opgesplitst, te weten 536 religieuze en 500 profane draagtekens. Binnen deze hoofdgroepen is een structuur aangebracht die hierna in de respectieve inleidingen wordt toegelicht.

Bij elk afgebeeld insigne is zo consequent mogelijk een aantal gegevens vermeld. Na afbeeldings- en inventarisnummer (Afb. en Inv.) volgt de identificatie of, indien deze niet te geven is, een korte omschrijving ('Voorstelling'). Direct onder de identificatie is de oorspronkelijke plaats van herkomst, veelal tevens de meest waarschijnlijke plaats van ontstaan vermeld; met name bij de ongeïdentificeerde heiligen, insignes voor algemene devotie en bij de profane insignes zal dit oningevuld zijn. In aansluiting daarop is de archeologische herkomst aangeduid ('Vindplaats'), gevolgd door de maten ('Afm.') in hoogte ('h.') en ('br.') breedte, in milimeters. De afbeeldingen zijn bij benadering op ware grootte. Als materiaal-aanduidingen is een beperkt aantal noemers gebruikt ('Materiaal'). Meestal is sprake van 'lood-tin' gebruikt voor alle in hoofdzaak uit deze metalen bestaande legeringen; 'latoenkoper' is gebruikt voor dun, geslagen of gestansd, vormgestempeld messing. Bij vijftig insignes is onderzoek gedaan door het Centraal Laboratorium voor Onderzoek van Voorwerpen van Kunst en Wetenschap in Amsterdam (zie p. 21-25); dit is bij de betreffende afbeeldingen aangegeven met de afkorting (C.L.) na de materiaal-aanduiding. Na het trefwoord 'Bevestiging' is vermeld hoe het insigne indertijd op de kleding, hoed of ransel kon worden gehecht: aan speciaal daarvoor aangebrachte 'oogjes' of met één dan wel enkele 'hangoogjes' aan de bovenzijde, met een aan de achterzijde aangegoten 'draagspeld' of een uitstekend 'oogje achterzijde'; bij ringbroches en gespen spreken we over 'gespnaald'. Indien er nog bijzonderheden of diversen te melden waren, is dit vermeld achter 'Details' en in geval er een tekst of letters zijn aangebracht, staat dat achter 'Opschrift'. Voor de 'Datering' is in principe met tijdvakken van vijftig jaar gewerkt, schuivend over kwart-eeuwen; soms, wanneer daar een duidelijke reden voor was, is daarvan afgeweken (bijvoorbeeld de emissiedatum van een nagevolgde munt of een heiligverklaring). De datering is doorgaans tot stand gekomen door combinatie van stilistische analyse, berichten over vondstomstandigheden, vergelijking met andere insignes of objecten, etcetera. De terminus antequem die geldt voor ruim de helft van de insignes omdat deze afkomstig zijn uit het in 1530/1532 door de Schelde verzwolgen dorp Nieuwlande (534 stuks), is nergens afzonderlijk aangeduid omdat de meeste aanzienlijk ouder zijn.

Afgezien is van literatuur-opgave per insigne; bij de inleidende tekstjes is de meest belangrijke literatuur dikwijls genoemd. Dit gebeurt dan door vermelding van auteursnaam en jaar van publicatie, eventueel met trefwoord; een volledig overzicht van geraadpleegde werken is in de uitvoerige, alfabetisch geordende literatuurlijst te vinden.

# RELIGIEUZE INSIGNES

De hier volgende selectie van 536 verschillende religieuze insignes toont een zo geschakeerd mogelijk beeld van vereerde heiligen, bedevaartplaatsen, typen van insignes en varianten binnen een type. Uiteraard is er vanuit gegaan zoveel mogelijk complete of bijna complete insignes te laten zien, doch wanneer fragmenten een essentiële bijdrage konden leveren, zijn ook deze opgenomen. Het belang van zelfs zeer kleine fragmenten kan groot zijn. Verschillende bedevaartplaatsen of devoties worden op dit moment nog slechts weerspiegeld door fragmentarisch tevoorschijn gekomen insignes; wanneer een type insigne evenwel bekend is, voegen het kleinste herkenbare fragment en het complete insigne in principe evenveel historische informatie toe aan het beeld dat we trachten op te bouwen van de laatmiddeleeuwse devotie.

De hierna gepresenteerde afbeeldingen en beknopte beschrijvingen hebben zowel betrekking op pelgrimsinsignes als op devotie-speldjes en -hangertjes.

Onder pelgrimsinsignes verstaan we de draagtekens die verwijzen in afbeelding en soms ook in tekst, naar specifieke plaatsgebonden devoties, naar te benoemen bedevaartsoorden. Dit wil niet zeggen dat uitgesloten is dat deze pelgrimstekens ook op plaatsen buiten de betreffende pelgrimsplaatsen zijn verkocht. Zo zullen met name de questierders, priesters en anderen die in de late middeleeuwen tochten maakten met relieken en mirakelbeelden om inzamelingen te houden, al rondreizend ook zoveel mogelijk van de aan het getoonde heiligdom verbonden insignes en verwante devotionalia aan de man hebben gebracht. Voorts is het nog om andere redenen onjuist achter elk teruggevonden pelgrimsteken een werkelijk afgelegde bedevaart te vermoeden: vele van de pelgrims zullen immers meer dan één insigne uit den vreemde mee naar huis hebben gebracht.

Onder devotie-speldjes en -hangertjes verstaan we voor meer algemene, niet plaatsgebonden devotie vervaardigde en dus doorgaans op vele plaatsen tegelijk verkochte draagtekens.

Niet altijd zijn de beide categorieën absoluut van elkaar te scheiden. Dit wordt al bewezen door de Jacobsschelp; aanvankelijk is deze uiteraard het insigne van degenen die Santiago hadden bereikt, maar al snel werd de schelp in het algemeen het karakteristieke herkenningsteken van de pelgrim die daarmee de bescherming van Jacobus als pelgrimsheilige over zich afriep.

De religieuze insignes zijn zo consequent mogelijk alfabetisch geordend naar de heiligen en bijbelse personen die zijn voorgesteld of waarnaar wordt verwezen. Binnen elke groep is vervolgens een ordening naar vereringsplaats, tenminste indien mogelijk, aangehouden en een chronologische ordening. Bovendien is ook op typologische gronden gegroepeerd, zodat verwante of gelijke attributen, thema's of onderwerpen min of meer bij elkaar zijn gezet.

In totaal volgen hier afbeeldingen van 64 verschillende geïdentificeerde heilige en bijbelse personen; de telling is betrekkelijk, de Driekoningen werden als een drietal geteld, maar bijvoorbeeld de duizenden maagden uit het gevolg van Ursula lieten we buiten beschouwing. Christus en Maria nemen binnen de religieuze insignes vanzelfsprekend een extreem grote plaats in, respectievelijk met 81 (afb. 69 - 139) en 132 (afb. 405 - 536) stuks, terwijl Maria en Christus ook op andere insignes nog als 'bijfiguren' voorkomen. De naar devotie geïdentificeerde insignes kunnen ten dele aan specifieke vereringsplaatsen worden toegeschreven; in totaal komen aldus bijna 80 verschillende bedevaartplaatsen aan de orde, verbreid over de gehele, laatmiddeleeuwse christelijke wereld (zie ook ill. 2 op p. 6). Uit niet minder dan 19 van deze pelgrimsplaatsen waren tot nu toe geen middeleeuwse bedevaartsinsignes bekend.

# ADRIANUS, GERAARDSBERGEN

De heiligenlegenden verhalen dat Adrianus een romeins officier was die zozeer onder de indruk raakte van de geloofsovertuiging van de vervolgde christenen dat hij zelf tot dit geloof overging. Hij werd gevangen genomen en in de kerker geworpen. Toen hij in zijn geloof volhardde, werden zijn ledematen op een aambeeld met een hamer verbrijzeld, waarna onthoofding met het zwaard volgde.

In het jaar 1175 werden relieken van de martelaar Adrianus overgebracht naar de bij die gelegenheid zo genoemde Sint-Adrianusabdij te Geraardsbergen (Oost-Vlaanderen). Een sterke toename van de verering van Adrianus vond plaats nadat zijn relieken aldaar in 1423 in een nieuw schrijn waren overgebracht. Adrianus wordt vereerd als beschermheilige van soldaten, gevangenbewaarders, smeden en slagers. Bovendien wordt hij aangeroepen als beschermheilige tegen de pest en tegen een onverwachte dood.

Adrianus wordt afgebeeld als geharnaste krijgsman met opgeheven zwaard in de rechter- en een aambeeld met daarop de hamer in de linkerhand. De heilige staat op een leeuw, symbool voor de door hem getoonde dapperheid.

De verering van Adrianus in Geraardsbergen moet na 1425 een grote omvang hebben gekregen. Dit blijkt ook uit bezoeken van hoogwaardigheidskleders. Zo is bekend dat hertog Philips de Goede in 1438 tijdens een bezoek aan Geraardsbergen een zilveren Adrianus-insigne kocht. De Franse koning Lodewijk XI deed hetzelfde toen hij zowel in 1457 als in 1458 en nogmaals in 1459 Adrianus te Geraardsbergen vereerde.

Het beste bewijs van de grote betekenis van de Adrianusverering te Geraardsbergen wordt gevormd door de talrijke vondsten van pelgrimstekens van deze cultus. In 1987 werden in 'Heiligen uit de modder' (R.M. van Heeringen, A.M. Koldeweij, A.A.G. Gaalman) al 101 in Zeeland gevonden Adrianus-insignes uit Geraardsbergen genoemd en vijf typen afgebeeld. Sedertdien is nog een groot aantal andere Adrianus-insignes uit Nederlandse bodemvondsten bekend geworden. Hoewel het hierna gegeven overzicht van vindplaatsen en aantallen beslist nog incompleet is, kunnen er toch enkele gevolgtrekkingen uit worden gemaakt. Van de tot dusver over geheel Nederland gedocumenteerde

199 Adrianus-insignes werden er 183 in de provincie Zeeland gevonden en wel op de locaties Nieuwlande (137), Tolsende (11), Reimerswaal (10), Middelburg (14), Arnemuiden (5), Valkenisse (2), Hontenisse (1), Vlissingen (1), Oud-Rilland (1) en tenslotte een exemplaar van een niet nader bekende vindplaats. De andere 16 insignes zijn afkomstig uit onder andere Dordrecht, Rotterdam, Zwolle en Egmond aan Zee. Aangenomen moet worden dat verschillende Adrianus-insignes en zeker tal van fragmenten niet zijn gedocumenteerd en in deze telling verwerkt. Het is dus van belang melding te doen van vondsten op dit gebied bij de Stichting die dit boek publiceert, want juist aantallen, verspreiding en overzicht van typen van insignes geven een beeld van omvang en verbreiding van de heiligenverering. Zo blijkt uit het gegeven overzicht hoe regionaal die verering moet zijn geweest, tenzij ons beeld sterk vertekend is door de toevallige goede conservering en de intensieve graverij op Nieuwlande met zijn 137 Adrianus-insignes uit Geraardsbergen. Hier zij tenslotte nog vermeld dat ook enkele Adrianus-insignes zijn gevonden in Vlaanderen en één fragment in Canterbury.

Het zijn niet alleen deze teruggevonden Adrianus-insignes die de betekenis van deze heilige aangeven. Kurt Köster wees op een Adrianus-insigne op een in 1433 gegoten luidklok in het Nedersaksische Marienhagen, dat direct vergelijkbaar is met het insigne afb. 4. Voorts vermeldde Köster een Adrianus-insigne dat is afgegoten op een kerkklok uit 1496 te Retterode (Hessen); deze is vergelijkbaar met het insigne afb. 8. In 1973 beschreef Köster vijf verschillende grondtypen waarvan twee zonder tekstband (vergelijk afb. 1, 2 en 3), één staande op een leeuw waaronder een tekstband (vergelijk afb. 4, 5 en 6), één staande op een leeuw met de tekstband ter rechterzijde (vergelijk afb. 8 - 16) en tenslotte een rechthoekige plaquette (vergelijk afb. 17 -19).

Nieuwe vondsten hebben ook nieuwe typen opgeleverd, die hier voor het eerst worden gepubliceerd. Moest 'Heiligen uit de modder' nog volstaan met een fragment van de geharnaste Adrianus staande op leeuw en tekstband (nr. 1.5 Goes, museum), thans kan daar een compleet exemplaar van worden getoond (afb. 4). De kop van

de leeuw bevindt zich onder de linkerhand van de heilige. Onder afb. 5 en 6 worden hier twee fragmenten gereproduceerd van een vergelijkbaar insigne, maar bij afb. 6 is de kop van de leeuw onder Adrianus' rechterhand geplaatst. Ook afwijkend is afb. 7 waar de heilige zijn aambeeld niet links, maar rechts draagt; het zwaard moet door deze Adrianus dus met de linkerhand zijn gehanteerd. Van het latere type insigne dat de martelaar op de plaquette toont en dat omstreeks 1500 in omloop zal zijn gebracht, zijn inmiddels een grotere en een kleinere variant bekend. Overigens is opvallend dat van dit type in Zeeland in het geheel geen exemplaren zijn gevonden. De van afb. 8 tot en met afb. 16 gepresenteerde insignes zijn alle van één type, doch uit verschillende gietvormen afkomstig. Onderling komen kleine afwijkingen voor in tekst en vorm van met name leeuw en harnas. Recent zijn nog enkele Adrianus-insignes gevonden in Middelburg, waarvan één exemplaar van een nieuw type met afwijkend hoofddeksel.

Naast de teruggevonden en de afgegoten Adrianus-insignes leveren ook afgebeelde pelgrimstekens uit Geraardsbergen nog informatie over deze heiligenverering. In 1973 vestigde Kurt Köster de aandacht op een tafereel met betrekking tot de liefdadigheid van Joachim en Anna, dat voorkomt op het Sint-Anna-altaar te Frankfurt (nu Historisch Museum aldaar) van omstreeks 1490. Daarop komt een pelgrim voor met op zijn hoed tussen twee Jacobsschelpen duidelijk herkenbaar een Adrianus-insigne en wel van het hier onder afb. 8 - 16 gegeven type. Schriftelijke bronnen bevestigen dat Nederlandse kooplieden in hoge mate bijdroegen aan de pracht en praal van de 'Capella Brabantinorum', de 'Brabanderskapel', zoals de Annakapel waar het altaar voor bestemd was, toen werd genoemd. Ongetwijfeld leverden zij het insigne dat als voorbeeld diende. In zijn overzicht van 1973 wees Köster voorts op Adrianus-insignes die zowel geschilderd als in natura ingenaaid voorkomen in laat-vijftiende- en vroeg-zestiende-eeuwse Vlaamse gebedenboeken. Hier betreft het weer het jongste type, de plaquettes. En ook hier levert onderzoek nog nieuwe gegevens: onder de 23 zilveren insignes in het door de Koninklijke Bibliotheek te 's-Gravenhage onlangs verworven Brugse gebedenboek, bevindt zich een dergelijk Adrianus-insigne (zie p. 46-48). Tenslotte valt de aandacht in verband met de Geraardsbergse Adrianusverering nog te vestigen op het fenomeen van de strafbedevaarten. In zijn 'Opgelegde Bedevaarten' vermeldde Jan van Herwaarden in 1978 niet minder dan 23 plaatsen waar in correcties en zoenen sprake is van de bedevaart naar Adrianus te Geraardsbergen. De populariteit van Adrianus bleef ondanks de oprukkende reformatie nog tot het einde van de zestiende eeuw bestaan zoals blijkt uit de klacht van een predikant, in april 1597 op de synodale vergadering te Goes, dat er te Dreischor - waar Adrianus de vroegere kerkpatroon was - afgoderij aan deze heilige was gepleegd. Werden de Adrianus-insignes van de als 'Geraardsbergen' geïdentificeerde typen uitsluitend in Geraardsbergen te koop aangeboden en mogen we veronderstellen dat deze alle door pelgrims naar elders verspreid zijn ? Of werden deze insignes ook verkocht door reizende kerkdienaren die met relieken rondtrokken en aldus inkomsten verzamelden voor hun abdij ? Antwoord hierop moet vooralsnog uitblijven. Er moet in Geraardsbergen een vrij grootschalige produktie van insignes zijn geweest, waarbij gebruik werd gemaakt van een groot aantal gietvormen. Hiervan is vermoedelijk niets bewaard gebleven. Zorgvuldige vergelijking van afzonderlijke insignes levert informatie over de gebruikte mallen. Insignes die in dezelfde gietvorm gegoten werden, zijn herkenbaar en tevens is dus in principe vast te stellen hoeveel mallen minimaal tegelijkertijd in gebruik zijn geweest. Dit geeft vervolgens weer een indicatie voor de mogelijke totale aantallen. In dit verband is interessant te wijzen op het insigne afb. 15 met een opmerkelijke onregelmatigheid, zichtbaar op hoofd en ter linkerzijde van Adrianus' lichaam, doorlopend tot de kop van de leeuw. Deze opvallende lijn kan alleen maar zijn ontstaan door een beschadiging van de gietvorm. Blijkbaar bleef deze gebarsten gietvorm desondanks in gebruik, want inmiddels zijn op verschillende Zeeuwse locaties vijf insignes met deze zelfde beschadiging gevonden. Kennelijk was het pelgrimsinsigne zo'n goedkoop massaprodukt dat een dergelijke afwijking geen bezwaar werd geacht; produktie en verkoop gingen gewoon door. Een soortgelijke nogal nonchalante houding ten aanzien van het en masse geproduceerde pelgrimsteken is te herleiden uit diverse slordig gegoten en nauwelijks of niet afgewerkte insignes die ver van de produktieplaatsen zijn teruggevonden: insignes uit niet geheel volgevloeide gietvormen en dus incompleet of met gaten, en insignes met niet verwijderde bramen, randen of gietproppen werden gewoon verkocht en als devotionalia verspreid.

| Afb.: 1 | Inv.: 1469 | Afb.: 2 | Inv.: 2136 | Afb.: 3 | Inv.: 1470 |
|---|---|---|---|---|---|
| Voorstelling: | Adrianus Geraardsbergen | Voorstelling: | Adrianus Geraardsbergen | Voorstelling: | Adrianus Geraardsbergen |
| Vindplaats: | Nieuwlande | Vindplaats: | Tolsende | Vindplaats: | Nieuwlande |
| Afm. | h.: 76 br.: 28 | Afm. | h.: 64 br.: 23 | Afm. | h.: 73 br.: 27 |
| Materiaal: | lood-tin (C.L.) | Materiaal: | lood-tin | Materiaal: | lood-tin |
| Bevestiging: | oogjes | Bevestiging: | oogjes afgebroken | Bevestiging: | oogjes |
| Datering: | 1400-1450 | Datering: | 1400-1450 | Datering: | 1400-1450 |
| Details: | – | Details: | – | Details: | – |

| Afb.: 4 | Inv.: 1913 | Afb.: 5 | Inv.: 1985 | Afb.: 6 | Inv.: 0175 |
|---|---|---|---|---|---|
| Voorstelling: | Adrianus Geraardsbergen | Voorstelling: | Adrianus Geraardsbergen | Voorstelling: | Adrianus Geraardsbergen |
| Vindplaats: | Nieuwlande | Vindplaats: | Nieuwlande | Vindplaats: | Nieuwlande |
| Afm. | h.: 76 br.: 37 | Afm. | h.: 57 br.: 35 | Afm. | h.: 20 br.: 42 |
| Materiaal: | lood-tin | Materiaal: | lood-tin | Materiaal: | lood-tin |
| Bevestiging: | oogjes | Bevestiging: | oogjes | Bevestiging: | oogjes |
| Datering: | 1425-1475 | Datering: | 1425-1475 | Datering: | 1425-1475 |
| Opschrift: | S. ADRIANUS | Opschrift: | niet bewaard | Opschrift: | S. ADRIANUS |

| Afb.: 7 | Inv.: 1692 | Afb.: 8 | Inv.: 1113 | Afb.: 9 | Inv.: 0241 |
|---|---|---|---|---|---|
| Voorstelling: | Adrianus Geraardsbergen | Voorstelling: | Adrianus Geraardsbergen | Voorstelling: | Adrianus Geraardsbergen |
| Vindplaats: | Nieuwlande | Vindplaats: | Nieuwlande | Vindplaats: | Nieuwlande |
| Afm. | h.: 78 br.: 40 | Afm. | h.: 78 br.: 41 | Afm. | h.: 78 br.: 43 |
| Materiaal: | lood-tin | Materiaal: | lood-tin | Materiaal: | lood-tin |
| Bevestiging: | oogjes | Bevestiging: | oogjes | Bevestiging: | oogjes |
| Datering: | 1425-1475 | Datering: | 1450-1500 | Datering: | 1450-1500 |
| Opschrift: | niet bewaard | Opschrift: | S. ADRIANUS | Opschrift: | S. ADRIANUS |

| Afb.: 10 | Inv.: 2313 | Afb.: 11 | Inv.: 2324 | Afb.: 12 | Inv.: 0313 |
|---|---|---|---|---|---|
| Voorstelling: | Adrianus Geraardsbergen | Voorstelling: | Adrianus Geraardsbergen | Voorstelling: | Adrianus Geraardsbergen |
| Vindplaats: | Tolsende | Vindplaats: | Middelburg | Vindplaats: | Nieuwlande |
| Afm. | h.: 79 br.: 38 | Afm. | h.: 39 br.: 34 | Afm. | h.: 81 br.: 42 |
| Materiaal: | lood-tin | Materiaal: | lood-tin | Materiaal: | lood-tin |
| Bevestiging: | oogjes | Bevestiging: | oogjes | Bevestiging: | oogjes |
| Datering: | 1450-1500 | Datering: | 1450-1500 | Datering: | 1450-1500 |
| Opschrift: | S. ADRIANUS | Opschrift: | S: ADRI(ANUS) | Opschrift: | :S: ADRIANUS: |

Afb.: 17          Inv.: 1322
Voorstelling:     Adrianus
                  Geraardsbergen
Vindplaats:       Dordrecht
Afm.              h.: 45 br.: 21
Materiaal:        lood-tin
Bevestiging:      niet bewaard
Datering:         1475-1525
Opschrift:        S ADRIA(NUS)

Afb.: 13          Inv.: 1468
Voorstelling:     Adrianus
                  Geraardsbergen
Vindplaats:       Nieuwlande
Afm.              h.: 73 br.: 41
Materiaal:        lood-tin
Bevestiging:      oogjes
Datering:         1450-1500
Opschrift:        S. ADRIANUS

Afb.: 14          Inv.: 0237
Voorstelling:     Adrianus
                  Geraardsbergen
Vindplaats:       Nieuwlande
Afm.              h.: 85 br.: 41
Materiaal:        lood-tin (C.L.)
Bevestiging:      oogjes
Datering:         1450-1500
Opschrift:        S. ADRIANUS

Afb.: 18          Inv.: 2124
Voorstelling:     Adrianus
                  Geraardsbergen
Vindplaats:       Egmond aan Zee
Afm.              h.: 35 br.: 23
Materiaal:        lood (C.L.)
Bevestiging:      oogjes
Datering:         1475-1525
Opschrift:        S. ADRIA(NUS)

Afb.: 15          Inv.: 2484
Voorstelling:     Adrianus
                  Geraardsbergen
Vindplaats:       Nieuwlande
Afm.              h.: 74 br.: 38
Materiaal:        lood-tin
Bevestiging:      oogjes
Datering:         1450-1500
Opschrift:        S. ADRIANUS

Afb.: 16          Inv.: 1194
Voorstelling:     Adrianus
                  Geraardsbergen
Vindplaats:       Nieuwlande
Afm.              h.: 82 br.: 43
Materiaal:        lood-tin
Bevestiging:      oogjes
Datering:         1475-1525
Opschrift:        SA(N)CT' ADRIAN'

Afb.: 19          Inv.: 0780
Voorstelling:     Adrianus
                  Geraardsbergen
Vindplaats:       Haarlem
Afm.              h.: 34 br.: 18
Materiaal:        lood-tin
Bevestiging:      ingeslagen gaatjes
Datering:         1475-1525
Opschrift:        S. ADRIA(NUS)

## ANDREAS, ST. ANDREWS

St.Andrews in Schotland, dat oorspronkelijk Kilrymont heette, kwam volgens de traditie in de achtste eeuw in bezit van relieken van de apostel Andreas. Sinds 1329 werden daar de Schotse koningen gekroond en deze vereerden Andreas als hun speciale patroonheilige. De pelgrimstekens uit St.Andrews tonen uiteraard deze apostel en dit op de sinds de twaalfde eeuw gebruikelijke iconografie, gehangen aan een X-vormig kruis.
Andreas was een broeder van de apostel Petrus en met deze hoort hij bij de eerste leerlingen die Christus om zich verzamelde. Na Christus' kruisdood trok hij naar de gebieden ten noorden van het Heilige Land om het christendom te prediken. Hij zou te Patras zijn gekruisigd. In 357 werden zijn relieken naar Byzantium overgebracht en vandaar in 1208 naar het Zuid-Italiaanse

Amalfi. De toeschrijving van dit insigne aan het Schotse St.Andrews lijkt vrij zeker te zijn. De enige andere plaats in Europa waar Andreas werd vereerd, was Amalfi aan de Golf van Salerno. Van bedevaarten daarheen vanuit de Nederlanden was nauwelijks of geen sprake. Een gaver maar niet identiek exemplaar van hetzelfde type Andreas-insigne werd gevonden te Sluis (Mariaklooster) en bevindt zich in de collectie van Rijksmuseum Het Catharijneconvent te Utrecht. In de Thames te Londen werden niet lang geleden twee wat primitievere Andreaspelgrimstekens gevonden, die eveneens uit St. Andrews afkomstig zullen zijn en opnieuw de aan het schuine kruis gehangen apostel tonen.

| Afb.: 20 | Inv.: 0673 |
|---|---|
| Voorstelling: | Andreas |
| | St. Andrews |
| Vindplaats: | Middelburg |
| Afm. | h.: 71 br.: 38 |
| Materiaal: | lood-tin |
| Bevestiging: | oogjes |
| Datering: | 1450-1500 |
| Details: | — |

## ANNA

Anna, echtgenote van Joachim, de moeder van Maria en grootmoeder van Christus, wordt in de bijbel niet genoemd. Alle gegevens over haar persoon en leven zijn ontleend aan de apocriefe boeken of ontstonden als legendevorming in de middeleeuwen.
Op vele plaatsen werd Anna vereerd en er zullen dan ook veel meer verschillende pelgrimstekens van Anna zijn geweest dan dat er tot op heden werden terug gevonden. De bedevaartskapel van Annaberg kreeg bijvoorbeeld in 1514 toestemming 'signa seu insignea aliqua stagnea seu plumbea', 'tekens of insignes van koper of lood' te vervaardigen en te verkopen. Tot voorkort waren geen originele Anna-insignes bekend. Behalve de hier getoonde vijf verschillende exemplaren, bevindt zich ook een Anna-insigne van nog ongeïdentificeerde herkomst in het onlangs door de Koninklijke Bibliotheek te 's-Gravenhage aangekochte handschrift (zie p. 46-48).
De afbeeldingen 21 tot en met 25 tonen vijf verschillende insignes van Anna, die in de vijftiende en zestiende eeuw zeer populair werd.
De belangrijkste bedevaartplaats ter ere van Anna was het Westfaalse Düren, gelegen tussen Aken en Bonn. De vier laatste Annapelgrimstekens zijn van typen die door Kurt

Köster als afkomstig uit Düren werden geïdentificeerd. Het eerste insigne dat als enige van deze groep niet uitsluitend het borstbeeld van Anna weergeeft (zie beschrijving voorafgaand aan afb. 22-25), is mogelijk afkomstig uit Sint Anna ter Muiden (Zeeuws Vlaanderen). Deze havenplaats, in 1241 tot stad verheven, heette aanvankelijk 'Mude' of Muiden en zou al in het laatste kwart van de vijftiende eeuw zijn aangeduid als 'S. Anne ter Muyden'. Hieruit blijkt dat de verering van Anna aldaar toen al hoge vlucht had genomen. Als overslaghaven van Brugge werd Sint Anna ter Muiden al snel overvleugeld door Sluis, dat in 1290 stadsrechten kreeg van Gwijde van Dampierre, graaf van Vlaanderen. Zowel Sluis als eerder Mude waren verregaand afhankelijk èn gecontroleerd door Brugge. Het wapenschild op het pelgrimsteken met de voorstelling van Anna-te-drieën toont een klimmende leeuw naar rechts, het wapenschild van Vlaanderen. Het opschrift van dit pelgrimsteken zou wellicht uitsluitsel kunnen geven over de identiteit van de Annacultus waarnaar het insigne verwijst; helaas was nog niet mogelijk de tekst op de ver weggesleten onderrand van dit pelgrimsteken te ontcijferen en andere exemplaren van dit insigne zijn nog niet bekend.

| Afb.: 21 | Inv.: 2518 |
|---|---|
| Voorstelling: | Anna te Drieen |
| | Sint Anna ter Muiden? |
| Vindplaats: | Nieuwlande |
| Afm. | h.: 51 br.: 35 |
| Materiaal: | lood-tin |
| Bevestiging: | oogje |
| Datering: | 1475-1525 |
| Details: | wapenschild |
| Opschrift: | onleesbaar |

## ANNA, DÜREN

Eind oktober 1520 schreef Albrecht Dürer in zijn dagboek dat hij was 'gefahren gen Düren und do in der kirchen gewest, do sanct Anna haupt ist'. De beroemde schilder trad niet in details, wat in sommige andere reisbeschrijvingen wel gebeurde. Zo beschreef in 1510 Philippe de Vigneuilles uit Metz, die een tocht naar de Akense heiligdomsvaart maakte en tevens de daarbij aansluitende reliekentoningen elders bezocht, over Düren onder andere: 'in alle vroegte bereikten wij Düren, en zodra de paarden waren gestald, woonden we een mis bij en onmiddellijk daarop aansluitend sloeg het zeven uur, dus het tijdstip waarop het eerbiedwaardige hoofd zou worden getoond. Er bevond zich meteen een verbazingwekkend grote volksmenigte rond de kerk en het leek wel of alles zou moeten barsten tengevolge van het intense hoorn- en trompetgeschal, en men huilde als het ware van vreugde'.

Düren was in 1501 in het bezit gekomen van de schedelreliek van Anna. Een metselaar uit Kornelimünster, die werkzaam was in de Stephanskerk te Mainz, maakte zich meester van de daar al eeuwen bewaarde reliek. Hij nam de zilveren reliekbuste van Anna mee naar Kornelimünster, kwam tot inkeer en besloot die terug te brengen naar Mainz. Daartoe gaf hij de reliek over aan de Franciscanen te Düren. Volgens de inwoners van Düren gebeurde dat op goddelijk gezag en ondanks protesten en juridische stappen vanuit Mainz bij de kerkelijke en de wereldlijke overheden, bleef het hoofd van Anna te Düren. Keizer Maximiliaan en paus Julius II scharen zich aan de zijde van de stad Düren en in 1506 wordt door de paus vastgesteld dat Düren de definitieve verblijfplaats van de reliek is en deze stad betaalde aan Mainz een schadevergoeding van 2700 goudgulden. De pelgrimsstroom naar Anna in Düren was inmiddels op gang gekomen. De verering van Anna in Düren werd snel zeer populair en de plechtige toning van de reliekbuste van Anna werd parallel aan de beroemde zevenjaarlijkse reliekentoningen te Aken georganiseerd. Philippe de Vigneuilles schreef dat hij onderweg 'á la bonne ville de Dur' maar langzaam vooruit kwam door de grote drukte; hij schatte dat hij 's middags zo'n vijftigduizend mensen passeerde en dat in de velden en bossen zo'n achttien- tot twintigduizend mensen de nacht hadden doorgebracht. Deze getallen zijn misschien overdreven, maar geven hoe dan ook de grote populariteit van de Annnacultus in Düren aan.

De zilveren reliekbuste van moeder Anna, vermoedelijk te Mainz in de late veertiende eeuw ontstaan, staat steeds afgebeeld op de pelgrimstekens uit Düren. De vier verschillende insignes die hier volgen, tonen dit stereotype ook: telkens is frontaal het borstbeeld van Anna in de karakteristieke weduwendracht weergegeven. Interessant is dat het insigne afb. 25 zelfs het detail geeft van de ronde, in werkelijkheid met een opengewerkte deksel afgesloten opening midden op het hoofd van Anna, waardoor de schedelkap in de buste zichtbaar is.

Afb. 24 toont de rechterbenedenhoek van een insigne dat in zijn geheel bekend is van een afgietsel op een luidklok in de Pfarrei Gemünd (Pfalz) uit 1545; ook de insignes afb. 22 en 23 zijn bekend van afgietsels op kerkklokken, respectievelijk te Flamersdorf (Kreis Euskirchen) uit 1526 en te Singlis uit 1511.

| Afb.: 22 | Inv.: 2016 |
|---|---|
| Voorstelling: | Anna |
| | Düren |
| Vindplaats: | Nieuwlande |
| Afm. | h.: 30 br.: 30 |
| Materiaal: | lood-tin |
| Bevestiging: | niet bewaard |
| Datering: | 1475-1525 |
| Details: | — |

| Afb.: 23 | Inv.: 1954 |
|---|---|
| Voorstelling: | Anna |
| | Düren |
| Vindplaats: | Nieuwlande |
| Afm. | h.: 33 br.: 33 |
| Materiaal: | lood-tin |
| Bevestiging: | ingeslagen gaatje |
| Datering: | 1475-1525 |
| Details: | — |

| Afb.: 24 | Inv.: 1277 |
|---|---|
| Voorstelling: | Anna |
| | Düren |
| Vindplaats: | Nieuwlande |
| Afm. | h.: 20 br.: 29 |
| Materiaal: | lood-tin |
| Bevestiging: | niet bewaard |
| Datering: | 1500-1550 |
| Opschrift: | ... ANNA |

| Afb.: 25 | Inv.: 1669 |
|---|---|
| Voorstelling: | Anna |
| | Düren |
| Vindplaats: | Dordrecht |
| Afm. | h.: 36 br.: 18 |
| Materiaal: | lood-tin |
| Bevestiging: | niet bewaard |
| Datering: | 1475-1525 |
| Details: | — |

# ANTONIUS ABT

Kort voor 1500 werd het houtsnijwerk voltooid voor een nieuw altaarstuk voor de Antonieten in Isenheim in de Elzas. Centraal in dit retabel, dat in de jaren 1512-1515/1516 door Mathias Grünewald van de inmiddels wereldberoemd geworden dubbele altaarvleugels zou worden voorzien, werd een monumentaal Antoniusbeeld geplaatst dat grote overeenkomsten heeft met de pelgrimstekens afb. 27 tot en met afb. 30. De Antonieten vestigden zich in de dertiende eeuw in Isenheim, een gunstige lokatie gelegen aan de oude Romeinse weg Mainz-Bazel die zowel door de pelgrims naar Santiago als door de bedevaartgangers naar Rome werd benut. Velen zullen dan ook bij het passeren Isenheim hebben bezocht om bij te dragen aan de herbouw van het in 1450 afgebrande huis van de Antonieten en aldus de daar te verwerven aflaat te verdienen. De Antonieten verbreidden de verering van Antonius sterk door heel West-Europa, waar deze orde op haar hoogtepunt in de late middeleeuwen niet minder dan 369 hospitalen onderhield. Een hoogaltaar met een imposant zittend Antoniusbeeld in de trant van de insignes afb. 27 - 30 was in deze niet ongewoon. Zeer waarschijnlijk is dan ook dat deze reeks relatief grote insignes verwijst naar een Antonietenvestiging. Niet onmogelijk is dat de insignes uit Isenheim afkomstig zijn, maar ook elders bevonden zich miraculeuze Antoniusbeelden. Een evenmin te lokaliseren houtsnede uit het midden van de vijftiende eeuw met het opschrift 'Sanctus Anthonius' toont bijvoorbeeld een soortgelijke en ook aan deze groep insignes sterk verwant Antoniusbeeld dat omringd is met pelgrims en ex-votos (München, Graphische Sammlung).

Pelgrimsplaatsen ter ere van Antonius Abt waarheen vanuit de Nederlanden strafbedevaarten werden opgelegd, waren St.-Antoine-en-Viennois (Dauphiné), Borsbeke (West-Vlaanderen) en Bailleuil ofwel Sint-Antonius-ter-Bel (Frans-Vlaanderen). Ook in deze plaatsen zou de herkomst kunnen liggen van de hier getoonde Antonius-insignes.

Slechts voor het eerste fragment is duidelijk naar welke Antoniuscultus het verwijst, namelijk die te Vienne (afb. 26).

| Afb.: 26 | Inv.: 2505 |
|---|---|
| Voorstelling: | Antonius Vienne |
| Vindplaats: | Heyst |
| Afm. | h.: 36 br.: 26 |
| Materiaal: | lood-tin |
| Bevestiging: | oogjes |
| Datering: | 1300-1400 |
| Opschrift: | ANTONIIVIEN |

| Afb.: 27 | Inv.: 1657 |
|---|---|
| Voorstelling: | Antonius |
| Vindplaats: | Nieuwlande |
| Afm. | h.: 68 br.: 46 |
| Materiaal: | lood-tin |
| Bevestiging: | oogjes afgebroken |
| Datering: | 1450-1500 |
| Details: | taukruis, bel, varken, pelgrim |

| Afb.: 28 | Inv.: 0070 |
|---|---|
| Voorstelling: | Antonius |
| Vindplaats: | Nieuwlande |
| Afm. | h.: 38 br.: 57 |
| Materiaal: | lood-tin |
| Bevestiging: | niet bewaard |
| Datering: | 1450-1500 |
| Opschrift: | SANCT(US) (AN)TONIUS |

| Afb.: 29 | Inv.: 1740 |
|---|---|
| Voorstelling: | Antonius |
| Vindplaats: | Nieuwlande |
| Afm. | h.: 60 br.: 39 |
| Materiaal: | lood-tin |
| Bevestiging: | oogjes |
| Datering: | 1450-1500 |
| Details: | resten rode verf, taukruis, bel, varken |

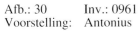

Afb.: 30        Inv.: 0961
Voorstelling:   Antonius

Vindplaats:     Nieuwlande
Afm.            h.: 50 br.: 32
Materiaal:      lood-tin
Bevestiging:    niet bewaard
Datering:       1450-1500
Opschrift:      ANTONIS

Afb.: 31        Inv.: 2010
Voorstelling:   Antonius

Vindplaats:     Dordrecht
Afm.            h.: 68 br.: 54
Materiaal:      lood-tin
Bevestiging:    oogjes
Datering:       1400-1450
Opschrift:      S: ANTONE:

Afb.: 32        Inv.: 1459
Voorstelling:   Antonius

Vindplaats:     Amsterdam
Afm.            h.: 32 br.: 26
Materiaal:      lood-tin
Bevestiging:    niet bewaard
Datering:       1450-1500
Details:        Taustaf, bel, varken

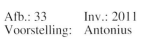

Afb.: 33        Inv.: 2011
Voorstelling:   Antonius

Vindplaats:     's-Hertogenbosch
Afm.            h.: 25 br.: 15
Materiaal:      koperlegering
Bevestiging:    oogjes achterzijde
Datering:       1475-1525
Details:        Taustaf, boek

Afb.: 34        Inv.: 2054
Voorstelling:   Taukruis

Vindplaats:     Dordrecht
Afm.            h.: 42 br.: 43
Materiaal:      lood-tin
Bevestiging:    oogjes
Datering:       1400-1500
Opschrift:      S ANTON VS

Afb.: 35        Inv.: 1680
Voorstelling:   Taukruis

Vindplaats:     Nieuwlande
Afm.            h.: 45 br.: 18
Materiaal:      lood-tin
Bevestiging:    draagspeld
Datering:       1400-1500
Details:        bel met losse klepel

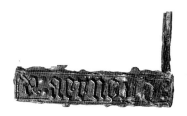

Afb.: 36    Inv.: 2544
Voorstelling:  Arnoldus
    Oudenburg?
Vindplaats:  Nieuwlande
Afm.    h.: 25 br.: 43
Materiaal:  lood-tin
Bevestiging:  niet meer aanwezig
Datering:  1450-1500
Opschrift:  S: AERNOUD:

Afb.: 37    Inv.: 0170
Voorstelling:  Arnoldus
    Oudenburg?
Vindplaats:  Nieuwlande
Afm.    h.: 27 br.: 27
Materiaal:  lood-tin
Bevestiging:  ingeslagen gaatjes
Datering:  1475-1525
Details:  —

Afb.: 38    Inv.: 2148
Voorstelling:  Barbara

Vindplaats:  Nieuwlande
Afm.    h.: 39 br.: 17
Materiaal:  lood-tin
Bevestiging:  oogje achterzijde
Datering:  1400-1500
Details:  veerhouder

## ARNOLDUS VAN SOISSONS

Arnoldus (ca. 1040-1087) stamde uit een adellijk geslacht in het Westvlaamse Tiegem. Hij kwam tot inkeer, werd kluizenaar en vervolgens monnik en abt in de St.-Medardusabdij te Soissons, en tenslotte bisschop van Soissons. Hij stierf in de door hem in 1084 gestichte abdij Oudenburg (West-Vlaanderen) en bij zijn graf vonden gebedsverhoringen en miraculeuze genezingen plaats. Vanuit Soissons werden pogingen ondernomen om zijn stoffelijke resten heimelijk over te brengen naar de Medardusabdij, maar wonderen en visioenen verhinderen dat dit gebeurt.
De St.-Pietersabdij van Oudenburg werd aldus een bedevaartplaats ter ere van Arnoldus, die in Vlaanderen een gevierde heilige werd. Ook in zijn geboorteplaats Tiegem bestaat een oude Arnoldusverering. Het insignefragment afb. 36 geeft nog slechts zijn naam; een gaver exemplaar van dit type is niet bekend. Het ronde pelgrimsteken afb. 37 toont de heilige volgens zijn gebruikelijke voorstellingswijze: als bisschop met mijter en kromstaf, in de linkerhand houdt hij een brouwers- of roerstaf, en hij wordt geflankeerd door hopranken. Deze iconografie duidt Arnoldus aan als patroon van de brouwers en van de hopbouwers. Dit patroonschap is gebaseerd op enkele wonderen van Arnoldus. Hij zou bij een brand in de abdij het brouwsel op miraculeuze wijze hebben gered en later genas Arnoldus pestlijders die dronken van het bier nadat hij met zijn staf in de brouwketel had geroerd; tenslotte zouden dragers van zijn relieken in een herberg zonder bier op wonderlijke wijze zijn voorzien van kruiken vol bier.

Afb.: 39    Inv.: 1524
Voorstelling:  Barbara

Vindplaats:  Nieuwlande
Afm.    h.: 34 br.: 22
Materiaal:  lood-tin
Bevestiging:  oogje achterzijde
Datering:  1450-1550
Details:  —

## BARBARA

De elf hier gepresenteerde Barbara-insignes moeten vermoedelijk geen van alle als naar een specifieke bedevaartplaats verwijzende pelgrimstekens worden gezien. Barbara werd in de late middeleeuwen zeer algemeen vereerd. Haar vaste attributen zijn toren, kelk en palmtak. De palmtak duidt op haar marteldood, de toren is ontleend aan haar levensbeschrijving, de kelk aan haar verering. De legende vertelt dat Barbara door haar heidense vader werd gevangen gehouden in een toren om haar van alle invloeden van buiten weg te houden. Toch kwam ze met het christendom in aanraking en bekeerde zich. Haar vader ontstak in woede toen hij dit ontdekte, trok zijn zwaard en onthoofdde Barbara. Gods straf

volgde onmiddellijk en de moordenaar werd dodelijk door de bliksem getroffen. Barbara werd onder andere vereerd om een vredige dood. Hiermee staan de andere attributen in verband waarmee ze wel wordt afgebeeld, kelk en hostie: door haar aan te roepen hoopte men niet zonder de sacramenten te sterven. Ook werd Barbara vereerd als patrones van de mijnwerkers. Het hier afgebeelde insigne van Barbara op een pijl (afb. 44) verwijst mogelijk naar een schuttersgilde of stedelijke militie; als gildepatroon was zij eveneens populair. Misschien zijn enkele van de hier afgebeelde Barbara-tekens als devotionalia verkocht bij de Onze-Lieve-Vrouwekerk te Maastricht, waar zeker sinds de dertiende eeuw een uitzonderlijke verering voor de heilige Barbara was gevestigd. Niet alleen werden er relieken van Barbara - onder andere een kaakfragment en een gordel - vereerd, ook was er onder het koor van de Onze-Lieve-Vrouwekerk een aan Barbara gewijde put waaruit geneeskrachtig water werd gehaald. Al in de veertiende eeuw kwamen, volgens lokale bronnen, talloze pelgrims Barbara in deze Maastrichtse kapittelkerk vereren.

Afb.: 40          Inv.: 1668
Voorstelling:    Barbara

Vindplaats:      Nieuwlande
Afm.             h.: 27 br.: 15
Materiaal:       koperlegering
Bevestiging:     oogje achterzijde
Datering:        1450-1500
Details:         —

Afb.: 41          Inv.: 0725
Voorstelling:    Barbara

Vindplaats:      Nieuwlande
Afm.             h.: 28 br.: 15
Materiaal:       lood-tin
Bevestiging:     oogje achterzijde
Datering:        1450-1500
Details:         —

Afb.: 42          Inv.: 0140
Voorstelling:    Barbara

Vindplaats:      Amsterdam
Afm.             h.: 28 br.: 11
Materiaal:       lood-tin
Bevestiging:     oogje achterzijde
Datering:        1400-1500
Details:         —

Afb.: 43          Inv.: 0894
Voorstelling:    Barbara binnen poort

Vindplaats:      Amsterdam
Afm.             h.: 27 br.: 23
Materiaal:       lood-tin
Bevestiging:     hangoogje
Datering:        1400-1500
Details:         —

Afb.: 44          Inv.: 1750
Voorstelling:    Barbara op maansikkel

Vindplaats:      Rotterdam
Afm.             h.: 21 br.: 55
Materiaal:       lood-tin
Bevestiging:     oogjes achterzijde
Datering:        1450-1500
Details:         afgebeeld op pijl

Afb.: 45          Inv.: 1110
Voorstelling:    Barbara

Vindplaats:      Nieuwlande
Afm.             h.: 21 br.: 21
Materiaal:       latoenkoper
Bevestiging:     omlijsting niet
                 bewaard
Datering:        1475-1525
Details:         palmtak, kelk

Afb.: 46          Inv.: 2092
Voorstelling:    Barbara

Vindplaats:      Nieuwlande
Afm.             h.: 21 br.: 21
Materiaal:       latoenkoper
Bevestiging:     omlijsting niet
                 bewaard
Datering:        1475-1525
Details:         toren, kelk

Afb.: 47          Inv.: 2325
Voorstelling:    Barbara

Vindplaats:      Tolsende
Afm.             h.: 40 br.: 34
Materiaal:       latoenkoper
Bevestiging:     omlijsting niet
                 bewaard
Datering:        1475-1525
Details:         toren, palmtak

Afb.: 48          Inv.: 1979
Voorstelling:    Barbara-toren

Vindplaats:      Rotterdam
Afm.             h.: 45 br.: 14
Materiaal:       lood-tin
Bevestiging:     oogje achter Hand
                 Gods
Datering:        1400-1500
Details:         Hand Gods

## BERNARDUS VAN CLAIRVAUX

Insignes met de voorstelling van Bernardus van Clairvaux waren tot op heden niet bekend. Bernardus (1090-1153, heilig verklaard in 1174) stichtte het klooster van Clairvaux waarvan hij de eerste abt werd. Als raadgever van pausen, bisschoppen en vorsten oefende hij een grote invloed uit op het kerkelijke en politieke leven van zijn tijd. Ook was Bernardus de grootste bewerker van de tweede Kruistocht (1147-1149), die door hem tot in Maastricht werd gepredikt.

Het pelgrimsteken afb. 49 toont Bernardus neergeknield voor Maria met het Christuskind. Deze voorstelling verwijst naar de zogenoemde 'lactatio Bernardi': Maria met haar Kind zou aan Bernardus zijn verschenen en hem met haar moedermelk hebben gesterkt. Dit thema raakte in de veertiende en vijftiende eeuw wijd verbreid en werd vooral populair in Zuid-Duitsland en de Zuidelijke Nederlanden. Op talloze afbeeldingen heeft Bernardus een banderol aan de mond, zoals ook op dit pelgrimsteken het geval is. Op de tekstband staat steeds het gebed dat Bernardus tot Maria richtte en waarop zij zijn lippen met haar melk besprenkelde: 'monstra te esse matrem', 'laat zien dat U de moeder bent'. Onduidelijk is nog op welke bedevaartsplaats(en) deze Bernardus-insignes betrekking hebben. Bernardus stierf in zijn abdij Clairvaux, waar een grafmonument voor hem werd opgericht; een intensieve pelgrimage naar zijn graf kwam echter niet tot stand omdat dit door de Cisterciënsers bewust werd afgehouden. Wel werd Bernardus op vele plaatsen vereerd, met name in abdijen van Cisterciënsers. Niet uitgesloten mag worden dat het insigne met het Nederlandstalige 'Sante Bernaert' verwijst naar de abdij van Affligem, waar sinds het bezoek van Bernardus in 1146, de krul van zijn kromstaf wordt bewaard en een volgens de traditie aldaar door Bernardus gebruikte kostbare kelk.

| Afb.: 49 | Inv.: 2360 |
|---|---|
| Voorstelling: | Bernardus |
| | |
| Vindplaats: | Nieuwlande |
| Afm. | h.: 53 br.: 43 |
| Materiaal: | lood-tin |
| Bevestiging: | oogjes |
| Datering: | 1450-1500 |
| Opschrift: | SANTE-BERNAERT: |

| Afb.: 50 | Inv.: 2315 |
|---|---|
| Voorstelling: | Bernardus |
| | |
| Vindplaats: | Rotterdam |
| Afm. | h.: 34 br.: 33 |
| Materiaal: | lood-tin |
| Bevestiging: | niet bewaard |
| Datering: | 1400-1450 |
| Opschrift: | ST. BARNARDE |

| Afb.: 51 | Inv.: 1961 |
|---|---|
| Voorstelling: | Catharina |
| | |
| Vindplaats: | Dordrecht |
| Afm. | h.: 58 br.: 28 |
| Materiaal: | lood-tin |
| Bevestiging: | niet bewaard |
| Datering: | 1300-1400 |
| Details: | met rad, staande op koning |

## CATHARINA

De legende verhaalt dat de heilige Catharina gemarteld en gedood zou zijn in het jaar 306 of 307. Historisch staat hiervan evenwel niets vast. Volgens haar levensbeschrijving zou de christelijke Catharina in twistgesprekken vijftig heidense wijsgeren de meerdere zijn geweest. Christus verloofde zich op mystieke wijze met Catharina en ten bewijze hiervan schoof hij haar een ring aan de vinger. Door keizer Maxentius werd Catharina veroordeeld om gemarteld te worden met een folterwerktuig dat voorzien was van vier met scherpe tanden en punten bezette raderen. Een engel verhinderde dit en de raderen werden gebroken. Vervolgens werd Catharina onthoofd.

De iconografie van Catharina is gebaseerd op deze legende en ook op de insignes wordt ze afgebeeld met de attributen die naar dit verhaal verwijzen. De jonkvrouw Catharina draagt de martelaarskroon op haar hoofd of, zeldzamer, de doctorshoed als verwijzing naar de gesprekken waarin ze de filosofen de loef afstak. Op de medaille afb. 57 ligt de doctorshoed aan haar voeten. Zwaard en palmtak verwijzen naar haar marteldood. Onder haar voeten vertreedt Catharina het kwade, weergegeven in de gedaante van de vorst die haar liet martelen en onthoofden. Het meest kenmerkende attribuut voor Catharina is het al dan niet gebroken rad.

Catharina behoort tot de meest populaire vrouwelijke heiligen van de late middeleeuwen. Slechts een deel van de hier afgebeelde insignes en hangers met haar afbeelding zal dan ook in strikte zin als pelgrimsteken mogen worden geïnterpreteerd. De meeste moeten eerder in meer algemene zin worden beschouwd als devotionalia verwijzend naar Catharina als naamheilige of patrones van bijvoorbeeld wagenmakers, molenaars en filosofen.

Het insignefragment afb. 53 is waarschijnlijk wel een pelgrimsteken dat naar een specifiek bedevaartsoord verwijst. Een bijna identiek insigne werd gevonden in de Seine bij Rouen en wordt aldaar bewaard in het Musée des Antiquités. Het ligt voor de hand dat deze afkomstig zijn van de abdij Sainte-Cathérine-du-Mont bij Rouaan. Afb. 57A-57B toont een medaille die aan de voorzijde de beeltenis van Catharina geeft en aan de keerzijde de letters SCHRA als verkorting voor Santa Catharina. Dit hangertje, gevonden in Amsterdam, is van vele soms zeer sleetse exemplaren bekend en was ongetwijfeld voor algemene devotie bedoeld.

Afb.: 52          Inv.: 1334
Voorstelling:   Catharina

Vindplaats:     Amsterdam
Afm.            h.: 41 br.: 38
Materiaal:      lood-tin
Bevestiging:    niet bewaard
Datering:       1300-1400
Details:        met rad en zwaard

Afb.: 53          Inv.: 0069
Voorstelling:   Catharina

Vindplaats:     Nieuwlande
Afm.            h.: 63 br.: 28
Materiaal:      lood-tin
Bevestiging:    niet bewaard
Datering:       1375-1425
Details:        met rad en zwaard

Afb.: 55          Inv.: 2462
Voorstelling:   Catharina

Vindplaats:     Nieuwlande
Afm.            h.: 35 br.: 24
Materiaal:      lood-tin
Bevestiging:    draagspeld
Datering:       1400-1450
Details:        rad, zwaard,
                staande op koning

Afb.: 54          Inv.: 2097
Voorstelling:   Catharina

Vindplaats:     Valkenisse
Afm.            h.: 31 br.: 42
Materiaal:      lood-tin
Bevestiging:    niet bewaard
Datering:       1300-1400
Details:        staande op koning

Afb.: 56          Inv.: 1385
Voorstelling:   Catharina

Vindplaats:     Nieuwlande
Afm.            h.: 36 br.: 17
Materiaal:      koperlegering
Bevestiging:    hangoogje
Datering:       1400-1450
Details:        met rad en zwaard

Afb.: 57A         Inv.: 1286A
Voorstelling:   Catharina

Vindplaats:     Amsterdam
Afm.            h.: 26 br.: 22
Materiaal:      lood-tin
Bevestiging:    hang-oogje
Datering:       1450-1500
Details:        met rad en zwaard

Afb.: 57B         Inv.: 1286B
Voorstelling:   Catharina

Vindplaats:     Amsterdam
Afm.            h.: 26 br.: 22
Materiaal:      lood-tin
Bevestiging:    hangoogje
Datering:       1450-1500
Opschrift:      SCHRA

# CHRISTOFFEL

Christophorus of Christoffel behoort tot de meest populaire heiligen sinds de late middeleeuwen. Zijn legendarische levensbeschrijving is uit diverse bronnen samengesteld, waarschijnlijk in de twaalfde eeuw in de Donaustreek. Zowel deze vita als de vaste iconografie van Christoffel is de letterlijke verbeelding van zijn naam: het Griekse 'Christo frein', 'die Christus in zich draagt'.

Christoffel was een grote en sterke reus die in dienst trad bij de machtigste koning. Hij bemerkte evenwel dat deze bang was voor de duivel en concludeerde dat de duivel dus machtiger was dan deze koning. Christoffel bood de duivel zijn diensten aan; deze bleek weer ontzag te hebben voor de gekruisigde Christus en Christoffel ging op zoek naar deze. Een kluizenaar zei hem dat het de Christus welgevallig zou zijn als hij pelgrims en reizigers over een gevaarlijke rivier zou torsen. Christoffel nam deze taak op zich. Op zekere dag wilde een klein kind over de rivier gedragen worden en al gaandeweg werd het kind zwaarder en zwaarder: het bleek het Christuskind te zijn dat zich aan Christoffel had geopenbaard.

De vaste iconografie van Christoffel is sedert de dertiende eeuw op grond van deze vita, die van een reus die het Christuskind op zijn schouders torst.

Christoffel of Christophorus werd vereerd als beschermheilige tegen een plotselinge dood, als patroon tegen de pest en als beschermer van reizigers, pelgrims en van beroepen als sjouwers en zakkendragers. De heilige reus werd in vele kerken en kapellen vereerd. Omdat de middeleeuwer geloofde dat wie in de ochtend Christoffel had gezien voor de rest van de dag beschermd was voor een onverwachte dood, werd de reus met het Christuskind vaak meer dan levensgroot in en buiten kapellen en kerken afgebeeld.

De meeste religieuze insignes met de voorstelling van Christoffel zijn vermoedelijk niet voor een specifiek bedevaartsoord vervaardigd, maar verwijzen naar een meer algemene devotie. Wel werd hij op bepaalde plaatsen in het bijzonder vereerd en daar zullen zeker ook Christoffel-insignes zijn verkocht. Zo werd in Goes op 6 augustus 1457 iemand wegens laster en schelden veroordeeld tot een boetetocht naar 'sinte Christoffel bij Gent'. Hiermee is waarschijnlijk het dorp Evergem bedoeld, waar Christoffel een grote verering genoot en waar al voor de jaren 1508-1510 is gedocumenteerd dat er papieren vaantjes met de beeltenis van Christoffel werden verkocht aan de bedevaartgangers.

Geen van de twaalf hier afgebeelde insignes van Christoffel kan op dit moment aan

| Afb.: 58 | Inv.: 1805 |
|---|---|
| Voorstelling: | Christoffel |
| | |
| Vindplaats: | Dordrecht |
| Afm. | h.: 63 br.: 22 |
| Materiaal: | lood-tin |
| Bevestiging: | oogje |
| Datering: | 1300-1400 |
| Details: | Christus met wereldbol |

| Afb.: 59 | Inv.: 2088 |
|---|---|
| Voorstelling: | Christoffel |
| | |
| Vindplaats: | Nieuwlande |
| Afm. | h.: 44 br.: 38 |
| Materiaal: | lood-tin |
| Bevestiging: | niet meer aanwezig |
| Datering: | 1300-1400 |
| Details: | — |

| Afb.: 60 | Inv.: 0455 |
|---|---|
| Voorstelling: | Christoffel |
| | |
| Vindplaats: | Nieuwlande |
| Afm. | h.: 31 br.: 15 |
| Materiaal: | lood-tin |
| Bevestiging: | niet meer aanwezig |
| Datering: | 1425-1475 |
| Details: | type hoort bij afb. 61 |

| Afb.: 61 | Inv.: 1817 |
|---|---|
| Voorstelling: | Christoffel |
| | |
| Vindplaats: | Nieuwlande |
| Afm. | h.: 56 br.: 31 |
| Materiaal: | lood-tin |
| Bevestiging: | niet meer aanwezig |
| Datering: | 1425-1475 |
| Details: | type hoort bij afb. 60 |

een bepaalde bedevaartplaats worden toegeschreven. De meeste zullen van Nederlandse of Zuidnederlandse oorsprong zijn, te oordelen naar hun vorm en makelij.

Voor de medaille afb. 68 is dit, gezien de spelling van de naam 'Christefere' nagenoeg zeker. De fragmenten afb. 60 en afb. 61 zijn niet van een en hetzelfde insigne, maar behoren wel tot één type. Van dit type is een gaaf exemplaar te Nieuwlande opgegraven, dat in bezit is van de vinder.

| | | | | |
|---|---|---|---|---|
| Afb.: 62 | Inv.:0702 | Afb.: 63 | Inv.: 2280 | |
| Voorstelling: | Christoffel | Voorstelling: | Christoffel | |

Afb.: 62    Inv.:0702
Voorstelling:    Christoffel

Vindplaats:    Reimerswaal
Afm.    h.: 33 br.: 20
Materiaal:    lood-tin
Bevestiging:    niet meer aanwezig
Datering:    1425-1475
Details:    —

Afb.: 63    Inv.: 2280
Voorstelling:    Christoffel

Vindplaats:    Dordrecht
Afm.    h.: 41 br.: 27
Materiaal:    lood-tin
Bevestiging:    draagspeld achterzijde
Datering:    1425-1475
Details:    —

Afb.: 64    Inv.: 1472
Voorstelling:    Christoffel

Vindplaats:    Nieuwlande
Afm.    h.: 48 br.: 21
Materiaal:    lood-tin
Bevestiging:    oogje achterzijde
Datering:    1425-1475
Details:    —

Afb.: 65    Inv.: 0843
Voorstelling:    Christoffel

Vindplaats:    Dordrecht
Afm.    h.: 39 br.: 18
Materiaal:    lood-tin
Bevestiging:    oogje achterzijde
Datering:    1425-1475
Details:    —

Afb.: 66    Inv.: 1705
Voorstelling:    Christoffel

Vindplaats:    Reimerswaal
Afm.    h.: 33 br.: 14
Materiaal:    lood-tin
Bevestiging:    niet meer aanwezig
Datering:    1425-1475
Details:    —

Afb.: 67    Inv.: 2216
Voorstelling:    Christoffel

Vindplaats:    Hontenisse
Afm.    h.: 40 br.: 25
Materiaal:    lood-tin
Bevestiging:    oogjes
Datering:    1450-1500
Details:    —

Afb.: 68A    Inv.: 2217A
Voorstelling:    Christoffel

Vindplaats:    Nieuwlande
Afm.    h.: 33 br.: 28
Materiaal:    lood-tin
Bevestiging:    hang-oogje
Datering:    1475-1525
Opschrift:    SANCTE CHRISTEFERE
ORA PRO NOBIS

Afb.: 68B    Inv.: 2217B
Voorstelling:    Maria met Kind

Vindplaats:    Nieuwlande
Afm.    h.: 33 br.: 28
Materiaal:    lood-tin
Bevestiging:    hang-oogje
Datering:    1475-1525
Opschrift:    O MATER DEI MEMENTO MEI

## CHRISTUS-INSIGNES

Van afb. 69 tot en met afb. 141 zijn hier de insignes gegroepeerd die verwijzen naar Christus. Begonnen wordt met insignes die het Christuskind voorstellen, als wikkelkind en als kind in de kribbe. Daarna volgt een groep insignes met het Vera Icon, het ware gelaat van Christus. Deze zijn soms gecombineerd met het Lam Gods als symbool voor Christus; ook komt de combinatie voor van het Vera Icon met het Christusmonogram (afb. 79A-B). De gekruisigde Christus (afb. 81 - 102) komt voor als devotioneel insigne in algemenere zin en als pelgrimsinsigne, verwijzend naar specifieke lokale devoties. De verheerlijkte Christus, een insigne waarschijnlijk afkomstig van de San-Salvador-kathedraal te Oviedo, sluit de reeks. Daarna volgen devotionele afbeeldingen en Christussymbolen. Tenslotte zijn hier ondergebracht de insignes die verwijzingen geven naar eucharistische wonderen: miraculeuze hosties of doeken met vlekken veroorzaakt door miswijn.

### CHRISTUS ALS WIKKELKIND

Afb. 69 en afb. 70 betreffen beide een als wikkelkind voorgestelde Christusfiguur. Niet uitgesloten is dat deze als insigne zijn gedragen, maar meer waarschijnlijk is dat het hier gaat om fragmenten van kerstwiegjes in miniatuur. Middels de pennetjes aan hoofd- en voeteneinde zullen deze Christuskinderen dan bevestigd zijn geweest in een driedimensionaal bedje. Ook in hout en in edelmetaal zijn dergelijke miniatuur-wiegjes bewaard gebleven, die typisch zijn voor de laatmiddeleeuwse privé-devotie. Overigens is daarnaast de overeenkomst te noemen van deze wikkelkinderen met de kleine van pijpaarde gevormde figuurtjes in min of meer vergelijkbare vorm, die vooral gebruikt heten te zijn om gebak te versieren.

### CHRISTUS IN DE KRIBBE

Combinatie van de twee verwante en ongetwijfeld uit hetzelfde bedevaartsoord afkomstige, maar onderling wel verschillende insignes afb. 71 en afb. 72 leidt tot de duiding de afbeelding als het Christuskind liggend in de met stro gevulde kribbe. De kruisnimbus -bestaande uit drie rond het hoofd afgebeelde lelies - maakt de identificatie van het kind als het Christuskind onomstotelijk. Gezien de afbeelding van het Christuskind met in Zijn handen een duif, verwijzen deze insignes waarschijnlijk naar een specifiek maar nog niet geïdentificeerd bedevaartsoord.

| Afb.: 69 | Inv.: 1943 |
|---|---|
| Voorstelling: | Christus |
| | |
| Vindplaats: | Nieuwlande |
| Afm. | h.: 43 br.: 16 |
| Materiaal: | lood-tin |
| Bevestiging: | ontbreekt |
| Datering: | 1375-1425 |
| Details: | 'wikkelkind' |

| Afb.: 70 | Inv.: 2121 |
|---|---|
| Voorstelling: | Christus |
| | |
| Vindplaats: | Rotterdam |
| Afm. | h.: 60 br.: 11 |
| Materiaal: | lood-tin |
| Bevestiging: | ontbreekt |
| Datering: | 1375-1425 |
| Details: | 'wikkelkind' |

| Afb.: 71 | Inv.: 2361 |
|---|---|
| Voorstelling: | Christus in kribbe |
| | |
| Vindplaats: | Dordrecht |
| Afm. | h.: 37 br.: 23 |
| Materiaal: | lood-tin |
| Bevestiging: | ingeslagen gaatjes |
| Datering: | 1425-1475 |
| Details: | duif |

| Afb.: 72 | Inv.: 1689 |
|---|---|
| Voorstelling: | Christus in kribbe |
| | |
| Vindplaats: | Amsterdam |
| Afm. | h.: 41 br.: 27 |
| Materiaal: | lood-tin |
| Bevestiging: | oogjes |
| Datering: | 1450-1500 |
| Details: | duif |

## VERA ICON-INSIGNES

Het pelgrimsteken afb. 73 toont als centrale
figuur Veronica die haar zweetdoek
ophoudt zodat de afdruk van Christus' aan-
gezicht te zien is. Zij wordt geflankeerd
door de apostelen Petrus en Paulus, respectievelijk met sleutel en boek, en met zwaard
en boek als attributen. Dit pelgrimsteken
moet dan ook afkomstig zijn uit Rome,
waar zowel de doek van Veronica als het
graf van Petrus en Paulus intensief door
pelgrims werd vereerd (vergelijk afb. 298-
314). In de late dertiende eeuw ontstond de
legende waarin wordt verhaald dat
Veronica het bebloede en bezwete gelaat
van de kruisdragende Christus droogde met
haar sluier, waarna de afdruk van Christus'
gelaat onuitwisbaar op het textiel stond. De
omstreeks 1000 al te Rome aanwezige
Veronicadoek - het Vera Icon - was eerder
door andere tradities omringd. De nieuwe
legende ontstond in het kader van de laatmiddeleeuwse mystieke geloofsbeleving
waarin het lijden van Christus een centrale
plaats innam. Het Vera Icon - tevens een
anagram op de naam Veronica - werd toen
een van de meest vereerde relikwieën van
de stad Rome. In die stad werd het door de
'pictores Veronicarum' talloze malen gekopieerd. Vanaf de dertiende en tot ver in de
zestiende eeuw waren behalve metalen pelgrimstekens ook de zogenoemde
'Vroniken' populair als aandenken aan een
pelgrimage naar Rome. Onder 'Vroniken'
werden de op perkament, papier, leer of
textiel geschilderde miniatuur-Veronica-
doeken verstaan, die evenals de metalen
insignes op mantel, hoed of pelgrimstas
konden worden bevestigd.
Een deel van de teruggevonden of anderszins bewaard gebleven Vera Icon-insignes
zullen inderdaad als pelgrimstekens uit
Rome afkomstig zijn. Voor een aanzienlijk
deel van de 'Vroniken' en metalen insignes
zal de oorsprong echter elders gezocht
moeten worden. Zo zijn er bijvoorbeeld van
de Brabantse Mariabedevaartplaats Halle
hangertjes bekend die op de voorzijde het
aldaar vereerde Mariabeeld tonen en op de
keerzijde het Vera Icon (zie afb. 453). In
Noord-Hessen werd een vermoedelijk vijftiende-eeuwse gietmal gevonden waarin
onder andere een Vera Icon-insigne kon
worden gegoten. In het vrouwenklooster
Wienhausen in Lüneburg werden nog niet
los gesneden, waarschijnlijk ter plekke vervaardigde 'Vroniken' van omstreeks 1500
teruggevonden. In het Franse Maria-bedevaartsoord Rocamadour werden sinds de
late veertiende eeuw ook insignes verkocht
van Veronica met haar zweetdoek; men beschouwde haar immers als de echtgenote
van de lokale patroonheilige sint Amadour.

| Afb.: 73 | Inv.: 1527 |
|---|---|
| Voorstelling: | Vera Icon |
| | Rome |
| Vindplaats: | Nieuwlande |
| Afm. | h.: 32 br.: 32 |
| Materiaal: | lood-tin |
| Bevestiging: | oogjes |
| Datering: | 1400-1450 |
| Details: | Petrus - Paulus |

| Afb.: 74 | Inv.: 1716 |
|---|---|
| Voorstelling: | Vera Icon |
| | Rome |
| Vindplaats: | Nieuwlande |
| Afm. | h.: 31 br.: 31 |
| Materiaal: | lood-tin |
| Bevestiging: | draagspeld |
| Datering: | 1400-1450 |
| Details: | — |

| Afb.: 75 | Inv.: 1117 |
|---|---|
| Voorstelling: | Vera Icon |
| | Rome |
| Vindplaats: | Nieuwlande |
| Afm. | h.: 26 br.: 21 |
| Materiaal: | lood-tin |
| Bevestiging: | ontbreekt |
| Datering: | 1400-1450 |
| Details: | — |

| Afb.: 76 | Inv.: 1011 |
|---|---|
| Voorstelling: | Vera Icon |
| | Rome |
| Vindplaats: | Tolsende |
| Afm. | h.: 27 br.: 21 |
| Materiaal: | lood-tin |
| Bevestiging: | niet meer aanwezig |
| Datering: | 1400-1450 |
| Details: | — |

| Afb.: 77A | Inv.: 0355A |
|---|---|
| Voorstelling: | Vera Icon |
| | Rome |
| Vindplaats: | Nieuwlande |
| Afm. | h.: 21 br.: 16 |
| Materiaal: | lood-tin |
| Bevestiging: | hangoogje |
| Datering: | 1425-1475 |
| Details: | 2 plaatjes in lijstje |

| Afb.: 77B | Inv.: 0355B |
|---|---|
| Voorstelling: | Lam Gods |
| | Rome |
| Vindplaats: | Nieuwlande |
| Afm. | h.: 21 br.: 16 |
| Materiaal: | lood-tin |
| Bevestiging: | hangoogje |
| Datering: | 1425-1475 |
| Details: | 2 plaatjes in lijstje |

## RELIEKHANGERTJES

Hangertjes als afb. 77, 78, 100 en 141, die bestaan uit een relatief dik lijstje waarbinnen zich twee losse metalen plaatjes bevinden, hadden waarschijnlijk nog een extra devotioneel aspect. Immers werd de ruimte tussen de plaatjes opgevuld. Dit geschiedde zowel met een soort pasta of kit naar het zich laat aanzien, als met materie die ook op zich al een waarde had als secundaire of aanrakingsreliek. Als vulmateriaal kon bijvoorbeeld aarde worden gebruikt uit de omgeving van een gewijde plaats als een heiligengraf of kerk, dan wel aarde die met het heilige in aanraking was geweest of was besprenkeld met water uit een miraculeuze bron of put. Ook kunnen binnen de lijstjes spiegeltjes hebben gezeten of gekleurde stukjes papier, leer, textiel of perkament, al dan niet voorzien van getekende of geschilderde voorstellingen.

| Afb.: 78A | Inv.: 2166A |
|---|---|
| Voorstelling: | Vera Icon Rome |
| Vindplaats: | Nieuwlande |
| Afm. | h.: 23 br.: 23 |
| Materiaal: | latoenkoper |
| Bevestiging: | hangoogje (afgebroken) |
| Datering: | 1475-1525 |
| Details: | 2 plaatjes in lijstje |

| Afb.: 78B | Inv.: 2166B |
|---|---|
| Voorstelling: | Lam Gods Rome |
| Vindplaats: | Nieuwlande |
| Afm. | h.: 23 br.: 23 |
| Materiaal: | latoenkoper |
| Bevestiging: | hangoogje (afgebroken) |
| Datering: | 1475-1525 |
| Details: | 2 plaatjes in lijstje |

| Afb.: 79A | Inv.: 0266A |
|---|---|
| Voorstelling: | Vera Icon |
| Vindplaats: | Amsterdam |
| Afm. | h.: 28 br.: 24 |
| Materiaal: | lood-tin |
| Bevestiging: | oogjes |
| Datering: | 1450-1500 |
| Details: | — |

| Afb.: 79B | Inv.: 0266 B |
|---|---|
| Voorstelling: | IHS |
| Vindplaats: | Amsterdam |
| Afm. | h.: 28 br.: 24 |
| Materiaal: | lood-tin |
| Bevestiging: | oogjes |
| Datering: | 1450-1500 |
| Details: | — |

| Afb.: 80 | Inv.: 2364 |
|---|---|
| Voorstelling: | Vera Icon Rome |
| Vindplaats: | Rotterdam |
| Afm. | h.: 31 br.: 31 |
| Materiaal: | latoenkoper |
| Bevestiging: | omlijsting ontbreekt |
| Datering: | 1475-1525 |
| Opschrift: | SALVE SANTA FACIES NOSTRIS REDE(M)PTOR(IS) |

## GESTANSDE PLAATJES MET HET VERA ICON

Het gestansde latoenkoperen Vera Icon afb. 80 is vermoedelijk afkomstig uit een hanger, die in een metalen omlijsting aan een zijde dit 'Ware Gelaat des Heren' toonde. Afb. 78A en 78B tonen een dergelijk hangertje met losse latoenkoperen plaatjes met het Vera Icon aan de ene en het Lam Gods aan de andere zijde. De Christuskop op de plaquette afb. 80 is omgeven door de aanvangsregel van een in de late middeleeuwen populaire en wijd verbreide hymne uit het begin van de veertiende eeuw. Deze tekst plaatst het Vera Icon op het medaillon in de traditie van de doek van Veronica. Identieke en sterk verwante plaquettes zijn niet alleen in latoenkoper bekend, maar ook in flinterdun zilver. Deze gestansde plaatjes, al dan niet verwerkt tot hangertjes, werden te Rome verkocht als verwijzing naar

de doek van Veronica (vgl. de tekst bij afb. 73-77).
Een dergelijk zilveren Vera Icon van wat groter afmeting, verwerkt tot een zilveren reliekdoosje, bevindt zich in de Onze-Lieve-Vrouwekerk te Maastricht. Het randschrift om dit medaillon luidt 'Salve facies nostri redemptoris'. In een vroeg-vijftiende-eeuws reliekostensorium in de St. Catharinakerk te Maaseik is een vergelijkbaar zilveren Vera Icon verwerkt dat geen randschrift bezit; als tegenzijde van dit Vera Icon is daar een even groot en eveneens gestansd zilveren reliëf met de voorstelling van Christus als Man van Smarten aangebracht. Mogelijk vormden deze plaatjes voordat ze in de reliekhouder werden verwerkt, tezamen een hanger. De combinatie van het Vera Icon met de Man

van Smarten benadrukt de gedachte aan het lijden van Christus en kwam in de veertiende en vijftiende eeuw regelmatig voor. Het Lam Gods gecombineerd met het Heilig Aanschijn (afb. 77, afb. 78) verwijst in feite naar dezelfde contemplatie: de benaming Lam Gods voor Christus, Gods Zoon die zich voor de mensheid zou laten offeren. Ook het met gebedsknopjes versierde vierkante hangertje, een lijstje met als invulling het Vera Icon en aan de andere zijde het Christusmonogram IHS (afb.79), staat voor deze zelfde gedachte. Dit hangertje, dat zowel middenboven als middenonder van een oogje is voorzien, maakte wellicht eens deel uit van een gebedssnoer of rozenkrans en mag niet als insigne of draagteken in de strikte zin van het woord worden beschouwd.

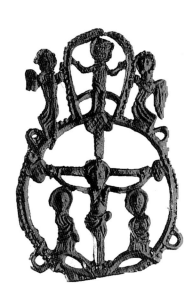

| Afb.: 81 | Inv.: 1361 | Afb.: 82 | Inv.: 0051 | Afb.: 83 | Inv.: 0927 |
|---|---|---|---|---|---|
| Voorstelling: | Calvarie | Voorstelling: | Calvarie | Voorstelling: | Calvarie |
| Vindplaats: | Oostelijk Nederland | Vindplaats: | Reimerswaal | Vindplaats: | Nieuwlande |
| Afm. | h.: 68 br.: 58 | Afm. | h.: 74 br.: 57 | Afm. | h.: 38 br.: 38 |
| Materiaal: | lood-tin | Materiaal: | lood-tin | Materiaal: | lood-tin |
| Bevestiging: | oogjes | Bevestiging: | niet bewaard | Bevestiging: | niet bewaard |
| Datering: | 1300-1400 | Datering: | 1350-1400 | Datering: | 1350-1400 |
| Details: | — | Opschrift: | onleesbaar | Opschrift: | SIGILLUM |
| | | | | | - BEATE - MARIE |

| Afb.: 84 | Inv.: 0164 | Afb.: 85 | Inv.: 2128 | Afb.: 86 | Inv.: 1591 |
|---|---|---|---|---|---|
| Voorstelling: | Calvarie | Voorstelling: | Calvarie | Voorstelling: | Calvarie |
| | | | | | keerzijde bevesti- |
| Vindplaats: | Amsterdam | Vindplaats: | Reimerswaal | | gingslipjes |
| Afm. | h.: 42 br.: 41 | Afm. | h.: 17 br.: 35 | Vindplaats: | Nieuwlande |
| Materiaal: | lood-tin | Materiaal: | lood-tin | Afm. | h.: 29 br.: 22 |
| Bevestiging: | oogjes | Bevestiging: | ontbreekt | Materiaal: | lood-tin |
| Datering: | 1350-1450 | Datering: | 1400-1500 | Bevestiging: | hangoogje |
| Opschrift: | onleesbaar | Opschrift: | ... –- FORT | Datering: | 1400-1450 |
| | | | | Details: | los plaatje in lijstje |

| Afb.: 87 | Inv.: 1980 | | Afb.: 88 | Inv.: 1599 | | Afb.: 89 | Inv.: 1537 |
|---|---|---|---|---|---|---|---|
| Voorstelling: | Calvarie | | Voorstelling: | Calvarie | | Voorstelling: | Calvarie |

Afb.: 87  Inv.: 1980
Voorstelling: Calvarie

Vindplaats: Nieuwlande
Afm. h.: 18 br.: 18
Materiaal: lood-tin
Bevestiging: omlijsting ontbreekt
Datering: 1400-1450
Details: —

Afb.: 88  Inv.: 1599
Voorstelling: Calvarie

Vindplaats: Amsterdam
Afm. h.: 29 br.: 27
Materiaal: lood-tin
Bevestiging: draagspeld
Datering: 1400-1450
Details: —

Afb.: 89  Inv.: 1537
Voorstelling: Calvarie

Vindplaats: Amsterdam
Afm. h.: 30 br.: 27
Materiaal: lood-tin
Bevestiging: draagspeld
Datering: 1400-1450
Details: —

Afb.: 90  Inv.: 2106
Voorstelling: Calvarie

Vindplaats: Nieuwlande
Afm. h.: 27 br.: 28
Materiaal: lood-tin
Bevestiging: draagspeld
Datering: 1400-1450
Details: —

Afb.: 91  Inv.: 0169
Voorstelling: Calvarie

Vindplaats: Nieuwlande
Afm. h.: 25 br.: 25
Materiaal: lood-tin
Bevestiging: ingeslagen gaatjes
Datering: 1400-1450
Opschrift: AVE MARIA
GRACIA PLENA DOMINUS TE

**CALVARIE/MARIA-INSIGNES**

Onder de hier afgebeelde reeks insignes met de voorstelling van de Calvarie, de gekruisigde Christus en onder het kruis de treurende Maria en Johannes, bevinden zich twee opmerkelijke exemplaren, afb. 83 en 91. Deze Calvarie-insignes verwijzen blijkens het randschrift niet naar een Kruis- of Christusverering, maar refereren naar een Maria-cultus. Het is (nog) niet mogelijk deze pelgrimstekens toe te wijzen aan een specifieke lokatie. In de collectie van de Oudheidkundige Musea te Antwerpen (Het Vleeshuis) bevindt zich een aan afb. 91 nagenoeg identiek insigne (inv. 29.4.27/23).

**CALVARIE-INSIGNE**

Afbeelding 92 toont een latoenkoperen insigne met de Calvarie-voorstelling: Christus aan het kruis, geflankeerd door Maria en Johannes. Terzijde van dezen staan nog engelen. Boven het kruis zijn twee opmerkelijke ex-voto's afgebeeld, te weten een schip en een hemd of maliënkolder. Ook elders komen we deze ex-voto's tegen, met name op de Maria-insignes uit 's-Hertogenbosch (afb. 455-465). Wellicht bieden deze twee beloftegeschenken voldoende houvast om de cultus waar dit insigne naar verwijst nog eens te identificeren.

Afb.: 92  Inv.: 1544
Voorstelling: Calvarie

Vindplaats: Nieuwlande
Afm. h.: 44 br.: 44
Materiaal: koperlegering
Bevestiging: omlijsting ontbreekt
Datering: 1475-1525
Opschrift: INRI

Afb.: 93  Inv.: 1671
Voorstelling: Calvarie

Vindplaats: Rotterdam
Afm. h.: 46 br.: 36
Materiaal: lood-tin
Bevestiging: hangoogje
Datering: 1450-1500
Details: engelen, zon, maan, schedel Adam

## LUCCA, VOLTO SANTO

Verhaald wordt dat in het jaar 742 een onbemande boot strandde op de kust van Toscane. In het schip werd een groot in hout gesneden kruisbeeld gevonden dat werd overgebracht naar Lucca. Dit miraculeuze crucifix zou het werk zijn van Nicodemus, een leerling van Christus. Nicodemus had gepoogd zijn smartelijke herinnering aan de gekruisigde Christus in beeldhouwwerk vast te leggen. Dit ging evenwel menselijke vermogens te boven en hij wanhoopte het crucifix nog ooit te voltooien. Toen hij op een dag uitgeput in slaap was gevallen bij zijn onvoltooide Christusbeeld, daalde een engel uit de hemel neer en maakte het werk af. Aldus werd het crucifix in Lucca beschouwd van hemelse makelij.

Al in de middeleeuwen werd dit kruisbeeld het 'Volto Santo' genoemd, het 'ware aan-gezicht'. Het beeld van deze legende bevindt zich nog steeds in de kathedraal van San Martino te Lucca; het tegenwoordige beeld dateert uit de dertiende eeuw en vervangt een ouder miraculeus beeld waarover al in de elfde eeuw werd gesproken.

Het hier afgebeelde insigne van Lucca toont het crucifix met de in Lucca traditionele aureoolachtige omlijsting van het kruis; onder het kruis is een pelgrim neergeknield. Middenboven het kruis bevindt zich een nu leeg lijstje, dat oorspronkelijk een spiegeltje bevat zal hebben. In Londen is een bijna identiek Lucca-insigne gevonden dat gezien de archeologische context in de veertiende eeuw moet worden gedateerd.

Het opmerkelijke en typerende aan het 'Volto Santo' is dat de gekruisigde Christus gekleed is in een tot de voeten reikende tunica. Dit leidde tot een merkwaardige verwarring en de daarop gebaseerde legende van de heilige Ontkommer (zie afb. 297).

| Afb.: 94 | Inv.: 1738 |
|---|---|
| Voorstelling: | Crucifix Lucca |
| Vindplaats: | Dordrecht |
| Afm. | h.: 89 br.: 54 |
| Materiaal: | lood-tin |
| Bevestiging: | niet aanwezig |
| Datering: | 1350-1400 |
| Details: | spiegelinsigne |
| Opschrift: | INRI |

| Afb.: 95 | Inv.: 2150 |
|---|---|
| Voorstelling: | Crucifix Cruys-Bellaert Petite-Synthe |
| Vindplaats: | Nieuwlande |
| Afm. | h.: 35 br.: 35 |
| Materiaal: | lood-tin |
| Bevestiging: | oogjes ontbreken |
| Datering: | 1400-1500 |
| Opschrift: | SINTEN |

| Afb.: 96 | Inv.: 1588 |
|---|---|
| Voorstelling: | Crucifix Cruys-Bellaert Petite-Synthe |
| Vindplaats: | Nieuwlande |
| Afm. | h.: 34 br.: 34 |
| Materiaal: | lood-tin |
| Bevestiging: | oogjes ontbreken |
| Datering: | 1400-1500 |
| Opschrift: | ET SOET(E) (CRUCE) (V)AN SINTIN |

## PETITE-SYNTHE, CRUYS-BELLAERT

Behalve de drie hier afgebeelde exemplaren van dit pelgrimsteken, zijn nog twee exemplaren van dit type insigne bekend, die gevonden werden te Londen en Middelburg. Deze beide dragen als randschrift de tekst 'tsoete cruce de cintin'. Bij alle vijf de insignes zijn de woorden van elkaar gescheiden door bellen en bevindt zich middenboven een kruisje. Over de tekstband heen is op de onderrand de berg Golgotha aangegeven, waarop het kruis met het gotische crucifix staat. Opmerkelijk zijn de bellen die ter weerszijden van Christus aan de dwarsbalk van het kruis hangen. Deze pelgrimstekens verwijzen naar het Cruys-Bellaert, vereerd in het plaatsje Petite-Synthe bij Duinkerken. In de parochiekerk van Petite-Synthe werd een Hei-

lig-Kruisreliek bewaard. Deze zou daar zijn gevonden bij het graven van een put; het water uit deze bron bleek bovendien miraculeuze kracht te bezitten. Bij de put werd een groot houten kruis opgericht en een kapel gesticht, genoemd de 'chapelle de la Fontaine'. Het kruis kreeg de naam Cruys-Bellaert ofwel 'croix des Clochettes' omdat er bellen aan waren opgehangen. In de late achttiende eeuw, ten tijde van de Franse Revolutie, verdween de reliek van het Heilig Kruis en werd het Cruys-Bellaert bij de miraculeuze put vernield. De verering van de 'Cruys-put' ging evenwel ononderbroken door en in de late negentiende eeuw werd op de plaats van het vroegere kruis een 'calvaire' opgericht. Het parochiewapen van Petite-Synthe verwijst nog steeds naar de oude lokale traditie van het Cruys-Bellaert: op een zilveren schild een kruis en tussen de kruisarmen vier bellen van sabel.

| Afb.: 97 | Inv.: 2341 |
|---|---|
| Voorstelling: | Crucifix Cruys-Bellaert Petite-Synthe |
| Vindplaats: | Vlaanderen |
| Afm. | h.: 33 br.: 33 |
| Materiaal: | lood-tin |
| Bevestiging: | oogjes ontbreken |
| Datering: | 1400-1500 |
| Opschrift: | ET WERDE CRUCE DE SINTIN |

| Afb.: 98A | Inv.: 1801A | | Afb.: 98B | Inv.: 1801B | | Afb.: 99 | Inv.: 0762 |
|---|---|---|---|---|---|---|---|
| Voorstelling: | Crucifix | | Voorstelling: | Crucifix | | Voorstelling: | Crucifix |
| | | | | | | | |
| Vindplaats: | Dordrecht | | Vindplaats: | Dordrecht | | Vindplaats: | Nieuwlande |
| Afm. | h.: 41 br.: 26 | | Afm. | h.: 41 br.: 26 | | Afm. | h.: 28 br.: 23 |
| Materiaal: | lood-tin | | Materiaal: | lood-tin | | Materiaal: | lood-tin |
| Bevestiging: | draagoogje | | Bevestiging: | draagoogje | | Bevestiging: | draagoogje ontbreekt |
| Datering: | 1400-1450 | | Datering: | 1400-1450 | | Datering: | 1400-1450 |
| Opschrift: | A-OI-VN-M | | Opschrift: | AV-OI-AT-IN | | Opschrift: | W-OI-VA |

| Afb.: 100 | Inv.: 1209 | | Afb.: 101A | Inv.: 2486A | | Afb.: 101B | Inv.: 2486B |
|---|---|---|---|---|---|---|---|
| Voorstelling: | Crucifix | | Voorstelling: | Crucifix op scheepje Damme | | Voorstelling: | Maria met Kind Damme |
| | | | | | | | |
| Vindplaats: | Nieuwlande | | Vindplaats: | Nieuwlande | | Vindplaats: | Nieuwlande |
| Afm. | h.: 27,5 br.: 13 | | Afm. | h.: 19 br.: 23 | | Afm. | h.: 19 br.: 23 |
| Materiaal: | lood-tin | | Materiaal: | lood-tin | | Materiaal: | lood-tin |
| Bevestiging: | omlijsting met hang-oogje | | Bevestiging: | niet meer aanwezig | | Bevestiging: | niet meer aanwezig |
| Datering: | 1450-1500 | | Datering: | 1400-1450 | | Datering: | 1400-1450 |
| Details: | tussen 2 glasplaatjes | | Details: | Maria, Johannes | | Details: | — |

| Afb.: 102 | Inv.: 2002 |
|---|---|
| Voorstelling: | Crucifix |
| | |
| Vindplaats: | Leiden |
| Afm. | h.: 28 br.: 23 |
| Materiaal: | lood-tin |
| Bevestiging: | draagspeld |
| Datering: | 1400-1450 |
| Details: | taukruis |

## DAMME, HEILIG KRUIS

Volgens de legende werd in 1339 door vissers uit het West-Vlaamse Damme een miraculeus kruisbeeld opgevist (afb. 101). Dit uit zee tevoorschijn gekomen kruis werd overgebracht naar hun kapel in de Onze-Lieve-Vrouwekerk te Damme. Daar werd een genootschap van het Heilig Kruis opgericht.

In de Damse kerk wordt een 'mirakelschilderij van het Heilig Kruis' uit het tweede kwart van de zestiende eeuw bewaard. Ook bevindt zich daar een zilveren kusplaat van de zilversmid Pieter Frere (Brugge 1775-1795) waarop in hoogreliëf is afgebeeld de gekruisigde Christus op een schuitje in volle zee; Maria en Johannes zijn als staan-

de op de horizon terzijde van het kruis gegraveerd.

Omstreeks 1600 werden te Damme bedevaartvaantjes verkocht: de Brugse drukker Guillaume de Neve nam volgens het 'vertoogschrift' gedateerd 17 juni 1652, van Anthone Janssens of Jansseune ondermeer het materiaal over voor vaantjes '... van 't heuylich Cruys van Damme ...' die hij vervolgens in produktie nam. Geen enkel exemplaar is bewaard gebleven.

Dit insignefragment is het eerste geïdentificeerde pelgrimsteken van Damme.

De Maria met Kind op de keerzijde van het kruis verwijst naar de patrones van de kerk van Damme.

| Afb.: 103 | Inv.: 1997 |
|---|---|
| Voorstelling: | Christus Salvator Oviedo(?) |
| Vindplaats: | Nieuwlande |
| Afm. | h.: 53 br.: 40 |
| Materiaal: | lood-tin |
| Bevestiging: | oogjes |
| Datering: | 1250-1300 |
| Opschrift: | alpha-omega |

## CHRISTUS SALVATOR, OVIEDO (?)

Dit pelgrimsteken, met de voorstelling van Christus Salvator, is nagenoeg identiek aan een in 1860 te Parijs in de Seine gevonden insigne. Op grond van het opschrift op een sterk verwant maar wat jonger insigne, in 1858 te Parijs gevonden, moeten deze drie pelgrimstekens met de voorstelling van Christus als wereldrechter waarschijnlijk worden toegeschreven aan het Noord-Spaanse bedevaartsoord Oviedo met zijn aan Christus Salvator gewijde kerk. De San-Salvador-kathedraal van Oviedo was buitengewoon rijk. De 'Camera Santa', de reliekenkapel bij deze kerk, gold als de grootste van de laatmiddeleeuwse christelijke wereld en in de elfde eeuw trok deze al zoveel pelgrims dat reeds in 1033 een pelgrimshospitaal bij de kathedraal werd gesticht. Oviedo is gelegen op één van de routes naar Santiago de Compostela, de zogenoemde 'voie céleste'. Incidenteel komt Oviedo ook voor onder de vanuit de Nederlanden opgelegde strafbedevaarten.

| Afb.: 104A | Inv.: 1891A |
|---|---|
| Voorstelling: | Heilige traan Vendôme |
| Vindplaats: | Dordrecht |
| Afm. | h.: 68 br.: 45 |
| Materiaal: | tin (C.L.) |
| Bevestiging: | oogjes |
| Datering: | 1300-1350 |
| Details: | ampul |
| Opschrift: | onleesbaar |

| Afb.: 104B | Inv.: 1891B |
|---|---|
| Voorstelling: | Joris te paard Vendôme |
| Vindplaats: | Dordrecht |
| Afm. | h.: 68 br.: 45 |
| Materiaal: | tin (C.L.) |
| Bevestiging: | oogjes |
| Datering: | 1300-1350 |
| Details: | ampul |
| Opschrift: | onleesbaar |

## LA SAINTE LARME, VENDOME

In de Benediktijnenabdij La Trinité te Vendôme werd tot de Franse revolutie een intensief vereerde relikwie bewaard: 'la Sainte-Larme', ook wel 'Madame Sainte-Larme' genoemd en in het middelnederlands 'Ons Heeren Trane'. Een ampul van geslepen bergkristal bevatte volgens traditie de 'lacrima Christi', een traan die Christus plengde toen hij op weg naar de zieke Lazarus in Bethanië vernam dat deze al gestorven was. Martha en Maria, de zusters van Lazarus, waren eveneens diep geroerd en weenden. Maria, in de late middeleeuwen doorgaans gelijkgesteld met Maria Magdalena, ving een traan van Christus op en bewaarde die zorgvuldig. Kort voor het midden van de elfde eeuw kwam deze in bezit van de abdij La Trinité, die daardoor talloze bedevaartgangers trok. Jaarlijks werd de 'Sainte-Larme' op Witte Donderdag, 'Vendredi du Lazare', in processie rondgedragen. Ook vanuit de Nederlanden werd veelvuldig gepelgrimeerd naar Vendôme. Hoe bekend deze bedevaartplaats hier was blijkt wel uit het feit dat 'ten Heleghen Tranen van Vendome' een van de pelgrimages is die omstreeks 1370 door de nu anonieme Brugse schoolmeester werden opgesomd in het befaamde leerboekje, het 'Livre des Mestiers'.

Op de voorzijde van de ampul is een kelk afgebeeld op een altaar dat door twee vrouwen wordt geflankeerd. De linker vrouw - die dus op de belangrijkste plaats rechts van het altaar staat - is waarschijnlijk Maria Magdalena en zij houdt de traan boven de kelk; in de andere hand heeft ze een kruisstaf. De andere figuur zal Martha zijn en zij houdt een brandende kaars bij de kostbare reliek. Het nauwelijks meer ontcijferbare opschrift boven deze scene luidde 'Lacrima Dei', traan des Heren, zo valt te concluderen uit vergelijking met een bijna identieke ampulla die in 1863 in de Seine te Parijs werd gevonden. Het randschrift om de ampul is (nog) niet te reconstrueren. De keerzijde van de ampul toont een ruiter te paard. Ook deze is slechts herkenbaar na vergelijking met de Parijse ampul. Deze ridder - zijn schild in het midden is goed herkenbaar evenals de gestipte achterhand van het paard - is sint Joris; diens naam 'S Georgius' stond dan ook aan deze zijde op de hals van de ampul.

| Afb.: 105 | Inv.: 0853 |
|---|---|
| Voorstelling: | Christus als Man van smarten |
| Vindplaats: | Nieuwlande |
| Afm. | h.: 22 br.: 19 |
| Materiaal: | lood-tin |
| Bevestiging: | hangoogje |
| Datering: | 1475-1525 |
| Details: | keerzijde Maria met Kind op maansikkel |

| Afb.: 106A | Inv.: 1488A |
|---|---|
| Voorstelling: | Verrijzenis |
| Vindplaats: | Nieuwlande |
| Afm. | h.: 22 br.: 17 |
| Materiaal: | lood-tin |
| Bevestiging: | hangoogje |
| Datering: | 1450-1500 |
| Details: | — |

| Afb.: 106B | Inv.: 1488B |
|---|---|
| Voorstelling: | Patriarchaal kruis |
| Vindplaats: | Nieuwlande |
| Afm. | h.: 22 br.: 17 |
| Materiaal: | lood-tin |
| Bevestiging: | hangoogje |
| Datering: | 1450-1500 |
| Opschrift: | onleesbaar |

## PASSIE EN VERRIJZENIS VAN CHRISTUS

De hangertjes van afb. 105 tot en met afb. 110 geven op voor- en keerzijde afbeeldingen die houvast bieden voor een persoonlijke devotie rond Christus' kruisdood. De voorstelling van de Man van Smarten (afb. 105) toont Christus met de lendendoek bekleed, de doornenkroon op het hoofd en met de wonden in handen, voeten en zijde, staande in de geopende graftombe. Bovendien is hij hier omgeven door de werktuigen waarmee hij werd gemarteld en gedood, de zogenoemde 'Arma Christi'. In de late middeleeuwen worden deze 'Arma Christi' als het ware de heraldische tekens, de wapentekens voor Christus. Christus' lijdenswerktuigen komen afzonderlijk voor op de medailles afb. 109 en afb. 110. Te herkennen zijn met name het kruis, de lans en de rietstok met spons, de doornenkroon,

de nagels, ladder, hamer en nijptang. Op de medaille afb. 110 is onder het kruis bovendien een haan op een zuil afgebeeld, verwijzend naar de passage in het lijdensverhaal waar Petrus ontkent dat hij Christus kent en de haan, zoals was voorspelt, drie keer kraait.

De medaille afb. 106 met de voorstelling van de Verrijzenis en een kruis met dubbele dwarsbalk is als enige van deze insignes als een pelgrimsteken verwijzend naar een specifieke bedevaartplaats te beschouwen. Ongetwijfeld moet dit een plaats zijn waar een Heilig Kruisreliek in een patriarchaal kruis werd vereerd; tot op heden was niet mogelijk het randschrift te ontcijferen van dit insigne waarvan twee exemplaren uit Zeeland bekend zijn.

| Afb.: 107 | Inv.: 1495 |
|---|---|
| Voorstelling: | IHS binnen hart |
| Vindplaats: | Nieuwlande |
| Afm. | h.: 23 br.: 23 |
| Materiaal: | lood-tin |
| Bevestiging: | hangoogje |
| Datering: | 1450-1500 |
| Details: | kraaltje |

| Afb.: 108 | Inv.: 1706 |
|---|---|
| Voorstelling: | Hart |
| Vindplaats: | Nieuwlande |
| Afm. | h.: 28 br.: 20 |
| Materiaal: | lood-tin |
| Bevestiging: | hangoogje |
| Datering: | 1450-1500 |
| Details: | inhoud verloren |

| Afb.: 109 | Inv.: 2392 |
|---|---|
| Voorstelling: | Arma Christi |
| Vindplaats: | Nieuwlande |
| Afm. | h.: 18 br.: 17 |
| Materiaal: | lood-tin |
| Bevestiging: | hangoogje ontbreekt |
| Datering: | 1475-1525 |
| Details: | keerzijde Maria met Kind op maansikkel |

| Afb.: 110 | Inv.: 2391 |
|---|---|
| Voorstelling: | Arma Christi |
| Vindplaats: | Nieuwlande |
| Afm. | h.: 18 br.: 18 |
| Materiaal: | lood-tin |
| Bevestiging: | hangoogje ontbreekt |
| Datering: | 1475-1525 |
| Details: | keerzijde Maria met Kind op maansikkel |

## LAM GODS

Bij de doop van Christus in de Jordaan sprak Johannes de Doper de woorden die staan vermeld op de plaquette afb. 114: 'Ziet het Lam Gods dat wegneemt de zonden van de wereld'. Op grond van deze tekst werd het lam met kruisvaan tot een veel toegepast symbool voor Christus. De insignes afb. 111, 112 en 113 zullen eerder als devotionalia in meer algemene zin moeten worden beschouwd en niet als pelgrimstekens. Het gestanste latoenkoperen plaatje afb. 114 moet worden vergeleken met afb. 78A-B en afb. 80. Deze 'Agnus Dei' zal ook uit Rome afkomstig zijn en wellicht in combinatie met een 'Vera Icon' in een hangertje hebben gezeten. Dergelijke Lam Gods-insignes verwijzen naar de sinds de late middeleeuwen meest geliefde bedevaartsdevotionalia uit Rome, uit was gevormde plaquettes met de voorstelling van het Lam Gods.

| Afb.: 111 | Inv.: 1645 |
|---|---|
| Voorstelling: | Lam Gods |
| | |
| Vindplaats: | Nieuwlande |
| Afm. | h.: 33 br.: 33 |
| Materiaal: | lood-tin |
| Bevestiging: | draagspeld |
| Datering: | 1400-1450 |
| Details: | — |

| Afb.: 112 | Inv.: 1966 |
|---|---|
| Voorstelling: | Lam Gods |
| | |
| Vindplaats: | Rotterdam |
| Afm. | h.: 40 br.: 31 |
| Materiaal: | lood-tin |
| Bevestiging: | gaatjes in nimbus |
| Datering: | 1400-1450 |
| Opschrift: | ANGV S DEI |

| Afb.: 113 | Inv.: 0471 |
|---|---|
| Voorstelling: | Lam Gods |
| | |
| Vindplaats: | Amsterdam |
| Afm. | h.: 35 br.: 36 |
| Materiaal: | lood-tin |
| Bevestiging: | hangoogje afgebroken |
| Datering: | 1450-1500 |
| Details: | — |

| Afb.: 114 | Inv.: 2380 |
|---|---|
| Voorstelling: | Lam Gods Rome |
| Vindplaats: | Nieuwlande |
| Afm. | h.: 29 br.: 29 |
| Materiaal: | latoenkoper |
| Bevestiging: | omlijsting niet bewaard |
| Datering: | 1475-1525 |
| Opschrift: | AGNUS DEI QUI TOLLIT PECCATA MUNDI |

| Afb.: 115 | Inv.: 1274 |
|---|---|
| Voorstelling: | Pelikaan |
| | |
| Vindplaats: | Nieuwlande |
| Afm. | h.: 27 br.: 27 |
| Materiaal: | lood-tin |
| Bevestiging: | draagspeld |
| Datering: | 1450-1500 |
| Details: | voedt jongen op nest |

## PELIKAAN MET JONGEN

De pelikaan die zijn jongen met zijn eigen bloed in leven houdt, is een symbool voor Christus die door de kruisdood zijn bloed gaf voor de mensheid. Vermoedelijk werd dit beeld voor het eerst gevisualiseerd in de late dertiende of vroege veertiende eeuw in Italië, waarna het symbool snel verbreid werd over de christelijke wereld. Geleidelijk werd de pelikaan meer en meer een symbool voor de eucharistie. De drie insignes van de pelikaan op het nest waaruit de drie jongen hongerig opzien, duiden dan ook in algemenere, devotionele zin op het offer dat Christus bracht. Opmerkelijk is het afwijkende materiaal van het derde insigne (afb. 117), dat niet van metaal maar uit fijne pijpaarde is vervaardigd.

| Afb.: 116 | Inv.: 1073 |
|---|---|
| Voorstelling: | Pelikaan |
| | |
| Vindplaats: | Schiedam |
| Afm. | h.: 26 br.: 26 |
| Materiaal: | lood-tin |
| Bevestiging: | draagspeld |
| Datering: | 1450-1500 |
| Details: | voedt jongen op nest |

| Afb.: 117 | Inv.: 1399 |
|---|---|
| Voorstelling: | Pelikaan |
| | |
| Vindplaats: | Nieuwlande |
| Afm. | h.: 39 br.: 39 |
| Materiaal: | pijpaarde |
| Bevestiging: | resten gaatje |
| Datering: | 1450-1500 |
| Details: | voedt jongen op nest |

## SACRAMENTEN VAN MIRAKEL

De afbeeldingen 118 tot en met 140 betreffen insignes die verwijzen naar eucharistische wonderen, wonderen met in de mis geconsacreerde hosties of wijn. Hostie- en wijnwonderen werden in de dertiende, veertiende en vijftiende eeuw buitengewoon populair en waren tegelijkertijd vanuit theologisch standpunt hoogst omstreden. Immers, zo werd betoogd, was Christus overal op gelijke wijze in de eucharistie aanwezig en kon het niet zo zijn dat dit zich op de ene plaats duidelijker zou manifesteren dan op de andere. Bovendien leverde de verering van - overigens ook nog aan bederf onderhevige - miraculeuze hosties als relikwieën problemen op, hetgeen wel werd opgelost door deze hostie(s) te vervangen of te vergezellen van een kort tevoren en niet blijvend bewaarde geconsacreerde hostie. Een extra complicerende factor in de theologische discussie over de verering naar aanleiding van eucharistische wonderen was dat het in feite dikwijls ook nog ging om hostieschendingen.

De grootste groep onder de insignes betreffende eucharistische wonderen wordt gevormd door de pelgrimstekens uit Wilsnack. De hier afgebeelde insignes (afb. 130 - 137) geven in acht varianten de afbeelding van het drietal daar vereerde miraculeuze hosties. Deze werden steeds zonder houder afgebeeld. Ook het nog niet naar herkomst geïdentificeerde insigne van afb. 139 toont zo twee hosties. Met name dergelijke pelgrimstekens waren theologen een doorn in het oog. Rond 1400 bijvoorbeeld had de bisschop van Verden in zijn diocees de hostie-insignes van de hoeden van uit Wilsnack terugkerende pelgrims laten rukken en de theoloog Nicolaas van Cusa (1401-1464) pleitte er voor om de 'loden pelgrimstekens die gegoten zijn in de vorm van hosties' niet meer te tolereren. Ernstiger nog was het gesteld met de insignes uit Blomberg: deze beelden immers niet als miraculeus vereerde hosties af, maar juist de schandelijke daad van het in een put werpen van gestolen hosties (zie afb. 121 en afb. 122).

Afb.: 118    Inv.: 1965
Voorstelling:  Hostiemonstrans
                Amsterdam
Vindplaats:   Rotterdam
Afm.          h.: 42 br.: 33
Materiaal:    lood-tin
Bevestiging:  oogjes
Datering:     1450-1500
Details:       —

Afb.: 119    Inv.: 1442
Voorstelling:  Hostiemonstrans
                Amsterdam
Vindplaats:   Amsterdam
Afm.          h.: 43 br.: 33
Materiaal:    lood-tin
Bevestiging:  oogjes
Datering:     1450-1500
Details:       —

Afb.: 120    Inv.: 0964
Voorstelling:  Hostiemonstrans
                Amsterdam
Vindplaats:   Schiedam
Afm.          h.: 54 br.: 36
Materiaal:    lood-tin
Bevestiging:  2 oogjes
Datering:     1450-1500
Opschrift:    onleesbaar

## DE HEILIGE STEDE VAN AMSTERDAM

Op 15 maart 1345 gebeurde er in Amsterdam een wonder: een zwaar zieke man braakte in de haard van zijn woonvertrek een kort tevoren ontvangen geconsacreerde hostie uit. De hostie, die nog onbeschadigd was, werd niet verzengd door de vlammen maar bleef ongeschonden. Onmiddellijk volgde er een grote toeloop van pelgrims naar de 'Heilige Stede', het woonhuis met de haard waar het mirakel had plaatsgevonden. Jan van Arkel, bisschop van Utrecht, verleende al in 1346 een aflaat van veertig dagen aan ieder die de 'Heilige Stede' bezocht. Datzelfde jaar werd begonnen met de bouw van een kapel die in 1347 werd ingewijd.

De miraculeuze hostie werd in een kristallen monstrans aan de pelgrims getoond en vele wonderen geschieden.

De drie hier getoonde insignes, afb. 118 - 120, moeten met aan zekerheid grenzende waarschijnlijkheid worden toegeschreven aan de Heilige Stede te Amsterdam: een eucharistische monstrans met een hostie, vastgehouden door twee engelen.

## DE HEKS VAN BLOMBERG

Een als heks veroordeelde vrouw werd in het jaar 1460 in het Duitse Blomberg levend verbrand, nadat ze onder folteringen had bekend vijfenveertig geconsacreerde hosties te hebben gestolen uit de plaatselijke parochiekerk. Ze hoopte op echtelijk geluk door deze hosties in huis te halen, maar raakte in paniek en wierp de hosties in een waterput. Boven de put werd na haar terechtstelling een kapel gebouwd om de schending van het Heilig Sacrament weer ongedaan te maken en spoedig gebeurden daar vele wonderen waardoor Blomberg een drukbezocht pelgrimsoord werd. Van theologische zijde kwam op deze cultus zware kritiek en ook werden de te Blomberg verkochte 'signa plumbea', loden tekenen, ernstig afgekeurd. Op de Blombergse insignes stond immers de verfoeilijke hostieschending afgebeeld. Afbeelding 121 en 122 geven de twee tot op heden bekende typen van het Blombergse insigne. Het eerste is sterk verwant met een te Amsterdam - eveneens samen met een Wilsnack-insigne - gevonden exemplaar, van het tweede is nog geen ander voorbeeld bekend.

| Afb.: 121 | Inv.: 1514 | | Afb.: 122 | Inv.: 0949 |
|---|---|---|---|---|
| Voorstelling: | Hostieschending Blomberg | | Voorstelling: | Hostieschending Blomberg |
| Vindplaats: | Nieuwlande | | Vindplaats: | Nieuwlande |
| Afm. | h.: 76 br.: 46 | | Afm. | h.: 52 br.: 29 |
| Materiaal: | lood-tin | | Materiaal: | lood-tin |
| Bevestiging: | oogjes | | Bevestiging: | niet bewaard |
| Datering: | 1475-1525 | | Datering: | 1400-1500 |
| Opschrift: | CORP'XPI. I. BLOMBURG' | | Opschrift: | niet bewaard |

gevonden met Wilsnack-insigne, afb. 130

## HET HEILIG BLOED VAN BOXTEL

In 1380 verkreeg de parochie van Sint Petrus te Boxtel kerkelijke toestemming over te gaan tot plechtige en publiekelijke verering van het Miraculeus Heilig Bloed dat zich aldaar kort tevoren had geopenbaard. Een priester, Eligius Aecker genaamd, celebreerde aan het Driekoningenaltaar in de Boxtelse kerk de heilige mis en stootte uit onvoorzichtigheid de kelk met de al geconsacreerde wijn om. Het corporale en de altaardwaal werden rood gekleurd, terwijl er witte wijn was gebruikt. De priester raakte in verwarring en trachtte tevergeefs de rode vlekken uit de altaarkleden te wassen. Op zijn sterfbed verhaalde de priester het wonder aan zijn biechtvader en de heilige doeken werden plechtig overgebracht naar de parochiekerk van Boxtel om daar te worden vereerd. Beide insignes, afb. 123 en afb. 124, verwijzen naar dit eucharistisch mirakel: een clericus toont de - rood beschilderde - altaardoek met de daarop omgevallen kelk.

| Afb.: 123 | Inv.: 2496 | | Afb.: 124 | Inv.: 1664 |
|---|---|---|---|---|
| Voorstelling: | Heilig-Bloedwonder Boxtel | | Voorstelling: | Heilig-Bloedwonder Boxtel |
| Vindplaats: | Sluis | | Vindplaats: | Dordrecht |
| Afm. | h.: 46 br.: 38 | | Afm. | h.: 44 br.: 37 |
| Materiaal: | lood-tin | | Materiaal: | lood-tin |
| Bevestiging: | oogjes | | Bevestiging: | oogjes |
| Datering: | 1350-1400 | | Datering: | 1350-1400 |
| Details: | resten rode verf op kleed | | Details: | resten rode verf op kleed |

Afb.: 125
Voorstelling:

Vindplaats:
Afm.
Materiaal:
Bevestiging:
Datering:
Opschrift:

Inv.: 1602
Hostiemonstrans
Hasselt (Overijssel)
Zwolle
h.: 33 br.: 40
lood-tin
niet meer aanwezig
1400-1450
HIC EST
CORP XPS HASSELT

## DE HEILIGE STEDE VAN HASSELT

In het midden van de veertiende eeuw ontstond te Hasselt in Overijssel een devotie voor het Heilig Sacrament. Bij de opkomst van deze verering, die werd gevestigd in de kapel van de Heilige Stede, speelde de Utrechtse bisschop Jan van Arkel een belangrijke rol, de bisschop die zich ook

elders inzette voor de verering van de eucharistie zoals in 1346 te Amsterdam (zie bij afb. 118 - 120). De kapel van de Heilige Stede te Hasselt verwierf binnen korte tijd aanzienlijke goederen, waaruit kan worden afgeleid dat de Sacramentsverering aansloeg en talloze pelgrims naar de kapel kwamen. In 1374 werd het 'Corpus Christi', de miraculeuze hostie(s) waar de cultus zich op richtte, bewaard onder het altaar van de kapel. De pelgrims trokken om dit altaar heen.

Tot op heden was niets bekend over te Hasselt verkochte pelgrimstekens en in 1980 schreef W. Frijhoff nog in verband met het gebrekkig bronnenmateriaal 'Verrassingen hoeven we, wat de oergeschiedenis van de Hl. Stede betreft ... niet meer te verwachten'. Dit insignefragment, in het nabije Zwolle gevonden, bewijst dat uit onverwachte hoek toch aanvullend materiaal tevoorschijn kan komen: het opschrift 'dit is het Lichaam van Christus - Hasselt' geeft onmiskenbaar aan dat met dit insigne verwezen wordt naar de Hasseltse cultus. Afgebeeld is de voet met nodus van de ciborie of monstrans waarin de miraculeuze hostie(s) van Hasselt bewaard en getoond zullen zijn; voor meer informatie moet de vondst van een gaver insigne worden afgewacht.

Afb.: 126
Voorstelling:

Vindplaats:
Afm.
Materiaal:
Bevestiging:
Datering:
Opschrift:

Inv.: 1902
Hostiewonder
Kranenburg
Dordrecht
h.: 65 br.: 52
lood-tin
oogjes
1450-1500
DIT.IS.DAT.TEIKEN
VAN.KRANEN.BORCH

## HET HEILIG KRUIS VAN KRANENBURG

De twee hier afgebeelde insignes van het Heilig Kruis te Kranenburg geven beide in drie scènes het hostiewonder weer dat zich daar afspeelde. Met Pasen in het jaar 1308 ontving een schaapherder uit de omgeving van Kranenburg het Heilig Sacrament. De herder kon het niet doorslikken en terug in het Rijkswoud deponeerde hij de hostie tussen twee takken hoog in een boom. Terug bij zijn kudde kreeg hij berouw en biechtte een en ander op bij de pastoor te Kranenburg. Herder en pastoor trokken samen naar de bewuste boom, waar de herder zich ervan vergewiste dat de hostie daar nog lag. Toen de priester deze wilde pakken om in een ciborie op te bergen, gleed de hostie in een holte. Achtentwintig jaar later kreeg dezelfde priester van de hertog van Gelre een boom als brandhout. Deze werd gekapt en toen een groot blok werd gekloofd, 'daeruyt viel dat heylighe cruys in alre formen en gelijckenisse als ment noch hueden tho dagen siet' (legende van ca. 1400). De hostie was in het hout uitgegroeid tot 'eyn beylt ende figuer myt geneychden hoeft ende myt uytgereckten armen ende sijn voeten overeen'.

Afb.: 127
Voorstelling:

Vindplaats:
Afm.
Materiaal:
Bevestiging:
Datering:
Details:

Inv.: 1807
Hostiewonder
Kranenburg
Dordrecht
h.: 71 br.: 57
lood-tin
oogjes
1450-1500
—

De bedevaarten naar dit heilige, niet door mensenhanden gemaakte, crucifix kwam snel op gang. Nog in het jaar van de wonderlijke kruisvinding werd begonnen aan de bouw van een nieuwe bedevaartskapel. In 1409 ontving Meester Gisbert Schairt uit Zaltbommel de opdracht voor een nieuwe kapittel- en bedevaartskerk die in 1436 werd ingewijd. Vele pelgrims van alle rangen en standen bezochten het mirakelkruis van Kranenburg. In 1414 was bijvoorbeeld Maria, hertogin van Gelre, 'mijn genedige vrouwe tot Cranenborch tot den heylgen cruyce aldair'.

Op de Kranenburgse insignes zien we hoe de herder neergeknield voor de priester de communie ontvangt; in de onderste helft is links afgebeeld hoe de herder de hostie verbergt in de boom en rechts hoe bij het kappen van de boom het kruisbeeld tevoorschijn komt. Van het type insigne zonder opschrift (afb. 127) is een bijna identiek exemplaar uit de binnenstad van Groningen tevoorschijn gekomen, alsmede enkele fragmenten uit Nieuwlande.

Afb.: 128     Inv.: 1612
Voorstelling:  Hostiemonstrans
              Sternberg
Vindplaats:   Nieuwlande
Afm.         h.: 66 br.: 34
Materiaal:    lood-tin
Bevestiging:  niet aanwezig
Datering:     1492-1525
Details:      wapenschilden

## HET HOSTIEWONDER VAN STERNBERG

In 1978 werd te Lübeck een puntgaaf insigne van Sternberg (Mecklenburg) gevonden: een eucharistische monstrans waarin twee hosties - een met de kruisiging, de andere met de verrijzenis - en met het opschrift 'sterne berg'. Het insignefragment afb. 129 is kleiner maar verder identiek aan deze Lübeckse vondst. Het bijna gave insigne afb. 128 toont maar liefst vijf hosties, elk met de kruisiging. Ook dit insigne moet uit Sternberg stammen, gezien het wapenschild van deze plaats links tegen de monstrans. Sternberg werd tegen het einde van de middeleeuwen een bedevaartsplaats ter ere van het Heilig Bloed. De oorsprong van deze cultus lag ook hier in een schending van het Heilig Sacrament, die uitliep op een jodenvervolging en leidde tot een jodenverbranding te Sternberg op 24 oktober 1492. De hosties, die gebloed zouden hebben, werden evenwel als miraculeus beschouwd en brachten grote aantallen pelgrims op de been.

Afb.: 129     Inv.: 1103
Voorstelling:  Hostiemonstrans
              Sternberg
Vindplaats:   Reimerswaal
Afm.         h.: 20 br.: 30
Materiaal:    lood-tin
Bevestiging:  niet aanwezig
Datering:     1492-1525
Details:      —

Afb.: 130     Inv.: 1709
Voorstelling:  Drie hosties
              Wilsnack
Vindplaats:   Nieuwlande
Afm.         h.: 36 br.: 31
Materiaal:    lood-tin
Bevestiging:  oogjes
Datering:     1475-1525
gevonden met Blomberg-insigne,
              afb. 121

Afb.: 131     Inv.: 1335
Voorstelling:  Drie hosties
              Wilsnack
Vindplaats:   Amsterdam
Afm.         h.: 37 br.: 31
Materiaal:    lood-tin
Bevestiging:  oogjes
Datering:     1400-1500
Details:      —

## HET HEILIG SACRAMENT TE WILSNACK

In 1383 brandde de kerk van Wilsnack (Brandenburg) af en in het puin werden drie bloedende hosties teruggevonden. Deze werden vervolgens het middelpunt van vermoedelijk de meest populaire Heilig Sacramentsverering van de late middeleeuwen. De grote toeloop van pelgrims uit heel Europa deed evenwel de twijfel van theologische zijde aan de juiste toedracht van het wonderverhaal niet wegnemen.
Integendeel, de massaliteit van deze hostieverering gaf eerder nog aanleiding tot felle discussies over zowel deze specifieke cultus als meer in het algemeen over de verering van het Heilig Sacrament. De controverse liep wat Wilsnack betreft abrupt af: in 1522 liet een Lutherse predikant de miraculeuze Dreihostien in het openbaar verbranden.
De pelgrimage naar Wilsnack was in de late veertiende eeuw snel op gang gekomen. De handel in devotionalia en met name in pelgrimstekens nam hoge vlucht. Hoe lucratief dit laatste was, blijkt wel uit het feit dat al in 1396 een verdeelsleutel werd gemaakt voor de winst die de insigneverkoop opleverde: eenderde deel werd bestemd voor de bisschoppelijke gebouwen, eenderde deel ontvingen de proost en het kapittel, en het laatste derde deel kon worden gebruikt voor het kerkgebouw, voor de benodigde liturgische gebruiksvoorwerpen, voor boeken en voor overige kerkelijke zaken.
De insignes van Wilsnack tonen steeds het drietal miraculeuze hosties. Deze zijn in principe van drie verschillende voorstellingen voorzien, de geseling, de kruisiging en de verrijzenis van Christus. De beide bovenste hosties zijn meestal door een kruisje bekroond. Uit schriftelijke bronnen, van eigentijds beeldmateriaal en van enkele met verfsporen teruggevonden Dreihostieninsignes, weten we dat de pelgrimstekens van Wilsnack oorspronkelijk van een rode polychromie werden voorzien als verwijzing naar het bloedwonder. De rode kleurstof op een van de Wilsnack-insignes is geanalyseerd door het Centraal Laboratorium te Amsterdam, zie p. 21-25.

| Afb.: 132 | Inv.: 1481 |
|---|---|
| Voorstelling: | Drie hosties Wilsnack |
| Vindplaats: | Nieuwlande |
| Afm. | h.: 32 br.: 27 |
| Materiaal: | lood-tin |
| Bevestiging: | oogjes |
| Datering: | 1400-1500 |
| Details: | — |

| Afb.: 133 | Inv.: 0692 |
|---|---|
| Voorstelling: | Drie hosties Wilsnack |
| Vindplaats: | Nieuwlande |
| Afm. | h.: 28 br.: 31 |
| Materiaal: | lood-tin |
| Bevestiging: | oogjes |
| Datering: | 1400-1500 |
| Details: | — |

| Afb.: 134 | Inv.: 2474 |
|---|---|
| Voorstelling: | Drie hosties Wilsnack |
| Vindplaats: | Nieuwlande |
| Afm. | h.: 26 br.: 22 |
| Materiaal: | lood-tin |
| Bevestiging: | oogjes |
| Datering: | 1400-1500 |
| Details: | — |

| Afb.: 135 | Inv.: 1386 |
|---|---|
| Voorstelling: | Drie hosties Wilsnack |
| Vindplaats: | Nieuwlande |
| Afm. | h.: 26 br.: 30 |
| Materiaal: | lood (C.L.) |
| Bevestiging: | hangoogje |
| Datering: | 1400-1500 |
| Details: | aan achterzijde dicht-gegoten oogje met naald |

| Afb.: 136 | Inv.: 2476 |
|---|---|
| Voorstelling: | Drie hosties Wilsnack |
| Vindplaats: | Nieuwlande |
| Afm. | h.: 15 br.: 12 |
| Materiaal: | lood-tin |
| Bevestiging: | oogje achterzijde |
| Datering: | 1400-1500 |
| Details: | — |

| Afb.: 137 | Inv.: 2475 |
|---|---|
| Voorstelling: | Drie hosties Wilsnack |
| Vindplaats: | Nieuwlande |
| Afm. | h.: 30 br.: 30 |
| Materiaal: | lood-tin (C.L.) |
| Bevestiging: | oogjes |
| Datering: | 1400-1500 |
| Details: | linker hostie uitge-sneden |

## DE DREIHOSTIEN UIT WILSNACK

Het relatief grote aantal Dreihostien-insignes van Wilsnack dat in de laatste jaren gevonden is, bewijst dat de schriftelij-ke berichten over de populariteit van deze Sacramentsverering niet overdreven waren. Het theologisch dispuut enerzijds en de commercialiteit van de cultus anderzijds liepen hoog op. Niet alleen in Wilsnack zelf werd handel gedreven in de van kerkelijke zijde bepaald niet toegejuichte 'loden hos-ties', maar ook elders werden deze ver-kocht. In 1396 al schreef de bisschop van Havelberg, het diocees waarin Wilsnack lag, dat dit door pelgrims die uit Wilsnack kwamen, gebeurde en dat deze daar zelfs winst op wisten te maken. De pelgrimsin-signes van de Dreihostien werden, zo blijkt

uit de teruggevonden exemplaren, in ver-schillende maten aan de bedevaartgangers verkocht, van zeer klein tot behoorlijk van afmeting. Het kleinste hier afgebeelde exemplaar is 15 mm hoog (afb. 136), de grootste meet 37 mm (afb. 131). Een merkwaardige exponent van de massa-produktie van pelgrimstekens die te Wilsnack aan de orde was, is het insigne afb. 135. De gebruikelijke volgorde van de hosties is verwisseld, de Verrijzenis is linksboven afgebeeld en de Kruisiging rechtsboven. Op de onderste hostie zou nor-maal gesproken Christus aan de geselkolom zijn afgebeeld; hier zien we evenwel alleen een kandelaberachtige zuil die door twee onduidelijke figuurtjes wordt geflankeerd. Maar er is meer. De drie gebruikelijke bevestigingsoogjes in de binnenhoeken van

dit insigne zijn vervallen en daarvoor in de plaats is midden boven een ophangoogje aangebracht. Hoogst merkwaardig is bovendien de onbruikbare, aan de achterzij-de van dit insigne vast-gegoten, bevesti-gingsconstructie. Er werd blijkbaar een zelfde insigne compleet met oogje en borg-pen aan de achterzijde als model genomen dat in zijn geheel werd nagegoten. Materiaaltechnisch onderzoek leverde bovendien de analyse dat het een zuiver loden insigne betreft, hetgeen er ook op wijst dat dit exemplaar niet tot de reguliere massaproductie van Wilsnack behoort (zie ook p. 21-25). Het zo ondoordacht nagieten van de Dreihostieninsignes moet in rechts-treeks verband worden gebracht met de massaliteit van de pelgrimstoeloop en de grote insigneproduktie.

| Afb.: 138 | Inv.: 0915 |
|---|---|
| Voorstelling: | Hostiemonstrans |
| | |
| Vindplaats: | Vlissingen |
| Afm. | h.: 59 br.: 27 |
| Materiaal: | lood-tin |
| Bevestiging: | niet meer aanwezig |
| Datering: | 1400-1450 |
| Details: | — |

| Afb.: 139 | Inv.: 2041 |
|---|---|
| Voorstelling: | Twee hosties |
| | |
| Vindplaats: | Nieuwlande |
| Afm. | h.: 13 br.: 13 |
| Materiaal: | lood-tin |
| Bevestiging: | hangoogje |
| Datering: | 1450-1500 |
| Details: | — |

| Afb.: 140 | Inv.: 0269 |
|---|---|
| Voorstelling: | Hostiemonstrans |
| | |
| Vindplaats: | Amsterdam |
| Afm. | h.: 45 br.: 38 |
| Materiaal: | lood-tin |
| Bevestiging: | niet meer aanwezig |
| Datering: | 1500-1550 |
| Details: | — |

## ONGEÏDENTIFICEERDE HOSTIE-WONDEREN

De drie hierboven afgebeelde insignes betreffen nog niet thuis te brengen Heilig Sacramentsvereringen. De cultus rond miraculeuze hosties werd in de late middeleeuwen ongelooflijk populair. Alleen al in Duitsland kende men zo'n honderd plaatsen met een hostiewonder dat tot bedevaarten aanleiding gaf. Vele van deze hadden slechts een regionaal bereik, maar sommige zoals het al genoemde Wilsnack, Blomberg en Sternberg trokken pelgrims uit heel Europa. Van andere plaatsen met een internationale Sacramentscultus werden nog geen insignes teruggevonden, zoals uit Andechs, Augsburg, Seefeld of Walldün. In de Nederlanden werden in de late middeleeuwen op tenminste vierendertig plaatsen mirakelhosties of bloedcorporalen vereerd. Slechts van enkele zijn tot nu toe insignes bekend, terwijl aangenomen mag worden dat op de meeste van deze plaatsen pelgrimstekens werden verkocht. Niet uitgesloten is dat het insigne afb. 140 de jongste variant is van de reeks onder afb. 118 - 120 beschreven pelgrimstekens van de Heilige Stede te Amsterdam.

| Afb.: 141A | Inv.: 2427A |
|---|---|
| Voorstelling: | God de Vader met gekruisigde Christus |
| Vindplaats: | Brugge |
| Afm. | h.: 17 br.: 15 |
| Materiaal: | zilver |
| Bevestiging: | hangoogje |
| Datering: | 1450-1500 |
| Details: | — |

| Afb.: 141B | Inv.: 2427B |
|---|---|
| Voorstelling: | Bisschop |
| | |
| Vindplaats: | Brugge |
| Afm. | h.: 17 br.: 15 |
| Materiaal: | zilver |
| Bevestiging: | hangoogje |
| Datering: | 1450-1500 |

## DEVOTIEMEDAILLE MET DE GENADESTOEL

De kleine devotiemedaille afb. 141A-B werd in Brugge opgegraven en is een van de zeer zeldzame voorbeelden van een insigne in edelmetaal. Aangenomen mag worden dat van bijna alle insignes in lood-tin oorspronkelijk ook meer kostbare varianten zijn vervaardigd voor de verkoop aan meer kapitaalkrachtige gelovigen. Bij dit hangertje zijn twee van dun zilver gestansde plaquettes in een lijstje samengevoegd. Dergelijke van bladzilver geperste plaatjes werden ook afzonderlijk als insignes verkocht (zie ill. 17 en p. 46-48).
Op de voorzijde van dit hangertje is God de Vader afgebeeld die zijn gekruisigde Zoon voor zich houdt. Niet meer zichtbaar op het kleine reliëf is de duif, symbool van de Heilige Geest, die zeer waarschijnlijk ook op deze voorstelling aanwezig was. Dit vaste iconografische beeld van God de Vader, de Zoon en de Heilige Geest, wordt de 'Genadestoel' genoemd en komt al sinds de twaalfde eeuw in de Nederlanden voor. De bisschop op de keerzijde van het hangertje heeft geen specifieke attributen en is dus niet nader te identificeren.

147

## CLAUDE, ST.-CLAUDE-EN-JURA

De heilige Claude, Claudius, zou op 6 juni in een niet nader vaststaand jaar rond 700 (696?) zijn overleden. Volgens zijn vita stamde hij uit een welgestelde, christelijke familie en werd hij priester na een korte militaire loopbaan. Hij was kanunnik in Besançon, trok zich terug als monnik in de Benediktijnenabdij van Condat, werd daar abt en ook zou hij vervolgens nog zeven-entwintig jaar bisschop van Besançon zijn geweest. Het einde van zijn leven bracht hij weer door in de abdij van Condat. Zijn lichaam werd vereerd in de abdij die naar hem St.-Claude werd genoemd; in 1160 en 1213 vond er een translatie van zijn relieken plaats. In 1794 werden tijdens de Franse Revolutie deze relieken verbrand waardoor er een abrupt einde kwam aan de verering van Claude.

Vanuit de Zuidelijke Nederlanden werden er wel straf- en boetebedevaarten opgelegd naar St.-Claude-en-Jura. Dr Jan van Herwaarden noemt in zijn standaardwerk 'Opgelegde Bedevaarten' zeven steden van waaruit in de late middeleeuwen veroordelingen naar Claude, meestal St.-Claude-en-Bourgogne genoemd, werden uitgesproken. Claude wordt doorgaans afgebeeld als een baardloze bisschop, dikwijls met boek en kruisstaf. Op deze wijze zien we hem ook op de beide in Nieuwlande gevonden pelgrimstekens (afb. 144 en 145). Zijn weinig uitgesproken iconografie maakt het overigens meestal lastig Claude te herkennen. Op de twee onderling nauw verwante insignes zijn ter identificatie van de heilige respectievelijk zijn naam en de eerste letter van zijn naam aan de afbeelding toegevoegd.

Uit St.-Claude-en-Jura zijn ook de meer gebruikelijke insignes van lood-tin bekend. Op grond van overeenkomsten met andere vondsten identificeren wij afb. 142 en afb. 143 eveneens als Claude.

| | | | | |
|---|---|---|---|
| Afb.: 142 | Inv.: 0527 | Afb.: 143 | Inv.: 1976 |
| Voorstelling: | Claude | Voorstelling: | Claude |
| | St.-Claude | | St.-Claude |
| Vindplaats: | 's-Hertogenbosch | Vindplaats: | Haarlem |
| Afm. | h.: 56 br.: 27 | Afm. | h.: 33 br.: 24 |
| Materiaal: | lood-tin | Materiaal: | tin (C.L.) |
| Bevestiging: | niet aanwezig | Bevestiging: | draagspeld |
| Datering: | 1350-1400 | Datering: | 1450-1500 |
| Details: | — | Details: | — |

| | | | |
|---|---|---|---|
| Afb.: 144 | Inv.: 1112 | Afb.: 145 | Inv.: 0439 |
| Voorstelling: | Claude | Voorstelling: | Claude |
| | St.-Claude | | St.-Claude |
| Vindplaats: | Nieuwlande | Vindplaats: | Nieuwlande |
| Afm. | h.: 35 br.: 35 | Afm. | h.: 28 br.: 29 |
| Materiaal: | koperlegering | Materiaal: | koperlegering |
| Bevestiging: | oogje achterzijde | Bevestiging: | oogje achterzijde |
| Datering: | 1450-1500 | Datering: | 1450-1500 |
| Opschrift: | SANCTE CLAUDI | Opschrift: | S C |

## CORNELIUS, NINOVE

De dertien hier volgende pelgrimstekens van de heilige paus Cornelius worden hier in vervolg op de identificatie die werd gepresenteerd in het boek 'Heiligen uit de modder' (R. M. van Heeringen, A.M. Koldeweij en A.A.G. Gaalman, 1987, p. 51-53) geduid als verwijzend naar de Corneliusverering in de Norbertijnenabdij van Ninove in Oost-Vlaanderen.

De Norbertijnen vestigden zich in 1137 te Ninove aan de rivier de Dender en wijdden deze nieuwe abdij aan Cornelius en Cyprianus. Deze abdij ontving, evenals de daar niet ver vandaan gelegen Sint-Hermeskerk van Ronse, in 1138 relieken van Cornelius uit de Benedictijnenabdij van Kornelimünster. Kornelimünster had volgens de traditie in 880 het hoofd van de heilige paus Cornelius (gestorven 253) ten geschenke gekregen van Karel de Kale en in eerste instantie verbreidde de verering van Cornelius zich dan ook in Noordwest-

Europa vanuit Kornelimünster. In de Nederlanden werd dit evenwel in de late middeleeuwen overgenomen door de abdij van Ninove. Het reliekschrijn van Cornelius in Ninove trok vele pelgrims en talloze wonderen geschiedden. Maar niet alleen kwamen de bedevaartgangers naar Ninove toe, de monniken brachten 'hun' Cornelius ook naar de gelovigen. De Norbertijnen ondernamen ommegangen met de reliekschrijn door stad en streek. Voor het eerst werd een ommegang met de rijve van Cornelius vermeld in de stadsrekeningen van Ninove over 1389, en deze traditie bleef tot het midden van de zestiende eeuw bestaan. Uiteraard werden bij deze reliektochten in het kielzog van het schrijn insignes van de vereerde heilige verkocht. Het aantal teruggevonden pelgrimstekens mag dus nooit worden gezien als een rechtstreekse afspiegeling van werkelijk afgelegde bedevaarten, maar geeft slechts een indi-

catie voor de relatieve populariteit van een bepaalde heilige of cultus.

Ninove lag op zo'n vijftien kilometer afstand van de Benedictijnenabdij van Geraardsbergen, waar de heilige Adrianus werd vereerd (zie afb. 1-19). Adrianus en Cornelius zijn de twee heiligen van wie in het Zeeuwse deltagebied uitgesproken veel pelgrimstekens zijn teruggevonden en die kennelijk in deze streek een grote verering genoten.

Op de insignes wordt Cornelius volgens zijn gebruikelijke iconografie afgebeeld, als paus met de tiara op het hoofd, een kruisstaf in de ene en een hoorn in de andere hand. Deze hoorn is het kenmerkende attribuut dat hem is verleend op grond van de associatie van zijn naam 'Cornelius' met het latijnse woord 'cornu' dat hoorn betekent. Bij de meeste van deze Cornelius-insignes is een kleine pelgrim terzijde van de heilige in gebed neergeknield.

| Afb.: 146 | Inv.: 1746 | Afb.: 147 | Inv.: 1787 | Afb.: 148 | Inv.: 2390 |
|---|---|---|---|---|---|
| Voorstelling: | Cornelius Ninove | Voorstelling: | Cornelius Ninove | Voorstelling: | Cornelius Ninove |
| Vindplaats: | Dordrecht | Vindplaats: | Rotterdam | Vindplaats: | Nieuwlande |
| Afm. | h.: 89 br.: 39 | Afm. | h.: 82 br.: 30 | Afm. | h.: 93 br.: 34 |
| Materiaal: | lood (C.L.) | Materiaal: | lood-tin | Materiaal: | lood-tin |
| Bevestiging: | niet aanwezig | Bevestiging: | niet aanwezig | Bevestiging: | niet aanwezig |
| Datering: | 1325-1375 | Datering: | 1350-1400 | Datering: | 1350-1400 |
| Details: | — | Details: | — | Details: | — |

| Afb.: 149 | Inv.: 1949 |
| --- | --- |
| Voorstelling: | Cornelius |
| | Ninove |
| Vindplaats: | Kampen |
| Afm. | h.: 92 br.: 40 |
| Materiaal: | lood-tin |
| Bevestiging: | niet aanwezig |
| Datering: | 1450-1500 |
| Details: | — |

| Afb.: 150 | Inv.: 1719 |
| --- | --- |
| Voorstelling: | Cornelius |
| | Ninove |
| Vindplaats: | Nieuwlande |
| Afm. | h.: 83 br.: 43 |
| Materiaal: | lood-tin |
| Bevestiging: | niet aanwezig |
| Datering: | 1400-1450 |
| Details: | — |

| Afb.: 151 | Inv.: 0380 |
| --- | --- |
| Voorstelling: | Cornelius |
| | Ninove |
| Vindplaats: | Nieuwlande |
| Afm. | h.: 82 br.: 41 |
| Materiaal: | lood-tin |
| Bevestiging: | niet aanwezig |
| Datering: | 1450-1500 |
| Details: | — |

## SINT CORNELIUS

De heilige paus Cornelius (afb. 146 - 160) was de eenentwintigste paus, die van 251 tot 253 aan het hoofd van de christelijke kerk stond. Cornelius stamde uit het voorname geslacht van de Cornelii. Hij werd tot paus gekozen na een periode van 18 maanden sedisvacatie ten gevolge van een felle christenvervolging door keizer Decius. Cornelius stond een gematigd en verzoeningsgezind beleid voor en kwam daardoor in botsing met een machtige minderheid van de Romeinse clerus, die zelfs zo ver ging dat een tegenpaus werd gekozen. In de herfst van 251 werden de geschillen bijgelegd en tegenpaus Novatianus moest de wijk nemen. Een nieuwe golf van christenhaat volgde snel en in 253 werd paus Cornelius, tijdens de vervolgingen door keizer Gallus, verbannen naar Centumcellae waar hij in juni 253 overleed. Zijn lichaam werd bijgezet in de catacombe van Callixtus. Cornelius wordt vooral vereerd als patroonheilige voor het vee, en dit op grond van zijn attribuut de hoorn.

## CORNELIUS-INSIGNES UIT NINOVE

Van de hier onder de afb. 146 tot en met 157 als pelgrimstekens van Cornelius uit Ninove gepresenteerde typen insignes, zijn relatief buitengewoon veel exemplaren teruggevonden. Dit betekent dat de volkse verering van Cornelius in de veertiende, vijftiende en vroege zestiende eeuw groot geweest moet zijn. Het is de vraag of al deze Cornelius-insignes daadwerkelijk door pelgrims uit Ninove werden meegebracht en verspreid, of dat zogenoemde questierders, monniken die met de Corneliusrelieken rondtrokken, ook deze insignes aan de man brachten; dit laatste lijkt waarschijnlijk al zijn hierover nog maar nauwelijks gegevens voorhanden. Hoe dan ook, opmerkelijk veel Cornelius-insignes werden teruggevonden. De gegevens over de aantallen van deze Cornelius-insignes uit Ninove leiden tot het volgende beeld, waarbij we moeten aantekenen dat dit beperkt is tot de Noordelijke Nederlanden. In totaal werden 158 volledige of fragmentarisch bewaard gebleven

insignes geregistreerd, waarvan 140 uit de provincie Zeeland en 18 uit de rest van Nederland. Vastgesteld moet worden dat ook hier het wat insignes betreft buitengewoon rijke vondstencomplex van Nieuwlande sterk beeldbepalend is: maar liefst 124 stuks kwamen uit dat verdronken Schelde-dorp tevoorschijn. Deze 124 stuks zijn nader te specificeren: 24 vrijwel complete Cornelius-insignes, 29 lichamen, 68 hoofden en 3 andere fragmenten die onmiskenbaar te identificeren waren als delen van een Cornelius-insigne. Gezien de gemiddelde vondstomstandigheden is de kans dat verschillende fragmenten van dezelfde insignes afkomstig zijn en dus de telling ten onrechte hoog doen oplopen, naar onze mening uiterst minimaal. De totale spreiding in Zeeland levert de volgende plaatsnamen en getallen op: Nieuwlande (124), Tolsende (3), Sluis (1), Valkenisse (2), Middelburg (1), Emelisse (1), Reimerswaal (6), Vlissingen (2). Duidelijk tekent zich het verschil af tussen plaatsen waar slechts op kleine schaal en betrekkelijk incidenteel onderzoek is verricht en het dorp

| Afb.: 152 | Inv.: 1518 | Afb.: 153 | Inv.: 0018 | Afb.: 154 | Inv.: 1473 |
|---|---|---|---|---|---|
| Voorstelling: | Cornelius Ninove | Voorstelling: | Cornelius Ninove | Voorstelling: | Cornelius Ninove |
| Vindplaats: | Nieuwlande | Vindplaats: | Nieuwlande | Vindplaats: | Nieuwlande |
| Afm. | h.: 94 br.: 39 | Afm. | h.: 86 br.: 36 | Afm. | h.: 86 br.: 40 |
| Materiaal: | lood-tin | Materiaal: | lood-tin | Materiaal: | lood-tin |
| Bevestiging: | niet aanwezig | Bevestiging: | niet aanwezig | Bevestiging: | niet aanwezig |
| Datering: | 1450-1500 | Datering: | 1450-1500 | Datering: | 1450-1500 |
| Details: | — | Details: | — | Details: | — |

Nieuwlande dat nagenoeg in zijn totaliteit grondig werd afgespeurd. Overigens is beslist niet alle vondstenmateriaal van Nieuwlande geïnventariseerd, maar naar rato betekent dat vermoedelijk eenzelfde incompleet beeld als de andere vindplaatsen opleveren, waarvan immers ook zeker niet alle vondsten geregistreerd konden worden. Voor de interpretatie van de grote aantallen insignes in Nieuwlande, zij verwezen naar het inleidende hoofdstuk over dit dorp (p. 26-32).

De geregistreerde Nederlandse vondsten buiten Zeeland geven in feite een met Zeeland - uitgezonderd Nieuwlande - vergelijkbaar beeld wat betreft vondstconcentraties: Maastricht (1), Schiedam (1), Haarlem (1), Hoorn (1), Amsterdam (4), Dordrecht (6), Kampen (1), Rotterdam (3). De te trekken conclusies uit dit cijfermateriaal mogen uiteraard geen of slechts zeer summier betrekking hebben op de intensiteit van de Corneliusverering. Dat Cornelius-insignes werden aangetroffen, wil zeggen dat de verering van Cornelius in of uit Ninove aan de orde was; de relatieve

of absolute hoeveelheid teruggevonden insignes zegt meer over de intensiteit van het verrichte onderzoek en over de toevallige conserverende werking van de bodem, dan over heiligenverering in het verleden. Ten aanzien van de verschillende varianten hier afgebeelde Cornelius-insignes uit Ninove, valt het volgende nog op te merken. In principe hebben we er naar gestreefd alle ons bekende varianten op te nemen. De grote hoeveelheid varianten geeft op zich al een indicatie voor de grote schaal waarop indertijd de Cornelius-insignes zijn aangemaakt; iedere gietvorm werd immers vervaardigd met het oog op een behoorlijk grote produktie. Het loden insigne afb. 146, dat wij als een van de oudste modellen beschouwen, is afwijkend van de overige door de relatief zware, gotische omlijsting; van dit insigne zijn geen andere exemplaren bekend. Het pelgrimsteken afb. 147 wijkt ook behoorlijk af van het later sterk stereotiep geworden Cornelius-insigne; dit model moet als een voorloper van die latere insignes worden beschouwd. Afb. 148 toont een insigne dat afwijkt door het

feit dat het een spiegelbeeldige weergave is van de vaststaande iconografie van Cornelius: hier houdt hij de hoorn in zijn rechter- en de kruisstaf in de linkerhand, de pelgrim knielt neer aan zijn rechterzijde, hetgeen ook ongebruikelijk is. De afbeeldingen 149 tot en met 154 geven sterk aan elkaar verwante, maar onderling steeds in details verschillende insignes; dit zestal staat op duidelijke wijze voor de massaproduktie die tezelfder tijd met tenminste zes gietmallen moet zijn gerealiseerd. Het insigne afb.156 is een primitievere versie van de gebruikelijke Cornelius. Bij afb. 158 en 159 menen wij dat het om een Cornelius gaat op grond van de sterke gelijkenis met de aan de attributen en pauselijke tiara als Cornelius te identificeren insignes; absoluut zeker is dit evenwel niet, maar ook het opschrift van afb. 158 lijkt dit te bevestigen. Het pelgrimsteken afb. 159 tenslotte is onmiskenbaar een Cornelius, doch dusdanig afwijkend dat zeker aan een andere plaats van herkomst moet worden gedacht (zie de tekst bij afb. 159).

Afb.: 155
Voorstelling: Cornelius
Ninove
Vindplaats: Dordrecht
Afm. h.: 71 br.: 26
Materiaal: lood-tin (C.L.)
Bevestiging: niet aanwezig
Datering: 1375-1425
Details: —

Afb.: 156
Voorstelling: Cornelius
Ninove
Vindplaats: Nieuwlande
Afm. h.: 68,5 br.: 32
Materiaal: lood-tin
Bevestiging: niet aanwezig
Datering: 1400-1450
Details: —

Afb.: 157
Voorstelling: Cornelius
Ninove
Vindplaats: Nieuwlande
Afm. h.: 68 br.: 40
Materiaal: lood-tin
Bevestiging: niet aanwezig
Datering: 1400-1450
Details: —

## CORNELIUS, ONBEKENDE HERKOMST

Het insigne afb. 159 toont een kleiner en afwijkend type Cornelius-insigne. De iconografie van de heilige komt weliswaar overeen met die van de hoogstwaarschijnlijk uit Ninove stammende reeks insignes, maar de uitwerking is volledig anders. Het opschrift is helaas onleesbaar en geeft dus ook geen indicatie voor de herkomst van dit insigne. Ook dit pelgrimsteken is vermoedelijk niet afkomstig uit Kornelimünster. De grote pelgrimsteken-specialist, prof. dr Kurt Köster schreef in 1972 over de insignes uit Kornelimünster: deze zijn '... geenszins sterk verspreid ... De plaquettes uit Kornelimünster, waarvan de meeste rond en enkele rechthoekig met een gevelvormige afsluiting zijn, vertonen alle een zelfde type, dat blijkbaar door het voorbeeld van Maastrichtse Servaas-devotionalia uit deze tijd (bedoeld is het type in dit boek afb. 347 en 348) is beïnvloed: een borstbeeld van St.-Cornelius met mijter, met de ene hand de kruisstaf, met de andere een hoorn vasthoudend...'.

Afb.: 158
Voorstelling: Cornelius
Ninove
Vindplaats: Nieuwlande
Afm. h.: 58 br.: 23
Materiaal: lood-tin
Bevestiging: niet aanwezig
Datering: 1450-1500
Opschrift: ... ORNEL ...

Afb.: 159
Voorstelling: Cornelius

Vindplaats: Maastricht
Afm. h.: 53 br.: 43
Materiaal: lood-tin
Bevestiging: oogjes
Datering: 1450-1500
Opschrift: onleesbaar

## CORNELIUS EN QUINTEN

Deze ruitvormige medaille geeft op voor- en keerzijde de voorstelling van respectievelijk Cornelius en Quinten. Beide heiligen genoten in de Zuidelijke Nederlanden een aanzienlijke populariteit in de late middeleeuwen. De verering van Cornelius verbreidde zich met name sinds het tweede kwart van de twaalfde eeuw vanuit Ninove en Ronse (zie tekst voor afb. 146 - 158). De martelaar Quinten of Quintinus was een van de christenen die in de late derde eeuw in Gallië het geloof verkondigden. Hij stamde uit een Romeinse senatorenfamilie. Te Amiens zou hij gevangen genomen zijn en ter plekke van het tegenwoordige St.-Quentin werd hij gemarteld, onthoofd en in de rivier de Somme geworpen. Omstreeks 340 zouden zijn stoffelijke resten op aanwijzingen van een engel zijn teruggevonden en begraven. In 641 werden zijn relieken plechtig verheven en overgebracht in een reliekschrijn dat was vervaardigd door de heilige Eligius (vergelijk afb. 186-192). Te St.-Quentin ontstond een drukke bedevaart

ter ere van de heilige Quinten; een zilveren insigne van St.-Quintin bevindt zich in het recent door de Koninklijke Bibliotheek te 's-Gravenhage verworven getijdenboek (zie p. 46-48).

De insignes afb. 160 en 316 moeten evenwel van Nederlandse herkomst zijn, gezien de spelling van de namen van beide afgebeelde heiligen. Een plaats waar zowel Cornelius als Quinten verering genoten, werd nog niet getraceerd. Het wapenschildje onder de voeten van beide op de medaille afgebeelde heiligen moet het mogelijk maken deze locatie te identificeren. De twee in dit boek opgenomen insignes van Cornelius en Quinten zijn de enige tot nog toe bekende exemplaren van dit pelgrimsteken. Beide werden in Amsterdam gevonden in een zestiende-eeuwse context. Quinten is staande afgebeeld, slechts gekleed met een lendendoek. In zijn schouders en handen zijn priemen gestoken, de marteling waaraan hij voor zijn onthoofding werd onderworpen.

| Afb.: | 160 | Inv.: | 0440 |
|---|---|---|---|
| Voorstelling: | Cornelius | | |
| | | | |
| Vindplaats: | Amsterdam | | |
| Afm. | h.: 30 br.: 23 | | |
| Materiaal: | lood-tin | | |
| Bevestiging: | hangoog ingeslagen | | |
| Datering: | 1475-1525 | | |
| Details: | keerzijde identiek aan | | |
| | afb. 316 (Quinten) | | |
| Opschrift: | S. CORNELIS | | |

## CORONA, BREMEN

'... unde dar is noch ynne de gantze licham der hilgen juncfrouwen sunte Coronen ...' werd omstreeks 1420 geschreven over de Dom van Bremen: daar bevond zich het gehele lichaam van Corona. De martelares Corona zou in het jaar 177 in Syrië of Egypte zijn veroordeeld en om het leven gebracht. Volgens de beschrijvingen zou haar marteldood als volgt zijn bewerkstelligd: Corona werd vastgebonden aan de toppen van twee omlaag gebogen palmbomen en ze werd verscheurd toen deze werden losgehakt en weer omhoog schoten. De traditie te Bremen verhaalt dat in 965 de relieken van Corona en Victor uit Italië naar Bremen waren overgebracht. In de late veertiende eeuw moet daar een translatie van Corona hebben plaatsgevonden waarna haar verering toenam en haar relieken pelgrims aantrokken. Een andere, hier overigens niet relevante, overlevering verhaalt dat de relieken van Corona door Otto III (980-1002) naar Aken zouden zijn gebracht en deze heten daar in 1910 (!) te zijn teruggevonden.
Het hier afgebeelde pelgrimsteken van

Corona toont de heilige tussen de twee palmbomen. In haar handen houdt ze een palmtak, die als attribuut evenals de bomen naar haar marteling verwijzen. Plooival en de relatief grote nimbus achter haar hoofd duiden op een datering van de gietmal in de eerste helft van de vijftiende eeuw. Van dit insigne zijn nog enkele exemplaren bekend. In Nederland werden ook te Nieuwlande, Reimerswaal en Rotterdam Corona-insignes gevonden. Voorts bezit het Focke-museum te Bremen twee exemplaren, een bijna volledig en een sterk beschadigd fragment; een compleet Corona-insigne kwam tevoorschijn onder het koorgestoelte van het Noordduitse vrouwenklooster Wienhausen. Dit exemplaar, dat opnieuw nagenoeg of helemaal identiek is aan de twee te Bremen en het insigne uit Amsterdam (afb. 161), laat zien hoe al deze pelgrimstekens aan de bovenzijde waren afgesloten: links en rechts eenzelfde boomkruin van palmtakken, en het zich daartussen bevindende zadeldak bezet met hogels werd bekroond met een kruisje.

| Afb.: | 161 | Inv.: | 1439 |
|---|---|---|---|
| Voorstelling: | Corona | | |
| | Bremen | | |
| Vindplaats: | Amsterdam | | |
| Afm. | h.: 57 br.: 41 | | |
| Materiaal: | lood-tin | | |
| Bevestiging: | niet aanwezig | | |
| Datering: | 1400-1450 | | |
| Details: | — | | |

| | |
|---|---|
| Afb.: 162 | Inv.: 1146 |
| Voorstelling: | Cunera Rhenen |
| Vindplaats: | Wijk bij Duurstede |
| Afm. | h.: 66 br.: 45 |
| Materiaal: | lood-tin |
| Bevestiging: | oogjes |
| Datering: | 1450-1500 |
| Opschrift: | SNUTE '.' KUNERA |

| | |
|---|---|
| Afb.: 163 | Inv.: 1423 |
| Voorstelling: | Cunera Rhenen |
| Vindplaats: | Amsterdam |
| Afm. | h.: 43 br.: 44 |
| Materiaal: | lood-tin |
| Bevestiging: | niet bewaard gebleven |
| Datering: | 1450-1500 |
| Opschrift: | (SE)NTE K(UN)ERA TOT RE |

| | |
|---|---|
| Afb.: 164 | Inv.: 1595 |
| Voorstelling: | Cunera Rhenen |
| Vindplaats: | Kampen |
| Afm. | h.: 65 br.: 35 |
| Materiaal: | lood-tin |
| Bevestiging: | niet aanwezig |
| Datering: | 1450-1500 |
| Opschrift: | SUN CUNERA |

| | |
|---|---|
| Afb.: 165 | Inv.: 1800 |
| Voorstelling: | Cunera Rhenen |
| Vindplaats: | omgeving Arnhem |
| Afm. | h.: 51 br.: 31 |
| Materiaal: | lood (C.L.) |
| Bevestiging: | niet aanwezig |
| Datering: | 1450-1500 |
| Opschrift: | S. CUNERA |

## CUNERA, RHENEN

Cunera ging, volgens de legende, in het jaar 337 als een van de vele gezellinnen van de heilige Ursula (zie afb. 174-175, 371-374) mee naar Rome. Als enige van de elfduizend maagden ontsnapte Cunera op de terugweg aan de moordpartij van de Hunnen bij Keulen. Aan het hof van de Friese koning Radboud te Rhenen, werd de trouwe Cunera uit jaloezie gewurgd door diens echtgenote en een dienares. Bij haar graf vonden wonderen plaats en Cunera werd als heilige vereerd. Tot de Reformatie trokken haar stoffelijke resten te Rhenen vele pelgrims. Een als de worgdoek van Cunera beschouwde laat-antieke halsdoek bleef als kostbaar reliek bewaard en bevindt zich tegenwoordig in Rijksmuseum Het Catharijneconvent te Utrecht; dit linnen weefsel dateert waarschijnlijk uit de vijfde of zesde eeuw en is afkomstig uit Egypte. In de late middeleeuwen neemt de pelgrimage naar Cunera in Rhenen sterk toe, zoals over heel de christelijke wereld lokale en regionale heiligen een grote rol gaan spelen in het geloofsleven. In de tweede helft van de vijftiende en in de zestiende eeuw kent de Cunera-verering te Rhenen haar hoogtepunt dat omstreeks 1580 door de Reformatie abrupt werd afgebroken. In 1579 vond de laatste plechtige Cuneraprocessie plaats. Hoeveel belangstelling Cunera te Rhenen trok, blijkt onder meer uit de toevallig bewaard gebleven notities over vele duizenden pelgrimstekens die in 1571/1572 en 1572/1573 aan de Cunerakerk werden geleverd. De handel in insignes was zo lucratief dat de landsheer keizer Karel V in 1546 een ordonnantie uitvaardigde inzake de verkoop van Cunerapelgrimstekens. Verkoop van 'teijckenen', insignes, was zonder toestemming van de kerkmeesters verboden op straffe van een geldboete; deze boetegelden waren voor de helft voor de schout en de stad, voor de andere helft voor de kerk.

In 1978 werd voor het eerst een lood-tinnen Cunera-insigne van het type afb. 164 teruggevonden en wel te Heteren (Gld.). Sedertdien heeft het speurwerk met de metaaldetector nog een aanzienlijk aantal exemplaren aan het licht gebracht. Met name door het feit dat nu al vier verschillende typen lood-tinnen Cunera-insignes en één sterk afwijkend zilveren exemplaar zijn ontdekt, worden de schriftelijke bronnen bevestigd en is duidelijk dat er van een grote produktie sprake moet zijn geweest (zie ook p. 64-68: De insignes van Sinte Cunera te Rhenen).

| Afb.: 166A | Inv.: 2004A | | Afb.: 166B | Inv.: 2004B |
|---|---|---|---|---|
| Voorstelling: | Dominicus | | Voorstelling: | Maria met Kind |
| | | | | |
| Vindplaats: | Rotterdam | | Vindplaats: | Rotterdam |
| Afm. | h.: 26 br.: 20 | | Afm. | h.: 26 br.: 20 |
| Materiaal: | lood-tin | | Materiaal: | lood-tin |
| Bevestiging: | draagoogje | | Bevestiging: | draagoogje |
| Datering: | 1450-1500 | | Datering: | 1450-1500 |
| Opschrift: | STE D MCE | | Opschrift: | AVE.MARIA |
| | ORA P NOB | | | GRACIA PLENA |

## DOMINICUS EN MARIA MET KIND

De lood-tinnen medaille afb. 166A-B toont op de voorzijde de heilige Dominicus, op de keerzijde Maria met het Christuskind. Dominicus (1170-1221), Spanjaard van geboorte, zette zich in voor de bekering van de Albigenzen en stichtte in 1215 een eigen kloosterorde die dit en de bescherming van het katholieke geloof meer in het algemeen tot doel had. In 1234 werd Dominicus heilig verklaard, zijn relieken berusten te Bologna, de stad waar hij stierf. Volgens de traditie predikte Dominicus in opdracht van Maria de rozenkransdevotie en aldus is een relatie tussen voor- en keerzijde van deze medaille te leggen. Mogelijk is de medaille als pelgrimsinsigne afkomstig uit Bologna.

## DRIEKONINGEN, KEULEN

In het jaar 1164 werden onder het bewind van keizer Frederik Barbarossa de relieken van de Driekoningen uit Milaan overgebracht naar Keulen. Voor macht en status van Barbarossa en zijn opvolgers als Duitse koning of keizer was dit uiteraard van groot belang. Na de kroningsplechtigheden te Aken (vergelijk de inleiding bij afb. 264-267 en 416-435) kwamen de Duitse koningen naar de dom van Keulen om daar de Heilige Koningen te huldigen. Vanaf de twaalfde eeuw kregen de Driekoningen de namen Caspar of Jaspar, Melchior en Balthasar (zie ook afb. 882). Naar laatmiddeleeuwse opvattingen was de jongste een Moor van ongeveer 20 jaar, Balthasar zou

40 jaar en Melchior 60 jaar oud zijn geweest toen ze het pasgeboren Christuskind kwamen aanbidden; later werden ze door de apostel Thomas gedoopt en zouden ze in Indië als bisschoppen het geloof hebben verkondigd.

De pelgrimage naar de Driekoningen te Keulen nam hoge vlucht en van de Keulse insignes zijn vele varianten en typen bekend. De oudste Keulse Driekoningen-insignes dateren volgens Kurt Köster nog uit de late twaalfde eeuw. De vroegste vorm sluit direct aan bij de hier als afb. 167 - 172 weergegeven insignes: een liggend rechthoekige plaquette met deels opengewerkte architectuuropbouw. Terzijde op de plaquette bevindt zich Maria met Kind en voor hen staan de Drie Koningen. Op de jongere varianten komt er beweging in de Koningen, de voorste buigt zijn knie en de middelste wijst op de ster. Opmerkelijk is het ronde tweezijdige insigne afb. 173A-B, dat behalve de aanbidding door de Driekoningen op de ene zijde, de gekruisigde Christus met de treurende Johannes en Maria op de andere zijde toont. Een parallel voor dit insigne is nog niet bekend.

| Afb.: 167 | Inv.: 0537 | | Afb.: 168 | Inv.: 0965 | | Afb.: 169 | Inv.: 2038 |
|---|---|---|---|---|---|---|---|
| Voorstelling: | Drie Koningen Keulen | | Voorstelling: | Drie Koningen Keulen | | Voorstelling: | Drie Koningen Keulen |
| Vindplaats: | Dordrecht | | Vindplaats: | Dordrecht | | Vindplaats: | Rotterdam |
| Afm. | h.: 40 br.: 31 | | Afm. | h.: 37 br.: 39 | | Afm. | h.: 44 br.: 37 |
| Materiaal: | lood-tin | | Materiaal: | lood-tin | | Materiaal: | lood-tin |
| Bevestiging: | oogjes | | Bevestiging: | oogjes | | Bevestiging: | oogjes |
| Datering: | 1300-1400 | | Datering: | 1300-1400 | | Datering: | 1300-1400 |
| Details: | — | | Details: | — | | Details: | — |

| | | | | | |
|---|---|---|---|---|---|
| Afb.: 170 | Inv.: 0538 | | Afb.: 171 | Inv.: 1736 | |
| Voorstelling: | Drie Koningen Keulen | | Voorstelling: | Drie Koningen Keulen | |
| Vindplaats: | Dordrecht | | Vindplaats: | Dordrecht | |
| Afm. | h.: 35 br.: 31 | | Afm. | h.: 31 br.: 30 | |
| Materiaal: | lood-tin | | Materiaal: | lood-tin | |
| Bevestiging: | oogjes | | Bevestiging: | oogjes | |
| Datering: | 1300-1400 | | Datering: | 1300-1400 | |
| Details: | — | | Details: | — | |

Afb.: 172 Inv.: 1798
Voorstelling: Drie Koningen Keulen
Vindplaats: Utrecht
Afm. h.: 39 br.: 30
Materiaal: lood-tin
Bevestiging: oogjes
Datering: 1300-1400
Details: —

Afb.: 173A Inv.: 2031A
Voorstelling: Drie Koningen Keulen
Vindplaats: Damme
Afm. h.: 22 br.: 27
Materiaal: lood-tin
Bevestiging: ingeslagen gaten
Datering: 1350-1400
Details: —

Afb.: 173B Inv.: 2031B
Voorstelling: Calvarie Keulen
Vindplaats: Damme
Afm. h.: 22 br.: 27
Materiaal: lood-tin
Bevestiging: 2 ingeslagen gaten
Datering: 1350-1400
Details: —

## DRIEKONINGEN EN URSULA

Ook te Keulen werden verregaand opengewerkte insignes vervaardigd. Afb. 174 en afb. 175 geven insignes weer waarbij de aanbidding van het Christuskind door de Driekoningen is gecombineerd met een voorstelling van de heilige Ursula, die eveneens intensief in Keulen werd vereerd (zie ook de tekst bij afb. 371 - 374). Het fragment afb. 176 is waarschijnlijk het onderste gedeelte van een spiegelinsigne; boven het medaillon met de aanbiddingsscène heeft waarschijnlijk een open architecturale opbouw gezeten met een centraal rond spiegeltje. Een dergelijk Driekoningen-insigne wordt bewaard in het munt- en penningenkabinet van de Koninklijke Bibliotheek Albert I te Brussel. Afb. 177 geeft een fragment van een insigne dat bestond uit de borstbeelden van de Driekoningen; de derde, Balthasar ontbreekt. Een ander fragment of compleet exemplaar van dit type is nog niet bekend. Tenslotte is een ampul afgebeeld die gezien het er op weergegeven stadswapen met de drie kronen van de stadspatronen, eveneens uit Keulen stamt (afb. 178).

Afb.: 174 Inv.: 0991
Voorstelling: Drie Koningen, Ursula Keulen
Vindplaats: Nieuwlande
Afm. h.: 38 br.: 34
Materiaal: lood-tin
Bevestiging: oogjes
Datering: 1400-1450
Details: —

Afb.: 175 Inv.: 0933
Voorstelling: Drie Koningen, Ursula Keulen
Vindplaats: Nieuwlande
Afm. h.: 33 br.: 39
Materiaal: lood-tin
Bevestiging: niet bewaard
Datering: 1400-1450
Details: —

Afb.: 176
Voorstelling: Drie Koningen Keulen
Vindplaats: Nieuwlande
Afm. h.: 33 br.: 40
Materiaal: lood-tin
Bevestiging: oogjes
Datering: 1400-1450
Details: —

Afb.: 177
Voorstelling: Drie Koningen Keulen
Vindplaats: Rotterdam
Afm. h.: 39 br.: 43
Materiaal: lood-tin
Bevestiging: oogjes
Datering: 1400-1450
Opschrift: KASPAR MELCIOR

Afb.: 178
Voorstelling: Wapenschild met 3 kronen: Keulen
Vindplaats: Reimerswaal
Afm. h.: 41 br.: 33
Materiaal: lood-tin
Bevestiging: ampul met 2 oogjes
Datering: 1400-1450
Details: stadswapen Keulen

Afb.: 179
Voorstelling: Dymphna Geel
Vindplaats: Nieuwlande
Afm. h.: 67 br.: 51
Materiaal: lood-tin
Bevestiging: oogjes
Datering: 1400-1450
Details: Calvarie

## DYMPHNA, GEEL

De in de dertiende eeuw te boek gestelde legende over de martelares Dymphna verhaalt dat deze heilige in de omgeving van het Brabantse Geel door haar zondige en heidense vader werd vermoord. Deze, een Ierse koning, had haar tot bloedschande trachten te verleiden, waarna Dymphna met haar biechtvader Gerebernus was gevlucht. In de late middeleeuwen was Geel een gevierde pelgrimsplaats ter ere van Dymphna die daar in het bijzonder werd aangeroepen als patrones van geesteszieken en bezetenen.

Op de pelgrimstekens is de koningsdochter Dymphna steeds gekroond afgebeeld, staande op de duivel als symbool voor het door haar overwonnen kwaad. In de rechterhand houdt ze doorgaans een zwaard, het wapen waarmee ze om het leven werd gebracht; in de linkerhand heeft ze dikwijls een boek. Afb. 179, 180 en 181 tonen fragmenten van een vergelijkbaar, uiterst kwetsbaar type insigne: Dymphna omgeven door een architectuur waarin nog enkele figuren zijn afgebeeld. In Nieuwlande zijn negen fragmenten van even zoveel exemplaren teruggevonden. Het als eerste hier afgebeelde insigne is het meest complete en

laat boven Dymphna de Calvarie-voorstelling zien. Ter weerszijde van Dymphna bevonden zich, te oordelen naar het vergelijkingsmateriaal dat de afb. 180 en 181 bieden, neergeknielde bedevaartgangers die de martelares eren. Boven deze zijn nog twee kleine scènes geplaatst, mogelijk verwijzend naar passages uit het heiligenleven van Dymphna. Rechtsboven lijkt een figuurtje in een tobbe te zijn afgebeeld, mogelijk te duiden als de doop van Dymphna; linksboven is te fragmentarisch om ook maar een suggestie te doen over de voorstelling. De fragmenten afb. 180 en 181 bewijzen dat de identificatie van dit Dymphna-insigne, die in 'Heiligen uit de modder' voor het eerst werd gegeven, juist is: de tekst op de onderrand geeft de eigennaam van de voorgestelde heilige en de eerste letter van de plaats waar ze wordt vereerd. De naam Dymphna is ook vermeld op de beide latoenen insignes (afb. 184 en 185) en het ronde lood-tinnen exemplaar dat in Valkenisse werd gevonden (afb.183). Het medaillon afb. 182 stelt vermoedelijk eveneens Dymphna voor, al ontbreekt haar naam; de iconografie komt zeer dicht bij de met zekerheid als Dymphna te identificeren

Afb.: 180
Voorstelling: Dymphna
Geel
Vindplaats: Nieuwlande
Afm. h.: 30 br.: 33
Materiaal: lood-tin
Bevestiging: niet bewaard
Datering: 1400-1450
Opschrift: SANCTE DYMP ...

Inv.: 0065

Afb.: 181
Voorstelling: Dymphna
Geel
Vindplaats: Rotterdam
Afm. h.: 29 br.: 37
Materiaal: lood-tin
Bevestiging: niet bewaard
Datering: 1400-1450
Opschrift: (DY)MPNE TE
G(EEL)

Inv.: 2348

Afb.: 182
Voorstelling: Dymphna
Geel
Vindplaats: Nieuwlande
Afm. h.: 31 br.: 31
Materiaal: lood-tin
Bevestiging: 2 ingeslagen gaatjes
Datering: 1400-1450
Details: —

Inv.: 1382

Afb.: 183
Voorstelling: Dymphna
Geel
Vindplaats: Valkenisse
Afm. h.: 32 br.: 22
Materiaal: lood-tin
Bevestiging: oogjes
Datering: 1450-1500
Opschrift: S. DIMPNA

Inv.: 1909

Afb.: 184
Voorstelling: Dymphna
Geel
Vindplaats: Nieuwlande
Afm. h.: 36 br.: 36
Materiaal: koperlegering
Bevestiging: 2 ingeslagen gaatjes
Datering: 1475-1525
Opschrift: S. DYMP ...

Inv.: 1115

Afb.: 185
Voorstelling: Dymphna
Geel
Vindplaats: Nieuwlande
Afm. h.: 32 br.: 32
Materiaal: koperlegering
Bevestiging: ingeslagen gaatje
Datering: 1483-1525
Opschrift: S. DIMPNA

Inv.: 1529

martelares. De duiding als Margaretha,
zoals in 'Heiligen uit de modder' gesteld, is
niet waarschijnlijk. Het laatste hier afgebeelde Dymphna-insigne toont terzijde van
de heilige twee wapenschilden die extra
houvast geven voor herkomst en datering:
links het wapen van de stad Geel (drie
palen en een vrijkwartier van hermelijn) en
rechts dat van de graven van Merode
(gepaald van negen stukken), vanaf 1483
heer van Geel. Een rond Dymphna-insigne
met vergelijkbare iconografie en de initiaal
'D', waarvan nog geen exemplaren werden
teruggevonden, is bekend van een afgietsel
op een kleine bronzen luidklok van
Brabantse herkomst, gedateerd 1476
(Valkenswaard, Museum Van Gerwen
Lemmens).

## ELIGIUS VAN NOYON

De insignes afb. 186 - 192 verwijzen naar
de patroon van de smeden, Eligius of Eloy
(ca. 590-660). Eligius was van beroep edelsmid en muntmeester, bekleedde een vooraanstaande positie aan het Merovingische
hof en werd in 641 bisschop van Noyon.
Zijn relieken trokken vele pelgrims en met
name sedert de dertiende eeuw verbreidde
de verering van Eligius zich over heel
Europa. De insignes uit Noyon geven
steeds als voorstelling hoe Eloy een lastig
paard een poot afsneed, die besloeg en vervolgens weer aanzette (afb. 186 - 188).
De overige insignes, Eligius als bisschop
met de gekroonde hamer als karakteristiek
attribuut of dit attribuut als los insigne,
kunnen (nog) niet aan een van de vele
plaatsen waar Eloy werd vereerd, worden
toegeschreven.

Afb.: 188　　Inv.: 0120
Voorstelling:　Eligius
　　　　　　　Noyon
Vindplaats:　Nieuwlande
Afm.　　　　h.: 24 br.: 33
Materiaal:　lood-tin
Bevestiging:　oogje
Datering:　　1300-1350
Opschrift:　onleesbaar

Afb.: 186　　Inv.: 0863
Voorstelling:　Eligius
　　　　　　　Noyon
Vindplaats:　Middelburg
Afm.　　　　h.: 40 br.: 38
Materiaal:　lood-tin
Bevestiging:　niet bewaard
Datering:　　1300-1350
Opschrift:　S. ELIGIU ...

Afb.: 187　　Inv.: 2437
Voorstelling:　Eligius
　　　　　　　Noyon
Vindplaats:　Sluis
Afm.　　　　h.: 39 br.: 50
Materiaal:　lood-tin
Bevestiging:　niet bewaard
Datering:　　1300-1350
Details:　　　—

Afb.: 189　　Inv.: 2198
Voorstelling:　Eligius

Vindplaats:　Nieuwlande
Afm.　　　　h.: 31 br.: 19
Materiaal:　lood-tin
Bevestiging:　niet bewaard
Datering:　　1400-1450
Opschrift:　... DEE ...

Afb.: 190　　Inv.: 0736
Voorstelling:　Eligius

Vindplaats:　Nieuwlande
Afm.　　　　h.: 63 br.: 35
Materiaal:　lood-tin
Bevestiging:　hangoogje
Datering:　　1450-1500
Details:　　　—

Afb.: 191　　Inv.: 1935
Voorstelling:　Gekroonde hamer

Vindplaats:　Nieuwlande
Afm.　　　　h.: 25 br.: 18
Materiaal:　lood-tin
Bevestiging:　draagspeld
Datering:　　1400-1450
Details:　　　attribuut Eligius
Opschrift:　onleesbaar

Afb.: 192　　Inv.: 2398
Voorstelling:　Hamer

Vindplaats:　Nieuwlande
Afm.　　　　h.: 24 br.: 24
Materiaal:　lood-tin
Bevestiging:　draagspeld
Datering:　　1450-1500
Details:　　　attribuut Eligius
Opschrift:　onleesbaar

| Afb.: 193 | Inv.: 1579 |
|---|---|
| Voorstelling: | Elisabeth, Franciscus Marburg |
| Vindplaats: | Dordrecht |
| Afm. | h.: 52 br.: 45 |
| Materiaal: | lood-tin |
| Bevestiging: | oogjes |
| Datering: | 1350-1400 |
| Details: | ingekerfde krullen |
| Opschrift: | SCS. FRANCISCUS STA ELIZABET |

## ELISABETH EN FRANCISCUS, MARBURG

Het hier afgebeelde insigne uit Marburg is het tweede exemplaar dat tot op heden aan het licht is gekomen. In 1870 was een vergelijkbaar maar niet identiek pelgrimsteken met de heiligen Franciscus en Elisabeth in het Zuidzweedse Lund uit een middeleeuwse beerput tevoorschijn gekomen. Op beide insignes zien we Christus die de twee heiligen kroont. Het insigne uit Lund is het oudste; het exemplaar dat in Dordrecht werd gevonden, is wat minder primitief van vorm en geavanceerder van iconografie (zie ook p.69-75: Pelgrimsinsignes van Elisabeth uit Marburg). Links op het insigne, onder de rechterhand van Christus en dus hierarchisch op de belangrijkste plaats, bevindt zich Elisabeth van Thüringen. Elisabeth overleed in 1231 te Marburg en werd al onmiddellijk als heilige vereerd; haar heiligverklaring volgde in 1235 en Marburg werd een drukbezochte bedevaartsplaats. Opmerkelijk aan het Dordrechtse exemplaar van het insigne uit Marburg is de met een beitel of scherp mes aangebrachte versiering: langs beide zijkanten en aan de onderzijde werden omgekrulde kartels gekerfd in het zachte lood-tin.

| Afb.: 194 | Inv.: 0854 |
|---|---|
| Voorstelling: | Eutropius Saintes |
| Vindplaats: | Nieuwlande |
| Afm. | h.: 27 br.: 19 |
| Materiaal: | lood-tin |
| Bevestiging: | niet bewaard |
| Datering: | 1300-1400 |
| Opschrift: | + VEYSEY ... ... NTES |

## EUTROPIUS, SAINTES

Het randschrift van het pelgrimsteken waarvan afb. 194 een fragment toont, luidt 'VEYSEY L'ENSAIGNE S'EUTROPES DE SAINTES', 'ziet het insigne van sint Eutropius van Saintes'. Op de voorzijde was Eutropius afgebeeld, zijn in bisschoppelijk gewaad gehulde lichaam is nog zichtbaar op het fragment, evenals het onderstuk en de nodus van zijn kromstaf.
Vergelijkbare maar meer complete insignes van Eutropius, laten zien dat op de voorzijde de bisschop was afgebeeld die een soldaat zegent terwijl hij door deze met een hellebaard wordt vermoord. Op de keerzijde was een galg weergegeven waaraan een gehangene. Deze scène verwijst naar een wonder dat door Eutropius' voorspraak geschiedde: een ten onrechte tot de galg veroordeelde, bleef in leven.
Eutropius zou in de derde eeuw de eerste bisschop zijn geweest van Saintes, waar zijn graf zich in de twaalfde-eeuwse kerk van St. Eutrope bevindt. Gelegen aan een van de routes naar Santiago, ontstond rond het graf van de lokale heilige al spoedig een meer dan regionale verering.

| Afb.: 195 | Inv.: 0945 |
|---|---|
| Voorstelling: | Ghislenus St.-Ghislain |
| Vindplaats: | Nieuwlande |
| Afm. | h.: 67 br.: 35 |
| Materiaal: | lood-tin |
| Bevestiging: | oogjes |
| Datering: | 1450-1500 |
| Opschrift: | S. GISLEN' CAEMERSENTE |

## GHISLENUS, ST.-GHISLAIN

Ghislain zou volgens een versie van de legende in Athene zijn geboren, een andere meer waarschijnlijke lezing is dat hij als Frank omstreeks 650 werd geboren en op 9 oktober 685 stierf. Het gebied waar hij werkte was het bisdom Kamerijk. Met wat volgelingen zou hij een abdij hebben gesticht op de later naar hem genoemde plaats St.-Ghislain. Zijn vita werd in de tiende eeuw geschreven en dat hangt ongetwijfeld samen met de verheffing van zijn gebeente. De abdij St.-Ghislain werd vervolgens een bedevaartsoord ter ere van haar stichter. In 1491 was het zover gekomen dat de monniken in hun koorgebed door de vele pelgrims werden gehinderd en zich in een aparte kapel van de abdijkerk terugtrokken. De wanorde zou vooral zijn veroorzaakt door verkoop van devotionalia, waaronder pelgrimstekens.
Ghislenus staat op het insigne afgebeeld als stichter van de abdij: een kerkmodel draagt hij op de linkerhand. In zijn rechterhand houdt hij de kromstaf. Misschien is de pontificale kledij van Ghislenus niet bedoeld als die van de gemijterde abt, maar verwijst deze naar zijn vita, waarin hij ook bisschop van Athene wordt genoemd.

| Afb.: | 196 | Inv.: | 0983 |
|---|---|---|---|
| Voorstelling: | Gillis | | |
| | St.-Gilles | | |
| Vindplaats: | Dordrecht | | |
| Afm. | h.: 33 br.: 27 | | |
| Materiaal: | lood-tin | | |
| Bevestiging: | oogjes | | |
| Datering: | 1300-1350 | | |
| Details: | — | | |

| Afb.: | 197 | Inv.: | 2400 |
|---|---|---|---|
| Voorstelling: | Godelieve | | |
| | Gistel | | |
| Vindplaats: | Vlissingen | | |
| Afm. | h.: 44 br.: 48 | | |
| Materiaal: | lood-tin | | |
| Bevestiging: | niet bewaard | | |
| Datering: | 1450-1500 | | |
| Opschrift: | VAN GISTELE | | |

| Afb.: | 198 | Inv.: | 0002 |
|---|---|---|---|
| Voorstelling: | Gummarus | | |
| | Lier | | |
| Vindplaats: | Nieuwlande | | |
| Afm. | h.: 63 br.: 39 | | |
| Materiaal: | lood-tin | | |
| Bevestiging: | oogjes | | |
| Datering: | 1475-1500 | | |
| Opschrift: | S. GOMMAER | | |

## EGIDIUS, ST.-GILLES

Gillis of Egidius, Athener van geboorte, wordt vereerd als de stichter van het klooster te Saint-Gilles in de Provence. Daar als kluizenaar in alle eenzaamheid levend, voorzag een tamme hinde hem van melk. Dit hert werd op een dag achtervolgd door jagers en niet de hinde, maar Egidius werd gewond. De verantwoordelijke Westgotische koning Wanda stelde Egidius daarom in staat daar een abdij te stichten. Dit alles speelde vermoedelijk in de late zevende of vroege achtste eeuw. Bedevaartgangers van heinde en verre bezochten Saint-Gilles. Hoogtepunt van de bedevaarten naar Saint-Gilles, vooral vanuit het noorden van Europa, lag in de elfde en twaalfde eeuw. Kurt Köster publiceerde naar aanleiding van een in 1980 te Sleeswijk gevonden veertiende-eeuws Egidius-insigne, in 1983 een gedegen overzicht van alle tot dan ontdekte Saint-Gilles-pelgrimstekens, tien in totaal. Vier van deze zouden naar vooroorlogse, mondelinge mededelingen uit de Schelde afkomstig zijn, een kwam tevoorschijn uit de Basse-Sambre bij Namen, de overige zijn Franse vondsten. Het Dordtse exemplaar komt sterk overeen met door Köster in de late dertiende of veertiende eeuw gedateerde exemplaren.

## GODELIEVE, GISTEL

In de nacht van 6 op 7 juli 1070 liet Bertolf, heer van Gistel, zijn echtgenote Godelieve wurgen door twee bedienden. Haar lichaam werd in de kasteelvijver gegooid en het water werd volgens de legende op datzelfde moment welriekend en helder. Op de derde dag na de moord werd Godelieve plechtig begraven en bijgezet in het familiegraf van de heren van Gistel; daar vonden van toen af vele wonderlijke genezingen plaats. De adellijke en vrome Godelieve, in 1045 te Londefort (Fr.) geboren, was uitgehuwelijkt aan Bertolf en bij haar aankomst in Gistel ontsprong er een miraculeuze bron toen zij haar spinrokken in de grond stak. Bij deze bron werd in de twaalfde eeuw de Benediktinessenabdij 'Ten Putte' gesticht die onder invloed van de Reformatie in 1578 werd verlaten.

Het hierboven afgebeelde fragmentarische pelgrimsteken is het tweede Godelieve-insigne dat is teruggevonden. Een identiek, maar nagenoeg compleet Godelieve-insigne werd al in 1930 gepubliceerd; vindplaats van dit exemplaar is niet bekend, evenmin als de huidige verblijfplaats. Boven het hoofd van Godelieve, met lang loshangend haar en een nimbus, was het insigne dakvormig afgesloten.

## GUMMARUS, LIER

Gummarus, veldheer onder Pippijn de Korte, trok zich na een militaire loopbaan terug als kluizenaar om te boeten voor het zondige leven van zijn vrouw. Hij stichtte een kluis in de streek waar de Grote en de Kleine Nete samenstromen. Gummarus stierf op 11 oktober, volgens de traditie in 774 of 775. Zijn lichaam werd later overgebracht naar Lier en bij deze translatie gebeurden wonderen. Met name in de tweede helft van de vijftiende eeuw kwam de verering van Gummarus tot grote bloei en zouden er op zijn voorspraak tal van genezingen zijn gebeurd. In 1475 werden 75 wonderen opgetekend in de Lierse mirakelboeken en in de volgende vijfentwintig jaar volgden er nog 160. De verering was vooral geconcentreerd in de Gummaruskerk te Lier rond de relieken van de heilige, maar ook in de Kluizekerk aldaar.

Tot op heden zijn acht exemplaren van het Gummarus-pelgrimsteken uit Lier teruggevonden, die alle tevoorschijn kwamen in het Verdronken Land van de Oosterschelde en wel bijna uitsluitend in het vroegere dorp Nieuwlande (7 stuks). Het hier afgebeelde exemplaar is het enige tot nog toe ontdekte nagenoeg gave Gummarus-insigne (zie ook p. 76-78: 'Loetenen tekenen van sinte Gommaer').

Afb.: 201      Inv.: 1679
Voorstelling:    Hubertus
               Saint-Hubert
Vindplaats:    Nieuwlande
Afm.          h.: 42 br.: 49
Materiaal:     lood-tin
Bevestiging:   niet bewaard
Datering:     1400-1450
Details:      tekst platgeslagen

| Afb.: 199 | Inv.: 1246 |
|---|---|
| Voorstelling: | Guido van Anderlecht |
| | Anderlecht |
| Vindplaats: | Kampen |
| Afm. | h.: 44 br.: 45 |
| Materiaal: | lood-tin |
| Bevestiging: | niet bewaard |
| Datering: | 1450-1500 |
| Opschrift: | ... VAN |
| | ANDERLECHT |

| Afb.: 200 | Inv.: 1693 |
|---|---|
| Voorstelling: | Hubertus |
| | Saint-Hubert |
| Vindplaats: | Nieuwlande |
| Afm. | h.: 56 br.: 54 |
| Materiaal: | lood-tin |
| Bevestiging: | oogjes |
| Datering: | 1450-1500 |
| Opschrift: | S: HUBERT : |
| | DARDENNE |

## GUIDO VAN ANDERLECHT

In de gotische St.-Pieters en Guidokerk te
Anderlecht bevinden zich nog vijftiende-
eeuwse muurschilderingen met taferelen uit
het leven van Guido (ca. 950 - 1012).
Relieken van de kerkpatroon en lokale heilige zijn geborgen in een beschilderd houten schrijn van Guido uit 1597 en nog
steeds komen bedevaartgangers naar
Anderlecht om daar Guido aan te roepen,
vooral als beschermer van vee en in het bijzonder van paarden.
Guido was van arme komaf, werd koster in
Laken en vervolgens paardeknecht en han-
delsman, alvorens hij zijn leven in het teken
van de christelijke godsdienst stelde. Guido
maakte verscheidene grote pelgrimages,
onder andere naar Rome en Jeruzalem. Hij
stierf te Anderlecht in 1012.
Het hier getoonde pelgrimsteken, dat het
enige tot op heden bekende exemplaar is,
toont Guido als pelgrim. Terzijde van de
gotische nis waarin hij staat, zijn vereerders
voor hem neergeknield die zich in gebed en
met hun vee tot de heilige richten.

## HUBERTUS, SAINT-HUBERT
-EN-ARDENNE

Het insigne afb. 200 maakt door zijn onderschrift onmiskenbaar duidelijk dat het verwijst naar de Hubertusverering in het
Benediktijnenklooster in de Ardennen waar
de relieken van Hubertus sinds 825 rusten.
In de elfde eeuw werd in deze abdij van
Saint-Hubert-en-Ardenne het leven van
Hubertus opgeschreven: als ongelovige jongeman werd Hubertus tot het christendom
bekeerd toen hij tijdens de jacht een hert
aantrof met een crucifix in het gewei. De in
de late middeleeuwen tot stand gekomen
iconografie van Hubertus is op dit verhaal
gebaseerd en ook bij de pelgrimstekens
zien we dit. De meest insignes tonen de
verschijning van Christus aan de heilige op
jacht (afb. 200, 201 en 203). Ook kon worden volstaan met de verwijzing naar dit
wonderverhaal: afb. 202 betreft een insigne
van de hertekop met het crucifix.
Naast deze meer uitvoerige verwijzingen
naar de heilige Hubertus, zal ook tenminste
een aantal van de talrijke teruggevonden
speldjes in de vorm van kleine jachthoorn-
tjes aan Hubertus moeten worden toegeschreven (vergelijk afb. 935 - 938).

| Afb.: 202 | Inv.: 0982 |
|---|---|
| Voorstelling: | Hubertuskruis |
| | Saint-Hubert |
| Vindplaats: | Nieuwlande |
| Afm. | h.: 28 br.: 22 |
| Materiaal: | lood-tin |
| Bevestiging: | draagspeld |
| Datering: | 1450-1500 |
| Details: | kruis binnen herte- |
| | gewei |

| Afb.: 203 | Inv.: 1687 |
|---|---|
| Voorstelling: | Hubertus |
| | Saint-Hubert |
| Vindplaats: | Leiden |
| Afm. | h.: 23 br.: 26 |
| Materiaal: | koperlegering |
| Bevestiging: | gaatjes |
| Datering: | 1475-1525 |
| Details: | — |

## SANTIAGO DE COMPOSTELA: JACOBUS EN JACOBSSCHELPEN

In het christelijke Westen gold Santiago de Compostela met het graf van de apostel Jacobus als de derde belangrijke bede-vaartplaats: na Jeruzalem en het Heilige Land waar de gelovigen letterlijk in de voetsporen van Christus en de apostelen konden treden, en na Rome met het graf van Petrus en Paulus, de zetel van de paus en talloze kostbare relieken als bijvoorbeeld het Vera Icon.

In populariteit als bedevaartsdoel verwierf Santiago in de latere middeleeuwen de eerste plaats: vanaf de elfde eeuw trok het graf van de apostel Jacobus in noordwest Spanje enorme aantallen gelovigen aan. In de late achtste of vroege negende eeuw ont-stond daar een verering rond zijn vermeen-de begraafplaats. Op miraculeuze wijze was het lichaam van Jacobus de Meerdere in Noord-Spanje terecht gekomen. Na het Pinksterfeest zou de apostel Jacobus Maior naar Spanje zijn getrokken om het christen-dom te prediken. Hij keerde terug naar Jeruzalem en vond daar de marteldood: omstreeks het feest van Pasen in het jaar 44 werd hij op bevel van Herodes Agrippa I onthoofd. Twee van zijn leerlingen wisten zich over het lijk te ontfermen en ver-scheepten het naar Spanje om het daar in een marmeren tombe te begraven. Dat graf werd omstreeks 800 teruggevonden, er werd een kerk ter ere van Jacobus opgericht en de toeloop van pelgrims kwam in de elfde eeuw in een gigantische stroomver-snelling. Langs min of meer vaste routes trok men vanuit heel de toenmalige christe-lijke wereld naar het graf van Jacobus. Als karakteristiek aandenken aan de door-gaans verre en barre reis naar Santiago wer-den, in ieder geval sedert de elfde eeuw, markant gevormde schelpen meegebracht. Deze schelpen, van het type Pecten Maximus L. ofwel de Kam- of Jacobsschelp, werden aan de kust van de Atlantische Oceaan gevonden. Door specia-le handelaars werden de Jacobsschelpen naar Santiago gebracht en daar aan de pel-grims verkocht. Al spoedig werden deze schelpen in andere materialen geïmiteerd - brons, zilver, lood-tin, git, ivoor en been -. Soms ook werden metalen appliques aange-bracht op echte Jacobsschelpen, terwijl eveneens schelpen met extra versieringen in andere materialen werden nagemaakt (zie afb. 209 - 215). De echte Pecten Maximus L. bleef echter het meest specifieke insigne van Santiago de Compostela. Dikwijls zijn de schelpen doorboord om vastgenaaid te kunnen worden op hoed, mantel of tas, maar ook volledig gave exemplaren werden kennelijk als souvenir uit Santiago meege-

Afb.: 204          Inv.: 1652
Voorstelling:   Jacobsschelp
                      Santiago de
                      Compostela
Vindplaats:     Reimerswaal
Afm.              h.: 65 br.: 71
Materiaal:       schelp
Bevestiging:   twee gaatjes
Datering:        1400-1450
Details:          Pecten Maximus L.

nomen (zie ook p. 38-45: In middeleeuwse handschriften geschilderde insignes, een Noordnederlands voorbeeld). Tot op zeer grote afstand van Spanje, tot in de uithoe-ken van de christelijke wereld, zijn deze teruggevonden, zowel als losse vondsten als uit nederzettingen en niet te vergeten begraafplaatsen. Kurt Köster publiceerde in 1983 een indrukwekkend overzicht van de door hem geïnventariseerde teruggevonden echte 'Pilgermuscheln', daterend van de elfde tot de achttiende eeuw, naar aanlei-ding van elf exemplaren van de Pecten Maximus L. die in Sleeswijk waren gevon-den. In totaal verwerkte Köster meer dan 180 middeleeuwse Jacobsschelpen, waar-van er bijna 140 met zekerheid uit graven afkomstig zijn. Aan de Jacobsschelpen die in middeleeuwse graven werden aangetrof-fen, wijdde laatstelijk de Fransman Denis Bruna een lezing die ook werd gepubli-ceerd in het prestigieuse Bulletin de la Société Nationale des Antiquaires de France (1991). Het overzicht van Köster is inmiddels ruim uit te breiden, waarbij ver-moedelijk het totale patroon niet wijzigt maar het verspreidingsgebied in ieder geval nog aanzienlijk groter wordt dan het al was. Zo werd bijvoorbeeld in het Noorse Trondheim betrekkelijk recent ook een

middeleeuwse, in de spits doorboorde Jacobsschelp opgegraven.

In de 'Guide de pèlerin' wordt sinds de twaalfde eeuw vermeld dat de pelgrims in Santiago benodigdheden voor hun terugreis konden aanschaffen en dat ze daar even-eens schelpen konden kopen. De handel in schelpen nam zo'n grote omvang dat in de dertiende eeuw er binnen de muren van Santiago al bijna honderd officieel geregis-treerde verkoopstalletjes te tellen waren. De schelp werd evenwel al spoedig behalve als specifiek symbool voor de Santiagoganger, ook meer in het algemeen een herkenningsteken voor de bedevaart-ganger. Niet van alle schelp-insignes is dan ook te stellen dat deze verwijzen naar de reis naar Santiago en/of uit Santiago afkomstig zijn. Bij verschillende van de hierna afgebeelde insignes moeten we om die reden dan ook de plaats van herkomst open laten (afb. 206, 207, 216 - 221, 224 - 225, 228).

Afb.: 206      Inv.: 1493
Voorstelling:  Schelp

Vindplaats:    Nieuwlande
Afm.           h.: 13 br.: 12
Materiaal:     been
Bevestiging:   gaatjes
Datering:      1450-1500
Details:       —

Afb.: 205      Inv.: 1650
Voorstelling:  Jacobsschelp
               Santiago de
               Compostela
Vindplaats:    Nieuwlande
Afm.           h.: 97 br.: 111
Materiaal:     schelp
Bevestiging:   gaatjes
Datering:      1400-1450
Details:       Pecten Maximus L.

Afb.: 207      Inv.: 1402
Voorstelling:  Schelp

Vindplaats:    Middelburg
Afm.           h.: 12 br.: 12
Materiaal:     paarlemoer
Bevestiging:   gaatjes
Datering:      1450-1500
Details:       —

Afb.: 208      Inv.: 1500
Voorstelling:  Jacobus
               Santiago de
               Compostela
Vindplaats:    Barsingerhorn
Afm.           h.: 64 br.: 33
Materiaal:     git (azabache)
Bevestiging:   dwarsgaatje
Datering:      1400-1450
Details:       —

Afb.: 209      Inv.: 1510
Voorstelling:  Jacobus op schelp
               Santiago de
               Compostela
Vindplaats:    Nieuwlande
Afm.           h.: 17 br.: 12
Materiaal:     git (azabache)
Bevestiging:   hangoogje
Datering:      1400-1450
Details:       —

| Afb.: 210 | Inv.: 0960 | Afb.: 211 | Inv.: 2294 | Afb.: 212 | Inv.: 1718 |
|---|---|---|---|---|---|
| Voorstelling: | Jacobus op schelp Santiago de Compostela | Voorstelling: | Jacobus op schelp Santiago de Compostela | Voorstelling: | Jacobus op schelp Santiago de Compostela |
| Vindplaats: | Nieuwlande | Vindplaats: | Nieuwlande | Vindplaats: | Nieuwlande |
| Afm. | h.: 19 br.: 15 | Afm. | h.: 14 br.: 10,5 | Afm. | h.: 31 br.: 30 |
| Materiaal: | lood-tin | Materiaal: | lood-tin | Materiaal: | lood-tin |
| Bevestiging: | hangoogje | Bevestiging: | hangoogje | Bevestiging: | gaatjes |
| Datering: | 1400-1450 | Datering: | 1400-1450 | Datering: | 1450-1500 |
| Details: | — | Details: | — | | |

| Afb.: 213 | Inv.: 2447 | Afb.: 214 | Inv.: 2236 | Afb.: 215 | Inv.: 0690 |
|---|---|---|---|---|---|
| Voorstelling: | Jacobus op schelp Santiago de Compostela | Voorstelling: | Jacobus op schelp Santiago de Compostela | Voorstelling: | Schelp met Jacobus Santiago de Compostela |
| Vindplaats: | Nieuwlande | Vindplaats: | Vlissingen | Vindplaats: | Tolsende |
| Afm. | h.: 24 br.: 27 | Afm. | h.: 33 br.: 25 | Afm. | h.: 41 br.: 30 |
| Materiaal: | lood-tin | Materiaal: | lood-tin | Materiaal: | lood-tin |
| Bevestiging: | draagspeld | Bevestiging: | draagspeld | Bevestiging: | hangoogje |
| Datering: | 1450-1500 | Datering: | 1475-1525 | Datering: | 1400-1450 |
| Details: | — | Details: | — | Details: | — |

| Afb.: 216 | Inv.: 0220 | Afb.: 217 | Inv.: 0940 | Afb.: 218 | Inv.: 2327 |
|---|---|---|---|---|---|
| Voorstelling: | Schelp | Voorstelling: | Schelp | Voorstelling: | Schelp |
| Vindplaats: | Amsterdam | Vindplaats: | Amsterdam | Vindplaats: | Nieuwlande |
| Afm. | h.: 35 br.: 28 | Afm. | h.: 28 br.: 25 | Afm. | h.: 25 br.: 19 |
| Materiaal: | lood-tin | Materiaal: | lood-tin | Materiaal: | lood-tin |
| Bevestiging: | hangoogje | Bevestiging: | 2 ingeslagen gaatjes | Bevestiging: | draagspeld |
| Datering: | 1450-1500 | Datering: | 1450-1500 | Datering: | 1450-1500 |
| Details: | — | Details: | — | Details: | — |

| Afb.: 219 | Inv.: 0224 |
|---|---|
| Voorstelling: | Schelp |
| | |
| Vindplaats: | Reimerswaal |
| Afm. | h.: 19,5 br.: 18 |
| Materiaal: | lood-tin |
| Bevestiging: | draagspeld |
| Datering: | 1450-1500 |
| Details: | — |

| Afb.: 220 | Inv.: 0446 |
|---|---|
| Voorstelling: | Schelp |
| | |
| Vindplaats: | Nieuwlande |
| Afm. | h.: 20,5 br.: 18 |
| Materiaal: | lood-tin |
| Bevestiging: | draagspeld en oogje |
| Datering: | 1450-1500 |
| Details: | — |

| Afb.: 221 | Inv.: 1698 |
|---|---|
| Voorstelling: | Schelp |
| | |
| Vindplaats: | Nieuwlande |
| Afm. | h.: 26 br.: 19 |
| Materiaal: | lood-tin |
| Bevestiging: | omlijsting, hangoog |
| Datering: | 1450-1500 |
| Details: | keerzijde glas |

| Afb.: 222 | Inv.: 2328 |
|---|---|
| Voorstelling: | Jacobsschelp met staf Santiago de Compostela |
| Vindplaats: | Rilland |
| Afm. | h.: 34 br.: 16 |
| Materiaal: | lood-tin |
| Bevestiging: | doorboorde schelphoeken |
| Datering: | 1450-1500 |
| Details: | — |

| Afb.: 223 | Inv.: 2386 |
|---|---|
| Voorstelling: | Jacobus Santiago de Compostela |
| Vindplaats: | Nieuwlande |
| Afm. | h.: 30 br.: 12 |
| Materiaal: | lood-tin |
| Bevestiging: | niet meer aanwezig |
| Datering: | 1400-1450 |
| Details: | ster, kruis en schelp |

| Afb.: 224 | Inv.: 1523 |
|---|---|
| Voorstelling: | Schelp met kruis |
| | |
| Vindplaats: | Nieuwlande |
| Afm. | h.: 26 br.: 15 |
| Materiaal: | koperlegering |
| Bevestiging: | oogje achterzijde |
| Datering: | 1475-1525 |
| Details: | — |

| Afb.: 225 | Inv.: 0769 |
|---|---|
| Voorstelling: | Halve maan met schelp |
| Vindplaats: | Nieuwlande |
| Afm. | h.: 22 br.: 14 |
| Materiaal: | lood-tin |
| Bevestiging: | hangoogje |
| Datering: | 1450-1500 |
| Details: | — |

| Afb.: 226 | Inv.: 1185 |
|---|---|
| Voorstelling: | Jacobus Santiago de Compostela |
| Vindplaats: | Nieuwlande |
| Afm. | h.: 25 br.: 22 |
| Materiaal: | lood-tin |
| Bevestiging: | hangoogje |
| Datering: | 1450-1500 |
| Details: | staf en schelp |

| Afb.: 227 | Inv.: 1333 |
|---|---|
| Voorstelling: | Jacobus Santiago de Compostela |
| Vindplaats: | Nieuwlande |
| Afm. | h.: 28 br.: 28 |
| Materiaal: | koperlegering |
| Bevestiging: | omlijsting ontbreekt |
| Datering: | 1475-1525 |
| Details: | wapenschild |
| Opschrift: | SANCTE IACOP |

| Afb.: 228 | Inv.: 2523 |
|---|---|
| Voorstelling: | Schelp |
| | |
| Vindplaats: | Nieuwlande |
| Afm. | h.: 18 br.: 28 |
| Materiaal: | lood-tin |
| Bevestiging: | oogje |
| Datering: | 1375-1425 |
| Opschrift: | onleesbaar |

| Afb.: 229A | Inv.: 1773A |
|---|---|
| Voorstelling: | Jacobus |
| | Santiago de |
| | Compostela |
| Vindplaats: | Damme |
| Afm. | h.: 35 br.: 30 |
| Materiaal: | lood-tin |
| Bevestiging: | oogjes |
| Datering: | 1450-1500 |
| Details: | ampul |

| Afb.: 229B | Inv.: 1773B |
|---|---|
| Voorstelling: | Schelp |
| | Santiago de |
| | Compostela |
| Vindplaats: | Damme |
| Afm. | h.: 35 br.: 30 |
| Materiaal: | lood-tin |
| Bevestiging: | oogjes |
| Datering: | 1450-1500 |
| Details: | ampul |

## PELGRIMSSTAFJES OF 'BORDONCILLOS'

Het aanbod van devotionalia in Santiago de Compostela was groot. Behalve de al dan niet in metaal, been of ivoor nagemaakte Jacobsschelpen en de insignes of direct verwante voorwerpen van git, moeten hier ook worden genoemd de miniatuur-pelgrims-stafjes, de zogenoemde 'bordoncillos', waarvan de enige in de Nederlanden terug-gevonden of althans herkende exemplaren stammen uit Nieuwlande en twee daarvan zijn hier afgebeeld (afb. 231 - 232). Beide sterk verwante stafjes zijn van been op de draaibank vervaardigd. Gekruiste pelgrims-stafjes komen op afbeeldingen van pelgrims vanaf de late vijftiende eeuw ongelooflijk veel voor en zijn bijna nog algemener als herkenningsteken voor de bedevaartganger dan de Jacobsschelp. Het is dan ook onbe-grijpelijk dat er tot op heden niet meer wer-den teruggevonden.

De mooiste en tegelijkertijd ook overbeken-de parallel voor de beide in Nieuwlande gevonden stafjes, zijn de twee gedraaide benen bordoncillos op de zwartlederen pel-grimsmantel en de tientallen grotere en kleinere miniatuur-stafjes op de zwarte vil-ten pelgrimshoed van Stephan III Praun uit 1570-1571 in het Germanisches National-museum te Neurenberg. Ook op de hoed van Jacobus, afgebeeld op p. 44 (ill. 16), zien we de miniatuur-stafjes achter de Jacobsschelp.

| Afb.: 230 | Inv.: 1008 |
|---|---|
| Voorstelling: | Kraal met schelpmotieven |
| | Santiago de Compostela |
| Vindplaats: | Nieuwlande |
| Afm. | h.: 15 br.: 15 |
| Materiaal: | git (azabache) |
| Bevestiging: | doorboring |
| Datering: | 1450-1500 |
| Details: | — |

## AZABACHE OF GIT UIT SANTIAGO

Afb. 208, 209 en 230 betreffen uit git of azabache gesneden voorwerpen: een hanger in de vorm van de apostel Jacobus, een schelpje met de beeltenis van Jacobus, en een nagenoeg vierkante maar tevens schelp-vormige kraal. Uit de harde maar goed snijdbare delfstof git of gagaat werden alle denkbare devotionalia en souvenirs ver-vaardigd die aan de Santiagogangers kon-den worden verkocht. De diep zwarte en glanzend gepolijste 'azabaches' werden in de latere middeleeuwen bijna even karak-teristiek voor de reis naar Santiago als de Jacobus- of Kamschelpen.

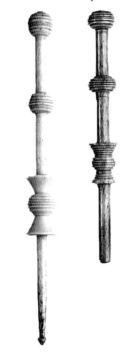

| Afb.: 231 | Inv.: 1490 |
|---|---|
| Voorstelling: | Pelgrimsstafje |
| | Santiago de |
| | Compostela |
| Vindplaats: | Nieuwlande |
| Afm. | h.: 88 br.: 8 |
| Materiaal: | been |
| Bevestiging: | ontbreekt |
| Datering: | 1450-1500 |

| Afb.: 232 | Inv.: 1663 |
|---|---|
| Voorstelling: | Pelgrimsstafje |
| | Santiago de |
| | Compostela |
| Vindplaats: | Nieuwlande |
| Afm. | h.: 59 br.: 8 |
| Materiaal: | been |
| Bevestiging: | ontbreekt |
| Datering: | 1450-1500 |

| Afb.: 233 | Inv.: 1605 | Afb.: 234 | Inv.: 1606 | Afb.: 235 | Inv.: 0951 |
|---|---|---|---|---|---|
| Voorstelling: | Job | Voorstelling: | Job | Voorstelling: | Job |
| | Wezemaal | | Wezemaal | | Wezemaal |
| Vindplaats: | Nieuwlande | Vindplaats: | Nieuwlande | Vindplaats: | Nieuwlande |
| Afm. | h.: 83 br.: 53 | Afm. | h.: 77 br.: 51 | Afm. | h.: 72 br.: 43 |
| Materiaal: | lood-tin | Materiaal: | lood-tin | Materiaal: | lood-tin |
| Bevestiging: | oogjes | Bevestiging: | oogjes | Bevestiging: | oogjes |
| Datering: | 1450-1500 | Datering: | 1450-1500 | Datering: | 1450-1500 |
| Opschrift: | S. JOB VAN | Opschrift: | S. JOB TE WESEMALE | Opschrift: | S. JOB TOT WE ... |
| | WES(E)M(ALE) | | GOD GAF GOD NAM | | GOD GAF GOD NAM |
| | GOD GAF GOD NA(M) | | | | |

## DE HEILIGE MAN JOB, WEZEMAAL

Een in 1955 uitgebracht bedevaartvaantje van het Brabantse Wezemaal toont een afbeelding van het aldaar vereerde beeld van Job. Als tekst staat op het vaantje: 'Heilige man Job / bid voor ons ! / Wezemaal' en in het opengeslagen boek dat Job omhoog houdt in zijn rechterhand is leesbaar 'God gaf / God nam'. Dit bedevaartvaantje komt voort uit een oude traditie van Jobsverering te Wezemaal, de traditie waarvan de hier getoonde elf vijftiende- en vroeg-zestiende-eeuwse pelgrimstekens het begin markeren (afb. 233 - 243). Zowel het vaantje als vijf van de insignes vermelden de karakteristieke en berustende spreuk 'God gaf - God nam'.

De Oudtestamentische man Job, hoofdpersoon van het bijbelboek Job, leefde in het land Us dat vermoedelijk ten zuidoosten van Damascus gesitueerd moet worden. Job is in het Oude Testament een toonbeeld van rechtvaardigheid en geduld. Door zijn beproevingen, zijn lijden en zijn uiteindelijke overwinning daarvan wordt hij beschouwd als een voorafbeelding van Christus. Het onverdiende lijden van de godvruchtige man en de rechtvaardigheid van God vormen het centrale thema van het boek Job. In de eerste twee hoofdstukken wordt verhaald hoe Job op de proef wordt gesteld, dan volgen gesprekken met Job, Job onderwerpt zich en wordt tenslotte in ere hersteld.

De 'heilige man Job' wordt doorgaans afgebeeld in zijn ellende, schamel gekleed en zittend op een mesthoop. Met een potscherf krabt hij zijn wonden. Vaak, zoals ook op de reeks pelgrimstekens uit Wezemaal, wordt hij omringd door omstanders: vrienden die met hem praten, anderen die hem bespotten, muzikanten die hem troosten. Een muzikant krijgt van Job een afgekrabde korst van een van zijn wonden aangereikt. Dit is de verbeelding van een apocriefe legende over Job: de van zijn zweren gekrabde korsten die Job dankbaar aan de muzikanten overhandigde, veranderden in goudstukken !

De bel boven het hoofd van Job op een aantal van de insignes geeft aan dat de heilige man als melaatse of pestlijder is voorgesteld. Middeleeuwse pestlijders moesten immers hun aanwezigheid aankondigen door te luiden met een bel of te zwaaien met een ratel, zodat gezonden zich uit de voeten konden maken. In de late middel-eeuwen werd de heilige man Job op vele plaatsen in Vlaanderen en Brabant vereerd. Hij werd vooral aangeroepen als beschermheilige tegen de pest, maar tevens als patroon van slachtoffers van besmettelijke ziekten; ook genoot hij verering als patroonheilige voor muzikanten op grond van de genoemde latere legende. Onbekend is wanneer de Jobsverering te Wezemaal is ontstaan. In 1410 schijnt de pelgrimage naar Job daar al zo'n omvang te hebben dat een kloosterstichting wordt afgehouden omdat de vele pelgrims de rust te zeer zouden verstoren. De kerkrekening van 1472, bewaard in het archief van de abdij van Averbode, geeft enig idee over de omvang van de bedevaart. Op Sint-Jobsdag, 10 mei, speelden drie pijpers voor het beeld van Job in de kerk en trok een processie uit. In het offerblok werd die dag maar liefst 70 gulden en 3 stuiver aangetroffen en er zouden 53 dozijn 'teekens' ofwel 636 insignes zijn verkocht. In de loop van het rekeningjaar werden toen bovendien 4 ons 'silveren teekenen' en 280 dozijn 'andere teekenen', dus 3360 andere insignes - waarschijnlijk lood-tinnen, tenzij toen ook de latoenkoperen Jobsinsignes al verhandeld werden;

168

| Afb.: 236 | Inv.: 1828 | Afb.: 237 | Inv.: 1793 | Afb.: 238 | Inv.: 1604 |
|---|---|---|---|---|---|
| Voorstelling: | Job | Voorstelling: | Job | Voorstelling: | Job |
| | Wezemaal | | Wezemaal | | Wezemaal |
| Vindplaats: | Nieuwlande | Vindplaats: | Nieuwlande | Vindplaats: | Nieuwlande |
| Afm. | h.: 34 br.: 44 | Afm. | h.: 64 1/2 br.: 43 | Afm. | h.: 54 br.: 34 |
| Materiaal: | lood-tin | Materiaal: | lood-tin | Materiaal: | lood-tin |
| Bevestiging: | oogjes | Bevestiging: | oogjes | Bevestiging: | oogjes |
| Datering: | 1450-1500 | Datering: | 1450-1500 | Datering: | 1450-1500 |
| Opschrift: | GOD GAF GOD | Opschrift: | S. JOB VAN | Details: | wapenschild |
| | NAM | | WESEM ... | Opschrift: | S. JOB VA WESE ... |
| | | | GOD GAF GOD NA ... | | |

bovendien was er in de winter nog één dozijn verkocht (zie p. 79-83: Pelgrimstekens van de Heilige Man Job, Wezemaal).

Van de elf hier afgebeelde insignes van Job te Wezemaal, werden er negen in Nieuwlande gevonden, één in het eveneens verdronken Scheldedorp Valkenisse en één in Amsterdam. De eerste vijf pelgrimstekens zijn varianten van een type, waar ook het zesde bijna gave exemplaar (afb. 238) nog bij aansluit. Deze ajour gegoten insignes tonen steeds in een gotische omkadering Job en de muzikanten. Job verzucht telkens weer, verwoord op de banderol, berustend dat God terugnam wat hij eerder had geschonken, terwijl onder de mestvaal aangegeven is dat het 'S. Job van Wesemale' betreft. Op het zesde en de andere insignes is de spreuk weggelaten. Bij het insigne van afb. 238 is tussen Job en de muzikanten het wapenschild van Wezemaal geplaatst: drie adelaars met gespreide vleugels en afgewende kop (2-1). Op de ruitvormige hanger afb. 240A-B komt de adelaar op het schild terug binnen het randschrift dat opnieuw onmiskenbaar naar Wezemaal verwijst. Het wapenschildje

op de kleinere medaille van afb. 239 is gekwartierd met de wapens Brimeu en Croy. Dit geeft houvast voor de datering van dit hangertje: in 1472 kocht de heer van Imbercourt, Gui de Brimeu, de baronie van Wezemaal van Jean de Croy, heer van Rhode.

Gezien het ontbreken van specifieke aanduidingen op de insignes van afb. 241, 242 en 243, moeten we voorzichtig zijn met een toewijzing, Job werd immers ook op andere plaatsen dan Wezemaal vereerd. Het Museum Vleeshuis te Antwerpen bezit bijvoorbeeld een vijftiende- of vroeg-zestiende-eeuws hangertje met op de voorzijde Job en de muzikanten, op de keerzijde de tekst 'Sente Job bij Aelst Ora p(ro) n(obis). Interessant is dat het ronde latoenkoperen plaatje (afb. 242) verwijst naar een 'S. Iop Orden', kennelijk een gebedsbroederschap ter ere van Job.

| Afb.: 239 | Inv.: 2228 | Afb.: 240A | Inv.: 2211A | Afb.: 240B | Inv.: 2211B |
|---|---|---|---|---|---|
| Voorstelling: | Job Wezemaal | Voorstelling: | Job Wezemaal | Voorstelling: | Job Wezemaal |
| Vindplaats: | Nieuwlande | Vindplaats: | Valkenisse | Vindplaats: | Valkenisse |
| Afm. | h.: 33 br.: 29 | Afm. | h.: 56 br.: 39 | Afm. | h.: 56 br.: 39 |
| Materiaal: | lood-tin | Materiaal: | lood-tin | Materiaal: | lood-tin |
| Bevestiging: | hangoogje | Bevestiging: | hangoogje | Bevestiging: | hangoogje |
| Datering: | 1472-1525 | Datering: | 1500-1550 | Datering: | 1500-1550 |
| Details: | wapenschild; keerzijde identiek | Details: | Job tussen muzikanten | Details: | wapenschild |
| | | | | Opschrift: | SENTE JOB VAN WESENMALE BIDT VOOR ONS |

| Afb.: 241 | Inv.: 1257 | Afb.: 242 | Inv.: 1381 | Afb.: 243 | Inv.: 1395 |
|---|---|---|---|---|---|
| Voorstelling: | Job Wezemaal? | Voorstelling: | Job Wezemaal? | Voorstelling: | Job Wezemaal? |
| Vindplaats: | Amsterdam | Vindplaats: | Nieuwlande | Vindplaats: | Nieuwlande |
| Afm. | h.: 42 br.: 41 | Afm. | h.: 33 br.: 33 | Afm. | h.: 25 br.: 25 |
| Materiaal: | lood-tin | Materiaal: | latoenkoper | Materiaal: | latoenkoper |
| Bevestiging: | niet bewaard | Bevestiging: | omlijsting niet bewaard | Bevestiging: | 2 ingeslagen gaatjes |
| Datering: | 1475-1525 | Datering: | 1475-1525 | Datering: | 1475-1525 |
| Details: | keerzijde identiek | Opschrift: | S IOP ORDEN | Details: | — |

## JOHANNES DE DOPER, AMIENS

De beide hiernaast afgebeelde insignes
(afb. 244 en 245) stellen de toning van het
hoofd van Johannes de Doper voor dat vereerd werd te Amiens. Volgens de traditie
was in 1204 een Picardiër aanwezig bij de
plundering van Constantinopel, die een
schotel buitmaakte met een deel van de
schedel van Johannes de Doper. Terug in
Picardië, schonk hij de reliekhouder aan de
kathedraal van Amiens, waar dit leidde tot
een grote verering van Johannes de Doper.
Forgeais publiceerde in 1863 al acht varianten van het insigne uit Amiens, alle gevonden in de Seine bij Parijs en door hem in de
vijftiende of zestiende eeuw gedateerd.
Sedertdien kwamen nog tal van Johannes-
de-Doper-insignes uit Amiens tevoorschijn,
die bewijzen dat deze cultus al vroeg een
grote bekendheid genoot. Bijvoorbeeld in
Engeland werden verschillende exemplaren
gevonden, waaronder enkele die in de dertiende eeuw kunnen worden gedateerd.
Het randschrift van de sterk traditionele
insignes geeft steeds aan dat het om het
hoofd van Johannes de Doper gaat en soms
is Amiens daarbij vermeld als vereringsplaats.

| Afb.: 244 | Inv.: 2270 |
|---|---|
| Voorstelling: | Johannes de Doper Amiens |
| Vindplaats: | Dordrecht |
| Afm. | h.: 43 br.: 43 |
| Materiaal: | lood-tin |
| Bevestiging: | niet bewaard |
| Datering: | 1275-1325 |
| Opschrift: | onleesbaar |

| Afb.: 246 | Inv.: 1241 |
|---|---|
| Voorstelling: | Johannes de Doper |
| Vindplaats: | Kampen |
| Afm. | h.: 26 br.: 19 |
| Materiaal: | lood-tin |
| Bevestiging: | draagspeld |
| Datering: | 1300-1400 |
| Details: | Lam Gods |

| Afb.: 247 | Inv.: 0466 |
|---|---|
| Voorstelling: | Johannes de Doper |
| Vindplaats: | Nieuwlande |
| Afm. | h.: 24 br.: 23 |
| Materiaal: | lood-tin |
| Bevestiging: | niet bewaard |
| Datering: | 1300-1400 |
| Details: | Lam Gods |

| Afb.: 248 | Inv.: 1480 |
|---|---|
| Voorstelling: | Johannes de Doper |
| Vindplaats: | Nieuwlande |
| Afm. | h.: 29 br.: 20 |
| Materiaal: | lood-tin |
| Bevestiging: | draagspeld |
| Datering: | 1375-1425 |
| Details: | Lam Gods |

| Afb.: 245 | Inv.: 1993 |
|---|---|
| Voorstelling: | Johannes de Doper Amiens |
| Vindplaats: | Dordrecht |
| Afm. | h.: 39 br.: 38 |
| Materiaal: | lood (C.L.) |
| Bevestiging: | oogjes |
| Datering: | 1300-1350 |
| Opschrift: | ECCE: (SIGNUM: F)ACIEI' BEATI: JOHANNIS BAPTISTA |

## JOHANNES DE DOPER

'Ziet het Lam Gods dat wegneemt de zonde
van de wereld'. Deze woorden sprak
Johannes de Doper (Jo. 1,29) bij de doop
van Christus in de Jordaan: Christus zou als
een Lam worden geofferd. De drie hier
afgebeelde pelgrimstekens geven Johannes
de Doper weer op het moment dat hij deze
woorden spreekt: met zijn rechterhand wijst
hij op het Lam Gods in zijn andere hand.
Johannes, de laatste van de Oudtestamentische profeten, had zich als boetepre-
diker teruggetrokken in de woestijn van het
Jordaandal en doopte hen die hem wilden
aanhoren. Ook Christus werd door hem
gedoopt en Johannes presenteerde Hem
toen als de lang voorspelde verlosser. Als
woestijnprediker wordt Johannes de Doper
steevast met een ruige haardos en baard
afgebeeld en meestal is hij gehuld in een
kemelharenkleed.
Een aan deze Johannes-insignes verwant
exemplaar bevond zich in de door Arthur
Forgeais beschreven vondsten uit de Seine
bij Parijs; Forgeais suggereerde dat ook dat
insigne uit Amiens afkomstig zou zijn.
Gezien de veel ruimere verering van
Johannes de Doper is vooralsnog niet
mogelijk een herkomst voor deze pelgrimstekens aan te geven.

| Afb.: 249 | Inv.: 0010 | Afb.: 250 | Inv.: 1933 | Afb.: 251 | Inv.: 0784 |
|---|---|---|---|---|---|
| Voorstelling: | Joris | Voorstelling: | Joris | Voorstelling: | Joris |
| | | | | | |
| Vindplaats: | Reimerswaal | Vindplaats: | Nieuwlande | Vindplaats: | Nieuwlande |
| Afm. | h.: 58 br.: 60 | Afm. | h.: 43 br.: 44 | Afm. | h.: 43 br.: 45 |
| Materiaal: | lood-tin | Materiaal: | lood-tin | Materiaal: | lood-tin |
| Bevestiging: | oogje | Bevestiging: | niet bewaard | Bevestiging: | niet bewaard |
| Datering: | 1400-1450 | Datering: | 1400-1450 | Datering: | 1400-1450 |
| Details: | — | Details: | — | Details: | — |

## SINT JORIS VERSLAAT DE DRAAK

Georgius of Joris was volgens de middeleeuwse heiligenlegende een hooggeplaatst Romeins soldaat die onder keizer Diocletianus ter dood werd gebracht om reden van zijn christelijk geloof. In de elfde eeuw werd aan zijn vita of levensbeschrijving het wonderverhaal toegevoegd waardoor hij sedertdien het meest bekend is, zijn overwinning op de draak. Deze geschiedenis komt ook voor in direct vergelijkbare vorm bij andere heiligen en is de verbeelding van de strijd tussen goed en kwaad. De drakendoders staan voor het goede en verslaan het duivelse, het kwade. Bij Joris luidt het verhaal aldus: als tribuun van Kappadocië kwam hij op een dag bij een stad die al geruime tijd werd belaagd door een vreselijke draak die leefde in nabij gelegen moerasgebied. De stadsbevolking trachtte het dier in toom te houden door het schapen te voeren. De veestapel raakte uitgeput en men besloot voortaan dagelijks één schaap en een kind, dat door het lot werd aangewezen, te offeren. Joris trof de wenende koningsdochter aan die op weg was om verslonden te worden. De heilige

sprong te paard, trok de moerassen in en versloeg het ongedierte.
De vaste iconografie van Joris is dan ook de voorstelling als jeugdige ridder, in harnas en met een schild waarop het kruis - in rood op zilver of wit -, die met gevelde lans de draak doorsteekt (zie afb. 249 - 255, 257 - 258). Ook wordt hij wel staande afgebeeld, de strijd beslechtend met de overwonnen draak onder zijn voeten ( afb. 256, 259 - 260).

Als soldatenheilige werd de martelaar Joris vooral vereerd als patroon van ridders en andere militairen, en van schutterijen. Overal in de christelijke wereld waren kerken, kapellen en altaren aan hem gewijd en het was dan ook nog niet mogelijk insignes van Joris toe te schrijven aan bepaalde bedevaartsoorden. Cultusbeelden van sint Joris en relieken van hem bevonden zich op vele plaatsen. Het meest belangrijk als vereringsplaats van Joris was wel de aan hem gewijde kerk van S. Giorgio te Rome, waar zijn hoofd vereerd werd en aan pelgrims werd getoond in een schrijn met afneem-

baar deksel zodat de schedelreliek werkelijk was te zien.
Een al in de veertiende eeuw onder de opgelegde bedevaarten genoemde Zuidnederlandse plaats waar Joris in het bijzonder werd vereerd, was het dichtbij Brugge gelegen dorpje Sint-Joris-ten-Distel. Misschien verwijzen sommige van de hier gepresenteerde insignes wel naar deze of andere bedevaartplaatsen ter ere van Joris. Zeker is ook mogelijk dat insignes met de beeltenis van de dappere Joris voor schutterijen en milities werden aangemaakt of ook voor een meer algemene verkoop als afbeelding van een populaire naam- of patroonheilige.
Opmerkelijk in de hier getoonde reeks van twaalf Joris-insignes zijn de laatste zes (afb. 255 - 260), waarbij de voorstelling van de drakendoder geplaatst is tegen een veerhoudertje: een met een oogje op de kleding of hoed te hechten kokertje dat diende om er als sier een gekleurde pluim in te zetten. Met name hierdoor doen deze speldjes sterk denken aan broederschapstekens of insignes voor schutterijen.

| Afb.: 252 | Inv.: 1957 | | Afb.: 253 | Inv.: 1996 | | Afb.: 254 | Inv.: 1476 |
|---|---|---|---|---|---|---|---|
| Voorstelling: | Joris | | Voorstelling: | Joris | | Voorstelling: | Joris |
| Vindplaats: | Rotterdam | | Vindplaats: | Nieuwlande | | Vindplaats: | Nieuwlande |
| Afm. | h.: 41 br.: 45 | | Afm. | h.: 41 br.: 29 | | Afm. | h.: 35 br.: 33 |
| Materiaal: | lood-tin | | Materiaal: | lood-tin | | Materiaal: | lood-tin |
| Bevestiging: | niet bewaard | | Bevestiging: | hangoogje | | Bevestiging: | draagspeld |
| Datering: | 1400-1450 | | Datering: | 1450-1500 | | Datering: | 1450-1500 |
| Details: | — | | Details: | — | | Details: | — |

| Afb.: 255 | Inv.: 1635 | | Afb.: 256 | Inv.: 1672 | | Afb.: 257 | Inv.: 1496 |
|---|---|---|---|---|---|---|---|
| Voorstelling: | Joris | | Voorstelling: | Joris | | Voorstelling: | Joris |
| Vindplaats: | Nieuwlande | | Vindplaats: | Nieuwlande | | Vindplaats: | Nieuwlande |
| Afm. | h.: 24 br.: 20 | | Afm. | h.: 39 br.: 16 | | Afm. | h.: 35 br.: 18 |
| Materiaal: | lood-tin | | Materiaal: | lood-tin | | Materiaal: | lood-tin |
| Bevestiging: | oogje achterzijde | | Bevestiging: | oogje achterzijde | | Bevestiging: | oogje achterzijde |
| Datering: | 1450-1500 | | Datering: | 1450-1500 | | Datering: | 1450-1500 |
| Details: | veerhouder | | Details: | veerhouder | | Details: | veerhouder |

| Afb.: 258 | Inv.: 1534 | | Afb.: 259 | Inv.: 1640 | | Afb.: 260 | Inv.: 2355 |
|---|---|---|---|---|---|---|---|
| Voorstelling: | Joris | | Voorstelling: | Joris | | Voorstelling: | Joris |
| Vindplaats: | Amsterdam | | Vindplaats: | Nieuwlande | | Vindplaats: | Nieuwlande |
| Afm. | h.: 35 br.: 16 | | Afm. | h.: 38 br.: 26 | | Afm. | h.: 26 br.: 16 |
| Materiaal: | lood-tin | | Materiaal: | lood-tin | | Materiaal: | lood-tin |
| Bevestiging: | oogje achterzijde | | Bevestiging: | oogje achterzijde | | Bevestiging: | oogje achterzijde |
| Datering: | 1450-1500 | | Datering: | 1450-1500 | | Datering: | 1450-1500 |
| Details: | veerhouder | | Details: | veerhouder | | Details: | veerhouder |

| Afb.: 261 | Inv.: 0067 | Afb.: 262 | Inv.: 1690 | Afb.: 263 | Inv.: 2461 |
|---|---|---|---|---|---|
| Voorstelling: | Josse | Voorstelling: | Josse | Voorstelling: | Josse |
|  | St. Josse-sur-Mer |  | St. Josse-sur-Mer |  | St. Josse-sur-Mer |
| Vindplaats: | Reimerswaal | Vindplaats: | Dordrecht | Vindplaats: | Nieuwlande |
| Afm. | h.: 73 br.: 31 | Afm. | h.: 69 br.: 33 | Afm. | h.: 51 br.: 30 |
| Materiaal: | lood-tin | Materiaal: | lood-tin | Materiaal: | lood-tin |
| Bevestiging: | niet meer aanwezig | Bevestiging: | oogjes | Bevestiging: | oogjes |
| Datering: | 1350-1400 | Datering: | 1400-1450 | Datering: | 1450-1500 |
| Opschrift: | (S:I)OS ... | Details: | kroon op arm | Details: | kroon op arm |
|  |  | Opschrift: | S: IOSSE | Opschrift: | S:IOSSE |

## JODOCUS

Jodocus, Judocus, Josse, Jous of Joost, is een pelgrimsheilige die al sinds de middeleeuwen met name wordt vereerd in het naar hem genoemde Saint-Josse-sur-Mer, gelegen bij de kust niet ver ten zuiden van het beroemde Maria-bedevaartsoord Boulogne-sur-Mer (zie afb. 440 - 444). Jodocus leefde in de zevende eeuw. Zijn in de negende en elfde eeuw op schrift gestelde vita bericht nauwkeurig over zijn levensloop. Jodocus werd geboren in Bretagne in 593. Omstreeks 640 weigerde hij de Bretonse koningskroon en werd priester. Rond 644 trok hij zich als kluizenaar terug, onder andere te Runiac en circa 665 op de plaats waar de latere Benediktijnenabdij Saint-Josse-sur-Mer (Montreuil, Pas-de-Calais) werd gevestigd. Na een bedevaart naar Rome trok hij zich weer als kluizenaar terug. In of omstreeks 669 stierf hij. Zijn relieken bevonden zich sinds het begin van de negende eeuw in de abdij Hyde bij Winchester; op 25 juli 977 werden ze teruggevonden en vond een translatie plaats naar St.-Josse-sur-Mer.

Jodocus werd in de latere middeleeuwen een populaire pelgrimsheilige, naast uiteraard Jacobus de Meerdere en Rochus. De vaste iconografie van Jodocus is dan ook die van de bedevaartganger: met hoed, wijde mantel, tas en staf, en soms als verwijzing naar zijn geloof het boek. Het specifieke attribuut waardoor de pelgrim Jodocus onmiskenbaar te identificeren valt is de koningskroon. Dikwijls draagt hij de kroon, die hij volgens de legende immers niet wilde dragen, geschoven om zijn arm; ook komt voor dat hij hem in de hand heeft of dat de kroon aan zijn voeten ligt. Het drietal insignes dat hier is afgebeeld, is onderling sterk verwant maar niet identiek. Duidelijk zijn de drie pelgrimstekens uit verschillende mallen afkomstig. Jodocus is als de Rome-reiziger, dus als pelgrim voorgesteld, met mantel, hoed, gebedssnoer, staf en ransel; bovendien zijn op verschillende plaatsen Jacobsschelpen bevestigd waardoor hij des te duidelijker als pelgrim herkenbaar wordt. Zijn geweigerde konings-

kroon is op de insignes uit Nieuwlande en Dordrecht tegen Jodocus' rechterarm geplaatst en bij dit type insigne houdt hij, zoals uit het Dordtse exemplaar blijkt, in zijn linkerhand het boek en een rozenkrans omhoog. Bij het incomplete Jodocus-insigne uit Reimerswaal lijkt de kroon te ontbreken. Dat het ook hier om Saint-Josse gaat, is evenwel onmiskenbaar aangegeven door de terzijde van zijn mantel en onder zijn rechterhand aangebrachte naam, waarvan nog slechts een gedeelte leesbaar is. Bij andere fragmenten van dit type Jodocus-insigne is de naam van de heilige hier duidelijker leesbaar. In totaal zijn ons 6 exemplaren bekend van het type Jodocus-insigne waarbij de naam onder de voeten van de heilige is weergegeven (afb. 262 en 263; 2 uit Dordrecht, 1 uit Mechelen, 1 uit Reimerswaal, 2 uit Rotterdam) en 2 stuks van het andere type (afb. 261; 1 uit Nieuwlande en 1 uit Reimerswaal).

## KAREL DE GROTE

Karel de Grote werd als heilige vereerd te Aken, waar hij begraven lag in de door hemzelf gestichte paltskapel. Patrones van de domkerk waarvan de paltskapel deel uitmaakte, was de Maagd Maria en de tunica van Maria was de belangrijkste reliek die in de Akense Onze-Lieve-Vrouwemunster werd vereerd (zie afb. 416 - 435). De relieken van Karel de Grote waren eveneens reden voor het grote succes van Aken als bedevaartsoord. Enerzijds betreft dit de stoffelijke resten van Karel, met name in het Karlschrein (voltooid in 1215) en in zijn reliekenborstbeeld (ca. 1349); anderzijds gaat het om voorwerpen die werden beschouwd als het persoonlijk bezit van keizer Karel.

Tot voorkort waren geen pelgrimstekens met de voorstelling van Karel de Grote als zodanig herkend en in verband gebracht met de Karelsverering te Aken (zie ook p. 84-91: De heilige Karel de Grote). Als Akense insignes zijn en waren vooral die bekend die de devotie tot de 'Maria Aquensis', de Akense Maria met Kind, en de tunica van Maria centraal stellen. Recent ontdekte insignes en recent onderzoek hebben evenwel aan het licht gebracht dat ook Karel een prominente en zelfstandige plaats innam onder de Akense devotionalia. Specifiek aan Karel gewijde pelgrimstekens komen voor en Karel de Grote wordt afgebeeld op de Maria-insignes (zie afb. 416, 417, 421, 427). Het viertal hier als Karel de Grote -insignes gepresenteerde pelgrimstekens betreft uitsluitend de in Aken als heilige vereerde vorst. Het insigne van afb. 264 opent de reeks en is het meest duidelijk. Dit in Dordrecht gevonden exemplaar geeft een behoorlijk nauwgezette afbeelding van de reliekbuste van Karel de Grote die in of kort na 1349 op kosten van Karel IV van Bohemen voor de schatkamer in Aken werd vervaardigd. Het fragmentarische koningshoofd (afb. 265) is waarschijnlijk een deel van een vergelijkbaar buste-insigne. De twee zittende vorsten met hun waardigheidstekenen (kroon, zwaard, kruis en scepter) menen wij ook - zij het met enig voorbehoud- als Karel de Grote-insignes te mogen identificeren.

| Afb.: 264 | Inv.: 0530 |
|---|---|
| Voorstelling: | Karel de Grote Aken |
| Vindplaats: | Dordrecht |
| Afm. | h.: 57 br.: 45 |
| Materiaal: | lood-tin |
| Bevestiging: | gaatjes kroon |
| Datering: | 1350-1400 |
| Details: | — |

| Afb.: 265 | Inv.: 0660 |
|---|---|
| Voorstelling: | Karel de Grote Aken |
| Vindplaats: | Dordrecht |
| Afm. | h.: 38 br.: 27 |
| Materiaal: | lood-tin |
| Bevestiging: | draagspeld |
| Datering: | 1350-1400 |
| Details: | — |

| Afb.: 266 | Inv.: 0825 |
|---|---|
| Voorstelling: | Karel de Grote Aken |
| Vindplaats: | Dordrecht |
| Afm. | h.: 52 br.: 37 |
| Materiaal: | lood-tin (C.L.) |
| Bevestiging: | oogjes |
| Datering: | 1350-1400 |
| Details: | als zittende koning, kruis, scepter en zwaard |

| Afb.: 267 | Inv.: 2356 |
|---|---|
| Voorstelling: | Karel de Grote Aken |
| Vindplaats: | Rotterdam |
| Afm. | h.: 48 br.: 30 |
| Materiaal: | lood-tin |
| Bevestiging: | oogjes |
| Datering: | 1375-1425 |
| Details: | als zittende koning met zwaard |

Afb.: 268     Inv.: 2025
Voorstelling:  Laurentius?

Vindplaats:  Ieper
Afm.        h.: 76 br.: 39
Materiaal:   lood-tin
Bevestiging:  oogjes
Datering:    1400-1450
Opschrift:   VINTENTI VAN ...
            LOO

Afb.: 272     Inv.: 2190
Voorstelling:  Leonardus

Vindplaats:  Tolsende
Afm.        h.: 64 br.: 26
Materiaal:   lood-tin
Bevestiging:  niet bewaard
Datering:    1350-1400
Details:     boek en boeien

## LAURENTIUS, VINCENTIUS OF ONBEKEND ?

Het zeer slordig gegoten insigne van afb. 268, gevonden in Ieper, roept verscheidene vragen op. De twee maal voorgestelde heilige lijkt op grond van de iconografie te moeten worden geduid als de martelaar Laurentius. Onder de gotische nis staat hij als diaken, in beide handen houdt hij een boek met een kruis op het voorplat voor zich als verwijzing naar het christelijk geloof; onder het tweeregelig opschrift is hij andermaal weergegeven, nu ontkleed en gelegd op een rooster. De heiligenlegende van Laurentius verhaalt immers dat hij vanwege zijn geloof levend werd geroosterd. Het opschrift tussen de beide voorstellingen van de heilige waarnaar het insigne verwijst, is nogal slecht overgekomen op dit gietsel. Er lijkt een Vincentius te worden gememoreerd 'van loo' (?), dus in een plaats Loo vereerd. Dit valt vooralsnog niet te rijmen met het afgebeelde. Ter weerszijden van het hoofd van de staande figuur hangen ex-voto's, links en rechts naast hem is een gelovige neergeknield.

## LEONARDUS VAN NOBLAC

St.-Léonard-de-Noblat is een bedevaartsoord gelegen aan een van de routes naar Santiago. De naamgever van deze plaats, de heilige die daar in de zesde eeuw werd begraven, wordt daar sinds de middeleeuwen vereerd. Leonardus van Noblac stamde uit een voornaam Frankisch geslacht, hij koos evenwel voor een geestelijk leven en niet voor een aardse carrière. Hij werd monnik, weigerde een hem aangeboden bisschopszetel en trok zich terug als kluizenaar in de omgeving van Limoges. Omstreeks 560 zou hij zijn gestorven. Bij zijn graf in de kapel van de kleine, door hem gestichte kloostergemeenschap, gebeurden verschillende wonderen. Er ontstond een toeloop van gelovigen en in de elfde eeuw vond een translatie van zijn relieken plaats naar Noblat. De kerk werd vergroot omdat vele pelgrims ontvangen moesten kunnen worden bij de relieken van Leonardus, die vooral als patroonheilige van (ex-)gevangenen werd vereerd. De pelgrimstekens van Noblat, die sterk traditioneel zijn, tonen steeds de heilige kluizenaar die een voor hem neergeknielde gevangene zegent. Als ex-voto's hangen boven diens hoofd uit dank aan de heilige geschonken boeien. In 1983 werden er door Kurt Köster 15 teruggevonden exemplaren geïnventariseerd, die hij alle in de veertiende of vijftiende eeuw dateert. De drie hier gepubliceerde insignes uit Noblat waren toen nog niet bekend.

Afb.: 269     Inv.: 1922
Voorstelling:  Leonardus
            Noblat
Vindplaats:  Middelburg
Afm.        h.: 38 br.: 31
Materiaal:   lood-tin (C.L.)
Bevestiging:  niet bewaard
Datering:    1350-1400
Details:     —

Afb.: 270     Inv.: 2151
Voorstelling:  Leonardus
            Noblat
Vindplaats:  Nieuwlande
Afm.        h.: 27 br.: 24
Materiaal:   lood-tin
Bevestiging:  niet bewaard
Datering:    1350-1400
Details:     —

Afb.: 271     Inv.: 0834
Voorstelling:  Leonardus
            Noblat
Vindplaats:  Dordrecht
Afm.        h.: 27 br.: 23
Materiaal:   lood-tin
Bevestiging:  niet bewaard
Datering:    1350-1400
Details:     keerzijde ster in cirkel

| Afb.: 273 | Inv.: 1000 | Afb.: 274 | Inv.: 1399 | Afb.: 275 | Inv.: 0862 |
|---|---|---|---|---|---|
| Voorstelling: | Leonardus | Voorstelling: | Leonardus | Voorstelling: | Leonardus |
| | Dudzele | | Dudzele | | Dudzele |
| Vindplaats: | Brugge | Vindplaats: | Nieuwlande | Vindplaats: | Nieuwlande |
| Afm. | h.: 66 br.: 44 | Afm. | h.: 84 br.: 36 | Afm. | h.: 50 br.: 24 |
| Materiaal: | lood-tin (C.L.) | Materiaal: | lood-tin | Materiaal: | lood-tin (C.L.) |
| Bevestiging: | oogjes | Bevestiging: | oogjes | Bevestiging: | oogjes |
| Datering: | 1400-1450 | Datering: | 1450-1500 | Datering: | 1475-1525 |
| Opschrift: | D | Opschrift: | S. LEDENART; D | Opschrift: | S. (LED)ERNA; DD |

## LEONARDUS, DUDZELE

De met name sinds de elfde eeuw snel in
populariteit toegenomen verering van
Leonardus verbreidde zich vanuit St.-
Léonard-de-Noblat (zie bij afb. 269-271)
naar andere plaatsen in Europa. Een van
deze is het dorp Dudzele ten noorden van
Brugge. De Leonardusverering daar gaat
terug tot de late elfde of vroege twaalfde
eeuw. In de loop van de twaalfde eeuw ontstond de pelgrimage naar Sint Lenaart te
Dudzele. Een charter uit 1163 bewijst dat
toen de bedevaart naar Leonardus in
Dudzele al volop in zwang was.
Opmerkelijk is enerzijds dat een reeks van
drie verschillende modellen pelgrimstekens
van Leonardus uit Dudzele bekend is (vergelijk afb. 273, 274 en 275) en anderzijds
dat nogal wat vermeldingen in archivalia
betreffende de Leonardus-insignes uit
Dudzele tevoorschijn zijn gekomen (zie
ook p. 92-95: 'zelveren en de lode teekenen', Leonardus te Dudzele). De teruggevonden insignes dateren vermoedelijk alle
uit de vijftiende en vroege zestiende eeuw.
De schriftelijke bronnen die overgeleverd
zijn, gaan helaas niet verder terug dan

1502-1503 en hebben betrekking op 'zelveren en de lode teekenen', op insignes van
zilver en van lood-tin. Bovendien wordt
gesproken van 'roode teekenen', wat geïnterpreteerd is als insignes van roodkoper.
Dit is waarschijnlijk onjuist, er is nog nergens een middeleeuws roodkoperen insigne
gevonden. Mogelijk gaat het hier om rood
geschilderde pelgrimstekens; insignes van
uiteenlopende herkomst zijn aangetroffen
met een beschildering in een rode kleurstof.
De drie typen Leonardusinsignes uit
Dudzele dragen alle als verwijzing naar de
plaats van herkomst de letter 'd', al dan niet
bij de eventueel nog verbasterde uitgeschreven lokale variant op Leonardus' eigennaam: Ledenart of Ledenaert.
Het insigne van afb. 273 toont de diaken
Leonardus, die in zijn rechterhand een dubbele handboei omhoog houdt en met de linkerhand een boek tegen zich aandrukt.
Boven zijn hoofd staat de letter 'd' voor
'Dudzele'. Ter weerszijden van de heilige
zijn kleine figuurtjes neergeknield - de linker zeer fragmentarisch - die zich in gebed
tot Leonardus wenden. De rechter persoon

is kennelijk op voorspraak van Leonardus
genezen, want hij lijkt bijna triomfantelijk
een van zijn krukken aan de heilige aan te
bieden. Bij het tweede type Leonardus-
insigne uit Dudzele zijn de vereerders weggelaten en is de heilige relatief groter; ook
hier staat hij onder een gotische driepas,
waarin de letter 'd' zich direct boven zijn
hoofd bevindt. Deze hier fragmentarische
letter is spiegelbeeldig, maar staat evenzo
voor Dudzele als plaats van herkomst.
Onder de voeten van de heilige is zijn naam
aangebracht. Ditzelfde zien we bij het derde
en jongste type, de dichte en aan de bovenkant halfcirkelvormig afgesloten plaquette.
Ook hier weer is Leonardus volgens zijn
gebruikelijke iconografie weergegeven, als
diaken met de boeien als attribuut. Nu staat
ter weerszijden van zijn hoofd tweemaal de
letter 'd'. Deze plaquette, die direct vergelijkbaar is met de jongste variant van de
Adrianus-insignes uit Geraardsbergen (zie
afb. 17 - 19), volgt in tijd na de beide opengewerkte modellen en zal uit de late vijftiende of vroege zestiende eeuw dateren.

Afb.: 276     Inv.: 1178
Voorstelling:   Leonardus

Vindplaats:   Nieuwlande
Afm.           h.: 46 br.: 27
Materiaal:     lood-tin
Bevestiging:   draagspeld
Datering:      1450-1500
Opschrift:      S. LENAERT

Afb.: 277     Inv.: 1912
Voorstelling:   Leonardus

Vindplaats:   Nieuwlande
Afm.           h.: 46 br.: 26
Materiaal:     lood-tin
Bevestiging:   draagspeld
Datering:      1450-1500
Opschrift:      S. LENAERT

Afb.: 278     Inv.: 2142
Voorstelling:   Leonardus

Vindplaats:   Rotterdam
Afm.           h.: 46 br.: 25
Materiaal:     lood-tin
Bevestiging:   draagspeld
Datering:      1450-1500
Opschrift:      S. LENAERT

## LEONARDUS, ONBEKENDE HERKOMST

Leonardus van Noblac genoot op vele plaatsen een zodanige verering dat een meer of minder regionale pelgrimage ontstond en dientengevolge dus de bijpassende devotionalia zoals pelgrimstekens werden verkocht. Leonardus-insignes uit de Westvlaamse plaats Dudzele konden worden geïdentificeerd (afb. 273 - 275) evenals die uit St.-Léonard-de-Noblat, waar de oorsprong van de verering van deze heilige moet worden gezocht (afb. 269 - 271). De herkomst van andere pelgrimstekens van Leonardus kon nog niet worden geïdentificeerd (afb. 272, 276 - 280). De drie verwante insignes met de vrijstaande Leonardusfiguur met nimbus, kromstaf, boeien en bij de kromstaf neergeknielde gelovige, stammen ongetwijfeld uit hetzelfde pelgrimsoord (afb. 276 - 278). Deze Leonardus-bedevaardsplaats ligt beslist in het Nederlandse taalgebied, gezien de naamsvariant 'S. Lenaert' die op alle drie de varianten van dit type voorkomt. Het meest voor de hand ligt te denken aan het Brabantse stadje Zoutleeuw, dat een minstens zo belangrijke Leonardusverering kende als het Vlaamse Dudzele. Ook het ronde insigne van afb. 280 is van Nederlandse oorsprong.

Afb.: 279     Inv.: 1475
Voorstelling:   Leonardus

Vindplaats:   Nieuwlande
Afm.           h.: 57 br.: 35
Materiaal:     lood-tin
Bevestiging:   draagspeld
Datering:      1400-1450
Details:       —

Afb.: 280     Inv.: 2057
Voorstelling:   Leonardus

Vindplaats:   Nieuwlande
Afm.           h.: 27 br.: 28
Materiaal:     lood-tin
Bevestiging:   oogjes
Datering:      1475-1525
Opschrift:      SAN TUS LE NERDUS

Afb.: 283 Inv.: 0895
Voorstelling: Martinus

Vindplaats: Leiden
Afm. h.: 45 br.: 41
Materiaal: lood-tin
Bevestiging: hangoogje
Datering: 1450-1500
Details: —

## MARTINUS VAN TOURS

De levensbeschrijving van de heilige Martinus of Maarten door Sulpicius en vooral die door Gregorius van Tours behoorde in de vroege middeleeuwen tot de meest gelezen teksten. Dit verklaart ten dele de wijde verbreiding van zijn verering. Martinus, geboren omstreeks 316, werd Romeins soldaat in Gallië. Op achttienjarige leeftijd liet hij zich dopen en verliet het leger om als christelijk kluizenaar een afgezonderd leven te leiden. Later werd hij gekozen tot bisschop van Tours en zou 400 in die waardigheid zijn gestorven. Kort voor zijn doop overkwam hem het bekende wonder dat ook op beide hier afgebeelde insignes is weergegeven: hij gaf een bedelaar, die later Christus zelf bleek te zijn, de helft van zijn rode soldatenmantel.

Afb.: 281 Inv.: 1600
Voorstelling: Liborius
Paderborn
Vindplaats: Rotterdam
Afm. h.: 56 br.: 34
Materiaal: lood-tin
Bevestiging: oogjes
Datering: 1400-1450
Opschrift: S. LIBORIUS

## LIBORIUS VAN LE MANS, PADERBORN

Liborius, tijdgenoot en volgens de overlevering vriend van Martinus van Tours, was bisschop van Le Mans van 348 tot zijn dood in 397. In 836 werden de relieken van Liborius geschonken aan de bisschop van Paderborn. Tegelijk werd een eeuwige broederschap gesloten tussen de kerken van Le Mans en Paderborn, die nog steeds bestaat. Kort na 1000 werd Liborius, die als heilige in toenemende mate werd vereerd, patroon van de kerk en van het bisdom Paderborn.
Het insigne uit Rotterdam is het tweede Liborius-pelgrimsteken dat tevoorschijn is gekomen. In het begin van deze eeuw werd een ander type Liborius-insigne opgebaggerd uit de rivier de Weser. Dit exemplaar bevindt zich in het Focke-Museum te Bremen. Op dat insigne is de bisschop zittend afgebeeld in een huisvormig kader, waarbij zijn naam eveneens op de onderrand staat vermeld: 's liborius ep'. Bovendien bevindt zich daar aan de voeten van Liborius een wiel met zes spaken, vermoedelijk als wapenteken (Osnabrück ?).

Afb.: 282 Inv.: 1795
Voorstelling: Lutgar
Autun
Vindplaats: Nieuwlande
Afm. h.: 52 br.: 32
Materiaal: lood-tin
Bevestiging: oogjes
Datering: 1400-1450
Opschrift: S. LOGHER

## LUTGAR OF LÉGER, AUTUN

Leodegarus, Lutgar of Léger (Logher), was vanaf ongeveer 616 bisschop van Autun. Geboren uit een adellijk Frankisch geslacht, koos hij voor een kerkelijke loopbaan en stierf in 679/680. Sint Léger bekleedde verschillende kerkelijke funkties en was tot hij in ongenade viel, raadgever van koning Childeric II. Na de moord op Childeric werd Lutgar in ere hersteld. In mei 676 is hij na een belegering van Autun gevangen genomen, blind gemaakt, van zijn tong beroofd en verbannen naar het klooster van Fécamp. Later werd hij onthoofd. In 681 is zijn stoffelijk overschot verheven en overgebracht naar Saint-Maixent bij Poitiers, waar hij van 653 tot 659 abt was geweest. Lutgar zou familiebanden hebben met Odilia (afb. 296), reden waarom hij ook wordt vereerd en afgebeeld is in de Elzas. Gewoonlijk wordt Lutgar afgebeeld als bisschop met het zwaard, de martelaarspalm en een boor, respectievelijk verwijzend naar zijn gewelddadige dood en de marteling waarbij hij blind werd gemaakt. De verering voor Lutgar is geconcentreerd te Autun, waar zich op de plaats waar zijn ogen werden uitgestoken een miraculeuze bron bevond.

Afb.: 284 Inv.: 0855
Voorstelling: Martinus

Vindplaats: Reimerswaal
Afm. h.: 37 br.: 34
Materiaal: lood-tin
Bevestiging: niet bewaard
Datering: 1400-1450
Details: zie ook afb. 398

Afb.: 285
Voorstelling: Matthias
Trier
Vindplaats: Dordrecht
Afm. h.: 37 br.: 29
Materiaal: lood-tin
Bevestiging: oogjes
Datering: 1300-1400
Details: bijl

Afb.: 286
Voorstelling: Matthias
Trier
Vindplaats: Dordrecht
Afm. h.: 43 br.: 43
Materiaal: lood-tin
Bevestiging: oogjes
Datering: 1300-1400
Details: bijl

Afb.: 287
Voorstelling: Matthias
Trier
Vindplaats: Reimerswaal
Afm. h.: 43 br.: 31
Materiaal: lood-tin
Bevestiging: oogjes
Datering: 1300-1400
Details: bijl

Afb.: 288
Voorstelling: Matthias-Maternus
Trier
Vindplaats: Vlaanderen
Afm. h.: 32 br.: 48
Materiaal: lood-tin
Bevestiging: niet bewaard
Datering: 1350-1400
Details: —

## MATTHIAS, TRIER

De apostel Matthias genoot sinds het tweede kwart van de twaalfde eeuw grote verering in Trier. Zijn relieken werden in 1127
ontdekt onder het hoofdaltaar van de oude
Benediktijnenabdijkerk die Matthias als
nieuwe patroon kreeg. Wonderen geschiedden en pelgrims stroomden toe. De bedevaart naar Trier groeide vervolgens uit tot
een van de zeven grootste van het Rijnland.
Vanaf 1512 trok ook de Heilige Rok die in
de Dom werd getoond, pelgrims naar Trier
en overvleugelde de Matthiaskerk al spoedig.
Matthias was als apostel in de plaats gekomen van de verrader Judas en predikte het
christendom later in Judea en Jeruzalem.
Na gestenigd te zijn vond hij de dood door
onthoofding. Zijn relieken werden door keizerin Helena overgebracht naar Rome en
naar Trier.
Op de insignes van afb. 285, 286 en 287
zien we Matthias zoals hij doorgaans wordt
afgebeeld met de bijl als attribuut; als apostel houdt hij dikwijls ook een boek in de
hand. De kleinere figuren terzijde van
Matthias verbeelden vermoedelijk andere in
de Sint-Matthiaskerk te Trier vereerde heiligen. Met name komen de eerste bisschoppen van Trier, Eucharius, Valerius en
Maternus daarvoor in aanmerking. Het
merkwaardige insigne van afb. 288 is eveneens te duiden als een insigne van Matthias
uit Trier en wel op grond van overeenkomsten met één ander insigne-fragment
(Neurenberg, Germanisches
Nationalmuseum) en negen door Kurt
Köster verzamelde afgietsels van insignes
op luidklokken uit de veertiende en de eerste helft van de vijftiende eeuw. Köster ver-
moedt dat de bisschop achter Matthias op
het paard de heilige Maternus is.

## MATTHIAS, SIMON EN JUDAS, GOSLAR

Dit uitzonderlijk fijn gedetailleerde insigne
met een ver uitgewerkte architecturale
opbouw die gevuld is met de voorstellingen
van drie heiligen, twee reliekschrijnen, een
reliekarm, een monstrans, een kruis en tenslotte nog een heraldische adelaar, kon op
grond van het afgebeelde worden geïdentificeerd, waarna het ook mogelijk bleek de
moeilijk leesbare tekst op de onderrand te
ontcijferen: 'Eccl(esia) Goslaris', de kerk
van Goslar. Op p. 96-98 (Een pelgrimsinsigne van het Stift Simon en Judas te
Goslar) wordt nader ingegaan op het nieuw
ontdekte insigne uit Goslar, waarvan dit het
enige bekende exemplaar is.

Afb.: 289
Voorstelling: Matthias - Simon -
Judas
Goslar
Vindplaats: Amsterdam
Afm. h.: 68 br.: 41
Materiaal: lood-tin (C.L.)
Bevestiging: oogjes
Datering: 1450-1500
Opschrift: ECCL. GOS - LARIS

| Afb.: 290 | Inv.: 2018 |
|---|---|
| Voorstelling: | Michael Mont St. Michel |
| Vindplaats: | Nieuwlande |
| Afm. | h.: 31 br.: 21 |
| Materiaal: | lood-tin |
| Bevestiging: | ontbreekt |
| Datering: | 1450-1500 |
| Details: | — |

| Afb.: 291 | Inv.: 1310 |
|---|---|
| Voorstelling: | Michael Mont St. Michel |
| Vindplaats: | Amsterdam |
| Afm. | h.: 35 br.: 18 |
| Materiaal: | lood-tin |
| Bevestiging: | oogje achterzijde |
| Datering: | 1450-1500 |
| Details: | — |

| Afb.: 292 | Inv.: 1538 |
|---|---|
| Voorstelling: | Michael Mont St. Michel |
| Vindplaats: | Dordrecht |
| Afm. | h.: 19 br.: 19 |
| Materiaal: | lood-tin |
| Bevestiging: | omlijsting niet bewaard |
| Datering: | 1475-1525 |
| Details: | — |

| Afb.: 293 | Inv.: 2473 |
|---|---|
| Voorstelling: | Michael Mont St. Michel |
| Vindplaats: | Nieuwlande |
| Afm. | h.: 33 br.: 39 |
| Materiaal: | lood-tin |
| Bevestiging: | draagspeld |
| Datering: | 1400-1450 |
| Details: | — |

| Afb.: 294 | Inv.: 1068 |
|---|---|
| Voorstelling: | Schelp met wapenschild Mont St. Michel |
| Vindplaats: | Nieuwlande |
| Afm. | h.: 21 br.: 21 |
| Materiaal: | lood-tin |
| Bevestiging: | draagspeld |
| Datering: | 1400-1450 |
| Details: | wapen Frankrijk |

## MICHAEL, MONT-SAINT-MICHEL

De aartsengel Michaël verzocht in het jaar 708 de bisschop van Avranches om op de spectaculair in zee gelegen berg Tombe een kerk te stichten te zijner ere. Op vergelijkbare wijze als was gebeurd op de Monte Gargano in Italië, werd boven op de Mont Tombe een Michaëlskapel gebouwd. Van de Monte Gargano wist men bovendien wat Michaëlsrelieken te verkrijgen: een stuk van de steen waarop de daar verschenen aartsengel had gestaan en een snipper van zijn rode mantel die hij had achtergelaten. Sinds 966 verzorgen Benediktijnen de dagelijkse eredienst op de Mont-Saint-Michel - zoals de berg werd herdoopt. Ook ontvangen de monniken de pelgrims die daar in groten getale toestromen sedert en op voorspraak van Michaël verschillende wonderen waren geschied. De Mont-Saint-Michel werd in de late middeleeuwen na Jeruzalem, Rome en Santiago de meest bezochte en bekende bedevaartplaats. De spectaculaire ligging van het heiligdom op de top van de nagenoeg geheel door de abdij bebouwde bergtop in de zee voor de Normandische kust droeg daar uiteraard in belangrijke mate toe bij. Bovendien lag de Mont-Saint-Michel in vergelijking met de andere grote bedevaartsdoelen in relatief veilig en goed bereikbaar gebied.

De traditie wil dat in de negende en tiende eeuw de pelgrims de gewoonte hadden om een brokje steen van de berg of de gebouwen en met name de Michaëlskapel als aandenken en 'reliek' mee te nemen. Bij de ongekend grote toeloop van bedevaartgangers betekende dat een serieuze bedreiging voor de Mont-Saint-Michel en op straffe van de meest ernstige tussenkomst van Michaël zelf werd dit verboden. In plaats daarvoor bood men schelpen aan uit de zee die het heiligdom omringt. Dit gebruik werd in feite overgenomen van Santiago de Compostela (zie afb. 204 - 232), al beweren sommige Franse bronnen dat de oorsprong van de schelp als symbool voor de pelgrim bij de Mont-Saint-Michel ligt en niet in Spanje. Precies zoals in Santiago werden ook op de Mont-Saint-Michel echte schelpen verkocht naast schelpen verfraaid met appliques in metaal en nagemaakte schelpen - bij voorkeur met extra versiering waardoor hun herkomst duidelijk werd (zie afb. 294). Doorgaans is Michaël afgebeeld als geharnaste engel die met zwaard en/of lans de draak onder zijn voeten met succes bestrijdt. Een in het Brits Museum bewaard bijna gaaf insigne maakt waarschijnlijk dat de lood-tinnen schelp met het Franse wapen van afb. 294 bekroond werd door de aartsengel Michaël ten halve lijve, dus in feite als schildhouder.

De verkoop van insignes op de Mont-Saint-Michel gebeurde zowel door de monniken als door leken. Een ordonnantie van Karel VI, gedateerd 1393, spreekt over 'les povres gens demourans au Mont Saint-Michiel, faisans et vendans enseignes de Moneigneur saint Michel', arme lieden die op de Mont-Saint-Michel wonen en daar insignes van Mijnheer Sint Michaël maken en verkopen'. Maar ook bij de verkoop door anderen, hadden de monniken profijt van de insignehandel want het was hun toegestaan de 'arme' handelaren fiks te belasten.

## NICOLAAS VAN MYRA

Sint Nicolaas - Sinterklaas - behoort sinds de middeleeuwen tot de meest gevierde heiligen van de christelijke wereld al zijn er nauwelijks historische gegevens over hem bekend. Zijn levensbeschijving is een mengeling van legenden, historische gegevens en ontleningen aan of verwarringen met de levens van anderen. Nicolaas zou een van de deelnemers zijn geweest aan het concilie van Nicea, het in 325 gehouden eerste Algemeen Concilie. Hij was bisschop van Myra in Klein-Azië en stierf op 6 december in 342 of 347. Zijn verering was al in de zesde eeuw sterk verbreid in het oosten. Op 9 mei 1087 werden belangrijke relieken van Nicolaas overgebracht naar Bari in Apulië, dat sedertdien een druk bezochte bedevaartplaats werd. Deze translatie betekende het begin van een grote populariteit in het westen. In Rome en Italië werd hij in de negende eeuw al gevierd en omstreeks 1000 drong zijn naam ook door ten noorden van de Alpen. Omstreeks 1500 bestaan er al zo'n tweeduizend plaatsen in het westen waar Nicolaas werd vereerd. De meest bekende van deze is het Franse pelgrimsoord Saint-Nicolas-du-Port, waarheen in de twaalfde of dertiende eeuw een vingerkootje van Nicolaas uit Bari was overgebracht. Het verzilverde hangertje afb. 295 komt overeen met het voorkomen van pelgrims-

tekens uit Saint-Nicolas-du-Port; tegelijkertijd is dit evenwel de meest verbreide voorstellingswijze van de heilige en het is op dit moment nog niet uit te maken of het hier een specifiek pelgrimsteken betreft, een broederschaps- of gilde-insigne, dan wel een voor meer algemene devotie aangemaakt hangertje.

Nicolaas is patroon van scheepvaarders, kooplieden en van de bakkers; in het noorden van Europa werd zijn verering vooral door de Hanze verbreid. De legende van de drie meisjes die hij in anonimiteit behoedde voor een gedwongen zondig leven, door een bruidschat - drie gouden ballen - in huis te werpen, maakte hem tot de heilige van de onverwachte goede gaven en tot patroon en beschermer van kinderen. Dit laatste aspect is vooral terug te voeren op een tweede bekend voorval uit Nicolaas' heiligenleven, waarnaar ook de iconografie van het hier afgebeelde verzilverde hangertje van Nicolaas verwijst. Onder de zegenende rechterhand van de heilige bisschop bevindt zich een tobbe met drie kindertjes. Deze zouden door een herbergier zijn geslacht, in stukken gesneden en gepekeld. Door miraculeus ingrijpen van Nicolaas, die door een engel op de hoogte was gebracht van de gruweldaad, werden ze gered.

Afb.: 295
Voorstelling: Nicolaas

Vindplaats: Dordrecht
Afm. h.: 28 br.: 19
Materiaal: messing (verzilverd) (C.L.)
Bevestiging: hangoogje
Datering: 1450-1500
Details: —

Inv.: 0083

## ODILIA, ODILIENBERG IN DE ELZAS

Afb.: 296
Voorstelling: Odilia
Odilienberg-Elzas
Vindplaats: Nieuwlande
Afm. h.: 65 br.: 46
Materiaal: lood-tin
Bevestiging: oogjes
Datering: 1400-1450
Opschrift: S. ODILIA

Inv.: 0848

Het insigne afb. 296 toont staande tussen ranken de heilige Odilia, gekleed in nonnen- of weduwendracht en met een nimbus achter haar hoofd. Op haar linkerhand heeft ze een boek, het attribuut in haar rechterhand is bij dit exemplaar van het Odilia-insigne verdwenen. Een nagenoeg gelijk maar wat kleiner en bijna gaaf pelgrimsteken wordt bewaard in het Germanisches Nationalmuseum te Neurenberg. Odilia houdt daar, en dat zal ook bij het exemplaar uit Nieuwlande zo geweest zijn, een kelk omhoog met haar rechterhand. Boven de kelk zweeft een hostie.

Odilia of Ottilia zou verwant zijn aan de heilige Léger, vooral vereerd te Autun (zie afb. 282). De vita van Odilia vertelt dat zij blind werd geboren en dat haar vader, de Elzasser hertog Athich, het kind daarom wilde laten doden. Toen een rondtrekkende bisschop haar doopte, werd Odilia ziende. Volwassen geworden, stichtte ze een vrouwenklooster in het Schloss Hohenburg en werd daar abdis. Zelden in de middeleeuwse kunst en bijna steeds in voorstellingen uit later tijd, wordt ze afgebeeld als patro-

nes bij oogletsel of blindheid - met twee ogen als karakteristiek attribuut. De kelk met de daarboven zwevende geconsacreerde hostie verwijst naar een legendarisch bericht over haar laatste communie. Odilia stierf in het jaar 720.

Het Odilia-insigne te Neurenberg werd gevonden in Mittelfranken zonder archeologische context waaraan een datering ontleend kan worden. Op stilistische gronden wordt het in de eerste helft van de vijftiende eeuw gedateerd, wat ook zal gelden voor het exemplaar uit Nieuwlande. Een latere variant van hetzelfde insigne komt voor als afgietsel op een luidklok van omstreeks 1500 te Drochtersen (Kreis Stade). Het derde en laatste Odilia-insigne dat bekend is, heeft een afwijkende vorm - achthoekig - en toont Odilia met boek en kromstaf. Dit insigne dateert uit de late vijftiende eeuw. Alle Odilia-pelgrimstekens stammen waarschijnlijk uit Odilienberg in de Elzas, zoals sinds de achttiende eeuw het middeleeuwse Hohenburg wordt genoemd.

| | |
|---|---|
| Afb.: 297 | Inv.: 0006 |
| Voorstelling: | Ontcommer |
| | Steenbergen |
| Vindplaats: | Reimerswaal |
| Afm. | h.: 107 br.: 67 |
| Materiaal: | lood-tin |
| Bevestiging: | oogjes |
| Datering: | 1450-1500 |
| Details: | resten gietproppen |
| Opschrift: | SENTE ONTCOMER |
| | + MA + + ... AN ... VEN + |

## ONTCOMMER OF WILGEFORTIS

Ontcommer of Wilgefortis is de naam van een geheel legendarische vrouwelijke heilige. Vermoedelijk in de veertiende eeuw ontstond haar levensbeschrijving, die verhaalt over een prinses die door haar heidense, Portugese, vader tot een huwelijk werd gedwongen. De prinses, die zich tot het christendom had bekeerd, weigerde de heidense prins te huwen en bad God om hulp. Spontaan groeide om haar kin een baard en de voorgestelde huwelijkskandidaat was niet langer in Wilgefortis geïnteresseerd. Het huwelijk ging niet door en andere minnaars waren niet meer te vinden. De heidense koning ontstak in woede en liet zijn christelijke dochter kruisigen naar voorbeeld van haar grote idool. Meestal wordt ze afgebeeld gebonden aan het kruis, soms ook genageld zoals bij Christus was gebeurd. Steeds is ze gekleed in een lang, tot de voeten reikend gewaad en uiteraard heeft ze, bij haar verder vrouwelijke voorkomen, een rijke baardgroei. Als prinses en martelares draagt ze gewoonlijk een kroon op het hoofd.
De legende van Ontcommer of Wilgefortis ontstond waarschijnlijk naar aanleiding van onbegrepen afbeeldingen van het miraculeuze kruisbeeld van Lucca (zie afb. 94). Dit crucifix werd intensief vereerd en pel-

grimstekens van deze in een lang gewaad gekruisigde Christus werden tot op zeer grote afstand van Lucca verspreid. Het Christusbeeld van Lucca werd nagemaakt en ook ten noorden van de Alpen komen vergelijkbare, geklede Christusbeelden voor. Maar ook raakten afbeeldingen, en dan valt vooral ook aan pelgrimstekens te denken, geïsoleerd van hun oorspronkelijke context en werden foutief geïnterpreteerd als beeltenissen van een gekruisigde vrouw, immers in een lange jurk gekleed. Vermoedelijk deed deze legendevorming zich het eerst in de Nederlanden, en meer specifiek in de streek van Gent en Brugge voor, maar ook in Frankrijk en elders in Europa is nagenoeg gelijktijdig van soortgelijke verhaalvorming sprake. De heilige is onder verschillende namen bekend, uiteenlopend van Ontcommer, Kümmernis, Kummernus tot Wilgefortis, Liberata, Caritas, Gwer, Eutropia, Hülpe en Débarras.
Op verschillende plaatsen werd Ontcommer vereerd middels miraculeuze beelden of schilderingen. De meest waarschijnlijke plaats van herkomst van het hier afgebeelde insigne, waarvan in Zeeland nog enkele fragmenten aan het licht zijn gekomen, is het Westbrabantse Steenbergen. Op geen

van de bekende exemplaren is de tekst op de benedenrand van het insigne duidelijk leesbaar. De in 'Heiligen uit de modder' gegeven lezing 'merttellinghen' is zeker onjuist. Mogelijk is daar de plaats van herkomst ondubbelzinnig aangegeven. Hoe dan ook, in Steenbergen bevond zich een apart Wilgefortis-altaar, dat in 1483 wordt vernoemd. Er bestond een 'sinte Jacops ende sinte Oncommerprocessie', een Sint-Ontcommergilde en ook andere benamingen duiden op een populaire cultus, die zowel opgelegde als vrijwillige pelgrimages naar Steenbergen trok. Bovendien weten we dat in Steenbergen Wilgefortis-pelgrimstekens werden verhandeld. De verkoop van exemplaren aan edelmetaal was voorbehouden aan de kerk en door de kerk gemachtigden; onedele insignes mochten kennelijk ook door anderen worden verhandeld. Dit blijkt uit een verordening van Hendrik III van Nassau, die in 1504 bepaalde 'Dat nyemandt, wie hij sij egeenerhande tekenen, silvere of vergulden, van der reynder joncfr. Sinte Oncommer voertane vercopen en sal anders dan de kerckmeysters alhier oft diegene, die se daertoe voegen sullen'.

| Afb.: 298 | Inv.: 2000 |
|---|---|
| Voorstelling: | Petrus |
| | Rome |
| Vindplaats: | Dordrecht |
| Afm. | h.: 83 br.: 35 |
| Materiaal: | lood-tin |
| Bevestiging: | niet aanwezig |
| Datering: | 1300-1400 |
| Details: | — |

| Afb.: 299 | Inv.: 1907 |
|---|---|
| Voorstelling: | Petrus, Paulus |
| | Rome |
| Vindplaats: | Dordrecht |
| Afm. | h.: 32 br.: 37 |
| Materiaal: | lood-tin (C.L.) |
| Bevestiging: | ingeslagen gaatjes |
| Datering: | 1300-1350 |
| Opschrift: | + SIGNA |
| | APOSTOLORUM |
| | PETRI ET PAULI + |

## PETRUS EN PAULUS, ROME

Sinds het midden van de derde eeuw is sprake van een verering in Rome van Petrus en Paulus: in de catacomben onder de S. Sebastiano aan de Via Appia getuigen zo'n driehonderd ingekraste teksten dat daar herdenkingsbijeenkomsten plaats hadden 'bij Petrus en Paulus'. Dit betekent dat men vermoedde dat het gebeente van Petrus en Paulus zich daar bevond. In de vroege vierde eeuw werd het graf van Petrus ook gelokaliseerd onder de Sint-Pieter; deze traditie zou al snel de sterkste blijken. De volgende gang van zaken wordt wel verondersteld: het lichaam of misschien alleen het hoofd van Petrus werd overgebracht van de Vaticaanse heuvel naar de begraafplaats aan de Via Appia en vervolgens vond weer een translatie plaats naar de oorspronkelijke lokatie van het graf of de marteldood op de Vaticaanse heuvel, waar de basilica van Constantijn werd gebouwd. Het gebeente van Paulus wordt vereerd in de basiliek van San Paulo fuori le Mura aan de Via Ostiensis buiten Rome. Verhaald wordt dat Petrus en Paulus gelijktijdig maar onafhan-

kelijk van elkaar en aan verschillende kanten van de stad Rome de marteldood vonden tussen 64 en 68. Paulus zou, als Romein, zijn onthoofd; Petrus werd gekruisigd maar met zijn hoofd naar beneden, omdat hij zich niet waardig achtte te sterven als zijn meester Christus.

Voor het christendom was Rome met de graven van Petrus en Paulus, de prinsen van de apostelen, met de talloze andere martelarengraven en met de zetel van de pausen die Christus en Petrus opvolgden, na Jeruzalem het belangrijkste bedevaartsdoel. Ontelbare relieken waren in de Eeuwige Stad verenigd, indrukwekkende liturgische plechtigheden vonden daar plaats en het centrale gezag van de christelijke kerk was er gevestigd. Pelgrims gingen naar Rome 'om Petrus te zien', niet alleen zijn graf, maar ook meer letterlijk in de gedaante van zijn opvolgers, de pausen. Met name vanaf de dertiende eeuw bezocht men bovendien niet alleen de Sint-Pieter, maar werden de Zeven Hoofdkerken van Rome aangedaan. In elk van de Hoofdkerken waren grote

aflaten te verdienen die bij elkaar een 'volle aflaat' benaderden. Alleen tijdens een zogeheten Heilig Jaar was de 'Rome-Aflaet', zoals in het middelnederlands het totaal van de Roomse aflaten werd genoemd, een 'volle' aflaat, een volledige kwijtschelding van de straftijd voor begane zonden. De vroegste pelgrimstekens van Rome tonen het apostelenpaar Petrus en Paulus (zie afb. 299). Insignes van alleen Petrus komen eveneens voor (afb. 298 en 301). Afb. 302 lijkt een bijzondere variant te zijn, waarbij de hoofdvorm van het insigne, de kapitaal 'A' mogelijk bedoeld is als initiaal van de drager, terwijl in het opschrift naar de apostelen Petrus en Paulus wordt verwezen. Geleidelijk ontwikkelde zich het stereotiepe pelgrimsteken voor de Rome-reiziger: de gekruiste Petrussleutels, al dan niet door de pauselijke tiara en het Vera Icon vergezeld (afb. 303 - 314). Zelfs kon het zwaard als verwijzing naar Paulus daar aan worden toegevoegd (afb. 311).

Afb.: 301 Inv.: 1332
Voorstelling: Petrus
 Rome
Vindplaats: Nieuwlande
Afm. h.: 19 br.: 16
Materiaal: koperlegering (C.L.)
Bevestiging: oogje achterzijde
Datering: 1475-1525
Details: —

Afb.: 302 Inv.: 1816
Voorstelling: letter A
 Rome
Vindplaats: Dordrecht
Afm. h.: 22 br.: 20
Materiaal: lood-tin
Bevestiging: draagspeld
Datering: 1400-1450
Opschrift: PETRVS (PAU)LVS
 ORA

Afb.: 300 Inv.: 1182
Voorstelling: Petrus, Paulus, Vera
 Icon
 Rome
Vindplaats: Nieuwlande
Afm. h.: 85 br.: 46
Materiaal: lood-tin
Bevestiging: niet bewaard
Datering: 1300-1350
Details: —

## HET VERA ICON, PETRUS EN PAULUS

Het insigne-fragment dat hierboven is afge-beeld (afb. 300) toont relatief groot en in het midden het hoofd van Christus met kruisnimbus; terzijde van Christus zien we lager en kleiner de hoofden van de aposte-len Petrus en Paulus. In Rome bleef een gietmal bewaard (van Heeringen, Koldeweij & Gaalman 1987, p. 42 afb. 22) voor nagenoeg identieke pelgrimstekens: de apostelen Petrus en Paulus staan naast elkaar, Petrus heraldisch rechts onder het Christushoofd en dus op de belangrijkste plaats. De apostelen houden het attribuut waaraan ze herkenbaar zijn, tussen hen in,

Petrus een grote sleutel en Paulus het zwaard. Deze gietmal dateert mogelijk nog uit de dertiende of uit het begin van de veertiende eeuw. Het insigne verwijst behalve naar de apostelen Petrus en Paulus, naar wat als een van de grootste kostbaar-heden van het christendom werd beschouwd: het Vera Icon of 'Volto Santo', de zweetdoek van Veronica met de afdruk van het smartvolle gelaat van Christus (zie ook afb. 73 - 80). Deze doek, waarmee Veronica tijdens de kruisweg het gezicht van Christus afwiste en waar zijn beeltenis zich toen op hechtte, werd in de Sint-Pieter

bewaard. In de late negende of vroege tien-de eeuw wordt voor het eerst melding gemaakt van deze doek, het 'mandylion'. Sinds 1208 werd dit 'Volto Santo' jaarlijks op de zondag na het octaaf van Driekoningen plechtig in processie van de Sint-Pieter naar de kerk van S. Spirito in Sassia gedragen en vanaf die tijd, dus sinds de vroege dertiende eeuw, zullen pelgrims-tekens zijn aangemaakt met zowel de ver-wijzing naar de apostelen Petrus en Paulus als naar dit Vera Icon.

| | | | | | |
|---|---|---|---|---|---|
| Afb.: 303 | Inv.: 1596 | Afb.: 304 | Inv.: 1827 | Afb.: 305 | Inv.: 2394 |
| Voorstelling: | Petrussleutels, tiara, Vera Icon Rome | Voorstelling: | Petrussleutels, tiara, Vera Icon Rome | Voorstelling: | Petrussleutels, tiara, Vera Icon Rome |
| Vindplaats: | Nieuwlande | Vindplaats: | Nieuwlande | Vindplaats: | Nieuwlande |
| Afm. | h.: 54 br.: 38 | Afm. | h.: 46 br.: 35 | Afm. | h.: 36 br.: 20 |
| Materiaal: | lood-tin | Materiaal: | lood-tin | Materiaal: | koperlegering |
| Bevestiging: | openingen | Bevestiging: | openingen | Bevestiging: | oogje achterzijde |
| Datering: | 1425-1475 | Datering: | 1425-1475 | Datering: | 1450-1500 |
| Details: | — | Details: | — | Details: | — |

| | | | | | |
|---|---|---|---|---|---|
| Afb.: 306 | Inv.: 1482 | Afb.: 307 | Inv.: 0763 | Afb.: 308 | Inv.: 0977 |
| Voorstelling: | Petrussleutels, Vera Icon Rome | Voorstelling: | Petrussleutels, Vera Icon Rome | Voorstelling: | Petrussleutels, tiara Rome |
| Vindplaats: | Nieuwlande | Vindplaats: | Nieuwlande | Vindplaats: | Nieuwlande |
| Afm. | h.: 26 br.: 20 | Afm. | h.: 19 br.: 19 | Afm. | h.: 28 br.: 20 |
| Materiaal: | lood-tin | Materiaal: | lood-tin | Materiaal: | lood-tin |
| Bevestiging: | hangoogje | Bevestiging: | oogjes | Bevestiging: | niet aanwezig |
| Datering: | 1450-1500 | Datering: | 1450-1500 | Datering: | 1450-1500 |
| Details: | — | Details: | — | Details: | — |

| Afb.: 309 | Inv.: 1714 | Afb.: 310 | Inv.: 0978 | Afb.: 311 | Inv.: 1927 |
|---|---|---|---|---|---|
| Voorstelling: | Petrussleutels, tiara, Vera Icon Rome | Voorstelling: | Petrussleutels, Vera Icon Rome | Voorstelling: | Petrussleutels, tiara Rome |
| Vindplaats: | Nieuwlande | Vindplaats: | Brugge | Vindplaats: | Nieuwlande |
| Afm. | h.: 36 br.: 34 | Afm. | h.: 27 br.: 13 | Afm. | h.: 36 br.: 19 |
| Materiaal: | latoenkoper (C.L.) | Materiaal: | lood-tin | Materiaal: | lood-tin |
| Bevestiging: | ingeslagen gaatjes | Bevestiging: | oogje achterzijde | Bevestiging: | gaatjes |
| Datering: | 1475-1525 | Datering: | 1450-1500 | Datering: | 1450-1500 |
| Details: | — | Details: | veerhouder | Details: | zwaard attribuut van Paulus |

| Afb.: 312 | Inv.: 1398 | Afb.: 313 | Inv.: 1522 | Afb.: 314 | Inv.: 1515 |
|---|---|---|---|---|---|
| Voorstelling: | Petrussleutels, schelp Rome | Voorstelling: | Petrussleutels Rome | Voorstelling: | Petrussleutels Rome |
| Vindplaats: | Nieuwlande | Vindplaats: | Nieuwlande | Vindplaats: | Nieuwlande |
| Afm. | h.: 23 br.: 14 | Afm. | h.: 18 br.: 18 | Afm. | h.: 16 br.: 15 |
| Materiaal: | lood-tin | Materiaal: | lood-tin | Materiaal: | been/ivoor |
| Bevestiging: | oogje achterzijde | Bevestiging: | oogje achterzijde | Bevestiging: | openingen |
| Datering: | 1400-1450 | Datering: | 1450-1500 | Datering: | 1400-1450 |
| Details: | — | Details: | — | Details: | — |

## PETRUS VAN LUXEMBURG, AVIGNON

Het insigne van de zalige Petrus van Luxemburg (afb. 315) is het enige tot nog toe teruggevonden pelgrimsteken van deze als heilige vereerde stadspatroon van Avignon. Petrus werd geboren in 1369 en stierf te Villeneuve-les-Avignon in 1387 op negentienjarige leeftijd. Door tegenpaus Clemens VII werd hij in verschillende kerkelijke ambten benoemd, uiteindelijk in 1384 tot bisschop van Metz en tot kardinaal. In 1385 al gaf hij om politieke redenen zijn bisschopszetel op en trok zich in een boetvaardig leven terug te Avignon. Na zijn dood werd hij op eigen verzoek tussen de armen begraven. Onmiddellijk werd hij als heilige vereerd en er geschiedden wonderen op zijn voorspraak. Op zijn graf werd in 1393 een Celestijnenklooster gesticht door de koningin van Sicilië en gebouwd op kosten van de Franse koning Karel VI en diens broer Lodewijk van Orléans. Tijdens de Revolutie raakte alles uit dit klooster verspreid. De relieken van Petrus bevinden zich tegenwoordig in de kerk van St. Didier te Avignon, zijn dalmatiek en kardinaalshoed worden in de St.-Pierre aldaar bewaard.

Het pelgrimsteken toont de kardinaal neergekniel in gebed voor een altaar op het moment dat de gekruisigde Christus hem in een visioen verscheen. Zijn wapenschild met de Luxemburger leeuw is tegen de zijkant van het altaar geplaatst.

| | |
|---|---|
| Afb.: 315 | Inv.: 0003 |
| Voorstelling: | Petrus van Luxemburg Avignon |
| Vindplaats: | Dordrecht |
| Afm. | h.: 57 br.: 44 |
| Materiaal: | lood-tin |
| Bevestiging: | oogjes |
| Datering: | 1425-1475 |
| Details: | kardinaalshoed boven wapenschild |
| Opschrift: | BEAT ' P. CARD |

| | |
|---|---|
| Afb.: 316 | Inv.: 0936 |
| Voorstelling: | Quinten |
| Vindplaats: | Amsterdam |
| Afm. | h.: 30 br.: 23 |
| Materiaal: | lood-tin (C.L.) |
| Bevestiging: | gaatje |
| Datering: | 1475-1525 |
| Details: | identiek aan afb. 160 zie daar |
| Opschrift: | S. QUINTEN |

| | |
|---|---|
| Afb.: 317 | Inv.: 2284 |
| Voorstelling: | Quirinus Neuss |
| Vindplaats: | Dordrecht |
| Afm. | h.: 72 br.: 42 |
| Materiaal: | lood-tin |
| Bevestiging: | oogjes |
| Datering: | 1450-1500 |
| Opschrift: | S'. QVIRINUS |

## QUIRINUS, NEUSS AM RHEIN

Tien verschillende exemplaren worden hier afgebeeld van pelgrimstekens uit het Rijnlandse Neuss, waar de heilige martelaar Quirinus wordt vereerd (afb. 317-326). Quirinus wordt op de insignes steeds geharnast afgebeeld met als wapens een lans met vlag, zwaard, nierdolk en schild. Relatief grote aantallen insignes van Quirinus uit Neuss zijn in de Nederlanden teruggevonden. De vele varianten die van de Quirinus-insignes bestaan, bewijzen evenzeer dat de pelgrimage naar Neuss populair was en alleen al uit het Zeeuwse Nieuwlande zijn minstens 29 stuks tevoorschijn gekomen. Het hoogtepunt van de Quirinusverering in Neuss ligt in de vijftiende eeuw en met name kwamen er vele bedevaartgangers toen de stad Neuss van juli 1474 tot juni 1475 tevergeefs was belegerd door de Bourgondiër Karel de Stoute. De Duitse keizer Frederik III beloonde de stad Neuss voor het tegenhouden van de rijksvijand met verschillende privileges, onder andere met een nieuw stadswapen. Dit nieuwe wapen toont de gouden dubbelkoppige rijksadelaar op een schild waarboven de keizerskroon. Op het insigne van afb. 319 is de dubbelkoppige adelaar boven het wapen met het kruis van het bisdom Keulen geplaatst, bij afb. 325 en 326 zien we het gemijterde bisdomswapen en het nieuwe stadswapen met de keizerskroon tussen de voeten van Quirinus. Als ander heraldisch teken komt bij Quirinus steeds het oude, sprekende wapen van Neuss terug, zowel op zijn schild als op zijn vaandel: de negen kogels. Dit wapenbeeld is ontleend aan de nogal fantastische verklaring van de naam Neuss, in het latijn Novesium, dat tot 'novem' oftewel 'negen' werd herleid. Het insigne van afb. 324 toont een gedeeld wapenschild, het bisdom Keulen gecombineerd met het oude wapen van de stad Neuss. Köster publiceerde in 1984 een overzicht Quirinus-insignes en betrok daarbij ook de afgietsels op kerkklokken; deze laatste bleken alle te dateren binnen de periode 1440 tot 1524.

Neuss was in het jaar 1050 in bezit gekomen van relieken van de heilige Quirinus. Volgens de lokale traditie had paus Leo IX deze geschonken aan zijn zuster Gepa, abdis van de Benediktinessen te Neuss. De Quirinusverering te Neuss is echter al ouder.

Quirinus was een Romeins martelaar, volgens de latere legende was hij zelfs tribuun. Samen met zijn dochter Balbina zou hij zijn gedoopt door paus Alexander I. Onder de christenvervolgingen van Hadrianus stierf hij in het jaar 130 (?) de marteldood en werd hij bijgezet in de catacombe van Praetextatus. Na de overbrenging van het gebeente van deze vroegchristelijke soldaat-martelaar naar Neuss, werd hij in het Noorden snel intensief vereerd, niet alleen als stadspatroon van Neuss maar ook bij verschillende kwalen en ziekten, en als beschermheilige voor dieren, met name paarden.

Afb.: 318
Voorstelling: Quirinus
Neuss
Vindplaats: Amsterdam
Afm. h.: 53 br.: 41
Materiaal: lood-tin (C.L.)
Bevestiging: oogjes
Datering: 1450-1500
Details: ingeslagen gaatjes
Opschrift: S' QVIRINIS

Inv.: 1281

Afb.: 319
Voorstelling: Quirinus
Neuss
Vindplaats: Nieuwlande
Afm. h.: 73 br.: 42
Materiaal: lood-tin
Bevestiging: oogjes
Datering: 1475-1525
Opschrift: S' QUIRINUS

Inv.: 1528

Afb.: 320
Voorstelling: Quirinius
Neuss
Vindplaats: Nieuwlande
Afm. h.: 71 br.: 44
Materiaal: lood-tin
Bevestiging: oogjes
Datering: 1450-1500
Opschrift: S' QUIRINUS

Inv.: 1656

Afb.: 321
Voorstelling: Quirinus
Neuss
Vindplaats: Nieuwlande
Afm. h.: 32 br.: 38
Materiaal: lood-tin
Bevestiging: oogjes
Datering: 1450-1500
Opschrift: LAE LACT TEN(?)

Inv.: 2158

Afb.: 322
Voorstelling: Quirinus
Neuss
Vindplaats: Nieuwlande
Afm. h.: 42 br.: 38
Materiaal: lood-tin
Bevestiging: niet bewaard
Datering: 1425-1475
Details: —

Inv.: 1424

Afb.: 323
Voorstelling: Quirinus
Neuss
Vindplaats: Nieuwlande
Afm. h.: 60 br.: 27
Materiaal: lood-tin
Bevestiging: niet meer aanwezig
Datering: 1400-1450
Details: —

Inv.: 1080

Afb.: 324
Voorstelling: Quirinus
Neuss
Vindplaats: Nieuwlande
Afm. h.: 35 br.: 20
Materiaal: lood-tin
Bevestiging: oogje achterzijde
Datering: 1475-1525
Details: —

Afb.: 325
Voorstelling: Quirinus
Neuss
Vindplaats: Nieuwlande
Afm. h.: 27 br.: 28
Materiaal: lood-tin (C.L.)
Bevestiging: oogjes
Datering: 1475-1525
Details: sterren
banderol met kogels

Afb.: 326
Voorstelling: Quirinus
Neuss
Vindplaats: Dordrecht
Afm. h.: 31 br.: 30
Materiaal: lood-tin
Bevestiging: oogjes
Datering: 1475-1525
Opschrift: QUIRIN

Afb.: 327
Voorstelling: Rochus

Vindplaats: Dordrecht
Afm. h.: 24 br.: 17
Materiaal: koperlegering
Bevestiging: oogje achterzijde
Datering: 1450-1500
Details: hond

## ROCHUS

De pelgrimsheilige Rochus werd omstreeks 1295 geboren te Montpellier en stierf daar rond 1327. Zijn levensbeschrijving is weinig betrouwbaar en verhaalt als volgt. Hij verdeelde op jonge leeftijd, toen zijn rijke ouders waren gestorven, zijn grote erfenis onder de armen. In 1317 trok hij als pelgrim naar Rome, onderweg en in Rome pestlijders verzorgend. Op de terugweg werd hij zelf besmet, waarna hij door een engel werd verpleegd en een hond bracht hem voedsel. Zijn relieken werden in 1485, vermoedelijk door diefstal, overgebracht naar Venetië. De verering van Rochus nam hoge vlucht, in eerste instantie verbreid vanuit Montpellier en later met name ook in die gebieden die door de Venetiaanse handel werden bereikt.

Rochus wordt vooral vereerd als beschermheilige bij besmettelijke ziekten en als pelgrimsheilige. Het gegoten koperen hangertje (afb. 327) is vermoedelijk eerder bedoeld voor algemene devotie van de in de late middeleeuwen buitengewoon populaire heilige, dan als een insigne verwijzend naar een specifieke en plaatsgebonden cultus. Rochus is volgens zijn gebruikelijke iconografie weergegeven: gekleed als pelgrim, ontbloot hij met zijn rechterhand zijn rechterbeen om de wonde te laten zien die aangeeft dat hijzelf slachtoffer van de pest is geworden; hond en engel die hem verzorgden, flankeren Rochus.

Afb.: 328
Voorstelling: Rombout
Mechelen
Vindplaats: Nieuwlande
Afm. h.: 48 br.: 29
Materiaal: lood-tin
Bevestiging: niet meer aanwezig
Datering: 1450-1500
Details: Petrussleutels, tiara,
wapen Mechelen
Opschrift: S. ROMBOUT

## ROMBOUT, MECHELEN

Over de met name in Mechelen vereerde bisschop Rombout zijn geen historische gegevens bekend. Rombout is de Nederlandse versie van zijn naam, die in het latijn Rumboldus of Rumoldus luidt; ook komen als variant Rombalt en Rombaut voor. De heilige Rombout zou in de achtste eeuw hebben geleefd en uit Ierland afkomstig zijn. Als missionaris en kluizenaar stierf hij in de omgeving van Mechelen een gewelddadige dood. Een versie van zijn vita laat hem leven ten tijde van de noormannen en beschrijft dat hij een bedevaart naar Rome zou hebben gemaakt. Een andere traditie verhaalt dat Rombout, zoon van een Schotse koning David, bisschop van Dublin was en dat hij die waardigheid neerlegde om in Vlaanderen het geloof te gaan verkondigen. Daar werd hij omstreeks 775 vermoord en begraven. Al in de vroege tiende eeuw werd Rombout vereerd. Hij is patroonheilige van het bisdom en de stad Mechelen, en van de Mechelse kathedraal waar zijn relieken worden bewaard.

In het Brits Museum te Londen bevindt zich het enige tot voorkort bekende pelgrimsteken van Rombout, een zilveren gestansd plaatje daterend uit de tweede helft van de vijftiende of uit de vroege zestiende eeuw. Een niet identiek maar wel sterk gelijkend zilveren Rombout-insigne werd bovendien afgebeeld als decoratie in de marge van een Gent-Brugs handschrift uit 1512 of kort daarna (Londen, Sir John Soanes' Museum, ms. 4 fol. 112v). Het fragment van een gegoten lood-tinnen Rombout-insigne dat in Nieuwlande werd gevonden (afb. 328) moet hetzelfde worden gedateerd als het in het Brits Museum bewaarde zilveren exemplaar. Beide typen van het Mechelse pelgrimsteken tonen dezelfde heraldische motieven waarop we de duiding en datering kunnen baseren. Voor de voeten van de bisschop staat het wapenschild van de stad Mechelen. Onder Rombouts zegenend opgeheven rechterhand bevindt zich het wapen van paus Nicolaas V (1447-1455), het schild met de gekruiste sleutels van Petrus, bekroond met de tiara. Deze paus Nicolaas gaf bij bulle van 1 februari 1451 aan het Mechelse kapittel het recht om op bepaalde condities de Romeinse jubilé-aflaat te verlenen.

Afb.: 329    Inv.: 1587
Voorstelling:    Sebastiaan

Vindplaats:    Rotterdam
Afm.    h.: 38 br.: 28
Materiaal:    lood-tin
Bevestiging:    hangoogje
Datering:    1400-1450
Details:    —

Afb.: 330    Inv.: 0994
Voorstelling:    Sebastiaan

Vindplaats:    Tolsende
Afm.    h.: 30 br.: 26
Materiaal:    lood-tin
Bevestiging:    niet meer aanwezig
Datering:    1450-1500
Opschrift:    S. BASTUEN

Afb.: 331    Inv.: 2376
Voorstelling:    Sebastiaan

Vindplaats:    Nieuwlande
Afm.    h.: 26 br.: 25
Materiaal:    koperlegering
Bevestiging:    oogje achterzijde
Datering:    1450-1500
Details:    —

Afb.: 332    Inv.: 2396
Voorstelling:    Sebastiaan

Vindplaats:    Nieuwlande
Afm.    h.: 29 br.: 29
Materiaal:    koperlegering
Bevestiging:    oogje achterzijde
Datering:    1475-1525
Details:    —

## SEBASTIAAN

De vroegchristelijke martelaar Sebastianus zou onder Diocletianus (keizer 284-305) als christen zijn aangeklaagd en met pijlen zijn doorschoten. Hij overleefde maar werd later, toen hij de keizer van wrede christenvervolgingen betichtte, doodgeknuppeld. Het lichaam van Sebastiaan werd begraven op de plaats die 'ad catacumbas' heette aan de Via Appia bij Rome, het kerkhof van San Sebastiano. De kerk van San Sebastiano met de Sebastianuscatacombe en de Benedictijnenabdij Ebersberg bij München, waar sinds de tiende eeuw een partikel van de schedel van Sebastiaan wordt vereerd, werden bedevaartsoorden ter ere van Sebastiaan. De Sebastianus-insignes (afb. 329 - 332) verwijzen echter vermoedelijk geen van alle naar een specifiek bedevaartsoord ter ere van Sebastianus, maar spelen eerder in op meer algemene devotie rond deze zeker sinds de late middeleeuwen buitengewoon populaire heilige. Om begrijpelijke redenen is Sebastiaan patroon van schutters en ook werd hij als beschermheilige tegen de pest aangeroepen.

| Afb.: 333 | Inv.: 1994 |
|---|---|
| Voorstelling: | Servatius Maastricht |
| Vindplaats: | Dordrecht |
| Afm. | h.: 42 br.: 37 |
| Materiaal: | lood-tin |
| Bevestiging: | oogjes |
| Datering: | 1300-1400 |
| Details: | — |

| Afb.: 334 | Inv.: 1903 |
|---|---|
| Voorstelling: | Servatius Maastricht |
| Vindplaats: | Dordrecht |
| Afm. | h.: 35 br.: 19 |
| Materiaal: | lood-tin |
| Bevestiging: | niet meer aanwezig |
| Datering: | 1300-1400 |
| Details: | — |

| Afb.: 335 | Inv.: 1200 |
|---|---|
| Voorstelling: | Servatius Maastricht |
| Vindplaats: | Maastricht |
| Afm. | h.: 45 br.: 25 |
| Materiaal: | lood-tin |
| Bevestiging: | oogjes |
| Datering: | 1350-1450 |
| Details: | — |

Afb.: 336 — Inv.: 0666 — Voorstelling: Servatius Maastricht — Vindplaats: Dordrecht — Afm. h.: 74 br.: 51 — Materiaal: lood-tin — Bevestiging: oogjes — Datering: 1375-1425 — Details: —

## SERVATIUS, MAASTRICHT

Servatius was in de vierde eeuw bisschop van Maastricht, waar hij ook overleed en werd begraven. Sinds de zeventiende eeuw is zijn overlijdensjaar gefixeerd op 384, bronnen hiervoor ontbreken echter. Servatius was volgens de legende afkomstig uit het Heilige Land, hij heet een bloedverwant van Christus te zijn. Via Jeruzalem kwam hij naar het westen; in een visioen was hem opgedragen de vacante bisschopszetel van Tongeren te komen bezetten. Na een lange tocht, volgens de heiligenlegende een soort van pelgrimage, werd hij op miraculeuze wijze te Tongeren gepresenteerd als de nieuwe prelaat. Vanuit Tongeren ondernam Servatius een bedevaart naar Rome, ontving daar bij het graf van Petrus zijn karakteristieke attribuut de sleutel en keerde terug naar het Maasland. Onderweg gebeurden verschillende wonderen. In Tongeren gearriveerd, besluit hij weg te trekken uit die zondige stad en zijn bisschopszetel te verplaatsen naar Maastricht, waar hij korte tijd later stierf. Boven zijn graf werd een aan hem gewijde kerk gebouwd, waar nog steeds de relieken van Servatius worden vereerd. Historische feiten over Servatius zijn niet of nauwelijks bekend; mogelijk is hij identiek met een Aravatius die in 343 op de synode van Sardica en in 359 op de synode van Rimini aanwezig was en die zich als een fel bestrijder van het Arianisme deed kennen.

Servatius wordt sinds de latere middeleeuwen steeds afgebeeld als bisschop met zijn hemelse sleutel als vast attribuut. Onder zijn voeten vertrapt hij dikwijls een draak, waarmee zijn overwinning op het kwade wordt gevisualiseerd; tegelijkertijd is het de verwijzing naar een passage in zijn vita, waar verhaald wordt hoe Servaas op zijn terugtocht uit Rome onderweg een waarachtige draak doodde.

Maastricht werd een druk bezocht bedevaartsoord ter ere van Servatius. In de Servaaskerk werden zijn relieken vereerd in de zogenoemde Noodkist, het twaalfde-eeuwse reliekschrijn van Servatius; zijn schedel werd omstreeks 1400 overgebracht in een kostbaar reliekenborstbeeld. Zowel borstbeeld als Noodkist wordt tot op de dag van vandaag te Maastricht bewaard, evenals verschillende aan deze heilige toegeschreven objecten zoals zijn zilveren sleutel, een pelgrimsstaf en zijn kromstaf. De grote populariteit van de pelgrimage naar graf en kerk van Servatius blijkt overduidelijk uit het opmerkelijk grote aantal varianten van de Servatius-pelgrimstekens die aan het licht kwamen. Hier alleen al kunnen 25 verschillende exemplaren worden afgebeeld (afb. 333 - 356), terwijl ons bijvoorbeeld uit Nieuwlande 29 en uit Dordrecht 11 Servatius-insignes bekend zijn.

| Afb.: 337 | Inv.: 0037 |
|---|---|
| Voorstelling: | Servatius |
| | Maastricht |
| Vindplaats: | Nieuwlande |
| Afm. | h.: 82 br.: 37 |
| Materiaal: | lood-tin |
| Bevestiging: | niet meer aanwezig |
| Datering: | 1300-1350 |
| Details: | — |

| Afb.: 338 | Inv.: 1732 |
|---|---|
| Voorstelling: | Servatius |
| | Maastricht |
| Vindplaats: | Dordrecht |
| Afm. | h.: 80 br.: 29 |
| Materiaal: | lood-tin (C.L.) |
| Bevestiging: | oogjes |
| Datering: | 1350-1400 |
| Details: | — |

| Afb.: 339 | Inv.: 0039 |
|---|---|
| Voorstelling: | Servatius |
| | Maastricht |
| Vindplaats: | Reimerswaal |
| Afm. | h.: 58 br.: 29 |
| Materiaal: | lood-tin |
| Bevestiging: | niet aanwezig |
| Datering: | 1350-1400 |
| Details: | — |

| Afb.: 340 | Inv.: 0750 |
|---|---|
| Voorstelling: | Servatius |
| | Maastricht |
| Vindplaats: | Nieuwlande |
| Afm. | h.: 53 br.: 34 |
| Materiaal: | lood-tin |
| Bevestiging: | niet aanwezig |
| Datering: | 1350-1400 |
| Details: | — |

| Afb.: 341 | Inv.: 0040 |
|---|---|
| Voorstelling: | Servatius |
| | Maastricht |
| Vindplaats: | Nieuwlande |
| Afm. | h.: 51 br.: 27 |
| Materiaal: | lood-tin |
| Bevestiging: | niet aanwezig |
| Datering: | 1350-1400 |
| Details: | — |

## HET SERVATIUSBEELD

Onder de Servatius-insignes zijn twee grote
groepen te onderscheiden die beide van
vele varianten bekend zijn: de staande
Servatius met draak, kromstaf en sleutel
(afb. 337 - 341), en het borstbeeld van
Servatius, al dan niet vergezeld van attributen en bijfiguren (afb. 342 - 350 en wellicht
ook afb. 377 - 379). Het eerstgenoemde
type, de insignes die de heilige bisschop ten
voeten uit tonen, verwijst direkt naar het
meest vereerde beeld van Servatius in de
aan hem gewijde kerk te Maastricht. Boven
het volksaltaar voor de koorafsluiting en
recht boven het graf van Servatius stond
vermoedelijk al sinds zijn ontstaan omstreeks 1300 een levensgroot beeld van de
kerk- en stadspatroon. Dit geprononceerd
opgestelde Servatiusbeeld, dat nog immer
in de Maastrichtse Servaaskerk staat,
bepaalde in hoge mate de Servatius-
iconografie en is ook in de pelgrimstekens
van afb. 337 - 341 herkenbaar. In dat
Servaasbeeld zag men de heilige die te
Maastricht werd vereerd en de afbeelding
van juist dat beeld werd in de insignes als
vroom souvenir meegenomen.

| Afb.: 342 | Inv.: 1983 |
|---|---|
| Voorstelling: | Servatius |
| | Maastricht |
| Vindplaats: | Rotterdam |
| Afm. | h.: 62 br.: 51 |
| Materiaal: | lood-tin |
| Bevestiging: | oogjes |
| Datering: | 1400-1500 |
| Details: | — |

| Afb.: 343 | Inv.: 0742 |
|---|---|
| Voorstelling: | Servatius |
| | Maastricht |
| Vindplaats: | Dordrecht |
| Afm. | h.: 64 br.: 47 |
| Materiaal: | lood-tin |
| Bevestiging: | oogjes |
| Datering: | 1400-1500 |
| Details: | mijter ingekerfd |

| Afb.: 344 | Inv.: 1734 |
|---|---|
| Voorstelling: | Servatius |
| | Maastricht |
| Vindplaats: | Utrecht |
| Afm. | h.: 60 br.: 46 |
| Materiaal: | lood-tin |
| Bevestiging: | oogjes |
| Datering: | 1400-1500 |
| Details: | — |

## HET SERVATIUSBORSTBEELD

Omstreeks 1400 werd waarschijnlijk te Maastricht een kostbaar borstbeeld vervaardigd om de schedel van Servatius afzonderlijk in op te bergen, wat op 8 mei 1403 plechtig gebeurde. Deze reliekbuste raakte in 1579, in het tumult van de Tachtigjarige Oorlog, ernstig beschadigd en het huidige te Maastricht bewaarde borstbeeld is in feite een toen vervaardigde vervanging van de gotische reliekbuste, die overigens op zijn beurt waarschijnlijk ook weer een ouder borstbeeld vervangen had. De Servatius-insignes die het gemijterde hoofd en de schouderpartij van de heilige tonen, verwijzen direct naar het reliekenborstbeeld van Servatius (afb. 342 - 346, wellicht ook afb. 377 - 379). Het ligt voor de hand te veronderstellen dat de insignes van dit type voor het eerst werden aangemaakt bij gelegenheid van de eerste toningen van het nieuwe borstbeeld in de vroege vijftiende eeuw. De 'portretbuste' van Servatius wordt soms vergezeld door twee engelen of bisschoppen die zijn karakteristieke attributen sleutel en kromstaf dragen; soms ook zijn deze voorwerpen los terzijde van het borstbeeld weergegeven.

| Afb.: 345 | Inv.: 1525 |
|---|---|
| Voorstelling: | Servatius |
| | Maastricht |
| Vindplaats: | Nieuwlande |
| Afm. | h.: 55 br.: 41 |
| Materiaal: | lood-tin |
| Bevestiging: | oogjes |
| Datering: | 1450-1500 |
| Details: | — |

| Afb.: 346 | Inv.: 2132 |
|---|---|
| Voorstelling: | Servatius |
| | Maastricht |
| Vindplaats: | Nieuwlande |
| Afm. | h.: 57 br.: 35 |
| Materiaal: | lood-tin |
| Bevestiging: | oogjes |
| Datering: | 1400-1500 |
| Details: | — |

| Afb.: 347 | Inv.: 2237 | | Afb.: 348 | Inv.: 0106 | | Afb.: 349 | Inv.: 0503 |
|---|---|---|---|---|---|---|---|
| Voorstelling: | Servatius Maastricht | | Voorstelling: | Servatius Maastricht | | Voorstelling: | Servatius Maastricht |
| Vindplaats: | Nieuwlande | | Vindplaats: | Nieuwlande | | Vindplaats: | Reimerswaal |
| Afm. | h.: 43 br.: 31 | | Afm. | h.: 30 br.: 25 | | Afm. | h.: 30 br.: 30 |
| Materiaal: | lood-tin | | Materiaal: | lood-tin | | Materiaal: | lood-tin |
| Bevestiging: | oogjes | | Bevestiging: | niet bewaard | | Bevestiging: | niet aanwezig |
| Datering: | 1350-1400 | | Datering: | 1350-1400 | | Datering: | 1450-1500 |
| Details: | — | | Opschrift: | onleesbaar | | Details: | — |

| Afb.: 350 | Inv.: 1910 | | Afb.: 351 | Inv.: 1513 | | Afb.: 352 | Inv.: 2527 |
|---|---|---|---|---|---|---|---|
| Voorstelling: | Servatius Maastricht | | Voorstelling: | Hartje Maastricht | | Voorstelling: | Hartje Maastricht |
| Vindplaats: | Rotterdam | | Vindplaats: | Nieuwlande | | Vindplaats: | Nieuwlande |
| Afm. | h.: 33 br.: 35 | | Afm. | h.: 23 br.: 15 | | Afm. | h.: 22 br.: 20 |
| Materiaal: | latoenkoper | | Materiaal: | lood-tin | | Materiaal: | lood-tin |
| Bevestiging: | gaatjes | | Bevestiging: | hangoogje | | Bevestiging: | hangoogje |
| Datering: | 1475-1525 | | Datering: | 1425-1475 | | Datering: | 1375-1425 |
| Details: | draak | | Details: | kromstaf, sleutel | | Details: | sleutel, kromstaf |

Afb.: 353 | Inv.: 0005
Voorstelling: Servatius en pel-
grims
Maastricht
Vindplaats: Reimerswaal
Afm. h.: 46 br.: 46
Materiaal: lood-tin (C.L.)
Bevestiging: oogjes
Datering: 1250-1350
Opschrift: T + A

Afb.: 354A | Inv.: 1521A
Voorstelling: Servatius en pel-
grims
Maastricht
Vindplaats: Nieuwlande
Afm. h.: 48 br.: 42
Materiaal: lood-tin
Bevestiging: oogjes
Datering: 1250-1350
Opschrift: SATV

Afb.: 354B | Inv.: 1521B
Voorstelling: Kruis, zon en maan
Maastricht
Vindplaats: Nieuwlande
Afm. h.: 48 br.: 42
Materiaal: lood-tin
Bevestiging: oogjes
Datering: 1250-1350
Opschrift: alpha, omega

## SERVATIUS, MARIA, ANTONIUS

Twee hangertjes (afb. 355 en 356) tonen Servatius in combinatie met de verwijzing naar een andere cultus; in beide gevallen zal de herkomst van de hangertjes zeker ook in Maastricht liggen. In het eerste geval (afb. 355) is in de ronde omlijsting aan de ene zijde een plaatje zichtbaar met de afbeelding van Servatius met sleutel en kromstaf, aan de andere zijde van Maria met Kind. Dit hangertje memoreert aldus de beide grote Maastrichtse kapittelkerken, die van Sint Servaas en die van Onze Lieve Vrouwe; dit wordt nog bevestigd door de aanwezigheid van het Maastrichtse wapen-beeld, de vijfpuntige ster, bij de Maria met Kind. Het tweede hangertje (afb. 356) geeft behalve de afbeelding van Servatius, de beeltenis van Antonius Abt met zijn karak-teristieke T-vormige staf. Deze verwijst beslist naar de Antonieten die in 1241 een commanderie vestigden in het noordelijk deel van de stad Maastricht op grondgebied van het Servaaskapittel.

Afb.: 355A | Inv.: 1020A
Voorstelling: Servatius
Maastricht
Vindplaats: Nieuwlande
Afm. h.: 20 br.: 18
Materiaal: lood-tin
Bevestiging: hangoogje
Datering: 1475-1525
Details: kromstaf, sleutel

Afb.: 356A | Inv.: 0973A
Voorstelling: Servatius
Maastricht
Vindplaats: Nieuwlande
Afm. h.: 25 br.: 20
Materiaal: lood-tin
Bevestiging: hangoogje
Datering: 1475-1525
Details: los plaatje in omlijsting
ster

Afb.: 355B | Inv.: 1020B
Voorstelling: Maria met Kind
Maastricht
Vindplaats: Nieuwlande
Afm. h.: 20 br.: 18
Materiaal: lood-tin
Bevestiging: hangoogje
Datering: 1475-1525
Details: vijfpuntige ster

Afb.: 356B | Inv.: 0973B
Voorstelling: Antonius
Maastricht
Vindplaats: Nieuwlande
Afm. h.: 25 br.: 20
Materiaal: lood-tin
Bevestiging: hangoogje
Datering: 1475-1525
Details: los plaatje in omlijsting
Taustaf

Afb.: 357
Voorstelling: Silvester
Mesen
Vindplaats: Nieuwlande
Afm. h.: 28 br.: 28
Materiaal: lood-tin
Bevestiging: ingeslagen gaatjes
Datering: 1475-1525
Opschrift: SILVESTRE
MESSINE

## SILVESTER, MESEN

Van het ronde, op een penning gelijkende
insigne met de voorstelling van een heilige
paus binnen een randschrift (afb. 357 en
358) zijn in Nieuwlande twee varianten
gevonden. Het randschrift van het grootste
insigne geeft aan om welke heilige het gaat,
paus Silvester I (paus 314-335). Paus
Silvester zou persoonlijk keizer
Constantijn, die zich tot het christendom
had bekeerd, te Rome hebben gedoopt.
Als plaats van herkomst van het insigne
verwijst het randschrift naar 'Messine', dat
niet met het Siciliaanse Messina moeten
worden geïdentificeerd, maar hoogst waarschijnlijk met het Westvlaamse Mesen bij
Ieper, in het frans 'Messines' en 'Messina'
in het latijn. Vanuit Luik, Dowaai en
Doornik werden wel strafbedevaarten opgelegd naar Mesen, omschreven als 'Notre
Dame de Messyne' (zie afb. 471). Doel was
de Benedictinessenabdij van O.L.-Vrouw,
gesticht ca. 1065 door Adela (gestorven
1069), echtgenote van Boudewijn V, graaf
van Vlaanderen.

Afb.: 358
Voorstelling: Silvester
Mesen
Vindplaats: Nieuwlande
Afm. h.: 23 br.: 23
Materiaal: lood-tin
Bevestiging: niet meer aanwezig
Datering: 1475-1525
Opschrift: onleesbaar

Afb.: 359
Voorstelling: Theobaldus
Thann
Vindplaats: Dordrecht
Afm. h.: 38 br.: 49
Materiaal: lood-tin
Bevestiging: niet meer aanwezig
Datering: 1375-1425
Details: —

Afb.: 360
Voorstelling: Theobaldus
Thann
Vindplaats: Rotterdam
Afm. h.: 33 br.: 44
Materiaal: lood-tin
Bevestiging: niet meer aanwezig
Datering: 1375-1425
Details: —

## THEOBALDUS, THANN

De Reformatie maakte een einde aan de
voooral in de veertiende en vijftiende eeuw
populair geworden bedevaart naar Thann in
de Elzas, waar de devotie zich concentreerde
rond een vingerreliek van Theobaldus van
Thann. Volgens de legende werd de reliek
door een Duitse vereerder van Theobaldus
gestolen en in zijn uitgeholde staf overgebracht naar Thann. In Thann was de staf niet
meer te verplaatsen en aldus bepaalde de heilige zelf dat zijn reliek daar moest blijven.
Een lokale graaf zag vanuit zijn vesting drie
lichten boven de plaats waar de reliek zich
toen bevond, ging daarheen en liet, op goddelijk bevel, daar een kapel bouwen.
De reliek was afkomstig uit Gubbio, waar de
heilige Ubaldus wordt vereerd (zie afb. 370).
Deze Ubaldus van Gubbio is identiek aan
Theobaldus van Thann; de heilige bisschop
wordt voorts aangeduid met naamsvarianten
als Thebald, Diebold, Eenwold, Ewold,
Ewald en het franse Thiébaut. Als patroonheilige wordt Theobaldus van Thann bij tal
van kwalen aangeroepen en is uiteraard
stadspatroon van Thann. Theobaldus zou een
bedevaart hebben gemaakt naar Rome en
naar Santiago de Compostela, reden waarom
hij ook verering genoot als pelgrimsheilige.
De pelgrimstekens van Thann zijn tot in
Scandinavië verbreid. Theobaldus is op zijn
insignes voorgesteld als een op een vouw-
stoel zittende bisschop in vol ornaat; de rechterhand houdt hij zegenend opgeheven, in de
linkerhand houdt hij zijn kromstaf. Links en
rechts van hem knielen veel kleiner voorgesteld, repectievelijk een mannelijke en een
vrouwelijke pelgrim. Twee engelen zweven
juist boven hem en plaatsen de mijter op zijn
hoofd. Een compleet insigne van dit type,
waartoe ook de fragmenten van afb. 359 en
360 behoren, werd in Amsterdam opgegraven door de archeologische dienst van de
stad Amsterdam. Exact volgens deze iconografie werd Theobaldus ook nog afgebeeld
op een in 1511 te Thann geslagen daalder
met het randschrift: 'S. Theobaldus Eps
Tanensium Patronus', de heilige bisschop
Theobaldus, patroon van Thann. De insignes
van Theobaldus werden al veel eerder te
Thann verkocht. De oudste door Kurt Köster
gedocumenteerde luidklok met een Thanner
Theobaldus-insigne van het hier beschreven
type dateert al uit 1377. Uit het jaar 1442
stamt een interessant document met betrekking tot produktie en verkoop van de
Theobaldus-insignes: keizer Frederik III verleende toen persoonlijk aan een zekere
Johanns Liechtcamrer het alleenrecht '... ge-
gonnet und erloubet das ampt, das er in sant
Tyepolcz kirchen ze Tann die zaichen sant
Tyebolcz gyessen und die ouch aussgeben
sol und mag ...' (Stadsarchief Thann,
Oorkonde van Frederik III, inv. G.1).

| Afb.: 361 | Inv.: 2082 |
|---|---|
| Voorstelling: | Thomas Becket Canterbury |
| Vindplaats: | Valkenisse |
| Afm. | h.: 82 br.: 60 |
| Materiaal: | lood-tin |
| Bevestiging: | niet (meer) aanwezig |
| Datering: | 1350-1400 |
| Opschrift: | CAPUT THOME |

| Afb.: 362 | Inv.: 0772 |
|---|---|
| Voorstelling: | Thomas Becket Canterbury |
| Vindplaats: | Dordrecht |
| Afm. | h.: 58 br.: 37 |
| Materiaal: | lood-tin (C.L.) |
| Bevestiging: | niet (meer) aanwezig |
| Datering: | 1375-1425 |
| Opschrift: | T:O:M:A:S: |

| Afb.: 363 | Inv.: 0319 |
|---|---|
| Voorstelling: | Thomas Becket Canterbury |
| Vindplaats: | Amsterdam |
| Afm. | h.: 45 br.: 23 |
| Materiaal: | lood-tin |
| Bevestiging: | draagspeld |
| Datering: | 1375-1425 |
| Details: | — |

| Afb.: 364 | Inv.: 1216 |
|---|---|
| Voorstelling: | Thomas Becket Canterbury |
| Vindplaats: | Dordrecht |
| Afm. | h.: 45 br.: 45 |
| Materiaal: | lood-tin |
| Bevestiging: | draagspeld |
| Datering: | 1400-1450 |
| Details: | — |

| Afb.: 365 | Inv.: 2219 |
|---|---|
| Voorstelling: | Thomas Becket Canterbury |
| Vindplaats: | Tolsende |
| Afm. | h.: 42 br.: 34 |
| Materiaal: | lood-tin |
| Bevestiging: | niet (meer) aanwezig |
| Datering: | 1450-1500 |
| Details: | — |

| Afb.: 366 | Inv.: 1417 |
|---|---|
| Voorstelling: | Thomas Becket Canterbury |
| Vindplaats: | Amsterdam |
| Afm. | h.: 46 br.: 29 |
| Materiaal: | lood-tin |
| Bevestiging: | draagspeld |
| Datering: | 1400-1450 |
| Details: | — |

## THOMAS BECKET, CANTERBURY

Afb.: 367
Voorstelling: Thomas Becket
Canterbury
Vindplaats: Nieuwlande
Afm. h.: 22 br.: 22
Materiaal: latoenkoper
Bevestiging: omlijsting ontbreekt
Datering: 1475-1525
Opschrift: S T

Inv.: 1477

Afb.: 368
Voorstelling: Thomas Becket
Canterbury
Vindplaats: Nieuwlande
Afm. h.: 22 br.: 22
Materiaal: latoenkoper (C.L.)
Bevestiging: omlijsting ontbreekt
Datering: 1475-1525
Details: —

Inv.: 1027

Afb.: 369
Voorstelling: Thomas Becket
Canterbury
Vindplaats: Leiden
Afm. h.: 22 br.: 22
Materiaal: latoenkoper
Bevestiging: ingeslagen gaatjes
Datering: 1475-1525
Details: omlijsting ontbreekt

Inv.: 1685

Afb. 361 tot en met afb. 369 betreffen negen verschillende insignes van Thomas Becket, alle afkomstig uit Canterbury. In de kathedraal van Canterbury, waar al sinds de late twaalfde eeuw rond het graf en rond de kapel die het moordtoneel vormde, de verering van Thomas Becket is geconcentreerd. Thomas, geboren te Londen in 1118, studeerde rechten in Oxford, Parijs en Bologna, en werd in 1155 'lord chancellor' onder koning Hendrik I. In 1162 volgde zijn benoeming tot aartsbisschop van Canterbury en primaat van Engeland. In 1164 nam hij de vlucht naar Sens in Frankrijk, na een ernstig conflict met de koning over de rechten van de Kerk ten opzichte van de Kroon. Thomas werd, na zijn terugkeer, in 1170 in zijn eigen kathedraal vermoord. Onmiddellijk werd hij als martelaar beschouwd en zijn heiligverklaring volgde al in 1173. Het graf van Thomas Becket werd een van de meest gevierde pelgrimsplaatsen in het christelijke westen. Bedevaartgangers stroomden van heinde en verre toe en verbreidden op hun beurt de Thomasverering over heel Europa. Rond het graf van Thomas in de kathedraal van Canterbury groeide in de loop der tijd een ongelooflijke schat aan exvoto's die pelgrims en andere vereerders aan Thomas hadden geschonken. Zowel die kostbaarheden als de populariteit van Thomas waren voor Hendrik VIII aanstootgevend: in 1538 liedt hij de heilige Thomas als verrader veroordelen, zijn relieken in de Theems werpen en 'last but not least' zijn schatten - schrijn, ex-voto's etcetera - confisqueren. Bovendien werd uitgevaardigd dat alle afbeeldingen van Thomas moesten worden vernietigd.
Thomas van Canterbury genoot een brede verering in alle geledingen van de maatschappij. De teruggevonden lood-tinnen en latoenkoperen pelgrimsinsignes getuigen van de en-masse geproduceerde en verspreide devotionalia uit Canterbury. In de Canterbury-tales werd laat in de veertiende eeuw door Geoffrey Chaucer op andere wijze de roem van Thomas vereeuwigd en vastgelegd dat de bedevaart naar Canterbury een duidelijk breed sociaal draagvlak kende. In Engeland werden uit-

gesproken veel Thomas-insignes uit Canterbury opgegraven, in de Noordelijke en Zuidelijke Nederlanden werden er eveneens aangetroffen maar relatief in veel geringer percentages. Tegenover de zowel in Engeland als op het continent teruggevonden, meest zeer goedkope insignes kunnen bronnen worden aangehaald die verhalen over meer kostbare Thomas-insignes die door de bovenklasse werden gedragen. Een mooi voorbeeld daarvan is een brief die in 1480 vanuit Londen geschreven werd aan een prior in Canterbury, waarin Lodewijk XI van Frankrijk vraagt om een insigne van Thomas dat hij op zijn hoed wil dragen: '... that he had any tokyn of Saynt Thomas delyvered him from your lordships' wysdome, made as he might wer hit on his hat in the worshypping of Saint Thomas ...'.
De vroegste bedevaartsouvenirs die in Canterbury werden verkocht, al onmiddellijk na de moord op Thomas, waren ampullen waarin schier eindeloos aangelengd bloed van de bisschop werd gedaan. In 1990 werd in Diemen de eerste door de archeologische context nog in de twaalfde eeuw te dateren ampul uit Canterbury opgegraven (zie Koldeweij 1992 Medieval Europe, en Van Reenen 1991); in Leeuwarden kwam een ampul van Thomas tevoorschijn in een veertiende-eeuwse context. Insignes werden vermoedelijk pas in de vroege veertiende eeuw in Canterbury te koop aangeboden. Voor de viering in 1320 van het derde vijftigjarige jubilé en het eerste eeuwfeest van de translatie van Thomas in 1220, was het reliekenborstbeeld van Thomas - met een deel van zijn schedel - op grootse wijze opgeknapt en verfraaid. Bij gelegenheid daarvan werden buste-insignes van Thomas geïntroduceerd, die van dat moment af in de verkoop bleven en buitengewoon populair werden. Van de hier afgebeelde Thomas-insignes verwijzen afb. 361 - afb. 366 naar dat borstbeeld van Thomas te Canterbury. Afb. 367, 368 en 369 betreffen latoenkoperen plaatjes met een gestempelde voorstelling van de moord op Thomas: de drie moordenaars houwen van achter in op de in gebed neergeknielde bisschop.

Afb.: 370     Inv.: 0669
Voorstelling:  Ubaldus
               Gubbio
Vindplaats:   Nieuwlande
Afm.          h.: 44 br.: 35
Materiaal:    lood-tin (C.L.)
Bevestiging:  oogjes
Datering:     1350-1450
Opschrift:    SANCTUS (UBALDUS)
               DE GUBIO

## UBALDUS, GUBBIO

Ubaldo Baldassini werd omstreeks
1080/1085 geboren te Gubbio in Umbrië,
waar hij op 16 mei 1160 ook stierf. Als
weeskind werd Ubaldus opgevoed bij de
reguliere kanunniken van Marianus en
Jacobus, in 1114 werd hij daar priester
gewijd en in 1117 tot prior gekozen. Onder
zijn bewind werd er een hervorming binnen
het kapittel doorgevoerd en hij wist de herbouw te realiseren van de afgebrande
kathedraal van Marianus en Jacobus.
Ubaldus werd in 1129 bisschop van
Gubbio. In 1151 hadden zich elf steden
onder leiding van Perugia verenigd tegen
Gubbio; onder leiding van bisschop Ubaldo
en volgens de bronnen op miraculeuze
wijze, bleek Gubbio tegen de overmacht
opgewassen. Ubaldus kreeg in Gubbio de
eretitel 'Pater Patriae', vader des vaderlands, op grond van zijn wijze en vredelie-
vende leiderschap. Paus Coelestinus III
sprak Ubaldus in 1192 heilig. Ubaldus is
patroonheilige van stad en bisdom Gubbio,
en wordt aangeroepen in nood en bij beze-
tenheid of waanzin. Hoog boven de stad
Gubbio ligt zijn grafkerk waarheen talloze
bedevaartgangers trokken om zich tot hem
te richten. Een uit Gubbio gestolen vinger
van Ubaldus werd heimelijk overgebracht
naar Thann in de Elzas en leidde daar tot
een afzonderlijke en populaire verering van
de heilige onder de naam Theobaldus (zie
afb. 359 - 360).

Afb.: 371     Inv.: 1925
Voorstelling:  Ursula (?)
               Keulen (?)
Vindplaats:   Nieuwlande
Afm.          h.: 39 br.: 31
Materiaal:    lood-tin
Bevestiging:  oogjes
Datering:     1350-1400
Opschrift:    A

Afb.: 372     Inv.: 0826
Voorstelling:  Ursula (?)
               Keulen (?)
Vindplaats:   Dordrecht
Afm.          h.: 31 br.: 30
Materiaal:    lood-tin
Bevestiging:  oogjes
Datering:     1350-1400
Details:      —

Afb.: 373     Inv.: 1682
Voorstelling:  Ursula (?)
               Keulen (?)
Vindplaats:   Dordrecht
Afm.          h.: 40 br.: 38
Materiaal:    lood-tin
Bevestiging:  oogjes
Datering:     1350-1400
Details:      —

## URSULA ?

In de afb. 371 - 374 zijn vier verschillende
exemplaren weergegeven van pelgrimstekens die verwijzen naar een en dezelfde
devotie: afgebeeld is steeds een schip, beladen met ronde voorwerpen, waarop een
gekroonde vrouw staat. Bij het eerste hier
afgebeelde exemplaar (afb. 371) is boven
het bootje een grote kapitaal 'A' geplaatst.
In zijn presentatie van de Keulse pelgrimstekens uit 1972, beschreef Kurt Köster een
verwant insigne dat in het begin van de
eeuw uit de Weser bij Bremen tevoorschijn
kwam, aldus: 'Afgebeeld zijn: rechts een
schip met een hoge mast met een wimpel
eraan en de Maagden van de H. Ursula
(alleen maar de vijf hoofden zijn dicht bij
elkaar te herkennen), links een onduidelijke
figuur' (Bremen, Focke-Museum, inv. F.M.
72, 27). Inmiddels zijn beduidend meer
insignes met deze voorstelling bekend
geworden uit Nederlandse en Vlaamse
bodem; recent kwam nog een nagenoeg
gaaf exemplaar, vergelijkbaar met afb. 371
en eveneens met de letter 'A', uit de binnenstad van Groningen tevoorschijn. De
betekenis van de initiaal is nog onduidelijk
en de duiding als Ursula met haar schip vol
maagden is niet zeker. Een argument voor
de duiding als Ursula werd door Kurt
Köster genoteerd in zijn documentatie (nu
Germanisches Nationalmuseum te
Neurenberg): een luidklok uit 1511 te
Breitenfelde bij Mölln toont een afgietsel
van een Keuls insigne dat op de bovenste
helft de aanbidding door de Driekoningen
geeft en onder Ursula, als staande, gekroonde maagd rechts van een schip met centrale
mast en vijf bollen die kennelijk verwijzen
naar haar eveneens te Keulen vermoorde
gevolg.

Afb.: 374     Inv.: 0914
Voorstelling:  Ursula (?)
               Keulen (?)
Vindplaats:   Vlissingen
Afm.          h.: 29 br.: 18
Materiaal:    lood-tin
Bevestiging:  niet meer aanwezig
Datering:     1350-1400
Details:      —

## ONGEIDENTIFICEERDE HEILIGEN

Op de hier volgende bladzijden volgt als afb. 375 - 404 een aantal insignes met nog niet geïdentificeerde heiligen dan wel met heiligen waarvan we slechts onder groot voorbehoud een identificatie durven geven. Waar enigszins mogelijk doen we suggesties voor duiding en herkomst, evenwel steeds gevolgd door vraagtekens.

Sommige van de door ons als niet-geïdentificeerd gepresenteerde insignes werden eerder wel geduid, ons inziens was dat dan onvoldoende onderbouwd of foutief. Zo toont afb. 381 een completer insigne van een in 'Heiligen uit de modder', 1987, als Servatius gepresenteerd fragment (nr. 6.1); voor afb. 382 werd toen een identificatie als Jacobus de Mindere gesuggereerd die niet houdbaar is (nr. 54.1); afb. 385 is identiek aan een daar als waarschijnlijk Amersfoorts beschouwd latoenkoperen insigne (nr. 15.3). Afb. 397 betreft een insigne dat identiek is aan een bijna gaaf exemplaar uit Lüneburg (Lüneburg, Museum für das Fürstentum Lüneburg, inv. A 13); Kurt Köster (1984) veronderstelt dat dit een vroeg-veertiende-eeuws Quirinus-insigne is, hetgeen ons niet plausibel lijkt.

| | |
|---|---|
| Afb.: 375 | Inv.: 1659 |
| Voorstelling: | Paus |
| | |
| Vindplaats: | Nieuwlande |
| Afm. | h.: 40 br.: 14 |
| Materiaal: | lood-tin |
| Bevestiging: | draagspeld |
| Datering: | 1450-1500 |
| Details: | — |

| | |
|---|---|
| Afb.: 376 | Inv.: 2188 |
| Voorstelling: | Bisschop en Maria (?) Einsiedeln (?) |
| Vindplaats: | Nieuwlande |
| Afm. | h.: 39 br.: 37 |
| Materiaal: | lood-tin |
| Bevestiging: | oogjes |
| Datering: | 1400-1450 |
| Details: | — |

| | |
|---|---|
| Afb.: 377 | Inv.: 2420 |
| Voorstelling: | Bisschop |
| | |
| Vindplaats: | Brugge |
| Afm. | h.: 70 br.: 46 |
| Materiaal: | lood-tin |
| Bevestiging: | oogjes |
| Datering: | 1400-1450 |
| Details: | Servatius? |

| | |
|---|---|
| Afb.: 378 | Inv.: 2421 |
| Voorstelling: | Bisschop |
| | |
| Vindplaats: | Reimerswaal |
| Afm. | h.: 47 br.: 36 |
| Materiaal: | lood-tin |
| Bevestiging: | oogjes |
| Datering: | 1400-1450 |
| Details: | Servatius? |

| | |
|---|---|
| Afb.: 379 | Inv.: 0519 |
| Voorstelling: | Bisschop |
| | |
| Vindplaats: | Reimerswaal |
| Afm. | h.: 41 br.: 27 |
| Materiaal: | lood-tin |
| Bevestiging: | oogjes |
| Datering: | 1400-1450 |
| Details: | Servatius? |

| Afb.: 380 | Inv.: 0066 |
|---|---|
| Voorstelling: | Heilige |
| | |
| Vindplaats: | Reimerswaal |
| Afm. | h.: 54 br.: 23 |
| Materiaal: | lood-tin |
| Bevestiging: | niet (meer) aanwezig |
| Datering: | 1350-1400 |
| Details: | — |

| Afb.: 381 | Inv.: 1589 |
|---|---|
| Voorstelling: | Heilige |
| | |
| Vindplaats: | Nieuwlande |
| Afm. | h.: 56 br.: 28 |
| Materiaal: | lood-tin |
| Bevestiging: | draagspeld |
| Datering: | 1400-1450 |
| Details: | Leonardus? |

| Afb.: 382 | Inv.: 1608 |
|---|---|
| Voorstelling: | Heilige |
| | |
| Vindplaats: | Nieuwlande |
| Afm. | h.: 54 br.: 30 |
| Materiaal: | lood-tin |
| Bevestiging: | draagspeld |
| Datering: | 1450-1500 |
| Details: | — |

| Afb.: 384A | Inv.: 1118A |
|---|---|
| Voorstelling: | Pelgrim met staf en hoed |
| | |
| Vindplaats: | Nieuwlande |
| Afm. | h.: 17 br.: 11 |
| Materiaal: | lood-tin |
| Bevestiging: | hangoogje afgebroken |
| Datering: | 1450-1500 |
| Details: | Josse? |

| Afb.: 383 | Inv.: 1747 |
|---|---|
| Voorstelling: | Heilige |
| | |
| Vindplaats: | Rotterdam |
| Afm. | h.: 44 br.: 30 |
| Materiaal: | lood-tin |
| Bevestiging: | hangoogje |
| Datering: | 1400-1450 |
| Opschrift: | DE QUE...UON |

| Afb.: 384B | Inv.: 1118B |
|---|---|
| Voorstelling: | Zwaard, sterren |
| | |
| Vindplaats: | Nieuwlande |
| Afm. | h.: 17 br.: 11 |
| Materiaal: | lood-tin |
| Bevestiging: | hangoogje afgebroken |
| Datering: | 1450-1500 |
| Details: | — |

| Afb.: 385 | Inv.: 0177 |
|---|---|
| Voorstelling: | Heilige |
| | |
| Vindplaats: | Nieuwlande |
| Afm. | h.: 20 br.: 18 |
| Materiaal: | koperlegering |
| Bevestiging: | hangoogje |
| Datering: | 1475-1525 |
| Details: | keerzijde identiek |

| Afb.: 386 | Inv.: 0148 | Afb.: 387 | Inv.: 2209 | Afb.: 388 | Inv.: 2276 |
|-----------|------------|-----------|------------|-----------|------------|
| Voorstelling: | Heilige | Voorstelling: | Heilige | Voorstelling: | Heilige |
| | | | | | |
| Vindplaats: | Prov. Zeeland | Vindplaats: | Rilland | Vindplaats: | Nieuwlande |
| Afm. | h.: 29 br.: 28 | Afm. | h.: 35 br.: 33 | Afm. | h.: 43 br.: 35 |
| Materiaal: | lood-tin | Materiaal: | lood-tin | Materiaal: | lood-tin |
| Bevestiging: | oogjes | Bevestiging: | niet meer aanwezig | Bevestiging: | (afgebroken) |
| Datering: | 1450-1500 | Datering: | 1400-1450 | Datering: | 1400-1450 |
| Opschrift: | onleesbaar | Opschrift: | onleesbaar | Details: | S(T?)MA(T?)(S?)IJT |

| Afb.: 389 | Inv.: 2095 | Afb.: 391 | Inv.: 1674 | Afb.: 392 | Inv.: 1586 |
|-----------|------------|-----------|------------|-----------|------------|
| Afb.: 390 | Inv.: 1183 | Voorstelling: | Bisschop staat op duivel | Voorstelling: | Heilige |
| Voorstelling: | Heilige | | | | |
| | | Vindplaats: | Dordrecht | Vindplaats: | Dordrecht |
| Vindplaats: | Nieuwlande | Afm. | h.: 51 br.: 39 | Afm. | h.: 41 br.: 27 |
| Afm. | h.: 34/35 br.: 25/19 | Materiaal: | lood-tin | Materiaal: | lood-tin |
| Materiaal: | lood-tin | Bevestiging: | niet bewaard | Bevestiging: | niet bewaard |
| Bevestiging: | oogjes | Datering: | 1400-1450 | Datering: | 1400-1450 |
| Datering: | 1400-1450 | Details: | — | Details: | adelaars op kazuifel |
| Details: | 2 insigne-fragmenten | | | | |

| Afb.: 393 | Inv.: 0481 | | Afb.: 394 | Inv.: 0887 |
|---|---|---|---|---|
| Voorstelling: | Heilige | | Voorstelling: | Heilige |
| | | | | |
| Vindplaats: | Nieuwlande | | Vindplaats: | Amsterdam |
| Afm. | h.: 44 br.: 23 | | Afm. | h.: 30 br.: 47 |
| Materiaal: | lood-tin | | Materiaal: | lood-tin |
| Bevestiging: | draagspeld | | Bevestiging: | niet bewaard |
| Datering: | 1400-1450 | | Datering: | 1400-1450 |
| Details: | Leonardus? | | Details: | Theobaldus? |

| Afb.: 395 | Inv.: 0726 | | Afb.: 396 | Inv.: 1243 |
|---|---|---|---|---|
| Voorstelling: | Staande figuur | | Voorstelling: | Staande figuur |
| | | | | |
| Vindplaats: | Nieuwlande | | Vindplaats: | Dordrecht |
| Afm. | h.: 42 br.: 29 | | Afm. | h.: 38 br.: 20 |
| Materiaal: | lood-tin | | Materiaal: | lood-tin |
| Bevestiging: | niet bewaard | | Bevestiging: | niet bewaard |
| Datering: | 1350-1450 | | Datering: | 1350-1400 |
| Opschrift: | CE STLENSAGNES | | Opschrift: | +CE STELENSAGNES |
| | DE SURSTEMERS | | | ... STEMERS |

Afb.: 397          Inv.: 0526
Voorstelling:   Heilige

Vindplaats:     Dordrecht
Afm.               h.: 44 br.: 25
Materiaal:       lood-tin
Bevestiging:   draagspeld
Datering:        1350-1400
Details:           Quirinus?

Afb.: 398          Inv.: 1581
Voorstelling:   Kreupele met krukken

Vindplaats:     Nieuwlande
Afm.               h.: 33 br.: 27
Materiaal:       lood-tin
Bevestiging:   niet bewaard
Datering:        1450-1500
Details:           bedelaar, vergelijk
                      afb. 283, 284

Afb.: 399          Inv.: 0975
Voorstelling:   Staande figuur met
                      schop

Vindplaats:     Reimerswaal
Afm.               h.: 31 br.: 30
Materiaal:       lood-tin
Bevestiging:   draagspeld
Datering:        1450-1500
Details:           —

Afb.: 400          Inv.: 1755
Voorstelling:   Gevleugelde engel

Vindplaats:     Rotterdam
Afm.               h.: 40 br.: 29
Materiaal:       lood-tin
Bevestiging:   oogjes
Datering:        1400-1450
Details:           wapenschild

Afb.: 401          Inv.: 2395
Voorstelling:   Drie heiligen

Vindplaats:     Coevorden
Afm.               h.: 45 br.: 42
Materiaal:       lood-tin
Bevestiging:   oogjes
Datering:        1325-1375
Details:           staf, palmtak

Afb.: 402          Inv.: 2347
Voorstelling:   Heilige

Vindplaats:     Dordrecht
Afm.               h.: 27 br.: 18
Materiaal:       lood-tin
Bevestiging:   oogjes
Datering:        1450-1500
Details:           zon en maan

## MARIA-INSIGNES

De grote groep insignes die hierna volgt, van afb. 405 tot en met afb. 536, stelt de Maagd Maria centraal. Alle hebben Maria als hoofdfiguur, dikwijls als Moeder Gods met het Christuskind maar ook geïsoleerd of in combinatie met andere bijbelse figuren, heiligen of te zamen met als relieken vereerde objecten.

Allereerst worden de te lokaliseren Maria-insignes behandeld en dat op alfabetische volgorde naar plaats van herkomst, te weten van Aardenburg tot en met het Brabantse Waver (Wavre, bij Brussel). Daarna volgen de vele niet of onder groot voorbehoud te duiden pelgrimstekens en de voor algemene, niet plaatsgebonden devotie vervaardigde Maria-insignes.

Afb.: 403      Inv.: 2469
Voorstelling:  Bovendeel lichaam,
               duif

Vindplaats:    Nieuwlande
Afm.           h.: 27 br.: 45
Materiaal:     lood-tin
Bevestiging:   niet meer aanwezig
Datering:      1475-1525
Details:       2 wapenschilden

## MARIA, AARDENBURG

In het Zeeuws-Vlaamse Aardenburg werden in 1523/1524 volgens de boekhouding in de bewaarde kerkrekeningen 1737 pelgrimstekens verkocht, in 1569/1570 is sprake van 525 stuks, terwijl in de rekening van 1589/1590 er geen meer werden geboekt. Het overgrote deel van de in 1523/1524 verkochte insignes, honderdtwintig dozijn, betrof 'looden teeckenen'; de overige 297 pelgrimstekens waren van zilver - de grootste en duurste variant was van verguld zilver. De lood-tinnen insignes waren niet in Aardenburg vervaardigd, maar zo blijkt ook uit de kerkrekening, in Brugge aangekocht bij ene Phelips Dorrée.

Het Aardenburgse insigne verwijst naar een aldaar vereerd miraculeus Mariabeeld, te oordelen naar de insignes, een zittende Maria met haar Kind op schoot. Van Heeringen en Hendrikse wisten in 1991 op grond van het toen bekende achttal Maria-insignes uit Aardenburg, aannemelijk te maken dat te Aardenburg een zittend Mariabeeld - van het type Sedes Sapientiae, Zetel der Wijsheid? - werd vereerd en niet de sinds de vorige eeuw bedachte 'Maria met de inktpot'. Steevast wordt Maria op de insignes geflankeerd door twee engelen met grote kaarsen, wellicht verwijzend naar de reële situatie in de Aardenburgse kerk. Waarschijnlijk stamt ook het insigne van afb. 533 uit Aardenburg, gezien de vergelijkbare iconografie en randversiering.

Afb.: 404      Inv.: 2552
Voorstelling:  onthoofding

Vindplaats:    Reimerwaal
Afm.           h.: 51 br.: 36
Materiaal:     lood-tin
Bevestiging:   oogjes
Datering:      1250-1350
Details:       hond, kam
Opschrift:     onleesbaar

| Afb.: 405 | Inv.: 1384 |
|---|---|
| Voorstelling: | Maria met Kind |
| | Aardenburg |
| Vindplaats: | Nieuwlande |
| Afm. | h.: 64 br.: 48 |
| Materiaal: | lood-tin |
| Bevestiging: | oogjes |
| Datering: | 1450-1500 |
| Opschrift: | Ar.Den.Buerch |

| Afb.: 406 | Inv.: 2332 |
|---|---|
| Voorstelling: | Maria met Kind |
| | Aardenburg |
| Vindplaats: | Nieuwlande |
| Afm. | h.: 53 br.: 40 |
| Materiaal: | lood-tin |
| Bevestiging: | oogjes niet bewaard |
| Datering: | 1450-1500 |
| Opschrift: | Ardenboergh |

| Afb.: 407 | Inv.: 2178 |
|---|---|
| Voorstelling: | Maria met Kind |
| | Aardenburg |
| Vindplaats: | Nieuwlande |
| Afm. | h.: 36 br.: 40 |
| Materiaal: | lood-tin |
| Bevestiging: | oogjes niet bewaard |
| Datering: | 1450-1500 |
| Details: | — |

| Afb.: 408 | Inv.: 1832 |
|---|---|
| Voorstelling: | Maria met Kind |
| | Aardenburg |
| Vindplaats: | Nieuwlande |
| Afm. | h.: 56 br.: 47 |
| Materiaal: | lood-tin |
| Bevestiging: | oogjes |
| Datering: | 1450-1550 |
| Details: | — |

| Afb.: 409 | Inv.: 1812 |
|---|---|
| Voorstelling: | Maria met Kind |
| | Aardenburg |
| Vindplaats: | Nieuwlande |
| Afm. | h.: 36 br.: 38 |
| Materiaal: | lood-tin |
| Bevestiging: | oogjes niet bewaard |
| Datering: | 1450-1500 |
| Details: | — |

| Afb.: 410 | Inv.: 2545 |
|---|---|
| Voorstelling: | Maria met Kind |
| | Aardenburg |
| Vindplaats: | Nieuwlande |
| Afm. | h.: 33 br.: 29 |
| Materiaal: | lood-tin |
| Bevestiging: | oogjes niet bewaard |
| Datering: | 1450-1500 |
| Opschrift: | Ar.den.(burcht) |

## MARIA, AARSCHOT

De geschiedenis van het Brabantse Aarschot als bedevaartsoord ter ere van de Maagd Maria, gaat zeker terug tot in de vijftiende eeuw. Een relatief vroege aanduiding betreft een strafbedevaart die tussen 1452 en 1458 in Lier werd opgelegd: 'een pelgrimagie tons. vrouwen tarschot'. De traditie te Aarschot verhaalt over een Mariabeeld dat zelf aangaf dat het daar vereerd wilde worden: in een boot op de Demer werden twee Mariabeelden vervoerd, het ene werd afgeleverd in het dorpje Werchter maar moest tegen het andere worden gewisseld en pas toen kon de boot verder varen, waarna deze te Aarschot weer vastliep tot het Mariabeeld daar van boord werd gehaald. Het huidige Mariabeeld te Aarschot is de zestiende-eeuwse vervanging van een ouder, dertiende-eeuws beeld. De Aarschotse Maria-insignes tonen steeds de tronende, gekroonde Maria met het Kind op haar schoot. De hier afgebeelde vijf varianten zijn van hetzelfde type (afb. 411 - 415). De wapenschilden terzijde van Maria verwijzen naar het adellijk geslacht Croy, dat sinds 1432 de heerlijkheid Aarschot bezit; het schildje midden onder toont het wapen van Aarschot. Bij andere insignes van Aarschot is uitsluitend de plaatsnaam vermeld en zijn de wapenschilden weggelaten; ook zullen er pelgrimstekens en medailles met uitsluitend de afbeelding van de Aarschotse tronende Maria met Kind zijn verkocht, waarvan vermoedelijk het insigne van afb. 494 een voorbeeld is.
Zie over Aarschot ook p. 49-57.

| Afb.: 411 | Inv.: 0004 |
|---|---|
| Voorstelling: | Maria met Kind Aarschot |
| Vindplaats: | Nieuwlande |
| Afm. | h.: 75 br.: 44 |
| Materiaal: | lood-tin |
| Bevestiging: | oogjes |
| Datering: | 1475-1525 |
| Details: | wapenschilden |
| Opschrift: | AERSCHOT |

| Afb.: 412 | Inv.: 1228 |
|---|---|
| Voorstelling: | Maria met Kind Aarschot |
| Vindplaats: | Nieuwlande |
| Afm. | h.: 75 br.: 41 |
| Materiaal: | lood-tin |
| Bevestiging: | oogjes |
| Datering: | 1475-1525 |
| Details: | wapenschilden |
| Opschrift: | AERSCHOT |

| Afb.: 413 | Inv.: 0732 |
|---|---|
| Voorstelling: | Maria met Kind Aarschot |
| Vindplaats: | Nieuwlande |
| Afm. | h.: 74 br.: 42 |
| Materiaal: | lood-tin |
| Bevestiging: | oogjes |
| Datering: | 1475-1525 |
| Details: | wapenschilden |
| Opschrift: | AERSC(HOT) |

| Afb.: 414 | Inv.: 1975 |
|---|---|
| Voorstelling: | Maria met Kind Aarschot |
| Vindplaats: | Nieuwlande |
| Afm. | h.: 38 br.: 38 |
| Materiaal: | lood-tin |
| Bevestiging: | niet bewaard |
| Datering: | 1475-1525 |
| Details: | wapenschild |
| Opschrift: | niet bewaard |

| Afb.: 415 | Inv.: 2504 |
|---|---|
| Voorstelling: | Maria met Kind Aarschot |
| Vindplaats: | Nieuwlande |
| Afm. | h.: 46 br.: 44 |
| Materiaal: | lood-tin |
| Bevestiging: | niet bewaard |
| Datering: | 1475-1525 |
| Details: | wapenschild |
| Opschrift: | AERSCHOT |

## MARIA, ANDERE HEILIGEN EN RELIEKEN, AKEN

De Domkerk te Aken bezit, behalve het miraculeuze Mariabeeld (de 'Maria Aquensis'), van ouds een buitengewoon rijke reliekenschat die vele pelgrims aantrok. De toeloop naar Aken is sinds de late middeleeuwen vooral geconcentreerd op de grootse reliekentoningen die daar werden georganiseerd, maar ook daarbuiten was Aken een drukbezochte bedevaartsplaats. Naar de traditie wil, gaat de pelgrimage naar Aken terug tot in de tijd van Karel de Grote: deze keizer zou de stichter zijn van de Akense heiligdomsvaart, de plechtige zevenjaarlijkse reliekentoning. Volgens de legende zou Karel de Grote de Akense Dom in 805 hebben laten wijden en de 365 aanwezige bisschoppen zouden toen te zamen voor 365 jaar aflaten hebben verbonden aan de toningen. Al is dit niet historisch gefundeerd, toch werd dit nog tot ver in de negentiende eeuw voor waar aangenomen. Tot in de dertiende eeuw vonden de toningsplechtigheden die zouden uitgroeien tot de heiligdomsvaart, plaats op het feest van de Grote Kerkwijding, de herdenking van de wijding na de herbouw die volgde op een verwoesting door de noormannen in de tiende eeuw. Tot het midden van de veertiende eeuw vond de plechtige toning

jaarlijks plaats, vanaf 1349 eens in de zeven jaar. Deze zevenjaarlijkse cyclus of 'turnus' was succesvol en veel andere plaatsen sloten zich bij het Akense gebruik aan. Deze 'turnus' werd beschouwd als een bijbelse traditie: immers volgden vanaf elke tiende dag van de zevende maand van het zevende jaar de festiviteiten, opening en/of toning van de reliekhouders onder bazuingeschal, applaus en gejuich, ondersteund door op hoorns blazende gelovigen (vergelijk afb. 931 - 933). Vanaf 1322 of kort daarna vonden de toningen plaats in de buitenlucht vanaf de torengalerij; de groepen gelovigen en pelgrims waren zo groot geworden dat de toning niet meer in de kerk kon plaatsvinden. De belangrijkste relieken werden in vier 'Gänge' getoond, achtereenvolgens de Tunica van Maria, de Windselen van het Christuskind, de doek waarin het hoofd van Johannes de Doper gewikkeld was geweest, en tenslotte de lendendoek van de gekruisigde Christus. Deze kostbare relieken waren in 1238 uit een karolingische reliekhouder overgebracht naar het 'Marienschrein', dat uitsluitend bij de heiligdomsvaart werd geopend.

Op de pelgrimstekens en bedevaartmedailles uit Aken wordt in de eerste plaats verwezen naar Maria, de patrones van de domkerk, en meer in het bijzonder naar haar Tunica en naar het wonderdadige beeld van de 'Maria Aquensis'. Daarnaast konden aan deze Mariale afbeeldingen verwijzingen worden toegevoegd naar andere devoties, waaronder die van Karel de Grote de eerste plaats inneemt (afb. 416, 417, 421, 427; zie ook afb. 264 - 267 en p. 84-91: 'De heilige Karel de Grote'). De afbeelding van de Tunica van Maria is het meest kenmerkende voor de Akense insignes en komt nagenoeg steeds terug (afb. 416 - 435). Dikwijls is de toning van het Kleed weergegeven: over een stok geschoven houden twee priesters of ook wel engelen de Tunica met de ene hand omhoog en wijzen er met de andere hand naar.

Afb.: 416    Inv.: 0381
Voorstelling:   Maria met Kind
      Aken, Kornelimünster
Vindplaats:   Dordrecht
Afm.   h.: 80 br.: 58
Materiaal:   lood-tin
Bevestiging:   oogjes niet bewaard
Datering:   1300-1400
Details:   Karel de Grote, Cornelius tunica getoond door priesters

## MARIA, KAREL DE GROTE EN CORNELIUS, AKEN EN KORNELIMÜNSTER

Het insigne van afb. 416 geeft centraal de voorstellingen van het Akense Mariabeeld en daarboven de Tunica van Maria gedragen door twee priesters. De Maria met Kind wordt geflankeerd door twee heiligen die te identificeren zijn als paus Cornelius en keizer Karel de Grote. Vermoedelijk verwijst dit insigne niet uitsluitend naar Aken, maar naar zowel Aken als Kornelimünster. Maria en Karel de Grote staan uiteraard voor de Akense bedevaart, paus Cornelius met de hoorn als zijn karakteristieke attribuut staat voor het nabij gelegen Kornelimünster. Voor de bedevaarten naar Aken en Kornelimünster, dat zich richtte met de toningsplechtigheden naar de Akense heiligdomsvaart, werden meer gecombineerde devotionalia geproduceerd, vaak nog daaraan toegevoegd de Sint-Servaas te Maastricht als derde. Als collectieve souvenirs voor dit drietal plaatsen zijn bijvoorbeeld steengoed pelgrimsflessen bekend, evenals een als unicum bewaard gebleven gedrukt toningsformulier uit 1468 (zie p. 86, ill. 30).

Afb.: 417    Inv.: 1733
Voorstelling:   Maria, Karel de Grote
      Aken
Vindplaats:   Dordrecht
Afm.   h.: 55 br.: 32
Materiaal:   lood-tin
Bevestiging:   oogjes
Datering:   1300-1400
Details:   tunica getoond door priester(s)

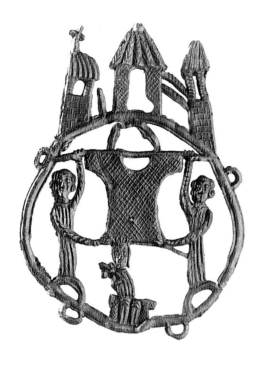

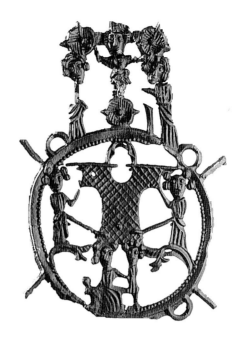

| Afb.: 418 | Inv.: 1776 |
|---|---|
| Voorstelling: | Maria (met Kind) |
| | Aken |
| Vindplaats: | Dordrecht |
| Afm. | h.: 83 br.: 62 |
| Materiaal: | lood-tin |
| Bevestiging: | oogjes |
| Datering: | 1300-1400 |
| Details: | tunica getoond door priesters |

| Afb.: 419 | Inv.: 0041 |
|---|---|
| Voorstelling: | Maria met Kind |
| | Aken |
| Vindplaats: | Nieuwlande |
| Afm. | h.: 79 br.: 49 |
| Materiaal: | lood-tin |
| Bevestiging: | oogjes |
| Datering: | 1350-1450 |
| Details: | Calvariegroep, tunica getoond door priesters |

## SPIEGELINSIGNES, AKEN

In de eerste helft van de vijftiende eeuw, of misschien al eerder, ontwikkelde men in Aken een nieuw type pelgrimsteken, het zogenoemde spiegel-insigne. Kurt Köster toonde aan dat de spiegel-insignes vooral daar voorkwamen waar een zeer grote toeloop van pelgrims speelde. De toningen moesten worden aangepast aan de te hoop gelopen mensenmassa's en men ging er toe over van hoge podia of vanuit hoge gebouwen de relieken en reliekhouders te tonen, zodat eenieder de heiligdommen kon aanschouwen, zij het van grote afstand. In Aken ging men in 1322 of kort daarna over op de 'Fernzeigung', de toningen vanaf de torengalerij. Dit had als gevolg dat de relieken niet meer aan te raken waren. Om toch de uitstraling van het heilige te kunnen 'vangen' en letterlijk in handen te krijgen,

kon met spiegeltjes het beeld van de relieken worden opgevangen. Dit gebruik bleek aan te slaan en de pelgrimstekenproducenten sprongen hier al snel op in: spiegeltjes werden aan de traditioneel gegoten pelgrimstekens toegevoegd in speciaal daarvoor aangebrachte spiegellijstjes. Dit gebeurde vermoedelijk voor het eerst in Aken (afb. 420, 421, 423) en werd al snel elders ook toegepast (bijvoorbeeld afb. 462 - 464, 's-Hertogenbosch). Met lipjes werd in de lijstjes een klein glazen spiegeltje vastgeklemd. Op vergelijkbare wijze konden overigens ook getekende, geschilderde of gedrukte prentjes, geprent leer of andere reliëfs aan insignes worden toegevoegd of konden gekleurde fonds achter de doorgaans ajour gegoten insignes worden bevestigd. De duidelijk uitstekende lipjes bij het

insigne van afb. 419 dienen bijvoorbeeld waarschijnlijk voor het aanbrengen van zo'n achtergrond.

In een baanbrekend artikel uit 1983 ging Kurt Köster in op de Akense spiegelinsignes en maakte hij aannemelijk dat de uitvinder van de boekdrukkunst, Johannes Gutenberg, in de jaren 1436-1438 grote aantallen van deze 'Aachenspiegel' vanuit Straatsburg leverde voor de jubileum-heiligdomsvaart van 1440.

| Afb.: 420 | Inv.: 0042 |
|---|---|
| Voorstelling: | Maria met Kind |
| | Aken |
| Vindplaats: | Dordrecht |
| Afm. | h.: 115 br.: 56 |
| Materiaal: | lood-tin |
| Bevestiging: | oogjes |
| Datering: | 1400-1450 |
| Details: | Vera Icon, spiegelinsigne |
| | tunica getoond door priesters |

| Afb.: 421 | Inv.: 2323 |
|---|---|
| Voorstelling: | Maria met Kind |
| | Aken |
| Vindplaats: | Dordrecht |
| Afm. | h.: 120 br.: 77 |
| Materiaal: | lood-tin |
| Bevestiging: | oogjes |
| Datering: | 1400-1450 |
| Details: | Catharina, Karel de Grote, tunica |
| | spiegelinsigne |

## MARIA, KAREL DE GROTE EN CATHARINA, AKEN

Het spiegelinsigne van afb. 421 is hoogst uitzonderlijk van iconografie. Onder de Tunica van Maria bevindt zich een schild-vormig lijstje waarin oorspronkelijk een glazen spiegeltje bevestigd zal zijn geweest. Onder dat spiegeltje is de hoofd-voorstelling van het pelgrimsteken aange-bracht: Maria met het Christuskind, geflan-keerd door twee figuren. Deze blijken Catharina en Karel de Grote voor te stellen. Catharina, gekroond, houdt haar traditione-le attribuut, het rad waarmee ze gemarteld werd, en het zwaard waarmee ze werd ont-hoofd (zie bij afb. 51 - 57), in haar handen. Karel de Grote staat als vorst met kroon en scepter aan Maria's linkerzijde, direkt naast het Christuskind.

Dit pelgrimsteken toont duidelijk aan dat

insignes werden vervaardigd en verkocht als verwijzing naar zeer specifieke vereerde objecten of naar aanleiding van specifieke gebeurtenissen. Op vergelijkbare, maar minder opvallende wijze, zagen we dit ook al bij de pelgrimsinsignes met de verwij-zing naar de reliekenborstbeelden van Thomas Becket in Canterbury (afb. 361 - 366) en van Servatius in Maastricht (afb. 342 - 350). Het Akense insigne met Catharina, Maria en Karel de Grote, dat door de geprononceerd midden boven weergegeven Tunica naar Aken in het alge-meen refereert, verwijst naar één reliekhou-der in de Akense domschat in het bijzonder: het zogenoemde 'Karlsreliquiar'. Het 'Karlsreliquiar' is een architecturale reliek-houder met in het midden relief groot drie

figuren, te weten Maria met Kind, Karel de Grote en Catharina. In de reliekhouder is als belangrijkste relikwie een (vermeend) armbot van Karel de Grote gevat. Deze uiterst kostbare reliekhouder kwam kort na het midden van de veertiende eeuw tot stand. De eerste pelgrimstekens met deze iconografie zullen naar aanleiding van de plechtige presentatie van deze reliekhouder ontworpen en in de handel zijn gebracht. Het in Dordrecht teruggevonden exemplaar (afb. 421) dateert vermoedelijk wat later aangezien we hier tevens met een spiegel-insigne van doen hebben.

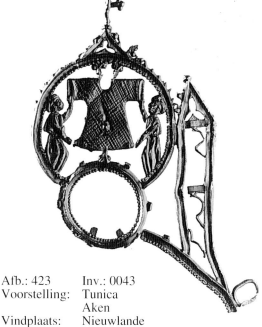

| Afb.: 422 | Inv.: 1181 |
|---|---|
| Voorstelling: | Tunica, Christus en Maria |
| | Aken |
| Vindplaats: | Nieuwlande |
| Afm. | h.: 50 br.: 65 |
| Materiaal: | lood-tin (C.L.) |
| Bevestiging: | 1 oogje bewaard |
| Datering: | 1350-1400 |
| Details: | tunica getoond door engelen |

| Afb.: 423 | Inv.: 0043 |
|---|---|
| Voorstelling: | Tunica |
| | Aken |
| Vindplaats: | Nieuwlande |
| Afm. | h.: 84 br.: 66 |
| Materiaal: | lood-tin |
| Bevestiging: | oogjes |
| Datering: | 1400-1450 |
| Details: | spiegelinsigne |
| | tunica getoond door priesters |

| Afb.: 426A | Inv.: 1874A |
|---|---|
| Voorstelling: | Maria met Kind |
| | Aken |
| Vindplaats: | Nieuwlande |
| Afm. | h.: 22 br.: 18 |
| Materiaal: | lood-tin |
| Bevestiging: | hangoogjes |
| Datering: | 1475-1525 |
| Details: | — |

| Afb.: 424 | Inv.: 2034 |
|---|---|
| Voorstelling: | Tunica |
| | Aken |
| Vindplaats: | Rotterdam |
| Afm. | h.: 42 br.: 28 |
| Materiaal: | lood-tin |
| Bevestiging: | niet bewaard |
| Datering: | 1400-1450 |
| Details: | Vera Icon |

| Afb.: 425 | Inv.: 2295 |
|---|---|
| Voorstelling: | Tunica |
| | Aken |
| Vindplaats: | Nieuwlande |
| Afm. | h.: 18 br.: 18 |
| Materiaal: | lood-tin |
| Bevestiging: | omlijsting ontbreekt |
| Datering: | 1475-1525 |
| Details: | — |

| Afb.: 426B | Inv.: 1874B |
|---|---|
| Voorstelling: | Tunica, ster |
| | Aken |
| Vindplaats: | Nieuwlande |
| Afm. | h.: 22 br.: 18 |
| Materiaal: | lood-tin |
| Bevestiging: | hangoogje |
| Datering: | 1475-1525 |
| Details: | — |

Afb.: 427      Inv.: 0906
Voorstelling:  Maria met Kind
               Karel de Grote
               Aken
Vindplaats:    Prov. Zeeland
Afm.           h.: 38 br.: 24
Materiaal:     lood-tin
Bevestiging:   oogjes
Datering:      1400-1500
Details:       tunica

## SPIEGELINSIGNES EN LIJSTJES, AKEN

De afbeeldingen 429 tot en met 432 betreffen gegoten lijstjes van lood-tin, die van
een losse inhoud werden voorzien. Deze
inhoud, al dan niet achter stukjes glas, kon
bestaan uit leer, perkament, papier, textiel
of dunne metalen plaatjes, waarop voorstellingen waren aangebracht. Met uitzondering van de metalen inhoud - van lood-tin
of latoenkoper - is nagenoeg steeds verloren gegaan wat in de lijstjes zat. De lijstjes
zijn in feite een variant van de spiegelinsignes die hiervoor werden besproken (afb.
420, 421, 423) en werden vermoedelijk pas
sinds de tweede helft van de vijftiende
eeuw gemaakt. Het hieronder afgebeelde in
Rotterdam gevonden exemplaar (afb. 429)
is uitzonderlijk, niet alleen door de relatief
grote afmetingen, maar ook door de vorm
van de twee op elkaar passende helften die
te zamen in de bodem werden aangetroffen.
De Tunica van Maria komt telkens voor
tussen de beide ruitvormige ophangoogjes.
Bij de drie lijstjes waarvan de inhoud
geheel of gedeeltelijk bewaard bleef, is telkens de 'Maria Aquensis' afgebeeld, het
miraculeuze Akense Mariabeeld (afb. 430 -
432).

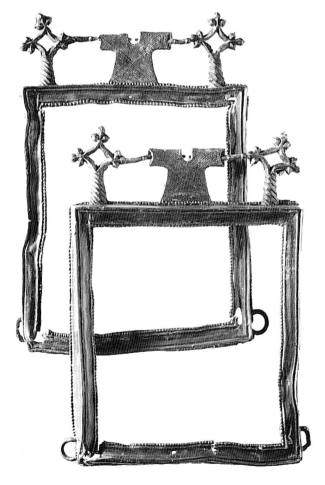

Afb.: 428      Inv.: 1951
Voorstelling:  Maria met Kind
               Aken
Vindplaats:    Reimerswaal
Afm.           h.: 46 br.: 83
Materiaal:     lood-tin
Bevestiging:   niet (meer) aanwezig
Datering:      1450-1500
Details:       tunica getoond door priesters
               insigne?


Afb.: 429      Inv.: 1958
Voorstelling:  Tunica
               Aken
Vindplaats:    Rotterdam
Afm.           h.: 91 br.: 72
Materiaal:     lood-tin
Bevestiging:   oogjes
Datering:      1450-1500
Details:       bij elkaar gevonden
               inhoud omlijsting verdwenen

| | | | | | | |
|---|---|---|---|---|---|
| Afb.: 430 | Inv.: 0674 | Afb.: 431 | Inv.: 1328 | Afb.: 432 | Inv.: 1983 |
| Voorstelling: | Tunica, Maria met Kind Aken | Voorstelling: | Tunica, Maria met Kind Aken | Voorstelling: | Maria met Kind Aken |
| Vindplaats: | Nieuwlande | Vindplaats: | Amsterdam | Vindplaats: | Rotterdam |
| Afm. | h.: 45 br.: 29 | Afm. | h.: 40 br.: 26 | Afm. | h.: 61 br.: 40 |
| Materiaal: | lood-tin | Materiaal: | lood-tin | Materiaal: | latoenkoper, omlijsting lood-tin (C.L.) |
| Bevestiging: | 2 oogjes | Bevestiging: | oogjes (afgebroken) | Bevestiging: | oogjes |
| Datering: | 1475-1525 | Datering: | 1475-1525 | Datering: | 1475-1525 |
| Details: | 2 glasplaatjes voorstelling in omlijsting | Details: | tekst op omlijsting | Details: | tunica, votiefscheepje glasplaatjes verloren |
| | | Opschrift: | O MATER (ME)ME(N)TO MEI | | |

| | | | | | |
|---|---|---|---|---|---|
| Afb.: 433 | Inv.: 1995 | Afb.: 434 | Inv.: 1580 | Afb.: 435 | Inv.: 1962 |
| Voorstelling: | Maria met Kind Aken | Voorstelling: | Maria met Kind Aken | Voorstelling: | Maria met Kind Aken |
| Vindplaats: | Nieuwlande | Vindplaats: | Nieuwlande | Vindplaats: | Rotterdam |
| Afm. | h.: 32 br.: 21 | Afm. | h.: 28 br.: 18 | Afm. | h.: 32 br.: 22 |
| Materiaal: | lood-tin (C.L.) | Materiaal: | lood-tin | Materiaal: | lood-tin |
| Bevestiging: | hangoogje | Bevestiging: | hangoogje | Bevestiging: | hangoogje |
| Datering: | 1475-1525 | Datering: | 1475-1525 | Datering: | 1475-1525 |
| Details: | keerzijde tunica | Details: | keerzijde tunica | Details: | keerzijde glad |

| Afb.: 436 | Inv.: 1662 | Afb.: 437 | Inv.: 1641 | Afb.: 438 | Inv.: 0145 |
|-----------|------------|-----------|------------|-----------|------------|
| Voorstelling: | Vondst van het miracu-leuze Mariabeeld Amersfoort | Voorstelling: | Vondst van het miracu-leuze Mariabeeld Amersfoort | Voorstelling: | Vondst van het miracu-leuze Mariabeeld Amersfoort |
| Vindplaats: | Amsterdam | Vindplaats: | Nieuwlande | Vindplaats: | Amsterdam |
| Afm. | h.: 56 br.: 47 | Afm. | h.: 58 br.: 39 | Afm. | h.: 48 br.: 33 |
| Materiaal: | lood-tin (C.L.) | Materiaal: | lood-tin (C.L.) | Materiaal: | lood-tin (C.L.) |
| Bevestiging: | oogjes | Bevestiging: | oogjes | Bevestiging: | oogjes |
| Datering: | 1450-1500 | Datering: | 1450-1500 | Datering: | 1475-1525 |
| Opschrift: | AMERSFOERT | Opschrift: | AMERSFOERT MCCCCXLV | Opschrift: | AMERSFOERT MCCCCXLV |

## MARIA, AMERSFOORT

Een van de drukbezochte laatmiddeleeuwse Mariabedevaartplaatsen in de Noordelijke Nederlanden was Amersfoort, waar een devotie bestond rond een miraculeus Mariabeeldje. Van dit beeldje is zo weinig over dat niet mogelijk is er een stilistische datering of zelfs maar een vage beschrijving van te geven. De lokale legende verhaalt over een wonder dat op 19 december 1444 plaatsvond. Een zekere Margriete Albert Gysendochter vond op die dag onder het ijs van de Amersfoortse stadsgracht het kleine, oonoglijke Mariabeeldje dat onbeweeglijk in het sterk stromende water zweefde. Margriete moest drie maal in een visioen de opdracht krijgen dit beeldje uit het water te gaan halen, voordat ze dit ook daadwerkelijk deed. Het Mariabeeldje was enkele weken tevoren in de gracht gegooid door een meisje dat op weg was om in te treden in een van de Amersfoortse kloosters. Toen ze haar bestemming naderde, bekroop haar een gevoel van schaamte over het nogal primitieve Mariabeeldje dat ze bij zich had en dus wierp ze het weg. Het beeldje werd evenwel op bovenaards gezag weer teruggevonden en onmiddellijk gebeurden er wonderen nadat de Moeder Gods in dit beeldje was vereerd. Het werd

op Sint-Stevensdag (26 december) plechtig overgebracht naar de Onze-Lieve-Vrouwekapel in Amersfoort en een intensieve devotie volgde. In het eerste jaar werden maar liefst 548 wonderen genoteerd in het Amersfoortse mirakelboek die op voorspraak van Maria plaatsvonden na gebed tot dit miraculeuze beeldje. De in het mirakelboek genoemde bedevaartgangers wier gebed werd verhoord kwamen uit de gehele Nederlanden. De vondsten van Amersfoortse pelgrimstekens bevestigen dit beeld. Tot op heden zijn insignes bekend uit Amsterdam (7), Mechelen (1), Valkenisse (1), Middelburg (1), Nieuwlande (10), Sluis (1), Schouwen-Duiveland (1), Reimerswaal (1), Gorinchem (1), Diemen (1), Rotterdam (2), Dordrecht (4) en Kampen (1).
Op de Amersfoortse insignes, waarvan drie varianten bekend zijn, wordt steeds de vondst van het wonderdadige beeldje weergegeven. In verhouding is daarbij het Mariabeeld zeer groot weergegeven. Margriete Albert Gysendochter die het beeldje vond, knielt neer op het ijs met een emmertje naast zich en vist het beeld uit het water. Boven dit tafereel is op een banderol hetzij alleen de plaatsnaam 'Amersfoert'

aangegeven, hetzij - en dat komt het meeste voor - zowel de plaatsaanduiding als in Romeinse cijfers het jaar waarin het wonder geschiedde: mccccxlv (voor 1444, een jaar verschil ten gevolge van een andere kalender).

Afb.: 439        Inv.: 2559
Voorstelling:    Wegkapel van het miracu-
                 leuze Mariabeeld
                 Baudeloo
Vindplaats:      Hontenisse
Afm.             h.: 70 br.: 43
Materiaal:       lood-tin
Bevestiging:     oogjes
Datering:        1475-1525
Details:         wapenschild
Opschrift:       ONS VROUWE VAN
                 DER ELST TE BODELO

## MARIA, ABDIJ VAN BAUDELOO TE SINAAI

Omstreeks 1930 werd in de Schelde een nagenoeg gaaf insigne gevonden van 'Ons Vrouwe van der Elst te Bodelo', van het miraculeuze Mariabeeld in de Benedictij-nenabdij Baudeloo te Sinaai in het Waasland. In voorstelling, uitvoering en maat komt dit insigne, dat bewaard wordt in de collecties van het Vleeshuis te Antwerpen, nauwkeurig overeen met het hiernaast weergegeven fragmentarische insigne dat in Hontenisse werd gevonden (afb. 439). Dit is, naast een in Amsterdam gevonden fragment, het derde bekende exemplaar van het pelgrimsteken van Onze Lieve Vrouw van Baudeloo. Onder een gotische ezelsrugboog is een boom afge-beeld waartegen een kapelletje is opgehan-gen met een beeld van Maria met Kind. De grote boom wordt geflankeerd door twee kleinere en deze stellen blijkens het opschrift op de banderollen elzen voor. In het midden van de onderlijst van het pel-grimsteken is een wapenschildje geplaatst tussen de woorden 'te Bodelo'; dit schild draagt het wapen van de abdij Baudeloo, bestaande uit twee gekruiste abtsstaven. De abdij van Baudeloo werd in de late twaalfde eeuw gesticht vanuit de Sint-Pietersabdij te Gent. Een oude monnik trok zich terug in het bosrijke gebied tussen Hulst en Sint-Niklaas. Deze streek, het Waasland, behoorde toe aan Boudewijn, graaf van Vlaanderen. De naam Baudeloo is op grond van die eigendomsrechten te verklaren: Bau-de-loo, land of plaats van Boudewijn. De monnik die daar een convent vestigde, kreeg op 3 december 1203 pauselijke toe-stemming en, indien het hem lukte twaalf monniken om hem heen te verzamelen, zou zijn vestiging tot abdij worden verheven. Dit geschiedde vóór 1213 en in 1215 ging de Benedictijnenabdij over naar de orde van de Cisterciënsers. De abdij bracht het tot grote rijkdom, ontving de hoogste gas-ten zoals keizer Karel V en zijn zuster Maria van Hongarije, en werd in 1578 gebeeldenstormd waarna het complex werd verkocht en ten onder ging.
De stichter van de abdij had de eerste kapel al toegewijd aan de Maagd Maria. Maria zou hem persoonlijk in een visioen zijn ver-schenen en hem hebben gewezen waar in het elzenbos de abdij moest komen. Ook de nieuwe abdijkerk, gebouwd in of kort na 1214, werd aan de Moeder Gods en alle heiligen gewijd. Maria werd er in het bij-zonder vereerd en bij de abdij was een afzonderlijk pelgrimshospitaal. In de late zeventiende eeuw werd dichtbij de lokatie van de oude abdij een kapel gesticht. In deze 'Baudeloo-kapel' of 'kapel van het Elzenbosch' werd de oude devotie voortge-zet van de 'Ons Vrouwe van der Elst'.

Afb.: 440        Inv.: 0089
Voorstelling:    Maria met Kind
                 Boulogne-sur-Mer
Vindplaats:      Nieuwlande
Afm.             h.: 41 br.: 34
Materiaal:       lood-tin
Bevestiging:     hangoogjes
Datering:        1400-1500
Details:         in scheepje

Afb.: 441        Inv.: 1908
Voorstelling:    Maria met Kind
                 Boulogne-sur-Mer
Vindplaats:      Valkenisse
Afm.             h.: 35 br.: 35
Materiaal:       lood-tin
Bevestiging:     oogjes
Datering:        1400-1500
Details:         in scheepje

Afb.: 442        Inv.: 2131
Voorstelling:    Maria met Kind
                 Boulogne-sur-Mer
Vindplaats:      Nieuwlande
Afm.             h.: 22 br.: 38
Materiaal:       lood-tin
Bevestiging:     niet meer aanwezig
Datering:        1400-1500
Details:         in scheepje

# MARIA, BOULOGNE-SUR-MER

In 1425/1426 werd in de rekeningen van de hertogen van Bourgondië de uitgave geboekt aan een zilversmid te Boulogne, genaamd Jehan Martin, voor een gouden, drie vergulde en dertien zilveren insignes van de 'Nostre Dame de Boulongne'. Al eerder, in 1420/1425, waren daar bij een andere zilversmid, twintig Maria-insignes gekocht, te weten vier vergulde en zestien zilveren. De pelgrimstekens van 'Notre Dame de Boulogne' tonen steeds een schip met een Mariabeeld als verwijzing naar de lokale traditie. Volgens de legende was in het jaar 633 in Boulogne een schip de haven binnengelopen zonder bemanning en beladen met een Mariabeeld. Op de insignes is Maria zelf dan ook soms als roerganger weergegeven (zie bijvoorbeeld afb. 440). Het beeld van de Moeder Gods met haar Kind werd in de plaatselijke kapel opgesteld en al spoedig geschiedden er wonderen. Met name sinds de elfde eeuw werd Boulogne-sur-Mer een bekend en druk bezocht bedevaartsoord.

Als devotionalia werden in Boulogne zowel insignes verkocht - en die in diverse uitvoeringen, zoals bijvoorbeeld blijkt uit de genoemde Bourgondische rekeningen -, als ampullen. De ampullen, die met gewijd water of iets dergelijks gevuld zullen zijn geweest, zijn ook steeds voorzien van de afbeelding van de wonderlijke aankomst van het miraculeuze Mariabeeld. Op de ampul uit Nieuwlande (afb. 443A-B) draagt het Mariabeeld in het bootje op haar linkerhand een kerkmodel als verwijzing naar de aan haar gewijde kapel te Boulogne. Op de keerzijde is het Mariabeeld nogmaals afgebeeld, en voor het beeld knielt een gelovige of pelgrim in gebed. Het randschrift op de keerzijde is onleesbaar, dat op de voorzijde betekent zoveel als 'pelgrimsteken van de heilige Maria van Boulogne'. Een aan deze ampul bijna identiek exemplaar werd te Middelburg (Korte Geere) gevonden. Het Rotterdamse exemplaar (afb. 444A-B) geeft op de voorzijde eveneens de voorstelling van het Mariabeeld in het schip, waaromheen een onleesbaar geworden randschrift dat ongetwijfeld ook naar Boulogne als plaats van herkomst verwijst. De keerzijde van deze ampul is met een ruitpatroon gedecoreerd waarin een aantal Franse lelies is verwerkt; ook aan deze zijde is het randschrift onleesbaar.

| | |
|---|---|
| Afb.: 443A | Inv.: 1923A |
| Voorstelling: | Maria in scheepje Boulogne-sur-Mer |
| Vindplaats: | Nieuwlande |
| Afm. | h.: 40 br.: 27 |
| Materiaal: | lood-tin |
| Bevestiging: | ampul met oogjes |
| Datering: | 1450-1500 |
| Details: | Maria draagt kerkmodel |
| Opschrift: | S'SC MARIA BOLONIE |

| | |
|---|---|
| Afb.: 443B | Inv.: 1923B |
| Voorstelling: | Maria met Kind Boulogne-sur-Mer |
| Vindplaats: | Nieuwlande |
| Afm. | h.: 40 br.: 27 |
| Materiaal: | lood-tin |
| Bevestiging: | ampul met oogjes |
| Datering: | 1450-1500 |
| Details: | geknielde figuur |
| Opschrift: | onleesbaar |

| | |
|---|---|
| Afb.: 444A | Inv.: 2061A |
| Voorstelling: | Maria in scheepje Boulogne-sur-Mer |
| Vindplaats: | Rotterdam |
| Afm. | h.: 39 br.: 29 |
| Materiaal: | lood-tin |
| Bevestiging: | ampul met oogjes |
| Datering: | 1450-1500 |
| Opschrift: | onleesbaar |

| | |
|---|---|
| Afb.: 444B | Inv.: 2061B |
| Voorstelling: | Ruitpatroon, fleurs de lis |
| Vindplaats: | Rotterdam |
| Afm. | h.: 39 br.: 29 |
| Materiaal: | lood-tin |
| Bevestiging: | ampul met oogjes |
| Datering: | 1450-1500 |
| Details: | — |

| Afb.: 445 | Inv.: 2130 |
|---|---|
| Voorstelling: | Tronende Maria met Kind Chartres |
| Vindplaats: | Nieuwlande |
| Afm. | h.: 67 br.: 44 |
| Materiaal: | lood-tin (C.L.) |
| Bevestiging: | oogjes |
| Datering: | 1350-1400 |
| Details: | tunica, geknielde gelovigen |
| Opschrift: | SANTA BEATE MERIE CARTOTESIS |

| Afb.: 446 | Inv.: 1392 |
|---|---|
| Voorstelling: | Miraculeuze inwijding van de Mariakapel Einsiedeln |
| Vindplaats: | Nieuwlande |
| Afm. | h.: 76 br.: 63 |
| Materiaal: | lood-tin (C.L.) |
| Bevestiging: | oogjes |
| Datering: | 1400-1500 |
| Details: | kruisje aangevuld |
| Opschrift: | ... U FRAUEN CAPPL'ZUM ... WETET GOT SELB MIT ENG ... |

## MARIA, CHARTRES

Chartres wordt beschouwd als de oudste bedevaartplaats van Frankrijk. Al in de merovingische tijd werd Maria daar vereerd en waarschijnlijk is de Mariadevotie daar nog aanzienlijk ouder. Omstreeks 876 schonk de karolinger Karel de Kale een relikwie aan de kerk van Chartres die deze tot een belangrijk bedevaartsoord zouden maken: de 'Sainte-Chemise', de Tunica van Maria. Tegenwoordig wordt deze vereerd als de 'Voile de Notre-Dame', als de sluier van Maria, wat meer overeenkomt met de vorm van het oude weefsel voordat het ten tijde van de Franse Revolutie werd beschadigd, namelijk een lange strook zijde van zo'n 535 bij 46 cm. Verborgen in een reliekschrijn, opgesteld op het hoogaltaar in de kathedraal, was de vermeende Tunica doelwit van talrijke pelgrims die echte kleding - met name voor aanstaande moeders - of 'chemisettes', kleine 'tunicas' van borduurwerk of metaal (ook pelgrimstekens), met de Mariareliek in aanraking wilden brengen.
In de elfde eeuw nam de stroom pelgrims sterk toe en bij hoogtijdagen brachten grote groepen zelfs de nacht door in de kerk. Kort voor het midden van de twaalfde eeuw werd een nieuw aspect toegevoegd aan de pelgrimage doordat de bedevaartgangers werden ingeschakeld bij de bouw van de nieuwe, gotische kathedraal. Het hoogtepunt van de Mariabedevaart naar Chartres lag in de twaalfde en dertiende eeuw en de 'Sainte-Chemise' was het eerste doel van de pelgrims, die zich uiteraard in hun gebed ook richtten tot de verschillende afbeeldingen van Onze Lieve Vrouw in de kathedraal.
Op de pelgrimsinsignes uit Chartres, waaraan de oudste al uit de twaalfde eeuw zouden dateren, komen zowel Maria met Kind voor als de tot haar biddende gelovigen als de 'Sainte-Chemise', zoals hier het geval is bij het in Nieuwlande gevonden exemplaar (afb. 445).

## 'ENGELWEIHE', EINSIEDELN

Met de naam 'Engelweihe' wordt verwezen naar de miraculeuze inwijding van de kapel van de Benediktijnenabdij Einsiedeln in Schwyz, Zwitserland. Het verhaal wil dat de kapel en het daarin opgestelde beeld van Maria met Kind in het jaar 966 werd gewijd door een onbekende bisschop. Deze werd geassisteerd door engelen en bleek niemand minder dan Christus zelf te zijn. De kapel en het Mariabeeld werden met de abdij van Einsiedeln herhaaldelijk door brand getroffen, maar desalniettemin ontstond een intensieve pelgrimage naar de afgelegen abdij. De vroegste berichten over de bedevaart naar Einsiedeln die vooral in de late middeleeuwen een grote opgang maakte, dateren uit 1314. In 1465 viel de abdij wederom ten prooi aan de vlammen, waarbij ook de kapel en het miraculeuze Mariabeeld verloren gingen. De abdij en de kapel werden herbouwd, het Mariabeeld vervangen en de bedevaartgangers bleven in grote aantallen komen. In het jubileumjaar 1466, toen herdacht werd dat vijfhonderd jaar tevoren de miraculeuze inzegening had plaatsgevonden, werden in twee weken tijd maar liefst 130.000 Engelweihinsignes verkocht aan pelgrims die deze Mariabedevaartplaats bezochten. De pelgrimstekens van Einsiedeln tonen alle de wonderlijke kapelwijding door Christus. Er zijn meer dan veertig afgietsels van bekend op luidklokken die alle dateren uit de veertiende en vijftiende eeuw. In origineel zijn zeker tien lood-tinnen exemplaren teruggevonden in twee varianten. In het getijdenboek d'Oiselet, dat onlangs door de Koninklijke Bibliotheek te 's-Gravenhage werd aangekocht, bevindt zich een insigne dat vermoedelijk geduid moet worden als het eerste edelmetalen insigne uit Einsiedeln (zie ill. 17 en p. 46-48).
Van het hier afgebeelde exemplaar uit Nieuwlande is de top met het kruisje een moderne restauratie.

## MARIA, FINISTERRE

De pelgrims die bij Santiago de Compostela waren gearriveerd en voor wie geen doel te ver was, konden hun tocht nog een kleine 100 kilometer gaans verlengen en doorreizen naar Finisterre. De plaatsnaam geeft de ligging al aan, letterlijk aan het einde van het land: ten westen van Santiago gelegen op een kaap uitstekend in de Atlantische Oceaan. Twee pelgrimstekens uit Finisterre zijn teruggevonden in Nieuwlande; andere exemplaren zijn tot op heden onbekend. Beide insignes tonen Maria met Kind binnen een randschrift met de herkomst-aanduiding en midden onder is een Jacobsschelp afgebeeld. Deze schelp is zeer toepasselijk, immers de Jacobsschelpen werden aan de Atlantische kust gevonden op plaatsen als de kaap van Finisterre, en vandaar naar Santiago overgebracht ter verkoop aan de Jacobuspelgrims. In Finisterre wordt een zwarte madonna vereerd, een tot in de middeleeuwen terug te voeren Mariadevotie. Vanuit de noordelijke en de zuidelijke Nederlanden was onder de meest verre oorden die als doel voor een strafbedevaart konden worden opgelegd, de Onze Lieve Vrouw van Finisterre geliefd en effectief.

| Afb.: 447 | Inv.: 1830 | Afb.: 448 | Inv.: 2388 |
|---|---|---|---|
| Voorstelling: | Maria met Kind Finisterre | Voorstelling: | Maria met Kind Finisterre |
| Vindplaats: | Nieuwlande | Vindplaats: | Nieuwlande |
| Afm. | h.: 26 br.: 15 | Afm. | h.: 22 br.: 17 |
| Materiaal: | lood-tin | Materiaal: | lood-tin |
| Bevestiging: | gaatjes | Bevestiging: | niet (meer) aanwezig |
| Datering: | 1450-1500 | Datering: | 1450-1500 |
| Details: | schelp | Details: | schelp |
| Opschrift: | S. MARIA FINISTER(E) | Opschrift: | onleesbaar |

## MARIA, HAARLEM

De hiernaast afgebeelde bedevaartsampul, gevonden te Nieuwlande en vermoedelijk te dateren in de tweede helft van de vijftiende eeuw, roept een aantal raadsels op. Duidelijk is aan de ene zijde het wapen van de stad Haarlem te herkennen, het staande zwaard omgeven door vier zespuntige sterren. Hetgeen op de keerzijde was afgebeeld is niet meer te herkennen, met uitzondering van de fleur de lis. Een devotie in Haarlem waar deze ampul mee verbonden kan worden is niet bekend; de inhoud van de ampul moet een gewijde vloeistof, water, olie dan wel een of ander mengsel, zijn geweest. Mogelijk moet de ampul in verband worden gebracht met de verering van een miraculeus Mariabeeld, eertijds in de Carmelietenkerk te Haarlem. Verhaald wordt dat dit Mariabeeld afkomstig was van Elisabeth van Thüringen, zoals ook wordt gezegd van de beelden te Halle (zie afb. 450 - 453) en 's-Gravenzande (zie voor het enige bekende pelgrimsteken van 's-Gravenzande ill. 17 en p. 46-48). Dit beeld, dat vele wonderen zou hebben bewerkstelligd, werd toen de Calvinisten in 1578 de macht in Haarlem overnamen, misschien door de Carmelieten naar de Zuidelijke Nederlanden in veiligheid gebracht; waarschijnlijk is het beeld desondanks verloren gegaan.

| Afb.: 449A | Inv.: 2388A | Afb.: 449B | Inv.: 2388B |
|---|---|---|---|
| Voorstelling: | Wapen van Haarlem Haarlem | Voorstelling: | onherkenbaar Haarlem |
| Vindplaats: | Nieuwlande | Vindplaats: | Nieuwlande |
| Afm. | h.: 59 br.: 39 | Afm. | h.: 59 br.: 39 |
| Materiaal: | lood-tin | Materiaal: | lood-tin |
| Bevestiging: | ampul met (dichtgevloeide) oogjes | Bevestiging: | ampul met (dichtgevloeide) oogjes |
| Datering: | 1450-1500 | Datering: | 1450-1500 |
| Details: | kan | Details: | fleur de lis |

| Afb.: 450 | Inv.: 1708 |
|---|---|
| Voorstelling: | Maria met Kind Halle |
| Vindplaats: | Nieuwlande |
| Afm. | h.: 72 br.: 56 |
| Materiaal: | lood-tin |
| Bevestiging: | oogjes |
| Datering: | 1450-1500 |
| Details: | Calvarie, engelen |
| Opschrift: | ONS ... |

| Afb.: 451 | Inv.: 2220 |
|---|---|
| Voorstelling: | Maria (met Kind) Halle |
| Vindplaats: | Nieuwlande |
| Afm. | h.: 44 br.: 58 |
| Materiaal: | lood-tin |
| Bevestiging: | niet bewaard |
| Datering: | 1450-1500 |
| Opschrift: | ONS VROUE VAN HALLE |

| Afb.: 452 | Inv.: 1201 |
|---|---|
| Voorstelling: | (Maria met Kind) Halle |
| Vindplaats: | Maastricht |
| Afm. | h.: 67 br.: 19 |
| Materiaal: | lood-tin |
| Bevestiging: | oogjes |
| Datering: | 1450-1500 |
| Opschrift: | HALLE |

| Afb.: 453A | Inv.: 2161A |
|---|---|
| Voorstelling: | Maria met Kind Halle |
| Vindplaats: | Nieuwlande |
| Afm. | h.: 23 br.: 21 |
| Materiaal: | lood-tin |
| Bevestiging: | niet bewaard |
| Datering: | 1450-1500 |
| Opschrift: | HAL |

| Afb.: 453B | Inv.: 2161B |
|---|---|
| Voorstelling: | Vera Icon Halle |
| Vindplaats: | Nieuwlande |
| Afm. | h.: 23 br.: 21 |
| Materiaal: | lood-tin |
| Bevestiging: | niet bewaard |
| Datering: | 1450-1500 |
| Details: | — |

## MARIA, HALLE

De heilige Elisabeth van Thüringen (zie afb. 193) zou, zo wordt verhaald, verschillende Mariabeelden hebben geschonken aan haar dochter Sophie die gehuwd was met Hendrik II, hertog van Brabant. Deze Sophie van Thüringen gaf haar schoonzuster, Machteld de vrouw van graaf Floris IV van Holland en Zeeland, drie van deze Mariabeelden. Machteld van Brabant schonk de Mariabeelden in 1267 bij testament aan drie verschillende kerken, te weten die van de Carmelitessen te Haarlem (zie afb. 449), de kerk van 's-Gravenzande in Holland (zie ill. 17 en p. 46-48) en tenslotte de Martinuskerk van Halle, ten zuiden van Brussel. De reden voor de schenking van het derde beeld aan een kerk ver buiten Holland, ligt waarschijnlijk in Machtelds eigen afkomst, ze was een dochter van hertog Hendrik I van Brabant. Het beeld in Halle bleek al spoedig miraculeus te zijn en pelgrims stroomden toe. In 1335 verleende de paus een aflaat van veertig dagen aan hen die de kerk van Halle bezochten. De kerk werd te klein voor de grote toeloop van Maria-vereerders en in 1341 begon men aan de bouw van de goti-

sche kerk die in 1410 werd gewijd. In 1341 werd ook een broederschap opgericht ter ere van de Onze Lieve Vrouw van Halle; de oprichters waren van de hoogste stand - koning Edward III van Engeland en Lodewijk IV van Beieren, beide gehuwd met een dochter uit het Huis Henegouwen. Het ledenboek van de broederschap telt tot 1757 zo'n tienduizend namen, uit alle lagen van de samenleving, en er staan vele wonderen in beschreven.

De bekende pelgrimsinsignes van Halle zijn van twee sterk uiteenlopende types. De eerste komt in hoofdvorm overeen met een van de insignes van Dymphna uit Geel (afb. 179): het grote architecturale kader met de grote, centrale figuur - hier de Moeder Gods met Kind -, omgeven door kleinere figuurtjes (afb. 450 - 452). Het tweede type is een hangertje dat aan de ene zijde de Maria van Halle toont en aan de keerzijde het Vera Icon (afb. 453A-B). Deze variant zal geleidelijk overgaan in de Contrareformatorische medaille, waarvan er enkele werden beschreven door Justus Lipsius in zijn boek over de Onze Lieve Vrouw van Halle uit 1604.

| Afb.: | 454A |
|---|---|
| Inv.: | 1391A |
| Voorstelling: | Maria met Kind Hanswijk/Mechelen |
| Vindplaats: | Nieuwlande |
| Afm. | h.: 24 br.: 24 |
| Materiaal: | lood-tin |
| Bevestiging: | geen |
| Datering: | 1475-1525 |
| Details: | penning of insigne (?) |

| Afb.: | 454B |
|---|---|
| Inv.: | 1391B |
| Voorstelling: | Wapen Mechelen Hanswijk/Mechelen |
| Vindplaats: | Nieuwlande |
| Afm. | h.: 24 br.: 24 |
| Materiaal: | lood-tin |
| Bevestiging: | geen |
| Datering: | 1475-1525 |
| Details: | penning of insigne (?) |

## MARIA, HANSWIJK/MECHELEN

In de barokke Onze-Lieve-Vrouw-van - Hanswijk-kerk te Mechelen wordt nog immer een Mariabeeld vereerd dat een tot in de middeleeuwen terugreikende traditie kent. Het huidige beeld dateert weliswaar uit de late zestiende eeuw, de Maria-van-Hanswijk is veel ouder. In het jaar 988 werd, volgens de legende, in het gehucht Hanswijk tegen Mechelen, een miraculeus Mariabeeld aan land gebracht, een kapel werd gebouwd en een bedevaart ontstond. In de late zestiende eeuw werd uit tactisch oogpunt verordend dat alle gebouwen buiten de stadswal van Mechelen maar binnen schootsafstand, met de grond gelijk moesten worden gemaakt. Ook de veertiende-eeuwse Hanswijk-kapel werd gesloopt en de vestiging werd binnen de stadsmuren gebracht. De Onze-Lieve-Vrouw-van-Hanswijk trok daar haar eigen vereerders naast die van Rombout, de stadspatroon, die naar de grote kerk van Mechelen pelgrimeerden (zie afb. 328). Het penninkje, een ophangoogje ontbreekt bij dit en andere teruggevonden exemplaren, is mogelijk voor verkoop aan bedevaartgangers vervaardigd; ook is mogelijk dat we hier te doen hebben met een voorbeeld van het zogenoemde 'messeloot', penningen die als bewijs van presentie werden uitgereikt tijdens liturgische plechtigheden; de vindplaats van het hier afgebeelde exemplaar, ver buiten Mechelen, pleit tegen deze laatste mogelijkheid en doet veronderstellen dat het toch om voor pelgrims bestemd materiaal gaat.

| Afb.: | 455 |
|---|---|
| Inv.: | 1990 |
| Voorstelling: | Maria met Kind Johannes de Evangelist 's-Hertogenbosch |
| Vindplaats: | Nieuwlande |
| Afm. | h.: 65 br.: 53 |
| Materiaal: | lood-tin |
| Bevestiging: | hangoogjes |
| Datering: | 1400-1450 |
| Details: | bosboom, ex-voto's |

## MARIA EN JOHANNES DE EVANGELIST, 'S-HERTOGENBOSCH

In de aan Johannes de Evangelist gewijde kapittelkerk te 's-Hertogenbosch bestaat sinds de late veertiende eeuw een Mariadevotie, die is geconcentreerd rond een houten beeld van Maria met Kind. Dit beeld dateert uit de periode 1280-1320 en ontstond waarschijnlijk in het Maasland. In 1380 zou zich het volgende wonder hebben afgespeeld. In de bouwloods bij de Sint-Janskerk werd een oud Mariabeeld gevonden en een zekere broeder Woutken brengt het weer in de kerk, waar het vermoedelijk uit afkomstig was. Het beeld werd evenwel steeds uit het zicht gehouden, omdat het als lelijk werd beschouwd. Het bij het beeld behorende Christuskindje kwam vervolgens tevoorschijn bij op straat spelende kinderen en werd weer verenigd met de moeder. Het Mariabeeld bleek vervolgens wonderdadig te zijn. Een vrouw die het beeld bespotte werd verlamd en genas weer toen ze geld had geofferd om het beeld opnieuw te beschilderen. Meer mirakelen volgden, vooral in de eerste jaren na de ontdekking van het Mariabeeld. Een mirakelboek - dat bewaard bleef - werd aangelegd en getuigt van een kleine vijfhonderd wonderen die op voorspraak van de Bossche Maria zouden zijn gebeurd.

In 1987 werd bij gelegenheid van de tentoonstelling 'Heiligen uit de modder' in het gelijk getitelde boek voor het eerst de identificatie van enkele Bossche insignes gepubliceerd. Tot dat moment was de herkomst onduidelijk van de op nogal uiteenlopende plaatsen en betrekkelijk regelmatig aangetroffen groep pelgrimstekens die uit 's-Hertogenbosch afkomstig blijken te zijn. De Bossche insignes hebben als vaste beeldelementen het groot afgebeelde mirakelbeeld van Maria met Kind, de kerkpatroon Johannes de Evangelist, een groepje bomen als verwijzing naar de plaatsnaam, verschillende ex-voto's bij het beeld opgehangen, en tot slot dikwijls maar niet altijd een of enkele pelgrims die bidden tot Maria en Johannes. Tal van varianten zijn inmiddels herkend en alleen al daaruit blijkt dat er in 's-Hertogenbosch zeer veel insignes aan de bedevaartgangers moeten zijn verkocht. De pelgrimstekens zijn in drie grote groepen te verdelen, te weten schildvormige hangers (afb. 455 - 457), ronde met een kerk bekroonde insignes (afb. 458 - 461, 465) en tenslotte spiegelinsignes (afb. 462 - 464). Voor een gedetailleerde essay over de Bossche insignes, zie p. 58-63.

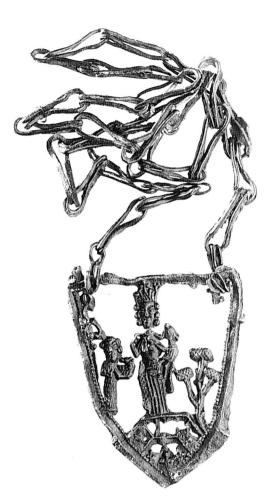

Afb.: 456        Inv.: 0330
Voorstelling:   Maria met Kind, Johannes de Evangelist
                's-Hertogenbosch
Vindplaats:     Schiedam
Afm.            h.: 56 br.: 62
Materiaal:      lood-tin
Bevestiging:    hangoogjes
Datering:       1400-1450
Details:        bosboom, pelgrim, ex-voto's

## HANGERS

De vroegste pelgrimstekens uit 's-
Hertogenbosch zijn geen op te spelden of
met verschillende oogjes vast te naaien
insignes, maar hebben de vorm van een aan
een ketting of koordje om te hangen schildje. Dit is hoogst uitzonderlijk en is ons niet
van elders niet bekend. Het schildje waarbinnen de voor 's-Hertogenbosch karakteristiek geachte voorstellingen waren weergegeven, werd aan de bovenrand voorzien
van twee oogjes waaraan het kon worden
opgehangen. Archeologische vondsten van
dergelijke insignes compleet met draagketting, bevestigen dit gebruik. Zeer opmerkelijk is een vondst uit Dordrecht waar een
insigne van het ronde type bekroond met de
kerk (afb. 458 - 461, 465), dus een 'nor-
maal' op te naaien pelgrimsteken met de
daartoe bestemde oogjes, werd aangetroffen
compleet met draagketting. Kennelijk was
dit gebruik in 's-Hertogenbosch zo ingebur-
gerd dat het ook bij de eigenlijk anders
bedoelde insignes werd toegepast.
De enige thans bekende parallel voor de
aldus gedragen hangers zijn de relatief
dikke, bijna driedimensionaal te noemen
lood-tinnen lijstjes uit Aken, zoals hiervoor
besproken en afgebeeld (afb. 429 -432).

Afb.: 457        Inv.: 1665
Voorstelling:   Maria met Kind, Johannes de Doper
                's-Hertogenbosch
Vindplaats:     Nieuwlande
Afm.            h.: 58 br.: 47
Materiaal:      lood-tin
Bevestiging:    hangoogjes (afgebroken)
Datering:       1450-1500
Details:        bosboom; gevonden met ketting

## DOPER OF EVANGELIST ?

De in afb. 457 en 465 gereproduceerde
insignes tonen een iconografische merk-
waardigheid. Beide volgen, al zijn ze van
sterk verschillende types, de gebruikelijke
Bossche beeldformule met alle voor de
insignes uit 's-Hertogenbosch karakteristieke elementen. Echter, niet de kerkpatroon
Johannes de Evangelist is afgebeeld maar
Johannes de Doper. De Doper is herkenbaar
aan zijn vaste attribuut het Lam Gods en
zijn kemelharen kleed. De verwarring die
hier optreedt tussen beide Johannesfiguren
is niet onbegrijpelijk. De Evangelist komt
als kerkpatroon weinig voor, de Doper veel
vaker en ook in de Bossche Sint-Jan genoot
Johannes Baptista, de Doper, een eigen verering naast Johannes de Evangelist; zie ook
hierover p. 58-63.

Afb.: 458    Inv.: 0031
Voorstelling:    Maria met Kind, Johannes de Evangelist
        's-Hertogenbosch
Vindplaats:    Reimerswaal
Afm.    h.: 94 br.: 58
Materiaal:    lood-tin
Bevestiging:    oogjes (afgebroken)
Datering:    1425-1475
Details:    kerk, ex-voto's
        bosboom
        pelgrim

Afb.: 459    Inv.: 0735
Voorstelling:    Maria met Kind, (Johannes de Evangelist)
        's-Hertogenbosch
Vindplaats:    Nieuwlande
Afm.    h.: 84 br.: 58
Materiaal:    lood-tin
Bevestiging:    oogjes
Datering:    1425-1475
Details:    kerk, ex-voto's
        bosboom
        pelgrim

Afb.: 460    Inv.: 0032
Voorstelling:    Maria met Kind, Johannes de Evangelist
        's-Hertogenbosch
Vindplaats:    Leiden
Afm.    h.: 61 br.: 58
Materiaal:    lood-tin
Bevestiging:    oogjes
Datering:    1425-1475
Details:    ex-voto's, bosboom, pelgrim

Afb.: 461    Inv.: 2231
Voorstelling:    Maria met Kind, (Johannes de Evangelist)
        's-Hertogenbosch
Vindplaats:    Nieuwlande
Afm.    h.: 90 br.: 54
Materiaal:    lood-tin
Bevestiging:    oogjes (afgebroken)
Datering:    1450-1500
Details:    kerk, ex-voto's, pelgrim

Afb.: 462     Inv.: 1969
Voorstelling:     Maria met Kind
                's-Hertogenbosch
Vindplaats:     Rotterdam
Afm.           h.: 88 br.: 53
Materiaal:     lood-tin
Bevestiging:     oogjes
Datering:     1400-1500
Details:     spiegelinsigne. kerktoren, ex-voto's
                bosboom, pelgrim

Afb.: 463   Inv.: 0944
Voorstelling: Maria met Kind,
           Johannes de Evangelist
           's-Hertogenbosch
Vindplaats: Nieuwlande
Afm.       h.: 60 br.: 43
Materiaal: lood-tin
Bevestiging: oogjes
Datering: 1400-1450
Details: spiegelinsigne, kerk
       ex-voto's, bosboom
       pelgrim

Afb.: 464   Inv.: 1796
Voorstelling: Maria met Kind,
           Johannes de Evangelist
           's-Hertogenbosch
Vindplaats: Nieuwlande
Afm.       h.: 62 br.: 41
Materiaal: lood-tin
Bevestiging: oogjes
Datering: 1475-1525
Details: spiegelinsigne, kerk
       ex-voto's, bosboom
       pelgrim

Afb.: 465   Inv.: 2471
Voorstelling: Maria met Kind,
           Johannes de Doper
           's-Hertogenbosch
Vindplaats: Nieuwlande
Afm.       h.: 88 br.: 56
Materiaal: lood-tin
Bevestiging: oogjes
Datering: 1450-1500
Details: kerk, ex-voto's
       bosboom, pelgrim

## MARIA, HULSTERLOO

De pelgrimage naar Onze Lieve Vrouw van Hulsterloo werd vanuit steden in de Zuidelijke Nederlanden wel als strafbedevaart opgelegd (Aalst, Dendermonde, Gent, Kortrijk, Oudenaarde, Sint Omaars), in de Noordnederlandse tarieflijsten komt dit bedevaartsoord niet voor. Het Norbertijnenklooster Hulsterloo, gelegen ten oosten van de stad Hulst, was gevestigd nabij een aan Maria gewijde kapel in een nogal desolaat gebied, ter plekke van de Kapelleberg in Nieuwnamen. Deze Premonstratener vestiging zou zijn gesticht vanuit de Norbertijnenabdij van Drongen bij Gent. De traditie verhaalt dat omstreeks het jaar 1100 een miraculeus Mariabeeldje uit Terwaan (Thérouanne) na een betrekkelijk gecompliceerde geschiedenis zelf de plaats bepaalde waar het vereerd wilde worden. Op die plaats, Hulsterloo, werd het beeldje aan een boom bevestigd en vervolgens werd er een kapel gesticht evenals een kluis die door enkele heremieten werd bevolkt. De kapel is gedocumenteerd voor het jaar 1156 en in de dertiende eeuw zou er vanuit heel Vlaanderen worden gepelgrimeerd naar deze Maria-bedevaartsplaats. Dit leidde in de dertiende eeuw tot de bouw van een grotere bedevaartskerk. In de zes-

tiende eeuw maakte de beeldenstorm en de Reformatie een einde aan de Norbertijnenbezittingen te Nieuwnamen, die werden verkocht op conditie van sloop. Het mirakelbeeldje kwam via omwegen en verschillende wonderen terecht in de abdij van Drongen, waar het ook de tumultueuze geschiedenis van dit klooster overleefde en nog steeds wordt bewaard.

Het in Nieuwlande gevonden, helaas nogal fragmentarische, pelgrimsteken is het eerste dat bekend is van de Onze Lieve Vrouw van Hulsterloo en is een van de weinige realia die herinneren aan deze historische plaats op de grens van het huidige Zeeuws Vlaanderen. Afgebeeld is een Maria met Kind, staande op takken als verwijzing naar de stichtingslegende van de kapel; aan Maria's linkerzijde is een pelgrim in aanbidding neergeknield. De tekst op de onderrand geeft onmiskenbaar de verwijzing naar 'Hulsterloe'.

| | |
|---|---|
| Afb.: 466 | Inv.: 1900 |
| Voorstelling: | Maria met Kind |
| | Hulsterloo |
| Vindplaats: | Nieuwlande |
| Afm. | h.: 54 br.: 45 |
| Materiaal: | lood-tin |
| Bevestiging: | oogjes |
| Datering: | 1450-1500 |
| Opschrift: | ... VAN: HULSTERLOE |

## MARIA OF 'NOOD GODS' VAN LEDE

De Pieta of Nood Gods stelt voor Maria als Moeder van Smarten, met op haar schoot het ontzielde lichaam van de van het kruis genomen Christus. Sinds het einde van de veertiende eeuw komt dit sterk devotionele thema voor. In de vijftiende en zestiende eeuw wordt het zeer populair. Nagenoeg in iedere laatmiddeleeuwse kerk zal een Pieta-beeld hebben gestaan. De beeldformule is vrijwel altijd hetzelfde: de Moeder Gods gekleed in een rouwgewaad met een ruime over haar hoofd gedrapeerde sluier. Zo zit Maria aan de voet van het kruis en buigt haar hoofd naar haar door de dood verstarde Zoon, die over haar schoot ligt. Zijn rechterarm hangt terzijde van zijn lichaam naar beneden en raakt bijna de grond. Maria ondersteunt met haar rechterhand Christus' hoofd, met haar linkerhand drukt ze haar Zoon aan haar hart.

Het pelgrimsteken van Lede, bij Aalst in Oost-Vlaanderen, toont de Nood Gods exact volgens deze iconografie. Het insigne verwijst naar de als 'Onze Lieve Vrouw van Lede' vereerde Pieta-beeld dat zich nog immer in de laatgotische St.-Martinuskerk te Lede bevindt. Dit beeld dateert vermoedelijk uit het midden of de tweede helft van de vijftiende eeuw. Het wonderbeeld werd

onmiddellijk, zoals ook uit de datering van het pelgrimsteken blijkt, middelpunt van devotie. De lokale traditie verhaalt dat het beeld in 1414 uit de Rijnstreek werd overgebracht naar Lede. Als dit jaar klopt, is het tegenwoordig vereerde beeld een vervanging van het oorspronkelijke. Jaarlijks wordt op 4 mei de komst van de Nood Gods naar Lede gevierd. Het beeld was een geschenk van een uit Lede naar Keulen getrokken jongeman, die het daar tot grote rijkdom bracht. Hij vergat zijn geboortedorp niet en zond het beeld van de Nood Gods als geschenk voor de kerk in Lede. Tijdens het vervoer werd een overval gepleegd, waarbij het beeld miraculeus bleek te zijn: de heiligschennende arm van een van de rovers die het in stukken wilden hakken, bleef als versteend; pas na vurig gebed tot Onze Lieve Vrouw kreeg de man de macht over zijn arm terug. Het Pietabeeld bereikte Lede veilig en zou daar nog vele wonderen bewerkstelligen.

Andere exemplaren van een pelgrimsteken uit Lede zijn niet bekend.

| | |
|---|---|
| Afb.: 467 | Inv.: 2470 |
| Voorstelling: | Pieta |
| | Lede (bij Aalst) |
| Vindplaats: | Nieuwlande |
| Afm. | h.: 70 br.: 44 |
| Materiaal: | lood-tin |
| Bevestiging: | oogjes |
| Datering: | 1475-1525 |
| Opschrift: | ONS VROUWE TE LE |
| | S. MARIA ... ME, INRI |

| Afb.: 468 | Inv.: 1111 |
|---|---|
| Voorstelling: | Maria met Kind, Heilig Huis Loreto |
| Vindplaats: | Nieuwlande |
| Afm. | h.: 51 br.: 43 |
| Materiaal: | lood-tin |
| Bevestiging: | oogjes |
| Datering: | 1400-1450 |
| Details: | engelen |
| Opschrift: | SANTA * MARIA * DE LORETO * ORA PRO NB |

| Afb.: 469 | Inv.: 0948 |
|---|---|
| Voorstelling: | Maria met Kind, Heilig Huis Loreto |
| Vindplaats: | Dordrecht |
| Afm. | h.: 52 br.: 36 |
| Materiaal: | lood-tin |
| Bevestiging: | oogjes |
| Datering: | 1450-1500 |
| Details: | engelen |
| Opschrift: | ... B |

| Afb.: 470 | Inv.: 0972 |
|---|---|
| Voorstelling: | Maria met Kind, Heilig Huis Loreto |
| Vindplaats: | Nieuwlande |
| Afm. | h.: 26 br.: 23 |
| Materiaal: | lood-tin |
| Bevestiging: | omlijsting ontbreekt |
| Datering: | 1475-1525 |
| Details: | engelen |

## MARIA, LORETO

Nadat in 1291 de kruisvaarders definitief uit het Heilige Land waren verdreven, zag het er naar uit dat een aantal christelijke heilige plaatsen in verwaarlozing ten onder zou gaan. Door hemels ingrijpen werd het huisje waarin Maria, Jozef en Christus in Nazareth hadden gewoond, daarvoor behoed. Het werd door engelen opgepakt en overgebracht naar Dalmatië; engelen verplaatsten het vervolgens in december 1294 naar Loreto, niet ver van Ancona aan de Adriatische kust gelegen. In Loreto zou het 'Santa Casa' nog twee maal door engelen op een andere lokatie worden neergezet. In de eerste plaats werd Maria als Moeder Gods vereerd in het 'Santa Casa', waar de Annunciatie had plaatsgevonden, de Boodschap van de engel aan Maria dat deze de moeder van de Verlosser zou worden. Een in het 'Santa Casa' opgesteld beeld van Maria met Kind kreeg in de devotie geleidelijk een steeds belangrijker plaats. Loreto werd een druk bezochte bedevaartplaats, vooral ook omdat het veelvuldig werd bezocht door Rome-reizigers. Wonderen geschiedden en de stroom pelgrims groeide; de pelgrimage kent een ononderbroken geschiedenis tot op de dag van vandaag. De laatmiddeleeuwse insignes tonen het 'Santa Casa', gedragen door engelen en bekroond door Maria met Kind.

| Afb.: 471 | Inv.: 2519 |
|---|---|
| Voorstelling: | Maria met Kind Mesen |
| Vindplaats: | Nieuwlande |
| Afm. | h.: 40 br.: 30,5 |
| Materiaal: | lood-tin |
| Bevestiging: | niet aanwezig |
| Datering: | 1475-1525 |
| Opschrift: | MESSINE |

## MARIA, MESEN

In het Westvlaamse Mesen - Messines in het frans, Messina in het latijn -, niet ver van Ieper, werd eerst een kapel en vervolgens, omstreeks 1065, een Benediktinessenabdij gesticht door Adela, de echtgenote van graaf Boudewijn V van Vlaanderen. De abdij werd gewijd aan Onze Lieve Vrouw, niet zonder reden want er had zich daar een wonder voltrokken door haar toedoen. Ter plekke, zo verhaalt de legende, waren in de elfde eeuw drie herderinnen door Maria gered van misbruik door drie boswachters; de meisjes verzonken plots in de grond. Jaren later geschiedde er op die plaats een wonderlijke genezing. De boswachters maakten bekend wat zich daar had afgespeeld en in de grond werden de geknielde lichamen van de verdwenen herderinnetjes aangetroffen. Een Maria-bedevaart kwam op gang en meer wonderlijke genezingen en gebedsverhoringen deden zich voor. Een zeventiende-eeuws papieren bedevaartsvaantje van Mesen toont talloze ex-voto's die daarvan getuigen bij het altaar waarboven een groot altaarstuk met de voorstelling van Maria met Kind. Het hier afgebeelde pelgrimsteken van Onze Lieve Vrouw van Mesen is het tot nog toe enige bekende exemplaar; eveneens uit Mesen stammen vermoedelijk de Silvester-insignes afb. 357 en 358.

Afb.: 472A   Inv.: 2168A
Voorstelling: Maria met Kind
             Reimerswaal
Vindplaats:  Nieuwlande
Afm.        h.: 30 br.: 29
Materiaal:   lood-tin
Bevestiging:  hangoogje
Datering:    1450-1500
Details:     —

Afb.: 472B   Inv.: 2168B
Voorstelling: Petrus en Paulus
             Reimerswaal
Vindplaats:  Nieuwlande
Afm.        h.: 30 br.: 29
Materiaal:   lood-tin
Bevestiging:  hangoogje
Datering:    1450-1500
Details:     —

Afb.: 473    Inv.: 0144
Voorstelling: Maria met Kind
             Rocamadour
Vindplaats:  Reimerswaal
Afm.        h.: 64 br.: 40
Materiaal:   lood-tin (C.L.)
Bevestiging:  oogjes
Datering:    1300-1400
Opschrift:   SIGILLUM:
             BEATE M(A)RIE:
             DE ROCAMADOR

Afb.: 474    Inv.: 2180
Voorstelling: Maria met Kind
             Tongre-Notre-Dame
Vindplaats:  Nieuwlande
Afm.        h.: 55 br.: 47
Materiaal:   lood-tin
Bevestiging:  oogjes
Datering:    1400-1450
Details:     ster
Opschrift:   SAN... ... OCT: MARIA
             DE TVNG:

## MARIA, PETRUS EN PAULUS, REIMERSWAAL

De bedevaartsmedaille afb. 472 valt te duiden als afkomstig uit Reimerswaal. In de achttiende eeuw werd in Reimerswaal een complete gietmal gevonden voor penningen die op de voorzijde Maria met Kind op de maansikkel en in een stralenkrans toonden en op de keerzijde - bijna identiek aan afb. 472B - de apostelen Petrus en Paulus. Deze dubbele mal bleef niet bewaard, maar is bekend in een nauwkeurige afbeelding (Middelburg, Rijksarchief in Zeeland, coll. Prov. Zeeuwsch Genootschap). De kapittelkerk van Reimerswaal had de apostelen Petrus en Paulus als patroonheiligen en sinds de late vijftiende eeuw bezat het een van de drie schilderijen van Maria als Moeder van Smarten die Jan van Coudenberghe liet schilderen voor de kerken waaraan hij verbonden was (Reimerswaal, Abbebroek bij Den Briel en de Sint-Salvator te Brugge). Van Coudenberghe stichtte te Reimerswaal een succesvolle Maria-broederschap en de Maria-devotie nam hoge vlucht. Laken uit Reimerswaal werd voorzien van een lakenlood met op de ene zijde Petrus en Paulus, op de andere kant de beeltenis van Maria. Inmiddels zijn tenminste vier exemplaren teruggevonden van de medaille uit Reimerswaal die exact met het lakenlood overeen lijkt te komen: drie stuks kwamen tevoorschijn in Nieuwlande, één is in Londen opgegraven.

## MARIA, ROCAMADOUR

'Zegel van de gelukzalige Maria van Rocamadour' luidt het randschrift van het hier afgebeelde insigne uit Rocamadour in het zuiden van Frankrijk. De zegelvorm, die ook elders wel voor insignes voorkomt (zie bijvoorbeeld afb. 475 en 476), is typerend voor de pelgrimstekens uit deze sinds de twaalfde eeuw druk bezochte Mariabedevaartplaats en bleef daar tot in de zestiende eeuw gehandhaafd. Uitzonderlijk is dat literaire bronnen, onder andere de levensbeschrijving van Thomas Becket (zie afb. 361 - 369), al melding maken van Rocamadour-insignes in de tweede helft van de twaalfde eeuw. Ook deze 'sportula' of 'sportelles' zoals de insignes in Rocamadour werden genoemd, waren van het hier afgebeelde type. Kurt Köster publiceerde in 1983 al 42 teruggevonden Rocamadour-pelgrimstekens naar aanleiding van een in Schleswig opgegraven exemplaar. Het insigne uit Reimerswaal werd daarbij ook door hem behandeld en gedateerd in de tweede helft van de dertiende eeuw; veiligheidshalve plaatsen wij het, ook gezien de vindplaats, in de veertiende eeuw.

## MARIA, TONGRE-NOTRE-DAME

Het dorpje Tongre-Notre-Dame in Henegouwen, gelegen tussen Ath en Chièvres, kent een Maria-devotie die teruggaat tot in de elfde eeuw. Kronieken verhalen dat in de nacht van 1 op 2 februari 1081 engelen een Mariabeeld plaatsten in de hof van de lokale heer, genaamd Hector. Tot drie maal toe werd het beeld overgebracht naar de plaatselijke kerk en telkens brachten de engelen het beeld terug naar de tuin van heer Hector, die uiteindelijk besloot op daar een kapel te bouwen voor het beeld. De kapel werd parochiekerk, die vanaf 1220 werd vergroot en in de late achttiende eeuw is vervangen door het huidige kerkgebouw. Het romaanse mirakelbeeld wordt nog daar nog immer vereerd. De devotie rond dit beeld nam onmiddellijk na de wondergeschiedenis een hoge vlucht. Al in 1093 stichtte paus Urbanus II een Onze-Lieve-Vrouwebroederschap te Tongre aan het lidmaatschap waarvan vele aflaten werden verbonden. Tot op heden waren geen middeleeuwse devotionalia van Tongre-Notre-Dame bekend. De tekst rond het pelgrimsteken lijkt linksboven te beginnen en is, met name wat betreft het tweede woord, (nog) niet geheel te duiden. De op de onderlijst geprononceerd afgebeelde planten voegen aan het insigne het beeldelement toe waardoor het specifiek te duiden is: de verwijzing naar de tuin waar het Mariabeeld vereerd wenste te worden en de kapel werd gevestigd.

| Afb.: 475 | Inv.: 2300 | Afb.: 476 | Inv.: 2218 | Afb.: 477 | Inv.: 1176 |
|---|---|---|---|---|---|
| Voorstelling: | Maria met Kind Vauvert | Voorstelling: | Maria met Kind Vauvert | Voorstelling: | Maria met Kind Vrouwenpolder |
| Vindplaats: | Dordrecht | Vindplaats: | Nieuwlande | Vindplaats: | Nieuwlande |
| Afm. | h.: 52 br.: 31 | Afm. | h.: 47 br.: 24 | Afm. | h.: 49 br.: 26 |
| Materiaal: | lood-tin | Materiaal: | lood-tin | Materiaal: | lood-tin |
| Bevestiging: | oogjes | Bevestiging: | niet bewaard | Bevestiging: | niet aanwezig |
| Datering: | 1300-1350 | Datering: | 1300-1350 | Datering: | 1475-1525 |
| Opschrift: | S B(E) ATE MA(RIE) DE V(ALL)E VIRIDI DEO G | Opschrift: | ... S: MA(R)I VALLIS (VIRID)I | Details: | wapenschild Oostkapelle |

## MARIA, VAUVERT

Voor zover bekend zijn de beide hiernaast afgebeelde insignes uit Vauvert de enige pelgrimstekens uit dit eens vermaarde Maria-bedevaartsoord, gelegen ten zuiden van Nîmes in de Provence. De beide insignes zijn zegelvormig, een vorm die ook elders wel voor insignes werd gebruikt, bijvoorbeeld te Rocamadour (zie afb. 473). Van de oude Maria-devotie is in Vauvert niets meer terug te vinden. De grote status die Vauvert - Vallis Viridis, het groene dal - eens genoot, blijkt bijvoorbeeld uit een vermelding van deze bedevaartplaats in de kerkelijke rechtspraak op het hoogste niveau. In 1311 sprak paus Clemens V een veroordeling uit waarbij een zekere Guillaume de Nogaret, die in opdracht van de Franse koning Philips de Schone in 1303 paus Bonifatius VIII enige dagen in gijzeling had genomen, werd opgelegd te pelgrimeren naar onder andere vijf Maria-heiligdommen met als eerste Vauvert. In de reeks verdragen die voortvloeiden uit de 'Vrede van Athis sur Orge' in 1305 tussen de graaf van Vlaanderen en diens opstandige onderdanen enerzijds en de Franse koning anderzijds, speelt Vauvert ook een rol als bedevaartsoord. In 1314/1315 waren de spanningen weer opgelopen tussen de Franse koning en de Vlamingen en deze werden opgelost door onder andere het opleggen van een aantal bedevaarten. De Vlaamse graaf zou op kruistocht gaan met de Franse koning en de zoon van de graaf van Vlaanderen, Robert van Cassel moest behalve Santiago, Rocamadour, St.-Gilles-en-Provence en Le Puy, ook Onze Lieve Vrouw van Vauvert bezoeken.

## MARIA, VROUWENPOLDER

De uiterst povere parochiekerk van het later Vrouwenpolder genoemde dorpje op Walcheren kwam in het tweede kwart van de veertiende eeuw in bezit van een geschilderd paneeltje met de voorstelling van de Moeder Gods. Het schilderijtje dat bij een Brugse schilder in opdracht was gegeven, zou uiteindelijk door hemels ingrijpen tot stand zijn gekomen. Ook bij de vergroting omstreeks 1340 van de kerk waarvoor het bestemd was, hadden zich al miraculeuze verschijnselen voorgedaan en daar geplaatst bleek de geschilderde Maria-beeltenis tal van wonderen te bewerkstelligen. Het dorp werd naar de snel groeiende devotie 'Onserlievenvrouwen kerk in den polre' genoemd, in de loop van de tijd verbasterd tot Vrouwenpolder. Een oude kopie van het schilderij bleef bewaard en bevindt zich tegenwoordig in de katholieke parochiekerk van Sint Petrus en Paulus te Middelburg. Het pelgrimsteken van Onze Lieve Vrouw in de Polder toont onder een in gotische architectuur staande Maria met Kind, een wapenschild. Dit is het wapen van Oostkapelle - twee gouden dwarsbalken op een blauw veld - , het dorp waaronder Vrouwenpolder viel. Een tweede exemplaar van dit insigne werd gevonden in de Weser bij Bremen en wordt bewaard in het Bremer Landesmuseum.

Afb.: 478    Inv.: 0727
Voorstelling:   Maria met Kind
              Waver
Vindplaats:    Dordrecht
Afm.          h.: 44 br.: 29
Materiaal:     lood-tin
Bevestiging:  niet aanwezig
Datering:     1350-1400
Details:       schrijn
              bevestigingslipjes

## MARIA, WAVER

De overlevering wil dat Maria zelf de plaats
bepaalde waar omstreeks het midden van
de elfde eeuw in het Brabantse dorp Waver,
gelegen aan de rivier de Dijle ten zuiden
van Leuven, een kapel werd gebouwd, die
korte tijd later werd geschonken aan de
abdij van Afflighem. Wonderlijke lichten
en nachtelijk engelengezang waren aanleiding tot de stichting van de kapel, die aanvankelijk werd gebouwd tegen de heuvels
maar die door engelen en Maria zelf werd
verplaatst -bij herhaling voordat dit werd
geaccepteerd en herkend als een hemels
teken - naar het dal van Basse-Wavre.
Vervolgens, voegt de traditie toe aan deze
wondergeschiedenis, werd er door engelen
een schrijn van hemelse makelij in de kapel
geplaatst. Dit schrijn borg men met andere
relieken in een gewone kist die in 1152 te
Brussel door een edelsmid voorzien werd
van goud- en zilverbeslag. Deze kostbare
reliekenkist werd onder grote publieke
belangstelling in processie teruggevoerd
naar Waver. Wonderen geschiedden, met
name vredestichtingen. Het hemelse schrijn
en vele van de oude relieken uit Waver gingen in de beeldenstorm van 1572 verloren,
de devotie te Waver leefde voort tot op de
dag van vandaag. Medailles van Waver,
waarvan de oudste teruggaan tot de vijftiende eeuw, waren al bekend; het type van afb.
479 is niet eerder gesignaleerd. Het insigne
afb. 478 is het eerste en tot nu toe enige
ontdekte pelgrimsteken van Waver.

Afb.: 479A   Inv.: 1101A
Voorstelling:   Maria met Kind op maan-
              sikkel, boven schrijn
              Waver
Vindplaats:    Haarlem
Afm.          h.: 27 br.: 14
Materiaal:     lood-tin
Bevestiging:  hangoogje
Datering:     1450-1500
Opschrift:    WAVER

Afb.: 479B   Inv.: 1101B
Voorstelling:   Maria met Kind op maan-
              sikkel in stralenkrans
              Waver
Vindplaats:    Haarlem
Afm.          h.: 27 br.: 14
Materiaal:     lood-tin
Bevestiging:  hangoogje
Datering:     1450-1500
Details:      —

## MARIA-INSIGNES
voor algemene devotie
en/of van (nog) onbekende herkomst

De hier volgende Maria-insignes (afb. 480
- 536) konden niet of slechts met groot
voorbehoud in verband worden gebracht
met specifieke Maria-bedevaartplaatsen.
Een aantal is ongetwijfeld ook niet voor
een bepaalde Maria-verering gemaakt,
maar voor meer algemene Maria-devotie.
Nader onderzoek en nieuw vergelijkingsmateriaal dat in de toekomst nog tevoorschijn zal komen, zullen beslist mogelijk
maken meer te zeggen over vele van deze
nu nog slechts vaag te plaatsen insignes
en medailles.

Afb.: 480    Inv.: 1547
Voorstelling:   Maria met Kind

Vindplaats:    Dordrecht
Afm.          h.: 47 br.: 42
Materiaal:     lood-tin
Bevestiging:  oogjes
Datering:     1300-1400
Details:      —

Afb.: 481    Inv.: 1784
Voorstelling:   Maria met Kind

Vindplaats:    Dordrecht
Afm.          h.: 39 br.: 28
Materiaal:     lood-tin
Bevestiging:  oogjes
Datering:     1300-1400
Details:      —

Afb.: 482      Inv.: 0046
Voorstelling:  Maria met Kind

Vindplaats:    Dordrecht
Afm.           h.: 42 br.: 38
Materiaal:     lood-tin
Bevestiging:   oogjes
Datering:      1300-1400
Details:       —

Afb.: 483      Inv.: 907
Voorstelling:  Maria met Kind

Vindplaats:    Prov. Zeeland
Afm.           h.: 34 br.: 29
Materiaal:     lood-tin
Bevestiging:   oogjes
Datering:      1300-1400
Details:       —

Afb.: 484      Inv.: 1710
Voorstelling:  Maria met Kind

Vindplaats:    Nieuwlande
Afm.           h.: 41 br.: 28
Materiaal:     lood-tin
Bevestiging:   oogjes
Datering:      1300-1400
Details:       —

Afb.: 485      Inv.: 2192
Voorstelling:  Maria met Kind

Vindplaats:    Rotterdam
Afm.           h.: 38 br.: 30
Materiaal:     lood-tin
Bevestiging:   oogjes
Datering:      1300-1400
Details:       —

Afb.: 486      Inv.: 0048
Voorstelling:  Maria met Kind

Vindplaats:    Reimerswaal
Afm.           h.: 50 br.: 33
Materiaal:     lood-tin
Bevestiging:   oogjes
Datering:      1400-1450
Details:       ster

Afb.: 487      Inv.: 1207
Voorstelling:  Maria met Kind
               op maansikkel
Vindplaats:    Nieuwlande
Afm.           h.: 20 br.: 20
Materiaal:     latoenkoper
Bevestiging:   omlijsting ontbreekt
Datering:      1475-1525
Details:       ster

Afb.: 488      Inv.: 1555
Voorstelling:  Maria met Kind

Vindplaats:    Hoorn
Afm.           h.: 34 br.: 24
Materiaal:     lood-tin
Bevestiging:   draagspeld
Datering:      1450-1500
Details:       —

Afb.: 489      Inv.: 903
Voorstelling:  Maria met Kind

Vindplaats:    Nieuwlande
Afm.           h.: 33 br.: 24
Materiaal:     lood-tin
Bevestiging:   draagspeld
Datering:      1450-1500
Details:       —

Afb.: 490      Inv.: 1078
Voorstelling:  Maria met Kind

Vindplaats:    Nieuwlande
Afm.           h.: 26 br.: 17
Materiaal:     lood-tin
Bevestiging:   niet bewaard
Datering:      1475-1525
Details:       —

| Afb.: 491 | Inv.: 2007 |
|---|---|
| Voorstelling: | Maria met Kind |
| | |
| Vindplaats: | Dordrecht |
| Afm. | h.: 68 br.: 33 |
| Materiaal: | lood-tin |
| Bevestiging: | oogjes |
| Datering: | 1350-1450 |
| Details: | — |

| Afb.: 492 | Inv.: 1688 |
|---|---|
| Voorstelling: | Maria met Kind |
| | |
| Vindplaats: | Dordrecht |
| Afm. | h.: 57 br.: 35 |
| Materiaal: | lood-tin |
| Bevestiging: | niet aanwezig |
| Datering: | 1350-1450 |
| Details: | — |

| Afb.: 493 | Inv.: 1570 |
|---|---|
| Voorstelling: | Maria met Kind |
| | |
| Vindplaats: | Kampen |
| Afm. | h.: 72 br.: 45 |
| Materiaal: | lood-tin |
| Bevestiging: | oogjes |
| Datering: | 1450-1500 |
| Details: | — |

| Afb.: 494 | Inv.: 0320 |
|---|---|
| Voorstelling: | Maria met Kind Aerschot? |
| Vindplaats: | Dordrecht |
| Afm. | h.: 36 br.: 33 |
| Materiaal: | lood-tin |
| Bevestiging: | oogjes |
| Datering: | 1425-1475 |
| Details: | — |

| Afb.: 495 | Inv.: 0865 |
|---|---|
| Voorstelling: | Maria met Kind |
| | |
| Vindplaats: | Nieuwlande |
| Afm. | h.: 19 br.: 19 |
| Materiaal: | lood-tin |
| Bevestiging: | omlijsting ontbreekt |
| Datering: | 1475-1525 |
| Details: | — |

| Afb.: 496 | Inv.: 1628 |
|---|---|
| Voorstelling: | Maria met Kind |
| | |
| Vindplaats: | Nieuwlande |
| Afm. | h.: 28 br.: 21 |
| Materiaal: | lood-tin |
| Bevestiging: | omlijsting, hangoogje |
| Datering: | 1475-1525 |
| Details: | glas ontbreekt |

In de literatuur worden de insignes van het
hieronder afgebeelde type, de Maria met
Kind geplaatst in een poortgebouw, doorgaans geduid als afkomstig uit de
Normandische Maria-bedevaartplaats
Tombelaine, een eilandje in zee, ten noorden van de Mont-Saint-Michel. Tombelaine
was gesticht vanuit de abdij van Mont-
Saint-Michel en de bedevaart naar Michaël
aldaar werd vaak gecombineerd met een
bezoek aan de priorij waar een miraculeuze
Maria werd vereerd. Ook in 'Heiligen uit
de modder' is aan deze identificatie vastgehouden en werden de insignes van afb. 500
en 501 beschreven als afkomstig van
Tombelaine. Dit is evenwel minder zeker,
hoewel niet uitgesloten. Echter werd Maria
op meer plaatsen afgebeeld in een poort-
achtige architectuur, zoals bijvoorbeeld het
eerder afgebeelde insigne uit het
Westvlaamse Mesen (afb. 471) bewijst.
Gezien zowel de talloze Maria-bedevaarts-
oorden als het gegeven dat wellicht zelfs
meer Maria-insignes voor algemene devotie
werden aangemaakt dan als specifiek pelgrimsteken, moeten we voorzichtig zijn met
deze identificatie, zeker wanneer geen
exacte parallellen werden gevonden in midden en westelijk Frankrijk, waar het eerste
bereik van de Maria-devotie van
Tombelaine lag.

| | | | |
|---|---|---|---|
| Afb.: 497 | Inv.: 1376 | Afb.: 498 | Inv.: 1232 |
| Voorstelling: | Maria met Kind | Voorstelling: | Maria met Kind |
| Vindplaats: | Nieuwlande | Vindplaats: | Nieuwlande |
| Afm. | h.: 33 br.: 33 | Afm. | h.: 24 br.: 16 |
| Materiaal: | lood-tin | Materiaal: | lood-tin |
| Bevestiging: | omlijsting met draag-speld | Bevestiging: | omlijsting met hangoog |
| Datering: | 1450-1500 | Datering: | 1475-1525 |
| Details: | los plaatje door lipjes vastgehouden, ineen gevonden | Details: | glasplaatje keerzijde |

| | | | | | |
|---|---|---|---|---|---|
| Afb.: 499 | Inv.: 1390 | Afb.: 500 | Inv.: 1644 | Afb.: 501 | Inv.: 1711 |
| Voorstelling: | Maria met Kind binnen poort | Voorstelling: | Maria met Kind binnen poort | Voorstelling: | Maria met Kind binnen poort |
| Vindplaats: | Nieuwlande | Vindplaats: | Nieuwlande | Vindplaats: | Nieuwlande |
| Afm. | h.: 37 br.: 24 | Afm. | h.: 35 br.: 24 | Afm. | h.: 49 br.: 26 |
| Materiaal: | lood-tin | Materiaal: | lood-tin | Materiaal: | lood-tin |
| Bevestiging: | hangoogje | Bevestiging: | hangoogje | Bevestiging: | hangoogje |
| Datering: | 1450-1500 | Datering: | 1450-1500 | Datering: | 1450-1500 |
| Details: | gevonden met hanger voorzien van draagspeld | Details: | — | Details: | — |

Afb.: 502      Inv.: 2441
Voorstelling:    Maria met Kind

Vindplaats:    Leeuwarden
Afm.         h.: 30 br.: 30
Materiaal:     lood-tin
Bevestiging:   draagspeld
Datering:      1400-1450
Details:        —

Afb.: 503      Inv.: 2502
Voorstelling:    Maria met Kind

Vindplaats:    Nieuwlande
Afm.         h.: 28 br.: 28
Materiaal:     lood-tin
Bevestiging:   draagspeld
Datering:      1400-1450
Details:        —

Afb.: 505      Inv.: 2410
Voorstelling:    Maria met Kind

Vindplaats:    Kampen
Afm.         h.: 40,5 br.: 23
Materiaal:     lood-tin
Bevestiging:   niet (meer) aanwezig
Datering:      1350-1400
Details:        —

Afb.: 506      Inv.: 1632
Voorstelling:    Maria met Kind

Vindplaats:    Nieuwlande
Afm.         h.: 22 br.: 18
Materiaal:     lood-tin
Bevestiging:   hangoogje
Datering:      1475-1525
Details:        keerzijde IHS

Afb.: 504      Inv.: 2416
Voorstelling:    Maria met Kind

Vindplaats:    Brugge
Afm.         h.: 85 br.: 43
Materiaal:     lood-tin
Bevestiging:   niet meer aanwezig
Datering:      1400-1500
Details:        —

Afb.: 507      Inv.: 0310
Voorstelling:    Maria met kind

Vindplaats:    Nieuwlande
Afm.         h.: 22 br.: 18
Materiaal:     lood-tin
Bevestiging:   hangoogje
Datering:      1475-1525
Details:        keerzijde
               IHS

Afb.: 508      Inv.: 1484
Voorstelling:    Maria met Kind

Vindplaats:    Nieuwlande
Afm.         h.: 25 br.: 21
Materiaal:     lood-tin
Bevestiging:   hangoogje
Datering:      1475-1525
Details:        keerzijde
               Arma Christi

Afb.: 509      Inv.: 0758
Voorstelling:    Maria met Kind

Vindplaats:    Nieuwlande
Afm.         h.: 18 br.: 18
Materiaal:     lood-tin
Bevestiging:   omlijsting ontbreekt
Datering:      1475-1525
Details:        keerzijde
               Vera Icon

| Afb.: 510A | Inv.: 1873A | | Afb.: 510B | Inv.: 1873B | | Afb.: 511 | Inv.: 0090 |
|---|---|---|---|---|---|---|---|
| Voorstelling: | Maria met Kind | | Voorstelling: | Maria met Kind | | Voorstelling: | Maria met Kind op maansikkel |
| | | | | | | | |
| Vindplaats: | Nieuwlande | | Vindplaats: | Nieuwlande | | Vindplaats: | Amsterdam |
| Afm. | h.: 20 br.: 18 | | Afm. | h.: 20 br.: 18 | | Afm. | h.: 23 br.: 20 |
| Materiaal: | lood-tin | | Materiaal: | lood-tin | | Materiaal: | lood-tin |
| Bevestiging: | hangoogje | | Bevestiging: | hangoogje | | Bevestiging: | draagspeld |
| Datering: | 1475-1525 | | Datering: | 1475-1525 | | Datering: | 1450-1500 |
| Details: | insigne? | | Details: | insigne? | | Details: | type komt in Engeland veel voor |
| | | | Opschrift: | SM | | | |

| Afb.: 512A | Inv.: 1270A | | Afb.: 512B | Inv.: 1270B |
|---|---|---|---|---|
| Voorstelling: | Maria met Kind op maansikkel | | Voorstelling: | Christus als Man van smarten |
| | | | | |
| Vindplaats: | Nieuwlande | | Vindplaats: | Nieuwlande |
| Afm. | h.: 30 br.: 27 | | Afm. | h.: 30 br.: 27 |
| Materiaal: | lood-tin | | Materiaal: | lood-tin |
| Bevestiging: | hangoogje | | Bevestiging: | hangoogje |
| Datering: | 1450-1500 | | Datering: | 1450-1500 |
| Opschrift: | AVE.MARIA. GRATIA.PLENA.DNS.TECU. | | Opschrift: | ASPICE.QUI.TRANSIS QUIA.TU.MICHI.OA.DOI |

| Afb.: 513 | Inv.: 1403 | | Afb.: 514 | Inv.: 1554 | | Afb.: 515 | Inv.: 1611 |
|---|---|---|---|---|---|---|---|
| Voorstelling: | Maria met Kind | | Voorstelling: | Maria met Kind | | Voorstelling: | Maria met Kind |
| | | | | | | | |
| Vindplaats: | Nieuwlande | | Vindplaats: | Hoorn | | Vindplaats: | Nieuwlande |
| Afm. | h.: 24 br.: 24 | | Afm. | h.: 46 br.: 35 | | Afm. | h.: 42 br.: 30 |
| Materiaal: | lood-tin | | Materiaal: | lood-tin | | Materiaal: | lood-tin |
| Bevestiging: | ingeslagen gaatje | | Bevestiging: | ontbreekt | | Bevestiging: | niet meer aanwezig |
| Datering: | 1450-1500 | | Datering: | 1400-1450 | | Datering: | 1475-1525 |
| Details: | keerzijde identiek | | Details: | vogel, bomen | | Details: | — |
| Opschrift: | onleesbaar | | | | | | |

| Afb.: 516 | Inv.: 0528 |
|---|---|
| Voorstelling: | Maria met Kind |
| | |
| Vindplaats: | Dordrecht |
| Afm. | h.: 52 br.: 21 |
| Materiaal: | lood-tin |
| Bevestiging: | ontbreekt |
| Datering: | 1400-1500 |
| Details: | — |

| Afb.: 517A | Inv.: 1834A |
|---|---|
| Voorstelling: | Maria met Kind |
| | |
| Vindplaats: | Dordrecht |
| Afm. | h.: 32 br.: 28 |
| Materiaal: | lood-tin |
| Bevestiging: | hangoogje |
| Datering: | 1400-1450 |
| Details: | lampen |
| Opschrift: | AVE .. ADRA .. A .. |
| | LE .. OMNVSTCI |

| Afb.: 517B | Inv.: 1834B |
|---|---|
| Voorstelling: | Calvarie |
| | |
| Vindplaats: | Dordrecht |
| Afm. | h.: 32 br.: 28 |
| Materiaal: | lood-tin |
| Bevestiging: | hangoogje |
| Datering: | 1400-1450 |
| Opschrift: | Omega-Alpha |

| Afb.: 518 | Inv.: 1383 |
|---|---|
| Voorstelling: | Maria met Kind |
| | |
| Vindplaats: | Nieuwlande |
| Afm. | h.: 33 br.: 24 |
| Materiaal: | lood-tin |
| Bevestiging: | ingeslagen gaatjes |
| Datering: | 1400-1450 |
| Details: | hanglampen |
| Opschrift: | onleesbaar |

| Afb.: 519 | Inv.: 1149 |
|---|---|
| Voorstelling: | Maria met Kind |
| | |
| Vindplaats: | Dordrecht |
| Afm. | h.: 38 br.: 27 |
| Materiaal: | lood-tin |
| Bevestiging: | ingeslagen gaatjes |
| Datering: | 1400-1450 |
| Details: | hanglampen |

| Afb.: 520 | Inv.: 1070 |
|---|---|
| Voorstelling: | Annunciatie |
| | |
| Vindplaats: | Amsterdam |
| Afm. | h.: 64 br.: 36 |
| Materiaal: | lood-tin |
| Bevestiging: | oogjes |
| Datering: | 1400-1450 |
| Details: | vaas met lelie |

| | |
|---|---|
| Afb.: 521 | Inv.: 0001 |
| Voorstelling: | Maria met Kind en engel |
| | |
| Vindplaats: | Dordrecht |
| Afm. | h.: 66 br.: 38 |
| Materiaal: | lood-tin |
| Bevestiging: | oogjes |
| Datering: | 1400-1450 |
| Details: | — |

| | |
|---|---|
| Afb.: 522 | Inv.: 1438 |
| Voorstelling: | Annunciatie Nazareth (?) |
| Vindplaats: | Amsterdam |
| Afm. | h.: 47 br.: 28 |
| Materiaal: | lood-tin |
| Bevestiging: | niet aanwezig |
| Datering: | 1300-1400 |
| Opschrift: | VEG RA PLENA DN ... ENE DIC . VINMUL |
| Details: | zie p. 13 |

| | |
|---|---|
| Afb.: 523 | Inv.: 1030 |
| Voorstelling: | Annunciatie |
| | |
| Vindplaats: | Nieuwlande |
| Afm. | h.: 21 br.: 21 |
| Materiaal: | latoenkoper |
| Bevestiging: | omlijsting ontbreekt |
| Datering: | 1475-1525 |
| Details: | — |

## DE PIETA OF 'NOOD GODS'

Naar aanleiding van het 'Nood Gods'- of Pieta-insigne uit het Oostvlaamse Lede (afb. 467), gingen we al in op dit direct aan de mystieke vroomheid van de late middeleeuwen te verbinden iconografische thema. Beelden van de 'Nood Gods' werden in de vijftiende en zestiende eeuw in nagenoeg alle kerken ter verering opgesteld en het lijkt dus nauwelijks mogelijk een plaats van herkomst aan te duiden voor het insigne afb. 525. Gezien de benaming van de Pieta op de onderrand is het in ieder geval een Nederlandse devotie waarnaar wordt verwezen. Gedacht moet worden aan een cultus rond een Pieta zoals die bestond sinds de late veertiende eeuw in de Nieuwe Kerk te Delft en in de Buurkerk te Utrecht.

| | |
|---|---|
| Afb.: 524 | Inv.: 2480 |
| Voorstelling: | Annunciatie |
| | |
| Vindplaats: | Nieuwlande |
| Afm. | h.: 38 br.: 38 |
| Materiaal: | latoenkoper |
| Bevestiging: | ingeslagen gaatjes |
| Datering: | 1475-1525 |
| Details: | — |

| | |
|---|---|
| Afb.: 525 | Inv.: 1368 |
| Voorstelling: | Pieta |
| | |
| Vindplaats: | Amsterdam |
| Afm. | h.: 85 br.: 53 |
| Materiaal: | lood-tin |
| Bevestiging: | niet aanwezig |
| Datering: | 1300-1400 |
| Opschrift: | DIE:NOE(D)GOEDS |

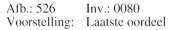

Afb.: 526    Inv.: 0080
Voorstelling:  Laatste oordeel

Vindplaats:   Nieuwlande
Afm.         h.: 65 br.: 70
Materiaal:    lood-tin
Bevestiging:  niet meer aanwezig
Datering:     1300-1400
Details:      Christus, Maria, Johannes de Doper

Afb.: 527    Inv.: 2050
Voorstelling:  Kroning van Maria

Vindplaats:   Valkenisse
Afm.         h.: 49 br.: 59
Materiaal:    lood-tin
Bevestiging:  oogjes
Datering:     1300-1400
Details:      —

## LAATSTE OORDEEL
## KRONING VAN MARIA

De insigne-fragmenten van afb. 526 en 527
sluiten aan op een groep pelgrimstekens
waarvan zowel enkele gave als diverse
brokstukken aan het licht zijn gekomen.
Een aan afb. 526 bijna identiek fragment -
zonder de figuren van Maria en Johannes
de Doper - kwam omstreeks 1984 in
Dordrecht tevoorschijn, terwijl in 1992 een
compleet exemplaar van dit pelgrimsteken
eveneens uit de Dordtse bodem werd
gehaald: het Laatste Oordeel bekroont een
cirkelvormige omlijsting, waarin onder
gotische baldakijnen de staande apostelen
Petrus en Paulus, de Moeder Gods met
Kind gezeten op een troon flankeren. De
herkomst van dit pelgrimsteken is vooras-
nog niet aan te geven. Een van opbouw
nauw verwant insigne werd in Lübeck
gevonden; hier bevinden zich twee engelen
terzijde van de bekronende Christus in de
mandorla en onder de drie baldakijnen
wordt Maria met Kind geflankeerd door
Cornelius en Karel de Grote. Op grond van
deze iconografie zal dit insigne (Lübeck,
St. Annen-Museum) moeten worden geïdentificeerd als dat van afb. 416, verwijzend naar zowel Aken als Kornelimünster.

Afb.: 528A    Inv.: 0265A
Voorstelling:  Maria met Kind

Vindplaats:   Amsterdam
Afm.         h.: 28 br.: 27
Materiaal:    lood-tin
Bevestiging:  los plaatje in hartvormige omlijsting
Datering:     1450-1500
Details:      —

Afb.: 528B    Inv.: 0265B
Voorstelling:  Zegenende bisschop
             —

Vindplaats:   Amsterdam
Afm.         h.: 28 br.: 27
Materiaal:    lood-tin
Bevestiging:  los plaatje in hartvormige omlijsting
Datering:     1450-1500
Details:      —

Afb.: 529 Inv.: 0722
Voorstelling: Gekroonde Maria

Vindplaats: Nieuwlande
Afm. h.: 23 br.: 22
Materiaal: lood-tin
Bevestiging: niet aanwezig
Datering: 1300-1400
Details: —

Afb.: 530 Inv.: 2530
Voorstelling: Maria met Kind

Vindplaats: Rijswijk (Z.H.)
Afm. h.: 83 br.: 38
Materiaal: lood-tin
Bevestiging: oogjes
Datering: 1250-1350
Details: keerzijde ruitmotief

Afb.: 531 Inv.: 2197
Voorstelling: Gekroonde Maria

Vindplaats: Dordrecht
Afm. h.: 48 br.: 21
Materiaal: lood-tin
Bevestiging: niet aanwezig
Datering: 1300-1400
Details: —

Afb.: 532 Inv.: 2320
Voorstelling: Maria met Kind

Vindplaats: Valkenisse
Afm. h.: 43 br.: 30
Materiaal: lood-tin
Bevestiging: oogjes
Datering: 1300-1400
Opschrift: S. BEATE MARIA
     DE ... VSSIERE

Afb.: 533 Inv.: 2483
Voorstelling: Maria (met Kind?)
     Aardenburg?

Vindplaats: Nieuwlande
Afm. h.: 42 br.: 50
Materiaal: lood-tin
Bevestiging: niet meer aanwezig
Datering: 1450-1500
Details: engelen met kaarsen

Afb.: 534 Inv.: 2472
Voorstelling: Maria met Kind
     Halle?

Vindplaats: Dordrecht
Afm. h.: 40 br.: 32
Materiaal: lood-tin
Bevestiging: niet bewaard gebleven
Datering: 1400-1450
Details: pelgrim
Opdracht: ONS VROUWE V ...

| Afb.: 535 | Inv.: 2497 | | Afb.: 536 | Inv.: 2553 |
|---|---|---|---|---|
| Voorstelling: | Maria met Kind | | Voorstelling: | Maria met Kind |
| | | | | 's-Hertogenbosch? |
| Vindplaats: | Nieuwlande | | Vindplaats: | Nieuwlande |
| Afm. | h.: 37 br.: 13 | | Afm. | h.: 49 br.: 35 |
| Materiaal: | lood-tin | | Materiaal: | lood-tin |
| Bevestiging: | oogje achterzijde | | Bevestiging: | hangoogje |
| Datering: | 1450-1500 | | Datering: | 1350-1400 |
| Details: | — | | Details: | gietfout over Maria |

## MARIA EN JOHANNES DE EVANGELIST ?

Het fragment dat hiernaast als afb. 536 is gereproduceerd, is intrigerend. Het toont een kerkgebouw met twee torens aan de ene kant, de andere zijde ontbreekt. Onder de torens lijken enkele ex-voto's te hangen en in de kerk bevinden zich Maria met Kind en een tweede figuur. Deze zou de Evangelist Johannes kunnen zijn en in dat geval gaat het hier om een tot op heden niet van andere fragmenten of exemplaren bekend pelgrimsteken van Maria en Sint Jan uit 's-Hertogenbosch (vergelijk afb. 455-465 en p. 58-63: 'Pelgrimstekens uit 's-Hertogenbosch').

# PROFANE INSIGNES

De profane insignes, waarvan hier een bijna even
grote hoeveelheid (500 stuks) wordt gepubliceerd als
van de religieuze draagtekens (536 stuks), laten zich
veel minder makkelijk op een consequente wijze
ordenen. Van geen enkel profaan insigne is het mogelijk de produktieplaats of oorspronkelijke plaats van
herkomst vast te stellen. De onderwerpen zijn veelal
herkenbaar of leesbaar, maar daarmee nog niet ver-
klaarbaar. De profane insignes verwijzen voor een
groot deel naar volkswijsheden, gezegden en staande
uitdrukkingen, maar ook naar volksverhalen, uit de
oudheid overgeleverde onderwerpen, symbolisch
beladen voorwerpen en met magie, bijgeloof of volksgeloof in verband te brengen vormen, tekens of objecten. In nagenoeg alle gevallen zijn de insignes te
identificeren en globaal naar betekenis te taxeren, voor
de meer nauwkeurige interpretatie moet nog veel
onderzoek worden verricht. In principe moet het
mogelijk zijn voor veel van de profane insignes te
komen tot een duiding die de accuratesse benadert van
de identificatie en interpretatie van de pelgrimstekens
en devotionele draagtekens.

Malcolm Jones leverde hiertoe een interessante en
waardevolle aanzet, die hiervoor als inleidend hoofdstuk is opgenomen: The secular badges, p. 99-110.
Wij hanteerden voor de ordening van de profane insignes in principe een typologische, hierarchische en
chronologische opzet: een ordening naar onderwerp
en naar belangrijkheid van onderwerp (mens voor
dier, dieren in de volgorde van zoogdieren, vogels,
vissen, etcetera). Dit resulteert in de hierna gepresenteerde groeperingen, die geen van alle hard waren af te
grenzen; dikwijls moesten keuzes worden gemaakt
voor insignes die in feite met goede redenen zouden
kunnen worden ondergebracht in twee of drie van de
gedefinieerde categorieën. In de korte commentaartek-
sten die de gehanteerde structuur verduidelijken en
inhoudelijke informatie geven, worden voor die gevallen vaak kruisverwijzingen gegeven. Het commentaar
bij de profane insignes is relatief beknopt gehouden;
veel van de op dit moment mogelijke interpretaties
zijn verwoord in de korte beschrijvingen onder de
afzonderlijke insignes.

De eerste grote categorie is die van insignes waarin de
mens centraal staat in allerlei handelingen en scènes
(afb. 537 - 587). Bijna-menselijke wezens laten we
daar onmiddellijk op volgen: wildemannen, duivels en
mensachtige apen, zeemeerminnen en meermannen,
fabelwezens. De hoofdgroep 'mensen' sluiten we af
met een aantal erotische insignes (afb. 610 - 668).
Deze erotische draagtekens vormen een nog zo als
onbekend gebied binnen het uit de Europese, dus
christelijke middeleeuwen overgeleverde erfgoed. Het
is een, zeker in onze twintigste-eeuwse ogen, bijna
absurdistische vormentaal van sexuele verbeelding,
deels bestaand uit voorstellingen van minnekozende of
de liefde bedrijvende mensen in uiteenlopende taferelen verwikkeld, deels uit tot zelfstandig levende wezens geabstraheerde mannelijke en vrouwelijke sexuele organen die tot menselijk handelen in staat blijken
te zijn. Onder deze erotische insignes bevindt zich een
aantal dat in feite een combinatie of tussenvorm is van
de hier geformuleerde tweedeling.

De dierenwereld (afb. 669 - 720) is geordend naar
viervoeters, vogels en vissen; sommige van de dieren
imiteren menselijk gedrag, andere zijn getemd en/of
geketend weergegeven, en een enkele keer is sprake
van interactie tussen mens en dier.

De volgende categorie zou met de trefwoorden 'teken
en taal' kunnen worden omschreven. Achtereenvolgens worden hier behandeld de grote groep van buste-
insignes, mensenhoofden in een rond lijstje dat veelal
met tekst of pseudo-tekst is gedecoreerd (afb. 721 -
756), heraldiek (afb. 757 - 776) en muntspelden (afb.
777 - 810).

Dan volgt een grote groep van uiteenlopende objecten,
die onder trefwoorden bij elkaar zijn geplaatst en die
in alfabetische volgorde staan afgebeeld, te beginnen
met een tiental beurzen (afb. 811 - 820) en eindigend
met drie zwaardschedes (afb. 1013 - 1015).

Tenslotte is aan het einde nog een groepje zeer divers
en moeilijk elders onder te brengen materiaal
geplaatst (afb. 1016 - 1035). Als allerlaatste afbeelding sluit een spectaculair draagteken de lange rij. Dit
insigne werd aan de hier beschreven verzameling
religieuze en profane insignes toegevoegd na afsluiting van de selectie en de definitieve nummering:
Vrouwe Fortuna die haar rad van wisselend geluk
omwentelt, een insigne dat in de nazomer van 1993 na
zo'n zes eeuwen weer aan het daglicht kwam.

| Afb.: 537 | Inv.: 1868 |
|---|---|
| Voorstelling: | Ploegende figuur |
| | |
| Vindplaats: | Nieuwlande |
| Afm. | h.: 27 br.: 41 |
| Materiaal: | lood-tin |
| Bevestiging: | draagspeld |
| Datering: | 1375-1425 |
| Opschrift: | onleesbaar |

| Afb.: 538 | Inv.: 1911 |
|---|---|
| Voorstelling: | Ploegende boer |
| | |
| Vindplaats: | Rotterdam |
| Afm. | h.: 33 br.: 46 |
| Materiaal: | lood-tin |
| Bevestiging: | hangoogje |
| Datering: | 1375-1425 |
| Opschrift: | onleesbaar |

| Afb.: 539 | Inv.: 1917 |
|---|---|
| Voorstelling: | Aristoteles en Phyllis |
| | |
| Vindplaats: | Nieuwlande |
| Afm. | h.: 28 br.: 26 |
| Materiaal: | lood-tin |
| Bevestiging: | draagspeld |
| Datering: | 1400-1450 |
| Details: | fallus |

| Afb.: 540 | Inv.: 2040 |
|---|---|
| Voorstelling: | Zittende figuur |
| | blaasbalg en spinrokken |
| Vindplaats: | Rotterdam |
| Afm. | h.: 28 br.: 24 |
| Materiaal: | lood-tin |
| Bevestiging: | draagspeld |
| Datering: | 1375-1425 |
| Details: | — |

| Afb.: 541 | Inv.: 1745 |
|---|---|
| Voorstelling: | Strijd om de broek |
| | |
| Vindplaats: | Rotterdam |
| Afm. | h.: 42 br.: 50 |
| Materiaal: | lood-tin |
| Bevestiging: | draagspeld |
| Datering: | 1375-1425 |
| Details: | broek fragmentarisch |

| Afb.: 542 | Inv.: 2500 |
|---|---|
| Voorstelling: | Drie figuren |
| | |
| Vindplaats: | Nieuwlande |
| Afm. | h.: 44 br.: 57 |
| Materiaal: | lood-tin |
| Bevestiging: | hangoogje |
| Datering: | 1375-1425 |
| Opschrift: | LEI. IAERT (luiaard) |

Afb.: 543     Inv.: 0535
Voorstelling:  Vrouw met krans
              knielende geketende man
Vindplaats:  Dordrecht
Afm.        h.: 25 br.: 18
Materiaal:    lood-tin
Bevestiging:  draagspeld
Datering:    1375-1425
Details:      —

## VAANDELDRAGERS ?

De insignes afb. 544, 545 en 546 betreffen drie varianten, afkomstig uit verschillende gietvormen, van een en hetzelfde onderwerp. Dit duidt er op dat het om een bekend en in behoorlijke aantallen aangemaakt insigne betreft. Geen exemplaren van de teruggevonden insigne-fragmenten van deze 'vaandeldrager' zijn meer compleet dan de hier getoonde drie. Met name de torsende houding van de mannenfiguur leidde tot de suggestie dat het om een vaandeldrager of vendelier gaat. In het Museum of London bevindt zich evenwel een min of meer verwant insigne dat een hellebaardier voorstelt (inv. 84.206/2); niet uitgesloten is dat we ook hier met wapendragers, bijvoorbeeld van hellebaarden, lansen of speren van doen hebben. Echter de korte en op het bovenbeen rustende stok doet eerder aan een vaandel denken.

Afb.: 544    Inv.: 2122
Voorstelling:  Vaandeldrager (?)

Vindplaats:  Nieuwlande
Afm.        h.: 46 br.: 21
Materiaal:    lood-tin
Bevestiging:  draagspeld
Datering:    1375-1425
Details:      —

Afb.: 545    Inv.: 2177
Voorstelling:  Vaandeldrager (?)

Vindplaats:  Nieuwlande
Afm.        h.: 45 br.: 27
Materiaal:    lood-tin
Bevestiging:  draagspeld
Datering:    1375-1425
Details:      —

Afb.: 546    Inv.: 2212
Voorstelling:  Vaandeldrager (?)

Vindplaats:  Nieuwlande
Afm.        h.: 50 br.: 20
Materiaal:    lood-tin
Bevestiging:  draagspeld
Datering:    1375-1425
Details:      —

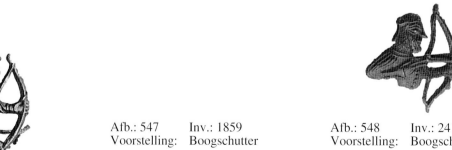

Afb.: 547    Inv.: 1859
Voorstelling:  Boogschutter

Vindplaats:  Nieuwlande
Afm.        h.: 47 br.: 23
Materiaal:    lood-tin
Bevestiging:  draagspeld
Datering:    1375-1425
Details:      boog zonder pijl

Afb.: 548    Inv.: 2414
Voorstelling:  Boogschutter

Vindplaats:  Nieuwlande
Afm.        h.: 29 br.: 25
Materiaal:    lood-tin
Bevestiging:  draagspeld
Datering:    1375-1425
Details:      boog met pijl

| Afb.: 549 | Inv.: 2419 | | Afb.: 550 | Inv.: 2491 | | Afb.: 551 | Inv.: 1223 |
|---|---|---|---|---|---|---|---|
| Voorstelling: | Krijger | | Voorstelling: | Zwaarddrager | | Voorstelling: | Ridder met zwaard, schild, en jachthoorn |
| Vindplaats: | Nieuwlande | | Vindplaats: | Dordrecht | | Vindplaats: | Dordrecht |
| Afm. | h.: 48 br.: 16 | | Afm. | h.: 37 br.: 22 | | Afm. | h.: 37 br.: 15 |
| Materiaal: | lood-tin | | Materiaal: | lood-tin | | Materiaal: | lood-tin |
| Bevestiging: | draagspeld | | Bevestiging: | omlijsting met oogjes | | Bevestiging: | niet bewaard |
| Datering: | 1375-1425 | | Datering: | 1375-1425 | | Datering: | 1375-1425 |
| Details: | — | | Details: | gekroond (?) | | Details: | schild met klauwende leeuw naar rechts |

| Afb.: 552 | Inv.: 1379 | | Afb.: 553 | Inv.: 1416 | | Afb.: 554 | Inv.: 1126 |
|---|---|---|---|---|---|---|---|
| Voorstelling: | Ridder met zwaard en schild | | Voorstelling: | Ridder met schild | | Voorstelling: | Gekroonde ridder met zwaard en schild |
| Vindplaats: | Nieuwlande | | Vindplaats: | Amsterdam | | Vindplaats: | Nieuwlande |
| Afm. | h.: 67 br.: 42 | | Afm. | h.: 50 br.: 18 | | Afm. | h.: 44 br.: 19 |
| Materiaal: | lood-tin | | Materiaal: | lood-tin | | Materiaal: | lood-tin |
| Bevestiging: | draagspeld | | Bevestiging: | draagspeld | | Bevestiging: | draagspeld |
| Datering: | 1375-1425 | | Datering: | 1375-1425 | | Datering: | 1400-1450 |
| Details: | schild met 2 gaande leeuwen naar rechts | | Details: | schild met klauwende leeuw naar links | | Details: | schild met 6 lelies zwaard in schede |

| Afb.: 555 | Inv.: 2114 | Afb.: 556 | Inv.: 0513 | Afb.: 557 | Inv.: 0721 |
|---|---|---|---|---|---|
| Voorstelling: | Ridder met zwaard en schild | Voorstelling: | Ridder met zwaard en schild | Voorstelling: | Ridder met zwaard |
| Vindplaats: | Nieuwlande | Vindplaats: | Nieuwlande | Vindplaats: | Nieuwlande |
| Afm. | h.: 41 br.: 25 | Afm. | h.: 29 br.: 22 | Afm. | h.: 51 br.: 21 |
| Materiaal: | lood-tin | Materiaal: | lood-tin | Materiaal: | lood-tin |
| Bevestiging: | draagspeld | Bevestiging: | draagspeld | Bevestiging: | draagspeld |
| Datering: | 1375-1425 | Datering: | 1375-1425 | Datering: | 1375-1425 |
| Details: | schild met 6 lelies | Details: | schild met 6 lelies | Details: | — |

| Afb.: 558 | Inv.: 0518 | Afb.: 559 | Inv.: 1303 | Afb.: 560 | Inv.: 0130 |
|---|---|---|---|---|---|
| Voorstelling: | Ridder met zwaard en schild | Voorstelling: | Ridder met zwaard en schild | Voorstelling: | Krijgsman met lans en schild |
| Vindplaats: | Dordrecht | Vindplaats: | Amsterdam | Vindplaats: | Reimerswaal |
| Afm. | h.: 68 br.: 25 | Afm. | h.: 27 br.: 20 | Afm. | h.: 30 br.: 15 |
| Materiaal: | lood-tin | Materiaal: | lood-tin | Materiaal: | lood-tin |
| Bevestiging: | draagspeld | Bevestiging: | draagspeld | Bevestiging: | draagspeld |
| Datering: | 1375-1425 | Datering: | 1375-1425 | Datering: | 1375-1425 |
| Details: | schild gevierendeeld met 4 klauwende leeuwen naar rechts (hertogen van Brabant tot ca. 1406) | Details: | schild met naar rechts klauwende leeuw | Details: | — |

## GEWAPENDE RIDDERS

Insignes met afbeeldingen van krijgslieden in wapenrusting, zowel te voet als te paard, komen onder de profane, in Nederland gevonden, draagspelden betrekkelijk veel voor. Meestal zijn de krijgslieden afgebeeld in volle wapenrusting met harnas of maliënkolder, helm, schild en steek- of slagwapen. Op de schilden staat vaak heraldiek die verwijst naar bekende geslachten. Zeer wel denkbaar is dat dergelijke insignes werden gedragen door aanhangers van een bepaalde landheer, met name wanneer van duidelijke partijvorming sprake was. De insignes zouden dan bijvoorbeeld gedragen kunnen zijn bij toernooien of andere festiviteiten, en de dragers bekenden aldus kleur. Maar niet alleen voorstellingen van adel komen onder de insignes voor, ook burgers zijn op direkt verwante wijze weergegeven. Zo toont afb. 572 een te paard zittende man zonder bewapening, met op de achterhand van het paard een pot; de betekenis daarvan is vooralsnog onbekend.

In Nieuwlande werd een, wat onderwerp betreft, aan deze ridder- en ruiter-insignes verwant lood-tinnen figuurtje gevonden op een voetstukje van een toernooiridder te paard, dat vergelijkbaar is met een dergelijk in Amsterdam gevonden ruitertje. Deze weg te zetten figuurtjes worden beschouwd als speelgoed, hoewel ook dat allerminst zeker is.

De wapentekens op de verschillende hier getoonde door voetvolk en ruiters gedragen schilden zijn door ons waar dit mogelijk leek, geduid. Hier ligt evenwel nog een hoeveelheid materiaal die vraagt om nader en meer gespecialiseerd onderzoek, zowel wat betreft de identificatie van de wapens op zich, als naar de mogelijke betekenis van het dragen van deze heraldische insignes.

| | |
|---|---|
| Afb.: 561 | Inv.: 2008 |
| Voorstelling: | Ridder met zwaard en veldfles |
| Vindplaats: | Dordrecht |
| Afm. | h.: 34 br.: 20 |
| Materiaal: | lood-tin |
| Bevestiging: | draagoog |
| Datering: | 1375-1425 |
| Details: | veldfles hangt aan pareerstang |

| | |
|---|---|
| Afb.: 562 | Inv.: 0008 |
| Voorstelling: | Ridder te paard met zwaard |
| Vindplaats: | Reimerswaal |
| Afm. | h.: 50 br.: 69 |
| Materiaal: | lood-tin |
| Bevestiging: | niet aanwezig |
| Datering: | 1375-1425 |
| Details: | in rechter bovenhoek een engel (?) |

| | |
|---|---|
| Afb.: 563 | Inv.: 0009 |
| Voorstelling: | Ridder te paard met zwaard en schild |
| Vindplaats: | Reimerswaal |
| Afm. | h.: 66 br.: 54 |
| Materiaal: | lood-tin |
| Bevestiging: | draagspeld |
| Datering: | 1375-1425 |
| Details: | schild met 3 hoorns (Horne) |

Afb.: 564    Inv.: 0667
Voorstelling:   Ridder te paard met
            zwaard en schild
Vindplaats:    Reimerswaal
Afm.         h.: 43 br.: 34
Materiaal:    lood-tin
Bevestiging:   draagspeld
Datering:     1375-1425
Details:      schild met kruisen en
twee afgewende zalmen (Brakel)

Afb.: 565    Inv.: 1168
Voorstelling:   Ridder te paard met
            lans en schild
Vindplaats:    Nieuwlande
Afm.         h.: 23 br.: 12
Materiaal:    lood-tin
Bevestiging:   niet bewaard
Datering:     1375-1425
Details:      schild met 2 rozetten,
vrijkwartier met adelaar

Afb.: 566    Inv.: 1881
Voorstelling:   Ridder te paard
            met schild
Vindplaats:    Nieuwlande
Afm.         h.: 32 br.: 27
Materiaal:    lood-tin
Bevestiging:   draagspeld
Datering:     1375-1425
Details:      schild geschuinbalkt

Afb.: 567    Inv.: 0017
Voorstelling:   Ridder te paard
            met lans en schild
Vindplaats:    Reimerswaal
Afm.         h.: 45 br.: 29
Materiaal:    lood-tin
Bevestiging:   draagspeld
Datering:     1375-1425
Details:      wapenschild met adelaar
mannenkop als helmteken

Afb.: 568    Inv.: 2399
Voorstelling:   Ridder te paard
            met zwaard en schild
indplaats:    Nieuwlande
Afm.         h.: 25 br.: 23
Materiaal:    lood-tin
Bevestiging:   draagspeld
Datering:     1375-1425
Details:      wapenschild
met 3 puntcirkels

Afb.: 569    Inv.: 1330
Voorstelling:   Ridder te paard
            met zwaard en schild
Vindplaats:    Amsterdam
Afm.         h.: 29 br.: 25
Materiaal:    lood-tin
Bevestiging:   draagspeld
Datering:     1375-1425
Details:      letter 'A' op borst

Afb.: 570    Inv.: 1318
Voorstelling:   Ridder te paard
            met zwaard en schild
Vindplaats:    Amsterdam
Afm.         h.: 28 br.: 29
Materiaal:    lood-tin
Bevestiging:   draagspeld
Datering:     1375-1425
Details:      —

Afb.: 571    Inv.: 1653
Voorstelling:   Ridder te paard

Vindplaats:    Nieuwlande
Afm.         h.: 24 br.: 28
Materiaal:    lood-tin
Bevestiging:   draagspeld
Datering:     1375-1425
Details:      —

Afb.: 572    Inv.: 1992
Voorstelling:   Ruiter te paard

Vindplaats:    Nieuwlande
Afm.         h.: 30 br.: 28
Materiaal:    lood-tin
Bevestiging:   draagspeld
Datering:     1375-1425
Details:      pot op achterhand
paard

## OORLOGSSCHEPEN

De insignes van afb. 574 tot en met 576 tonen relatief grote oorlogsschepen, bemand met soldaten. De krijgslieden zijn allen gehelmd en met schild en steek- of slagwapens uitgerust. Op het eerste en tweede schip (afb. 574, 575) bevinden zich bovendien boogschutters en hoornblazers. Het eerste oorlogsschip bleef uitzonderlijk gaaf bewaard, er lijken nauwelijks of geen details verloren te zijn geraakt. Aangenomen mag worden dat de beide andere insignes ook een hoge mast gehad hebben, compleet met een bemand kraaienest. De drie insignes laten duidelijk zien dat het om houten, uit vastgenagelde planken opgebouwde schepen gaat. Dit betreft het oudste grotere scheepstype dat in de Nederlanden en aangrenzende streken voorkwam: de kogge. Dit korte en zeer brede type schip, vermoedelijk van Romeinse oorsprong, had een sterk overhangende steven en op voor- en achterschip een getimmerte met kantelen ('kastelen'). Midden op de kogge stond één mast met razeil, doch bij gevechten werden ook roeiriemen gebruikt. De mast was veelal voorzien van een korf ('kraaienest'), van waaruit de vijand ook kon worden bestookt. De kogge werd in de tweede helft van de vijftiende eeuw verdrongen door andere scheepstypen.

Afb.: 573          Inv.: 1761
Voorstelling:     Gekroonde ruiter te
                  paard

Vindplaats:       Nieuwlande
Afm.              h.: 35 br.: 26
Materiaal:        lood-tin
Bevestiging:      niet meer aanwezig
Datering:         1375-1425
Details:          niet herkenbaar
                  voorwerp in linkerhand

Afb.: 574          Inv.: 0998
Voorstelling:     *Schip met soldaten*

Vindplaats:       Leiden
Afm.              h.: 58 br.: 54
Materiaal:        lood-tin
Bevestiging:      hangoogje
Datering:         1375-1425
Details:          kraaienest

Afb.: 575          Inv.: 0959
Voorstelling:     *Schip met soldaten*

Vindplaats:       Nieuwlande
Afm.              h.: 35 br.: 60
Materiaal:        lood-tin
Bevestiging:      niet bewaard
Datering:         1375-1425
Details:          —

Afb.: 576          Inv.: 1774
Voorstelling:     *Schip met soldaten*

Vindplaats:       Nieuwlande
Afm.              h.: 33 br.: 47
Materiaal:        lood-tin
Bevestiging:      niet bewaard
Datering:         1375-1425
Details:          —

# MOLENS EN MOLENAARS

De zes insignes afb. 579 tot en met 584 van molenaars en hun molens, en de twee ezelrijders die eveneens als molenaars zullen moeten worden geduid, afb. 577 en 578, geven aan dat we hier te doen hebben met een in de veertiende en vijftiende eeuw zeer populair thema: de draagspeldjes komen in vele varianten voor en moeten dus in een groot veelvoud daarvan in circulatie zijn geweest. Bij de helft van deze speldjes zit de molenaar op zijn rijdier, geen paard maar herkenbaar als ezel, muildier of muilezel. De andere vier insignes plaatsen de mulder bij zijn molen, op de molentrap of uitkijkend door deur of venster van de molenkast. Als type werd de molenaar beschouwd als een vreemde vogel, wat benadrukt lijkt in het insigne van afb. 578 waar de ruiter achterstevoren op zijn rijdier zit. Bovendien doet niet alleen het lastdier het zware werk, maar de molenaar draagt zelf de grote zak. Wat zou in die zak verpakt zijn ? Van veel gewicht was het niet want de mulder heeft maar één hand nodig om de zak boven zijn hoofd te tillen. Wellicht is bedoeld dat het niet meer dan lucht was, of kaf wat de zaak nauwelijks positiever maakt, en dus dat er sprake is van een windbuil. Opmerkelijk is daarbij dat de molenaar naar zijn molen rijdt, ter-wijl juist te verwachten was dat hij de bewerkte goederen af zou voeren - waartoe het kaf in ieder geval behoort. De molenaar had een slechte reputatie, men moest immers maar in goed vertrouwen afwachten hoeveel gemalen meel zou worden ontvangen tegenover het ingeleverde koren. Daarbij waren de molens steeds in het open veld, op afgelegen hoogtes, of eventueel verhoogd aan de rand van de bewoningskernen geplaatst, aangezien ze zoveel mogelijk van alle wind moesten kunnen profiteren. Als bijna vanzelfsprekend werd de molenaar daardoor een figuur in de marge, in zekere zin een figuur buiten de maatschappij. Tegelijkertijd kon niemand om hem heen en bezaten de mulders dus een bepaalde machtspositie, zowel ten opzichte van de boerenstand als ten overstaan van de andere klassen.

Opvallend is hoe de molenaar op afb. 577 zijn hoofd houdt; wordt gesuggereerd dat het hem in het hoofd maalt ? Ook de uitgestoken rechterarm met de opgestoken drie vingers zal een symbolische betekenis hebben. De molenaar oefende in de volksopinie immers een eerloos en moreel zondig beroep uit, dat het begrip 'woeker' dicht naderde. Daarbij heeft het woord 'malen' een niet bepaald positieve erotische beteke-nis en bovendien is bekend dat de buiten de muren gelegen molens nogal eens ook als bordelen funktioneerden. De telkens weer op de insignes afgebeelde houten standaardmolens met zadeldak waren in de latere middeleeuwen algemeen in gebruik.

| Afb.: 577 | Inv.: 1717 |
|---|---|
| Voorstelling: | Ruiter met zak op ezel |
| | |
| Vindplaats: | Nieuwlande |
| Afm. | h.: 29 br.: 26 |
| Materiaal: | lood-tin |
| Bevestiging: | draagspeld |
| Datering: | 1375-1425 |
| Details: | — |

| Afb.: 578 | Inv.: 2127 |
|---|---|
| Voorstelling: | Ruiter met zak op ezel |
| | |
| Vindplaats: | Reimerswaal |
| Afm. | h.: 33 br.: 18 |
| Materiaal: | lood-tin |
| Bevestiging: | draagspeld |
| Datering: | 1375-1425 |
| Details: | ruiter achterstevoren |

| Afb.: 579 | Inv.: 1853 | Afb.: 580 | Inv.: 1713 | Afb.: 581 | Inv.: 2185 |
|---|---|---|---|---|---|
| Voorstelling: | Ruiter met zak op ezel bestijgt molentrap | Voorstelling: | Ruiter met zak op ezel bestijgt molentrap | Voorstelling: | Molen, molenaar in deuropening |
| Vindplaats: | Nieuwlande | Vindplaats: | Nieuwlande | Vindplaats: | Reimerswaal |
| Afm. | h.: 25 br.: 30 | Afm. | h.: 29 br.: 31 | Afm. | h.: 34 br.: 38 |
| Materiaal: | lood-tin | Materiaal: | lood-tin | Materiaal: | lood-tin |
| Bevestiging: | draagspeld | Bevestiging: | draagspeld | Bevestiging: | draagspeld |
| Datering: | 1375-1425 | Datering: | 1375-1425 | Datering: | 1375-1425 |
| Details: | — | Details: | — | Details: | — |

| Afb.: 582 | Inv.: 1905 | Afb.: 583 | Inv.: 1887 | Afb.: 584 | Inv.: 2201 |
|---|---|---|---|---|---|
| Voorstelling: | Molenaar op molen-trap | Voorstelling: | Molenaar op molen-trap | Voorstelling: | Molenaar op molen-trap |
| Vindplaats: | Dordrecht | Vindplaats: | Nieuwlande | Vindplaats: | Nieuwlande |
| Afm. | h.: 24 br.: 34 | Afm. | h.: 25 br.: 25 | Afm. | h.: 24 br.: 20 |
| Materiaal: | lood-tin | Materiaal: | lood-tin | Materiaal: | lood-tin |
| Bevestiging: | draagspeld | Bevestiging: | draagspeld | Bevestiging: | draagspeld |
| Datering: | 1375-1425 | Datering: | 1375-1425 | Datering: | 1375-1425 |
| Details: | — | Details: | — | Details: | 'lange-neus' |

## MUZIKANTEN

Muzikanten komen relatief weinig voor onder de insignes, al vormen de verwijzingen naar muziek als we alle bij elkaar zouden voegen, toch een tamelijk grote groep. Behalve de harpspeler afb. 585, die door het tweede fragment dat van ditzelfde insigne onmiskenbaar een naakte harpist blijkt te zijn, en de luitspeler afb. 587, komen onder de in dit boek gepresenteerde selectie de volgende niet-religieuze insignes voor die muziekinstrumenten of het musiceren als hoofdthema tonen: afb. 616 eenhandsfluitspelende vrouw op schoot bij minnaar, afb. 645 - 648 vedelspelende vrouwen op een fallusdier, afb. 691 - 693 doedelzakspelende zwijnen, afb. 860 - 861 doedelzakken, afb. 898 fluitje in de vorm van een toernooihandschoen, afb. 931 - 938 pelgrims- en jachthoorns, afb. 986 een driedimensionale en van losse snaren voorziene luit. De meeste van deze insignes trekken het musiceren in de sfeer van het minnespel en de erotiek. Soms is dat zeer expliciet het geval (afb. 645 - 648), soms meer subtiel zoals bij het minnende paar waar de eenhandsfluit van de vrouw ook een vrij ondubbelzinnige verwijzing is (afb. 616). De uitzonderlijk mooie en goed gemaakte luit afb. 986 kan bedoeld zijn als zinspeling op de tweede betekenis van het woord luit, maar kan ook louter als afbeelding van dit tokkelinstrument gediend hebben; voor de hoofse luitenist afb. 587 geldt hetzelfde. De doedelzak is natuurlijk hoe dan ook overbelast met een grove erotische boodschap, en zeker wanneer de pijpen en bourdonpijpen worden bespeeld door ostentatief mannelijke zwijnen, is de klank van het instrument naar de achtergrond gebannen. Hier hebben we te maken met een nogal boerse symboliek. Van andere orde en in onze - twintigste-eeuwse - ogen wel absurd direct is uiteraard het vedelspel van de dames die de al dan niet met bel getooide fallussen berijden. De erotische betekenis van de snarenklank is hier direct gerelateerd aan het als zelfstandig levend wezen optredend mannelijk lid, dat voorzien is van vleugels en benen of zelfs klauwpoten !

Afb.: 586    Inv.: 1889
Afb.: 585    Inv.: 2282
Voorstelling: Naakte harpspeler
Vindplaats:  Nieuwlande
Afm.         h.: 19 br.: 14
Afm.         h.: 35 br.: 15
Materiaal:   lood-tin
Bevestiging: draagspeld
Datering:    1375-1425
Opschrift:   PVENT (?)

Afb.: 587    Inv.: 1697
Voorstelling: Luitspeler

Vindplaats:  Nieuwlande
Afm.         h.: 42 br.: 26
Materiaal:   lood-tin
Bevestiging: niet bewaard
Datering:    1400-1450
Details:     veerhouder

Afb.: 588    Inv.: 1986
Voorstelling: Wildeman met knots
              bij kasteel

Vindplaats:  Rotterdam
Afm.         h.: 63 br.: 63
Materiaal:   lood-tin
Bevestiging: niet bewaard
Datering:    1400-1450
Details:     —

## WILDEMANNEN, DUIVELS EN APEN

In de hoog- en laatmiddeleeuwse verbeeldingswereld speelde de wildeman een markante rol. Zowel in het verhalende als in het visuele bronnenmateriaal komt de wildeman, soms zelfs met wildevrouw en wildekinderen, met grote regelmaat voor. Het betrof hier mysterieuze, en daardoor intrigerende en tegelijkertijd angstaanjagende, geheel behaarde en in natuurlijke staat levende mensen. De wildemannen leidden een verborgen bestaan in donkere wouden, waaruit ze incidenteel tevoorschijn kwamen. Als niet of nog niet geciviliseerde medemensen vormden ze een eigen ras, maar de verhalenwereld spreekt ook herhaaldelijk over helden en anderen, die zich als wildeman terugtrekken ter boetedoening en om tot bezinning dan wel inkeer te komen. Heftige emoties konden leiden tot razernij en waanzin, resulterend in een vaak tijdelijk wildemannenbestaan. De wildeman werd dan ook een heftig gevoelsleven toegedacht en aangenomen werd dat de wildeman een ongebreidelde sexuele lust had. Op de insignes komt dit terug in de naaktheid en dikwijls duidelijk vormgegeven sexuele potentie van de wildemannen. De wildeman met fallus afb. 588 staat, gewapend met knots, bij een kasteeltoren; een sterk gelij-

Afb.: 590          Inv.: 0974
Voorstelling:    Wildeman met knots
                 op toernooischild

Vindplaats:     Brugge
Afm.            h.: 36 br.: 26
Materiaal:      lood-tin
Bevestiging:    gaatje
Datering:       1400-1450
Opschrift:      A:M:O:U:N·DAI

Afb.: 589          Inv.: 1301
Voorstelling:    Wildeman met
                 maskerschild en knots

Vindplaats:     Amsterdam
Afm.            h.: 49 br.: 23
Materiaal:      lood-tin
Bevestiging:    draagoog achterzijde
Datering:       1400-1450
Details:        veerhouder

Afb.: 591          Inv.: 2117
Voorstelling:    Wildeman met
                 duivelskop

Vindplaats:     Nieuwlande
Afm.            h.: 38 br.: 34
Materiaal:      lood-tin
Bevestiging:    draagspeld
Datering:       1375-1425
Details:        zwaard en zwaardschede

Afb.: 592          Inv.: 1989
Voorstelling:    Wildeman - duivel

Vindplaats:     Valkenisse
Afm.            h.: 24 br.: 15
Materiaal:      lood-tin
Bevestiging:    draagspeld
Datering:       1375-1425
Details:        —

kend, meer compleet insigne werd gevonden in Zwolle-Berkum en bevindt zich in
Rijksmuseum Twenthe te Enschede. Het
insigne afb. 589 toont de behaarde wildeman met knots en maskerschild tussen
geboomte voor een met kantelen omkranste
veerhouder. Op het toernooischild afb. 590
is de wildeman afgebeeld, opnieuw met
knots gewapend en met een banderol waarop tenminste naar het liefdespel wordt verwezen in de niet volledig te duiden tekst.
De insignes afb. 591 en 592 tonen dat de
stap van wildeman naar duivel soms slechts
een kleine is. Tenslotte moeten we hier nog
noemen het insigne afb. 397 dat door ons
tussen de onbekende heiligen is geplaatst.
Dit insigne werd door Kurt Köster geïnterpreteerd als mogelijk het vroegste type van
de hem bekende Quirinus-insignes (vergelijk afb. 317 - 326). Hij deed dit op grond
van een vondst uit Lüneburg, die gezien de
archeologische omstandigheden vóór 1376
gedateerd kan worden. De twee inmiddels
bekende exemplaren uit Nederland van dit
insigne, maken de Quirinus-interpretatie
minder waarschijnlijk. Onduidelijk is of de
afgebeelde persoon geheel behaard is als
wildeman, of dat hij een maliënkolder
draagt.

Afb.: 593          Inv.: 2522
Voorstelling:    Wildeman met knots

Vindplaats:     Nieuwlande
Afm.            h.: 30 br.: 14
Materiaal:      lood-tin
Bevestiging:    draagspeld
Datering:       1400-1450
Details:        fallus

Afb.: 594          Inv.: 2060
Voorstelling:    Wildeman met kaproen

Vindplaats:     Valkenisse
Afm.            h.: 45 br.: 22
Materiaal:      lood-tin
Bevestiging:    draagspeld
Datering:       1375-1425
Details:        fallus, gebaar linker-
                hand

| Afb.: 595 | Inv.: 1999 | Afb.: 596 | Inv.: 2023 | Afb.: 597 | Inv.: 0143 |
|---|---|---|---|---|---|
| Voorstelling: | Wildeman/aap met kap | Voorstelling: | Op vis staande aap met kaproen | Voorstelling: | Op vis staande aap met kaproen |
| Vindplaats: | Dordrecht | Vindplaats: | Nieuwlande | Vindplaats: | Reimerswaal |
| Afm. | h.: 36 br.: 18 | Afm. | h.: 33 br.: 22 | Afm. | h.: 41 br.: 30 |
| Materiaal: | lood-tin | Materiaal: | lood-tin | Materiaal: | lood-tin |
| Bevestiging: | draagspeld | Bevestiging: | draagspeld | Bevestiging: | draagspeld |
| Datering: | 1375-1425 | Datering: | 1375-1425 | Datering: | 1375-1425 |
| Details: | fallus | Details: | stampt en urineert in vijzel | Details: | stampt en urineert in vijzel |

## AAP OF WILDEMAN ?

De drie hierboven afgebeelde insignes betreffen drie naakte wezens, die meer lijken op apen dan op wildemannen: slechts gekleed met kaproen tonen ze alle drie hun mannelijke naaktheid. De bezigheid van de aap op het eerste fragment (afb. 595) valt niet te achterhalen zonder vergelijkbare vondsten, die nog niet bekend zijn. De twee pissende apen (afb. 596 en 597) zijn twee varianten van hetzelfde onderwerp. Op een vis staat een aap-achtige figuur te stampen in een vijzel die ondertussen wordt gevuld met urine. Louis Hopstaken beschreef in 'Schatten uit de Schelde', Bergen op Zoom 1987, onder nr. 277 een derde variant van ditzelfde onderwerp (coll. Van Beuningen,

inv. 1840). Ook in Engeland zijn dergelijke speldjes tevoorschijn gekomen. Wright publiceerde in 1863 een gevelsteen van het huis van een mosterdfabrikant in de Rue du Châtel te Beauvais, waarop een mosterdmolen is afgebeeld, terzijde waarvan een in een vijzel stampende nar en een in die vijzel urinerende aap zijn weergegeven. Wellicht moeten deze gevelsteen en de speldjes een met elkaar verwante betekenis hebben gehad. De verschillende varianten die zowel in Nederland als in Engeland werden teruggevonden, geven aan dat het om een thema moet gaan dat rond 1400 algemeen bekend was.

| Afb.: 598 | Inv.: 1721 | Afb.: 599 | Inv.: 1541 | Afb.: 600 | Inv.: 2105 |
|---|---|---|---|---|---|
| Voorstelling: | Zeemeermin met kam | Voorstelling: | Zeemeermin | Voorstelling: | Dubbelstaartige zeemeermin |
| Vindplaats: | Nieuwlande | Vindplaats: | Nieuwlande | Vindplaats: | Valkenisse |
| Afm. | h.: 34 br.: 30 | Afm. | h.: 32 br.: 30 | Afm. | h.: 19 br.: 20 |
| Materiaal: | lood-tin | Materiaal: | lood-tin | Materiaal: | lood-tin |
| Bevestiging: | draagspeld | Bevestiging: | draagspeld | Bevestiging: | draagspeld |
| Datering: | 1375-1425 | Datering: | 1400-1450 | Datering: | 1400-1450 |
| Details: | spiegel ontbreekt | Details: | — | Details: | — |

## MEERMINNEN EN MEERMANNEN

Sirenen en meerminnen vormden het onderwerp van een tentoonstelling die onlangs in
Brussel werd georganiseerd. Het eerste van
de hier getoonde zeemeerminnen (afb. 598)
werd daar geëxposeerd samen met een vergelijkbaar maar spiegelbeeldige insigne dat
uit de Sambre bij Namen tevoorschijn
kwam. Odysseus moest, zo luidt het verhaal, aan de mast van zijn schip worden
vastgesnoerd omdat de verleiding van de
sirenen onweerstaanbaar was. Ook in de
middeleeuwen heette het dat meerminnen,
die werden vereenzelvigd met zonde en
duivel, met hun schoonheid en gezang de
zeevaarders lokten. De meermin afb. 598
hield wellicht in haar linkerhand een spiegel, met haar rechterhand houdt ze een dubbele kam voor haar schoot. Door dit gebaar
en door de (ontbrekende) spiegel wordt
benadrukt dat de meermin symbool was
voor wellust en erotische gevoelens. De
dubbelstaartige meermin, zoals het insigne
afb. 600 toont, komt evenals de enkelstaar-
tige veelvuldig voor in de hoog- en laatmiddeleeuwse kunst. Ondermeer op romaanse
kapitelen en op koorbanken vinden we ze
vaak terug. Dat de dubbelstaartige meermin
zeker niet minder wellustig is dan de enkel-
staartige, wordt benadrukt door afbeeldingen waarop deze zelfs met een dubbel vrouwelijk geslacht is weergegeven. De meerminnen behoorden naar mening van de
middeleeuwer tot een afzonderlijk ras, dat
dan ook in de bestiaria - beestenboeken -
waarin de volledige fauna voorkomt, wordt
beschreven. Als vanzelfsprekend kende de
meermin dan ook haar mannelijke even-
knie, de meerman en ook daarvan komen
speldjes voor (afb. 601).

Afb.: 602      Inv.: 0986
Voorstelling:  Vrouwenbuste op vis

Vindplaats:   Dordrecht
Afm.          h.: 20 br.: 36
Materiaal:    lood-tin
Bevestiging:  draagspeld
Datering:     1400-1450
Details:      —

Afb.: 603      Inv.: 2182
Voorstelling:  Mensdier (sphinx ?)

Vindplaats:   Reimerswaal
Afm.          h.: 31 br.: 32
Materiaal:    lood-tin
Bevestiging:  niet bewaard
Datering:     1400-1450
Details:      —

Afb.: 601      Inv.: 1906
Voorstelling:  Geharnaste zeemeer-
               man met zwaard

Vindplaats:   Valkenisse
Afm.          h.: 28 br.: 27
Materiaal:    lood-tin
Bevestiging:  draagspeld
Datering:     1400-1450
Details:      hangoogje

## GEKROOND PAAR

De drie rechthoekige insignes afb. 604, 605
en 606 betreffen exemplaren van identieke,
maar alle fragmentarisch bewaard gebleven
draagtekens. Onder twee naast elkaar gesi-
tueerde gotische driepassen staan ter weerszijden van een boom een gekroonde man en
vrouw. Ongetwijfeld verwijst dit insigne
naar een specifiek verhaal, doch dit is nog
niet getraceerd. De hier onder elkaar afgebeelde trits illustreert zeer duidelijk het
belang van een goede documentatie van
ontdekte fragmenten: door combinatie van
de drie beschadigde exemplaren, wordt
bekend hoe het complete insigne eruit zag.

Afb.: 604      Inv.: 2524
Voorstelling:  Koning en koningin

Vindplaats:   Nieuwlande
Afm.          h.: 38 br.: 43
Materiaal:    lood-tin
Bevestiging:  oogjes
Datering:     1400-1450
Details:      boom

Afb.: 605      Inv.: 0797
Voorstelling:  Koning en koningin

Vindplaats:   Nieuwlande
Afm.          h.: 39 br.: 37
Materiaal:    lood-tin
Bevestiging:  oogjes
Datering:     1400-1450
Details:      boom

Afb.: 606      Inv.: 0985
Voorstelling:  Koning en koningin

Vindplaats:   Brugge
Afm.          h.: 39 br.: 42
Materiaal:    lood-tin
Bevestiging:  oogjes
Datering:     1400-1450
Details:      boom

Afb.: 607     Inv.: 2318
Voorstelling:    Kerk met 2 figuren

Vindplaats:    Valkenisse
Afm.     h.: 22 br.: 32
Materiaal:    lood-tin
Bevestiging:    draagspeld
Datering:    1375-1425
Details:    —

Afb.: 608     Inv.: 1638
Voorstelling:    Dubbelhoofd

Vindplaats:    Nieuwlande
Afm.     h.: 19 br.: 20
Materiaal:    lood-tin
Bevestiging:    draagspeld
Datering:    1375-1425
Details:    —

Afb.: 609     Inv.: 2442
Voorstelling:    Vrouwenhoofd in schild

Vindplaats:    Leeuwarden
Afm.     h.: 38 br.: 28
Materiaal:    lood-tin
Bevestiging:    hangoogje
Datering:    1400-1450
Details:    —

# EROTISCHE INSIGNES

Een aanzienlijk deel van de in Nederland gevonden middeleeuwse profane, en-masse geproduceerde insignes is erotisch van karakter. Inmiddels werden maar liefst 156 verschillende hier aangetroffen erotische draagtekens gedocumenteerd, waarvan 116 stuks uit de provincie Zeeland en daarvan weer 95 uit het verdronken dorp Nieuwlande. Proportioneel is de ongelooflijke vondstenrijkdom van dit gehucht in de Oosterschelde weer in hoge mate beeldbepalend. In werkelijkheid is het totale aantal varianten ook hier beslist groter, omdat het uiteraard onmogelijk is alle gevonden insignes te documenteren. Uit Nederlandse bodem tevoorschijn gekomen erotische insignes werden voor het eerst gepubliceerd in de tentoonstellingscatalogus 'Schatten uit de Schelde', Bergen op Zoom 1987. Een aantal van de daar afgebeelde en beschreven insignes is ook hier opgenomen (afb. 612, 626, 628, 631, 634, 639, 640, 643, 645, 661). Louis Hopstaken verwijst in zijn inleiding in de Bergse tentoonstellingscatalogus met name naar de publicatie van Dirk Bax, 'Ontcijfering van Jeroen Bosch', 's-Gravenhage 1949, en haalt verschillende voorbeelden aan van met insignes vergelijkbare voorstellingen. De herberg van het insigne afb. 612 bijvoorbeeld. Onder in de herberg is een copulerend paar weergegeven naast glas en kan, de herbergier toont op zolder een gevulde beurs; de herberg heeft als uithangteken een kan. Op het paneel 'De verloren zoon' van Jeroen Bosch komt de kan eveneens voor als uithangteken en wel voor een bordeel. Fallussen komen onder de insignes in alle denkbare uitmonsteringen voor en als het ware als zelfstandig levende wezens, de fantasie van de middeleeuwer lijkt hier schier onuitputtelijk: met vleugels, met benen en voeten of met klauwpoten, gekroond, met een bel omgebonden, beladen met een voortgeduwde kruiwagen, uit een kaproen hangend of boven een broek uitstekend, en dergelijke meer. Ook komt de mannenfiguur voor met opgetrokken benen en neerhangende fallus of bijvoorbeeld staande met ontbloot lid en jonglerend met losse fallussen (afb. 617). De fallussen leiden soms hun eigen leven, dansen om een fallusboom (afb. 622) of bemannen schepen (afb. 642 - 644). Charmante vrouwenfiguurtjes brengen op het insigne afb. 625 een fors mannelijk lid boven een broek uit tot erectie, terwijl ook op de insignes afb. 645 - 648 vedelspelende vrouwen de boventoon voeren op de door hen bereden fallusdieren. Minder frequent maar toch regelmatig is de vrouwelijke tegenhanger van de fallus, de vulva, op de erotische insignes aanwezig. Afbeelding 667 toont een dubbele, te sluiten mossel, waarin aan de binnenzijde van een van de schelpen een vulva is weergegeven als een in de gesloten mossel verborgen geheim. De vulva komt eveneens voor als een eigenzinnig levend wezen, echter nagenoeg altijd in samenspel met de fallus en nauwelijks of niet afzonderlijk. Zo wordt een vulva bij de insignes afb. 638 - 640 teder gestreeld door een gevleugeld fallusdier, in de fallusboompjes afb. 623 en 624 bevindt zich ook een al dan niet gevleugelde vulva, een gekroonde vulva wordt door fallusdieren rondgedragen op een draagtroon (afb. 652 en 653) en in vier varianten rijdt de gekroonde vulva als ruiter te paard, manipulerend met fallussen, pijlen en/of boog (afb. 656 - 659). De vulva met een kroon van twee of drie fallussen, gaande op stelten, (afb. 660 - 662) lijkt meer satirisch bedoeld dan de hiervoor genoemde, in onze twintigste-eeuwse ogen toch ook al behoorlijk absurdistische insignes. Maar wat te denken van de aan het braadspit geregen fallus boven een vulva als vetvanger (afb. 654) of een vulva die op een ladder achter een fallus aangaat die zich op de bovenste sport bevindt (afb. 655) ? De erotische insignes lijken door de archeologische omstandigheden vooral in de late veertiende en eerste helft van de vijftiende eeuw te moeten worden gedateerd. Generaliserend gesteld hebben de erotische insignes een de pelgrimstekens dicht benaderende amuletfunktie gehad. Jan-Baptist Bedaux benadrukte dat aspekt in een sterk door de sociobiologie bepaald artikel uit 1987, waarop hij recent voortbouwde (1993). Ook op andere gronden is de onheilafwerende en gelukbrengende funktie van de profane, met name erotische speldjes te beredeneren (zie ook p. 110-114: Sexuele insignes en een Rozenroman-handschrift, en p. 99-109: The secular badges). De insignes afb. 663 - 666 bevestigen zelf dat in bepaald opzicht de op het eerste gezicht sterk verschillende speldjes op zijn minst werden geassocieerd: een als bedevaartganger uitgedoste vulva, met pelgrimshoed, pelgrimsstaf - met fallus bekroond - en rozenkrans. Het insigne afb. 664 voert de persiflage ten top, deze vulva-pelgrim draagt als opgespeld insigne een fallus. 'Les extrêmes se touchent'.

Afb.: 610   Inv.: 1792
Voorstelling:  Copulerend paar met toeschouwer,
              hond en vogel

Vindplaats:  Dordrecht
Afm.         h.: 44 br.: 50
Materiaal:    lood-tin
Bevestiging:  draagspeld
Datering:    1375-1425
Opschrift:    AMOVRS

Afb.: 611   Inv.: 0954
Voorstelling:  Copulerend paar met toeschouwer en
              hond

Vindplaats:  Nieuwlande
Afm.         h.: 33 br.: 55
Materiaal:    lood-tin
Bevestiging:  draagspeld
Datering:    1375-1425
Opschrift:    ... MNV ...

Afb.: 612   Inv.: 1842
Voorstelling:  Copulerend paar
              in herberg met waard
Vindplaats:  Nieuwlande
Afm.         h.: 32 br.: 33
Materiaal:    lood-tin (C.L.)
Bevestiging:  draagspeld
Datering:    1375-1425
Details:      kan als uithangteken
              drinkgerei
Opschrift:    onleesbaar

Afb.: 613   Inv.: 2173
Voorstelling:  Copulerend paar

Vindplaats:  Valkenisse
Afm.         h.: 22 br.: 30
Materiaal:    lood-tin
Bevestiging:  niet meer aanwezig
Datering:    1375-1425
Opschrift:    OVWE MIN EN
              MAER'

Afb.: 614   Inv.: 2022
Voorstelling:  Copulerend paar

Vindplaats:  Nieuwlande
Afm.         h.: 12 br.: 24
Materiaal:    lood-tin
Bevestiging:  niet bewaard
Datering:    1375-1425
Opschrift:    ... NNEN SIIN.

| Afb.: 615 | Inv.: 2006 |
|---|---|
| Voorstelling: | Copulerend paar op wan |
| | |
| Vindplaats: | Rotterdam |
| Afm. | h.: 20 br.: 33 |
| Materiaal: | lood-tin |
| Bevestiging: | oogjes |
| Datering: | 1375-1425 |
| Details: | — |

| Afb.: 616 | Inv.: 2129 |
|---|---|
| Voorstelling: | Minnend paar |
| | |
| Vindplaats: | Reimerswaal |
| Afm. | h.: 38 br.: 20 |
| Materiaal: | lood-tin |
| Bevestiging: | draagspeld |
| Datering: | 1375-1425 |
| Details: | vrouw speelt eenhandsfluit |

| Afb.: 617 | Inv.: 1779 |
|---|---|
| Voorstelling: | Man met 3 fallussen |
| | |
| Vindplaats: | Rotterdam |
| Afm. | h.: 66 br.: 37 |
| Materiaal: | lood-tin |
| Bevestiging: | draagspeld |
| Datering: | 1375-1425 |
| Opschrift: | ... L D ... |

| Afb.: 618 | Inv.: 0785 |
|---|---|
| Voorstelling: | Man met opgetrokken benen en fallus |
| | |
| Vindplaats: | Nieuwlande |
| Afm. | h.: 39 br.: 33 |
| Materiaal: | lood-tin |
| Bevestiging: | draagspeld |
| Datering: | 1400-1450 |
| Details: | — |

| Afb.: 619 | Inv.: 2434 |
|---|---|
| Voorstelling: | Naakte vrouw met opgetrokken benen |
| | |
| Vindplaats: | Nieuwlande |
| Afm. | h.: 31 br.: 22 |
| Materiaal: | lood-tin |
| Bevestiging: | draagspeld |
| Datering: | 1400-1450 |
| Details: | — |

| Afb.: 620 | Inv.: 2100 |
|---|---|
| Voorstelling: | Vrouw met opgetrokken benen en fallus in hand |
| | |
| Vindplaats: | Nieuwlande |
| Afm. | h.: 38 br.: 19 |
| Materiaal: | lood-tin |
| Bevestiging: | draagspeld |
| Datering: | 1400-1450 |
| Details: | — |

Afb.: 621      Inv.: 2557
Voorstelling:  Man met fallus, hoed en mand

Vindplaats:    Brugge
Afm.           h.: 33 br.: 34
Materiaal:     lood-tin
Bevestiging:   draagspeld
Datering:      1375-1425
Details:       ontbloot achterwerk

Afb.: 622      Inv.: 1300
Voorstelling:  2 gevleugelde fallusdieren
               met bel onder boom
Vindplaats:    Amsterdam
Afm.           h.: 53 br.: 55
Materiaal:     lood-tin
Bevestiging:   draagspeld
Datering:      1400-1450
Details:       fallus in boom

### FLUIT- EN MINNESPEL

Tussen de insignes van sexuele thematiek, uiteenlopend van in erotische scènes verwikkelde mensen tot als zelfstandige wezens optredende geslachtsdelen, lijkt het minnepaar afb. 616 te zijn verdwaald. De neergezeten man, met op de rug hangende kap, legt zijn rechterhand op de schoot van de op zijn knieën gezeten en hem omarmende vrouw. Deze vrouw bespeelt de eenhandsfluit. Het lieflijke tafereel is onmiskenbaar erotiserend bedoeld, de fluit en het fluitspel staan hier ondubbelzinnig niet voor muzikaal vermaak maar voor het liefdespel. Fluit en fluitspel worden gebruikt als sexuele metafoor evenals andere muziekinstrumenten, met name de luit en de doedelzak (zie afb. 585, 586 en 691 - 693). Een tweeregelig rijmpje bij een traverso-speler van de graveur Bartholomeus Dolendo (1571 - ca. 1629) naar Lucas van Leyden (1494 - 1533) bijvoorbeeld geeft dat onomwonden aan: 'Wel lustich fluyterken wilt mijnen lust coelen, fluyt met u luytken dat ickt mach voelen'. Het insigne van de eenhandsfluitspelende vrouw op schoot bij de minnekozende man (afb. 616) werd recent al gepubliceerd in een artikel waarin nader op de erotische en andere betekenissen van fluiten werd ingegaan (Koldeweij 1993, 'Van eens esels been de beste fleuyten comen').

Afb.: 623      Inv.: 2026
Voorstelling:  Fallusboom met
               vulva

Vindplaats:    Nieuwlande
Afm.           h.: 28 br.: 19
Materiaal:     lood-tin
Bevestiging:   draagspeld
Datering:      1400-1450
Details:       gevleugelde fallus

Afb.: 624      Inv.: 1850
Voorstelling:  Fallusboom met vulva

Vindplaats:    Nieuwlande
Afm.           h.: 27 br.: 18
Materiaal:     lood-tin
Bevestiging:   draagspeld
Datering:      1400-1450
Details:       gevleugelde fallus
               gevleugelde vulva

# EROTISCHE INSIGNES ELDERS

Hoewel over middeleeuwse sexuele insignes weinig werd gepubliceerd tot op heden, is het hier met name van afb. 610 tot en met afb. 668 gepresenteerde materiaal zeker niet exclusief Nederlands te noemen. De Fransman Arthur Forgeais, die in het derde kwart van de vorige eeuw zo nijver pelgrimstekens en aanverwante objecten verzamelde die in de Seine bij Parijs waren gevonden, publiceerde weliswaar in zijn in eigen beheer uitgegeven boeken geen sexuele insignes, hij verzamelde ze echter wel ! Het Musée de Cluny in Parijs bezit nog steeds erotische speldjes uit bezit van Forgeais; de curieuze Engelse auteur Thomas Wright publiceerde in 1866 een handvol van de, zeker toen als obsceen beschouwde vondsten uit de Seine, waaronder aan de afbeeldingen 629 - 640, 645 - 648 en 663 - 666 sterk verwante of nagenoeg identieke insignes. Het museum voor toegepaste kunst in Praag bezit een via verkoop in 1894 daar terecht gekomen collectie insignes die in de vorige eeuw uit de Seine tevoorschijn kwamen, waaronder ook enkele van deze sexuele speldjes, met name de vulva-bedevaartganger (zie afb. 663 - 666) en de gekroonde en gevleugelde fallus (bijna identiek aan afb. 634). De vitrines van het Musée des Antiquités in Rouen tonen temidden van een groot aantal aldaar uit de Seine gebaggerde pelgrimstekens zonder enig commentaar ook verschillende erotische insignes. Deze drie verzamelingen van insigne-vondsten uit de Seine, bewijzen dat daar de lood-tinnen sexuele speldjes in soortgelijke verhouding als in het Zeeuwse deltagebied en elders in de Nederlanden tevoorschijn zijn gekomen. Het gepubliceerde materiaal suggereert eerder het tegenovergestelde, maar volstrekt ten onrechte. Wel beduidend minder, in feite zelfs slechts nauwelijks, werden erotische insignes in Engeland gevonden. Dit is te meer verbazingwekkend, omdat daar op verschillende locaties wel vele pelgrimstekens en verwante devotionalia zijn aangetroffen. Desalniettemin valt in dit verband wel iets uit Engelse bodem te signaleren: al genoemd werden in een vijzel pissende apen, verwant aan afb. 596 en 597, en hier is een Londense vondst relevant van een insigne in de vorm van een open beursbuidel met fallus (Museum of London, inv. 91.199).

Lange tijd is het sexuele middeleeuwse materiaal ontkent, hetzij door bewust verbergen (denk aan de sfeer van het 'geheime museum' te Napels waar de erotica uit Pompei en Herculaneum werden opgeborgen), hetzij door het als 'antiek' of Romeins te bestempelen of gewoonweg niet te herkennen. Een mooi voorbeeld van

dit laatste levert het Kunstgewerbemuseum van de stad Keulen. In de tin-catalogus uit 1976 werden twee insignes in de vorm van gevleugelde fallusdieren, één met omgebonden bel, gepubliceerd als 'spätantik' (cat. 9A en 9B), terwijl een onmiskenbaar middeleeuwse en gigantische fallus bij een man met hondje en omringd door een onleesbare tekstband, werd omschreven als een 'nicht identifizierbaren Gegenstand' (cat. 67). In de recente tentoonstellingscatalogus 'Stadtluft, Hirsebrei und Bettelmonch', Zürich/Stuttgart 1992, werd het middeleeuwse erotische insigne evenmin herkend. Een bijzondere vondst werd daar omschreven (p. 434-435) als een 'naakte, vrouwelijke figuur: ze is als smid te herkennen, aangezien ze op een aambeeld een werkstuk smeedt en voor het opvlammende smidsvuur staat ... '. Aldus wordt het werkstuk op het aambeeld tekort gedaan: de vrouwelijke, niet geklede smid is bezig een gevleugelde fallus te vormen uit het gloeiende metaal !

Afb.: 625   Inv.: 0966
Voorstelling: Twee vrouwen met fallus boven broek waaronder fallus
Vindplaats: Brugge
Afm. h.: 63 br.: 33
Materiaal: lood-tin
Bevestiging: hangoogje
Datering: 1400-1450

Afb.: 626   Inv.: 1841
Voorstelling: Broek met fallus

Vindplaats: Nieuwlande
Afm. h.: 20 br.: 21
Materiaal: lood-tin
Bevestiging: draagspeld
Datering: 1375-1425
Details: —

Afb.: 627   Inv.: 2156
Voorstelling: Kaproen met fallus

Vindplaats: Nieuwlande
Afm. h.: 31 br.: 23
Materiaal: lood-tin
Bevestiging: draagspeld
Datering: 1400-1450
Details: —

Afb.: 628   Inv.: 1885
Voorstelling: Kaproen met fallus

Vindplaats: Nieuwlande
Afm. h.: 22 br.: 18
Materiaal: lood-tin
Bevestiging: draagspeld
Datering: 1400-1450
Details: —

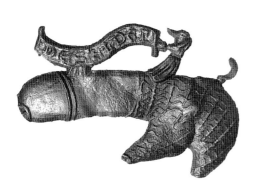

Afb.: 629     Inv.: 2538
Voorstelling: Fallusdier met figuur
              en banderol

Vindplaats:   Middelburg
Afm.          h.: 33 br.: 52
Materiaal:    lood-tin
Bevestiging:  draagspeld
Datering:     1375-1425
Opschrift:    DE SELDE ...

Afb.: 630     Inv.: 2133
Voorstelling: Fallusdier waarop
              kruier

Vindplaats:   Nieuwlande
Afm.          h.: 57 br.: 63
Materiaal:    lood-tin
Bevestiging:  draagspeld
Datering:     1400-1450
Details:      —

Afb.: 631     Inv.: 1858
Voorstelling: Fallusdier waarop vrouw met kruiwagen
              drie fallussen

Vindplaats:   Nieuwlande
Afm.          h.: 56 br.: 55
Materiaal:    lood-tin
Bevestiging:  draagspeld
Datering:     1400-1450
Details:      —

Afb.: 632     Inv.: 0522
Voorstelling: Fallusdier met kroon en masker ach-
              terzijde

Vindplaats:   Dordrecht
Afm.          h.: 35 br.: 58
Materiaal:    lood-tin
Bevestiging:  draagspeld
Datering:     1400-1450
Details:      belletje ontbreekt

| Afb.: 633 | Inv.: 0509 | Afb.: 634 | Inv.: 1856 | Afb.: 635 | Inv.: 2477 |
|---|---|---|---|---|---|
| Voorstelling: | Fallusdier met kroon | Voorstelling: | Gevleugeld fallusdier, kroon en belletje | Voorstelling: | Gevleugeld fallusdier, kroon en belletje |
| Vindplaats: | Middelburg | Vindplaats: | Nieuwlande | Vindplaats: | Nieuwlande |
| Afm. | h.: 35 br.: 41 | Afm. | h.: 29 br.: 28 | Afm. | h.: 28 br.: 29 |
| Materiaal: | lood-tin | Materiaal: | lood-tin | Materiaal: | lood-tin |
| Bevestiging: | draagspeld | Bevestiging: | draagspeld | Bevestiging: | draagspeld |
| Datering: | 1400-1450 | Datering: | 1375-1425 | Datering: | 1375-1425 |
| Details: | — | Details: | — | Details: | — |

| Afb.: 636 | Inv.: 0823 | Afb.: 637 | Inv.: 0105 | Afb.: 638 | Inv.: 1862 |
|---|---|---|---|---|---|
| Voorstelling: | Gevleugeld fallus-dier | Voorstelling: | Gevleugeld fallus-dier, belletje | Voorstelling: | Gevleugeld fallusdier staande op vulva |
| Vindplaats: | Dordrecht | Vindplaats: | Nieuwlande | Vindplaats: | Nieuwlande |
| Afm. | h.: 23 br.: 26 | Afm. | h.: 23 br.: 21 | Afm. | h.: 26 br.: 19 |
| Materiaal: | lood-tin (C.L.) | Materiaal: | lood-tin | Materiaal: | lood-tin |
| Bevestiging: | draagspeld | Bevestiging: | draagspeld | Bevestiging: | draagspeld |
| Datering: | 1400-1450 | Datering: | 1375-1425 | Datering: | 1375-1425 |
| Details: | — | Details: | — | Details: | streelt vulva met rechtervleugel |

| Afb.: 639 | Inv.: 1237 | Afb.: 640 | Inv.: 1855 | Afb.: 641 | Inv.: 2415 |
|---|---|---|---|---|---|
| Voorstelling: | Gevleugeld fallusdier staande op vulva | Voorstelling: | Gevleugeld fallusdier staande op vulva | Voorstelling: | Fallus op tekstband |
| Vindplaats: | Nieuwlande | Vindplaats: | Nieuwlande | Vindplaats: | Nieuwlande |
| Afm. | h.: 24 br.: 21 | Afm. | h.: 16 br.: 21 | Afm. | h.: 16 br.: 35 |
| Materiaal: | lood-tin | Materiaal: | lood-tin | Materiaal: | lood-tin |
| Bevestiging: | draagspeld | Bevestiging: | draagspeld | Bevestiging: | niet bewaard |
| Datering: | 1375-1425 | Datering: | 1375-1425 | Datering: | 1400-1450 |
| Details: | streelt vulva met rechtervleugel | Details: | streelt vulva met linkervleugel | Opschrift: | : CONTEN : |

| Afb.: 642 | Inv.: 2075 |
|---|---|
| Voorstelling: | Schip met 2 figuren en fallussen |
| Vindplaats: | Rotterdam |
| Afm. | h.: 28 br.: 43 |
| Materiaal: | lood-tin |
| Bevestiging: | draagspeld |
| Datering: | 1375-1425 |
| Details: | hoornblazer |

| Afb.: 643 | Inv.: 1614 |
|---|---|
| Voorstelling: | Schip met fallussen en schipper |
| Vindplaats: | Nieuwlande |
| Afm. | h.: 26 br.: 27 |
| Materiaal: | lood-tin |
| Bevestiging: | draagspeld |
| Datering: | 1375-1425 |
| Details: | gevleugelde fallus |

| Afb.: 644 | Inv.: 1350 |
|---|---|
| Voorstelling: | Schip met fallussen en schipper |
| Vindplaats: | Amsterdam |
| Afm. | h.: 24 br.: 27 |
| Materiaal: | lood-tin |
| Bevestiging: | draagspeld |
| Datering: | 1375-1425 |
| Details: | vlag met kruis |

| Afb.: 645 | Inv.: 1845 |
|---|---|
| Voorstelling: | Vedel spelende vrouw op gevleugeld fallus-dier |
| Vindplaats: | Nieuwlande |
| Afm. | h.: 27 br.: 27 |
| Materiaal: | lood-tin |
| Bevestiging: | draagspeld |
| Datering: | 1375-1425 |
| Details: | fallusdier met bel |

| Afb.: 646 | Inv.: 2183 |
|---|---|
| Voorstelling: | Vedel spelende vrouw op gevleugeld fallus-dier |
| Vindplaats: | Nieuwlande |
| Afm. | h.: 30 br.: 27 |
| Materiaal: | lood-tin |
| Bevestiging: | draagspeld |
| Datering: | 1375-1425 |
| Details: | fallusdier met bel |

| Afb.: 647 | Inv.: 0382 |
|---|---|
| Voorstelling: | Vedel spelende vrouw op gevleugeld fallusdier |
| Vindplaats: | Tolsende |
| Afm. | h.: 37 br.: 23 |
| Materiaal: | lood-tin |
| Bevestiging: | draagspeld |
| Datering: | 1400-1450 |
| Details: | fallusdier met klauwpoten |

| Afb.: 648 | Inv.: 2440 |
|---|---|
| Voorstelling: | Vedel spelende vrouw op gevleugeld fallusdier |
| Vindplaats: | Nieuwlande |
| Afm. | h.: 27 br.: 25 |
| Materiaal: | lood-tin |
| Bevestiging: | draagspeld |
| Datering: | 1400-1450 |
| Details: | klauwpoten |

| Afb.: 649 | Inv.: 2174 |
|---|---|
| Voorstelling: | Fallusfiguur als ridder te paard |
| Vindplaats: | Valkenisse |
| Afm. | h.: 28 br.: 24 |
| Materiaal: | lood-tin |
| Bevestiging: | draagspeld |
| Datering: | 1375-1425 |
| Details: | met schild of spiegel |

| Afb.: 650 | Inv.: 1756 |
|---|---|
| Voorstelling: | Gekroonde fallus-figuur te paard |
| Vindplaats: | Rotterdam |
| Afm. | h.: 28 br.: 23 |
| Materiaal: | lood-tin |
| Bevestiging: | draagspeld |
| Datering: | 1375-1425 |
| Details: | — |

| Afb.: 651 | Inv.: 1901 | | Afb.: 652 | Inv.: 0967 | | Afb.: 653 | Inv.: 2049 |
|---|---|---|---|---|---|---|---|
| Voorstelling: | Fallus | | Voorstelling: | Drie fallusdieren gekroonde vulva-figuur | | Voorstelling: | Fallusfiguur met draagbaar |
| Vindplaats: | Dordrecht | | Vindplaats: | Brugge | | Vindplaats: | Rotterdam |
| Afm. | h.: 33 br.: 15 | | Afm. | h.: 56 br.: 45 | | Afm. | h.: 37 br.: 20 |
| Materiaal: | lood-tin | | Materiaal: | lood-tin | | Materiaal: | lood-tin |
| Bevestiging: | hangoogje | | Bevestiging: | draagspeld | | Bevestiging: | niet bewaard |
| Datering: | 1400-1450 | | Datering: | 1375-1425 | | Datering: | 1375-1425 |
| Details: | — | | Details: | draagbaar | | Details: | — |

| Afb.: 654 | Inv.: 0760 | | Afb.: 655 | Inv.: 2397 | | Afb.: 656 | Inv.: 1323 |
|---|---|---|---|---|---|---|---|
| Voorstelling: | Fallus aan grill vulva als vetvanger | | Voorstelling: | Vulva op ladder fallus op bovenste sport | | Voorstelling: | Gekroonde vulva te paard karwats en op zichzelf gerichte pijl |
| Vindplaats: | Nieuwlande | | Vindplaats: | Nieuwlande | | Vindplaats: | Amsterdam |
| Afm. | h.: 20 br.: 22 | | Afm. | h.: 24 br.: 16 | | Afm. | h.: 31 br.: 21 |
| Materiaal: | lood-tin | | Materiaal: | lood-tin | | Materiaal: | lood-tin |
| Bevestiging: | draagspeld | | Bevestiging: | draagspeld | | Bevestiging: | draagspeld |
| Datering: | 1375-1425 | | Datering: | 1375-1425 | | Datering: | 1375-1425 |
| Details: | — | | Details: | — | | Details: | — |

| Afb.: 657 | Inv.: 0099 |
|---|---|
| Voorstelling: | Gekroonde vulva te paard, fallus en pijl |
| Vindplaats: | Nieuwlande |
| Afm. | h.: 27 br.: 25 |
| Materiaal: | lood-tin |
| Bevestiging: | draagspeld |
| Datering: | 1375-1425 |
| Details: | — |

| Afb.: 658 | Inv.: 1866 |
|---|---|
| Voorstelling: | Gekroonde vulva te paard |
| Vindplaats: | Nieuwlande |
| Afm. | h.: 24 br.: 29 |
| Materiaal: | lood-tin |
| Bevestiging: | draagspeld |
| Datering: | 1375-1425 |
| Details: | — |

| Afb.: 659 | Inv.: 2439 |
|---|---|
| Voorstelling: | Gekroonde vulva te paard |
| Vindplaats: | Tolsende |
| Afm. | h.: 27 br.: 24 |
| Materiaal: | lood-tin |
| Bevestiging: | draagspeld |
| Datering: | 1375-1425 |
| Details: | wapenschild |

| Afb.: 660 | Inv.: 1847 |
|---|---|
| Voorstelling: | Op stelten lopende vulva kroon met 3 fallussen |
| Vindplaats: | Nieuwlande |
| Afm. | h.: 27 br.: 18 |
| Materiaal: | lood-tin |
| Bevestiging: | draagspeld |
| Datering: | 1375-1425 |
| Details: | fallus aan onderzijde |

| Afb.: 661 | Inv.: 1715 |
|---|---|
| Voorstelling: | Op stelten lopende vulva kroon met 3 fallussen |
| Vindplaats: | Nieuwlande |
| Afm. | h.: 37 br.: 22 |
| Materiaal: | lood-tin |
| Bevestiging: | draagspeld |
| Datering: | 1375-1425 |
| Details: | — |

| Afb.: 662 | Inv.: 2172 |
|---|---|
| Voorstelling: | Op stelten lopende vulva kroon met 2 fallussen |
| Vindplaats: | Valkenisse |
| Afm. | h.: 29 br.: 21 |
| Materiaal: | lood-tin |
| Bevestiging: | draagspeld |
| Datering: | 1375-1425 |
| Details: | — |

Afb.: 663    Inv.: 2184
Voorstelling:  Vulva als pelgrim met
           fallusstaf en rozenkrans
Vindplaats:  Reimerswaal
Afm.       h.: 33 br.: 19
Materiaal:  lood-tin
Bevestiging:  draagspeld
Datering:  1375-1425
Details:  trippen

Afb.: 664    Inv.: 2056
Voorstelling:  Vulva-figuur met
           staf
Vindplaats:  Rotterdam
Afm.       h.: 36 br.: 21
Materiaal:  lood-tin
Bevestiging:  draagspeld
Datering:  1375-1425
Details:  opgespelde fallus

Afb.: 665    Inv.: 1324
Voorstelling:  Vulva als pelgrim met
           staf en rozenkrans
Vindplaats:  Amsterdam
Afm.       h.: 23 br.: 21
Materiaal:  lood-tin
Bevestiging:  draagspeld
Datering:  1375-1425
Details:  —

Afb.: 666    Inv.: 2479
Voorstelling:  Vulva als pelgrim
           met hoed en staf
Vindplaats:  Nieuwlande
Afm.       h.: 26 br.: 18
Materiaal:  lood-tin
Bevestiging:  draagspeld
Datering:  1375-1425
Details:  —

Afb.: 667    Inv.: 1744
Voorstelling:  Dubbele mosselschelp; één met afbeelding
           vulva
Vindplaats:  Rotterdam
Afm.       h.: 42 br.: 18
Materiaal:  lood-tin (C.L.)
Bevestiging:  ingeslagen gaatjes
Datering:  1375-1425
Details:  bij elkaar gevonden; scharnieroogje

Afb.: 668    Inv.: 2510
Voorstelling:  Aap op fabeldier

Vindplaats:  Heyst
Afm.       h.: 35 br.: 34
Materiaal:  lood-tin
Bevestiging:  draagspeld
Datering:  1350-1400
Details:  fallus, toernooilans
           bellen, muts

# DIER-INSIGNES

De insignes van afbeelding 669 tot en met 720 stellen dieren voor: zoogdieren, vogels en vissen. De dieren zijn soms voorgesteld handelend als mensen (afb. 669, 670, 691 - 693) en soms worden ze in menselijk handelen betrokken (afb. 711, 720). Vaak gaat het om getemde dieren die door de aangebrachte halsband door hun hoeders in de hand te houden zijn. Een aantal van de dierinsignes sluit overigens aan bij andere categorieën. De ezel met spinrokken en forse erectie (afb. 670) moet bijvoorbeeld wat betekenis en attributen betreft direct naast de man met spinrokken en blaasbalg (afb. 540) worden genoemd, de haan en hen van afb. 716 had naast de insignes afb. 610 - 615 gepresenteerd kunnen worden en het fragment van de in twee handen tegen een fallus gehouden vis moet wellicht worden geassocieerd met afb. 618.

Afb.: 672     Inv.: 0139
Voorstelling:   Hert

Vindplaats:   Nieuwlande
Afm.       h.: 25 br.: 30
Materiaal:    lood-tin
Bevestiging:   draagspeld
Datering:     1375-1425
Details:      uithangende tong

Afb.: 670     Inv.: 1694
Voorstelling:   Ezel met spinrokken

Vindplaats:   Dordrecht
Afm.       h.: 46 br.: 30
Materiaal:    lood-tin
Bevestiging:   niet aanwezig
Datering:     1400-1450
Details:      kap en fallus

Afb.: 673     Inv.: 1849
Voorstelling:   Hert

Vindplaats:   Nieuwlande
Afm.       h.: 25 br.: 22
Materiaal:    lood-tin
Bevestiging:   draagspeld
Datering:     1375-1425
Details:      —

Afb.: 669     Inv.: 0353
Voorstelling:   Zittende aap met vrucht

Vindplaats:   Amsterdam
Afm.       h.: 41 br.: 35
Materiaal:    lood-tin
Bevestiging:   hangoogje
Datering:     1500-1550
Details:      achterzijde
            bevestigingslipjes

Afb.: 671     Inv.: 0393
Voorstelling:   Hertekop

Vindplaats:   Dordrecht
Afm.       h.: 29 br.: 30
Materiaal:    lood-tin
Bevestiging:   niet meer aanwezig
Datering:     1400-1450
Details:      onderzijde afgebroken
            uithangende tong

Afb.: 674     Inv.: 1236
Voorstelling:   Hert

Vindplaats:   Nieuwlande
Afm.       h.: 29 br.: 19
Materiaal:    lood-tin
Bevestiging:   draagoogje
Datering:     1450-1500
Details:      veerhouder

Afb.: 678          Inv.: 0979
Voorstelling:   Hond met bel

Vindplaats:     Nieuwlande
Afm.               h.: 30 br.: 25
Materiaal:       lood-tin
Bevestiging:    draagspeld
Datering:        1375-1425
Opschrift:       ΛΟΜΑ (Amours?)

Afb.: 675          Inv.: 2036
Voorstelling:   Hond

Vindplaats:     Rotterdam
Afm.               h.: 50 br.: 48
Materiaal:       lood-tin
Bevestiging:    hangoogje
Datering:        1400-1450
Details:          —

Afb.: 676          Inv.: 1857
Voorstelling:   Hond

Vindplaats:     Nieuwlande
Afm.               h.: 34 br.: 42
Materiaal:       lood-tin
Bevestiging:    hangoogje
Datering:        1400-1450
Details:          —

Afb.: 679          Inv.: 2354
Voorstelling:   Hond met bel

Vindplaats:     Dordrecht
Afm.               h.: 39 br.: 32
Materiaal:       lood-tin
Bevestiging:    draagspeld
Datering:        1375-1425
Details:          —

Afb.: 677          Inv.: 0378
Voorstelling:   Hond

Vindplaats:     Dordrecht
Afm.               h.: 47 br.: 62
Materiaal:       lood-tin
Bevestiging:    niet bewaard
Datering:        1375-1425
Details:          mensenfiguurtje (afgebroken) ter linkerzijde

Afb.: 680          Inv.: 1636
Voorstelling:   Hond

Vindplaats:     Nieuwlande
Afm.               h.: 23 br.: 18
Materiaal:       lood-tin
Bevestiging:    draagspeld
Datering:        1375-1425
Details:          —

Afb.: 681     Inv.: 1854
Voorstelling:    Leeuw

Vindplaats:    Nieuwlande
Afm.         h.: 28 br.: 28
Materiaal:     lood-tin
Bevestiging:   draagspeld
Datering:      1375-1425
Details:       —

Afb.: 682-1    Inv.: 2316
Voorstelling:    Leeuw

Vindplaats:    Valkenisse
Afm.         h.: 17 br.: 22
Materiaal:     lood-tin
Bevestiging:   draagspeld
Datering:      1375-1425
Details:       —

Afb.: 682-2    Inv.: 1630
Voorstelling:    Leeuw

Vindplaats:    Nieuwlande
Afm.         h.: 18 br.: 19
Materiaal:     lood-tin
Bevestiging:   draagspeld
Datering:      1375-1425
Details:       —

Afb.: 683     Inv.: 2532
Voorstelling:    Leeuw

Vindplaats:    Nieuwlande
Afm.         h.: 16 br.: 24
Materiaal:     lood-tin
Bevestiging:   draagspeld
Datering:      1375-1425
Details:       —

Afb.: 684     Inv.: 1634
Voorstelling:    Leeuw

Vindplaats:    Nieuwlande
Afm.         h.: 24 br.: 17
Materiaal:     lood-tin
Bevestiging:   draagspeld
Datering:      1375-1425
Details:       —

Afb.: 685     Inv.: 0723
Voorstelling:    Leeuw

Vindplaats:    Nieuwlande
Afm.         h.: 26 br.: 26
Materiaal:     lood-tin
Bevestiging:   draagspeld gebroken
Datering:      1375-1425
Details:       —

Afb.: 686     Inv.: 2385
Voorstelling:    Leeuw als poort-
                wachter
Vindplaats:    Nieuwlande
Afm.         h.: 29 br.: 25
Materiaal:     lood-tin
Bevestiging:   draagspeld
Datering:      1375-1425
Details:       —

## DIEREN EN SYMBOLIEK

De op de insignes weergegeven dieren hebben een sterk uiteenlopende betekenis. De leeuwen zullen, evenals het adelaartje, vooral als symbool van moed en macht worden gezien, met name afgeleid van heraldische voorstellingen zoals ook uit de vormgeving blijkt (vergelijk ook afb. 757 - 767). De honden zullen eerder voor trouw staan, soms meer gespecificeerd, dat lijkt althans het 'amours' blaffende hondje van afb. 678 aan te geven. De doedelzakspelende zwijnen van afb. 691 - 693 moeten beslist als een vrij grove sexuele zinspeling worden gezien, de geketende en/of gekroonde vogels van afb. 694 - 702 zullen op een of andere wijze moeten worden gerelateerd aan schuttersvogels.

Afb.: 687     Inv.: 0668
Voorstelling:    Fabeldier

Vindplaats:    Dordrecht
Afm.         h.: 25 br.: 42
Materiaal:     lood-tin
Bevestiging:   draagspeld
Datering:      1350-1400
Details:       —

| Afb.: 688 | Inv.: 0886 |
|---|---|
| Voorstelling: | Fabeldier |
| | |
| Vindplaats: | Dordrecht |
| Afm. | h.: 40 br.: 30 |
| Materiaal: | lood-tin |
| Bevestiging: | draagspeld |
| Datering: | 1375-1425 |
| Details: | bijt in eigen staart |

| Afb.: 689 | Inv.: 2181 |
|---|---|
| Voorstelling: | Fabeldier |
| | |
| Vindplaats: | Reimerswaal |
| Afm. | h.: 38 br.: 24 |
| Materiaal: | lood-tin |
| Bevestiging: | draagspeld |
| Datering: | 1375-1425 |
| Details: | bijt in eigen staart |

| Afb.: 690 | Inv.: 0118 |
|---|---|
| Voorstelling: | Pegasus |
| | |
| Vindplaats: | Nieuwlande |
| Afm. | h.: 26 br.: 22 |
| Materiaal: | lood-tin |
| Bevestiging: | niet bewaard |
| Datering: | 1400-1450 |
| Details: | — |

| Afb.: 691 | Inv.: 1460 |
|---|---|
| Voorstelling: | Everzwijn met doedel-zak |
| | |
| Vindplaats: | Amsterdam |
| Afm. | h.: 45 br.: 27 |
| Materiaal: | lood-tin |
| Bevestiging: | niet meer aanwezig |
| Datering: | 1375-1425 |
| Opschrift: | onleesbaar |

| Afb.: 692 | Inv.: 2155 |
|---|---|
| Voorstelling: | Everzwijn met doedel-zak |
| | |
| Vindplaats: | Amsterdam |
| Afm. | h.: 44 br.: 38 |
| Materiaal: | lood-tin |
| Bevestiging: | hangoogje (afgebroken) |
| Datering: | 1375-1425 |
| Opschrift: | ... TROM |

| Afb.: 693 | Inv.: 1422 |
|---|---|
| Voorstelling: | Everzwijn met doedel-zak |
| | |
| Vindplaats: | Kampen |
| Afm. | h.: 43 br.: 28 |
| Materiaal: | lood-tin |
| Bevestiging: | niet bewaard |
| Datering: | 1350-1400 |
| Opschrift: | VARMVA |

| Afb.: 694 | Inv.: 1006 | Afb.: 695 | Inv.: 1573 | Afb.: 696 | Inv.: 1642 |
|---|---|---|---|---|---|
| Voorstelling: | Vogel | Voorstelling: | Vogel | Voorstelling: | Vogel op tak |
| | | | | | |
| Vindplaats: | Brugge | Vindplaats: | Nieuwlande | Vindplaats: | Nieuwlande |
| Afm. | h.: 30 br.: 37 | Afm. | h.: 29 br.: 41 | Afm. | h.: 25 br.: 38 |
| Materiaal: | lood-tin | Materiaal: | lood-tin | Materiaal: | lood-tin |
| Bevestiging: | hangoogje | Bevestiging: | hangoogje afgebroken | Bevestiging: | hangoogje |
| Datering: | 1400-1450 | Datering: | 1400-1450 | Datering: | 1400-1450 |
| Details: | — | Details: | — | Details: | — |

| Afb.: 697 | Inv.: 0729 | Afb.: 698 | Inv.: 1950 | Afb.: 699 | Inv.: 0728 |
|---|---|---|---|---|---|
| Voorstelling: | Vogel | Voorstelling: | Vogel | Voorstelling: | Gekroonde vogel |
| | | | | | |
| Vindplaats: | Nieuwlande | Vindplaats: | Nieuwlande | Vindplaats: | Nieuwlande |
| Afm. | h.: 30 br.: 43 | Afm. | h.: 38 br.: 37 | Afm. | h.: 46 br.: 54 |
| Materiaal: | lood-tin | Materiaal: | lood-tin | Materiaal: | lood-tin |
| Bevestiging: | hangoogje | Bevestiging: | hangoogje | Bevestiging: | hangoogje |
| Datering: | 1400-1450 | Datering: | 1400-1450 | Datering: | 1400-1450 |
| Details: | schuttersvogel (?) | Details: | gevonden met hangspeld insigne zat aan draagspeld schuttersvogel (?) | Details: | schuttersvogel (?) hangoogje onderzijde |

| Afb.: 700 | Inv.: 1311 | Afb.: 701 | Inv.: 2111 | Afb.: 702 | Inv.: 0940 |
|---|---|---|---|---|---|
| Voorstelling: | Vogel op tekstband | Voorstelling: | Vogel op tekstband | Voorstelling: | Vogel op tekstband |

| | | | | | |
|---|---|---|---|---|---|
| Vindplaats: | Amsterdam | Vindplaats: | Nieuwlande | Vindplaats: | Nieuwlande |
| Afm. | h.: 18 br.: 33 | Afm. | h.: 18 br.: 24 | Afm. | h.: 17 br.: 41 |
| Materiaal: | lood-tin | Materiaal: | lood-tin | Materiaal: | lood-tin |
| Bevestiging: | draagspeld | Bevestiging: | draagspeld | Bevestiging: | draagspeld |
| Datering: | 1400-1450 | Datering: | 1400-1450 | Datering: | 1400-1450 |
| Opschrift: | PAPEGAEI | Opschrift: | AMOVRS (spiegelverkeerd) | Opschrift: | AMOURS |

| Afb.: 703 | Inv.: 1365 | Afb.: 704 | Inv.: 1154 | Afb.: 705 | Inv.: 1002 |
|---|---|---|---|---|---|
| Voorstelling: | Zwaan | Voorstelling: | Zwaan op tekstband | Voorstelling: | Zwaan op tekstband |

| | | | | | |
|---|---|---|---|---|---|
| Vindplaats: | Amsterdam | Vindplaats: | Nieuwlande | Vindplaats: | Reimerswaal |
| Afm. | h.: 38 br.: 54 | Afm. | h.: 27 br.: 31 | Afm. | h.: 25 br.: 25 |
| Materiaal: | lood-tin | Materiaal: | lood-tin | Materiaal: | lood-tin |
| Bevestiging: | draagspeld-oogje | Bevestiging: | draagspeld | Bevestiging: | draagspeld |
| Datering: | 1400-1450 | Datering: | 1400-1450 | Datering: | 1400-1450 |
| Opschrift: | SAERDEN BEST (spiegelverkeerd) | Opschrift: | IVOVRVONV | Opschrift: | pseudo-tekst |

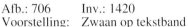

| Afb.: 706 | Inv.: 1420 |
|---|---|
| Voorstelling: | Zwaan op tekstband |
| | |
| Vindplaats: | Amsterdam |
| Afm. | h.: 38 br.: 35 |
| Materiaal: | lood-tin |
| Bevestiging: | hangoogje |
| Datering: | 1400-1450 |
| Details: | gevonden met hang-speld |
| Opschrift: | BOUT TAN |

| Afb.: 707 | Inv.: 1288 |
|---|---|
| Voorstelling: | Zwaan op tekstband |
| | |
| Vindplaats: | Amsterdam |
| Afm. | h.: 33 br.: 35 |
| Materiaal: | lood-tin |
| Bevestiging: | hangoogje |
| Datering: | 1400-1450 |
| Opschrift: | BOUT TAN |

| Afb.: 708 | Inv.: 0498 |
|---|---|
| Voorstelling: | Zwaan op tekstband |
| | |
| Vindplaats: | Nieuwlande |
| Afm. | h.: 20 br.: 30 |
| Materiaal: | lood-tin |
| Bevestiging: | niet bewaard |
| Datering: | 1400-1450 |
| Opschrift: | BOUT TAN |

| Afb.: 709 | Inv.: 0078 |
|---|---|
| Voorstelling: | Zwaan op tekstband |
| | |
| Vindplaats: | Dordrecht |
| Afm. | h.: 19 br.: 42 |
| Materiaal: | lood-tin |
| Bevestiging: | niet bewaard |
| Datering: | 1400-1450 |
| Opschrift: | QUEUT DIEN LERA |

| Afb.: 710 | Inv.: 1723 |
|---|---|
| Voorstelling: | Zwaan op tekstband |
| | |
| Vindplaats: | Kampen |
| Afm. | h.: 27 br.: 36 |
| Materiaal: | lood-tin |
| Bevestiging: | niet bewaard |
| Datering: | 1400-1450 |
| Opschrift: | QU ... T ... P ... |

## ZWANEN

De zwaan-insignes vormen onder de dieren een relatief grote en uniforme groep: hier tonen we acht varianten van de zwaan staande op een tekstband (afb. 703 - 710). Zowel in Nederland als in Engeland en Frankrijk zijn nogal wat van deze zwanen gevonden. De tekst op de banderollen verschilt en soms betreft het een pseudo-opschrift (zoals bij afb. 704 en 705). Vooral de woorden 'bout tan' en 'bout tane' komen regelmatig voor. Verondersteld is dat dit het familie-devies zou zijn van de nauw aan de Engelse koningen verwante graven van Hereford, Essex en Northampton, de Bohun-familie; het geslacht de Bohun stierf tegen het einde van de veertiende eeuw uit. De drie in Nederland gevonden zwanen met 'bout tan' maken deze verklaring minder waarschijnlijk. Voor zichzelf spreken de woorden bij de eerste hier afgebeelde zwaan, 'saerden best', dier van de aarde. In het Brits Museum wordt een zwaan-insigne bewaard met de tekst 'or loons:dieu'; in Middelburg kwam er een tevoorschijn met de woorden 'de tout biens' (collectie H.J.E. van Beuningen, inv. 1305).

Afb.: 711　　　Inv.: 2009
Voorstelling:　Struisvogel en man
　　　　　　　met hoefijzer

Vindplaats:　Dordrecht
Afm.　　　　h.: 48 br.: 42
Materiaal:　　lood-tin
Bevestiging:　draagspeld
Datering:　　1375-1425
Details:　　　—

Afb.: 712　　　Inv.: 1349
Voorstelling:　Haan

Vindplaats:　Amsterdam
Afm.　　　　h.: 31 br.: 32
Materiaal:　　lood-tin
Bevestiging:　draagspeld
Datering:　　1400-1450
Details:　　　—

Afb.: 713　　　Inv.: 0476
Voorstelling:　Haan

Vindplaats:　Amsterdam
Afm.　　　　h.: 34 br.: 32
Materiaal:　　lood-tin
Bevestiging:　draagspeld
Datering:　　1400-1450
Details:　　　—

## MAN MET STRUISVOGEL

Het helaas niet gaaf tevoorschijn gekomen
insigne afb. 711 is sterk verhalend: een in
modieuze kledij gestoken man wijst met de
linkerwijsvinger op een grote struisvogel en
met zijn rechterhand houdt hij een hoefijzer
omhoog. In Amsterdam is een sterk verwant insigne gevonden, waarbij de kop van
de struisvogel nog aanwezig is, maar de
mannenfiguur ontbreekt. In zijn snavel
houdt die struisvogel een (menselijk ?) bot.
De man die voor hem gestaan moet hebben,
houdt eveneens een hoefijzer vast en wijst
met de andere hand naar de vogel. Beide
insignes verwijzen naar een oude overlevering, al genoemd door de Romeinse schrijver Plinius, dat de struisvogel ijzer zou
eten. Dit werd in de bestiaria, de middeleeuwse dierenboeken, overgenomen en in
sommige handschriften werd de struisvogel
dan ook met een hoefijzer in de bek afgebeeld. Het bot moet waarschijnlijk uitgelegd worden als aanduiding voor de veronderstelling dat de vogel struis het onmoge-
lijke kon verteren. Moraliserend werd dit
dubbel uitgelegd: enerzijds symboliseert dit
de grote geestelijke kracht van het dier - al
dan niet in christelijke zin -, anderzijds
staat het juist voor het zware, aardse van de
vogel die niet kan vliegen.

Afb.: 714　　　Inv.: 1620
Voorstelling:　Haan

Vindplaats:　Nieuwlande
Afm.　　　　h.: 16 br.: 20
Materiaal:　　lood-tin
Bevestiging:　draagspeld
Datering:　　1400-1450
Details:　　　—

Afb.: 715　　　Inv.: 2335
Voorstelling:　Haan

Vindplaats:　Brugge
Afm.　　　　h.: 21 br.: 21
Materiaal:　　lood-tin
Bevestiging:　draagspeld
Datering:　　1400-1450
Details:　　　—

Afb.: 716　　　Inv.: 1590
Voorstelling:　Haan treedt hen

Vindplaats:　Nieuwlande
Afm.　　　　h.: 28 br.: 33
Materiaal:　　lood-tin
Bevestiging:　draagspeld
Datering:　　1375-1425
Details:　　　—

Afb.: 717　　　Inv.: 2444
Voorstelling:　Adelaar

Vindplaats:　Nieuwlande
Afm.　　　　h.: 23 br.: 20
Materiaal:　　lood-tin
Bevestiging:　draagspeld
Datering:　　1400-1450
Details:　　　—

| | | |
|---|---|---|
| Afb.: 718 | Inv.: 1450 | |
| Voorstelling: | Vliegende vis | |
| | | |
| Vindplaats: | Amsterdam | |
| Afm. | h.: 25 br.: 20 | |
| Materiaal: | lood-tin | |
| Bevestiging: | draagspeld | |
| Datering: | 1375-1425 | |
| Details: | — | |

| | |
|---|---|
| Afb.: 719 | Inv.: 1076 |
| Voorstelling: | Vis |
| | |
| Vindplaats: | Nieuwlande |
| Afm. | h.: 19 br.: 18 |
| Materiaal: | lood-tin |
| Bevestiging: | draagspeld |
| Datering: | 1400-1450 |
| Details: | dolfijn |

| | |
|---|---|
| Afb.: 720 | Inv.: 2229 |
| Voorstelling: | Vis, twee handen en fallus |
| | |
| Vindplaats: | 's-Hertogenbosch |
| Afm. | h.: 15 br.: 41 |
| Materiaal: | lood-tin |
| Bevestiging: | niet bewaard |
| Datering: | 1400-1450 |
| Details: | mogelijk acrobaat op vis |

## BUSTE-INSIGNES

Buste-insignes komen veel voor, zowel in Engeland, Frankrijk als de Nederlanden. In maat variëren ze van zo'n 16 tot 28 mm. De weergegeven hoofden lijken, ook wanneer het randschrift een duidelijke religieuze strekking heeft, profaan te zijn. Zo staan bij het speldje van afbeelding 743 de woorden 'Ave Maria gratia plena', 'gegroet Maria, vol van genade', rond een mannenkop. Voor het merendeel zijn de buste-insignes voorzien van onleesbare opschriften, hetzij verbasterde lettervormen, hetzij in willekeurige volgorde en vaak deels spiegelbeeldig bij elkaar geplaatste letters. De betekenis lag kennelijk niet in de leesbaarheid van het opschrift maar in het gegeven dat er een opschrift was. Dit impliceert dat de doelgroep van deze insignes in principe analfabeet was.

De stadsarcheoloog van Amsterdam, Jan Baart, publiceerde in 1977 in het boek 'Opgravingen in Amsterdam' een buste-insigne (cat. 738) met het opschrift 'elaosewloai', ten onrechte als 'pelgrimsinsigne' en met de ons inziens wat vroege dateringsindicatie van 'eerste helft veertiende eeuw'; op grond van deze publicatie werden sedertdien in archeologische en amateurarcheologische kringen de buste-insignes algemeen aangeduid met de verwarring stichtende term 'Amsterdammertjes'. De Engelse verzamelaar Michael Mitchiner verklaarde in zijn boek soortgelijke buste-insignes met het randschrift 'ianbat' (zie ook afb. 722 en 734) en 'iannis' als pelgrimstekens die verwijzen naar het hoofd van Johannes de Doper; ook dit lijkt niet realistisch. Anders is het met de buste-insignes met de tekst '+ ian coul mase', die Mitchiner publiceerde. Deze speldjes

brengt hij in verband met de door koning Richard I naar Engeland gehaalde blok steen waarop Johannes de Doper onthoofd heette te zijn. Dit hakblok werd geplaatst in de kerk van Petrus en Paulus te Charing, op de weg van Winchester naar Canterbury. Bijvoorbeeld een in Utrecht, aan de Stroweg gevonden buste-insigne werd op grond daarvan al te makkelijk geïdentificeerd als een pelgrimsinsigne uit Charing (Maandblad Oud-Utrecht, sept. 1988). Voor nagenoeg alle buste-insignes geldt dat het om profane speldjes gaat, met magische en soms christelijke teksten of pseudo-teksten; slechts bij enkele en duidelijk te identificeren insignes van dit type gaat het om devotionalia of pelgrimstekens (zie ook bij de afb. 742 - 746).

| | |
|---|---|
| Afb.: 721 | Inv.: 1892 |
| Voorstelling: | Buste |
| | |
| Vindplaats: | Nieuwlande |
| Afm. | h.: 19 br.: 19 |
| Materiaal: | lood-tin |
| Bevestiging: | draagspeld |
| Datering: | 1350-1450 |
| Opschrift: | IONTVDONA |

| | |
|---|---|
| Afb.: 722 | Inv.: 1893 |
| Voorstelling: | Buste |
| | |
| Vindplaats: | Nieuwlande |
| Afm. | h.: 18 br.: 18 |
| Materiaal: | lood-tin (C.L.) |
| Bevestiging: | draagspeld |
| Datering: | 1350-1450 |
| Opschrift: | .I.A.N.B.A.T. |

| | |
|---|---|
| Afb.: 723 | Inv.: 1618 |
| Voorstelling: | Buste |
| | |
| Vindplaats: | Nieuwlande |
| Afm. | h.: 19 br.: 19 |
| Materiaal: | lood-tin |
| Bevestiging: | draagspeld |
| Datering: | 1350-1450 |
| Opschrift: | M.V.O.D.N.A. I |

| Afb.: 724 | Inv.: 1617 | | Afb.: 725 | Inv.: 2297 | | Afb.: 726 | Inv.: 2291 |
|---|---|---|---|---|---|---|---|
| Voorstelling: | Buste | | Voorstelling: | Buste | | Voorstelling: | Buste |
| | | | | | | | |
| Vindplaats: | Nieuwlande | | Vindplaats: | Nieuwlande | | Vindplaats: | Nieuwlande |
| Afm. | h.: 21 br.: 21 | | Afm. | h.: 19 br.: 19 | | Afm. | h.: 19 br.: 19 |
| Materiaal: | lood-tin | | Materiaal: | lood-tin | | Materiaal: | lood-tin |
| Bevestiging: | draagspeld | | Bevestiging: | draagspeld | | Bevestiging: | draagspeld |
| Datering: | 1350-1450 | | Datering: | 1350-1450 | | Datering: | 1350-1450 |
| Opschrift: | EA.M:V:O:E:N.A.I. | | Opschrift: | IMARVMSA | | Opschrift: | ANOVISIM |

| Afb.: 727 | Inv.: 0577 | | Afb.: 728 | Inv.: 0487 | | Afb.: 729 | Inv.: 0902 |
|---|---|---|---|---|---|---|---|
| Voorstelling: | Buste | | Voorstelling: | Buste | | Voorstelling: | Buste |
| | | | | | | | |
| Vindplaats: | Schiedam | | Vindplaats: | Nieuwlande | | Vindplaats: | Dordrecht |
| Afm. | h.: 18 br.: 18 | | Afm. | h.: 19 br.: 19 | | Afm. | h.: 19 br.: 19 |
| Materiaal: | lood-tin | | Materiaal: | lood-tin | | Materiaal: | lood-tin |
| Bevestiging: | draagspeld | | Bevestiging: | draagspeld | | Bevestiging: | draagspeld |
| Datering: | 1350-1450 | | Datering: | 1350-1450 | | Datering: | 1350-1450 |
| Opschrift: | OMRDVTIONDRVA | | Opschrift: | MITOAVDO | | Opschrift: | DMIIVODNAI |

| Afb.: 730 | Inv.: 0867 | | Afb.: 731 | Inv.: 0578 | | Afb.: 732 | Inv.: 1335 |
|---|---|---|---|---|---|---|---|
| Voorstelling: | Buste | | Voorstelling: | Buste | | Voorstelling: | Buste |
| | | | | | | | |
| Vindplaats: | Dordrecht | | Vindplaats: | Dordrecht | | Vindplaats: | Amsterdam |
| Afm. | h.: 21 br.: 21 | | Afm. | h.: 18 br.: 18 | | Afm. | h.: 16 br.: 16 |
| Materiaal: | lood-tin | | Materiaal: | lood-tin | | Materiaal: | lood-tin |
| Bevestiging: | draagspeld | | Bevestiging: | draagspeld | | Bevestiging: | draagspeld |
| Datering: | 1350-1450 | | Datering: | 1350-1450 | | Datering: | 1350-1450 |
| Opschrift: | I.A.O.R.V.L.M.S.E. | | Opschrift: | TONIVTONI | | Opschrift: | VIVIVIVI |

| Afb.: 733 | Inv.: 0199 | Afb.: 734 | Inv.: 2110 | Afb.: 735 | Inv.: 2125 |
|---|---|---|---|---|---|
| Voorstelling: | Buste | Voorstelling: | Buste | Voorstelling: | Buste |
| Vindplaats: | Reimerswaal | Vindplaats: | Nieuwlande | Vindplaats: | Reimerswaal |
| Afm. | h.: 19 br.: 19 | Afm. | h.: 19 br.: 19 | Afm. | h.: 19 br.: 19 |
| Materiaal: | lood-tin | Materiaal: | lood-tin | Materiaal: | lood-tin |
| Bevestiging: | draagspeld | Bevestiging: | draagspeld | Bevestiging: | draagspeld |
| Datering: | 1350-1450 | Datering: | 1350-1450 | Datering: | 1350-1450 |
| Opschrift: | DMLV ODNA I | Opschrift: | I . A . N . N . I . S . | Opschrift: | ANODVDTDI |

| Afb.: 736 | Inv.: 2326 | Afb.: 737 | Inv.: 2432 | Afb.: 738 | Inv.: 2429 |
|---|---|---|---|---|---|
| Voorstelling: | Buste | Voorstelling: | Buste | Voorstelling: | Buste |
| Vindplaats: | Nieuwlande | Vindplaats: | Nieuwlande | Vindplaats: | Nieuwlande |
| Afm. | h.: 18 br.: 18 | Afm. | h.: 18 br.: 18 | Afm. | h.: 18 br.: 18 |
| Materiaal: | lood-tin | Materiaal: | lood-tin | Materiaal: | lood-tin |
| Bevestiging: | draagspeld | Bevestiging: | draagspeld | Bevestiging: | draagspeld |
| Datering: | 1350-1450 | Datering: | 1350-1450 | Datering: | 1350-1450 |
| Opschrift: | OTLDVIOTMRVDA | Opschrift: | V.N.T.D.O.V.N.T.D.I. | Opschrift: | VDAONDMIT |

| Afb.: 739 | Inv.: 2512 | Afb.: 740 | Inv.: 2516 | Afb.: 741 | Inv.: 2562 |
|---|---|---|---|---|---|
| Voorstelling: | Buste | Voorstelling: | Buste | Voorstelling: | Buste |
| Vindplaats: | Heyst | Vindplaats: | Nieuwlande | Vindplaats: | Heyst |
| Afm. | h.: 21 br.: 21 | Afm. | h.: 20 br.: 20 | Afm. | h.: 28 br.: 28 |
| Materiaal: | lood-tin | Materiaal: | lood-tin | Materiaal: | lood-tin |
| Bevestiging: | draagspeld | Bevestiging: | draagspeld | Bevestiging: | draagspeld |
| Datering: | 1350-1400 | Datering: | 1375-1425 | Datering: | 1350-1450 |
| Opschrift: | SAL ... I VDAOMV | Opschrift: | VEMARDNVO | Opschrift: | IASPAR BAL PSI (spiegelverkeerd) |

| Afb.: 742 | Inv.: 2428 |
|---|---|
| Voorstelling: | Buste |
| | |
| Vindplaats: | Nieuwlande |
| Afm. | h.: 19 br.: 18 |
| Materiaal: | lood-tin |
| Bevestiging: | draagspeld |
| Datering: | 1350-1450 |
| Opschrift: | A:V:A:V:A:V:A:V:A:V: |

| Afb.: 743 | Inv.: 2488 |
|---|---|
| Voorstelling: | Buste |
| | |
| Vindplaats: | Dordrecht |
| Afm. | h.: 21 br.: 21 |
| Materiaal: | lood-tin (C.L.) |
| Bevestiging: | draagspeld |
| Datering: | 1350-1450 |
| Opschrift: | .AVE.MARIA.GRACI. |

| Afb.: 744 | Inv.: 2283 |
|---|---|
| Voorstelling: | Buste |
| | |
| Vindplaats: | Nieuwlande |
| Afm. | h.: 19 br.: 19 |
| Materiaal: | lood-tin |
| Bevestiging: | draagspeld |
| Datering: | 1350-1450 |
| Opschrift: | AVE MARIA G |

| Afb.: 745 | Inv.: 2541 |
|---|---|
| Voorstelling: | Buste |
| | |
| Vindplaats: | Heyst |
| Afm. | h.: 21 br.: 21 |
| Materiaal: | lood-tin |
| Bevestiging: | draagspeld |
| Datering: | 1350-1450 |
| Opschrift: | AV:E MARIA G |

| Afb.: 746 | Inv.: 2120 |
|---|---|
| Voorstelling: | Buste |
| | |
| Vindplaats: | Rotterdam |
| Afm. | h.: 18 br.: 18 |
| Materiaal: | lood-tin |
| Bevestiging: | draagspeld |
| Datering: | 1350-1450 |
| Opschrift: | A.V.E. M.A.R.I.A. |

## 'CHRISTELIJKE' BUSTE-INSIGNES

Onder de buste-insignes bevindt zich een aantal dat niet van een profaan of pseudo-opschrift is voorzien, maar van een christe-lijke tekst. Slechts in enkele, zeer expliciet als zodanig gekarakteriseerde gevallen heb-ben we dan te maken met pelgrimsinsignes of meer algemeen devotionele speldjes. Bijvoorbeeld werden ter ere van Thomas Becket in Canterbury buste-insignes ver-vaardigd die het gemijterde hoofd van de bisschop tonen en het opschrift 'caput Thome', 'het hoofd van Thomas'. Ook komen in Engeland buste-insignes voor met gekroonde mannenhoofden die als afbeel-dingen van de heilige Edmund en de heilige Edward moeten worden geduid. Hiervoor noemden we al mogelijk naar Johannes de Doper verwijzende buste-insignes en afb. 741 refereert naar de Driekoningen. Mogelijk is dit insigne afb. 741 inderdaad te beschouwen als een pelgrimsteken uit Keulen, misschien ook werd slechts de ver-bastering van de namen van de Driekoningen gebruikt als heilzaam wer-kend opschrift. Een in de vorige eeuw in Frankrijk, vermoedelijk in de Seine te Parijs, gevonden buste-insigne accentueert deze funktie: het hoofd van Maria met nim-bus, omgeven door de woorden 'bien ait qui ma fet, qui me vent et qui me porte', 'heil voor degene die mij vervaardigde, die mij verkoopt en die mij draagt' (gepubli-ceerd door Victor Gay in 1928). De hier afgebeelde naar Maria verwijzende buste-insignes combineren het mannenhoofd met de Maria-groet, die tot de letters 'A.V.' kon worden teruggebracht. En deze insignes verwijzen dan ook niet naar een Maria-devotie of Maria-bedevaartsoord, maar werden in meer algemene zin als kwaadaf-werend en gelukbrengend beschouwd.

| Afb.: 747 | Inv.: 1351 |
|---|---|
| Voorstelling: | Buste |
| | |
| Vindplaats: | Amsterdam |
| Afm. | h.: 25 br.: 25 |
| Materiaal: | lood-tin |
| Bevestiging: | draagspeld |
| Datering: | 1350-1450 |
| Details: | — |

| Afb.: 748 | Inv.: 0598 |
|---|---|
| Voorstelling: | Buste |
| | |
| Vindplaats: | Amsterdam |
| Afm. | h.: 17 br.: 17 |
| Materiaal: | lood-tin |
| Bevestiging: | draagspeld |
| Datering: | 1350-1450 |
| Details: | — |

| Afb.: 749 | Inv.: 2169 | | Afb.: 750 | Inv.: 1451 | | Afb.: 751 | Inv.: 0204 |
|---|---|---|---|---|---|---|---|
| Voorstelling: | Buste | | Voorstelling: | Buste | | Voorstelling: | Buste |
| Vindplaats: | Rilland | | Vindplaats: | Amsterdam | | Vindplaats: | Teilingen |
| Afm. | h.: 23 br.: 22 | | Afm. | h.: 23 br.: 22 | | Afm. | h.: 23 br.: 22 |
| Materiaal: | lood-tin | | Materiaal: | lood-tin | | Materiaal: | lood-tin |
| Bevestiging: | draagspeld | | Bevestiging: | draagspeld | | Bevestiging: | draagspeld |
| Datering: | 1350-1450 | | Datering: | 1350-1450 | | Datering: | 1350-1450 |
| Opschrift: | ST... V...A | | Opschrift: | AMOVRS | | Details: | — |

| Afb.: 752 | Inv.: 0200 | | Afb.: 753 | Inv.: 0968 | | Afb.: 754 | Inv.: 2509 |
|---|---|---|---|---|---|---|---|
| Voorstelling: | Buste | | Voorstelling: | Buste | | Voorstelling: | Buste |
| Vindplaats: | Reimerswaal | | Vindplaats: | Brugge | | Vindplaats: | Heyst |
| Afm. | h.: 21 br.: 20 | | Afm. | h.: 35 br.: 35 | | Afm. | h.: 25 br.: 25 |
| Materiaal: | lood-tin | | Materiaal: | lood-tin (C.L.) | | Materiaal: | lood-tin |
| Bevestiging: | draagspeld | | Bevestiging: | draagspeld | | Bevestiging: | draagspeld |
| Datering: | 1350-1450 | | Datering: | 1350-1450 | | Datering: | 1350-1400 |
| Details: | — | | Details: | in zespuntige ster | | Details: | in zespuntige ster |

| Afb.: 755 | Inv.: 2489 | | Afb.: 756 | Inv.: 0198 |
|---|---|---|---|---|
| Voorstelling: | Buste | | Voorstelling: | Buste |
| Vindplaats: | Dordrecht | | Vindplaats: | Nieuwlande |
| Afm. | h.: 25 br.: 25 | | Afm. | h.: 23 br.: 23 |
| Materiaal: | lood-tin | | Materiaal: | lood-tin |
| Bevestiging: | draagspeld | | Bevestiging: | draagspeld |
| Datering: | 1350-1450 | | Datering: | 1350-1450 |
| Details: | in zespuntige ster | | Details: | in zespuntige ster |

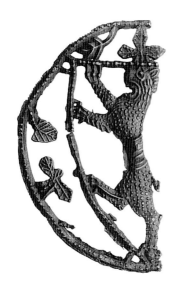

| Afb.: 757 | Inv.: 2077 |
|---|---|
| Voorstelling: | Naar rechts klauwende leeuw |
| Vindplaats: | Rotterdam |
| Afm. | h.: 68 br.: 41 |
| Materiaal: | lood-tin |
| Bevestiging: | niet aanwezig |
| Datering: | 1375-1425 |
| Details: | in wapenschild binnen ronde omlijsting |

| Afb.: 758 | Inv.: 2116 |
|---|---|
| Voorstelling: | Naar rechts klauwende leeuw in wapenschild |
| Vindplaats: | Rotterdam |
| Afm. | h.: 45 br.: 40 |
| Materiaal: | lood-tin |
| Bevestiging: | één hangoogje |
| Datering: | 1375-1425 |
| Details: | bevestigingslipjes achterzijde |

| Afb.: 759 | Inv.: 1302 |
|---|---|
| Voorstelling: | Naar rechts gerichte zittende leeuw |
| Vindplaats: | Amsterdam |
| Afm. | h.: 35 br.: 24 |
| Materiaal: | lood-tin |
| Bevestiging: | draagspeld |
| Datering: | 1400-1450 |
| Details: | binnen gekroond wapenschild |

## HERALDISCHE INSIGNES

Onder de goedkope en en-masse geproduceerde insignes komen allerlei verwijzingen voor naar heraldische voorstellingen. Deze insignes moeten we beschouwen als een afspiegeling van de door de adellijke elite gedragen wapentekens. De imitaties zullen grotendeels niet als de werkelijke aanduidingen van bepaalde heren en partijen hebben gefunktioneerd, maar in algemenere zin als min of meer onbegrepen statussymbolen. Maar uiteraard is zeker niet uitgesloten dat ook de lood-tinnen insignes werden gedragen als kenteken bij partijvorming, zoals we hiervoor aangaven bij de groep ridders ( afb. 549 - 573). Veel van de als speldje aangetroffen heraldische tekens zijn zeer algemeen van karakter, zoals de leeuwen, adelaars en 'lelies'; bij afbeelding 773 gaat het duidelijk om een persiflage op de heraldiek.

| Afb.: 760 | Inv.: 1931 |
|---|---|
| Voorstelling: | Naar rechts klauwende leeuw |
| Vindplaats: | Rotterdam |
| Afm. | h.: 36 br.: 36 |
| Materiaal: | lood-tin |
| Bevestiging: | draagspeld |
| Datering: | 1375-1425 |
| Details: | ronde omlijsting |

| Afb.: 761 | Inv.: 2438 |
|---|---|
| Voorstelling: | Naar rechts klauwende gekroonde leeuw |
| Vindplaats: | Dordrecht |
| Afm. | h.: 56 br.: 44 |
| Materiaal: | lood-tin |
| Bevestiging: | niet meer aanwezig |
| Datering: | 1400-1450 |
| Details: | — |

| | | | | | |
|---|---|---|---|---|---|
| Afb.: 762 | Inv.: 1880 | Afb.: 763 | Inv.: 2317 | Afb.: 764 | Inv.: 0073 |
| Voorstelling: | Leeuw naar rechts zwaard in klauw kroon als halsband | Voorstelling: | Leeuw naar rechts zwaard in rechter klauw kroon als halsband | Voorstelling: | Dubbelkoppige gekroonde adelaar |
| Vindplaats: | Nieuwlande | Vindplaats: | Valkenisse | Vindplaats: | Leiden |
| Afm. | h.: 45 br.: 24 | Afm. | h.: 43 br.: 20 | Afm. | h.: 42 br.: 42 |
| Materiaal: | lood-tin | Materiaal: | lood-tin | Materiaal: | lood-tin |
| Bevestiging: | draagspeld | Bevestiging: | draagspeld | Bevestiging: | draagspeld |
| Datering: | 1375-1425 | Datering: | 1400-1450 | Datering: | 1375-1425 |
| Details: | — | Details: | vgl. dubbele groot Vlaanderen na 20.12.1389 | Details: | — |

| | | | | | |
|---|---|---|---|---|---|
| Afb.: 765 | Inv.: 2083 | Afb.: 766 | Inv.: 1312 | Afb.: 767 | Inv.: 2383 |
| Voorstelling: | Dubbelkoppige adelaar | Voorstelling: | Dubbelkoppige adelaar | Voorstelling: | Adelaar |
| Vindplaats: | Nieuwlande | Vindplaats: | Amsterdam | Vindplaats: | Dordrecht |
| Afm. | h.: 33 br.: 28 | Afm. | h.: 25 br.: 21 | Afm. | h.: 48 br.: 45 |
| Materiaal: | lood-tin | Materiaal: | lood-tin | Materiaal: | lood-tin |
| Bevestiging: | draagspeld | Bevestiging: | draagspeld | Bevestiging: | gespnaald |
| Datering: | 1375-1425 | Datering: | 1375-1425 | Datering: | 1375-1425 |
| Details: | — | Details: | — | Details: | — |

| | | |
|---|---|---|
| Afb.: 768 | Inv.: 2179 | |
| Voorstelling: | Wapen van keizer Maximiliaan | |
| Vindplaats: | Reimerswaal | |
| Afm. | h.: 32 br.: 27 | |
| Materiaal: | lood-tin | |
| Bevestiging: | niet aanwezig | |
| Datering: | 1477-1525 | |
| Details: | gekroond schild; dubbel- | |

koppige adelaar (Habsburg);
Bourgondisch stammenkruis;
keten Gulden Vlies

| | |
|---|---|
| Afb.: 769 | Inv.: 1077 |
| Voorstelling: | Wapen van Frankrijk: 3 fleurs de lis |
| Vindplaats: | Nieuwlande |
| Afm. | h.: 34 br.: 24 |
| Materiaal: | lood-tin |
| Bevestiging: | draagspeld |
| Datering: | 1400-1450 |
| Details: | gekroond schild |

| | |
|---|---|
| Afb.: 770 | Inv.: 1629 |
| Voorstelling: | Fleur de lis |
| Vindplaats: | Nieuwlande |
| Afm. | h.: 21 br.: 16 |
| Materiaal: | lood-tin |
| Bevestiging: | draagspeld |
| Datering: | 1400-1450 |
| Details: | — |

| | |
|---|---|
| Afb.: 771 | Inv.: 0802 |
| Voorstelling: | Kruisboog binnen wapenschild |
| Vindplaats: | Tolsende |
| Afm. | h.: 48 br.: 40 |
| Materiaal: | lood-tin |
| Bevestiging: | niet aanwezig |
| Datering: | 1400-1450 |
| Details: | bevestigingslipjes aan achterzijde |

| | |
|---|---|
| Afb.: 772 | Inv.: 2535 |
| Voorstelling: | Wapenschild |
| Vindplaats: | Nieuwlande |
| Afm. | h.: 37 br.: 33 |
| Materiaal: | lood-tin |
| Bevestiging: | oogje |
| Datering: | 1400-1450 |
| Details: | kruismotief |

| | |
|---|---|
| Afb.: 773 | Inv.: 1071 |
| Voorstelling: | Gevleugelde engel schild met maskerkop |
| Vindplaats: | 's-Hertogenbosch |
| Afm. | h.: 28 br.: 25 |
| Materiaal: | lood-tin |
| Bevestiging: | draagspeld |
| Datering: | 1375-1425 |
| Details: | — |

Afb.: 774      Inv.: 1171
Voorstelling:  Borstkuras
              met wapenschild
Vindplaats:   Nieuwlande
Afm.          h.: 34 br.: 29
Materiaal:    lood-tin
Bevestiging:  niet meer aanwezig
Datering:     1400-1450
Details:      schild met kruis

Afb.: 775      Inv.: 0454
Voorstelling:  Borstkuras
              met wapenschild
Vindplaats:   Dordrecht
Afm.          h.: 32 br.: 29
Materiaal:    lood-tin
Bevestiging:  niet meer aanwezig
Datering:     1400-1450
Details:      schild met gevierendeeld
              wapen van Bourgondië

Afb.: 776      Inv.: 1116
Voorstelling:  Borstkuras
              met 2 wapenschilden
Vindplaats:   Nieuwlande
Afm.          h.: 44 br.: 32
Materiaal:    lood-tin
Bevestiging:  'draagketting'
Datering:     1440-1450
Details:      rechts gevierendeeld
              wapen van Bourgondië
              links 3 fleurs de lis
              (Frankrijk)

# MUNTSPELDEN

Arthur Forgeais, de grote pionier als verzamelaar en kenner van de en-masse gegoten lood-tinnen insignes en aanverwant materiaal, publiceerde in zijn boekdeel uit 1864 een muntspeld met het randschrift 'Ave Maria gratia plena dom', de woorden die de engel Gabriël bij de annunciatie tot Maria sprak. De muntspeld was in 1862 bij de Pont Saint-Michel over de Seine te Parijs gevonden. Forgeais wist dit insigne te identificeren als een imitatie van een Engelse rozenobel. Hij gaat vervolgens uit van een politieke betekenis van de muntspeld in de geschiedsperiode dat in Frankrijk grote conflicten werden uitgevochten tussen de Armagnacs, de Bourgondiërs en de Engelsen. Naar mening van Forgeais was de herkenbaarheid van de op de speld afgebeelde munt zo groot dat de drager ervan daarmee duidelijk maakte waar zijn politieke affiniteit lag. Tevens publiceerde Forgeais een in 1850 bij de Pont au Change gevonden muntspeld met het wapenschild van Frankrijk en opnieuw het opschrift 'Ave Maria gracia plena' (vergelijk afb. 795, 796) en deze munt schrijft hij toe aan de partij van de Armagnacs. De herkenbaarheid van de min of meer getrouw afgebeelde munten kan niet voldoende groot zijn geweest om deze als politiek herkenningsteken te laten funktioneren.
Een bladzijde in het getijdenboek van Catharina van Kleef (Utrecht, ca. 1440) toont een miniatuur van de heilige paus Gregorius en een korte tot hem gerichte gebedstekst, omgeven door vijfentwintig nauwgezet geschilderde gouden en zilveren munten (New-York, Pierpont Morgan Library, M. 917, p. 240). Verschillende van de munten zijn te identificeren en de randschriften kunnen deels worden gelezen. Sommige zijn Gelderse munten met de vermelding van Hertog Arnold van Gelre, andere van de munten zijn Bourgondisch. Zoals ook Bedaux recent benadrukte (Kunstlicht 1993), moeten we deze randde-

coratie precies zo interpreteren als het dragen van insignes, profaan dan wel religieus: onheilafwerend en beschermend, heilbrengend. Deze met munten gevulde margedecoratie helpt om ook de betekenis van de muntspelden te begrijpen, die soortgelijk was: niet van belang zijn de details en de eventuele identificeerbaarheid verfijnt de betekenis nauwelijks. Vandaar dat de randschriften niet leesbaar hoefden te zijn en de beeldenaars niet exact. Onder de muntspelden komen dan ook zowel zeer grove en globale imitaties van geldstukken voor als uiterst nauwkeurig nagegoten munten. Deze laatste groep nam de numismaat Arent Pol, Rijksmuseum Het Koninklijk Penningkabinet te Leiden, in een enkele jaren geleden verschenen artikel (De Beeldenaar 1990) onder de loep. Verschillende van de daar voor het eerst gepubliceerde en geïdentificeerde muntspelden zijn hierna opnieuw afgebeeld. Bovendien was de heer Pol ons ook behulpzaam bij de identificatie van sedert 1990 gevonden muntspelden, waarvoor we hem zeer erkentelijk zijn.
Behalve muntspelden werden ook imitatiemunten uit de late middeleeuwen gevonden; deze worden hier volledig buiten beschouwing gelaten omdat ze immers niet als insignes funktioneerden. De muntspelden zijn steeds eenzijdig, tonen voor- òf keerzijde van de geïmiteerde munt en hebben een ongedecoreerde achterzijde met draagspeld. Slechts enkele voorbeelden zijn bekend van munt-imitaties met een draagoogje. De datering van de muntspelden is uiteraard te relateren aan die van de geïmiteerde munten. Opmerkelijk is dat er een zwaar accent ligt op de late veertiende en vroege vijftiende eeuw. Uit het verdronken dorp Nieuwlande zijn 71 muntspelden gedocumenteerd; meer incidentele vondsten zijn uit heel Nederland bekend, met name uit Amsterdam, Hoorn, Rotterdam en Dordrecht.

| | |
|---|---|
| Afb.: 777 | Inv.: 2498 |
| Voorstelling: | Gouden Fiorino Florence, 1252-1533 |
| Vindplaats: | Nieuwlande |
| Afm. | h.: 22 br.: 22 |
| Materiaal: | lood-tin |
| Bevestiging: | draagspeld |
| Datering: | 1375-1425 |
| Details: | vgl. Pol 1-4 |
| Opschrift: | FLOREN T RS |

| | |
|---|---|
| Afb.: 778 | Inv.: 2487 |
| Voorstelling: | Gouden Fiorino Florence, 1252-1533 |
| Vindplaats: | Dordrecht |
| Afm. | h.: 21 br.: 21 |
| Materiaal: | lood-tin |
| Bevestiging: | draagspeld |
| Datering: | 1375-1425 |
| Details: | vgl. Pol 1-4 |
| Opschrift: | pseudo-omschrift |

| | |
|---|---|
| Afb.: 779 | Inv.: 1478 |
| Voorstelling: | Gouden Fiorino Florence, 1252-1533 |
| Vindplaats: | Nieuwlande |
| Afm. | h.: 20 br.: 20 |
| Materiaal: | lood-tin (C.L.) |
| Bevestiging: | draagspeld |
| Datering: | 1375-1425 |
| Details: | vgl. Pol 1-4 |
| Opschrift: | VES EAUM (het is uw plicht) |

| | |
|---|---|
| Afb.: 780 | Inv.: 2194 |
| Voorstelling: | Gouden Fiorino Florence, 1252-1533 |
| Vindplaats: | Rotterdam |
| Afm. | h.: 20 br.: 20 |
| Materiaal: | lood-tin |
| Bevestiging: | draagspeld |
| Datering: | 1375-1425 |
| Details: | vgl. Pol 1-4 |
| Opschrift: | pseudo-omschrift |

| | |
|---|---|
| Afb.: 781 | Inv.: 2443 |
| Voorstelling: | Gouden Fiorino Florence, 1252-1533 |
| Vindplaats: | Nieuwlande |
| Afm. | h.: 20 br.: 20 |
| Materiaal: | lood-tin |
| Bevestiging: | draagspeld |
| Datering: | 1400-1450 |
| Details: | vgl. Pol 1-4 |
| Opschrift: | pseudo-omschrift |

| | |
|---|---|
| Afb.: 782 | Inv.: 2411 |
| Voorstelling: | Gouden Fiorino Florence, 1252-1533 |
| Vindplaats: | Rotterdam |
| Afm. | h.: 20 br.: 20 |
| Materiaal: | lood-tin |
| Bevestiging: | draagspeld |
| Datering: | 1400-1450 |
| Details: | vgl. Pol 1-4 |

| | |
|---|---|
| Afb.: 783 | Inv.: 2329 |
| Voorstelling: | Gouden Fiorino Florence, 1252-1533 |
| Vindplaats: | Nieuwlande |
| Afm. | h.: 17 br.: 17 |
| Materiaal: | lood-tin |
| Bevestiging: | draagspeld |
| Datering: | 1375-1425 |
| Details: | vgl. Pol 1-4 |

| | |
|---|---|
| Afb.: 784 | Inv.: 2163 |
| Voorstelling: | Angel/Mouton Frankrijk, 1311-1420 |
| Vindplaats: | Rotterdam |
| Afm. | h.: 24 br.: 24 |
| Materiaal: | lood-tin |
| Bevestiging: | draagspeld |
| Datering: | 1375-1425 |
| Opschrift: | pseudo-omschrift |

| | |
|---|---|
| Afb.: 785 | Inv.: 0162 |
| Voorstelling: | Gouden Royal Frankrijk, 1326-1328 |
| Vindplaats: | Nieuwlande |
| Afm. | h.: 30 br.: 30 |
| Materiaal: | lood-tin |
| Bevestiging: | draagspeld |
| Datering: | 1326-1375 |
| Details: | — |

| Afb.: 786 | Inv.: 0414 |
|---|---|
| Voorstelling: | Zilveren leeuwengroot Vlaanderen, 1337-1384 |
| Vindplaats: | 's-Hertogenbosch |
| Afm. | h.: 31 br.: 31 |
| Materiaal: | lood-tin |
| Bevestiging: | draagspeld |
| Datering: | 1350-1400 |
| Details: | vgl. Pol 5 |
| Opschrift: | LVDOVICK CONE |

BNDICTV SIT NOME DNI D

| Afb.: 787 | Inv.: 2515 |
|---|---|
| Voorstelling: | Zilveren leeuwengroot Vlaanderen, 1337-1384 |
| Vindplaats: | Nieuwlande |
| Afm. | h.: 26,5 br.: 26,5 |
| Materiaal: | lood-tin |
| Bevestiging: | draagspeld |
| Datering: | 1350-1400 |
| Opschrift: | pseudo-omschrift |

| Afb.: 788 | Inv.: 2307 |
|---|---|
| Voorstelling: | Zilveren leeuwengroot Vlaanderen, 1337-1365 |
| Vindplaats: | Nieuwlande |
| Afm. | h.: 27 br.: 27 |
| Materiaal: | lood-tin |
| Bevestiging: | draagspeld |
| Datering: | 1350-1400 |
| Details: | vgl. Pol 5 |
| Opschrift: | pseudo-omschrift |

| Afb.: 789 | Inv.: 1540 |
|---|---|
| Voorstelling: | Gouden Lam Brabant, 1355-1383 |
| Vindplaats: | Nieuwlande |
| Afm. | h.: 30 br.: 30 |
| Materiaal: | lood-tin |
| Bevestiging: | draagspeld |
| Datering: | 1355-1425 |
| Opschrift: | IOH DV / BON |

ETVLPCA . NVDI . MISERE . NOB .

| Afb.: 790 | Inv.: 1486 |
|---|---|
| Voorstelling: | Zilveren groot Brabant, 1363-1383 |
| Vindplaats: | Nieuwlande |
| Afm. | h.: 24 br.: 24 |
| Materiaal: | lood-tin (C.L.) |
| Bevestiging: | draagspeld |
| Datering: | 1363-1425 |
| Details: | vgl. Pol 6 |
| Opschrift: | IOHA DONA: BRABATIN |

| Afb.: 791 | Inv.: 0172 |
|---|---|
| Voorstelling: | Zilveren plak Vlaanderen, 1365-1384 |
| Vindplaats: | Reimerswaal |
| Afm. | h.: 25 br.: 25 |
| Materiaal: | lood-tin |
| Bevestiging: | draagspeld |
| Datering: | 1365-1425 |
| Opschrift: | pseudo-omschrift |

| Afb.: 792 | Inv.: 2024 |
|---|---|
| Voorstelling: | Schuerman Brabant, 1375-1380 |
| Vindplaats: | Nieuwlande |
| Afm. | h.: 18 br.: 18 |
| Materiaal: | lood-tin |
| Bevestiging: | draagspeld |
| Datering: | 1375-1425 |
| Details: | vgl. Pol 7 |
| Opschrift: | pseudo-omschrift |

| Afb.: 793 | Inv.: 2152 |
|---|---|
| Voorstelling: | Gouden Pieter Brabant, 1375-1381 |
| Vindplaats: | Nieuwlande |
| Afm. | h.: 24 br.: 24 |
| Materiaal: | lood-tin |
| Bevestiging: | draagspeld |
| Datering: | 1375-1425 |
| Details: | vgl. Pol 8 |
| Opschrift: | VVENCELAVS IOHAN |

| Afb.: 794 | Inv.: 2027 |
|---|---|
| Voorstelling: | Gouden Pieter Brabant, 1375-1381 |
| Vindplaats: | Rotterdam |
| Afm. | h.: 27 br.: 27 |
| Materiaal: | lood-tin |
| Bevestiging: | draagspeld |
| Datering: | 1375-1425 |
| Details: | vgl. Pol 8 |
| Opschrift: | WENCELAVS IO.... MEAC |

| Afb.: 795 | Inv.: 1613 | Afb.: 796 | Inv.: 2465 | Afb.: 797 | Inv.: 2534 |
|---|---|---|---|---|---|
| Voorstelling: | Gouden écu Frankrijk, 1385-1645 | Voorstelling: | Gouden écu Frankrijk, 1385-1645 | Voorstelling: | Gouden écu Frankrijk, 1385-1645 |
| Vindplaats: | Nieuwlande | Vindplaats: | Nieuwlande | Vindplaats: | Nieuwlande |
| Afm. | h.: 31 br.: 31 | Afm. | h.: 26 br.: 26 | Afm. | h.: 24 br.: 24 |
| Materiaal: | lood-tin | Materiaal: | lood-tin | Materiaal: | lood-tin |
| Bevestiging: | draagspeld | Bevestiging: | draagspeld | Bevestiging: | draagspeld |
| Datering: | 1385-1425 | Datering: | 1385-1425 | Datering: | 1385-1425 |
| Details: | vgl. Pol 9-12 | Details: | vgl. Pol 9-12 | Details: | vgl. Pol 9-12 |
| Opschrift: | pseudo-omschrift | Opschrift: | pseudo-omschrift | Opschrift: | OAROLUS: FRANCORU: REX |

| Afb.: 798 | Inv.: 1875 | Afb.: 799 | Inv.: 0282 | Afb.: 800 | Inv.: 0281 |
|---|---|---|---|---|---|
| Voorstelling: | Gouden écu à la couronne Frankrijk, 1385-1425 | Voorstelling: | Zilveren botdrager Vlaanderen, 1389-1405 | Voorstelling: | Zilveren botdrager Vlaanderen, 1389-1405 |
| Vindplaats: | Nieuwlande | Vindplaats: | Nieuwlande | Vindplaats: | Nieuwlande |
| Afm. | h.: 22 br.: 22 | Afm. | h.: 20 br.: 20 | Afm. | h.: 20 br.: 20 |
| Materiaal: | lood-tin | Materiaal: | lood-tin | Materiaal: | lood-tin |
| Bevestiging: | draagspeld | Bevestiging: | draagspeld | Bevestiging: | draagspeld |
| Datering: | 1385-1425 | Datering: | 1389-1425 | Datering: | 1389-1425 |
| Opschrift: | pseudo-omschrift | Details: | vgl. Pol 19 | Details: | vgl. Pol 19 |
| | | Opschrift: | pseudo-omschrift | Opschrift: | pseudo-omschrift |

| Afb.: 801 | Inv.: 2113 | Afb.: 802 | Inv.: 1464 | Afb.: 803 | Inv.: 1284 |
|---|---|---|---|---|---|
| Voorstelling: | Zilveren botdrager Vlaanderen, 1389-1405 | Voorstelling: | Gouden nobel Vlaanderen, 1389-1433 | Voorstelling: | Gouden nobel Vlaanderen, 1389-1433 |
| Vindplaats: | Nieuwlande | Vindplaats: | Amsterdam | Vindplaats: | Amsterdam |
| Afm. | h.: 16 br.: 16 | Afm. | h.: 33 br.: 33 | Afm. | h.: 34 br.: 34 |
| Materiaal: | lood-tin | Materiaal: | lood-tin | Materiaal: | lood-tin (C.L.) |
| Bevestiging: | draagspeld | Bevestiging: | draagspeld | Bevestiging: | draagspeld |
| Datering: | 1389-1425 | Datering: | 1389-1425 | Datering: | 1389-1425 |
| Details: | vgl. Pol 19 | Details: | vgl. Pol 13-16 | Details: | vgl. Pol 15 |
| Opschrift: | pseudo-omschrift | Opschrift: | pseudo-omschrift | Opschrift: | PHALIPI PHI GR BVRG VC NAND |

Afb.: 804        Inv.: 1393
Voorstelling:    Gouden nobel
                 Vlaanderen, 1389-1433
Vindplaats:      Tolsende
Afm.             h.: 33 br.: 33
Materiaal:       lood-tin
Bevestiging:     draagspeld
Datering:        1389-1425
Details:         vgl. Pol 13-16
Opschrift:       PHS DEI GRA DX
BURG COMES DNSFLAN

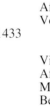

Afb.: 805        Inv.: 2431
Voorstelling:    Gouden nobel
                 Vlaanderen, 1389-1433
Vindplaats:      Nieuwlande
Afm.             h.: 26 br.: 26
Materiaal:       lood-tin
Bevestiging:     draagspeld
Datering:        1389-1425
Details:         vgl. Pol 16
Opschrift:       pseudo-omschrift

Afb.: 806        Inv.: 1276
Voorstelling:    Gouden Angel
                 Henry VI, 1422-1453
                 Engeland
Vindplaats:      Nieuwlande
Afm.             h.: 24 br.: 24
Materiaal:       latoenkoper
Bevestiging:     ingeslagen gaatjes
Datering:        1422-1475
Opschrift:       HANRIC: DI : GRA :
REX : ANGLE : Z : FRANC::

Afb.: 807        Inv.: 0149
Voorstelling:    Gouden rijder
                 Bourgondische
                 Nederlanden, 1434-1447
Vindplaats:      Nieuwlande
Afm.             h.: 29 br.: 29
Materiaal:       lood-tin
Bevestiging:     draagspeld
Datering:        1434-1475
Details:         vgl. Pol 20
Opschrift:       AVE MARIA
                 GRATIA PLENA DOM

Afb.: 808        Inv.: 2478
Voorstelling:    Zilveren dubbele
                 stuiver; Bourgondische
                 Nederlanden 1434-1627
Vindplaats:      Nieuwlande
Afm.             h.: 27 br.: 27
Materiaal:       lood-tin
Bevestiging:     draagspeld
Datering:        1434-1500
Opschrift:       pseudo-omschrift

Afb.: 809        Inv.: 0173
Voorstelling:    Zilveren groot
                 Bourgondische
                 Nederlanden, 1434-1482
Vindplaats:      Reimerswaal
Afm.             h.: 28 br.: 28
Materiaal:       lood-tin
Bevestiging:     draagspeld
Datering:        1434-1500
Opschrift:       AVE MARIA
                 GRATIA PLENA

## GIETMAL MUNTSPELD

Een verrassende vondst in Nieuwlande was
de ontdekking van een fragment van een
stenen gietmal voor muntspelden. De aanwezigheid van deze mal duidt erop dat in
het kleine dorp Nieuwlande ook muntspelden werden gegoten. De populariteit aan
profane en religieuze insignes was zo groot
in de veertiende, vijftiende en vroege zestiende eeuw dat de produktie van dit soort
volkssieraden al in kleine gemeenschappen
mogelijk en lucratief was. Verwante
metaalnijverheid in Nieuwlande blijkt
onder meer uit de vondst van een gietprop
met ringetjes (afb. 985). De in de gietmal
gesneden munt is niet identificeerbaar en
betreft geen exacte afbeelding van een
munt. Het gaat om een imitatie van een

munt uit de Bourgondische Nederlanden
van na 1433.
(dank aan Arent Pol voor informatie)

Afb.: 810        Inv.: 2208
Voorstelling:    Munt
                 gietvorm
Vindplaats:      Nieuwlande
Afm.             h.: 49 br.: 27
Materiaal:       leisteen
Bevestiging:     niet van toepassing
Datering:        1434-1500
Details:         geen gangbare munt

# BEURS-INSIGNES

Miniatuurbeurzen komen als insigne in vele varianten voor en geven nauwkeurige afbeeldingen van de vormen buidels en beurzen die in de veertiende en vijftiende eeuw werden gedragen. Hier beelden we negen verschillende beurzen en een beurs-hanger af (afb. 811 - 820). Uit Nieuwlande alleen al zijn maar liefst 17 exemplaren van beurs-insignes bekend, terwijl ook elders van deze speldjes gevonden zijn. De popu-lariteit van dit type draagteken was niet beperkt tot de Nederlanden, ook in Engeland zijn er vele gevonden (bijvoor-beeld 'Medieval Catalogue London Museum', 1954, p. 170). Als we een bete-kenis willen geven aan de beurs-insignes is het uiteraard een verwijzing naar of afspie-geling van daadwerkelijke beurzen en deze

tonen door hun vaak opzichtige uitvoering met nadruk de welvaart van de drager. Als laatste van de hier gepresenteerde reeks, is een beurshanger afgebeeld (afb. 820); zeker niet uitgesloten is dat deze oor-spronkelijk was voorzien van een minia-tuurbeursje van leer of textiel. Dit is het enige bekende, in Nederland gevonden exemplaar, in Engeland daarentegen zijn dergelijke miniatuur-beurshangers niet zeldzaam en uit de Thames te Londen is een aan het Dordtse exemplaar nagenoeg identiek hangertje tevoorschijn gekomen. De beurzen afb. 815 en 816 zijn doorstoken met een nierdolk. De betekenis van de let-ters 'earb' op de met vier gespen versierde beurs afb. 811 is nog niet achterhaald.

| Afb.: 811 | Inv.: 1042 |
|---|---|
| Voorstelling: | Beurs |
| | |
| Vindplaats: | Dordrecht |
| Afm. | h.: 23 br.: 31 |
| Materiaal: | lood-tin |
| Bevestiging: | draagspeld |
| Datering: | 1375-1425 |
| Details: | 4 gespen |
| Opschrift: | E A R B |

| Afb.: 812 | Inv.: 2193 |
|---|---|
| Voorstelling: | Beurs |
| | |
| Vindplaats: | Rotterdam |
| Afm. | h.: 22 br.: 19 |
| Materiaal: | lood-tin |
| Bevestiging: | draagspeld |
| Datering: | 1375-1425 |
| Opschrift: | gekroonde M |

| Afb.: 813 | Inv.: 0390 |
|---|---|
| Voorstelling: | Beurs |
| | |
| Vindplaats: | Reimerswaal |
| Afm. | h.: 20 br.: 18 |
| Materiaal: | lood-tin |
| Bevestiging: | draagspeld |
| Datering: | 1375-1425 |
| Details: | — |

| Afb.: 814 | Inv.: 0358 |
|---|---|
| Voorstelling: | Beurs |
| | |
| Vindplaats: | Nieuwlande |
| Afm. | h.: 18 br.: 20 |
| Materiaal: | lood-tin |
| Bevestiging: | draagspeld |
| Datering: | 1375-1425 |
| Details: | — |

| Afb.: 815 | Inv.: 1988 |
|---|---|
| Voorstelling: | Beurs |
| | |
| Vindplaats: | Leiden |
| Afm. | h.: 19 br.: 25 |
| Materiaal: | lood-tin |
| Bevestiging: | draagspeld |
| Datering: | 1375-1425 |
| Details: | met riem en nierdolk |

| Afb.: 816 | Inv.: 1352 |
|---|---|
| Voorstelling: | Beurs |
| | |
| Vindplaats: | Amsterdam |
| Afm. | h.: 17 br.: 22 |
| Materiaal: | lood-tin |
| Bevestiging: | draagspeld |
| Datering: | 1375-1425 |
| Details: | met riem en nierdolk |

| Afb.: 817 | Inv.: 2019 |
|---|---|
| Voorstelling: | Buidelbeurs |
| | |
| Vindplaats: | Nieuwlande |
| Afm. | h.: 29 br.: 18 |
| Materiaal: | lood-tin |
| Bevestiging: | draagspeld |
| Datering: | 1375-1425 |
| Details: | — |

| Afb.: 818 | Inv.: 1870 |
|---|---|
| Voorstelling: | Knipbeurs |
| | |
| Vindplaats: | Nieuwlande |
| Afm. | h.: 28 br.: 26 |
| Materiaal: | lood-tin |
| Bevestiging: | hangoogje (afgebro- |
| | ken) |
| Datering: | 1375-1425 |
| Details: | — |

| Afb.: 819 | Inv.: 2522 |
|---|---|
| Voorstelling: | Beurs |
| | |
| Vindplaats: | Nieuwlande |
| Afm. | h.: 33 br.: 26 |
| Materiaal: | lood-tin |
| Bevestiging: | hangoogje |
| Datering: | 1400-1450 |
| Details: | dubbelzijdig |

| Afb.: 820 | Inv.: 1735 |
|---|---|
| Voorstelling: | Beurshanger |
| | |
| Vindplaats: | Dordrecht |
| Afm. | h.: 38 br.: 41 |
| Materiaal: | lood-tin |
| Bevestiging: | hangoogje |
| Datering: | 1400-1450 |
| Details: | — |

## BLAASBALG

De blaasbalg als draagspeldje komt betrekkelijk vaak voor . Het eenvoudige en praktische instrument om het vuur aan te wakkeren was bij elke haardstede aanwezig en was even alledaags als onmisbaar. In overdrachtelijke zin is het vooral het alledaagse, platvloerse aspect dat de boventoon voert. De blaasbalg staat voor dwaasheid en onbetrouwbaarheid. Zegswijzen als 'de gek is bij de blaasbalg genomen' en 'alleen lucht voortbrengen' verwijzen daar naar. Brueghels alchemist maakt zijn berekeningen op blaasbalgen. De blaasbalg staat tevens voor twist en tweedracht, het vuur wordt er immers mee aangewakkerd. Afbeelding 540 tenslotte, het insigne van de man met spinrokken en blaasbalg, toont de blaasbalg onmiskenbaar als sexueel symbool.

| Afb.: 821 | Inv.: 1886 |
|---|---|
| Voorstelling: | Blaasbalg |
| | |
| Vindplaats: | Nieuwlande |
| Afm. | h.: 26 br.: 16 |
| Materiaal: | lood-tin |
| Bevestiging: | draagspeld |
| Datering: | 1375-1425 |
| Details: | — |

| Afb.: 822 | Inv.: 0268 |
|---|---|
| Voorstelling: | Bloem |
| | |
| Vindplaats: | Amsterdam |
| Afm. | h.: 32 br.: 32 |
| Materiaal: | lood-tin |
| Bevestiging: | hangoogje |
| Datering: | 1400-1450 |
| Details: | compositie 3 delen |

## BLOEM-INSIGNES

De afbeeldingen 823 tot en met 849 betreffen insignes die in vorm direct geïnspireerd zijn op bloemen. Deels betreft het betrekkelijk natuurlijke bloemen, voor het overgrote deel gaat het om van bloemen afgeleide decoratieve vormen of om speldjes met bloemetjes en eventueel andere motieven versierd. Hier treffen we zowel de meest gebruikelijke, enkelvoudige, uit één stuk gegoten insignes aan, als speldjes die uit verschillende losse delen zijn samengesteld. Uit nagegoten parels of ingezette glasparels blijkt overduidelijk dat het hier gaat om imitatie van kostbare juwelen. Bij nagenoeg identieke Engelse lood-tinnen bloem-insignes is wel gesuggereerd dat deze vooral in de periode van de Tudors gesitueerd zouden moeten worden. Zeker in Nederlandse context kan aan de bloem-insignes doorgaans geen andere betekenis worden gegeven dan die van goedkope namaak-juwelen, klatergoud voor de kleine beurs.

| Afb.: 823 | Inv.: 2084 |
|---|---|
| Voorstelling: | Bloem |
| | |
| Vindplaats: | Nieuwlande |
| Afm. | h.: 33 br.: 33 |
| Materiaal: | lood-tin |
| Bevestiging: | niet bewaard |
| Datering: | 1400-1450 |
| Details: | compositie 3 delen |

| Afb.: 824 | Inv.: 1545 |
|---|---|
| Voorstelling: | Bloem |
| | |
| Vindplaats: | Reimerswaal |
| Afm. | h.: 24 br.: 24 |
| Materiaal: | lood-tin |
| Bevestiging: | draagspeld |
| Datering: | 1400-1450 |
| Details: | compositie 2 delen |

Afb.: 825      Inv.: 0475
Voorstelling:  Bloem met krans

Vindplaats:    Amsterdam
Afm.           h.: 30 br.: 28
Materiaal:     lood-tin
Bevestiging:   niet meer aanwezig
Datering:      1400-1450
Details:       compositie 2 delen
Opschrift:     M - MA - AN - N - AV

Afb.: 826      Inv.: 2196
Voorstelling:  Bloem

Vindplaats:    Rotterdam
Afm.           h.: 32 br.: 32
Materiaal:     lood-tin
Bevestiging:   draagspeld
Datering:      1400-1450
Details:       —

Afb.: 827      Inv.: 1948
Voorstelling:  Bloem

Vindplaats:    Nieuwlande
Afm.           h.: 33 br.: 33
Materiaal:     lood-tin
Bevestiging:   draagspeld en gaatje
Datering:      1400-1450
Details:       —

Afb.: 828      Inv.: 2126
Voorstelling:  Bloem

Vindplaats:    Reimerswaal
Afm.           h.: 16 br.: 16
Materiaal:     lood-tin
Bevestiging:   draagspeld
Datering:      1400-1450
Details:       —

Afb.: 829      Inv.: 2191
Voorstelling:  Bloem

Vindplaats:    Reimerswaal
Afm.           h.: 22 br.: 22
Materiaal:     lood-tin
Bevestiging:   draagspeld
Datering:      1400-1450
Details:       —

Afb.: 830      Inv.: 2363
Voorstelling:  Bloem

Vindplaats:    Rotterdam
Afm.           h.: 51 br.: 35
Materiaal:     lood-tin
Bevestiging:   hangoogje
Datering:      1400-1450
Details:       —

Afb.: 831      Inv.: 2366
Voorstelling:  Bloemmotief

Vindplaats:    Dordrecht
Afm.           h.: 24 br.: 24
Materiaal:     lood-tin
Bevestiging:   draagspeld
Datering:      1400-1450
Details:       compositie 2 delen

Afb.: 832      Inv.: 0267
Voorstelling:  Bloem en 4 lijstjes

Vindplaats:    Amsterdam
Afm.           h.: 48 br.: 43
Materiaal:     lood-tin
Bevestiging:   ontbreekt
Datering:      1400-1450
Details:       bevestigingslipjes
               achterzijde

| Afb.: 833 | Inv.: 1712 | Afb.: 834 | Inv.: 2298 | Afb.: 835 | Inv.: 1331 |
|---|---|---|---|---|---|
| Voorstelling: | Bloemmotief | Voorstelling: | Bloemmotief | Voorstelling: | Bloemmotief |
| Vindplaats: | Nieuwlande | Vindplaats: | Nieuwlande | Vindplaats: | Amsterdam |
| Afm. | h.: 25 br.: 26 | Afm. | h.: 24 br.: 24 | Afm. | h.: 22 br.: 25 |
| Materiaal: | lood-tin | Materiaal: | lood-tin | Materiaal: | lood-tin |
| Bevestiging: | draagspeld | Bevestiging: | draagspeld | Bevestiging: | draagspeld |
| Datering: | 1350-1450 | Datering: | 1350-1450 | Datering: | 1350-1450 |
| Details: | 3 bustekopjes | Details: | 3 bustekopjes | Details: | ster |

| Afb.: 836 | Inv.: 1090 | Afb.: 837 | Inv.: 2290 | Afb.: 838 | Inv.: 0626 |
|---|---|---|---|---|---|
| Voorstelling: | Bloemmotief | Voorstelling: | Bloemmotief | Voorstelling: | Bloemmotief |
| Vindplaats: | Reimerswaal | Vindplaats: | Nieuwlande | Vindplaats: | Reimerswaal |
| Afm. | h.: 24 br.: 24 | Afm. | h.: 17 br.: 17 | Afm. | h.: 18 br.: 18 |
| Materiaal: | lood-tin | Materiaal: | lood-tin | Materiaal: | lood-tin |
| Bevestiging: | draagspeld | Bevestiging: | draagspeld | Bevestiging: | draagspeld |
| Datering: | 1350-1450 | Datering: | 1350-1450 | Datering: | 1350-1450 |
| Details: | — | Details: | — | Details: | — |

| Afb.: 839 | Inv.: 0286 | Afb.: 840 | Inv.: 0288 | Afb.: 841 | Inv.: 1601 |
|---|---|---|---|---|---|
| Voorstelling: | Bloemmotief | Voorstelling: | Broche | Voorstelling: | Bloemmotief |
| Vindplaats: | Nieuwlande | Vindplaats: | Nieuwlande | Vindplaats: | Middelburg |
| Afm. | h.: 17 br.: 17 | Afm. | h.: 23 br.: 23 | Afm. | h.: 22 br.: 22 |
| Materiaal: | lood-tin | Materiaal: | lood-tin | Materiaal: | lood-tin |
| Bevestiging: | draagspeld | Bevestiging: | draagspeld | Bevestiging: | draagspeld |
| Datering: | 1350-1450 | Datering: | 1350-1450 | Datering: | 1350-1450 |
| Details: | — | Details: | — | Details: | groene glasparel |

Afb.: 842     Inv.: 1631
Voorstelling:   Bloemmotief

Vindplaats:   Nieuwlande
Afm.         h.: 21 br.: 21
Materiaal:    lood-tin
Bevestiging:  draagspeld
Datering:    1350-1450
Details:      geelbruine
              glasparel

Afb.: 843     Inv.: 0285
Voorstelling:   Broche

Vindplaats:   Reimerswaal
Afm.         h.: 21 br.: 21
Materiaal:    lood-tin
Bevestiging:  draagspeld
Datering:    1350-1450
Details:      groene glasparel

Afb.: 844     Inv.: 0600
Voorstelling:   Broche

Vindplaats:   Dordrecht
Afm.         h.: 28 br.: 28
Materiaal:    lood-tin
Bevestiging:  draagspeld
Datering:    1350-1450
Details:      4 bustekopjes

Afb.: 845     Inv.: 2104
Voorstelling:   Broche

Vindplaats:   Valkenisse
Afm.         h.: 21 br.: 22
Materiaal:    lood-tin
Bevestiging:  afwezig
Datering:    1350-1450
Details:      —

Afb.: 846     Inv.: 2107
Voorstelling:   Broche

Vindplaats:   Reimerswaal
Afm.         h.: 18 br.: 18
Materiaal:    lood-tin
Bevestiging:  draagspeld
Datering:    1350-1450
Details:      4 glasparels in hoeken

Afb.: 847     Inv.: 2344
Voorstelling:   Broche

Vindplaats:   Dordrecht
Afm.         h.: 27 br.: 27
Materiaal:    lood-tin
Bevestiging:  draagspeld
Datering:    1400-1450
Details:      compositie 2 delen

Afb.: 848     Inv.: 2093
Voorstelling:   Broche

Vindplaats:   Nieuwlande
Afm.         h.: 23 br.: 18
Materiaal:    lood-tin
Bevestiging:  hangoogje
Datering:    1350-1450
Details:      —

Afb.: 849     Inv.: 1869
Voorstelling:   Broche-hanger
              fleur de lis
Vindplaats:   Nieuwlande
Afm.         h.: 27 br.: 15
Materiaal:    lood-tin
Bevestiging:  draagspeld
Datering:    1350-1450
Details:      hangoogje

| Afb.: 850 | Inv.: 0599 |
|---|---|
| Voorstelling: | Broche |
| | |
| Vindplaats: | Dordrecht |
| Afm. | h.: 24 br.: 25 |
| Materiaal: | lood-tin |
| Bevestiging: | draagspeld |
| Datering: | 1375-1425 |
| Details: | bevestigingslipjes |
| Opschrift: | AMOVRS |

| Afb.: 851 | Inv.: 1972 |
|---|---|
| Voorstelling: | Broche |
| | |
| Vindplaats: | Rotterdam |
| Afm. | h.: 31 br.: 30 |
| Materiaal: | lood-tin |
| Bevestiging: | draagspeld |
| Datering: | 1375-1425 |
| Details: | kopjes en letters |
| Opschrift: | MMA |

| Afb.: 852 | Inv.: 2492 |
|---|---|
| Voorstelling: | Broche |
| | |
| Vindplaats: | Dordrecht |
| Afm. | h.: 33 br.: 30 |
| Materiaal: | lood-tin |
| Bevestiging: | draagspeld |
| Datering: | 1375-1425 |
| Opschrift: | AMOVRSI... |

## LETTERS EN WOORDEN

De vijf insignes op deze bladzijde zijn alle met letters gedecoreerd, en wel zo dat deze rond een betrekkelijk abstract sieraad zijn geordend. De twee speldjes met het woord 'amours' (afb. 850 en 852) zijn lijstjes met bevestigingslipjes aan de achterzijde. In de lijstjes heeft beslist een afbeelding gezeten, getekend of geschilderd op perkament of leer; we kunnen slechts gissen naar wat afgebeeld was. De overige drie insignes tonen letters die in hun ordening geen woorden vormen, maar wel betekenis hebben. Bij afbeelding 851 gaat het ongetwijfeld om een afkorting tussen de drie hoofdjes. De insignes afb. 853 en 854 laten de letters op fonetische wijze spreken, in het eerste geval door het slotwoord 'amen' drie keer te herhalen, bij het tweede door de begroeting ofwel het openingswoord 'ave' vier maal weer te geven.

| Afb.: 853 | Inv.: 0142 |
|---|---|
| Voorstelling: | Broche |
| | |
| Vindplaats: | Reimerswaal |
| Afm. | h.: 32 br.: 33 |
| Materiaal: | lood-tin |
| Bevestiging: | draagspeld |
| Datering: | 1375-1425 |
| Opschrift: | AMN - AMN - AMN |

| Afb.: 854 | Inv.: 2540 |
|---|---|
| Voorstelling: | Broche |
| | |
| Vindplaats: | Heyst |
| Afm. | h.: 18 br.: 18 |
| Materiaal: | lood-tin |
| Bevestiging: | draagspeld |
| Datering: | 1350-1450 |
| Opschrift: | AV AV AV AV |

Afb.: 857A-B  Inv.: 1953A-B
Voorstelling:  Bijl
              insigne of miniatuur?
Vindplaats:   Rotterdam
Afm.          h.: 43 br.: 38
Materiaal:    lood-tin
Bevestiging:  niet aanwezig
Datering:     1375-1425
Details:      wapenschild;
              opening voor steel

Afb.: 855   Inv.: 2123
Voorstelling:  Bijl
              insigne of miniatuur?
Vindplaats:   Rotterdam
Afm.          h.: 104 br.: 64
Materiaal:    lood-tin
Bevestiging:  niet aanwezig
Datering:     1400-1450
Details:      opening voor steel

Afb.: 856   Inv.: 0987
Voorstelling:  Bijl
Vindplaats:   Brugge
Afm.          h.: 67 br.: 14
Materiaal:    lood-tin
Bevestiging:  hangoogje
Datering:     1400-1450
Details:      —

Afb.: 858   Inv.: 0500
Voorstelling:  Bijl
              insigne of miniatuur?
Vindplaats:   Reimerswaal
Afm.          h.: 54 br.: 40
Materiaal:    lood-tin
Bevestiging:  niet aanwezig
Datering:     1375-1425
Details:      —

Afb.: 859   Inv.: 1944
Voorstelling:  Bijl
              insigne of miniatuur?
Vindplaats:   Reimerswaal
Afm.          h.: 47 br.: 40
Materiaal:    lood-tin
Bevestiging:  niet aanwezig
Datering:     1375-1425
Details:      —

## BIJLEN

Een vijftal bijlen is hier opgenomen, waarvan slechts in een geval beslist over een draagteken of insigne kan worden gesproken, namelijk bij afb. 856. De overige bijltjes hebben een losse houten steel gehad, die door de daarvoor uitgespaarde holte was geschoven. Het is de vraag in hoeverre deze eventueel als teken van vooral kracht op hoed of kleding kunnen zijn gedragen, of dat het hier speelgoed betreft. Niet waarschijnlijk lijkt dat het gaat om pelgrimstekens ter verwijzing naar een heilige met de bijl als attribuut. Van de Scandinavische heilige Olaf, vereerd in het Noorse Trondheim, die dan in aanmerking zou komen, is geen enkel insigne in de Nederlanden gevonden; de apostel Matthias, vooral vereerd in Trier, komt wel voor (zie afb. 285 - 287) maar het lijkt uitgesloten dat te zijner ere bijlen zonder nadere indicatie verkocht zouden zijn.

## DOEDELZAK-SPELDJES

Afbeelding 860 en 861 tonen twee insignes in de vorm van een doedelzak. Dit muziekinstrument riep behalve de herinnering aan het nasale en doordringende geluid dat vooral in de volksmuziek klonk en minder in hogere kringen of in een kerkelijke omgeving, vooral een andere associatie op, namelijk die van ongematigde en onbeschaamde sexuele lust. Meer uitgesproken wordt dat uitgedrukt door de doedelzakspelende zwijnen afb. 691, 692 en 693. De doedelzakspelende muzikant op het luiaard-insigne van afb. 542 lijkt ook niet bepaald bij te dragen tot een meer positieve betekenis van dit instrument. In Engeland werden ook draagspeldjes gevonden van geïsoleerde doedelzakspelers.

| Afb.: 860 | Inv.: 1872 |
|---|---|
| Voorstelling: | Doedelzak |
| | |
| Vindplaats: | Nieuwlande |
| Afm. | h.: 40 br.: 22 |
| Materiaal: | lood-tin |
| Bevestiging: | niet meer aanwezig |
| Datering: | 1375-1425 |
| Details: | monsterkop |

| Afb.: 861 | Inv.: 1624 |
|---|---|
| Voorstelling: | Doedelzak |
| | |
| Vindplaats: | Nieuwlande |
| Afm. | h.: 30 br.: 18 |
| Materiaal: | lood-tin |
| Bevestiging: | draagspeld |
| Datering: | 1375-1425 |
| Details: | — |

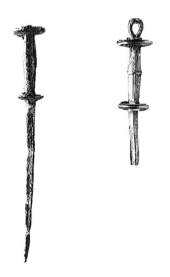

| Afb.: 862 | Inv.: 1122 |
|---|---|
| Voorstelling: | Dolk |
| | |
| Vindplaats: | Nieuwlande |
| Afm. | h.: 62 br.: 9 |
| Materiaal: | lood-tin |
| Bevestiging: | hangoogje ontbreekt |
| Datering: | 1375-1425 |
| Details: | — |

| Afb.: 863 | Inv.: 2279 |
|---|---|
| Voorstelling: | Dolk |
| | |
| Vindplaats: | Nieuwlande |
| Afm. | h.: 39 br.: 10 |
| Materiaal: | lood-tin |
| Bevestiging: | hangoogje |
| Datering: | 1375-1425 |
| Details: | punt afgebroken |

## MINIATUUR-DOLKEN

In Nieuwlande en ook elders kwamen verscheidene exemplaren van miniatuur-dolken tevoorschijn van het type en ongeveer de afmetingen van het hiernaast afgebeelde tweetal. Miniatuur-zwaardscheden die onder andere in Amsterdam, Rotterdam en Nieuwlande werden aangetroffen (afb. 1013 - 1015), bevestigen ook het bestaan van dergelijke kleine steekwapens. In 'Heiligen uit de modder' werd het dolkje van afbeelding 862 nog omschreven als een miniatuur-pelgrimsstafje, zoals in grote hoeveelheden en in uiteenlopende materialen te Santiago moeten zijn verkocht (zie bij afb. 231 en 232). Gezien het zorgvuldig vormgegeven lemmet met de langzaam spits toelopende en hol vormgegeven zijden, is die interpretatie minder waarschijnlijk. Ook de ophangoogjes, zoals nog aanwezig bij het fragment afb. 863, maken het voor de hand liggend deze objecten als dolkjes te zien.

| Afb.: 864 | Inv.: 0007 |
|---|---|
| Voorstelling: | Gesp met poortgebouw |
| | |
| Vindplaats: | Nieuwlande |
| Afm. | h.: 57 br.: 54 |
| Materiaal: | lood-tin |
| Bevestiging: | gespnaald |
| Datering: | 1375-1425 |
| Details: | koning - leeuw - koningin |
| | gevonden in grape |

| Afb.: 865 | Inv.: 2450 |
|---|---|
| Voorstelling: | Gesp |
| | |
| Vindplaats: | Reimerswaal |
| Afm. | h.: 57 br.: 56 |
| Materiaal: | lood-tin (C.L.) |
| Bevestiging: | gespnaald |
| Datering: | 1400-1450 |
| Details: | — |

| Afb.: 866 | Inv.: 2451 |
|---|---|
| Voorstelling: | Gesp |
| | |
| Vindplaats: | Reimerswaal |
| Afm. | h.: 56 br.: 59 |
| Materiaal: | lood-tin |
| Bevestiging: | gespnaald ontbreekt |
| Datering: | 1425-1475 |
| Details: | scharnieroogje |

| Afb.: 867 | Inv.: 1374 |
|---|---|
| Voorstelling: | Gesp |
| | |
| Vindplaats: | Nieuwlande |
| Afm. | h.: 55 br.: 55 |
| Materiaal: | lood-tin |
| Bevestiging: | gespnaald ontbreekt |
| Datering: | 1400-1450 |
| Details: | scharnieroogje |

## RINGBROCHES EN GESPEN

Een grote groep onder de niet-religieuze insignes wordt ingenomen door de imitatie ringbroches en gespvormige juwelen. Voor het merendeel werden deze siergespen en ringbroches op dezelfde wijze op de kleding bevestigd als hun kostbare, edelmetalen en veel stevigere voorbeelden: de scharnierende gespnaald werd door het naar voren gehaalde textiel gestoken, waardoor het sieraad zichzelf vastdrukte. Bij enkele van de goedkope imitaties in lood-tin van dit type sieraad is slechts de vorm overgenomen zonder dat het funktionele van de gespnaald werd benut: de naald werd vastgegoten en de broche werd van achteren voorzien van een draagspeld (zie afb. 877, 891, 892 en 893). De siergespen en ringbroches, die van de dertiende tot in de vroege zestiende eeuw buitengewoon populair waren, komen voor in een schier eindeloze variatie. Bovendien zijn ze overal in West-Europa te signaleren, passend in het sterk internationale modebeeld van de hoog- en laatgotiek. De in Nederland gevonden lood-tinnen gespbroches variëren sterk in maat, van zeer klein - afb. 893 meet niet meer dan 13 mm. - tot zo'n 60 mm. Als versieringsmotieven komen zowel decoratieve patronen voor als figuratieve elementen, die soms ook een meer verhalend karakter krijgen, zoals we zien bij de grote gesp van afb. 864, die een heel poortgebouw voorstelt compleet met wachters en een wakende leeuw. Hoofdjes, bloemen, wapenschildjes, handen en letters kunnen de versierende elementen zijn van de meestal ronde of bijna ronde gespbroches. De hoofdvorm kan evenwel ook worden gevarieerd en meer sprekend zijn: vele vormen komen voor zoals ster (afb. 872, 877), schild (afb. 871, 883 en 894) vierpas (afb. 893), vierkant (afb. 865), hart (afb. 884) en zelfs een adelaar (afb. 885). Een ook uit edelmetaal bekende, creatieve variant is de cirkel gevormd door twee paar in elkaar grijpende handjes (afb. 887), een motief dat ook in de Romeinse tijd al voorkwam. Wat betreft de belettering en pseudo-belettering geldt bij deze groep hetzelfde als hiervoor al werd gezegd naar aanleiding van andere draagtekens met tekst of wat daarvoor moest doorgaan. Ook bij de gespbroches treffen we de Mariale opschriften aan (afb. 879, 881 en 883), de vermelding van de Driekoningen (afb. 882), niet opgeloste of onoplosbare letterreeksen (afb. 880) en uiteraard de verwijzing naar de liefde (afb. 892). De opschriften werden bij deze groep insignes zowel verdiept als in reliëf aangebracht; interessant is dat van beide varianten een exemplaar te tonen is met restanten van een rode beschildering: het insigne afb. 882 met de rode verf om de letters heen en de broche afb. 883 waar juist de letters rood zijn ingekleurd.

| Afb.: 868 | Inv.: 1731 |
|---|---|
| Voorstelling: | Gesp |
| Vindplaats: | Rilland |
| Afm. | h.: 52 br.: 52 |
| Materiaal: | lood-tin |
| Bevestiging: | gespnaald ontbreekt |
| Datering: | 1375-1425 |
| Details: | bustekopjes; scharnieroogje |

| Afb.: 869 | Inv.: 2454 |
|---|---|
| Voorstelling: | Gesp |
| Vindplaats: | Dordrecht |
| Afm. | h.: 49 br.: 51 |
| Materiaal: | lood-tin |
| Bevestiging: | gespnaald ontbreekt |
| Datering: | 1400-1450 |
| Details: | scharnieroogje |

| Afb.: 870 | Inv.: 2319 |
|---|---|
| Voorstelling: | Gesp |
| Vindplaats: | Dordrecht |
| Afm. | h.: 57 br.: 52 |
| Materiaal: | lood-tin |
| Bevestiging: | gespnaald ontbreekt |
| Datering: | 1375-1425 |
| Details: | gekroonde bustekopjes; scharnieroogje |

| Afb.: 871 | Inv.: 2453 |
|---|---|
| Voorstelling: | Gesp |
| Vindplaats: | Dordrecht |
| Afm. | h.: 47 br.: 53 |
| Materiaal: | lood-tin |
| Bevestiging: | gespnaald |
| Datering: | 1400-1450 |
| Details: | — |

| Afb.: 872 | Inv.: 2452 | Afb.: 873A | Inv.: 2171A | Afb.: 873B | Inv.: 2171B |
|---|---|---|---|---|---|
| Voorstelling: | Gesp | Voorstelling: | Gesp | Voorstelling: | Gesp |
| Vindplaats: | Dordrecht | Vindplaats: | Reimerswaal | Vindplaats: | Reimerswaal |
| Afm. | h.: 56 br.: 58 | Afm. | h.: 51 br.: 51 | Afm. | h.: 51 br.: 51 |
| Materiaal: | lood-tin | Materiaal: | lood-tin | Materiaal: | lood-tin |
| Bevestiging: | gespnaald ontbreekt | Bevestiging: | gespnaald ontbreekt | Bevestiging: | gespnaald ontbreekt |
| Datering: | 1400-1450 | Datering: | 1375-1425 | Datering: | 1375-1425 |
| Details: | scharnieroogje | Details: | scharnieroogje | Details: | — |

| Afb.: 874 | Inv.: 2322 | Afb.: 875 | Inv.: 2101 | Afb.: 876 | Inv.: 1038 |
|---|---|---|---|---|---|
| Voorstelling: | Gesp | Voorstelling: | Gesp | Voorstelling: | Gesp |
| Vindplaats: | Valkenisse | Vindplaats: | Valkenisse | Vindplaats: | Dordrecht |
| Afm. | h.: 43 br.: 45 | Afm. | h.: 38 br.: 38 | Afm. | h.: 44 br.: 44 |
| Materiaal: | lood-tin | Materiaal: | lood-tin | Materiaal: | lood-tin |
| Bevestiging: | gespnaald ontbreekt | Bevestiging: | gespnaald ontbreekt | Bevestiging: | gespnaald |
| Datering: | 1375-1425 | Datering: | 1375-1425 | Datering: | 1450-1500 |
| Details: | scharnieroogje | Details: | scharnieroogje | Details: | — |

| Afb.: 877 | Inv.: 0753 | Afb.: 878 | Inv.: 1123 | Afb.: 879 | Inv.: 0993 |
|---|---|---|---|---|---|
| Voorstelling: | Gesp 4 kronen | Voorstelling: | Gesp | Voorstelling: | Gesp |
| Vindplaats: | Nieuwlande | Vindplaats: | Dordrecht | Vindplaats: | Schiedam |
| Afm. | h.: 42 br.: 42 | Afm. | h.: 50 br.: 42 | Afm. | h.: 35 br.: 35 |
| Materiaal: | lood-tin | Materiaal: | lood-tin | Materiaal: | lood-tin |
| Bevestiging: | draagspeld | Bevestiging: | gespnaald ontbreekt | Bevestiging: | gespnaald ontbreekt |
| Datering: | 1450-1500 | Datering: | 1450-1500 | Datering: | 1475-1525 |
| Details: | gespnaald meegegoten | Details: | scharnieroogje | Opschrift: | AVE MARIA GRA AGLA |

| Afb.: 880 | Inv.: 2012 | Afb.: 881 | Inv.: 0992 | Afb.: 882 | Inv.: 2048 |
|---|---|---|---|---|---|
| Voorstelling: | Gesp | Voorstelling: | Gesp | Voorstelling: | Gesp |
| Vindplaats: | Dordrecht | Vindplaats: | Schiedam | Vindplaats: | Rotterdam |
| Afm. | h.: 49 br.: 49 | Afm. | h.: 34 br.: 34 | Afm. | h.: 28 br.: 28 |
| Materiaal: | lood-tin | Materiaal: | lood-tin | Materiaal: | lood-tin |
| Bevestiging: | gespnaald | Bevestiging: | gespnaald ontbreekt | Bevestiging: | gespnaald |
| Datering: | 1400-1450 | Datering: | 1400-1450 | Datering: | 1375-1425 |
| Details: | kopje op gespnaald | Details: | scharnieroogje | Details: | resten rode verf |
| Opschrift: | AWDRM – AWDRM | Opschrift: | AVE MARIA GRATIA P | Opschrift: | IASPAR DALDASARI (Iaspar-Balthasar) |

| Afb.: 883 | Inv.: 2405 | Afb.: 884 | Inv.: 2458 | Afb.: 885 | Inv.: 2340 |
|---|---|---|---|---|---|
| Voorstelling: | Gesp, verdiepte let-ters en ranken | Voorstelling: | Gesp | Voorstelling: | Gesp |
| Vindplaats: | Dordrecht | Vindplaats: | Dordrecht | Vindplaats: | Reimerswaal |
| Afm. | h.: 40 br.: 38 | Afm. | h.: 32 br.: 27 | Afm. | h.: 32 br.: 25 |
| Materiaal: | lood-tin | Materiaal: | lood-tin | Materiaal: | lood-tin |
| Bevestiging: | gespnaald ontbreekt | Bevestiging: | gespnaald ontbreekt | Bevestiging: | gespnaald ontbreekt |
| Datering: | 1375-1425 | Datering: | 1400-1450 | Datering: | 1375-1425 |
| Details: | resten rode verf | Details: | scharnieroogje | Details: | adelaar; scharnieroogje |
| Opschrift: | AVE MARIA | | | | |

| Afb.: 886 | Inv.: 2342 | Afb.: 887 | Inv.: 2455 | Afb.: 888 | Inv.: 2529 |
|---|---|---|---|---|---|
| Voorstelling: | Gesp | Voorstelling: | Gesp | Voorstelling: | Gesp |
| Vindplaats: | Reimerswaal | Vindplaats: | Dordrecht | Vindplaats: | Nieuwlande |
| Afm. | h.: 33 br.: 34 | Afm. | h.: 37 br.: 35 | Afm. | h.: 27 br.: 25 |
| Materiaal: | lood-tin | Materiaal: | lood-tin | Materiaal: | lood-tin |
| Bevestiging: | gespnaald | Bevestiging: | gespnaald ontbreekt | Bevestiging: | gespnaald ontbreekt |
| Datering: | 1375-1425 | Datering: | 1375-1425 | Datering: | 1375-1400 |
| Details: | bloemetje | Details: | ineengeslagen handen | Details: | — |

| Afb.: 889 | Inv.: 2367 | Afb.: 890 | Inv.: 2321 | Afb.: 891 | Inv.: 2417 |
|---|---|---|---|---|---|
| Voorstelling: | Gesp | Voorstelling: | Gesp | Voorstelling: | Gesp |
| Vindplaats: | Rotterdam | Vindplaats: | Nieuwlande | Vindplaats: | Nieuwlande |
| Afm. | h.: 25 br.: 25 | Afm. | h.: 28 br.: 28 | Afm. | h.: 25 br.: 25 |
| Materiaal: | lood-tin | Materiaal: | lood-tin | Materiaal: | lood-tin |
| Bevestiging: | gespnaald ontbreekt | Bevestiging: | gespnaald | Bevestiging: | draagspeld |
| Datering: | 1375-1425 | Datering: | 1375-1425 | Datering: | 1450-1500 |
| Details: | 6 wapenschilden | Details: | dobbelstenen 1-6 | Details: | gespnaald meegegoten |

| Afb.: 892 | Inv.: 1876 |
|---|---|
| Voorstelling: | Gesp |
| | |
| Vindplaats: | Nieuwlande |
| Afm. | h.: 21 br.: 17 |
| Materiaal: | lood-tin |
| Bevestiging: | draagspeld, hangoogje |
| Datering: | 1375-1425 |
| Details: | gespnaald meegegoten |
| Opschrift: | AMOR |

| Afb.: 893 | Inv.: 1359 |
|---|---|
| Voorstelling: | Gesp |
| | |
| Vindplaats: | Amsterdam |
| Afm. | h.: 13 br.: 13 |
| Materiaal: | lood-tin |
| Bevestiging: | draagspeld |
| Datering: | 1375-1425 |
| Details: | gespnaald meegegoten |

| Afb.: 894 | Inv.: 2359 |
|---|---|
| Voorstelling: | Gesp |
| | |
| Vindplaats: | Dordrecht |
| Afm. | h.: 38 br.: 29 |
| Materiaal: | lood-tin |
| Bevestiging: | gespnaald ontbreekt |
| Datering: | 1375-1425 |
| Details: | 2 figuren met fleur de lis; scharnieroogje |

| Afb.: 895 | Inv.: 1639 |
|---|---|
| Voorstelling: | Handschoenen |
| | |
| Vindplaats: | Nieuwlande |
| Afm. | h.: 27 br.: 25 |
| Materiaal: | lood-tin |
| Bevestiging: | draagspeld |
| Datering: | 1375-1425 |
| Details: | — |

| Afb.: 896 | Inv.: 2071 |
|---|---|
| Voorstelling: | Handschoenen |
| | |
| Vindplaats: | Rotterdam |
| Afm. | h.: 17 br.: 19 |
| Materiaal: | lood-tin |
| Bevestiging: | draagspeld |
| Datering: | 1375-1425 |
| Details: | — |

| Afb.: 897 | Inv.: 0745 |
|---|---|
| Voorstelling: | Handschoenen |
| | |
| Vindplaats: | Nieuwlande |
| Afm. | h.: 20 br.: 18 |
| Materiaal: | lood-tin |
| Bevestiging: | draagspeld |
| Datering: | 1375-1425 |
| Details: | — |

## HANDSCHOENEN

Insignes in de vorm van een handschoen-paar komen vrij veelvuldig voor. Hier zijn twee paar uit Nieuwlande en een stel uit Rotterdam afgebeeld (afb. 895 -897). In totaal zijn alleen al uit Nieuwlande vijftien van dergelijke speldjes bekend. De duimen van de handschoenen zijn merkwaardiger-wijs bijna steeds naar buiten geplaatst, ter-wijl de versiering op de rug aan lijkt te geven dat het we op de bovenzijde neerkij-ken: de linker handschoen ligt dus rechts en de rechter links ! Wat dit mogelijk beduidt, is nog een raadsel. In 'Heiligen uit de mod-der' werden deze handschoentjes nog geïn-terpreteerd als de bisschopshandschoenen van Thomas Becket en dus als pelgrimste-kens uit Canterbury. De daar verkochte

insignes met de afbeelding van de hand-schoenen van Thomas, die in Canterbury als reliek werden bewaard, tonen evenwel steeds zeer uitgesproken de bisschopsring van Thomas, die bij alle in de Nederlanden gevonden handschoenparen ontbreekt. Ook de relatief grote aantallen van de hand-schoen-speldjes die in Nederland zijn gevonden, maakt die identificatie onmoge-lijk.
Afbeelding 898 toont een driedimensionaal uitgevoerde miniatuur-pantserhandschoen die aan een hangoogje werd gedragen. De hol uitgevoerde mouw met kleine opening maakt waarschijnlijk dat deze tegelijk als een fluitje kon worden gebruikt.

| Afb.: 898 | Inv.: 1556 |
|---|---|
| Voorstelling: | Handschoen |
| | |
| Vindplaats: | Hoorn |
| Afm. | h.: 25 br.: 12 |
| Materiaal: | lood-tin |
| Bevestiging: | hangoogje |
| Datering: | 1375-1425 |
| Details: | mogelijk fluitje |

Afb.: 899        Inv.: 1428
Voorstelling:   Hark

Vindplaats:     Reimerswaal
Afm.            h.: 34 br.: 33
Materiaal:      lood-tin
Bevestiging:    hangoogje
Datering:       1400-1450
Details:        —

## HARK, HARTEN EN HASPEL

De insignes op deze beide bladzijden afgebeeld (afb. 899 en 909) betreffen twee hangertjes die geïsoleerde gebruiksvoorwerpen
afbeelden, een hark of hooihark (afb. 899)
en een haspel die zich nog aan een ringbro-
che als hangspeld bevindt (afb. 909). Deze
twee voorwerpen zijn moeilijk te duiden of
in een betekenisvol kader te plaatsen.
Misschien gaat het om min of meer speelse
imitaties van alledaagse voorwerpen, misschien ook valt er toch een interpretatie aan
te verbinden. De hooihark zou dan wellicht

in de richting van windhandel, lucht en
dwaasheid wijzen, de haspel - als deze tenminste door mannen gedragen zou worden -
in de richting van de pantoffelheld; maar
door wie en wanneer zouden dergelijke
hangertjes dan gedragen zijn ?
Draagspeldjes in de vorm van een hart,
gecombineerd met kroon, pijl of pijlen,
tekstbanden en dergelijke, komen vrij veel
voor. Hier tonen we zeven varianten en een
gietmal voor een dergelijk draagteken. De
verwijzing naar de liefde is uiteraard evident, al wordt dat soms toch nog eens door
een opschrift onderstreept. Uitzonderlijk is
de uitgestrekte arm met een hart op de
mouw en een vogel met banderol op de
hand. Helaas is de tekst hier niet te oncijfe-
ren. Malcolm Jones wijst in verband met dit
insigne op de Engelse uitdrukking 'to carry
a heart on the sleeve', waar de Nederlandse
uitdrukking 'het hart op de tong hebben',
dus zeggen wat je denkt, het equivalent
voor is. Of een vertaling van de Engelse
zegswijze in het Middelnederlands bestond,
is onbekend.
Het insigne van afb. 907 toont eveneens
een meer complexe voorstelling: twee
armen met verstrengelde handen die een
doorboord hart omvatten. Ook in Engeland
komt dit insigne voor en in het Brits
Museum is een geelkoperen gietmal
bewaard met ondermeer de uitgesneden
vorm voor dergelijke speldjes (British
Museum, MLA 56, 7-1, 2242).

Afb.: 900        Inv.: 0549
Voorstelling:   Uitgestrekte arm
                met hart en vogel
Vindplaats:     Dordrecht
Afm.            h.: 30 br.: 56
Materiaal:      lood-tin
Bevestiging:    draagspeld
Datering:       1375-1425
Opschrift:      onleesbaar

Afb.: 901        Inv.: 1615
Voorstelling:   Gekroond hart met pijl

Vindplaats:     Nieuwlande
Afm.            h.: 33 br.: 33
Materiaal:      lood-tin
Bevestiging:    draagspeld
Datering:       1400-1450
Details:        —

Afb.: 902        Inv.: 1317
Voorstelling:   Gekroond hart met pijl

Vindplaats:     Amsterdam
Afm.            h.: 38 br.: 35
Materiaal:      lood-tin
Bevestiging:    niet meer aanwezig
Datering:       1400-1450
Opschrift:      AMOURS ... D

Afb.: 903        Inv.: 1259
Voorstelling:   Gekroond hart met pijl

Vindplaats:     Nieuwlande
Afm.            h.: 45 br.: 28
Materiaal:      lood-tin
Bevestiging:    hangoogje
Datering:       1400-1450
Opschrift:      MOI AOI

Afb.: 904        Inv.: 1446
Voorstelling:   Hart met 2 pijlen

Vindplaats:     Amsterdam
Afm.            h.: 31 br.: 25
Materiaal:      lood-tin
Bevestiging:    draagspeld
Datering:       1375-1425
Details:        —

| Afb.: 905 | Inv.: 1623 | Afb.: 906 | Inv.: 2310 | Afb.: 907 | Inv.: 1728 |
|---|---|---|---|---|---|
| Voorstelling: | Gekroond hart met pijl | Voorstelling: | Hart | Voorstelling: | Twee armen en handen, met pijl doorboord hart |
| | | Vindplaats: | Nieuwlande | | |
| Vindplaats: | Nieuwlande | Afm. | h.: 21 br.: 13 | Vindplaats: | Utrecht |
| Afm. | h.: 23 br.: 21 | Materiaal: | lood-tin | Afm. | h.: 25 br.: 23 |
| Materiaal: | lood-tin | Bevestiging: | hangoogje | Materiaal: | lood-tin |
| Bevestiging: | draagspeld | Datering: | 1400-1450 | Bevestiging: | draagspeld |
| Datering: | 1375-1425 | Details: | dubbelwandig; voor- en keerzijde identiek | Datering: | 1375-1425 |
| Details: | — | | | Details: | — |

| Afb.: 908A | Inv.: 1400A | Afb.: 908B | Inv.: 1400B | Afb.: 909 | Inv.: 1336 |
|---|---|---|---|---|---|
| Voorstelling: | Hart met twee pijlen gietmal | Voorstelling: | Ingekraste letters gietmal | Voorstelling: | Haspel |
| Vindplaats: | Middelburg | Vindplaats: | Middelburg | Vindplaats: | Amsterdam |
| Afm. | h.: 60 br.: 21 | Afm. | h.: 60 br.: 21 | Afm. | h.: 41 br.: 25 |
| Materiaal: | leisteen | Materiaal: | leisteen | Materiaal: | lood-tin |
| Bevestiging: | niet van toepassing | Bevestiging: | niet van toepassing | Bevestiging: | hangoogje |
| Datering: | 1375-1425 | Datering: | 1375-1425 | Datering: | 1375-1425 |
| Details: | — | Opschrift: | MAL | Details: | gevonden met hangspeld |

Afb.: 910          Inv.: 1820
Voorstelling:  Hemellichaam, zon

Vindplaats:    Amsterdam
Afm.           h.: 39 br.: 39
Materiaal:     lood-tin
Bevestiging:   hangoogje
Datering:      1375-1425
Details:       —

Afb.: 911          Inv.: 0141
Voorstelling:  Hemellichaam, zon

Vindplaats:    Amsterdam
Afm.           h.: 19 br.: 19
Materiaal:     lood-tin
Bevestiging:   draagspeld
Datering:      1375-1425
Details:       —

Afb.: 912          Inv.: 1045
Voorstelling:  Hemellichaam, zon

Vindplaats:    Reimerswaal
Afm.           h.: 16 br.: 16
Materiaal:     lood-tin
Bevestiging:   draagspeld
Datering:      1375-1425
Details:       —

Afb.: 913          Inv.: 0770
Voorstelling:  Hemellichaam, zon

Vindplaats:    Nieuwlande
Afm.           h.: 18 br.: 18
Materiaal:     lood-tin
Bevestiging:   draagspeld
Datering:      1375-1425
Details:       —

Afb.: 914          Inv.: 1408
Voorstelling:  Hemellichaam, maan

Vindplaats:    Nieuwlande
Afm.           h.: 19 br.: 19
Materiaal:     lood-tin
Bevestiging:   draagspeld
Datering:      1375-1425
Details:       —

Afb.: 915          Inv.: 0923
Voorstelling:  Hemellichaam, ster

Vindplaats:    Amsterdam
Afm.           h.: 38 br.: 38
Materiaal:     lood-tin
Bevestiging:   draagspeld
Datering:      1400-1450
Details:       —

Afb.: 916          Inv.: 2109
Voorstelling:  Hemellichaam, ster

Vindplaats:    Nieuwlande
Afm.           h.: 40 br.: 35
Materiaal:     lood-tin
Bevestiging:   hangoogje
Datering:      1400-1450
Details:       —

Afb.: 917        Inv.: 2430
Voorstelling:  Hemellichaam, ster

Vindplaats:   Nieuwlande
Afm.          h.: 36 br.: 37
Materiaal:    lood-tin
Bevestiging:  hangoogje
Datering:     1400-1450
Opschrift:    A

Afb.: 918        Inv.: 0632
Voorstelling:  Hemellichaam, ster

Vindplaats:   's-Hertogenbosch
Afm.          h.: 22 br.: 21
Materiaal:    lood-tin
Bevestiging:  draagspeld
Datering:     1375-1425
Opschrift:    I

Afb.: 919        Inv.: 0633
Voorstelling:  Hemellichaam, ster

Vindplaats:   Dordrecht
Afm.          h.: 23 br.: 23
Materiaal:    lood-tin
Bevestiging:  draagspeld
Datering:     1375-1425
Details:      —

Afb.: 920        Inv.: 1686
Voorstelling:  Hoefijzer

Vindplaats:   Dordrecht
Afm.          h.: 24 br.: 23
Materiaal:    lood-tin
Bevestiging:  oogje
Datering:     1375-1425
Details:      —

Afb.: 921        Inv.: 2233
Voorstelling:  Hoefijzer

Vindplaats:   Nieuwlande
Afm.          h.: 27 br.: 25
Materiaal:    lood-tin
Bevestiging:  draagspeld
Datering:     1375-1425
Details:      6 glasparels
              (1 ontbreekt)

Afb.: 922        Inv.: 2242
Voorstelling:  Gekroond hoefijzer

Vindplaats:   Nieuwlande
Afm.          h.: 34 br.: 23
Materiaal:    lood-tin
Bevestiging:  pennetjes
Datering:     1400-1450
Details:      4 rozetten op kraaltjes

| Afb.: 923 | Inv.: 2513 | Afb.: 924 | Inv.: 0127 | Afb.: 925 | Inv.: 1619 |
|---|---|---|---|---|---|
| Voorstelling: | Hoofddeksel, kaproen | Voorstelling: | Hoofddeksel, kaproen | Voorstelling: | Hoofddeksel, kaproen |
| Vindplaats: | Heyst | Vindplaats: | Reimerswaal | Vindplaats: | Nieuwlande |
| Afm. | h.: 30 br.: 26 | Afm. | h.: 38 br.: 30 | Afm. | h.: 22 br.: 17 |
| Materiaal: | lood-tin | Materiaal: | lood-tin | Materiaal: | lood-tin |
| Bevestiging: | draagspeld | Bevestiging: | draagspeld | Bevestiging: | draagspeld |
| Datering: | 1350-1400 | Datering: | 1375-1425 | Datering: | 1375-1425 |
| Opschrift: | CAPRON | Details: | ontbloot achterwerk | Details: | — |

| Afb.: 926 | Inv.: 1844 | Afb.: 927 | Inv.: 2463-2464 |
|---|---|---|---|
| Voorstelling: | Hoofddeksel | Voorstelling: | Hoofddeksel |
| Vindplaats: | Nieuwlande | Vindplaats: | Nieuwlande |
| Afm. | h.: 23 br.: 22 | Afm. | h.: 23 br.: 19 |
| Materiaal: | lood-tin | Materiaal: | lood-tin |
| Bevestiging: | draagspeld | Bevestiging: | draagspeld |
| Datering: | 1375-1425 | Datering: | 1375-1425 |
| Details: | veerhouder en veer | Details: | bij elkaar gevonden; identieke hoeden met veerhouder en veer |

| Afb.: 928 | Inv.: 2514 | Afb.: 929 | Inv.: 2090 | Afb.: 930 | Inv.: 2165 |
|---|---|---|---|---|---|
| Voorstelling: | Hoofddeksel | Voorstelling: | Hoofddeksel | Voorstelling: | Hoofddeksel |
| Vindplaats: | Nieuwlande | Vindplaats: | Nieuwlande | Vindplaats: | Rotterdam |
| Afm. | h.: 33 br.: 19 | Afm. | h.: 22 br.: 17 | Afm. | h.: 18 br.: 16 |
| Materiaal: | lood-tin | Materiaal: | lood-tin | Materiaal: | lood-tin |
| Bevestiging: | draagspeld | Bevestiging: | draagspeld | Bevestiging: | draagspeld |
| Datering: | 1375-1425 | Datering: | 1375-1425 | Datering: | 1375-1425 |
| Details: | muts met 3 veren | Details: | muts met speld | Details: | muts met speld |

Afb.: 931     Inv.: VB. 379/F. 99
Voorstelling:  (Pelgrims)hoorn

Vindplaats:    Utrecht
Afm.            Δ: 24/63 br.: 355
Materiaal:     pijpaarde-glazuur
Bevestiging:   oogje
Datering:     1300-1400
Details:      Aakhoorn

## PELGRIMSHOORNS

Toen Philipp van Vigneuilles uit Metz in 1510 Aken bezocht tijdens de Heiligdomsvaart aldaar, schreef hij ondermeer het volgende in zijn reisverslag over de reliekentoning die hij aanschouwde: 'Wenn man Sie seigt und entfaltet, fängt das Volk an, auf den Hornern zu blasen, so dass mann den lieben Gott nicht hätte donnern hören ... und es ist niemand da, dem nicht die Haare zu Berge stehen und Tränen in die Augen treten. Dazu ertönte der Schall von Trompeten und zahllosen Hörnern. In Aachens Umgegend wurden nähmlich kleine Hörner aus Thon gebacken und rot oder blau gefärbt. Junge wie alte Leute Einheimische wie Fremde kauften sich solche und bliesen 'dermassen stark hinein, dass zwei nebeneinander stehende Männer sich nicht verstehen vermochten'. Fremde nahmen solche 'Aachenhörnern mit in ihre Heimat und benutzten dieselben, wenn der Mond sich verfinsterte oder ein Gewitter aufzog. Deshalb wurden sie auch 'Wetterhörner genannt'.

Afbeelding 931 toont een dergelijke pijpaarden Aakhoorn, die stamt uit het pottenbakkerscentrum Langerwehe. Op vele plaatsen in de Nederlanden en elders in Noordwest Europa zijn dergelijke pelgrims-

hoorns of fragmenten daarvan teruggevonden. Bij de reliekentoningen werden ze door het gelovige volk gebruikt om de plechtigheden met het geschal kracht bij te zetten en om de aankondigen door koperblazers te ondersteunen. Philipp van Vigneuilles gaf in zijn ooggetuigeverslag aan hoe ver dat kon gaan. Dit gebruik is het meest bekend van de Akense Heiligdomsvaart, maar bestond ook elders. Van Vigneuilles maakte bijvoorbeeld ook in zijn beschrijving over de toningen te Maastricht, melding van een dergelijk tafereel en kabaal op het Vrijthof. Een van de met beeldhouwwerk versierde kapitelen op de Mont-Saint-Michel toont een pelgrim die eveneens een hoorn aan zijn mond zet. Het met hoorngeschal markeren van belangrijke momenten heeft een oude oorsprong en vond al vroeg zijn plaats in de christelijke liturgie. Philipp van Vigneuilles geeft vervolgens in zijn tekst aan hoe de pelgrimshoorns later werden gebruikt: in bedreigende omstandigheden ('bij maansverduistering of bij onweer'). Het traditionele afwenden van gevaar door het veroorzaken van veel lawaai en dus door het blazen op hoorns, werd kennelijk in christelijke context overgebracht door

hiervoor de pelgrimshoorns in te zetten. Het hoornblazen op een van de oorlogsschepen (afb. 575) zullen we ook vooral moeten zien als een poging om gevaar en dreiging te keren. Het midwinterhoornblazen in Twente moet in dezelfde zin worden geïnterpreteerd.

De steengoed pelgrimshoorns werden door de pelgrims ook omgehangen en gedragen, niet zozeer als herkenningsteken en insigne, maar vooral als bruikbaar attribuut. Door het ruim verbreid raken van het hoorn blazen bij reliekentoningen, werd ook de pelgrimshoorn tot een karakteristiek attribuut van de bedevaartganger. De gebakken hoorns werden in lood-tin nagemaakt en ook als bruikbare hoorns (afb. 932 - 934). Wat de speldjes betreft met de afbeeldingen van hoorntjes, moeten we in de eerste plaats denken aan de pelgrimstekens in de vorm van jachthoorns die verwijzen naar Hubertus, vereerd in Saint-Hubert-en-Ardenne (vergelijk afb. 200 - 203). Van deze hoorntjes is aan te nemen dat ze niet alleen in de abdij in de Ardennen werden verkocht, maar dat de zogeheten questierders ze overal aan de man brachten waar ze met de relieken van Hubertus in (bedel-) procesie rondtrokken.

Afb.: 932 Inv.: 1369
Voorstelling: (Pelgrims)hoorn

Vindplaats: Amsterdam
Afm. Δ: 17/36 br.: 183
Materiaal: lood-tin
Bevestiging: oogje
Datering: 1375-1425
Details: —

Afb.: 933 Inv.: 1643
Voorstelling: (Pelgrims)hoorn

Vindplaats: Nieuwlande
Afm. Δ: 21/13 br.: 101
Materiaal: lood-tin
Bevestiging: oogjes
Datering: 1375-1425
Details: draagketting; tekstband was rood beschilderd
Opschrift: AMOA (amours?)

Afb.: 934 Inv.: 1447
Voorstelling: (Pelgrims)hoorn

Vindplaats: Amsterdam
Afm. Δ: 67 br.: 13
Materiaal: lood-tin
Bevestiging: niet aanwezig
Datering: 1375-1425
Opschrift: RNES

Afb.: 935 Inv.: 0212
Voorstelling: Hoorntje

Vindplaats: Reimerswaal
Afm. h.: 31 br.: 42
Materiaal: lood-tin
Bevestiging: hangoogje
Datering: 1400-1450
Details: —

Afb.: 936 Inv.: 2157
Voorstelling: Hoorntje

Vindplaats: Nieuwlande
Afm. h.: 19 br.: 25
Materiaal: lood-tin
Bevestiging: draagspeld en hang-
     oogje
Datering: 1375-1425
Details: —

| Afb.: 937 | Inv.: 0976 |
|---|---|
| Voorstelling: | Hoorntje |
| Vindplaats: | Reimerswaal |
| Afm. | h.: 16 br.: 20 |
| Materiaal: | lood-tin |
| Bevestiging: | draagspeld en hang-oogje |
| Datering: | 1375-1425 |
| Details: | — |

| Afb.: 938 | Inv.: 1519 |
|---|---|
| Voorstelling: | Hoorntje |
| Vindplaats: | Nieuwlande |
| Afm. | h.: 17 br.: 22 |
| Materiaal: | lood-tin |
| Bevestiging: | draagspeld en hang-oogje |
| Datering: | 1375-1425 |
| Details: | — |

| Afb.: 939 | Inv.: 2446 |
|---|---|
| Voorstelling: | Kam |
| Vindplaats: | Nieuwlande |
| Afm. | h.: 45 br.: 25 |
| Materiaal: | lood-tin |
| Bevestiging: | hangoogje |
| Datering: | 1350-1400 |
| Opschrift: | onleesbaar |

| Afb.: 940 | Inv.: 2035 |
|---|---|
| Voorstelling: | Kam |
| Vindplaats: | Rotterdam |
| Afm. | h.: 39 br.: 23 |
| Materiaal: | lood-tin |
| Bevestiging: | hangoogje |
| Datering: | 1375-1425 |
| Details: | bevestigingslipjes achterzijde |

| Afb.: 941 | Inv.: 1831 |
|---|---|
| Voorstelling: | Kam |
| Vindplaats: | Nieuwlande |
| Afm. | h.: 30 br.: 28 |
| Materiaal: | lood-tin |
| Bevestiging: | hangoogje |
| Datering: | 1400-1450 |
| Details: | bevestigingslipjes achterzijde ronde lijst |

| Afb.: 942 | Inv.: 1294 |
|---|---|
| Voorstelling: | Kam |
| Vindplaats: | Amsterdam |
| Afm. | h.: 25 br.: 18 |
| Materiaal: | lood-tin |
| Bevestiging: | draagspeld en hang-oogje |
| Datering: | 1375-1425 |
| Details: | — |

| Afb.: 943 | Inv.: 1114 |
|---|---|
| Voorstelling: | Kam |
| Vindplaats: | Nieuwlande |
| Afm. | h.: 18 br.: 20 |
| Materiaal: | lood-tin |
| Bevestiging: | draagspeld |
| Datering: | 1375-1425 |
| Details: | — |

| Afb.: 944 | Inv.: 2160 |
|---|---|
| Voorstelling: | Kam |
| Vindplaats: | Reimerswaal |
| Afm. | h.: 14 br.: 25 |
| Materiaal: | lood-tin |
| Bevestiging: | draagspeld |
| Datering: | 1375-1425 |
| Details: | — |

| Afb.: 945 | Inv.: 2154 |
|---|---|
| Voorstelling: | Roskam |
| Vindplaats: | Nieuwlande |
| Afm. | h.: 34 br.: 27 |
| Materiaal: | lood-tin |
| Bevestiging: | hangoogje |
| Datering: | 1375-1425 |
| Details: | — |

| Afb.: 946 | Inv.: 1647 | Afb.: 947 | Inv.: 1437 | Afb.: 948 | Inv.: 2511 |
|---|---|---|---|---|---|
| Voorstelling: | Kan | Voorstelling: | Kan | Voorstelling: | Kan met schenktuit |
| Vindplaats: | Nieuwlande | Vindplaats: | Reimerswaal | Vindplaats: | Heyst |
| Afm. | h.: 27 br.: 16 | Afm. | h.: 27 br.: 16 | Afm. | h.: 20 br.: 18 |
| Materiaal: | lood-tin | Materiaal: | lood-tin | Materiaal: | lood-tin |
| Bevestiging: | draagspeld | Bevestiging: | draagspeld | Bevestiging: | draagspeld |
| Datering: | 1375-1425 | Datering: | 1375-1425 | Datering: | 1350-1400 |
| Details: | — | Details: | — | Details: | ronde bodem |

| Afb.: 949 | Inv.: 1625 | Afb.: 950 | Inv.: 2039 | Afb.: 951 | Inv.: 1646 |
|---|---|---|---|---|---|
| Voorstelling: | Kan | Voorstelling: | Kan | Voorstelling: | Grape met deksel |
| Vindplaats: | Nieuwlande | Vindplaats: | Rotterdam | Vindplaats: | Nieuwlande |
| Afm. | h.: 23 br.: 14 | Afm. | h.: 27 br.: 12 | Afm. | h.: 25 br.: 16 |
| Materiaal: | lood-tin (C.L.) | Materiaal: | lood-tin | Materiaal: | lood-tin |
| Bevestiging: | draagspeld | Bevestiging: | draagspeld | Bevestiging: | draagspeld |
| Datering: | 1375-1425 | Datering: | 1375-1425 | Datering: | 1375-1425 |
| Details: | — | Details: | — | Details: | — |

| Afb.: 952 | Inv.: 2164 | Afb.: 953 | Inv.: 2309 |
|---|---|---|---|
| Voorstelling: | Veldfles | Voorstelling: | Veldfles |
| Vindplaats: | Rotterdam | Vindplaats: | Nieuwlande |
| Afm. | h.: 43 br.: 22 | Afm. | h.: 23 br.: 15 |
| Materiaal: | lood-tin | Materiaal: | lood-tin |
| Bevestiging: | draagspeld | Bevestiging: | draagspeld |
| Datering: | 1375-1425 | Datering: | 1375-1425 |
| Details: | — | Details: | — |

| Afb.: 954 | Inv.: 1314 |
|---|---|
| Voorstelling: | Kan met lelies |
| | |
| Vindplaats: | Amsterdam |
| Afm. | h.: 46 br.: 27 |
| Materiaal: | lood-tin |
| Bevestiging: | niet meer aanwezig |
| Datering: | 1400-1450 |
| Details: | hol kanlichaam |

| Afb.: 955 | Inv.: 1380 |
|---|---|
| Voorstelling: | Kannetje op leeuw bloemtakken |
| Vindplaats: | Nieuwlande |
| Afm. | h.: 68 br.: 20 |
| Materiaal: | lood-tin |
| Bevestiging: | bevestigingsoogje |
| Datering: | 1375-1425 |
| Details: | veerhouder Kannenorde van Arragon(?) |

| Afb.: 956 | Inv.: 1803 |
|---|---|
| Voorstelling: | Schenkkan met bloemen |
| Vindplaats: | Nieuwlande |
| Afm. | h.: 37 br.: 17 |
| Materiaal: | lood-tin |
| Bevestiging: | bevestigingsoogje |
| Datering: | 1375-1425 |
| Details: | veerhouder |

## KANNEN MET BLOEMEN

De insignes van afbeelding 954, 955 en 956 tonen kannetjes met een bloemtak. In 'Heiligen uit de modder' werd de veerhouder met leeuw, kruik en bloemtak geduid als een wellicht uit het Engelse Mariabedevaartsoord Walsingham stammend pelgrimsteken. Dit is vermoedelijk niet terecht. Het lijkt minder waarschijnlijk dat als verwijzing naar de Annunciatie, want daar zou het dan om gaan, uitsluitend de vaas met lelies -symbool voor Maria's maagdelijkheid en de Onbevlekte Ontvangenis - geïsoleerd als symbool voor een Maria-devotie zou worden gebruikt. Opmerkelijk is de grote overeenkomst die het veerhoudertje van afb. 955 heeft met het draagteken van de zogenoemde Kannenorde van Arragon; maar of deze als een volkse imitatie daarvan mag worden beschouwd, is de vraag.

| Afb.: 957 | Inv.: 1563 |
|---|---|
| Voorstelling: | Kroon |
| | |
| Vindplaats: | Reimerswaal |
| Afm. | h.: 18 br.: 19 |
| Materiaal: | lood-tin |
| Bevestiging: | draagspeld |
| Datering: | 1375-1425 |
| Details: | — |

| Afb.: 958 | Inv.: 1049 |
|---|---|
| Voorstelling: | Kroon |
| | |
| Vindplaats: | Reimerswaal |
| Afm. | h.: 23 br.: 18 |
| Materiaal: | lood-tin |
| Bevestiging: | draagspeld |
| Datering: | 1375-1425 |
| Details: | hangoogje |

| Afb.: 959 | Inv.: 0739 |
|---|---|
| Voorstelling: | Kruisboog met windas |
| Vindplaats: | Nieuwlande |
| Afm. | h.: 53 br.: 42 |
| Materiaal: | lood-tin |
| Bevestiging: | draagspeld |
| Datering: | 1400-1450 |
| Opschrift: | onleesbaar |

| Afb.: 960 | Inv.: 2330 |
|---|---|
| Voorstelling: | Kruisboog met wind as |
| Vindplaats: | Valkenisse |
| Afm. | h.: 36 br.: 25 |
| Materiaal: | lood-tin |
| Bevestiging: | draagspeld |
| Datering: | 1400-1450 |
| Details: | fleur de lis |

| Afb.: 961 | Inv.: 1534 |
|---|---|
| Voorstelling: | Kruisboog met opgelegde pijl |
| Vindplaats: | Nieuwlande |
| Afm. | h.: 43 br.: 36 |
| Materiaal: | lood-tin |
| Bevestiging: | draagspeld |
| Datering: | 1400-1450 |
| Details: | bustekopje |

## LETTER-INSIGNES

De speldjes van afbeelding 962 tot en met 982 betreffen insignes met letters. Hier hebben we deze alfabetisch geordend, en de volgende letters komen voor: A, M, O en R. Ook de daarop volgende gietmal en gietprop(afb. 983, 984) hebben betrekking op medaillons met verschillende letters. De teruggevonden letter-insignes geven geen gelijke spreiding over het alfabet te zien, slechts weinig letters komen voor en die in zeer verschillende frequentie: de A (4 x), de M (13 x), de R (4 x). Onder de hemellichamen ordenden we al twee sterren met de letters A (1 x) en I (1 x). De betekenis van de letter-speldjes is uiteenlopend en in principe konden ze uiteraard op verschillende manieren worden toegepast: als initiaal of initialen van de drager, als verwijzing naar een landheer, stad of partij, en in meer devotionele sfeer. De grote aantallen van de letter M moeten waarschijnlijk vooral wor-

den verklaard uit de in de late middeleeuwen populaire Mariadevotie. Bij andere insignes zagen we ook al vele Mariale teksten - de naam Maria, aanroepingen tot Maria en de begroeting 'Ave' in verkorte of meer uitvoerige versie. De M-insignes kunnen evenwel niet uitsluitend als Mariale speldjes worden gezien: verscheidene van de hier afgebeelde exemplaren, en er zijn vele andere bekend, tonen de figuren van een man en een vrouw in de door de letter gevormde nissen, al dan niet gecombineerd met het opschrift 'Amours'. Ook hier geldt weer het samengaan van christelijke en profane symboliek, te zamen leidend tot niet alleen om hun versierende funktie gedragen speldjes maar zeker ook om hun heilbrengend en kwaadafwerend effect. Dit kunnen we ook doortrekken naar de insignes met andere letters, die zo in hun verwijzing eveneens beladen waren. De letter A met de

naamsvermelding van en bede tot de apostelen Petrus en Paulus (afb. 302) bevestigt dit. Onder de letters komen ook spiegelbeeldige lettertekens voor, evenals letters met verbasterde, onoplosbare opschriften; voor de ongetwijfeld vaak analfabetische drager was vooral van belang dat lettertekens, in feite als magische tekens, waren afgebeeld en minder telde kennelijk de eigenlijke betekenis van de letter(s).
Uit geschreven bronnen is enige informatie bekend aangaande het gebruik om letters te dragen. In de rekeningen van de graven van Holland ten tijde van Albrecht van Beieren (1358-1378) staan diverse aankopen verantwoord van letters die de graaf ('zelveren letteren') en gravin ('2200 letteren', van verguld zilver) op hun kleding lieten hechten.

Afb.: 962  Inv.: 1208
Voorstelling: Gekroonde letter A

Vindplaats: Nieuwlande
Afm.  h.: 33 br.: 17
Materiaal: lood-tin
Bevestiging: niet (meer) aanwezig
Datering: 1375-1425
Details: —

Afb.: 963  Inv.: 0272
Voorstelling: Gekroonde letter A

Vindplaats: Reimerswaal
Afm.  h.: 23 br.: 23
Materiaal: lood-tin
Bevestiging: draagspeld
Datering: 1375-1425
Details: —

Afb.: 964  Inv.: 1452
Voorstelling: Letter A binnen omlijsting

Vindplaats: Middelburg
Afm.  h.: 35 br.: 36
Materiaal: lood-tin
Bevestiging: niet aanwezig
Datering: 1375-1425
Details: —

Afb.: 965  Inv.: 0621
Voorstelling: Letter A binnen omlijsting

Vindplaats: Nieuwlande
Afm.  h.: 29 br.: 31
Materiaal: lood-tin
Bevestiging: draagspeld
Datering: 1375-1425
Details: —

Afb.: 966  Inv.: 1147
Voorstelling: Gekroonde letter M

Vindplaats: Hoorn
Afm.  h.: 38 br.: 36
Materiaal: lood-tin
Bevestiging: draagspeld
Datering: 1375-1425
Details: —

Afb.: 967  Inv.: 1991
Voorstelling: Gekroonde letter M
Vindplaats: Nieuwlande
Afm.  h.: 36 br.: 38
Materiaal: lood-tin
Bevestiging: draagspeld
Datering: 1375-1425
Details: man en vrouw
Opschrift: AMOVRS

Afb.: 968        Inv.: 2079
Voorstelling:   Letter M binnen gebloemde omlijsting

Vindplaats:     Rotterdam
Afm.            h.: 41 br.: 41
Materiaal:      lood-tin
Bevestiging:    niet aanwezig
Datering:       1375-1425
Details:        buste midden boven de letter

Afb.: 969        Inv.: 0596
Voorstelling:   Letter M binnen omlijsting

Vindplaats:     Rotterdam
Afm.            h.: 36 br.: 36
Materiaal:      lood-tin
Bevestiging:    draagspeld
Datering:       1400-1450
Details:        —

Afb.: 970        Inv.: 0611
Voorstelling:   Gekroonde letter M

Vindplaats:     Dordrecht
Afm.            h.: 32 br.: 28
Materiaal:      lood-tin
Bevestiging:    draagspeld
Datering:       1375-1425
Details:        man en vrouw

Afb.: 971        Inv.: 0612-1
Voorstelling:   Gekroonde letter M

Vindplaats:     Dordrecht
Afm.            h.: 30 br.: 26
Materiaal:      lood-tin
Bevestiging:    draagspeld
Datering:       1375-1425
Opschrift:      ARE NVA

Afb.: 972        Inv.: 0612-2
Voorstelling:   Gekroonde letter M

Vindplaats:     Dordrecht
Afm.            h.: 25 br.: 23
Materiaal:      lood-tin
Bevestiging:    draagspeld
Datering:       1375-1425
Details:        —

Afb.: 973        Inv.: 1250
Voorstelling:   Gekroonde letter M

Vindplaats:     Reimerswaal
Afm.            h.: 23 br.: 23
Materiaal:      lood-tin
Bevestiging:    draagspeld
Datering:       1375-1425
Details:        —

Afb.: 974        Inv.: 2118
Voorstelling:   Gekroonde letter M

Vindplaats:     Rotterdam
Afm.            h.: 23 br.: 17
Materiaal:      lood-tin
Bevestiging:    draagspeld
Datering:       1375-1425
Details:        —

Afb.: 975 Inv.: 0932
Voorstelling: Gekroonde letter M

Vindplaats: Nieuwlande
Afm. h.: 18 br.: 15
Materiaal: lood-tin
Bevestiging: draagspeld
Datering: 1375-1425
Details: —

Afb.: 976 Inv.: 1616
Voorstelling: Gekroonde letter M

Vindplaats: Nieuwlande
Afm. h.: 18 br.: 15
Materiaal: lood-tin
Bevestiging: draagspeld
Datering: 1375-1425
Details: hangoogje

Afb.: 977 Inv.: 2287
Voorstelling: Letter M

Vindplaats: Nieuwlande
Afm. h.: 15 br.: 10
Materiaal: lood-tin
Bevestiging: hangoogje
Datering: 1375-1425
Details: —

Afb.: 978 Inv.: 0650
Voorstelling: Monogram MRI
  (Maria?)

Vindplaats: Utrecht
Afm. h.: 20 br.: 20
Materiaal: lood-tin
Bevestiging: hangoogje
Datering: 1400-1450
Details: gevonden met ketting

Afb.: 979 Inv.: 2352
Voorstelling: Gekroonde letter O

Vindplaats: Nieuwlande
Afm. h.: 23 br.: 20
Materiaal: lood-tin
Bevestiging: draagspeld
Datering: 1375-1425
Details: —

Afb.: 980, 1-2 Inv.: 1387,1-2
Voorstelling: Gekroonde letter R

Vindplaats: Nieuwlande
Afm. h.: 24 br.: 18
Materiaal: lood-tin
Bevestiging: draagspeld
Datering: 1375-1425
Details: bij elkaar gevonden;
  in dezelfde vorm gegoten

Afb.: 981 Inv.: 2528
Voorstelling: Gekroonde letter R

Vindplaats: Heyst
Afm. h.: 18 br.: 20
Materiaal: lood-tin
Bevestiging: draagspeld
Datering: 1350-1400
Details: —

Afb.: 982 Inv.: 0651
Voorstelling: Letter R

Vindplaats: Nieuwlande
Afm. h.: 26 br.: 26
Materiaal: lood-tin
Bevestiging: draagspeld
Datering: 1400-1450
Details: spiegelverkeerd

Afb.: 983          Inv.: 2558
Voorstelling:    verschillende medaillons met letters
                      gietmal
Vindplaats:      Westbroek (U)
Afm.               h.: 110 br.: 75
Materiaal:        leisteen
Bevestiging:     niet aanwezig
Datering:         1350-1450
Details:           —

## GIETVORM

De hier afgebeelde gietvorm met gietsels van verspreide herkomst toont iets van het produktieproces van insignes en aanverwant materiaal (zie ook p. 16-25 over het vervaardigingsprocedé en materiaaltechnische aspecten). Bij de gietmal uit Westbroek (provincie Utrecht) is een moderne afdruk van de uitgesneden vorm afgebeeld. Deze mal diende om medaillons te vervaardigen, ronde penningen met gotische belettering. Uit Nieuwlande is een soortgelijke, tweezijdig te gebruiken, gietmal bekend voor de vervaardiging van kleine penningen met letters. Opvallend bij deze gietmal is dat de letters aan de ene zijde van de vorm gotisch zijn en aan de andere kant klassieker. De mallen voor de penningen met de gotische letters zijn door inboring doelbewust onbruikbaar gemaakt en vervolgens met pijpaarde dichtgezet; kennelijk mochten de oudere penningen niet meer worden gegoten. Wellicht mag hieruit worden geconcludeerd dat het om letterpenningen met een bepaalde waarde ging, zoals armen- en turfgeld of bijvoorbeeld presentiepenningen.

Afb.: 984          Inv.: 1336
Voorstelling:    Gietprop met penningen

Vindplaats:      Reimerswaal
Afm.               h.: 44 br.: 24
Materiaal:        lood-tin
Bevestiging:     niet van toepassing
Datering:         1350-1450
Details:           twee letters Z

Afb.: 985          Inv.: 2485
Voorstelling:    Gietprop met ringetjes

Vindplaats:      Nieuwlande
Afm.               h.: 44 br.: 25
Materiaal:        lood-tin
Bevestiging:     niet van toepassing
Datering:         1400-1500
Details:           —

## LUIT

Het draagspeldje van de driedimensionale luit is uitzonderlijk van makelij: het insigne is samengesteld uit drie afzonderlijk gegoten delen die zorgvuldig werden samengevoegd tot de realistische weergave van dit tokkelinstrument. Muziekinstrumenten komen weinig voor als insignes, met uitzondering van doedelzakken die vrij vaak worden gevonden (zie afb. 860 - 861). Bij de doedelzakken is sprake van een vrij duidelijke erotische symboliek; in hoeverre we ook bij dit fraai gemaakte insigne moeten denken aan de overdrachtelijke betekenis van de 'luit' (zie de tekst op p. 257), staat ter discussie.

Afb.: 986         Inv.: 2098
Voorstelling:    Luit

Vindplaats:      Nieuwlande
Afm.             h.: 41 br.: 21
Materiaal:       lood-tin
Bevestiging:     draagspeld
Datering:        1400-1450
Details:         compositie 3 delen

## MANDEN

Afbeelding 987 toont een hangertje in de vorm van een mand zonder bodem. Dit type hangertje is van verschillende exemplaren bekend, waarbij de mand met twee hengsels telkens nadrukkelijk zonder bodem is weergegeven. De korven zijn steeds dubbelgevouwen, waarschijnlijk werden ze gedragen als ronde, open manden, waarbij het bodemloze dus des te duidelijker uitkwam. Deze insignes moeten ongetwijfeld in verband worden gebracht met zegswijzen als 'door de mand vallen' en dergelijke. Ook Malcolm Jones wijdt in zijn essay over de profane insignes enige regels aan deze bodemloze korven (zie p. 99-109).

Afb.: 987         Inv.: 1407
Voorstelling:    Mand

Vindplaats:      Nieuwlande
Afm.             h.: 30 br.: 18
Materiaal:       lood-tin
Bevestiging:     hangoogje
Datering:        1400-1450
Details:         —

Afb.: 988         Inv.: 2147
Voorstelling:    Mand

Vindplaats:      Nieuwlande
Afm.             h.: 25 br.: 31
Materiaal:       lood-tin
Bevestiging:     draagspeld
Datering:        1375-1425
Details:         inhoud pijlen of veren

Afb.: 989         Inv.: 1622
Voorstelling:    Pijl

Vindplaats:      Nieuwlande
Afm.             h.: 71 br.: 15
Materiaal:       lood-tin
Bevestiging:     bevestigingsoogje
Datering:        1375-1425
Details:         —

Afb.: 990         Inv.: 1833
Voorstelling:    Gekruiste pijlen, Bourgondische vuurslag, wapen van Oostenrijk (vgl. afb. 768)
Vindplaats:      Nieuwlande
Afm.             h.: 28 br.: 22
Materiaal:       lood-tin
Bevestiging:     bevestigingsoogje
Datering:        1475-1525
Details:         veerhouder

Afb.: 991      Inv.: 1863
Voorstelling:  Schaar

Vindplaats:    Nieuwlande
Afm.           h.: 60 br.: 18
Materiaal:     lood-tin
Bevestiging:   hangoogje
Datering:      1375-1425
Details:       gevonden met draag-
               speld

Afb.: 992      Inv.: 2565
Voorstelling:  Schip

Vindplaats:    Hontenisse
Afm.           h.: 44 br.: 26
Materiaal:     lood-tin
Bevestiging:   hangoogje
Datering:      1400-1450
Details:       veerhouder
               resten rode verf

Afb.: 993      Inv.: 1971
Voorstelling:  Schoeisel, 2 trippen

Vindplaats:    Rotterdam
Afm.           h.: 35 br.: 24
Materiaal:     lood-tin
Bevestiging:   hangoogje
Datering:      1375-1425
Details:       gevonden met hang-
               speld

Afb.: 995      Inv.: 1627
Voorstelling:  Schoeisel, 2 trippen

Vindplaats:    Nieuwlande
Afm.           h.: 20 br.: 17
Materiaal:     lood-tin
Bevestiging:   draagspeld
Datering:      1375-1425
Details:       —

Afb.: 996      Inv.: 2055
Voorstelling:  Schoeisel, 2 schoenen

Vindplaats:    Rotterdam
Afm.           h.: 22 br.: 18
Materiaal:     lood-tin
Bevestiging:   draagspeld
Datering:      1375-1425
Details:       compositie 2 delen

Afb.: 994      Inv.: 1888
Voorstelling:  Schoeisel, 2 laarsjes

Vindplaats:    Nieuwlande
Afm.           h.: 39 br.: 16
Materiaal:     lood-tin
Bevestiging:   hangoogje
Datering:      1375-1425
Details:       —

Afb.: 997      Inv.: 1819
Voorstelling:  Schoeisel, 2 trippen

Vindplaats:    Dordrecht
Afm.           h.: 21 br.: 16
Materiaal:     lood-tin
Bevestiging:   draagspeld
Datering:      1375-1425
Details:       —

Afb.: 998        Inv.: 1626
Voorstelling:    Slot op mond

Vindplaats:      Nieuwlande
Afm.             h.: 20 br.: 15
Materiaal:       lood-tin
Bevestiging:     draagspeld
Datering:        1375-1425
Details:         —

Afb.: 999        Inv.: 2086
Voorstelling:    Hangslot

Vindplaats:      Nieuwlande
Afm.             h.: 16 br.: 16
Materiaal:       lood-tin
Bevestiging:     draagspeld
Datering:        1375-1425
Opschrift:       TEOLS (Sloet)

Afb.: 1000       Inv.: 1724
Voorstelling:    Hangslot

Vindplaats:      Kampen
Afm.             h.: 22 br.: 26
Materiaal:       lood-tin
Bevestiging:     draagspeld
Datering:        1375-1425
Details:         oogjes onderzijde

Afb.: 1001       Inv.: 1075
Voorstelling:    Hangslot

Vindplaats:      Prov. Zeeland
Afm.             h.: 35 br.: 22
Materiaal:       lood-tin
Bevestiging:     hangbeugel
Datering:        1375-1425
Details:         —

Afb.: 1002       Inv.: 2003
Voorstelling:    Hangslot

Vindplaats:      Valkenisse
Afm.             h.: 25 br.: 11
Materiaal:       lood-tin
Bevestiging:     hangbeugel
Datering:        1375-1425
Details:         —

Afb.: 1003       Inv.: 1389
Voorstelling:    Kistje met slot

Vindplaats:      Nieuwlande
Afm.             h.: 15 br.: 18
Materiaal:       lood-tin
Bevestiging:     draagspeld
Datering:        1375-1425
Details:         —

Afb.: 1004       Inv.: 0672
Voorstelling:    Gekroond speelbord

Vindplaats:      Reimerswaal
Afm.             h.: 42 br.: 38
Materiaal:       lood-tin
Bevestiging:     hangoogje
Datering:        1375-1425
Details:         5 x 5 velden

Afb.: 1005       Inv.: 1952
Voorstelling:    Speelbord

Vindplaats:      Rotterdam
Afm.             h.: 43 br.: 32
Materiaal:       lood-tin
Bevestiging:     hangoogje
Datering:        1375-1425
Details:         6 x 6 velden

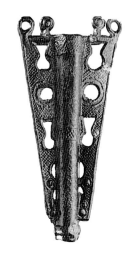

Afb.: 1006    Inv.: 2517
Voorstelling:  Twee veren met ban-
              derol

Vindplaats:   Nieuwlande
Afm.          h.: 37 br.: 29
Materiaal:    lood-tin
Bevestiging:  draagspeld
Datering:     1375-1425
Opschrift:    AMOVRS

Afb.: 1007    Inv.: 1140
Voorstelling:  Twee veren met ban-
              derol

Vindplaats:   Nieuwlande
Afm.          h.: 31 br.: 20
Materiaal:    lood-tin
Bevestiging:  draagspeld
Datering:     1375-1425
Opschrift:    S M O A

Afb.: 1008    Inv.: 1491
Voorstelling:  Veerhouder

Vindplaats:   Nieuwlande
Afm.          h.: 60 br.: 30
Materiaal:    lood-tin
Bevestiging:  oogjes
Datering:     1400-1450
Details:      —

Afb.: 1009    Inv.: 2069
Voorstelling:  Vlam

Vindplaats:   Reimerswaal
Afm.          h.: 34 br.: 13
Materiaal:    latoenkoper
Bevestiging:  hangoogje
Datering:     1450-1500
Details:      —

Afb.: 1010    Inv.: 0217
Voorstelling:  Vrucht: Eikel

Vindplaats:   Nieuwlande
Afm.          h.: 22 br.: 15
Materiaal:    lood-tin
Bevestiging:  draagspeld
Datering:     1375-1425
Details:      —

## DUBBELE VEREN

De insignes van afb. 1006 en 1007, beide
uit Nieuwlande, doen sterk denken aan een
prachtig in Engeland gevonden draagteken
van een struisvogelveer met banderol die
geduid wordt als 'The Black Prince's
Ostrich feather' en omstreeks 1376 moet
worden gedateerd; deze politieke insignes,
waarvan meer en minder primitieve varianten zijn gevonden, dragen op de tekstband
het devies 'Ich Dien'. Maar niet alle veer-
insignes kunnen vervolgens daarmee in verband worden gebracht. De hier afgebeelde
exemplaren zijn er misschien verre afspie-
gelingen van, maar hebben in elk geval een
geheel andere betekenis gekregen. Het
woord 'amours' en de verbastering daarvan
op het andere exemplaar, geven dit duidelijk aan.

Afb.: 1011    Inv.: 0554
Voorstelling:  Vuurbok met
              maskerkop
Vindplaats:   Reimerswaal
Afm.          h.: 34 br.: 27
Materiaal:    lood-tin
Bevestiging:  draagspeld
Datering:     1375-1425
Details:      —

Afb.: 1012    Inv.: 1594
Voorstelling:  Wan

Vindplaats:   Nieuwlande
Afm.          h.: 27 br.: 33
Materiaal:    lood-tin
Bevestiging:  hangoogje
Datering:     1400-1450
Details:      (vgl. afb. 615)

| Afb.: 1013 | Inv.: 1968 | Afb.: 1014 | Inv.: 1535 | Afb.: 1015 | Inv.: 0502 |
|---|---|---|---|---|---|
| Voorstelling: | Zwaardschede | Voorstelling: | Zwaardschede | Voorstelling: | Zwaardschede |
| Vindplaats: | Rotterdam | Vindplaats: | Amsterdam | Vindplaats: | Nieuwlande |
| Afm. | h.: 93 br.: 27 | Afm. | h.: 65 br.: 22 | Afm. | h.: 74 br.: 25 |
| Materiaal: | lood-tin | Materiaal: | lood-tin | Materiaal: | lood-tin |
| Bevestiging: | draagspeld | Bevestiging: | draagspeld | Bevestiging: | draagspeld |
| Datering: | 1375-1425 | Datering: | 1375-1425 | Datering: | 1375-1425 |
| Details: | drievoudige maskerkop middelste met uitgestoken tong | Details: | drievoudige maskerkop middelste met uitgestoken tong | Details: | maskerkop |

| Afb.: 1016 | Inv.: 0264 | Afb.: 1017 | Inv.: 1970 | Afb.: 1018 | Inv.: 0879 |
|---|---|---|---|---|---|
| Voorstelling: | Gekroonde omlijsting/bloem | Voorstelling: | Met hoofd versierde omlijsting/bloem | Voorstelling: | Met hoofd versierde omlijsting/bloem |
| Vindplaats: | Amsterdam | Vindplaats: | Rotterdam | Vindplaats: | Nieuwlande |
| Afm. | h.: 48 br.: 33 | Afm. | h.: 59 br.: 32 | Afm. | h.: 40 br.: 20 |
| Materiaal: | lood-tin | Materiaal: | lood-tin | Materiaal: | lood-tin |
| Bevestiging: | hangoogje | Bevestiging: | hangoogje | Bevestiging: | hangoogje |
| Datering: | 1450-1500 | Datering: | 1450-1500 | Datering: | 1450-1500 |
| Details: | achterzijde verdiept middenveld | Details: | achterzijde bevestigingslipjes | Details: | achterzijde bevestigingslipjes |

| Afb.: 1019 | Inv.: 1932 |
|---|---|
| Voorstelling: | Omlijsting |
| | |
| Vindplaats: | Leiden |
| Afm. | h.: 42 br.: 38 |
| Materiaal: | lood-tin |
| Bevestiging: | niet aanwezig |
| Datering: | 1450-1500 |
| Opschrift: | AVE REGINA CELORUM AVE DOMINA |

| Afb.: 1020 | Inv.: 0565 |
|---|---|
| Voorstelling: | Omlijsting |
| | |
| Vindplaats: | Sluis |
| Afm. | h.: 53 br.: 41 |
| Materiaal: | lood-tin |
| Bevestiging: | oogjes |
| Datering: | 1400-1450 |
| Details: | binnenzijde losse ovale borgring |

| Afb.: 1021 | Inv.: 1730 |
|---|---|
| Voorstelling: | Omlijsting |
| | |
| Vindplaats: | Kampen |
| Afm. | h.: 23 br.: 18 |
| Materiaal: | lood-tin, glas |
| Bevestiging: | hangoogje |
| Datering: | 1400-1450 |
| Details: | 2 glasplaatjes in lijst met onbekende inhoud |

| Afb.: 1022 | Inv.: 1319 |
|---|---|
| Voorstelling: | Omlijsting |
| | |
| Vindplaats: | Dordrecht |
| Afm. | h.: 37 br.: 37 |
| Materiaal: | lood-tin |
| Bevestiging: | niet aanwezig |
| Datering: | 1400-1450 |
| Details: | bevestigingslipjes; glas/spiegeltje verdwenen |
| Opschrift: | DIEU MIRES DIEU |

| Afb.: 1023 | Inv.: 0724 |
|---|---|
| Voorstelling: | banderol |
| | |
| Vindplaats: | Nieuwlande |
| Afm. | h.: 37 br.: 55 |
| Materiaal: | lood-tin |
| Bevestiging: | hangoogje |
| Datering: | 1450-1500 |
| Details: | oogje onderzijde |
| Opschrift: | pseudo-tekst |

| Afb.: 1024 | Inv.: 1725 |
|---|---|
| Voorstelling: | Maansikkel |
| | |
| Vindplaats: | Dordrecht |
| Afm. | h.: 26 br.: 37 |
| Materiaal: | lood-tin |
| Bevestiging: | hangoogje |
| Datering: | 1400-1450 |
| Opschrift: | AMOVR |

Afb.: 1025    Inv.: 0356
Voorstelling:   Medaillonkruis

Vindplaats:   Nieuwlande
Afm.    h.: 28 br.: 23
Materiaal:   lood-tin
Bevestiging:   hangoogje
Datering:   1450-1500
Details:   tekst op voor- en keerzijde
Opschrift:   AG(-LA)

Afb.: 1026    Inv.: 1401
Voorstelling:   Medaillonkruis

Vindplaats:   Nieuwlande
Afm.    h.: 17 br.: 20
Materiaal:   lood-tin
Bevestiging:   hangoogje afgebroken
Datering:   1450-1500
Details:   tekst op voor- en keerzijde
Opschrift:   (AG-)LA

Afb.: 1027A   Inv.: 2202A
Voorstelling:   Medaillonkruis

Vindplaats:   Nieuwlande
Afm.    h.: 31 br.: 28
Materiaal:   lood-tin
Bevestiging:   hangoogje
Datering:   1450-1500
Opschrift:   A

Afb.: 1027B   Inv.: 2202B
Voorstelling:   Medaillonkruis

Vindplaats:   Nieuwlande
Afm.    h.: 31 br.: 28
Materiaal:   lood-tin
Bevestiging:   hangoogje
Datering:   1450-1500
Details:   Maltezerkruis

Afb.: 1028    Inv.: 1273
Voorstelling:   Poort met verdeelde doorgang

Vindplaats:   Dordrecht
Afm.    h.: 21 br.: 24
Materiaal:   lood-tin
Bevestiging:   niet aanwezig
Datering:   1375-1425
Details:   —

Afb.: 1029    Inv.: 1677
Voorstelling:   Bouwsel met figuur

Vindplaats:   Dordrecht
Afm.    h.: 34 br.: 46
Materiaal:   lood-tin
Bevestiging:   niet aanwezig
Datering:   1375-1425
Opschrift:   onleesbaar

Afb.: 1030    Inv.: 0408
Voorstelling:  Lam Gods

Vindplaats:   Nieuwlande
Afm.          h.: 23 br.: 18
Materiaal:    lood-tin
Bevestiging:  gaatjes
Datering:     1300-1350
Details:      lovertje of 'token'

Afb.: 1031    Inv.: 0219
Voorstelling:  Vogel

Vindplaats:   Nieuwlande
Afm.          h.: 9 br.: 7
Materiaal:    lood-tin
Bevestiging:  gaatjes
Datering:     1300-1350
Details:      lovertje of 'token'

Afb.: 1032    Inv.: 1421
Voorstelling:  Vogel

Vindplaats:   Amsterdam
Afm.          h.: 13 br.: 9
Materiaal:    lood-tin
Bevestiging:  gaatjes
Datering:     1300-1350
Details:      lovertje of 'token'

## LOVERTJES

Afb.: 1033    Inv.: 0970
Voorstelling:  Vogel

Vindplaats:   Dordrecht
Afm.          h.: 11 br.: 8
Materiaal:    lood-tin
Bevestiging:  gaatjes
Datering:     1300-1550
Details:      lovertje of 'token'

De kleine 'insignes' waarvan hier enkele voorbeelden zijn afgebeeld (afb. 1030 - 1033), kunnen beter worden aangeduid met het Nederlandse woord 'lovertjes', in het Engels 'spangles'. Deze lovertjes waren niet, zoals draagspelden, bedoeld om afzonderlijk te worden gedragen, maar werden in kleinere of grote aantallen genaaid op kleding, kaproenen, beurzen en dergelijke. We moeten ons een toepassing voorstellen zoals ook de 2200 verguld zilveren letters zullen zijn gebruikt die de Hollandse gravin in het derde kwart van de veertiende eeuw aankocht om 'up haren roc te setten' (zie bij afb. 962 - 982). Een ander goed Nederlands voorbeeld is de te Nijmegen (Nijmeegs Museum Commanderie van Sint Jan) bewaarde zestiende-eeuwse rood- en zwartlaken burgemeesterskovel, die geheel overdekt is met honderden zilveren ornamentjes. Peter Stott beschrijft in 'Dress Accessories' (Egan & Pritchard 1991) een tiental lood-tinnen lovertjes uit Engelse bodem; deze zijn direct vergeljkbaar met de in Nederland gevonden exemplaren, klein tot zeer klein, rond en met twee hoekige bevestigingsoogjes aan de bovenzijde. Vaak zijn de lovertjes versierd met geometrische motieven, vogels of andere sterk geschematiseerde dierfiguren. Ook Arthur Forgeais beeldt er verscheidene af in zijn publikaties over in de Seine gevonden materiaal. In de veertiende eeuw moet het gebruik om dergelijke lovertjes als versierend element op kleding en dergelijke te naaien, zeer algemeen zijn geweest.

Afb.: 1034    Inv.: 0227
Voorstelling:  Bloem binnen omlijsting met 2 kopjes

Vindplaats:   Nieuwlande
Afm.          h.: 38 br.: 24
Materiaal:    lood-tin
Bevestiging:  achterzijde
Datering:     1400-1450
Details:      —

Afb.: 1035    Inv.: 1929
Voorstelling:  Staande figuur binnen omlijsting

Vindplaats:   Rotterdam
Afm.          h.: 29 br.: 29
Materiaal:    lood-tin
Bevestiging:  draagspeld
Datering:     1400-1450
Details:      6 druiventrossen

Afb.: 1036    Inv.: 2561
Voorstelling:  Rad van fortuin

Vindplaats:    Zierikzee
Afm.           h.: 58 br.: 41
Materiaal:     lood-tin
Bevestiging:  draagspeld
Datering:     1375-1425
Opschrift:    SI DI: GHERECHT: CONINC
              SONE: ONTSIE GHENE DINC ...

# SUMMARY

In 'Heilig en Profaan' 1036 badges from the collection of H.J.E. van Beuningen are illustrated and described. Most of these badges were found in the Netherlands and form part of a collection which now consists of more than 2700 religious and profane badges, accumulated over 15 years. Increased use of the metal detector in the Netherlands has been largely instrumental in the discovery of a considerable number of hitherto unobserved small metal objects and hence in their preservation. Especially in the southwest of the country, namely the province of Zeeland, metal objects have been well conserved because of the prevailing moistness of the soil.

The devastating floods of 1530-1532 had important consequences for the affected villages situated along the Oosterschelde. Due to the Reformation and the lengthy war between Spain and the Low Countries it became increasingly difficult to reclaim the flooded areas and the once prosperous villages as well as the town of Reimerswaal were permanently abandoned to the tidal currents. At low tide the water recedes from the mud flats which cover the remains of the old villages. Houses built from wood were destroyed by the flood, and brick walls of houses, church and castle were pulled down very soon after the depopulation of these sites, the bricks to be re-used for building on the mainland. Utensils which illustrate the daily life of the inhabitants prior to the floods were frequently found but scant attention was paid to small metal objects, or else these remained entirely unremarked. In recent years increasing use of metal detectors changed this and now buttons, buckles, coathooks, coins and medals are regularly found and, among alle these objects, badges. In 1978 only 22 badges from the province of Zeeland were known to exist. In 1987 this number grew to more than 700 and in 1991 to over 1000. New finds are still regularly brought to light, significantly adding to our knowledge of the subject.

On the occasion of an exhibition of religious badges found in Zeeland which was held in Middelburg in 1987 a catalogue of the exhibited material was published entitled 'Heiligen uit de Modder' - literally translated: 'Saints raised from the Mud'. This catalogue confined itself to badges which referred to places of pilgrimage, saints and relics and specifically did not include profane badges already known to exist. Since 1989 several new and hitherto unknown types of religious badges have been found and are published here for the first time. Moreover, a number of religious badges have been identified. But the 500 profane badges illustrated here are entirely new and form an interesting illustration of aspects of the daily life of their medieval wearers. This material covers an area previously completely uncharted. No publications dealing with the subject exist and therefore we are as yet unable to determine who wore these profane badges or when and why they were worn. Similar profane badges were found, though in smaller quantities, outside the Netherlands, in France, Belgium and England. But there are important differences and these differences are puzzling. For example: why do erotic profane badges occur in appreciable quanties in the Netherlands whereas they are rarely found among the profane badges discovered in England, though other types of profane badges from both sides of the Channel show similarity of form. Since interest in life in the late Middle Ages has increased considerably we may perhaps reasonably expect this publication to lead to greater interest on the part of disciplines other than archaeology in badges in general and profane badges in particular.

Up to the present few works dealing with religious badges have appeared and these are widely spread and therefore not easily accessible. Those of Arthur Forgeais, published towards the middle of the last century when large quantities of badges were dredged from the Seine as a result of the rebuilding of bridges in Paris, are still standard reference books. In England, Brian Spencer, retired Keeper of the Museum of London, was the pioneer in this field, publishing works dealing with badges found in London, Norfolk and Salisbury, and it is to be hoped that the numerous important finds from London and the shores of the Thames will shortly be published. In Germany, Dr. Kurt Köster's publication on the occurence of pilgrim badges reproduced on medieval cast bronze church bells and the relation of these reproductions to their known originals or badges of a similar type are of prime importance. Moreover, Köster examined other aspects of pilgrim badges such as their occurence, either physically or as illustration, in Books of Hours, and the use of pilgrim badges equipped with mirrors meant for pilgrims who because of the huge increase in the number of pilgrim travellers were unable to approach the relics closely.

In the Netherlands R.M. van Heeringen, A.M. Koldeweij and A.A.G. Gaalman broke new ground with their publication 'Heiligen uit de modder' and in Scandinavia Lars Andersson published

'Pilgrimsmarken och Vallfart' with new information about badges found in these countries.

In collecting this material the aim has always been to document the acquired badges as exhaustively as possible. The number of badges which can be ascribed to a specific saint, to specific relics or places of pilgrimage, where the badges were found and in what circumstances, all this information enables us to gain some insight into the importance and spread of particular cults. Almost without exception the badges were procured directly from the finders who were willing to part from them and provide us with the relevant data and to whom a word of thanks is owing. Moreover, the collecting of this material was not our only consideration. Much attention has also been given to badges which do not belong to the collection, and more than 5.000 cards have been filed on which data concerning badges from this country and abroad have been entered. Obviously, every addition to this body of reference material leads to greater understanding and knowledge. In this context, one may express the hope that, where hitherto scant attention has been given to badges in general, close co-operation between those interested in this material, both here and abroad, and a fruitful exchange of information will be seen to be urgently necessary.

The use of metal detectors in the exploration of metal objects has led to a conflict of interest - in the Netherlands as elsewhere - between archaeologists and amateurs. This is regrettable, not least where the optimal preservation of all data relevant to the badges is concerned and it is to be hoped that this conflict can in some way be resolved. For these badges, practically without exception, are found in deep, extremely moist layers of soil, very often disturbed and subsequently transported and dumped elsewhere and rarely subject to archaeological examination. Every badge not found in such soil will inevitably succumb to the destructive influences of weather and corrosion due to the vulnerability of its metal composition.

The authors have been very careful when ascribing badges to specific saints or shrines. For example: the numerous badges depicting pairs of gloves found - in the Netherlands as well - are catalogued under profane and not ascribed to Thomas Becket, as are the horns of Hubertus and the head-and-shoulders badges of which it is is difficult to be certain whether they had any religious significance. The reader will also note that few crucifixes and ampoules have been included

though many have been found. Only where these can be related to a specific shrine has it been considered useful to include them.

**Nieuwlande**

Of the 1036 badges described in this publication 534 (57.5%) were found on the site where once the town of Nieuwlande, inundated in 1530, was situated. This area forms part of the flooded land of the Oosterschelde, in the province of Zeeland. Of the 1011 badges found in Zeeland by the end of 1991 895 (nearly 88%) were discovered in Nieuwlande. In only two other areas of Europe have similar large concentrations of badges been uncovered. These are the above mentioned Seine find-spots and those of the Thames shores near London. Nieuwlande was entirely destroyed by the floods of 5 November, 1530, on the 'horrible Saturday of Saint Felix'. Unfortunately few written sources are extant, consequently we know little of the size of the population or its composition. Nieuwlande first occurs in the sources of 1238 and the badges uncovered there can be dated between 1250 and 1530. In 1926 and 1927 the remains of the village were surveyed, in the course of which attention was concentrated on the church, situated on an east-west axis.

By that time tidal currents had scoured the cemetery which surrounded the church on higher ground and laid bare the skeletons. Pottery remains until recently found everywhere on the site point to a period of prosperity from between the second half of the fourteenth to the beginning of the sixteenth century, with a possible depression in 1421 when Nieuwlande suffered damage incurred in the floods of that year. The houses were probably built mainly of wood. On aerial photographs the site of the church with the surrounding village is still visible as, in various places, are the silt-choked ditches and waterways.

In the course of the centuries the village was extended by raising ground on which new agglomerations of housing were built.

Badges have been recovered from the ditches as well as the areas of raised earth. A curious phenomenon has been noted, namely that badges, for the greater part religious, were deliberately mutilated before being thrown away. Not only do various badges lack arms and legs, these badges were often crumpled up. This mutilation occurs less frequently in the case of profane badges.

Up to the present we cannot ascertain whether these

badges were fortuitously lost or deliberately discarded. Nor do we know why they were deliberately thrown away, should this indeed have been the case. Nieuwlande has always enjoyed the attention of those interested in its history and in that of its inhabitants and what remained of their domestic utensils. It had been observed that these were found in the ditches near housing concentrations and consequently in the beginning of this century excavation was begun which, in the course of the years, came to include the entire village. Originally no one thought to look for small metal objects which would in any case have been difficult to find in the extremely moist clay of the sea bed without the help of metal detectors.

Increased use of the metal detector has led to important changes in methods of investigation in Nieuwlande. The interest hitherto confined to pottery was now concentrated on the search with metal detectors. Surface finds probably previously uncovered proved in most cases to have been severely affected by corrosion. But during the excavation of the oldest deposits, occasionally more than two meters below ground surface, ever-increasing quantities of well-preserved badges were recovered.

Research showed conclusively that the find-place of a badge in Nieuwlande determines its dating. For, as the village was extended by raising the ground level of the area to be built upon, so it follows that the further from the village centre a badge is found, the more recent its date.

Conversations with people interested in Nieuwlande and involved in a variety of ways with investigations in its past, as well as aerial photographs, enabled us to chart the development of the village. Our thanks go to Mr. L. Hopstaken of Bergen-op-Zoom whose work on the map illustrated here proved to be invaluable.

In the course of 1991 the area, including Nieuwlande, was declared out-of-bounds and all who ventured on to it were prosecuted as trespasser. It had been thought necessary to protect the archaeological sites by defining the mudflats as nature conservation area.

Since then all is quiet in Nieuwlande and metal detectors are no longer seen there. Nevertheless the designating effects of tidal currents and corrosion continue unabated and one wishes that investigation of the sites, preferably by archeologists in co-operation with amateurs, could do likewise. The extraordinary significance of Nieuwlande for our knowledge and understanding of late medieval religious and profane badges should be jusitification enough.

# LITERATUUR

Opgenomen is in deze bibliografie de voor de identificatie van de insignes in het catalogusdeel gebruikte literatuur, alsmede de daarmee overeenstemmende literatuur die in de noten bij de hoofdstukken I - XVIII is geciteerd.
De door Malcolm Jones in hoofdstuk XVII geciteerde werken zijn niet in deze bibliografie verwerkt.
De in de verwijzingen gebruikte afkortingen bestaan steeds uit een hoofdwoord (auteurs- of plaatsnaam), gevolgd door een jaartal en zonodig een trefwoord. In de hier volgende bibliografie zijn deze alfabetisch terug te vinden.
Voor drie seriewerken werden bovendien afkortingen gebruikt:
LCI : Lexikon der christlichen Ikonografie. 1968-1976 (ed. Kirschbaum, E. & Braunfels, W.) Freiburg i. Br. LMA : Lexikon des Mittelalters. 1977-1993. München/Zürich.
LThK : Lexikon für Theologie und Kirche. 1957-1968 (ed. Buchberger, M.) Freiburg i. Br. (herdruk 1986).

Aalter. 1974. De Sint-Corneliusdevotie in Vlaanderen (tent. cat.).

Aardenburg. 1991. Pilgremme tot Aardenbuerch. Aardenburg als pelgrimsplaats (tent.cat.).

Aarschot. 1962. Markt, Kapittel 1462-1962. Tentoonstelling ingericht ter gelegenheid van de 500e verjaardag der oprichting van de markt en het kapittel te Aarschot (tent. cat.).

Abelmann, L.J. & Heel, C. & Uil, H. 1974. Strafbedevaarten in Zeeland. In: Bulletin van de werkgroep Historie en Archeologie, onder auspiciën van het Koninklijk Zeeuws Genootschap der Wetenschappen, p. 2-72.

Aken. 1965. Karl der Grossen - Werk und Wirkung (tent.cat.).

Amsterdam. 1977. Opgravingen in Amsterdam, twintig jaar stadskernonderzoek (p. 386-399: Pelgrimsinsignes, skapulieren XIV-XV).

Andersson, A. 1981. Jungfru Marie Bebaolse. Ett parisiskt pilgrimsmärke funnet i Visby. In: Fornvännen 76, p. 30-35.

Andersson, L. 1989. Pilgrimsmärken och vallfart. Lund (=Lund Studies in Medieval Archaeology 7).

Appuhn, H. 1973. Der Fund vom Nonnenchor. Kloster Wienhausen (=Kloster Wienhausen 4)(p. 16-21: Pilgerzeichen).

Barasch, M. 1971. Crusader figural sculpture in the Holy Land. New Brunswick.

Bax, D. 1949. De ontcijfering van Jeroen Bosch. 's-Gravenhage.

Bedaux, J.B. 1989. Laatmiddeleeuwse sexuele amuletten. Een sociobiologische benadering. In: Bedaux, J.B. & Koldeweij, A.M. (ed.). Annus Quadriga Mundi. Opstellen over middeleeuwse kunst opgedragen aan prof. dr. Anna C. Esmeijer. Utrecht/Zutphen (Clavis Kunsthistorische Monografieën VIII), p. 16-30.

Bedaux, J.B. 1993. Functie en betekenis van randdecoratie in middeleeuwse handschriften. In: Kunstlicht 14, p. 28-33.

Beek, H.H. 1969. Waanzin in de middeleeuwen, beeld van de gestoorde en bemoeienis met de zieke. Haarlem (herdruk Hoofddorp 1974).

de Beer, J. 1932. Bedevaart- en pelgrimplaatjes. In: Gedenkboek Frans Claes. Museum 'De Gulden Spoor' te Antwerpen. Antwerpen, p. 53-69.

de Beer, J. 1933. Une enseigne de pèlerinage de l'abbaye de Baudeloo à Sinay. In: Revue Belge de numismatique et de sigillographie 85, p. 83-88.

Begg, E. 1985. The Cult of the Black Virgin. Londen/Boston/Henley.

Bergen op Zoom. 1987. Schatten uit de Schelde (tent. cat. Het Markiezenhof).

Berling, K. 1919. Altes Zinn. Berlijn (=Bibliothek für Kunst- und Antiquitätensammler 16).

van Beuningen, H.J.E. 1987. Een nieuw type pelgrimsinsigne van Sinte Kunera. In: Maandblad Oud-Utrecht 60, p. 105-106.

van Beuningen, H.J.E. & Jurion, F. & de Waha, M. 1987. Over pelgrimstochten naar Aarschot en daarop betrekking hebbende insignes. In: Het Oude Land van Aarschot 22, p. 115-136.

van Beuningen, H.J.E. 1989. Nogmaals de insignes van Sinte Kunera. In: Maandblad Oud-Utrecht 62, p. 123-125.

van Beuningen, H.J.E. 1990. Pelgrimstekens van Sinte Kunera. In: The Coinhunter 33, p. 33-35.

van Beuningen, H.J.E. 1990. Van silveren ende andere teekenen van Sint Job te Wesemaal. In: Het Oude Land van Aarschot 25, p. 161-171.

Bode, G. 1895-1896. Urkundebuch der Stadt Goslar und der in und bei Goslar belegenen geistlichen Stiftungen. Halle.

de Bodt, S. & Koldeweij, A.M. 1985. Museumaanwinsten. Middeleeuwse pelgrimstekens. In: Antiek 20, p. 240-244.

Boehnke, H. & Johannsmeier, R. 1987. Das Buch der Vaganten. Spieler, Huren, Leutbetrüger. Keulen.

Boeren, P.C. 1962. Heiligdomsvaart Maastricht. Maastricht.

Born, R. 1981. Les Croy. Brussel.

van Boxhorn, M.Z. 1644. Chronijck van Zeelandt, verbeterd door J.J. van Reijgersberch. Middelburg.

van Brabant, J. 1938. De Mariaverering te Aarschot. In: Eigen Schoon en De Brabander 21, p. 345-358.

Brandenbarg, T. e.a. 1992. Heilige Anna, Grote Moeder. De cultus van de Heilige Moeder Anna en haar familie in de Nederlanden en aangrenzende streken. Nijmegen/Uden (tent. cat. Museum voor Religieuze Kunst Uden).

Braunschweig. 1985. Stadt im Wandel (tent. cat.) (I, p. 404-414: K. Köster, Mittelalterlichen Pilgerzeichen).

Bremen. 1982. Bremer Landesmuseum für Kunst- und Kulturgeschichte (Focke-Museum). Braunschweig (=Museum 1982).

Bremen. 1982-1983. Aus dem Alltag der mittelalterlichen Stadt (tent.cat.)(=Hefte des Focke-Museums 62)(p. 193-200: J. Wittstock, Pilgerzeichen und andere Wallfahrtsdevotionalien in Norddeutschland).

de Brouwer, J. 1971-1972. De kerkelijke rechtspraak en haar evolutie in de bisdommen Antwerpen, Gent en Mechelen tussen 1570 en 1795. Tielt.

Bruna, D. 1991. Les enseignes de pèlerinage et les coquilles Saint-Jacques dans les sépultures du Moyen Age en Europe occidentale. In: Bulletin de la Société Nationale des Antiquaires de France, p. 178-190.

Brussel 1982. Luister van Byzantium (tent. cat.).

Brussel 1992. Van sirenen en meerminnen (tent. cat. ASKL-Galerij).

Budde, R. 1979. Deutsche Romanische Skulptur 1050-1250. München.

Cahn, W. 1982. Die Bibel in der Romanik. Freiburg/München.

Camille, M. 1992. Image on the edge. The margins of medieval art. Londen.

Caspers, C.M.A. 1992. De eucharistische vroomheid en het feest van Sacramentsdag in de Nederlanden tijdens de late middeleeuwen. Leuven (= Miscellanea Neerlandica V).

Cauberghe, J. 1967. Vroomheid en volksgeloof in Vlaanderen. Folkloristisch calendarium. Hasselt.

van Cauwenbergh, E. 1922. Les pèlerinages expiatoires et judiciaires dans le droit communal de la Belgique au Moyen-age. Leuven (= Université de Louvain - Receuil de Travaux publiés par les membres des conférences d'histoire et de philologie 48).

Christophersen, A. 1987. Trondheim - en by i middelalderen. Trondheim.

De Coo, J. 1969. Museum Mayer van den Bergh. Catalogus 2. Beeldhouwkunst, Plaketten, Antiek. Antwerpen.

Coornaert, M. 1985. Dudzele en Sint-Lenaart. Dudzele.

Coornaert, M. 1988. De pelgrimstekens van Sint-Lenaart te Dudzele. In: Biekorf-Westvlaams Archief 88, p. 241-256.

van Coppenole, M. 1942. Westvlaamsche bedevaartvaantjes. Brugge.

Coveliers, L. 1912. Onze Lieve Vrouw van Aarschot. Aarschot.

Cuvelier, J. 1912. Les dénombrements de foyers en Brabant (XIV-XVIe siècles). Brussel.

Dansaert, G. z.j. Guillaume de Croy-Chievres, dit le sage 1458-1521. Brussel.

Datema, R.R. 1978. Pelgrims-insignes in Nederlands bezit en Nederlandse tekens in het buitenland 1250-1500. Leiden (onge-publiceerde doctoraalscriptie kunstgeschiedenis; exemplaar bibliotheek R.O.B. Amersfoort).

Dekker, C. 1971. Zuid-Beveland. De historische geografie en de instellingen van een Zeeuws eiland in de middeleeuwen. Assen.

Delaporte, Y. 1965. Les trois Notre-Dame de la Cathédrale de Chartres. Chartres.

Delmarcel, G. & Duverger, E. 1987. Brugge en de tapijtkunst. Brugge/Moeskroen (= tent. cat. Brugge 1987: Meesters van de Brugse tapijtkunst).

Demus, O. 1970. Romanesque mural painting. Londen (= München 1968).

Denis, V. 1952. Saint Job. Patron des Musiciens. In: Revue Belge d'Archeologie et d'histoire de l'art 16, p. 257-262.

Derks, K.J. 1947. Onze Lieve Vrouw van den Polder (z.p.).

Deviller, L. 1857. Mémoire historique et descriptif sur l'église Sainte-Waudru à Mons. Bergen.

Deys, H.P. 1987. Het Cunerafeest te Rhenen in 1571. In: Maandblad Oud-Utrecht 60, p. 75-79; gelijktijdig verschenen in: Oud Rhenen 6, nr. 2.

Divaeus, P. 1584. De Galliae Belgiae Antiquitatibus. Antwerpen.

Dodwell, C.R. 1971. Painting in Europe 800-1200. Harmondsworth (Pelican History of Art).

Doornik. 1975. Saints populaires dans le diocèse de Tournai (tent. cat.).

Doutrepont, G. & Jodogne, O. 1935. Chroniques de Jean Molinet, II, 1488-1506.

Dubbe, B. 1978. Tin en tinnegieters in Nederland. Lochem.


van Eeghen, I.H. 1986. De inquisitie van Amsterdam. In: Amsterdam. 1987. Woelige tijden. Amsterdam in de eeuw van de beeldenstorm (tent. cat.).

Egan, G. & Pritchard, F. 1991. Medieval Finds from Excavations in London, 3, Dress Accesories. Londen.

Elbern, V. 1962. Das erste Jahrtausend. Kultur und Kunst im werdenden Abendland an Rhein und Ruhr. Düsseldorf.

van Empel, M. & Pieters, H. 1959. Zeeland door de eeuwen heen. II. Middelburg.

Encyclopedie van Zeeland. 1982-1984. Middelburg.

Endhoven, J.G. 1978. Bedevaart als straf. Door het Leids Gerecht opgelegde bedevaarten van 1370-1500. In: Jaarboekje voor Geschiedenis en Oudheidkunde van Leiden en omstreken 70, p. 32-68.

Engelmann, H. 1959. Pèlerinages. Parijs.

English, M. 1930. Sinte Godelieve en haar heiligdommen in Gistel. Brugge.

Erens, A. 1939. De Eeredienst van Sint Job te Wezemaal. In: Eigen Schoon en De Brabander 22, p. 1-12.

Ermerins, J. 1787. Eenige Zeeuwsche Oudheden, uit Echte Stukken opgehelderd en in het licht gebragt. Behelzende eene beschrijving van de gewezen Stad Romerswale. Middelburg.

van den Eynde, G. 1986. Archeologische Kroniek van de Gemeente Breda over 1985. In: De Oranjeboom 39.

Flahault, R. 1894. Note sur le Cruys-Bellaert Vénéré à Petite-Synthe. Duinkerken.

Fleming, J.V. 1969. The Roman de la Rose. A study in Allegory and Iconography. Princeton.

Forgeais, A, 1858. Notice sur des plombs historiés trouvés dans la Seine, Parijs.

Forgeais, A, 1863. Notice sur des plombs historiés trouvés dans la Seine II. Enseignes de pèlerinage, Parijs.

Forgeais, A, 1865. Notice sur des plombs historiés trouvés dans la Seine IV, Imagerie religieuse. Parijs.

Forgeais, A, 1866. Notice sur des plombs historiés trouvés dans la Seine V. Numismatique populaire. Parijs.

Fritz, J.M. 1982. Goldschmiedekunst der Gotik in Mitteleuropa. München.

Frijhoff, W. 1980. Geloofsleven, politiek en maatschappij. Hypothesen over de middeleeuwse oorsprong van de Heilige Stede van Hasselt (Ov.). In: Volkskundig Bulletin 6, p. 1-25.

Gachard. 1846. Notice des Archives le M. le duc de Caraman. B.C.R.M. 11-1.

Gaidoz, H. 1887. La rage et St. Hubert. Parijs.

Gandert, O.-F. 1971. Das Heilige Blut von Wilsnack und seine Pilgerzeichen. In: Brandenburgische Jahrhunderte. Festgabe für Johannes Schultze zum 90. Geburtstag. Berlijn, p. 73-90.

Gay, V. 1887/1928. Glossaire archéologique du Moyen Age et de la Renaissance. Parijs.

Geluk, J. Azn. A. 1877. Beschrijvingen der stad Reimerswaal in haren bloei en ondergang. Middelburg.

Gent. 1975. Gent duizend jaar kunst en cultuur (tent.cat.).

Gent. 1985. Santiago de Compostela, 1000 jaar Europese Bedevaart (tent.cat.).

Gerits, J. 1983. Strafbedevaarten naar O.L. Vrouw van Aarschot. In: Ons Heem 37, p. 165-167.

Gerritsen, H.A. & H.J. 1978. Een pelgrimsinsigne uit Heteren. In: AWN-afdeling Nijmegen, jaarverslag 1978, p. 30-31.

Gieben, S. 1983. San Francesco nell'arte popolare. In: Francesco d'Assisi nella Storia. I. Convegno di Studii secoli XIII-XV. Istituto Storico dei Cappuccini. Rome, p. 339-340.

Gessler, J. 1937. De Vlaamsche Baardheilige Wilgefortis of Ontcommer. Antwerpen/'s-Gravenhage.

Goetschalck, P.J. 1891. Herenthals. Eenige zoenakten. In: Kempisch Museum 2, p. 273-274.

Gorissen, F. 1953. Kranenburg. Ein Heiligtum des Niederrheins. Kranenburg.

Gramaye, J.B. 1610. Antiquitates Brabantiae. Brussel.

Grimme, E.G. 1967. Karl der Grosse in seiner Stadt. In: W. Braunfels (ed.). 1967. Karl der Grosse. Lebenswerk und Nachleben. Düsseldorf, IV (ed. W. Braunfels, P.E. Schramm), p. 229-273.

Grimme, E.G. 1972. Der Aachener Domschatz. Düsseldorf (= Aachener Kunstblätter 42) (tent. cat. Aken).

Grivot, D. 1974. La Légende Dorée d'Autun, Chalon, Macon, Charolles et Louhans. Lyon.

Grohne, E. 1929. Bremische Boden- und Baggerfunde. In: Jahresschrift des Focke-Museums, p. 43-102.

de Groot, A. D. 1965. Saint Nicholas. A psychoanalytic study of his history and myth. 's-Gravenhage/Parijs.

Guillaume, G. 1873. De Croy. In: Biographie Nationale 4, p. 524-533.

van Haesendonck, C. 1982. De historiek en de aktualiteit rond de devotie tot Onze Lieve Vrouw en tot Sint Rochus in de Onze Lieve Vrouwekerk te Aarschot. In: Het Oude Land van Aarschot 17, p. 113-128.

Hagen, U. 1973. Die Wallfahrtsmedaillen des Rheinlandes in Geschichte und Volksleben. Keulen/Bonn (Werken und Wohnen. Volkskundliche Untersuchungen im Rheinland 9).

Hall, D. J. 1965. English Mediaeval Pilgrimage. Londen.

Hallewas, D. & Woltering, P.J. 1982. Archeologische Kroniek van Zuid-Holland over 1981. In: Holland 14, p. 277 ('Dordrecht: De Boogjes').

van Ham, W. H. 1987. De verdronken landen langs de Oosterschelde bij Bergen op Zoom. in: Bergen op Zoom 1987, p. 7-17.

Hansen, S. (ed.) 1991. Die deutschen Wallfahrtsorte. Ein Kunst- und Kulturführer zu über 1000 Gnadenstätten. Augsburg.

Harbison, C. 1991. Jan van Eyck. The Play of Realism. Londen.

Hasquin, H. 1981. Gemeenten van België, 4, Vlaanderen. Brussel.

van Heeringen, R. M. & Henkes, H. E. 1987. Een merkwaardig vroeg-17de eeuwse glasvondst uit Middelburg. Westerheem 37.

van Heeringen, R.M. & Koldeweij, A.M. & Gaalman, A.A.G. 1987. Heiligen uit de modder. In Zeeland gevonden pelgrimstekens. Utrecht/Zutphen (Clavis Kunsthistorische Monografieën IV).

van Heeringen, R.M. & Hendrikse, H. 1991. Nieuw licht op de Maria-verering te Aardenburg in de Middeleeuwen. In: Zeeuws Tijdschrift, p. 97-102.

van Heeringen, R.M. 1989. Archeologische Kroniek van Zeeland over 1988. In: Archief. Mededelingen van het Koninklijk Zeeuwsch Genootschap der Wetenschappen, p. 129-154.

van Heeringen, R.M. 1990. Archeologische Kroniek van Zeeland over 1989. In: Archief. Mededelingen van het Koninklijk Zeeuwsch Genootschap der Wetenschappen, p. 105-119.

van Heeringen, R.M. 1991. Archeologische Kroniek van Zeeland over 1990. In: Archief. Mededelingen van het Koninklijk Zeeuwsch Genootschap der Wetenschappen, p. 123-145.

van Heeringen, R.M. 1992. Archeologische Kroniek van Zeeland over 1991. In: Archief. Mededelingen van het Koninklijk Zeeuwsch Genootschap der Wetenschappen, p. 117-143.

Helbig, J. 1949. De glasschilderkunst in België. Repertorium en documenten. Antwerpen.

Hendrikse, H. 1986. Laat-Middeleeuwse broches uit Middelburgse bodem. In: Nehalennia 63, p. 2-10.

Hens, H. & Bavel, H. van & Dijck, G. C. M. van & Frantzen, J. H. M. 1978. Mirakelen van Onze Lieve Vrouw te 's-Hertogenbosch 1381-1603. Tilburg (= Bijdragen tot de Geschiedenis van het Zuiden van Nederland 42).

Herwaarden, J. van. 1974. Pelgrimstochten. Bussum.

Herwaarden, J. van. 1978. Opgelegde bedevaarten. Assen/Amsterdam.

Herwaarden, J. van e.a. 1985. Santiago de Compostela. Pelgrims door de eeuwen heen. Utrecht.

Heurck, E. van. 1922. Les drapelets de pèlerinage en Belgique et dans les pays voisins. Antwerpen.

Helbig, J. & Vandenbemden. 1974. Les Vitraux de la première moitié du XVIe siécle conservés en Belgique, Brabant et Limbourg. Gent (Corpus Vitrearum Medii Aevi V-3).

Heijenga, T. 1983. Belangrijke aanwinst voor het streekmuseum Rhenen. In: Maandblad Oud-Utrecht 56, p. 211-212.

Hezenmans, J.C.A. 1886. Anniversarium van het oude kapittel der St.Janskerk te 's-Hertogenbosch. In: Algemeen Nederlandsch Familieblad 3, p. 132-138.

Hoc, M. 1931. Médailles de Notre-Dame de Tongre. In: Revue Belge de Numismatique 83, p. 55-61.

Hoc, M. 1937. Médailles de S. Job vénéré à Wesemael. In: Revue Belge de Numismatique et de Sigillographie 89, p. 39- 48.

Hohler, C. 1957. The Badge of St. James. In: I. Cox (ed.), The Scallop. Studies of a shell and its influences on humankind. Londen, p. 49-70.

Hopstaken, L. 1984. Een 15e eeuws carnavalsinsigne uit de Oosterschelde. In: De Waterschans 14, p. 58-64.

Horst, van der. 1880. De kerken en parochiën op Walcheren. In: Bijdragen voor de Geschiedenis van het bisdom Haarlem 8 (p.

134 e.v. over Vrouwenpolder).

Houben, G. M. M. 1983. 14de eeuwse muntgewichtdoosjes. In: Jaarboek van het Koninklijk Nederlands Genootschap voor Munt- en Penningkunde 70, p. 5-14.

van In, J. 1938. De H. Gummarus, patroon van Lier. Biblio-Iconographische Studie. In: Tijdschrift voor Geschiedenis en Folklore 1, p. 129-131.

Janssen, H.Q. 1855-1856. Nalezingen aangaande St. Anna ter Muiden. In: Cadsandria, 1855, p. 165-182; 1856, p. 59-71.

Jurion, F. 1984. Woluwe-Saint-Lambert, Slot. Archéologie; Annales d'Archéologie et d'histoire de l'art (U.L.B.) 6.

Kämpfer, F. 1978. Das russische Herrscherbild, von den Anfängen bis zu Peter dem Grossen. Recklinghausen.

Kahsnitz, R. 1990. Pilgerzeichen mit hl. Odilia. In: Anzeiger des Germanischen Nationalmuseums. Neurenberg.

Kesteloo, H. M. 1936. Oostkapelle in woord en beeld. Middelburg.

Keulen-Brussel 1972. Rhein und Maas. Kunst und Kultur 800-1400 (tent.cat.).

Keulen. 1975. 500 Jahre Rosenkranz, 1475 Köln 1975 (tent.cat.).

Keulen. 1976. Zinn (H. U. Haedeke) (= Kunstgewerbemuseum der Stadt Köln, Kataloge III).

Kirschbaum, E. & Braunfels, W. 1968-1976. Lexikon der christlichen Ikonographie. Rome/Freiburg/Bazel/Wenen.

(Kjellberg, S.T.) S.T.K. (1937). Pilgrimsmärken fraon medeltiden. In: Kulturen. En Aorsbok till medlemmarna av kulturhisto-riska föreningen för Södra Sverige.

Klamt, J.-Chr. 1983. Elisabeth van Thüringen. In: Andere structuren, andere heiligen. Utrecht (Utrechtse Bijdragen tot de mediëvistiek III), p. 134-159, 201-204.

Kneefel, F. 1983, 4. Bleekstraat. In: Archeologische en Bouwhistorische Kroniek van de gemeente Utrecht over 1982. Utrecht, p. 35-36 (ook als Maandblad Oud-Utrecht 56, p. 35-36).

Knippenberg, W. H. Th. 1968. Oude pelgrimages vanuit Noord-Brabant. Oisterwijk (= Kultuurhistorische Verkenningen in de Kempen 3).

Knippenberg, W. H. Th. 1980. Devotionalia. Eindhoven.

Köster, K. 1956. Gutenbergs Aachener Heiltumsspiegel. In: das werck der bucher. Festschrift für Horst Kliemann. Freiburg i. Br., p. 284-301.

Köster, K. 1957. Meister Tilmann von Hackenburg. Studien zum Werk eines mittelrheinischen Glockengiessers des 15. Jahrhunderts. Mit besonderer Berücksichtigung der als Glockenzier verwendeten mittelalterlichen Pilger- und Wallfahrtzeichen. In: Jahrbuch der hessischen Kirchengeschichtlichen Vereinigung 8, p. 1-206.

Köster, K. 1963. Eine neuerschlossene Quelle zur Geschichte der Blomberger Wallfahrt und ihre Pilgerzeichen. In: Lippische Mitteilungen aus Geschichte und Landeskunde 32, p. 5-15.

Köster, K. 1963. Pilgerzeichen-Studien. Neue Beiträge zur Kenntnis eines mittelalterlichen Massenartikels und seiner Überlieferungsformen. In: Bibliotheca Docet. Festgabe für Carl Wehmer. Amsterdam, p. 77-100.

Köster, K. 1965. Religiöse Medaillen und Wallfahrts-Devotionalien in der flämischen Buchmalerei des 15. und frühen 16. Jhs. Zur Kenntnis gemalter und wirklicher Kollektionen in spätmittelalterlichen Gebetbüchern. In: Buch und Welt. Gustav Hofmann zum 65. Geburtstag dargebracht. Wiesbaden, p. 459-504.

Köster, K. 1972. Middeleeuwse pelgrimstekens en bedevaartdevotionaliën uit het Rijn- en Maasland. In: Rijn en Maas. Kunst en Cultuur 800-1400. Keulen/Brussel (tent. cat. Kunsthalle Keulen en Koninklijke Musea voor Kunst en Geschiedenis, Brussel) 1, p. 146-160.

Köster, K. 1972. Wallfahrtszeichen und Pilgerdevotionalien aus der Frühzeit der Sankt-Anna-Wallfahrt. In: Gätz, E. (ed.). 1972. St.Anna in Düren. Mönchengladbach, p. 191-209.

Köster, K. 1973. Pilgerzeichen und Wallfahrtsplaketten von St. Adrian in Geraardsbergen. In: Städel-Jahrbuch 4, p. 103-120.

Köster, K. 1979. Kollektionen metallener Wallfahrts-Devotionalien und kleiner Andachtsbilder, eingenäht in spätmittelalterliche Gebetbuch-Handschriften. In: Erlesenes aus der Welt des Buches (ed. B. Haller). Wiesbaden, p. 77-130.

Köster, K. 1981. Pilgerzeichen von Marburg (?), mit Vera Icon, St. Elisabeth und St. Franziskus. In: Marburg 1981, p. 458-459 nr. 100.

Köster, K. 1983. Gutenbergs Strassburger Aachenspiegel-Unternehmen von 1438/1440. In: Gutenberg-Jahrbuch 1983, p. 24-44.

Köster, K. 1983. Pilgerzeichen und Pilgermuscheln von mittelalterlichen Santiago-strassen. Neumünster (= Ausgrabungen in Schleswig. Berichte und Studien 2).

Köster, K. 1984. Gemalte Kollektionen von Pilgerzeichen und religiösen Medaillen in flämischen Gebet- und Stundenbüchern des 15. und frühen 16. Jahrhunderts. Neue Funde in Handschriften der Gent-Brügger Schule. In: Liber Amicorum Herman Liebaers. Brussel, p. 485-535.

Köster, K. 1984. Die Pilgerzeichen der Neusser Quirinus-Wallfahrt im Spätmittelalter. In: Neusser Jahrbuch für Kunst. Kulturgeschichte und Heimatkunde, p. 11-29.

Köster, K. 1984. Mittelalterliche Pilgerzeichen. In: Kriss-Rettenbeck & Möhler 1984. Wallfahrt etc., p. 203-223.

Köster, K. 1985. Pilgerzeichen und Ampullen. Zu neuen Braunschweiger Bodenfunden. In: H. Rötting. Stadtarchäologie in Braunschweig (= Forschungen der Denkmalpflege in Niedersachsen 3), p. 277-286.

Köster, K. 1985. Pelgrimsschelpen en -tekens van Santiago de Compostela en de Europese bedevaartwegen naar Sint-Jacob in Galicië. In: Gent 1985, p. 85-95.

Koldeweij, A.M. & van Beuningen, H.J.E. 1990, Pelgrimsteken van Sint-Gummarus. In: Sint-Gummarus. Iconografie en verering. Lier, p. 56-58 (tent. cat. Museum Wuyts-Van Campen en baron Caroly).

Koldeweij, A. M. 1981. Sint-Servaas te Maastricht als bedevaartsplaats. In: De Maasgouw 100, kol. 3-29.

Koldeweij, A. M. 1982. De transeptportalen. In: De transeptportalen, St. Janskathedraal 's-Hertogenbosch. 's-Hertogenbosch, p. 4-11 (tent.cat.).

Koldeweij, A.M. 1983. Sint Servatius, een pion in de politiek van Duitse keizers ? In: Andere structuren, andere heiligen. Utrecht (Utrechtse Bijdragen tot de mediëvistiek III), p. 217-239, 278-283.

Koldeweij, A. M. 1985. Der gude sente Servas. Assen/Maastricht (De Geschiedenis van de kerkschat van het Sint-Servaaskapittel te Maastricht 1) (Maaslandse Monografiën, groot formaat 5).

Koldeweij, A.M. 1985. Stadszegels van 's-Hertogenbosch. In: Zilver uit 's-Hertogenbosch. 's-Hertogenbosch (tent.cat. Noordbrabants Museum), p. 124-127.

Koldeweij, A.M. 1985. De zegelstempels van de stad 's-Hertogenbosch. In: Spiegel Historiael 20, p. 223-227, 257.

Koldeweij. A.M. 1987. 'Teekenen van mynheere st. Lenaert': pelgrimsinsignes uit Dudzele. In: Biekorf-Westvlaams Archief 87, p. 305-317.

Koldeweij, A.M. 1989. Karel de Grote-souvenirs uit Aken. In: Bedaux, J.B. & Koldeweij, A.M. (ed.). 1989. Annus Quadriga Mundi. Opstellen over middeleeuwse kunst opgedragen aan prof. dr. Anna C. Esmeijer. Utrecht/Zutphen (Clavis Kunsthistorische Monografieën 8), p. 116-128.

Koldeweij, A.M. (ed.). 1989. In Buscoducis. 's-Gravenhage/'s-Hertogenbosch (tent.cat. Noordbrabants Museum); deel 2: 1990. Bijdragen. Maarssen/'s-Gravenhage.

Koldeweij, A.M. 1991. Pilgrim Badges painted in Manuscripts: a North Netherlandish Example. In: van der Horst, K. & Klamt, J.-Chr. (ed.). Masters and Miniatures. Proceedings of the Congress on Medieval Manuscript Illumination in the Northern Netherlands (Utrecht, 10 - 13 December 1989) Doornspijk (Studies and facsimiles of Netherlandish Illuminated Manuscripts 3), p. 211-218.

Koldeweij, A.M. 1992. Het beeldbepalende Sint-Servatiusbeeld, opkomst en ontwikkeling van 900 tot in de twintigste eeuw. In: Magister Artium. Onderwijs, kerk en kunst in Limburg. Opstellen Br. Sigismund Tagage aangeboden bij zijn zeventigste verjaardag. Maastricht/Sittard, p. 24-45.

Koldeweij, A.M. 1992. Medieval pilgrim badges found in the Netherlands. In: Medieval Europe 1992. A conference on medieval archeology in Europe. Preprinted Papers 7, Art and Symbolism. York, p. 41-46.

Koldeweij, A.M. 1993. Onder een Sint-Jan met drie torens. Pelgrimstekens uit 's-Hertogenbosch. In: Bouwkunst. Studies in vriendschap voor Kees Peeters. Amsterdam, p. 305-315.

Koldeweij, A.M. 1993. 'Van eens esels been de beste fleuyten comen'. De blokfluit in de Nederlandse kunst van de 17e eeuw. In: Holland Festival Oude Muziek. Programma 27 augustus - 5 september 1993. Utrecht, p. 52-62.

de Kreek, M. 1989. De verering van de heilige Barbara in de Onze-Lieve-Vrouwekerk te Maastricht. In: Millennium 3, p. 32-50.

Kriss-Rettenbeck, L. & Möhler, G. (ed.) 1984. Wallfahrt kennt keine Grenzen. Themen zu einer Ausstellung des Bayerischen Nationalmuseums und des Adalbert Stifter Vereins, München. Zürich.

Kronenburg, J. A. F. 1904-1914. Maria's Heerlijkheid in Nederland. Amsterdam, 8 dln (+ registerband, Roermond 1931).

Kuhn, A. 1911. Die Illustration des Rosenromans. Freiburg i. Br.

de Laborde, L. 1872. Glossaire Français du Moyen Age. Parijs.

Laenen, J. 1934. Geschiedenis van Mechelen tot op 't einde der Middeleeuwen. Mechelen.

Lamy-Lassalle, C. 1966-1967. Quelques enseignes de pèlerinage. In: Bulletin de la Société Nationale des Antiquaires de France, p. 282-285.

Lamy-Lassalle, C. 1971. Les enseignes de pèlerinage du Mont Saint-Michel. In: Millénaire monastique du Mont-Saint-Michel 3, Culte de saint Michel et pèlerinage au Mont. Parijs, p. 113-126.

Lasko, P. 1972. Ars sacra 800-1200. Harmondsworth (Pelican History of Art).

van Lerberghe, L. & Rousse, J. 1845. Audenaerdsche mengelingen, I. Oudenaarde.

Liebgott, N.-K. 1971-1972. Frøslevklokkens relieffer. In: Historisk Samfund for Praestø Amt. Ärbog, p. 291-315.

Liebgott, N.-K. 1973. Døbefonten i Varde Jacobi Kirke. In: Nationalmuseets Arbejdsmark, p. 31-44.

Lier 1990. Sint-Gummarus. Iconografie en verering. Catalogus. (ed. Baudouin, P. Boschmans, M. Darquennes, M. & Mees, M. (tent. cat. Museum Wuyts-Van Campen en baron Caroly).

Lightbown, R.W. 1992. Mediaeval European Jewellery - with a catalogue of the collection in the Victoria & Albert Museum. Londen.

Linden, R. van der. 1986. Bedevaartvaantjes. Volksdevotie rond 200 heiligen op 1000 vaantjes. Brugge.

Löhr, A. 1980. Die Heilige Corona und ihre mittelalterlichen Darstellungen in Bremen. In: Bremisches Jahrbuch 66, p. 47-58.

Londen. 1954. Medieval Catalogue London Museum (herdruk 1976, oorspr. ed. 1940) (Pilgrim-signs and other pewter badges, p. 254-264).

Londen. 1987. Age of Chivalry. Art in Plantagenet England 1200-1400 (ed. Alexander, J. & Binski, P.) (tent. cat. Royal academy of Arts).

Lübeck, 1981. Kirchliche Kunst des Mittelalters und der Reformationszeit. St. Annen-Museum Lübeck. Lübeck (Lübecker Museumkataloge I) (J. Wittstock, Pilgerzeichen, p. 289-291).

Maes, L. Th. 1951. Middeleeuwse Strafbedevaarders en Twintigste-eeuwse reizigers naar Santiago de Compostella en O.L. Vrouw van Finisterra. In: Handelingen van de Zuid-Nederlandse Maatschappij voor Taal- en Letterkunde en Geschiedenis V, p. 16-39.

Man, J. C. de. 1983. Twaalf schedels van Reimerswale en de bevolking van Zeeland. Middelburg.

Man, M. G. A. de. 1937. Zeldzame muntgewichtdoosjes. In: Jaarboek van het Koninklijk Nederlandsch Genootschap voor Munt- en Penningkunde 24, p. 43-54.

Maortensson, A.W. & Wahlöö, C. 1970. Lundafynd. En bilderbok. Lund (Archaeologia Lundensis IV).

Marburg 1981. Sankt Elisabeth, Fürstin, Dienerin, Heilige. Sigmaringen (tent. cat. Marburg).

Marburg 1983. 700 Jahre Elisabethkirche in Marburg 1283-1983. Katalog 7. St. Elisabeth-Kult, Kirche, Konfessionen (tent. cat.).

Margry, P.J. 1988. Amsterdam en het mirakel van het heilig sacrament. Amsterdam.

Maris, A.J. 1945/1946. Van Sincte Kuneren Vaert. In: Jaarboek Oud Utrecht, p. 214-219.

Martin, G. 1980. Histoire et généalogie de la Maison de Croy.

Mechelen. 1976. Hanswijk-Jubelfeesten. Tentoonstelling Mariale Devotie te Mechelen (tent.cat.).

Méchin, C. 1978. Saint Nicolas. Fêtes et traditions populaires d'hier et d'aujourd'hui. Parijs.

Meerbergen, J. 1937. Sint Gummarus' leven. Tongerloo.

Mekking, A.J.J. 1986. De Sint-Servaaskerk te Maastricht. Bijdragen tot de kennis van de symboliek en de geschiedenis van de bouwdelen en de bouwsculptuur tot ca. 1200. Utrecht/Zutphen (Clavis Kunsthistorische Monografieën II).

Menendez Pidal, R. 1969. Histoire de Espana, 18, La Espana de los Reyes Catolicos (1474-1516). Madrid.

de Meyer, V. & Baekelmans, 1914. Het boek der Rabauwen en Naaktridders. Bijdragen tot de studie van het volksleven der 16e en 17e eeuwen. Antwerpen.

Meyer-Wurmbach, E. 1964. Kölner 'Zeichen' und 'Pfennige' zu Ehren der Heiligen Drei Könige. In: Kölner Domblatt 23-24, p. 205-290.

Mitchiner, M. 1986. Medieval Pilgrims & Secular Badges. Londen.

Mont-Saint-Michel. 1971. Millénaire Monastique du Mont Saint-Michel, tôme III, Culte de Saint Michel et pèlerinages au Mont (ed. M. Baudot) (C. Lamy-Lassalle. Les enseignes de pèlerinage du Mont Saint-Michel, p. 271-286).

Mosmans, J. 1931. De St. Janskerk te 's-Hertogenbosch. 's-Hertogenbosch.

Müller, I. 1965-1966. Zum Churer Pilgerzeichen. In: Zeitschrift für schweizerische Archäologie und Kunstgeschichte 24, p. 245-247.

München. 1984. Wallfahrt kennt keine Grenzen (tent.cat.) (zie ook Kriss-Rettenbeck & Möhler. 1984).

München 1986. Das Evangeliar Heinrichs des Löwen und das mittelalterliche Herrscherbild (tent. cat.).

Murdoch, T. 1991. Treasures and trinkets. Jewellery in London from pre-Roman times to 1930s. Londen (tent. cat. Museum of London).

Nahuys, M. 1882. Médailles et jetons inédits relatifs à l'histoire des dixsept anciennes provinces des Pays-Bas (Aerschot). In: Revue Belge de Numismatique 38, p. 286-289.

Nauwelaers, J. 1937. De vier gilden van Vilvoorde. In: De Brabantsche Folklore.

Noordeloos, P. 1949. Enige gegevens over broederschappen van S. Antonius. In: Publications de la Société Historique et Archéologique dans le Limbourg 85, p. 477-499.

Nooijer, J. M. de. 1928. Kerk en toren van Nieuwlande. In: Archief van het Koninklijk Zeeuwsch Genootschap der Wetenschappen, p. 116-124.

Norberg, R. 1954. Pilgrimsmärken fran Wilsnack i Alvastra Klosterruin. In: Fornvännen 49, p. 161-166.

Ousterhout, R. (ed.) 1990. The Blessings of Pilgrimage. Urbana / Chicago (Illinois Byzantine Studies I).

Pallemarts, J. 1934-1936. O.L. Vrouw van Scherpenheuvel. Mechelen.

Parijs/Mont-Saint-Michel. 1966. Millénaire du Mont-Saint-Michel 966-1966 exposition. (tent.cat.).

Pastor, L. 1905. Die Reise des Kardinals Luigi d'Aragona durch Deutschland, die Niederlände, Frankreich und Oberitalien 1517-1518, beschrieben von Antonio de Beatis. In: Erläuterungen und Ergänzungen zu Janssens Geschichte des deutschen Volkes. Bd.IV-4. Freiburg i.Br.

Peeters, C. 1985. De Sint Janskathedraal 's-Hertogenbosch. 's-Gravenhage (De Nederlandse Monumenten van Geschiedenis en Kunst).

Peeters, R. 1956. Kempische zoengedingen en strafbedevaarten tot aan de vooravond van de Beeldenstorm. In: Taxandria 33, p. 26-105.

Plötzl, R. 1984. Imago Beati Iacobi. Beiträge zur Ikonographie des hl. Jacobus Maior im Hochmittelalter. In: Kriss-Rettenbeck & Möhler 1984, p. 248-264.

Praag 1986 - nor 1987. Stredoveké umelecké remeslo (tent. cat.).

De Proost, W. (1989) Lierse Tinnegieters (Lier).

Quétel, Cl. 1991. Le Mont-Saint-Michel. Parijs.

van Reenen, P.Th. 1991. Thomas Becket in Diemen. In: Het Profiel (maart 1991), p. 6-8.

Regteren Altena, H. H. 1968. Town-centre research in Amsterdam. In: Rotterdam Papers I. (ed. J. G. N. Renaud) Rotterdam, p. 121-136.

Rosenkranz, A. 1927. Der Bundschuh, die Erhebungen des südwestdeutschen Bauernstandes in den Jahren 1493-1517. Heidelberg.

Rouen. 1923. Musée des Antiquités de la Seine Inférieure. Guide du visiteur.

Rouen/Caen. 1979. Trésors des Abbayes Normandes (tent.cat.) (H. Decaëns. Les Pèlerinages. Enseignes de pèlerinage XIVe-XVIe siècles, p. 294-305)

Ruge, J. & Thomas, K. 1985. Metallkundliche Untersuchungen einiger Braunschweiger Pilgerzeichen-Funde. In; H. Rötting. Stadtarchäologie in Braunschweig (= Forschungen der Denkmalpflege in Niedersachsen 3), p. 287-289.

Schramm, P.E. & Mütherich, Fl. 1962. Denkmale der deutschen Könige und Kaiser. München.

Schutijser, A.M.J. 1988. De Lieve Vrouwtjes van Zeeland. Bedevaartplaatsen in Zeeland. Vlissingen.

Sarfaty, H. 1972. Dordrecht deel 2. In: Spiegel Historiael 7, p. 659-667.

Schuijf, J. e.a. 1971. Reimerswaal, z.p. (gestencild rapport Nederlandse Jeugdbond ter Bestudering van de Geschiedenis, werkgroep S.A.O.).

Schuijf, J. e.a. 1972. Reimerswaal, z.p. (gestencild rapport Nederlandse Jeugdbond ter Bestudering van de Geschiedenis, werkgroep S.A.O.).

Sigal, P.A. 1974. Les marcheurs de dieu. Pèlerinages et pèlerins au Moyen Age. Parijs.

Sijnke, P. W. 1977. Aanvullingen opgelegde bedevaarten vanuit Middelburg. In: Nehalennia 27, p. 9-14.

Spencer, B. W. 1968. Medieval pilgrim badges. Some general observations illustrated mainly from Englisch sources. In: Rotterdam Papers I. (ed. J. G. N. Renaud) Rotterdam, p. 137-153.

Spencer, B. W. 1980. Medieval Pilgrim Badges from Norfolk (Norfolk Museums Service).

Spencer, B. 1987. Pilgrim Souvenirs. In: The Age of Chivalry. Londen (tent. cat. 1987/1988), p. 218-222.

Spencer, B. 1990. Pilgrim Souvenirs and Secular Badges. Salisbury (Salisbury Museum Medieval Catalogue, Part 2).

Spierings, M. 1979. Het obituarium of dodenboek van de Sint-Janskerk te 's-Hertogenbosch (1280-1435). In: Boschboombladeren 23, p. 1-61.

Sprenger, J. & Institoris, H. 1487. Malleus Maleficarum: ed. Schmidt, J.W.R. 1906. Der Hexenhammer. Berlijn (herdruk Darmstadt 1974).

(Staal, C.) C.S. 1985. Een tweede pelgrimsteken van Sint Cunera. In: Maandblad Oud-Utrecht 58, p. 284.

Stalpaert, H. 1982. Middeleeuwse pelgrimstekens op Brugse schilderijen. In: Volkskunde 83, p. 288-303.

Steppe, J.K. 1985. De iconografie van de heilige Jacobus de Meerdere (Santiago). In: Gent 1985, p. 129-152.

Sterck, J.M.F. 1938. De Heilige Stede in de geschiedenis van Amsterdam. Hilversum.

Stockholm 1951. Reliker och reliqvarier fraon Svenska kyrkor. Utställning i Statens Historiska Museum (cat.).

Stockman, L. 1991. De oprichting van de dekenij Aardenburg (ca. 1295) en het rijke roomse leven in en om de Mariakerk van Aardenburg (966-1625). In: Appeltjes van het Meetjesland, p. 5-58.

Stuttgart 1977. Die Zeit der Staufer, Geschichte-Kunst-Kultur (tent. cat.).

Sumption, J. 1975. Pilgrimage, an image of mediaeval religion. Londen.

Talbot Rice, D. 1968. Byzantine Art. Harmondsworth (Pelican History of Art).

Tambuyser, R. 1963. De Hanswijk-Jubelfeesten. In: Handelingen van de Koninklijke Kring voor Oudheidkunde, Letteren en Kunst van Mechelen 67, p. 134-143.

Timmers, J.J.M. 1971. De kunst van het Maasland. Assen (Maaslandse Monografieën, Groot Formaat 1).

Timmers, J. J. M. 1978. Christelijke symboliek en iconografie. Weesp.

Tóth-Ubbens, M. 1963. 'Van Goude, Zelver, Juellen ende anderen Saken'. Twintig jaren Haagse tresorie-rekeningen betreffende beeldende kunst en kunstnijverheid ten tijde van Albrecht van Beieren 1358-1378. In: Oud-Holland 78, p. 87-134

Trimpe Burger, J. A. 1964. Een oudheidkundig onderzoek in de Abdij te Middelburg in 1961. In: Berichten van de Rijksdienst voor het Oudheidkundig Bodemonderzoek 14, p. 97-132.

Uden. 1990. Volksdevotie. Beelden van religieuze volkscultuur in Noord-Brabant (tent.cat. Museum voor Religieuze Kunst).

Uil, H. 1980. Middeleeuwse strafbedevaarten vanuit Zierikzee. In: Kroniek van het land van de Zeemeermin (Schouwen-Duiveland) 5, p. 24-44.

Utrecht. 1980. Een schilderij centraal. De Jeruzalemvaarders van Jan van Scorel (tent.cat.).

Utrecht. 1981. Vroomheid per dozijn (tent.cat.) (los toegevoegde voorwerpenlijst).

Utrecht. 1985. Schatkamers uit het Zuiden (ed. A. M. Koldeweij & P. M. L. van Vlijmen) (tent.cat.).

Utrecht. 1988. Helse en hemelse vrouwen (ed. M. Caron) (tent. cat. Rijksmuseum Het Catharijneconvent).

van Uytven, R. 1973. Leuvense glasschilders Klaas Rombouts en Croy-ramen te Aarschot en elders. In: Arca Lovaniensis 2, p. 66-87.

Vandenberghe, St. 1975. Pelgrimstekens uit Mechelse baggerwerken. In: Handelingen van de Koninklijke Kring voor Oudheidkunde, Letteren en Kunst van Mechelen 79, p. 81-98.

Vandenberghe, St. 1977. Une médaille de pèlerinage de Saint Rombaut et l'indulgence pontificale sous le pape Nicolas V (1447-1455) à Malines. In: Bibliothek-Buch-Geschichte. Kurt Köster zum 65. Geburtstag. Frankfurt a.M., p. 405-411.

Vandenberghe, St. & Dezutter, W. P. 1983. Trois insignes de pèlerinage du 15e siècle de Notre-Dame d'Aardenburg. In: Berichten van de Rijksdienst voor het Oudheidkundig Bodemonderzoek 33, p. 455-459.

Vangassen, H. 1948. Geschiedenis van Ninove, dl. I.

van de Ven, W. 1924. Het miraculeus bloed te Boxtel, 1380-1924. Leiden/Boxtel.

Viaene, A. 1982. Vlaamse pelgrimstochten. Brugge (bundeling van 43 eerder verschenen artikelen).

Vorsterman van Oyen, G. A. 1889. Het Archief van Aardenburg I. Middelburg.

Vroom, W. 1993. Het jachtgebied van Sint-Hubertus. In: Bouwkunst. Studies in vriendschap voor Kees Peeters. Amsterdam, p. 571-579.

Waal, A. de. 1900. Andenken an die Romfahrt im Mittelalter. In: Römische Quartalschrift für christliche Alterthumskunde und für Kirchengeschichte 14, p. 54-67.

de Waha, M. 1984. Documents sur le pèlerinage d'Aerschot. A propos d'un insigne de pèlerinage découvert au slot (Woluwe-Saint-Lambert). In: Annales de la Fédération Historique et Archéologique de Belgique XLVI Congrès. Nijvel, p. 447-457.

Warncke, J. 1930-1931. Mittelalterliche Pilgerzeichen aus Lübeck und Lauenburg. In: Nordelbingen. Beiträge zur Heimatforschun in Schleswig-Holstein, Hamburg und Lübeck 8, p. 158-183.

Wasser, B. 1983. Nederlandse pelgrims naar het heilige land. Zutphen 1983.

Weiler, H. 1972. Kölner Dom-Medaillen, 1. Teil: 12. Bis 16. Jahrhundert. Krefeld-Hüls 1977.

Weitzmann, K. 1966. Various aspects of byzantyne influence on the Latin countries from the sixt to the twelfth century. In: Dumbarton Oaks Papers 20, p. 1-24.

De Werd, G. 1986. Die St. Nicolaikirche zu Kalkar, München/Berlijn.

Wezemaal 1988. Pelgrims naar Sint Job (tent. cat. Pinksterweekeinde 1988).

Wichmans, A. 1632. Brabantia Mariana. Antwerpen.

Willems, J.F. 1839, 'Aenteekeningen van eenen pelgrim der XVe eeuw'. In: Belgisch Museum voor de Nederduitsche Tael- en Letterkunde en de Geschiedenis des Vaderlands 3, p. 408-410.

Willemsen, C.A. 1977. Die Bildnisse der Staufer. Göppingen (Schriften zur staufischen Geschichte und Kunst 4).

Witte, A. de. 1910. La médaille religieuse en Belgique. In: Bulletin de l'académie royale d'archéologie de Belgique 1910, p. 81-88.

Wittstock, J. 1984. Pilgerzeichen in Lübeck - alte und neue Funde. In: Lübecker Schriften zur Archäologie und Kulturgeschichte 8, p. 15-21.

Wijmans, G. 1977. Inventaire des Archives des ducs de Croy. Brussel.

Wolff, C. 1901. Die Kunstdenkmäler der Provinz Hannover II. Regierungsbezirk Hildesheim 1 und 2. Stadt Goslar. Hannover.

Wright, Th. 1866. The worship of the generative powers during the middle ages of Western Europe. Reprint als deel 2 in: Knight, Richard Payne & Wright, Th. 1992. A History of Phallic Worship. New York.

Wright, Th. 1875. History of caricature and the Grotesque. Londen.

(Wüstefeld, W.C.M.) H.W. 1992. Het Van Adrichem-handschrift, verworven met steun van de de Vereniging van Vrienden en de Vereniging Rembrandt. In: Catharijnebrief 10, nr. 37, p. 1-6.

Wynands, D.P.J. 1986. Geschichte der Wallfahrten im Bistum Aachen. Aken (Veröffentlichungen des Bischöflichen Diözesanarchivs Aachen 41).

Zwolle, 1980. Thuis in de late middeleeuwen. Het Nederlandse burgerinterieur 1400-1535 (tent.cat.).

# REGISTER

Het register betreft uitsluitend de 1036 insignes die in hoofdstuk XIX Catalogus staan afgebeeld en beschreven; de inleidende teksten bij de afbeeldingen zijn niet verwerkt. Verwezen wordt naar de afbeeldingsnummers.

## eigennamen

zwaard 1-19, 52-53, 55-57, 179-185, 299, 311, 317-326, 364, 368-369, 384, 397, 404, 472, 550, 601
zwaardschede 1013-1015

## herkomst van de pelgrimstekens